Academia de Ciencias Políticas y Sociales

DERECHO DEL CUMPLIMIENTO NORMATIVO Y ANÁLISIS REGULATORIO DE LA EMPRESA

Jesús A. Villegas Ruiz

Prólogo de Gerardo Fernández Villegas

Obra galardonada con el
Premio Academia de Ciencias Políticas y Sociales
"Dr. José Santiago Núñez Aristimuño"
correspondiente al año 2020-2021

Serie Estudios
142

Caracas, 2022

V714
Villegas Ruiz, Jesús A.
Derecho del cumplimiento normativo y análisis regulatorio de la empresa / Jesús A. Villegas Ruiz; prólogo de Gerardo Fernández Villegas. -- Caracas: Academia de Ciencias Políticas y Sociales, 2022.
517 pp.
Serie Estudios, 142
ISBN edición física: 978-980-416-048-6
ISBN edición digital 978-980-416-049-3
Depósito legal: DC2022001318
1. COMPLIANCE 2. AUTORREGULACIÓN EMPRESARIAL 3. PROGRAMAS DE CUMPLIMIENTO 4. RESPONSABILIDAD EMPRESARIAL I. Título II. Fernández, Villegas, Gerardo

Diseño de portada: Evelyn Barboza

Academia de Ciencias Políticas y Sociales
Palacio de las Academias,
Avenida Universidad, Bolsa a San Francisco.
Apartado Postal 1121-A
Caracas, Venezuela
Teléfonos: +58 212 482 8845 – 482 8634
Fax: +58 212 483 26 74
Correo electrónico: academiadecienciaspoliticas@gmail.com
Página web: www.acienpol.org.ve
Redes sociales: @acienpol

Jesús A. Villegas Ruiz es abogado por la Universidad Central de Venezuela con una Maestría en Derecho Americano por la Universidad de Boston y una Maestría en Derecho Comparado por la Universidad de Pensilvania. En esta última universidad completó estudios superiores en Negocios y Derecho por la Escuela de Negocios de Wharton.

Actualmente, es candidato a Magíster en Administración de Empresas en el Instituto de Estudios Superiores de Administración (IESA).

Académicamente, se ha desempeñado como profesor en la Maestría en Derecho Internacional Privado y Comparado de la Universidad Central de Venezuela en la cátedra de Derecho Norteamericano.

En el plano profesional, Jesús A. Villegas Ruiz se desempeña como abogado senior de la firma internacional de abogados Baker Mckenzie concentrando su práctica profesional en derecho corporativo, regulatorio y cumplimiento normativo empresarial.

AGRADECIMIENTOS

A mis colegas, las abogadas Isabella Perera y Valeria Bontes por la revisión preliminar del trabajo y por todos sus valiosos comentarios durante la redacción de esta obra.

A mi colega, profesor y apreciado amigo, el Dr. Gabriel Sira Santana, por la revisión técnica y de estilo de la obra final.

A mi esposa Alejandra, por ser un apoyo incondicional durante todos mis proyectos e invenciones.

A mis padres, por creer en mí en todo momento.

Y a Violeta, por ser un ejemplo de rectitud que espero trasmitir en cada momento de mi vida.

ÍNDICE

VEREDICTO DEL PREMIO ACADEMIA DE CIENCIAS POLÍTICAS Y SOCIALES, "DR. JOSÉ SANTIAGO NÚÑEZ ARISTIMUÑO", CORRESPONDIENTE AL AÑO 2020-2021

Quienes suscriben, Cecilia Sosa Gómez, Gerardo Fernández Villegas y Eugenio Hernández-Bretón, Individuos de Número de la Academia de Ciencias Políticas y Sociales de Venezuela, integrantes del jurado especial designado para decidir el "PREMIO ACADEMIA DE CIENCIAS POLÍTICAS Y SOCIALES, "DR. JOSÉ SANTIAGO NÚÑEZ ARISTIMUÑO" CORRESPONDIENTE AL AÑO 2020-2021, siendo la oportunidad para emitir el correspondiente veredicto, lo hacen previas las siguientes consideraciones:

I.- En atención a las Bases del Certamen para optar al referido Premio, fueron sometidos a la consideración del jurado los siguientes trabajos:

a. **Gileni Gómez Muci:** Cultura, derecho y economía. Legislación cultural venezolana.

b. **Rafael Simón Jiménez Tapia y Emilio J. Urbina Mendoza:** El comiso autónomo y la extinción de dominio en la lucha contra la corrupción.

c. **Jesús Villegas Ruiz:** Derecho del cumplimiento normativo y análisis regulatorio de la empresa.

d. **Manuel Espinoza Melet:** La abogacía, estudios de práctica jurídica.

e. **Nancy Carolina Granadillo Colmenares:** Técnicas de litigación para jueces, fiscales y defensores.

f. **Carlos Fernando Calatrava Piñerúa:** Inviabilidad y sistemas en crisis, la urgencia del rescate y reconstrucción del sistema político y del sistema educativo venezolano.

g. **Héctor Turuhpial Cariello:** Derecho público bancario y consideraciones sobre las operaciones y los contratos bancarios fundamentales.

h. **José Armando Sosa Ochoa:** La invalidación de sentencias.

II.- Después de constatar los requisitos formales para la admisión de las ocho (8) obras referidas y luego de la lectura individual por parte de los integrantes del jurado de cada una de las mismas, éste declara, por unanimidad, otorgar el Premio Academia de Ciencias Políticas y Sociales para Profesionales 2020-2021, DR. JOSÉ SANTIAGO NÚÑEZ ARISTI-

MUÑO, a la obra "DERECHO DEL CUMPLIMIENTO NORMATIVO Y ANÁLISIS REGULATORIO DE LA EMPRESA", cuyo autor es JESUS VILLEGAS RUIZ.

III.- La obra galardonada destaca por tratar de manera ordenada y detallada muy diversos aspectos de un área del Derecho de relativa nueva aparición, en cuya realización su autor ha demostrado importantes conocimientos en diferentes ramas jurídicas a las cuales ha unido notables elementos prácticos, exponiendo sus ideas con claridad, lo cual hace de la obra galardonada una pieza pionera en Venezuela que podrá orientar a los interesados en el desenvolvimiento de sus operaciones en un mundo cada vez más regulado. De esta forma, considera el jurado, que la obra galardonada destaca sobre las demás contendoras, en un certamen que ha reunido a trabajos jurídico-políticos del mejor nivel.

IV.- De igual manera, el jurado quiere expresar una muy especial felicitación a los autores de los trabajos presentados al certamen por la labor de investigación y contenido de los trabajos examinados, manifestando el jurado su satisfacción por el altísimo nivel de esfuerzo en la ejecución de cada uno de ellos y considera que dichos trabajos constituyen un sobresaliente aporte a la bibliografía jurídica nacional.

V- El autor galardonado con el Premio conservará sus derechos de autor sobre su obra, salvo en lo que respecte a una única edición que resolviere ordenar efectuar a su solo arbitrio la Academia, bien en texto separado, o bien en su Boletín Electrónico o en cualquiera de las colecciones de obras de su fondo editorial.

El Premio será entregado al galardonado en sesión ordinaria de la Academia de Ciencias Políticas y Sociales.

En fe de lo anterior suscribimos el presente veredicto, en Caracas, treinta y uno (31) de marzo de dos mil veintidós (2022).

Gerardo Fernández Villegas
Individuo de Número

Cecilia Sosa Gómez
Individuo de Número

Eugenio Hernández-Bretón
Individuo de Número

DISCURSO DE ACEPTACIÓN DEL PREMIO ACADEMIA DE CIENCIAS POLÍTICAS Y SOCIALES, "DR. JOSÉ SANTIAGO NÚÑEZ ARISTIMUÑO", CORRESPONDIENTE AL AÑO 2020-2021

Señor Profesor JULIO RODRÍGUEZ BERRIZBEITIA, Presidente de la Academia de Ciencias Políticas y Sociales y demás miembros integrantes de su Junta Directiva.

Individuos de Número de la Academia de Ciencias Políticas y Sociales. Familiares y amigos. Señoras y Señores.

Hoy, se me ha encomendado la tarea de preparar un discurso con motivo del recibimiento del premio mención profesionales de esta respetada Institución en homenaje al Dr. JOSÉ SANTIAGO NÚÑEZ ARISTIMUÑO, quien fuera "un venezolano integral, orgulloso de sus orígenes, notable hombre público, correcto magistrado, autor de importante obra jurídica y abogado de merecida fama," según rezan los acuerdos de esta Academia. Para mí, es un verdadero honor y privilegio, honrar a tan insigne venezolano con esta premiación que hoy nos convoca.

Es un orgullo en lo personal y profesional recibir este premio en una materia que mucho se escucha pero poco se analiza con la profundidad y severidad práctica que requiere. La complejidad del mundo corporativo es, por momentos, abrumadora. Las empresas se enfrentan a reguladores por doquier, riesgos por todas partes, pero también a muchas oportunidades para los negocios de emprender de acuerdo con estándares éticos claros. El ensayo "Derecho del Cumplimiento normativo y análisis regulatorio de la empresa" es en buena medida, un resumen de muchas vivencias personales en el campo del cumplimiento, como abogado corporativo en Venezuela.

Una de las ideas con las cuales empezamos este largo ensayo, es el navegar regulaciones y no ser, como abogados, obstruccionistas del avance corporativo. Las empresas y el mundo de hoy requieren eso, un abogado capaz de entender la complejidad del sistema legal pero que también entienda la posibilidad de navegar las turbulentas aguas del derecho regulatorio (en muchos casos mezquino, arbitrario y sumamente injusto).

Un abogado que sepa adaptarse con facilidad a los cambios constantes, velando por los intereses de la organización a la que asesora, necesariamente, entiende que sus conocimientos deben expandirse más allá del derecho propiamente dicho. El entendimiento del riesgo como oportunidad en vez de un obstáculo, permite el salto necesario entre el conservadurismo legal y la proactividad empresarial que requieren las compañías.

En materia legal, el cambio, y todo lo que conlleva, implica ampliar la mente y cambiar paradigmas. Por esta razón, el trabajo legal de hoy es entender, en buena medida, el alcance e impacto de la regulación cambiante para todos, como ciudadanos y representantes de empresas. Nos encontramos en una realidad donde la Administración Pública en su rol especializado: la administración sanitaria, tributaria, contralora, bancaria, aseguradora, entre muchos otros roles, tienen una función clave para el desarrollo de la vida empresarial. De esta forma, la noción de *compliance* implica un conocimiento exhaustivo de la regulación sublegal imperante en un sector regulado y sus consecuencias e impactos para el negocio como actor económico. Así, ejercer en materia de derecho corporativo, también implica poseer férreas bases en derecho regulatorio, penal y comercial.

El nuevo abogado de empresa tiene en la actualidad el reto de entender y adaptar, por una parte, todo el derecho regulatorio que gobierna el sector que opera y, por otra parte, entender el manejo del negocio en un ambiente regulatorio complejo, donde la tecnología, la liberalización y globalización están cambiando el propio ejercicio del derecho. Así las cosas, no solo se trata de un ejercicio de derecho, sino de la creación de una cultura corporativa de integridad y ética, donde los abogados corporativos debemos orientar a nuestras organizaciones en la ardua labor de ser consejeros y guardianes de la integridad de sus empleados así como también, garantes de la reputación y sostenibilidad de la empresa. Al final, la legalidad se encuentra vacía sin empleados, gerentes y directores que quieran hacer las cosas bien, por el solo gusto de hacer lo correcto.

En nuestro foro, poco se ha escrito de la materia que nos ocupa. Salvo las acertadas precisiones del Profesor Alejandro Rodríguez Morales sobre cumplimiento normativo en materia penal, no se le ha dado el necesario enfoque regulatorio que amerita este estudio cambiante y dinámico. Es por ello que buscamos presentar, sin tanta rigurosidad académica, varios ángulos, preguntas y análisis de derecho regulatorio y derecho penal aplicados a empresas desde un punto de vista de derecho venezolano y explicar nuestra visión del fenómeno de cumplimiento corporativo.

Debido a lo cambiante de las regulaciones, muy probablemente el fondo sustantivo de estas palabras varíe con el tiempo. En cambio, los principios que queremos explicar en este ensayo son la verdadera esencia de cualquier programa de cumplimiento corporativo. Son esos elementos clave de todo *compliance program* la verdadera guía en momentos de confusión ante las situaciones profesionales que se nos presenten y ante tantos dilemas éticos.

El lector de este ensayo podrá encontrar secciones diferenciadas sobre preguntas de estudio autónomo: *compliance*, criminalización de la personería jurídica, legitimación de capitales, financiamiento al terrorismo, sanciones internacionales, sistemas anticorrupción, soborno, responsabilidad social empresarial, el derecho regulatorio y sus complejidades, entre otros tantos temas, todos relevantes para el ejercicio del derecho por el abogado de empresa y en el que impera el cambio constante. No me cabe la menor duda que, por todo lo anterior, "los abogados deben entender que hay una nueva realidad," y nuestro trabajo es adaptarnos a ella mientras navegamos en este nuevo horizonte.

Al final, la tarea del abogado es dar resultados a sus clientes con el asesoramiento preciso y adecuado. No obstante, lo importante es entender que las habilidades y herramientas que nos ofrece el entorno regulatorio puede definirnos como partícipes de organizaciones como una mano que las guía y no como una pared que las bloquea. Por ello, *compliance* ha llegado para cambiar la forma en cómo ejercemos el derecho de la empresa y cómo entendemos los problemas legales públicos y privados dejando atrás dogmas pasados en la búsqueda de un mejor mañana.

Ante todos los presentes, quedo muy agradecido por la entrega de este premio, y espero que esta obra pueda contribuir a la práctica legal corporativa para todos en Venezuela. Así, espero que este ensayo pueda ser un pequeño bloque necesario para que otros puedan construir sobre él.

Finalmente, quisiera agradecer a todo mi equipo por su apoyo incondicional, pues sin ellos, este ensayo no hubiese sido posible.

A mi familia, por creer en mí en cada instante.

A Alejandra, por hacerme una mejor persona cada día.

Y a Violeta, por hacerme un hombre de bien.

Señoras, señores.

PRÓLOGO

Cumplo con la satisfactoria encomienda de prologar la obra de Jesús A. Villegas Ruiz, titulada "Derecho del cumplimiento normativo y análisis regulatorio de la empresa".

Conocí y estudié la obra de Villegas Ruiz cuando me correspondió ser jurado del premio patrocinando por la Academia de Ciencias Políticas y Sociales en el año 2021, para honrar la memoria del académico Doctor José Santiago Núñez Aristimuño, y en la cual Jesús Villegas Ruiz participó y ganó con la obra que prologamos en esa oportunidad.

Con motivo del acto de premiación señalamos, en la sesión de la Academia de Ciencias Políticas y Sociales de fecha 7 de junio de 2022, que "el trabajo galardonado aborda un tema novedoso, de importante e imperiosa necesidad en el mundo corporativo empresarial", concluyendo, "que es un trabajo profundo, de alto nivel, claro, de metodología impecable que combina los elementos teóricos con el análisis práctico del tema abordado; es un trabajo que enriquece la literatura jurídica y de obligatoria lectura por parte de los estudiosos e involucrados en el tema del cumplimiento de las normas éticas empresariales."

Jesús Villegas Ruiz es abogado con mención *Magna Cum Laude* de la Universidad Central de Venezuela y ha realizado estudios de alto nivel obteniendo una Maestría en Derecho Americano en la Universidad de Boston y una Maestría en Derecho Comparado en la Universidad de Pensilvania. Actualmente es candidato a Magíster en Administración de Empresas en el IESA y se desempeña como Profesor en la Maestría en Derecho Internacional Privado y Comparado de la Universidad Central de Venezuela. Además, es Miembro Incorporado de la Sociedad Venezolana de Derecho Mercantil y ha sido *in-house counsel* para una importante empresa de consumo masivo en Venezuela, como lo es Cigarrera Bigott, y actualmente se desempeña como abogado en ejercicio en la Firma Baker Mckenzie.

A pesar de su contundente y robusta hoja de vida cumplo con aclarar a los lectores, que me refiero a una persona joven, apenas formando familia, cultivándose intelectual y profesionalmente sin pérdida de tiempo y al cual le espera un futuro brillante y promisorio.

En las conclusiones del libro que nos ocupa, nos revela la importancia de la obra escrita que prologamos al señalar, que "la complejidad del mundo corporativo es, por momentos, abrumadora. Reguladores por doquier, riesgos por todas partes, pero también muchas oportunidades para los negocios de emprender de acuerdo con estándares éticos claros. Una de las ideas con las cuales empezamos este trabajo es el *navegar regulaciones* y no ser, como abogados, *obstruccionistas* del avance corporativo. Las empresas y el mundo de hoy requieren eso, un abogado capaz de entender la complejidad del sistema legal pero que también comprenda la posibilidad de navegar las turbulentas aguas del derecho regulatorio (en muchos casos mezquino, arbitrario y sumamente injusto)." De esta forma nos señala el autor la complejidad de la tarea acometida, las características de su trabajo y el reto que estaba asumiendo.

La obra "Derecho del cumplimiento normativo y análisis regulatorio de la empresa", es una obra completa, exhaustiva, que combina la rigurosidad técnica y el estudio académico y la experticia que ha adquirido sobre el tema trabajado. Combina la teoría, con el análisis normativo, la jurisprudencia y la experiencia en la materia. De allí su valor para las corporaciones y empresas que hoy día, por fortuna, deben someterse a normas de cumplimiento ético con el objetivo de velar, en el plano interno, por el buen gobierno corporativo que protege a la propia empresa y sus empleados, accionistas, clientes y proveedores y, en el entorno en el que actúan, porque cumple responsablemente con los intereses de la sociedad y del Estado. Someter a las corporaciones a normas de buena gobernanza empresarial es una garantía para la empresa, en el sentido más amplio e integral, y para la sociedad.

Jesús Villegas Ruiz se adentra en ese mundo y en su obra, extensa y profunda, con sentido práctico y contenido técnico, con rigurosidad metodológica y de fácil lectura, comienza su libro por lo básico del tema, situando a los lectores en los aspectos conceptuales, los requisitos y contenido de todo programa de cumplimiento, los ámbitos de aplicación de los mismos y la importancia de la materia estudiada.

Luego, se ocupa de abordar el tema de la responsabilidad penal y civil empresarial, analizando el interesante asunto de la responsabilidad civil y penal de las personas jurídicas y las relaciones de la empresa con las administraciones públicas y sus responsabilidades. En su obra, asume un tema clave y, en tal se sentido, se pregunta a continuación, porque se deben realizar las investigaciones internas empresariales y el régimen que les es aplicable, analizando los casos más comunes y controversiales de investigación en el seno de las empresas, el contenido y alcance del informe de la investigación y, muy importante, las recomendaciones para un procedimiento de investigación interna. En los términos del propio autor, cuando escribe sus conclusiones, este capítulo "sirve de sustento teórico de todo programa de cumplimiento y su contenido es procedimental y práctico justo antes de adentrarnos al análisis sustantivo del derecho regulatorio y económico especial que norma la vida de la empresa." Agrega el autor en sus conclusiones, que "las investigaciones internas sirven para ejecutar el programa de cumplimiento en su máximo sentido y permite determinar las responsabilidades internas dentro de la organización para un sinfín de situaciones que pueden tener, o no, connotación legal."

La obra continúa dedicándole un capítulo a las sanciones internacionales y programas de cumplimento, analizando el problema de las jurisdicciones aplicables y se adentra en un tema de particular y actual importancia para Venezuela, como lo es el derecho de las sanciones norteamericanas y el régimen que, en tal sentido, se aplica contra nuestro país. En esta parte del trabajo se pregunta y da respuesta a un tema relevante: ¿Pueden los Estados sancionar a otros Estados o nacionales extranjeros? Villegas Ruiz analiza los tipos y el contenido de las sanciones que se pueden imponer y el alcance de la jurisdicción norteamericana y sus consecuencias, explicándonos, además, lo que es la OFAC como agencia administrativa del gobierno norteamericano. No podía faltar en el análisis, las sanciones que imponen a Venezuela la Unión Europea, Canadá y Suiza. Como señala el autor en sus conclusiones, "el derecho de las sanciones internacionales debe ser incorporado como parte fundamental de un programa de cumplimiento global cuando la empresa opera en países con esquemas sancionatorios complejos" y agrega, "la territorialidad del derecho, dogma inquebrantable del pasado, ha mutado a la aplicación extraterritorial del derecho extranjero. Así, el esquema de sanciones venezolano por parte de Estados Unidos representa retos considerables para cualquier gerencia que opera en Venezuela. Por ello, dedicamos mucho análisis al necesario entendimiento del contenido de las sanciones (norteamericanas, por Canadá y la Unión Europea), así como los elementos clave de un programa de cumplimiento sancionatorio."

Resulta muy interesante el análisis del tema de la legitimación de capitales y el financiamiento al terrorismo, con particular atención al sistema aplicable en los Estados Unidos de América y Venezuela; no podía faltar al tratar este tema, las regulaciones que se derivan en el sector bancario y sus implicaciones en los programas de cumplimento. Nos revela en esta parte del trabajo qué es un PEP y las regulaciones sobre el secreto bancario.

La obra que prologamos incluye el estudio de la legislación intencional contra la corrupción y el soborno y su impacto en el mundo empresarial, con particular referencia a Venezuela y los elementos que sobre la materia se incorporan en los programas de cumplimento. En esta parte de la obra se pregunta, ¿qué es la corrupción? Y extraemos de su obra, que resulta de gran utilidad la presentación de los elementos de un *compliance program* contra la corrupción y el soborno, que incluya preceptos y propuestas sobre entrenamiento a los empleados y el discurso corporativo sobre este importante tema, el régimen de las denuncias internas de irregularidades, manejo y estrategia frente violaciones del programa y monitoreo de los regalos corporativos y donaciones caritativas que realizan las empresas. En los términos del autor, tal como lo señala en las conclusiones de su obra, "el combate contra la corrupción es legal pero también es cultural" y, por ello afirma, que "el abogado corporativo debe velar por el cumplimiento del programa anticorrupción, no solo por entenderlo como una infracción legal, sino más bien, como parte de la creación de una cultura de integridad organizacional."

Atractivo, novedoso e interesante, por decir lo menos, me resultó el capítulo dedicado a la empresa, los derechos humanos y la responsabilidad social y las implicaciones legales para la empresa.

Al final de la obra, analiza el derecho económico y los programas de cumplimiento, lo cual incluyó el análisis del derecho a la libre competencia en Venezuela y en los Estados Unidos de América y lo referente a la regulación de la concentración económica e importancia empresarial, el *antitrust* como problema empresarial global, las nociones básicas de derecho de la competencia venezolano y norteamericano, el derechos de los consumidores, los contratos de adhesión y la protección de los consumidores y los elementos de un programa de cumplimiento en materia de derecho económico.

Por último, y así termina su investigación, aborda el tema de la aplicación del derecho extranjero a la empresa local, analizando los problemas de la empresa globalizada y la regulación corporativa trasnacional y del gobierno corporativo, la multiplicidad de derecho aplicable y los problemas de conflicto de leyes, así como las diferentes personas corporativas involucradas, cuestionándose sobre la necesidad de un programa de cumplimiento global.

De todo lo anterior aprendí, que las normas de cumplimiento empresarial tienen por objetivo controlar el comportamiento de las empresas para que su actividad y sus operaciones estén sometida a normas éticas que establece la propia empresa; pero también, las normas de cumplimento corporativo son una garantía y una protección para los diferentes actores que interactúan en el mundo empresarial, desde el accionista hasta el empleado, pasando por los clientes y proveedores.

Pero, además, las normas de cumplimiento permiten a las empresas insertarse, con sentido principista y con decoro, en el entorno social donde despliegan su actividad u operaciones. En definitiva, las empresas se auto someten, se auto regulan, internalizan preceptos para protegerse, para prevenir y para evitar causar daño en sentido amplio. Las normas de cumplimiento tienen además un sentido pedagógico en la medida que puede favorecer una cultura que fomente las actuaciones y las conductas éticas en el seno de una empresa. Con las normas de cumplimento se identifican riesgos y problemas de todo tipo que puede enfrentar una empresa y mitigar o minimizar sus efectos nocivos, daños y responsabilidades no deseadas. De eso se trata de este trabajo que prologamos, de indagar profundamente en ese interesante mundo que cada día adquiere más y más terreno en el mundo corporativo, constituyendo esta obra una herramienta invalorable que se ofrece a los abogados y demás interesados en el tema. Como señala el autor en sus conclusiones, "la empresa contemporánea debe ser respetuosa de la legalidad y procurar las mejores prácticas comerciales en beneficio de su reputación. Hacer negocios éticamente es *good business*."

Le deseo éxito al autor y amplia difusión a la obra.

Caracas, 8 de septiembre de 2022

Gerardo Fernández V.

Profesor de Derecho Constitucional

Individuo de Número de la Academia
de Ciencias Políticas y Sociales

LISTADO DE ABREVIATURAS

AML: Anti-money laundering

AML/CTF: Anti-money laundering & counterterrorism financing

BSA: Bank Secrecy Act

CC: Código Civil

CDEA: Código de Ética Profesional del Abogado Venezolano

CICC: Convención Interamericana contra la Corrupción

COPP: Código Orgánico Procesal Penal

COT: Código Orgánico Tributario

CP: Código Penal

CPC: Código de Procedimiento Civil

CRBV: Constitución de la República Bolivariana de Venezuela

DOJ: Department of Justice (Estados Unidos de América)

DOT: Department of Treasury (Estados Unidos de América)

EAA: Export Administration Act

FATCA: Foreign Account Tax Compliance Act

FATF: Financial Action Task Force

FCPA: Foreign Corrupt Practices Act

GO: Gaceta Oficial

IEEPA: International Emergency Economic Powers Act

LCC: Ley contra la Corrupción

LDA: Ley de Abogados

LDIP: Ley de Derecho Internacional Privado

LISB: Decreto con Rango, Valor y Fuerza de Ley de Instituciones del Sector Bancario

LOAP: Decreto con Rango, Valor y Fuerza de Ley Orgánica de la Administración Pública

LOCDOFT: Ley Contra la Delincuencia Organizada y Financiamiento al Terrorismo

LOCDR: Ley Orgánica contra la Discriminación Racial

LOPA: Ley Orgánica de Procedimientos Administrativos

LOPJ: Decreto con Rango, Valor y Fuerza de Ley Orgánica de Precios Justos

LOTT: Decreto con Rango, Valor y Fuerza de Ley Orgánica del Trabajo, los Trabajadores y las Trabajadoras

OECD: Organización para la Colaboración y el Desarrollo Económico

OFAC: Office of Foreign Assets Control

ONCDOFT: Oficina Nacional Contra la Delincuencia Organizada y Financiamiento al Terrorismo

PEP: Politically Exposed Person

SDN: Specifically Designated Nationals

SEC: Securities and Exchange Commission

SOX: Sarbanes-Oxley Act

SUDEBAN: Superintendencia de las Instituciones del Sector Bancario

SUNAVAL: Superintendencia Nacional de Valores

TWEA: Trading with the Enemy Act

UKBA: United Kingdom Bribery Act

UNCAC: Convención de las Naciones Unidas contra la Corrupción

UNCDOT: Convención de las Naciones Unidas contra la Delincuencia Organizada Transnacional

UNIF: Unidad Nacional de Inteligencia Financiera

UNODC: Oficina de las Naciones Unidas contra la Droga y el Delito

INTRODUCCIÓN

Las nociones de Ley y Derecho son ideas complejas para aquellos que no se dedican al ejercicio profesional de la abogacía.

Concretamente, la Ley provee orden y libertad, pero también coacción y castigo cuando es necesario. Se trata de un concepto que se transforma y evoluciona con el paso del tiempo, de la mano de reglas cada vez más pragmáticas y unificadas.

El Derecho, por otra parte, es amplio en sus reglas y tiene diversidad de principios y tradiciones alrededor de su noción que, al vincularse con el constante desarrollo de los sistemas legales, da paso al fenómeno de su globalización. Así, cada vez más, los sistemas jurídicos nacionales y foráneos tienen mayor conexión los unos con los otros, creando no sólo derecho doméstico sino principios generalizados de Derecho.

La globalización como fenómeno no sólo transforma el derecho como un todo, sino que transforma la visión tradicional del derecho público en el sistema de derecho continental: ya no basta la noción del *administrado –rectius*: el particular– frente a una Administración Pública *todopoderosa*, sino que es necesario entender al ciudadano frente a las múltiples regulaciones a su vida dictada por esa misma administración en el marco de la Ley.

Ese cambio diverso y constante ocurre de igual manera con el Derecho Administrativo y el Derecho Penal, áreas de estudio que pocos años atrás serían consideras distinguibles y poco relacionadas.[1] Este no es el caso del derecho contemporáneo, cuando la práctica legal requiere un análisis más complejo, integral y multidisciplinario de las cuestiones propias del quehacer corporativo. No en vano, el abogado contemporáneo requiere una visión integral del fenómeno jurídico.

En el ámbito jurídico, el cambio, y todo lo que conlleva, implica ampliar la mente y cambiar paradigmas. Por esta razón, el trabajo legal de hoy es entender –en buena medida– el alcance e impacto de la regulación cambiante para todos, como ciudadanos y representantes de empresas. Nos encontramos en una realidad donde la Administración Pública en su

1 Sin embargo, algunos comentaristas nacionales y extranjeros han estudiado el tema a profundidad como es el caso, respectivamente, de Chiossone, Tulio, *Sanciones en Derecho Administrativo*, Caracas, Universidad Central de Venezuela, 1973; y Nieto, Alejandro, *Derecho Administrativo Sancionador,* 5° ed., Madrid, Tecnos, 2012.

rol especializado –la administración sanitaria, tributaria, contralora, bancaria, aseguradora, entre muchos otros roles– tiene una función clave para el desarrollo de la vida empresarial. De esta forma, la noción de *compliance* implica un conocimiento exhaustivo de la regulación sublegal imperante en un sector regulado y sus consecuencias e impactos para el negocio como actor económico. Así, ejercer en materia de derecho corporativo, también implica poseer férreas bases en derecho regulatorio, penal y comercial.

A la par de esta situación, el Derecho está transformándose en formas impredecibles y su internacionalización es el nuevo horizonte para los practicantes de la profesión jurídica. Así, el alcance territorial de nuestros sistemas es cada vez menor en su eficacia y dependemos mucho más de lo discutido y debatido en otras jurisdicciones. Hoy en día nuestro derecho público depende en buena medida de las tendencias de otros sistemas legales.

Un ejemplo de ello es el sistema norteamericano y los sistemas foráneos, y cómo ellos tienen conexiones recíprocas y constantes no sólo gracias a tratados internacionales, sino al propio desarrollo del comercio internacional o, sencillamente, por la multiplicidad de actores involucrados. La territorialidad de la Ley, en el pasado un principio sagrado y absoluto, ya dejó de ser. Los tribunales tanto en Estados Unidos como en el extranjero están acostumbrándose a tratar, cada vez con mayor frecuencia, controversias verdaderamente internacionales, no solamente en el plano comercial, sino civil, penal y regulatorio, como tendremos oportunidad de desarrollar en el capítulo II de este trabajo.

El concepto y la función tradicional del abogado está cambiando de igual manera. Ahora el abogado de empresa y las gerencias legales que dirigen, son vistas como unos *guardianes* en lugar de litigantes tradicionales. Y son precisamente guardianes porque buscan proteger verdaderamente a sus representados. No obstante, el papel primordial del abogado sigue siendo el mismo: abogar por su cliente para resolver los problemas gracias a la confianza dada por aquel quien busca de sus servicios profesionales. La diferencia radica en los cambios de la contemporaneidad y el mundo corporativo y regulatorio moderno que es sumamente complejo desde un análisis estrictamente legal. Esta investigación nace precisamente por el estudio comparativo del derecho regulatorio y su relación con varias áreas del derecho en el marco de la globalización del ejercicio profesional desde una perspectiva empresarial.

Desde el enfoque de un abogado dedicado en buena medida a los asuntos regulatorios de empresas, hemos presenciado cómo la práctica del derecho administrativo se ha convertido en una unión de conceptos de variada índole y que, a primera vista, pareciera no tener conexión. Así, el derecho administrativo ha pasado a ser, en buena medida, un nuevo derecho penal y regulatorio para las empresas en el marco del comercio global.

En la actualidad, la idea de tener un negocio rentable y que genere dividendos, no sólo se basa en las ideas sobre el capital y su reinversión como una operación comercial automática. Más bien, la responsabilidad social en las comunidades, el cumplimiento con un extensivo marco regulatorio, protecciones y procedimientos contra la corrupción y el soborno, así como programas para prevenir la legitimación de capitales y relaciones comerciales con socios y clientes que respeten los derechos humanos, son parte de la nueva tendencia de hacer negocios en el mundo. En este contexto, surge la necesidad del *compliance empresarial*.

Hacer negocios éticamente ha pasado a ser la piedra medular de la operación comercial.[2] Como ejemplo, desde 2010 Nestlé ha establecido un muy conocido programa de respeto a los derechos humanos en su quehacer corporativo para seguir haciendo negocios bajo los principios y estándares del derecho internacional.[3] Nestlé es sólo un ejemplo de muchos nuevos horizontes empresariales en beneficio de una cultura de cumplimiento regulatorio. Las empresas trasnacionales han creado un complejo esquema regulatorio interno que, por una parte, siguen las mejores prácticas internacionales con base en el derecho internacional consuetudinario, y que, por la otra, crean y ratifican el compromiso social empresarial de culturas empresariales éticas en los negocios.

Estas precisiones son particularmente relevantes para los abogados en ejercicio fuera de los Estados Unidos y de la tradición civil continental: el mundo ha cambiado y con ello el entendimiento del derecho comercial y de la empresa, así como el derecho público que nos regula en todos los ámbitos. Evidentemente, los cambios responden a cómo las conductas corporativas financieras han evolucionado y con ello el castigo y la forma

---

2 Aunque las necesidades de cumplimiento tienden a ser aplicadas a la gran empresa globalizada, la tendencia de cumplimiento no es exclusiva de esta clase de empresas. Las pequeñas empresas también pueden poseer programas y oficiales de cumplimiento, adaptados a las necesidades de sus negocios.

3 Véase, *The Nestlé Corporate Business Principles: Human Rights and Labor Practices in Nestle Corporate Business Principles*, 2010.

de castigar a los nuevos tipos delictuales e infracciones que atentan contra la sociedad.

El nuevo abogado de empresa tiene en la actualidad el reto de entender y adaptar, por una parte, todo el derecho regulatorio que sojuzga el sector que opera y, por la otra, entender el manejo del negocio en un ambiente regulatorio complejo, donde la tecnología, la liberalización y globalización están cambiando el mero ejercicio del derecho.[4]

A su vez, asesorar legalmente a compañías nacionales y extranjeras implica estar en la posibilidad, así sea remota, de encontrarse sometido a una jurisdicción distinta a donde se practica. Pensemos el caso de la asesoría de una empresa americana en Venezuela: asesorar a un americano, independientemente de su locación, puede implicar estar sujeto indirectamente a las leyes americanas, adicionalmente a las venezolanas, y viceversa. El alcance extraterritorial del derecho americano ha sido profundamente estudiado y muy criticado bajo los estándares de derecho internacional público,[5] pero precisamente la extraterritorialidad de la aplicación de las leyes es una realidad que debe ser bien entendida por los practicantes del derecho. De alguna forma, es certero afirmar que la ley ya no es territorial,[6] y con ello, se requiere de los practicantes del derecho una visión mucho más amplia de los problemas que se presentan habitualmente a las empresas que asesoran.

En nuestro foro, poco se ha escrito de la materia que nos ocupa. Salvo las acertadas precisiones de Rodríguez Morales sobre cumplimiento normativo en materia penal,[7] no se le ha dado el necesario enfoque regulatorio que amerita este estudio cambiante y dinámico.[8] Nos encontramos en

---

4 Véase en general, Susskind, Richard, *Tomorrow´s Lawyers*, New York, Oxford University Press, 2017.

5 Por ejemplo, Zerk, Jennifer, *Extraterritorial Jurisdiction: Lessons for the Business and Human Rights Sphere from Six Regulatory Areas,* working paper N° 59 for the Corporate Social Responsibility Initiate, 2010.

6 Bajo las premisas tradicionales del principio de territorialidad del derecho y, por ende, de la jurisdicción, ésta puede tener alcance sobre acciones u omisiones que acaecen dentro de los límites de un Estado en particular. En el Derecho Norteamericano ha sido criterio jurisprudencial que la jurisdicción americana puede ser extraterritorial al existir algo que genere efecto substancial en Estados Unidos, como tendremos oportunidad de desarrollar más adelante.

7 Véase en general, Rodríguez Morales, Alejandro, *Criminal Compliance (Cumplimiento normativo penal y Derecho Penal Económico),* Caracas, Ediciones Paredes, 2019.

8 Nótese que no se desconocen otros trabajos en el área, si bien con un enfoque más puntualizado, como es el caso por ejemplo de Ramírez Padrón, Alejandro, "El Delito de Soborno Transnacional en la era del FCPA y el Compliance", *Revista de Derecho,* N° 73, 2019.

un área que ocupa la interdicción perfecta entre el derecho penal y el derecho regulatorio aplicado a la empresa y sus relaciones con la Administración y los actores del mercado. Es por ello que, a través de estas palabras, buscamos presentar, sin tanta rigurosidad académica, varios ángulos, preguntas y análisis de derecho regulatorio y derecho penal aplicados a empresas desde un punto de vista de derecho venezolano, y explicar nuestra visión del fenómeno de cumplimiento corporativo.

Debido a lo cambiante de las regulaciones, muy probablemente el fondo sustantivo de estas palabras varíe con el tiempo. En cambio, los *principios* que queremos explicar en este trabajo son la verdadera esencia de cualquier programa de cumplimiento corporativo. Son esos elementos clave de todo programa de cumplimento la verdadera guía en momentos de confusión ante las situaciones profesionales que se nos presenten.

Cabe precisar que estas palabras no pretenden ser un análisis dogmático del derecho, sino ser bastante pragmáticas en su análisis con un enfoque claramente de derecho regulatorio contemporáneo. De esta manera, el lector podrá encontrar secciones diferenciadas sobre preguntas de estudio autónomo: *compliance*, criminalización de la personería jurídica, legitimación de capitales, financiamiento al terrorismo, sanciones internacionales, sistemas anticorrupción, soborno, responsabilidad social empresarial, el derecho regulatorio y sus complejidades, entre otros tantos temas, todos relevantes para el ejercicio del derecho por el abogado de empresa y en el que impera el cambio constante.

En este sentido, este trabajo se presenta al lector desde un punto de vista sustantivo y un punto de vista procedimental. Sustantivo, porque analizaremos áreas de estudio legal especializadas y pocas veces entrelazadas las unas con las otras. Sólo entendiendo las profundidades de la regulación, es que podremos visualizar los pasos de un programa de cumplimiento eficaz. Por ello, también nuestro estudio será procedimental, pues, luego de analizar el derecho y normativa aplicable (legal, sublegal, regional, internacional, sea de origen no gubernamental u otras) exploraremos qué elementos clave deben existir en el programa de cumplimiento en concreto.

Así, como tendremos la oportunidad de explorar, el cumplimiento no es sólo legal, sino también, cultural. En este contexto, cabe advertir desde la perspectiva de la práctica legal, que los paradigmas del derecho público se están quedando arcaicos ante la nueva realidad empresarial y regulatoria. El entender la empresa como el sujeto de las regulaciones que propulsa la Administración nos permite comprender de una forma sistemática el análisis y control sobre el riesgo legal y regulatorio de la compañía frente sus reguladores.

En definitiva, nos encontramos ante el derecho regulatorio aplicado a la empresa como la máxima expresión de derecho público contemporáneo, pero desde la perspectiva de los intereses comerciales privados. Así las cosas, el abogado localista ahora tiene que ser más integral en su formación profesional para adicionalmente aplicar su conocimiento meramente local donde ejerce la profesión legal. Por ello, como señalan VEASEY y DI GUGLIELMO, empezamos con la premisa que "los abogados en esta nueva realidad deben entender que *hay una nueva realidad,*" y nuestro trabajo es adaptarnos a ella mientras navegamos en este nuevo horizonte.[9]

---

9 Veasey, E. Norman & Di Guglielmo, Christine T., *Indispensable Counsel: The Chief Legal Officer in the New Reality*, New York, Oxford University Press, 2012, pp. 14-15.

CAPÍTULO I:
NOCIONES GENERALES SOBRE COMPLIANCE

Para comenzar, es importante preguntarnos ¿somos los abogados facilitadores de soluciones u obstruccionistas? El abogado corporativo contemporáneo se encuentra en una posición compleja: por una parte, busca asesorar a su cliente de la mejor manera posible, y por otra, entiende que el ejercicio de su profesión es navegar entre leyes y regulaciones para lograr los fines del negocio, la empresa, o de su cliente. El abogado de empresa se enfrenta así a la intersección entre el negocio que representa y un amplio derecho regulatorio que su cliente debe cumplir. De esta manera, situaciones de seguridad nacional, los intereses económicos nacionales y extranjeros, relaciones internacionales, terrorismo, entre otros tantos, forman parte del análisis global del *abogado de empresa*.

Nuevamente, cabe preguntarnos en este contexto: ¿el país donde estamos distribuyendo se encuentra sancionado? ¿es una amenaza nuestra relación comercial a la seguridad nacional? ¿nuestros clientes saben de las regulaciones aplicables y las ejecutan efectivamente? ¿nuestra cadena de suministro y distribución tiene contacto con sujetos sancionados? En el supuesto de exportar, ¿saben nuestros empleados la implicación de la exportación a un sujeto o país sancionado? ¿qué moneda de pago debemos utilizar para honrar nuestras obligaciones? ¿indirectamente financiamos al terrorismo con nuestros productos terminados? Esas, y muchas otras preguntas, son parte del análisis regulatorio y penal necesario como oficiales de cumplimiento y abogados corporativos que esperamos explorar en este capítulo.

I. CONCEPTO

Para el propósito de este trabajo, *compliance* debe entenderse como un sistema corporativo de controles internos cuyo objetivo es la mitigación del riesgo legal y regulatorio en las operaciones de una empresa. Por ello, se ha señalado que la función que cumple *compliance* es ser una forma normativa internalizada dentro de las organizaciones.[10] En nuestro caso puntual, nuestra noción de *compliance* se centra en establecer reglas internas de control de forma sistemática y autorregulada para esclarecer todo tipo de preguntas que, de forma más habitual que esporádica, son de

---

10 Miller, Geoffrey P., *The law of Governance, Risk Management, and Compliance*, New York, Aspen Casebook series, 2014, p. 137.

difícil respuesta y requieren un criterio sólido para ser respondidas adecuadamente. Por ello, nuestra visión de *compliance* es *amplísima* toda vez que puede ser aplicado a múltiples problemas corporativos de diversa índole: problemas éticos, penales, regulatorios, legales, de comercio internacional, entre otros, que representan un riesgo potencial para la empresa y que pueden ser mitigados con prevención o una adecuada estrategia legal y comercial.[11] Por ello, si el cumplimiento normativo supone control, en paralelo, también supone entendimiento del riesgo en su contexto.

Al tener un sistema de controles internos se asegura, por una parte, la rápida identificación de riesgos legales para nuestros clientes, y, por otra, el plan de acción que se debe seguir en los distintos casos que puedan presentarse. En otras palabras, de contarse con procedimientos preestablecidos para la mayoría de las situaciones, el actuar puede resultar más sencillo y eficiente.

De igual manera, es importante señalar que la práctica de *compliance* no es una práctica de redacción de políticas corporativas inmutables; por el contrario, es el dinamismo entre la ejecución de las normas internas corporativas y la navegación de la regulación que enfrenta el negocio de manera estratégica. Este dinamismo, también implica el monitoreo constante de los controles para que, en caso de ser necesario, se haga la corrección en las fallas que nuestro programa de cumplimiento pueda tener.

La noción de *compliance* que estudiamos y defendemos supone: *(i)* que el actor en cuestión sea una organización empresarial compleja, no una persona individualmente considerada y *(ii)* que además de referirse al comportamiento empresarial de la organización respecto a su adecuación a las normas, más importante aún, se refiera a las acciones que toma la empresa en asegurarse que las normas son cumplidas y obedecidas.[12]

Creemos así que el *compliance* es una noción flexible y aplicable a muchas formas de regulación (ya sea de carácter corporativo interno, como hemos señalado, o realmente regulatorias o legales, como explicaremos

---

11 Debemos señalar que, si bien no lo abordaremos a profundidad en este trabajo, en algunos casos, este sistema normativo puede también enfocarse en procurar un ambiente laboral "sano" de trabajo para todos los empleados que forman parte de la empresa. Para ello, buscan establecer y hacer cumplir ciertos lineamientos relativos al respeto en el lugar de trabajo, respeto a los derechos humanos, intolerancia al *mobbing* (*bullying* o acosa laboral), entre otros aspectos que básicamente buscan defender la dignidad de los empleados y el desenvolvimiento de sus actividades en un entorno adecuado. Ciertamente, esta idea de *compliance* amplia, tiene inclusive una relación directa con el derecho laboral contemporáneo y sus disposiciones.

12 Miller, *The law of...*, ob. cit.

en las próximas líneas). En esta forma de apreciar la realidad empresarial, *compliance* engloba indistintamente el derecho regulatorio y el derecho penal en beneficio de la prevención de un riesgo potencial y que puede tener impactos empresariales considerables. De esta manera, *compliance* es todo aquello que pasa tras los bastidores corporativos y mucho antes del suceso o hecho que desencadena los riesgos inminentes a los que se sujeta una compañía regulada. Ahora bien, ¿qué debe pasar tras bastidores? O dicho en otros términos ¿qué debe tener todo sistema de cumplimiento preventivo?

1. Los presupuestos de un programa de cumplimiento

Para hablar de un sistema de controles obligatoriamente necesitamos: *(i)* un ambiente normativo y regulatorio que nos afecte y que esté plenamente identificado; *(ii)* una actividad comercial supervisada o controlada; *(iii)* un análisis constante del riesgo del incumplimiento de las regulaciones locales; *(iv)* canales efectivos de comunicación con los integrantes de una organización, y *(v)* monitoreo constante de la actuación empresarial de acuerdo con los controles previamente establecidos. Teniendo esto claro, el trabajo en la elaboración y construcción de controles y normativas internas puede ser más óptimo. Estos aspectos son fundamentales por las razones que veremos a continuación.

En primer lugar, todo *compliance* nace de la idea de la existencia de un ambiente regulatorio –complejo o rudimentario– al cual nuestro cliente o negocio tiene que adaptarse. Aunque parezca obvio, las regulaciones existentes no son opcionales para nuestros clientes. La legislación local es de obligatorio cumplimiento, so pena de sanciones administrativas o penales contra la empresa, sus directivos o empleados. En ese sentido, podemos señalar que esta es una de las razones fundamentales para la existencia de los controles señalados: prevenir la violación de regulaciones.

En segundo lugar, para que existan esos controles, debe existir una serie de actividades económicas, financieras o de otra índole que sean supervisadas o controladas adicionalmente por el Estado a través de agencias gubernamentales o entes integrantes de la organización administrativa del Estado, que requieren especial atención para el ejercicio del comercio en general y los objetivos del negocio. No sólo basta que exista un ambiente normativo, debe coincidir con una actividad sometida a ciertos controles, aunque estos no siempre deben ser de la misma magnitud.

En tercer lugar, es necesario un equipo dentro de la empresa con la capacidad de realizar un análisis de los riesgos derivados del incumplimiento de la normativa legal y sublegal vigente (en particular, el análisis económico de su quebrantamiento, *v.g.* la cuantía de las sanciones pecuniarias a imponer, o demás sanciones administrativas o penales para la empresa y sus empleados, así como su impacto para el negocio y su sustentabilidad). Es fundamental que existan recursos humanos en la organización capaces de evaluar una multiplicidad de aspectos que permita la detección de los riesgos asociados a su negocio contemplando escenarios suficientemente amplios.

En cuarto lugar, deben existir canales de comunicación e información de mensajes clave para los empleados sobre las consecuencias del incumplimiento, así como entrenamientos sobre el alcance de las regulaciones. En la elaboración y fiel cumplimiento de un programa de *compliance,* es muy importante la participación de los integrantes de una organización por lo que es esencial transmitirles la información asociada al mismo.

Finalmente, debe existir un equipo que tenga la capacidad de monitorear, de manera constante, la implementación de controles para mitigar los riesgos de incumplimiento. Así, un *corporate compliance program* implica el monitoreo de la empresa en su ejercicio comercial, desde la regulación local internamente considerada. Por ello, para ser útil en los fines empresariales fijados, *compliance* supone una delegación de responsabilidad a la ejecución de las normas internas a la propia organización a través de los recursos humanos y sistemas preestablecidos por su gobierno corporativo, así como el constante *check up* de su efectividad.

Ahora bien, ¿nos ofrece la estructura de *compliance* implementada a la empresa una buena relación costo-beneficio? Esta pregunta tiene una respuesta casuística. Cumplir la legislación concienzudamente puede traer grandes oportunidades de mercado, de otra forma inexploradas. Evidentemente cada empresa tiene su propio programa de cumplimiento siguiendo las características propias de su industria. Evidentemente, no es lo mismo la regulación y legislación aplicable a la industria farmacéutica, que a la industria de la tecnología o a las instituciones financieras. Cada empresa, dependiendo de su giro comercial, tendrá un programa de cumplimiento establecido de acuerdo con sus necesidades naturales y potenciales riesgos en su sector en específico, pues no todos los sectores económicos tienen las mismas regulaciones, ni las mismas necesidades, ni los mismos riesgos legales. Sin embargo, justamente, de eso se trata la construcción de controles internos de una organización.

2. La autorregulación empresarial o self-policing

Además de estos elementos clave, un programa de cumplimiento requiere, necesariamente, autorregulación corporativa o *self-policing* interno, así como un equipo que se encargue de ejecutar esas políticas en beneficio de la empresa. Cualquier programa de cumplimiento bien diseñado y efectivo implica políticas y procedimientos que dan contenido y efecto a las normas éticas y que abordan y apuntan a reducir los riesgos identificados por la empresa como parte de su proceso de evaluación de riesgos.[13] La regulación privada trasnacional constituye un cuerpo de normas (también prácticas y procesos) creadas por actores privados, agrupaciones industriales, organizaciones no gubernamentales, comunidades científicas y agrupaciones de agentes interesados públicos y privados, los cuales ejercen poderes autónomos de regulación.[14] La entidad empresarial se autorregula en la medida que sus órganos corporativos establecen reglas, protocolos y modos de proceder en su negocio en específico, y como parte de su gobierno corporativo. Por ello, la autorregulación nace del propio seno de la entidad comercial atendiendo a sus necesidades corporativas.

La autorregulación puede tomar una variedad de formas. Por una parte, la regulación corporativa puede ser dejada completamente a la compañía interesada.[15] Ciertamente, las sociedades mercantiles tienen una función normativa al momento de celebrar sus asambleas estableciendo la estructura jurídica del ente y fijando las políticas generales de la sociedad,[16] lo cual se ve inclusive en la junta directiva como órgano administrador de la sociedad y la delegación de funciones a comités especializados dentro de la empresa para la participación de toda la gerencia *senior* y *junior* para el cascadeo de todas las funciones del negocio. Así, la regulación privada trasnacional se vale, en primer lugar, del mecanismo contractual para su establecimiento y de las formas asociativas de derecho privado.[17]

---

13 DOJ, *Criminal Division, Evaluation of Corporate Compliance Programs*, 2020, p. 4.

14 Annicchiarico, José, "La autorregulación privada en Venezuela", en: *Revista Venezolana de Legislación y Jurisprudencia,* 2015, N° 5, pp. 311-344.

15 Zerk, Jennifer, *Multinationals and Corporate Social Responsibility: Limitations and Opportunities in International Law,* New York, Cambridge University Press, 2008, p. 37.

16 Morles Hernández, Alfredo, *Curso de Derecho Mercantil: las sociedades mercantiles,* t. II-B, Caracas, Universidad Católica Andrés Bello, 2001, 5° ed., pp. 1327 y ss.

17 Véase, Annicchiarico, *La autorregulación...*, ob. cit.

Por ello, las regulaciones privadas tienen un amplio campo de aplicación como un rol complementario a la regulación pública estatal o internacional, siendo verdadero *soft law*[18] para la empresa y sus relacionados.[19]

Otros esquemas de autorregulación pueden permitir cierta participación del gobierno como órgano supervisor,[20] como es el caso del sector bancario venezolano en el cual la SUDEBAN emite, a través de normas prudenciales, lineamientos generales de regulación que luego son adaptados por los sujetos obligados en su sector.

La forma en cómo la empresa crea sus propias normas internas puede variar mucho de acuerdo con el documento constitutivo-estatutario de la sociedad. En empresas trasnacionales, pueden existir igualmente múltiples órganos societarios que dicten políticas locales e internacionales para regular la compañía, pero siempre sometidos a las directrices de la casa matriz. En algunos casos, la sociedad constituida delega a la junta directiva la creación de políticas societarias, mientras que en otros casos se delega a comités cuya función es dictar políticas y protocolos.

La empresa, en su autonomía, tiene plena libertad de normarse de acuerdo con sus necesidades. Esto es fundamental pues demuestra la intención de la empresa de adecuarse internamente a lo requerido por la legislación local y estándares internacionales, e inclusive puede autorregularse de manera más exhaustiva que la forma establecida por la legislación estatal con estándares y protocolos más minuciosos. Ello tiene como consecuencia, externamente, la consolidación de mejores prácticas corporativas frente a la sociedad, e internamente, controles y chequeos constantes para que el negocio pueda cumplir sus objetivos de la mejor manera posible dentro de la ley y sus autorregulaciones.

3. El compliance como "especie" del Derecho Administrativo

En nuestra opinión, *compliance* no es más que derecho administrativo especial aplicado a la empresa. Sin ánimo de ahondar en las profundas aguas dogmáticas de la clásica noción del derecho administrativo (en la cual todo su estudio versa sobre la Administración Pública), somos de la opinión que la noción de *compliance* divulgada en este trabajo se sustenta en la íntima relación entre la empresa privada con la Administración en

---

18 Véase sobre el término Del Toro Huerta, Mauricio Iván, "El fenómeno del soft law y las nuevas perspectivas del derecho internacional", *Anuario Mexicano de Derecho Internacional*, vol. VI, México DF: UNAM, 2006, pp. 513-549.

19 Id.

20 Zerk, *Multinationals and...*, ob. cit., p. 37.

todos sus roles. Al entender la empresa como el sujeto de las regulaciones que propulsa la Administración, nos ayuda a entender en qué forma podemos analizar y controlar el riesgo legal y regulatorio de la compañía frente sus reguladores. En definitiva, nos encontramos ante el derecho regulatorio aplicado a la empresa como la máxima expresión de derecho público contemporáneo, pero desde la perspectiva de los intereses comerciales privados.[21]

En paralelo, acertadamente se ha señalado que existe una marcada regulación penal que plantea una adecuada estrategia de defensa y cumplimiento de normas de tipo penal.[22] Nuestra visión no es excluyente e implica una íntima interrelación entre lo penal y administrativo como derecho público empresarial. En todo caso, la esencia verdadera del *compliance* no es el mero cumplimiento de la legislación penal o administrativa por el sólo hecho de obedecer la norma legal como formalismo jurídico. En cambio, el sustento de la idea de *compliance* defendida en este trabajo es el cumplimiento con integridad, con sentido y respeto de la legalidad como herramienta de negocios y ordenación de su actividad, así como su profundo elemento preventivo ante escenarios no contemplados por sus importantes riesgos legales para la sustentabilidad de los negocios.

Dicho esto, el objeto de un programa de cumplimiento se centra, en cierto sentido, en establecer controles internos para enfrentar varios niveles de riesgos frente a múltiples entes regulatorios con potestades administrativas –y en algunos casos penales– que pueden impactar una empresa. De esta manera, *compliance* es una forma sistematizada de categorizar el riesgo administrativo frente a la Administración Pública –así como el riesgo penal frente a los fiscales competentes–, y cómo el quehacer de estas autoridades puede impactar las operaciones comerciales de cualquier organización pues, como tendremos la oportunidad de explorar, ese riesgo es amplio en su espectro, y no solo representa retos desde el punto de vista estrictamente regulatorio, sino además desde la perspectiva penal y de los poderes punitivos del Estado. En muchos sentidos, *compliance* es un sistema de contrapesos interno, simulando una suerte de contraloría legal empresarial pero cuya actuación, idealmente, siempre es

---

21 Nótese que esta relación entre el sector privado y la Administración no es del todo novedosa, pues anteriormente ha sido estudiada baja la óptica de los ordenamientos jurídicos sectoriales. Véase al respecto Giannini, Massimo Severo, "Istituti di crédito e servizi di interese pubblico", *Moneta e Crédito,* N° 5, 1949.

22 Véase en general, Rodríguez Morales, *Criminal Compliance...,* ob. cit.

preventiva frente a los *stakeholders* principales de la empresa, entre ellos: la "todopoderosa" Administración Económica.

Esos *stakeholders*, tradicionalmente son representados por la Administración Pública en su rol especializado: la administración sanitaria, tributaria, contralora, bancaria, aseguradora, entre muchos otros. Así, una buena parte de la noción de *compliance* implica un conocimiento exhaustivo de la regulación sublegal imperante en un sector regulado y sus consecuencias e impactos para el negocio como actor económico.

El derecho administrativo económico venezolano se ha caracterizado por la creciente intervención de la Administración económica, limitando el derecho constitucional a la libertad económica,[23] ordenando, disciplinando, supervisando, y dirigiendo el ejercicio de actividades económicas de los particulares.[24] No cabe duda para quien suscribe que podría decirse que *compliance* es derecho económico aplicado a la empresa –como veremos más adelante– y sus relaciones con la Administración Económica, para así adecuar internamente los controles necesarios para que la legalidad sea cumplida, obedecida y respetada en el seno de la empresa.

En primer lugar, en la actualidad, la regulación define los modelos de negocios y las actividades comerciales de cualquier actor privado. Todo sector tiene consecuentemente una regulación especial aplicable. En este ambiente regulatorio, si las empresas no se adaptan a las regulaciones, su destino es el fracaso inminente. Ser disruptivo en contra de la ley puede significar inmensurables pérdidas financieras. En segundo lugar, el relacionamiento e interacción con entes reguladores es parte del quehacer diario de toda empresa nacional o trasnacional por múltiples razones. Interactuar con la Administración Pública es parte de la dinámica de hacer negocios en la contemporaneidad, ya sea porque nuestra empresa licita con el Estado, requiere permisos o habilitaciones especiales para operar, o por proyectos conjuntos con organismos públicos.

---

23 Artículo 112 de la CRBV. "Todas las personas pueden dedicarse libremente a la actividad económica de su preferencia, sin más limitaciones que las previstas en esta Constitución y las que establezcan las leyes, por razones de desarrollo humano, seguridad, sanidad, protección del ambiente u otras de interés social. El Estado promoverá la iniciativa privada, garantizando la creación y justa distribución de la riqueza, así como la producción de bienes y servicios que satisfagan las necesidades de la población, la libertad de trabajo, empresa, comercio, industria, sin perjuicio de su facultad para dictar medidas para planificar, racionalizar y regular la economía e impulsar el desarrollo integral del país."

24 Hernández, José Ignacio, "Intervención económica y liberalización de servicios esenciales en Venezuela", en: *Revista de Derecho Administrativo*, 2000, N° 10, pp. 61-135, especialmente p. 62.

Ahora bien, *compliance* cumple una función preventiva y de conocimiento exhaustivo del entorno regulatorio que enfrentamos para hacer negocios de forma segura. Como veremos, no obstante, una vez cometido un hecho ilícito, sea penal o administrativo, en el marco del giro comercial, son muy pocas las opciones que tiene la compañía para sobrellevar los errores cometidos desde una perspectiva netamente legal. Así las cosas, nos adentraremos en el verdadero derecho regulatorio aplicado a la empresa y su quehacer, teniendo ello resultados tanto penales como comerciales.

4. La ética como un aspecto a considerar en materia de compliance

Mucho se discute si el cumplimiento normativo es parte de la ética de los negocios. Preliminarmente debemos advertir que la ética y el estudio de *compliance* son dos nociones diferenciables, pero, al mismo tiempo, muy complementarias. Por una parte, la ética como rama de la filosofía, puede entenderse en términos planos como el discernimiento entre lo bueno y lo malo. En materia empresarial, la ética corporativa define la actuación empresarial entre lo aceptado y lo reprochable, pues la empresa se encuentra sujeta a parámetros éticos en sus actuaciones. Por otra parte, el estudio de *compliance* abarca los controles normativos que toda empresa debe tener para mitigar y analizar adecuadamente riesgos legales y regulatorios.

Evidentemente existe una yuxtaposición entre estos conceptos por obvias razones: ambas nociones buscan una actuación empresarial adecuada por estándares de comportamientos (ya sean éticos o regulatorios), pero mientras que el análisis de *compliance* tiende a ser muy concreto (la consecuencia del incumplimiento de una norma jurídica implica una sanción establecida en el ordenamiento jurídico), este no es el caso de los dilemas éticos que el abogado corporativo puede enfrentar, ya que el problema ético supone una cantidad de matices que difícilmente se corresponden a respuestas absolutas, de verdadero o falso, o que puedan responderse fácilmente.[25]

Ahora bien, ¿por qué la ética empresarial es importante? por dos razones fundamentales: *(i)* porque puede tener consecuencias legales para

---

[25] Así, mientras en materia de cumplimiento normativo las respuestas a los problemas planteados tienen una respuesta u otra (*v.g.* es aplicable o no una sanción, se asume o no se asume el riesgo planteado) en materia de dilemas éticos muchas veces las preguntas y respuestas son mucho más grises y relativas (y dependerá, en buena medida, en cabeza de quien corresponda tomar la decisión de la situación planteada).

el negocio y *(ii)* porque los reguladores tienen interés en negocios éticos. Estas dos afirmaciones son muy prácticas: al negocio le interesa mantener actuaciones éticas en sus operaciones comerciales. Así, por ejemplo, el principio de transparencia empresarial, entendido como realizar negocios de forma sincera y abierta, tiene particular relevancia en la cotidianidad de los negocios, pues la empresa debe ser transparente con todos sus interesados.

Cada vez hay más investigaciones que muestran vínculos entre la ética y el desempeño. Pero, a pesar de estos hallazgos, con frecuencia, el análisis ético no forma parte de la toma de decisiones gerenciales. En la mayoría de las empresas bien administradas, los análisis financieros, legales y competitivos son rutinarios y se hacen de forma explícita. Por el contrario, la ética se considera como algo instintivo o una "reacción visceral" y se maneja *ad hoc*, conforme surjan los problemas.[26]

Evidentemente, cada empresa representa características propias y únicas desde la perspectiva ética.[27] Precisamente por ello, en materia empresarial, lo que opinan de nosotros como compañía sí importa e impacta en el valor y percepción de la empresa.[28]

La reputación empresarial, entonces, tiene mucho que ver con una actuación adecuada a ciertos valores culturales (tanto internos de la empresa, como externos en el ambiente que se desarrolla) y conductas contrarias a lo generalmente aceptado deben ser reprochadas por la organización inmediatamente. No en vano, en opinión del Departamento de Comercio de los Estados Unidos en su Manual de Ética Empresarial para negocios responsables en mercados emergentes, se señala que las orientaciones primarias de un programa ético deben ser:

a. Un enfoque basado en el cumplimiento, que "se centra principalmente en prevenir, detectar y sancionar las infracciones de la ley."

b. Un enfoque basado en valores, que "tiene como objetivo definir los valores organizacionales y fomentar el compromiso de los empleados con las aspiraciones éticas."

---

26 Paine, Lynn, "Ethics: A basic framework", *Harvard Business Review*, 2007, p. 1.

27 U.S. Department of Commerce, International Trade Administration, *Business Ethics: A Manual for Managing a Responsible Business Enterprise in Emerging Market Economies*, Washington, U.S. Department of Commerce, 2004, p. 47.

28 Imagínese el impacto de una controversia ética en el valor de las acciones en el caso de las empresas que cotizan en bolsa pública de valores o el rechazo por parte de los consumidores en su rol de activistas.

c. Un enfoque satisfactorio de las partes interesadas externas mediante el cual las empresas "esperan mantener o mejorar su imagen pública y sus relaciones con las partes interesadas externas."

d. Un enfoque de protección de la alta dirección, que "se introduce en parte para proteger a los propietarios y a la alta dirección de la culpa de fallas éticas o problemas legales."[29]

Esto representa un enfoque legalista de los problemas éticos aplicado a los negocios. Pero la realidad empresarial contemporánea es que el problema pudiera ser mucho más abstracto y mucho más que un simple análisis de aplicación de ley. Normalmente, las compañías tienen códigos de ética que representan los valores natos de la organización y sirven de un compilatorio de normas éticas (que generalmente son vagas, generales, y abstractas). No obstante, el razonamiento detrás de las normas éticas se fundamenta en reglas que pueden o no estar escritas (aunque en la actualidad, es una regla de sentido común la existencia de código éticos).

La ventaja de tener un código en este sentido es la normatización del problema a través de mandamientos institucionales. En este sentido, el valor de los códigos éticos proviene tanto en la comprensión de dichos códigos como de su capacidad para apelar a las emociones.[30] La culpa, la vergüenza, la conciencia, el orgullo por la profesión pueden ser tan importantes como la razón para motivar el comportamiento ético.[31] Los elementos emotivos son una consideración importante para decidir cómo crear códigos con impacto para los empleados de una organización.

Ahora bien, como la ética es compleja, se requiere una metodología para afrontarla. En este sentido, Paine sostiene la utilidad de establecer un marco de referencia, que no es más que una metodología conceptual sobre los problemas meramente éticos y con impacto empresarial. Para ello, deben valorarse elementos básicos en cada situación en concreto: los deberes de las partes intervinientes en el dilema ético, los derechos involucrados, la mejor acción (entendido esto como el estándar aplicable, dado que representan una conducta que es deseable, pero que no es necesariamente obligatoria),[32] y finalmente, los compromisos asumidos por las partes del problema respecto a la organización.

---

29 U.S. Department of Commerce, *Business Ethics...*, ob. cit., p. 46.

30 Gilman, Stuart C., *Ethics Codes and Codes of Conduct as Tools for Promoting an Ethical and Professional Public Service: Comparative Successes and Lessons*, documento preparado para el Banco Mundial, Washington DC, 2005, p. 6.

31 Id., p. 6.

32 Véase Paine, *Ethics: A Basic...*, ob. cit., p. 3.

Esta metodología tiene sentido pues analiza las siguientes preguntas: ¿qué debía hacer el infractor? ¿qué derecho ha sido violentado? ¿qué estándar o norma ética es aplicable? ¿qué compromiso tiene el infractor frente a la empresa? Estas preguntas sirven de guía para el oficial o gerente legal y de cumplimiento, aunque no dejan de ser un ejercicio casuístico. El análisis ético exige un pensamiento riguroso y un análisis profundo de pros y contras.[33] La mayoría de las veces, también requiere investigación y recopilación de información sobre leyes y reglamentos, códigos de conducta, prácticas habituales y opiniones emitidas.[34] Al igual que el análisis estrictamente legal, el análisis ético –muchas veces consecuencial a un problema legal– requiere método y objetividad.

Evidentemente, no existen respuestas correctas en esta materia y se requiere profunda reflexión en cada caso en concreto, ponderando los intereses de la empresa y el impacto de su actuación corporativa frente a sus accionistas, empleados, la sociedad y la opinión pública. La posibilidad del establecimiento de pasos a seguir puede ayudarnos a clarificar situaciones fácticamente complejas. Es por ello que la ética requiere un marco de referencia para establecer lineamientos objetivos que faciliten las decisiones ético-corporativas.[35]

Este marco involucra cuatro preguntas fundamentales que un actor (un individuo, una compañía o un grupo) deberían considerar cuando evalúa un posible curso de acción: *(i)* ¿Esta acción concuerda con los deberes básicos del actor? *(ii)* ¿Respeta los derechos y otras reivindicaciones legítimas de las partes afectadas? *(iii)* ¿Refleja las mejores prácticas? *(iv)* ¿Es compatible con los compromisos más arraigados del actor?[36]

Lo interesante de la formulación y aplicación de un marco de referencia es que supone un claro análisis de los hechos y establecimiento concreto de los estándares aplicables, y provee herramientas para la toma de decisiones del negocio. En este punto, bien puede hablarse de principios que rigen la actividad empresarial (que pueden estar o no comprendidos por el código de ética de la empresa) como formas de interpretación de valores culturales de la empresa, así como de valoración de una conducta determinada. En todo caso, no es necesaria una norma ética escrita para

---

33 Id., p. 5.

34 Id.

35 Id.

36 Id., p. 2.

su consideración, pero es altamente recomendable la redacción de códigos éticos empresariales para dar sustento institucional a este tipo de problemáticas.

A título de ejemplo, imaginemos lo siguiente. Si una empresa X establece un plan agresivo para maximizar sus costos operativos y emplea un esquema de pago de salarios muy por debajo de lo necesario para vivir en un país en vías de desarrollo para lograr una rentabilidad superior en sus objetivos corporativos, ¿debe la empresa ser reconocida por este tipo de actuaciones empresariales?

La respuesta debe ser negativa, pues, la empresa debe velar por las mejores prácticas empresariales, que son aceptadas por la opinión pública, todos los actores sociales, y en casos como este, inclusive susceptibles de una discusión profunda sobre el impacto empresarial en materia de derechos humanos. En este ejemplo, parece ser una respuesta contundente (la empresa no debe hacer esto y jamás debió ser planteado) pero no siempre estos análisis son tan contundentes.

Para complicar nuestro análisis, imaginemos lo siguiente en otro ejemplo hipotético: en una empresa del sector consumo masivo, por medio de una investigación interna realizada por el equipo de finanzas y seguridad (en una auditoría financiera), se logró constatar que un gerente de ventas se estaba vendiendo a sí mismo producto de la empresa, en contra de lo establecido por las políticas de la compañía y abusando de su posición como gerente.

De acuerdo con el código de ética de la empresa y su programa de cumplimiento, ¿es la conducta del gerente de ventas una conducta "íntegra" a la luz de los estándares de conducta corporativos? ¿Debe la empresa permitir que estos conflictos de intereses fluyan sin consecuencias o amonestaciones a los trabajadores? En este sentido, establece el programa ético empresarial que tener integridad implica que nuestras acciones, comportamientos y nuestra forma de hacer negocios sea honesta, responsable, transparente, sincera y merecedora de confianza.

En este ejemplo hipotético, el gerente de ventas ejercía una posición de liderazgo dentro de la sucursal que gerenciaba, siendo él la única autoridad de la empresa en la región donde se encontraba. Su jefe, el gerente senior de ventas, se encontraba en otra localidad muy alejada de la sucursal en cuestión. De tal manera que no existía control efectivo sobre los despachos que él mismo se autogestionaba a conveniencia. El producto comprado era pagado desde su misma cuenta nómina, y se evidenciaba descuentos aplicados a los productos que se vendía a sí mismo.

Financieramente, el hecho de que un gerente de ventas se vendiera a sí mismo producto de la empresa era un quiebre de control, pues, en primer lugar, el gerente tenía potestad de establecer unilateralmente las mejores condiciones comerciales en perjuicio de la empresa y, en segundo lugar, representaba un manejo irregular del producto destinado a la sucursal, siendo el gerente de ventas uno de los diez clientes más importantes de la sucursal respectiva.

¿Esta situación representa un problema ético? La respuesta es afirmativa por dos razones. En primer lugar, el trabajador abusó de su posición para beneficio propio y sin rendir cuentas esto puede concluir en una conducta moralmente reprochable. En segundo lugar, la conducta del trabajador constituyó una conducta que cualquier otra persona en su posición no hubiese hecho (la conducta del trabajador no fue honesta). Ahora bien, ¿esta situación representa un problema legal? La respuesta pareciera ser negativa, al entender que el gerente no cometió un fraude frente a la empresa como delito autónomo.

Como podemos observar, cuando el dilema o problema ético sucede, la empresa se encuentra en la posición de analizar lo que está ocurriendo y tomar acciones frente a lo sucedido independientemente de la forma de su descubrimiento (líneas de teléfono de reporte, a través de los gerentes, o por reportes confidenciales). Este proceso de decisión se puede sustentar en el código de ética, pues, puede ser la norma ética que debe predominar. Pero hay situaciones, como la narrada anteriormente, que requieren una ponderación de los intereses de la empresa, los valores que deben predominar, y un análisis de aquello que está bien frente aquello que está mal y no puede ser tolerado. ¿Qué debemos hacer en todo caso? ¿Cómo enfrentar estas situaciones? ¿Cómo debe sancionarse este tipo de situaciones complejas?

Una forma de implementar soluciones a este tipo de problemas no legales es por medio de preguntas reflexivas como ya hemos adelantado: ¿me sentiría cómodo dejando esta mala práctica pasar desapercibida? La respuesta es igualmente negativa, pues, las normas éticas tienen una razón de ser y deben ser ejecutadas para la protección de la empresa y las personas que la conforman. ¿Qué debo hacer en esos casos? ¿Tengo el valor suficiente para alertar una irregularidad y emitir una opinión firme sobre cómo debe remediarse el hecho antiético?

Evidentemente, el ejercicio de estos juicios de valor no es mecánico, pues hay personas detrás de nuestras conclusiones y su destino puede depender de nuestras decisiones (*v.g.* conclusiones que pueden resultar en el despido de un trabajador y una familia que se puede quedar sin sustento económico). Adicionalmente, toda sanción en esta materia debe pasar por un proceso de ponderación de los intereses de la empresa, las consecuencias del acto antiético, así como la reputación de la empresa.

Desde la perspectiva de una gerencia legal y de *compliance*, el proceso de decisión respecto a casos éticos, igualmente, tiene consideraciones grises. El problema radica en decidir qué debe ser permitido y qué debe ser considerado reprochable. Por ello, muchas veces las normas escritas son insuficientes para determinar las consecuencias de un dilema ético.

No es la intención de estas palabras ahondar en el complejo mundo de la ética empresarial. No obstante, toda gerencia legal debe enfrentarse a estas situaciones a diario y debe estar preparada en cómo proceder. El análisis legal siempre tiene una implicación ética, aunque no sea aparente. Un programa de cumplimiento debe contemplar también los problemas éticos como problemas integrantes de la realidad corporativa y establecer lineamientos de acción para cuando ocurran este tipo de situaciones.

Para el abogado corporativo, su rol de asesor legal se compagina con su rol de gerenciar un departamento legal y de *compliance*. Gerenciar no es una tarea fácil y las decisiones de ética aplican un matiz de complejidad adicional a las decisiones de negocio. Una máxima en esta materia es nunca subestimar las implicaciones éticas del negocio, pues, tarde o temprano, estaremos en la situación de enfrentar un problema ético. Al final, si la noción defendida en este trabajo defiende un sistema amplísimo de controles, la ética es en buena medida un instrumento de medición de muchos de los controles establecidos en un programa de cumplimiento y representa retos diarios para toda organización contemporánea.

II. EL ANÁLISIS DE RIESGOS COMO PARTE INTEGRANTE DE TODO PROGRAMA DE CUMPLIMIENTO

El riesgo en los negocios y en la vida profesional es algo normal. En nuestra vida diaria siempre asumimos riesgos y ponderamos, sin saberlo, sus consecuencias. Pero ¿qué es el riesgo? Hay dos respuestas a esta pregunta, y cada una definirá nuestra perspectiva sobre el riesgo, aunque ambas pueden entrelazarse en nuestro análisis.

Por una parte, el riesgo es la posibilidad de que algo malo suceda, y cómo algo adverso a nosotros, debe ser evadido.[37] Así, no es posible tolerar aquello que genere consecuencias dañinas para nosotros. Por otra parte, el riesgo también puede ser considerado como la dispersión de los potenciales eventos futuros independientemente de su resultado.[38] Ciertamente, el riesgo puede ser evadido para estar en una posición segura y conservadora, pero esta no es la realidad siempre. En el mundo financiero contemporáneo, el riesgo también implica oportunidades de negocio, que bien aprovechadas, puede incrementar sanamente el patrimonio corporativo o asegurar la estabilidad y sustentabilidad comercial a largo plazo.

El manejo del riesgo es precisamente el debate entre estas dos respuestas: es la operación de análisis que una empresa u organización realiza para prever y manejar las incertidumbres que depara el futuro. Existe un evidente cruce entre la noción de *compliance* y el manejo del riesgo o *risk management*, principalmente, porque el riesgo legal es sencillamente una parte del riesgo considerado como un todo, y *compliance* es, precisamente, una forma de manejar el riesgo legal corporativo.[39]

En todo caso, más allá de que estos conceptos sean antagónicos, lo verdaderamente importante es entender cuánto riesgo la empresa está de acuerdo en tolerar para lograr sus fines comerciales.[40] Por ello, se ha señalado acertadamente, que un programa de cumplimiento efectivo debe tener un proceso de análisis de riesgo sólido, un adecuado uso de los recursos corporativos designados, y revisiones constantes a esos riesgos encontrados o potenciales.[41]

La asunción de riesgos puede ser una posibilidad tanto necesaria como innecesaria, y dependerá, en la gran mayoría de los casos, de decisiones respecto a la estabilidad económica empresarial y su crecimiento o consolidación en el mercado. Por ello, no es sorpresa que cada empresa maneje el riesgo, en general, en la forma como mejor se adapte a sus necesidades de negocio, estableciendo cuál será el personal encargado para su análisis y la toma de decisiones corporativas.

Así, el riesgo corporativo a analizar es decidido por la junta directiva de la compañía o comités designados para tales efectos, por medio de una

---

37 Miller, *The law of...*, ob. cit., pp. 531 y ss.

38 Id.

39 Id., p. 532.

40 Id., p. 535.

41 DOJ, *Evaluation of...*, ob. cit., p. 3.

distribución del manejo del riesgo (*v.g.* no es lo mismo el riesgo que pudiera asumir la fuerza de venta de una compañía de consumo masivo al riesgo que otra unidad del negocio pueda asumir, aun cuando sea parte de la misma empresa). El riesgo tradicionalmente se ha tratado como un asunto meramente comercial, pero este ya no es el caso.

El riesgo legal en la actualidad es mucho mayor que el incumplimiento de un contrato o los litigios pendientes en las contingencias contables. Realmente, es la posibilidad plausible de sanciones administrativas y penales que puedan paralizar, destruir o comprometer la operación comercial nacional e internacionalmente. Por ello se ha catalogado el riesgo legal como un riesgo no cuantificable que se hace especialmente relevante en los mercados no organizados.[42] Es por lo que se ha afirmado que en la medida que la institucionalización aumenta, hace lo mismo la seguridad jurídica, y por consecuencia, se reduce el riesgo legal de pérdida.[43] Una idea fundamental en nuestra visión generalista de *compliance* es que el riesgo legal puede prevenirse, mitigarse y planificarse en determinados supuestos regulatorios.

Al riesgo legal, en estas palabras, lo denominamos bajo la categoría amplia de riesgo legal/regulatorio porque creemos que esta la contempla en un sentido general. Como tendremos la oportunidad de analizar, las leyes y regulaciones, así como el surgimiento de un Estado Regulador, han logrado crear un ambiente complejo desde un punto de vista normativo, con lo cual, en un sentido muy amplio, por regulaciones nos referimos a toda norma jurídica que regle la vida comercial empresarial y la interacción de las empresas con la Administración Pública en cualquiera de sus formas.

Creemos que, sin lugar a duda, un correcto y sistemático análisis del riesgo legal es muy útil en su aplicación para determinar el impacto de los litigios que conciernen a la empresa, la contratación diaria comercial, obligaciones y estrategias tributarias, así como las múltiples y complejas relaciones con la Administración Pública en la regulación sectorial que nos concierne como industria.

Cabe destacar que asumir riesgos no es necesariamente algo reprochable. El riesgo, como vemos, puede ser asumido y tolerado si existen oportunidades financieras y económicas que ameriten tomarlo. Ahora bien, la pregunta de cuánto riesgo soy capaz de asumir es la clave de todo

42 Gómez Cáceres, Diego & López Zaballos, Jesús, *Riesgos financieros y operaciones internacionales,* Madrid, ESIC Editorial, 2002, pp. 135 y ss.

43 Id.

el sistema de manejo del riesgo que planteamos. De igual forma, así como las decisiones de riesgo son tomadas por los *executive top teams* y los comités y gerencias respectivas en representación de la empresa, este debe ser un proceso objetivo, directo y transparente en la identificación de riesgos y previsión de resultados y consecuencias. El riesgo no debe ser controlado por una función única del negocio, sino que, más bien, debe ser distribuido de manera útil en la organización, con los necesarios chequeos y aprobaciones previas para lograr decisiones adecuadas. Esto supone un gobierno corporativo con protocolos en este sentido y foros adecuados donde puedan tomarse esas decisiones y con transparencia.[44]

Indudablemente, un buen gobierno corporativo es beneficioso para todas las empresas y sus administradores, toda vez que el manejo ético y transparente de las grandes corporaciones contribuye en definitiva al desarrollo y la inversión, la cual retorna beneficios económicos.[45] Es también una forma de evaluar las distintas caras de una misma organización las cuales muchas veces no pueden ser identificadas, al menos no de forma total, si la responsabilidad recae solo sobre un grupo pequeño.

Como abogados, nos vemos en una situación éticamente compleja al asesorar en áreas donde la línea entre lo legal e ilegal es muy delgada y los argumentos a favor y en contra son igualmente considerables. En esta área gris, el riesgo legal, una vez analizado por los actores interesados, presenta ante nosotros la siguiente pregunta comercial: ¿me conviene o no me conviene cumplir? Éticamente, como abogados, no podemos asesorar ir abiertamente en violación al ordenamiento jurídico sin que medie una justa causa.[46] Lo que sí puede el abogado es asesorar en cómo navegar la regulación exhaustiva a la que se enfrenta el negocio.

Precisamente estas complejidades ameritan, racionalmente, el uso de matrices para guiarnos en nuestras decisiones como asesores legales corporativos. Por ello, para analizar el riesgo legalmente considerado, siempre es de utilidad una matriz de riesgos que nos ayude a categorizar y tratarlo adecuadamente, independientemente de la decisión de negocio que finalmente se tome (pues pudiera ser el caso que la solución estrictamente

---

44 Adicionalmente, cabe destacar que garantizar las mejores prácticas de gobierno corporativo ayudan a concretizar y manejar de la mejor forma el conflicto de intereses entre administradores y accionistas en las sociedades mercantiles. Véase en este sentido, Gámez Arcaya, Francisco, "Principios de Gobierno Corporativo", en: *Revista de Derecho Público*, 2005, N° 102, pp. 37-42.

45 Id.

46 Por ejemplo: el respeto a la dignidad humana ante una regulación que la vulnera o que peca de discriminatoria.

legal, no es la decisión comercial por tomar, y ello no es algo reprochable). Ahora bien, categorizar los distintos tipos de riesgos asignándoles un valor ayuda a una diferenciación entre los riesgos, logra una localización de recursos con cada riesgo en específico.[47] Acertadamente señala Boghraty, usando el ejemplo de la actual regulación de la FCPA y sus consecuencias, que mitigar riesgos implica mapearlos gráficamente.

Por ello, una forma de ejemplificar el riesgo es por medio de una escala de magnitudes conforme con la siguiente categorización cualitativa[48]:

a. Riesgo alto: Multas y sanciones que exceden $100 millones de dólares y pérdida de la licencia de comercio (*riesgo legal/regulatorio/político*); otras formas de pérdida financiera que exceden $20 millones de dólares (*riesgo financiero*); impacto muy significativo y negativo en los medios de comunicación (*riesgo reputacional*); pérdida del *market share* excediendo el 3% (*riesgo financiero*); terminación de uno o más miembros de la junta directiva (*riesgo reputacional*).

b. Riesgo medio: Multas y sanciones entre 1 millón y 100 millones de dólares [*riesgo legal/regulatorio/político*]; otras formas de pérdida financiera entre 500K a $20 millones de dólares [*riesgo financiero*]; impacto negativo en los medios de comunicación [*riesgo reputacional*]; pérdida del *market share* por debajo del 3% [*riesgo financiero*]; terminación de uno o más ejecutivos de la compañía [*riesgo reputacional*].

c. Riesgo bajo: Multas y sanciones por debajo de un 1 millón de dólares [riesgo legal/regulatorio/político]; otras formas de pérdida financiera por debajo de 500K [riesgo financiero]; impacto limitado pero negativo en los medios de comunicación locales [riesgo reputacional]; baja en la moral de los empleados [riesgo reputacional]; terminación de uno o más empleados de la compañía [riesgo reputacional].

Esta escala de magnitudes puede ser aplicable a cualquier situación legal/regulatoria, independientemente de la industria. El análisis de riesgo, en todo caso, debe ser lo suficientemente completo para que la empresa haya analizado y abordado los diversos riesgos que presentan,

---

47 Boghraty, Babak, *Organizational Compliance and Ethics*, New York, Aspen Publishers, 2019, p. 429.

48 Esquema original de Babak Boghraty en *Organizational Compliance and Ethics*, con comentarios nuestros en corchetes.

entre otros factores, la ubicación de sus operaciones, el sector industrial, la competitividad del mercado, el panorama regulatorio, clientes potenciales y socios comerciales, transacciones con gobiernos extranjeros, la realización de potenciales pagos a funcionarios, obsequios, gastos de viaje y entretenimiento, y donaciones caritativas y políticas,[49] y todas sus consecuencias para el negocio.

Otro ejemplo del uso de matrices es ponderar la posibilidad de ocurrencia (bajo, medio, alto) versus el impacto efectivo al negocio (bajo, medio, alto), dando lugar a las siguientes combinaciones posibles:

		PROBABILIDAD DE OCURRENCIA		
		BAJO	MEDIO	ALTO
IMPACTO AL NEGOCIO	BAJO			
	MEDIO			
	ALTO		Multas y sanciones que exceden $100 millones de dólares y pérdida de la licencia de comercio *[riesgo legal/regulatorio/político]*	

Leyenda: (gris claro) combinación impacto/probabilidad baja, (gris oscuro) combinación impacto/probabilidad media, (blanco) combinación impacto/probabilidad alta

Ejemplo de matriz cruzada de riesgo para análisis de decisiones de negocio

En este ejemplo se hace un análisis de riesgos comparativo entre su probabilidad de ocurrencia e impacto, y la ubicación en la matriz dependerá del contexto de cada negocio en y sus circunstancias. Lo importante es entender que el riesgo siempre existirá y que hay un riesgo inherente en cada proyecto comercial que la empresa desea realizar y que es inevitable. En este sentido, lo fundamental es saber cómo analizar y categorizar el riesgo legalmente para asesorar a nuestros clientes como abogados de empresa. Ahora bien, así como el riesgo legal es de vital importancia,

[49] DOJ, *Evaluation of...*, ob. cit., p. 3.

el riesgo puede dividirse en múltiples tipos, siendo todos ellos importantes en el quehacer corporativo y nuestro análisis del caso en concreto.

En este trabajo, por razones obvias de este estudio, nos enfocaremos en el riesgo regulatorio. Adicionalmente, el riesgo político se presenta como una clase de riesgo muy particular que las empresas en Venezuela también deben considerar en su *risk assessment*.

1. El riesgo financiero

El riesgo financiero se compone por múltiples riesgos conexos y es una precisión fundamental para la toma de decisiones del negocio como entidad comercial. Probablemente, sea uno de los riesgos considerados fundamentales por las organizaciones, pues naturalmente, el impacto financiero es la mayor preocupación de cualquier empresa. Así, existe el riesgo crediticio cuando las compañías tienen acceso a créditos bancarios y la posibilidad de incumplimiento con los términos acordados. Por otro lado hallamos el riesgo de liquidez de la empresa, que tiene que ver con los fondos sociales y el flujo de caja que maneja la sociedad mercantil, así como el capital operacional necesario para la continuidad del negocio.[50]

Otros ejemplos de valor son el riesgo de mercado, considerado como aquél donde se analiza las fluctuaciones del precio de los bienes o servicios comprados por la organización; y el riesgo estratégico considerado por la posición empresarial de la organización frente a otras y su cuota de mercado.[51]

Fíjese que el riesgo financiero siempre puede diversificarse, lo que quiere decir que pueden existir múltiples riesgos, y cada uno puede ser tratado y asumido de formas distintas por el negocio.

2. El riesgo político

El riesgo político o riesgo país es el que concurre en las deudas de un Estado globalmente consideradas, por circunstancias inherentes a su soberanía.[52] Hay varias formas de medir el riesgo político, pero a los fines de este trabajo es importante entender dos cosas: *(i)* el riesgo político es *inevitable*, siempre existirá y tendrá variaciones según cada Estado indivi-

---

50 Boghraty, Babak, *Organizational Compliance...*, ob. cit.

51 Id. El riesgo de mercado se debe al hecho de que existen otros peligros económicos que amenazan a todas las empresas. Véase LaMay, Frank, *Corporate Finance*, Wharton School of Business, McGraw-Hill, 2017.

52 Ruiz, Lucía & Becerra, Luis, "El riesgo político de un país", en: *Revista Académica e Institucional de la Universidad Católica de Pereira*, 2000, N° 58, p. 1.

dualmente considerado, y *(ii)* el análisis del contexto del país que nos enfoquemos incrementará o decrecerá nuestra categorización del riesgo que implica hacer negocios en ese país. De esta manera, existen riesgos de la inversión en el extranjero, entendida ésta como los peligros existentes en la tenencia de los activos en el extranjero del negocio, como también en la misma jurisdicción donde se realizan (*v.g.* riesgos relativos a actos materiales de la Administración Pública que pongan en peligro la sustentabilidad del negocio y su operación o los hechos denominados como "del príncipe").

En forma muy amplia, el riesgo político puede ser meramente económico –como la posibilidad de que un Estado no pueda cumplir con sus obligaciones frente a otros Estados o privados– como también puede ser sobre su tratamiento a los derechos humanos o la corrupción. Para nuestra discusión, nos interesa entender el riesgo político de una forma muy amplia entendiendo que hay riesgo político por el manejo de las políticas públicas que afectan la economía y seguridad nacional, así como también se encuentra presente por el hecho de cómo es percibido el país frente a sus pares en materia de corrupción de sus funcionarios públicos, privados y respeto a los derechos humanos.

El Banco Mundial reporta anualmente indicadores financieros existentes de sus miembros, así como reputadas instituciones financieras. Igualmente, existen múltiples instituciones no gubernamentales que prestan el servicio de categorización del riesgo país, como existen organizaciones como Transparencia Internacional que se encargan de medir los índices de corrupción de todos los países del mundo.[53]

No es el objetivo de estas palabras explicar cómo se calcula el riesgo político pues existen varias formas de hacerlo. Lo importante es precisar que hacer negocios en un país con un riesgo político alto, necesariamente debe ser un factor a considerar en cualquier *risk assessment* por razones obvias: incrementan la posibilidad de múltiples resultados. Ahora bien, en un análisis mucho más enfocado a las transacciones diarias, las empresas en su giro comercial se ven obligadas a interactuar con la Administración Pública en todas sus formas, así como funcionarios públicos que representan al Estado para la obtención de permisos administrativos, habilitaciones, liquidar impuestos, dar fe pública de documentos, entre otras tantas actividades.

---

[53] Véase a modo de ejemplo el informe del año 2021 en https://bit.ly/3Pn3gST

De igual forma, el establecimiento comercial ubicado en uno u otro país tiene distintas apreciaciones sobre el riesgo de la inversión por el contexto en el que se ubican. Pero interactuar con funcionarios públicos no necesariamente expone a la empresa. Así, es oportuno afirmar que no cualquier funcionario entra en la categoría de PEP, como tendremos la oportunidad de estudiar en el marco de las regulaciones AML, y como nociones presentes en todo programa de cumplimiento.

3. El riesgo reputacional

Como entidad empresarial, independientemente de la industria que se trate, hay una reputación comercial que defender y que se asocia a los productos y servicios de esa compañía en concreto. El riesgo reputacional es el riesgo que las noticias acerca de la organización puedan decrecer o aumentar la estima mantenida por la organización y apreciada así por el público en general.[54] Es precisamente esa buena opinión o consideración que se tiene sobre una empresa, la calidad de los productos o servicios que ofrece, la confiabilidad de su personal, así como lo que implica su marca corporativa que nadie más realiza, lo que hace que la reputación comercial sea un intangible invaluable y que se puede perder fácilmente.

Imagínense las consecuencias del siguiente escenario: una farmacéutica es descubierta realizando pruebas médicas en personas provenientes del mundo en desarrollo sin explicar los graves riesgos a la salud de tales pruebas. Esto pudiera destapar múltiples situaciones, inversores activistas, boicots contra la empresa, audiencias públicas ante el Congreso, boicots por los consumidores, e investigaciones por las agencias regulatorias respectivas.[55]

Ciertamente se ha afirmado que la reputación comercial es un poder de atracción creado por la continuidad de un esfuerzo cualitativo y cuantitativo representativo de una inversión y de un esfuerzo exitoso, y por ello, es el motor invisible que hace al consumidor moverse en una dirección a una fuente de producción o venta. En efecto, la reputación comercial es lo que diferencia un negocio existente que penetra, o intenta penetrar, en el mercado.[56] Pero eventos desafortunados, negligencia propia, mal manejo de las relaciones públicas y comunicacionales, pueden hacer que la reputación se vea comprometida impactando al negocio.

---

54 Miller, *The law of...*, ob. cit., p. 540.

55 Id.

56 Bentata, Víctor, *Teoría General de las Prácticas Económicas Ilícitas*, Caracas, Editorial Jurídica Venezolana, 1995, p. 100.

Han sido famosos los escándalos de acoso sexual de altos directivos de empresas reconocidas y sus impactos catastróficos en la bolsa de valores. Evidentemente este no es un riesgo que del todo pueda preverse, pero que ciertamente tiene un peso en las decisiones corporativas de las compañías. El daño a la reputación puede ser particularmente peligroso porque toma mucho tiempo en reconstruirse; una compañía catalogada como la "gente mala" no puede convertirse en los "chicos buenos" de la noche a la mañana.[57]

4. El riesgo regulatorio

La legislación y la regulación son parte fundamental del esquema de negocios de la empresa. Los Estados, como entes de autoridad, promulgan y ejercen el poder de prescribir conductas y regulan la vida de todos nosotros como ciudadanos. Este es un derecho innegable de todos los Estados soberanos del planeta: el poder de dictar derecho y hacer cumplir sus normas. Ahora bien, la empresa debe adaptarse al ambiente regulatorio lo antes posible para seguir sus objetivos corporativos y cumplir con las regulaciones existentes. Pero, las regulaciones son cambiantes y dinámicas de acuerdo con las necesidades del Estado o la dinámica del mercado por lo que el trabajo, en este sentido, es progresivo.

El riesgo regulatorio es el riesgo de que las leyes y regulaciones cambiarán de manera tal que tendrán un impacto en los resultados corporativos,[58] ya sea de forma negativa o positiva. Esto puede ser, *v.g.*, una reforma tributaria compleja o el cambio de un esquema estatal de negocios en determinado sector industrial. Las posibilidades pueden ser múltiples e impredecibles.

Dentro de esta categoría se incluye el riesgo sectorial, en el cual, ciertas industrias son más propensas a ciertos riesgos por corrupción, por ejemplo, por *(i)* altos niveles de interacción con el gobierno; *(ii)* altos niveles de regulación; *(iii)* contratos de duración prolongada; *(iv)* proyectos grandes y complejos con múltiples socios privados o públicos. Tradicionalmente, sectores de alto riesgo son aquellos considerados como industrias extractivas (*v.g.* la industria petrolera y minera), construcción e infraestructura, defensa y telecomunicaciones.[59]

Desde un punto de vista económico, el Estado tiene un recurso básico, que como principio general, no es compartido con nadie e inclusive ni con

---

57 Miller, *The law of...*, ob. cit., p. 540.

58 Id.

59 Boghraty, *Organizational Compliance...*, ob. cit., pp. 427-428.

sus más poderosos ciudadanos: el poder de coercer.[60] La teoría económica de la regulación sostenida por STIGLER mantiene la idea que la regulación puede ser buscada activamente por una industria, o puede ser impuesta sobre ella.

Así, por regla general, la regulación es adquirida por la industria y está diseñada y operada principalmente para su beneficio.[61] Por ello, sostiene STIGLER, ocurre una situación curiosa: las empresas prefieren la promulgación de regulaciones porque operan como barreras a la entrada de competidores potenciales o que de otra manera ponen en desventaja a los productos sustitutos o favorecen los productos complementarios a los suyos.[62] Así, el análisis regulatorio no implica, necesariamente, una situación negativa para la empresa. Las regulaciones pueden ser muy beneficiosas para las empresas, y sus riesgos asociados, no necesariamente implican un impacto negativo para los negocios.

En el caso venezolano, el aspecto regulatorio es clave al existir mecanismos de regulación que afectan, principalmente, la regulación de precios, de la oferta de productos, una legislación laboral rígida, así como una intervención directa en actividades netamente privadas.[63] La novedad más obvia del Estado administrativo moderno es el extraordinario incremento en el alcance y complejidad de las regulaciones en todo sector económico, con una tendencia legislativa a regular más exhaustivamente sobre el siempre creciente dominio de la actividad privada.[64] Por ello, las compañías deben analizar adecuadamente el riesgo a eventuales regulaciones que pueden comprometer la operación y mantener el relacionamiento con los *stakeholders* más importantes en su industria respectiva.

III. LOS ELEMENTOS CLAVES DE UN PROGRAMA DE CUMPLIMIENTO

Así como el riesgo y su análisis es fundamental como presupuesto para iniciar negocios o establecer relaciones comerciales con cualquier

---

60 Stigler, George, "The Theory of Economic Regulation", en: *The Bell Journal of Economics and Management Science,* 1971, Vol. 2, N° 1, p. 4.

61 Id., p. 3.

62 Martin Lodge, Edward C. Page, and Steven J. Balla, George J. Stigler, "The Theory of Economic Regulation" por Chris Carrigan and Cary Coglianese, *The Oxford Handbook of Classics in Public Policy and Administration,* 2015, pp. 287 y ss.

63 Pavel Gómez, *Regulación en Venezuela: adaptación y supervivencia,* Debates IESA, Vol. 13, N° 1, 2008, pp. 14-19, especialmente p. 15.

64 Véase en general Miller, *The law of...*, ob. cit., pp. 141 y ss.

persona, hay elementos claves que siempre tienen que estar para establecer un programa de cumplimiento fuerte estructuralmente. Analicemos estos elementos de forma abstracta, para luego aplicarlos en cada capítulo respectivo, ya que una empresa puede tener múltiples programas de cumplimiento para diversos problemas y regulaciones diferenciables.

No en vano, para aplicar la materia bajo estudio, es necesario hacer un análisis sistemático de cada órgano del programa de cumplimiento como si fuese un cuerpo humano. Cada elemento de la estructura que planteamos –nada nueva en realidad– tiene sus ventajas que, en conjunto, pueden crear un sistema flexible de controles y de prevención. Los estudiamos de seguidas.

1. Las normas ISO como punto previo

Las normas ISO son dictadas por la Organización Internacional de Estandarización (ISO, por sus siglas en inglés) con la finalidad de estandarizar y crear guías para procesos aplicables a cualquier tipo de organización en el marco del establecimiento de sistema de calidad que garanticen las necesidades y expectativas de los usuarios de tales procesos. La ISO es una organización internacional no gubernamental independiente con una membresía de 165 organismos nacionales de normalización.[65] Así, la ISO tiene como objetivo la orientación, coordinación, simplificación y unificación de criterios a las empresas y organizaciones al estandarizar las normas de productos y servicios.

Por medio del establecimiento de estándares, que son previamente aprobados por expertos internacionales en la materia de que se trate, la ISO provee herramientas de guía para empresas, organizaciones, asociaciones, entre otros, respecto a las mejores prácticas en determinadas materias en específico. De esta forma, una primera aclaratoria sobre esta materia, es que las normas ISO son *normas técnicas* en estricto sentido, y *no son normas jurídicas* en los términos propios del ejercicio del derecho.

El término "estándar internacional" tiene una variedad de significados en el uso convencional. En su forma más rígida, puede significar una norma internacional expresada en una obligación convencional pero este no es el sentido aplicable a las normas ISO. Un estándar internacional es una norma para una actividad basada en el mercado. La norma técnica puede expresarse directamente o como una regla de cómo los gobiernos deben tratar de influir (o no influir) en el comportamiento privado. Un

[65] International Organization for Standardization, en https://www.iso.org/about-us.html.

estándar internacional tiene dos atributos esenciales: *(i)* que ha sido prescrito o recomendado por una institución creada para tal fin y *(ii)* la institución debe ser internacional en el sentido de que involucra la participación de personas de más de dos países.[66]

La mayoría de las instituciones que dictan estándares internacionales son organizaciones privadas, no tienen jurisdicción para prescribir estándares a gobiernos o actores económicos privados. Por ello, el interés por seguir el estándar no es una obligación legal, sino un interés propio y privado. A menudo, los estándares van acompañados de etiquetas, marcas, o certificaciones que se basan en la información como medio para reforzar el estándar.[67]

Así, existen estándares que pueden tratarse de la fabricación de un producto, la gestión de un proceso, la prestación de un servicio o el suministro de materiales. En todos estos casos, los estándares cubren una amplia gama de actividades. Los estándares son la sabiduría destilada de personas con experiencia en su tema (fabricantes, vendedores, compradores, clientes, asociaciones comerciales, usuarios o reguladores) y que conocen las necesidades de las organizaciones a las que representan.[68]

2. Los elementos claves de acuerdo con la norma ISO 37301

La novísima norma ISO 37301 sobre el sistema de gestión de *compliance* es una *norma técnica* que representa las mejores prácticas en la materia de cumplimiento. No obstante, la norma ISO 37301 al ser una norma técnica y no una norma jurídica en estricto sentido, no tiene un carácter obligatorio para la empresa por no ser dictada por un órgano de carácter público. Ahora bien, que las normas no sean de aplicación obligatoria, no quiere decir que dichos estándares sean obviados inmediatamente por las empresas. Por ello, es certero afirmar que la norma ISO por definición, es una *norma de referencia*.

La tesis tradicional sobre la naturaleza de las normas jurídicas subyace en la premisa que la normatividad de la norma deriva precisamente por su carácter coercitivo.[69] A los efectos de este trabajo, la norma –inde-

---

66 Charnovitz, Steve, *International Standards and the WTO*, George Washington Law Faculty Publications & Other Works, 2005, p. 3.

67 Id.

68 International Organization for Standardization, en https://www.iso.org/standards.html.

69 Véase en general Peces-Barba, Gregorio, *Curso de Derechos Fundamentales: Teoría General*, Madrid, BOE, 1995.

pendientemente de su fuente– tiene poder no por su posibilidad de ejecución sino por su mera existencia y carácter de obligatoriedad. La empresa contemporánea no cumple con el derecho porque desea evitar ser sancionada, la empresa cumple porque está obligada a hacerlo y ello representa en sí mismo la mejor práctica posible: el respeto de la legalidad y sus formalidades.

Las normas ISO, aunque optativas, pueden guiar a la empresa en el establecimiento de su programa de cumplimiento que mejor se adecúe a sus necesidades, de tal forma, que la norma ISO 37301 es una fuente de referencia técnica en la materia que nos ocupa y no una imposición legal. En este sentido, la norma ISO no es obligatoria de acuerdo con el derecho internacional, ni es obligatoria en el marco del derecho doméstico de los Estados.

Así, aunque la norma ISO 37301 es una norma técnica referencial, provee un resumen de las tendencias y mejores prácticas empresariales en materia de cumplimiento. En este trabajo no nos enfocamos en un estudio exhaustivo de la norma ISO 37301 porque nuestra intención es recoger los principios generales de derecho aplicables a la materia de cumplimiento normativo. Las normas ISO son normas técnicas, y por ello, buena parte de los elementos clave de todo programa de cumplimiento son un resumen, precisamente, de dichas normas técnicas referenciales.

De esta manera, cabe reseñar la importancia de la norma ISO 37301 como referencia para las grandes empresas trasnacionales por su confianza, simpleza y posibilidad de certificación por parte de organizaciones privadas. Sostiene la norma ISO 37301 que las organizaciones que buscan tener éxito a largo plazo necesitan establecer y mantener una cultura de cumplimiento, considerando las necesidades y expectativas de las partes interesadas. Por ende, el cumplimiento no es sólo la base, sino también una oportunidad para una organización exitosa y sostenible.[70] En efecto, este es el sentido y propósito de todo programa de cumplimiento.

La norma ISO 307301 presenta varias novedades desde la perspectiva técnica. En primer lugar, la norma ISO es la primera norma de cumplimiento técnico certificable, lo que permite que terceros puedan dar fe del cumplimiento del estándar realizado por otras organizaciones y puedan verificar que existe un adecuado programa de cumplimiento y análisis de riesgos. En segundo lugar, la norma ISO reconoce que la empresa se encuentra en un entorno altamente regulado y que requiere de un análisis

---

[70] International Organization for Standardization, *ISO 37301:2021, Compliance management systems – Requirements with guidance for use*, 2021.

exhaustivo interno y externo para la evaluación de su programa de cumplimiento. En tercer lugar, se fomentan las herramientas de denuncia interna como mecanismo de detección de irregularidades o incumplimiento del programa como parte activa de la cultura organizacional de la empresa. En cuarto lugar, la norma ISO pondera su análisis en un enfoque de evaluación de riesgos de cumplimiento y propone alternativas técnicas para su evaluación.

Finalmente, la norma ISO incluye en sus recomendaciones el impulso de la cultura del *compliance* como corazón latente del programa de cumplimiento. De esta manera, el programa de cumplimiento debe velar por la promoción de una cultura ética, donde todos los empleados conozcan sus responsabilidades y roles, involucrando a toda la organización en asegurar la viabilidad de la empresa a largo plazo. Nuevamente, y como tendremos la oportunidad de analizar, muchas de las consideraciones de la norma ISO son aplicables en esta obra como principios de cumplimiento, y en consecuencia, analizadas con un trasfondo de análisis legal empresarial.

A. El compromiso gerencial

En primer lugar, la junta directiva de la empresa, así como su gerencia *senior* deben estar comprometidos con el establecimiento de un programa de cumplimiento, su ejecución y respeto a las políticas corporativas derivados de él. Esto es fundamental para que el resto de la organización pueda entender la importancia que existe en este sentido y, además, sientan la necesidad de también participar en él.

Para ello es fundamental que la empresa: *(i)* Establezca un programa de cumplimiento por escrito, como conjunto de normas internas y estándares aplicables a la organización en su negocio y actividad comercial; *(ii)* Dedique suficientes recursos humanos y económicos para el cumplimiento cabal de su programa de cumplimiento. Al ser *compliance* un departamento *in-house*, se requiere personal capacitado para la labor interna corporativa; *(iii)* Se asegure que la gerencia *senior* que participe en la toma de decisiones críticas del negocio copartícipe en los programas de cumplimiento; *(iv)* Desarrolle una cultura corporativa de *compliance* que se nutra y se divulgue a toda la compañía y a todos sus empleados sin distinciones; e *(v)* Impulse el programa de cumplimiento, el cual debe ser respaldado por la junta directiva y la alta gerencia en cada fase de los procedimientos de cumplimiento, manteniéndose involucrada de forma activa y transparente.

Cabe precisar que el gobierno corporativo no se define fácilmente y tiene múltiples problemas. Los enormes accionistas institucionales están buscando más poder en sus empresas, mientras que los interesados clave buscan que su opinión sea escuchada.[71]. Los dividendos por obtener, la regulación y la reputación son cuestiones clave que toda junta de corporaciones debe enfrentar. La dinámica de la junta directiva y el CEO también presenta sus retos en cuanto el apoyo al programa de cumplimiento corporativo. Claramente, la agenda del *compliance officer* es que se cumplan las políticas de la empresa. Pero esto no es siempre un trabajo sencillo.

Esta situación ya no es nueva. Por ejemplo, en los Estados Unidos de América, desde *Caremark International Inc. Derivative Litigation*, se ha sostenido que la junta directiva de las empresas tienen la obligación de asegurarse que la organización tenga sistemas establecidos para monitorear el cumplimiento de la ley.[72] Inclusive, la junta directiva empresarial tendría el "deber afirmativo en crear algún tipo de mecanismo de cumplimiento."[73] Estas declaraciones establecieron a los programas de cumplimiento corporativo en las agendas de las juntas corporativas[74].

Como abogado de la empresa, por una parte, estamos en la obligación de proteger al CEO y su junta directiva. Por otra parte, y al mismo tiempo, somos el abogado de la empresa, no expresamente del CEO y sus representantes. Siempre existirá la tensión entre estos intereses y agendas, y eso es normal. Ahora bien, el apetito por el riesgo debe ser evaluado porque la junta directiva desea realizar más y más inversiones para obtener mayor utilidad, mientras que el abogado de la empresa debe navegar los riesgos legales potenciales (ya sea para mitigarlos o tener planes de acción en caso de que se materialicen) mientras se hacen más dividendos para los accionistas. Evidentemente, estar en el medio entre el CEO y la junta directiva es clave para el *general counsel* y toda gerencial legal. Pero para ello, los abogados de la empresa tienen que construir credibilidad en la organización. Cada programa de cumplimiento, y cada departamento legal, debe ser auténtico y crear su propio perfil.

---

[71] En Estados Unidos, por ejemplo, la conversación está cambiando de manera significativa gracias al impulso de los principales accionistas institucionales en estados azules o liberales como Nueva York y California.

[72] In re *Caremark Int'l Inc. Derivative Litig.*, 698 A.2d 959, 970 (Del. Ch. 1996).

[73] Id.

[74] Hess, David, *Ethical Infrastructures and Evidence-Based Corporate Compliance and Ethics Programs: Policy Implications from the Empirical Evidence,* working paper, Stephen M. Ross School of Business, University of Michigan, 2015, p. 15.

Las políticas corporativas deben ser comunicadas desde lo más alto de la empresa. Debe existir un compromiso con la difusión y ejecución de las políticas corporativas en materia de cumplimiento normativo. Eso implica una continua y amplia difusión a todo el personal de la empresa, mediante campañas comunicacionales internas, de cómo la empresa es responsable cumpliendo todas sus obligaciones y cómo esto la fortalece en su negocio.

Estas políticas no son solo para los empleados, sino que la campaña comunicacional debe extenderse a los consultores externos, proveedores, socios, contratistas, pasantes y aprendices. Todos deben entender las consecuencias de una falla en el sistema de *compliance* y sus terribles consecuencias para la empresa (multas cuantiosas, cierre, sanciones penales contra empleados). Así, respetar nociones básicas de *compliance* debe ser una regla para la contratación de cualquier externo a la empresa.

B. El proceso de análisis del riesgo y due diligence sobre clientes

En segundo lugar, es fundamental el establecimiento de un flujograma de la actividad empresarial y definir sus fases críticas a los ojos del programa de cumplimiento. El riesgo puede ser categorizado de una manera ordenada, si conocemos las fases del proceso comercial donde se perfeccionan. Cada actividad comercial es distinta y posee un flujograma distinto, así como regulaciones sectoriales en específico. Un ejemplo de esto es el programa de cumplimiento que debe tener una compañía norteamericana en sus órdenes de venta en materia de exportación de bienes, y la posibilidad de entablar una relación comercial con una entidad o persona *(i)* sancionada administrativamente, *(ii)* con riesgos potenciales al estar relacionada con una persona sancionada administrativamente o catalogada de cuidado, o *(iii)* con riesgo reputacional.

Fíjese que este flujograma, es fundamental cuando los clientes buscan a la empresa y solicitan pedidos de productos o servicios. Es en este momento cuando el procedimiento de *compliance* se dispara y requiere investigar al cliente a través de procedimientos de *know your customer*. Pero igualmente pueden surgir dudas en la medida que se concretan esos pedidos del cliente, y como empleado responsable de atender al cliente, tenga que reportar a su supervisor o indagar aún más sobre la información que nos proporciona.

Nuevamente, cada empresa funciona de forma distinta y tiene un modelo de negocios particular que será fundamental al momento de definir cuáles son aquellas funciones críticas para el negocio que asumen o tienen contacto con operaciones riesgosas a nivel legal. Las respuestas del *general counsel* y su gerencia legal deberían ser un eterno dinamismo y creatividad para lograr soluciones óptimas para navegar los riesgos legales del negocio. Por ello, la idea es acomodar la decisión de negocio en el camino legal, ya que el trabajo es gestionar los riesgos legales en todos los casos. Siempre es recomendable en cada transacción preguntarse entonces: ¿cuál es su mayor riesgo?

En un sentido amplio, esto se ha denominado manejo del riesgo empresarial o *enterprise risk management* (ERM) que engloba las siguientes ideas: *(i)* el riesgo como la probabilidad de ocurrencia de diferentes resultados; *(ii)* el riesgo es distribuido ampliamente a lo largo de la organización de acuerdo con su gobernanza corporativa y la participación de la gerencia *senior* en las decisiones más complejas; *(iii)* el análisis del riesgo contempla cualquier contingencia que pueda poner en peligro a la empresa y su operación, no limitándose a las pérdidas netamente financieras; (i*v)* el análisis del riesgo tiene importancia ejecutiva en la continuidad comercial; *(v)* la empresa tiene políticas corporativas creadas para el manejo del riesgo internamente y como prueba ante eventuales inspecciones regulatorias y administrativas.[75]

En definitiva, ERM es una serie de protocolos y políticas corporativas donde los riesgos son analizados sistemáticamente, manejados comprensivamente, y tratados como un aspecto central en los planes estratégicos corporativos de la empresa.[76] No es casual, en este sentido, que la Organización Internacional para la normalización (ISO 31000) haya emitido una guía de manejo del riesgo organizacional, estableciendo varios modelos útiles de esquematización del proceso de gestión del riesgo y que abarca el establecimiento del contexto y la apreciación, identificación, análisis, evaluación y tratamiento del riesgo, con base en las actividades de comunicación y consulta y de seguimiento y revisión.[77]

Como podemos observar, el manejo del riesgo es un tópico necesario tanto para el sector público como para el sector privado por los *stakeholders* propios de cada uno. Nuevamente, el manejo del riesgo puede realizarse como un traje a la medida, de acuerdo con las necesidades comerciales, industriales, operativas, legales y regulatorias del negocio en particular. Parece increíble afirmar que, luego de varios años de experiencia

---

75 Véase en general Miller, *The law of...* ob. cit.

76 Id.

77 Norma española ISO 3100, Gestión del riesgo, principios y directrices, 2010, p. 20.

y de ejercicio del profesional derecho, el riesgo legal en muchos casos es muy intuitivo. No obstante, siempre es ideal clasificar el riesgo mentalmente y encuadrarlo en parámetros para tomar decisiones objetivas. En el mundo financiero, es muy común el uso de matrices de riesgos cuando éstos son cuantificables. El riesgo legal es difícil de cuantificar, en particular, teniendo en cuenta el país que se trate y la complejidad de su derecho, regulaciones e interacción con autoridades públicas.

Lo importante, es que la forma de categorizar el riesgo puede ser libremente establecido por nosotros, y una vez establecido debe ser racional. Al final, será un instrumento más en nuestro arsenal de herramientas y argumentos legales. Por ello, la empresa debe destinar recursos para verificar la información de los clientes y sus proveedores. Ciertamente, no todos los clientes y proveedores son habituales, y muchos pueden tener malas prácticas que pueden permear y dañar a la empresa en su reputación o exponerla a riesgos legales (imagínese que su empresa le vende productos a una empresa que legitima capitales, se encuentra sancionada por Estados Unidos, o se encuentra asociada a un esquema de corrupción).

Para prever eventuales escenarios negativos, muchos detalles deben ser revisados y chequeados antes de establecer una relación comercial con clientes y proveedores. Algunas preguntas pertinentes que debemos hacernos sobre el perfil de la compañía del cliente o proveedor en esta materia son las siguientes: ¿es un distribuidor? ¿es un agente independiente? ¿es una persona natural? ¿es un cliente nuevo? ¿el cliente es una subsidiaria de otra compañía? ¿de cuál compañía? ¿cuál es la actividad comercial del cliente o proveedor? ¿a qué se dedica? ¿es una transacción habitual la requerida? ¿son múltiples transacciones? ¿cuál es su periodicidad? ¿qué banco utiliza el cliente/proveedor para realizar el pago de nuestros productos?

Una unidad del negocio debe encargarse de hacer *screening* a los clientes, proveedores, distribuidores y demás actores comerciales que se relacionen con la compañía. Este proceso de *screening* está íntimamente ligado con el flujograma del manejo del riesgo. La responsabilidad de la empresa no se limita a saber quiénes son sus clientes con *know your customer procedures,* sino que adicionalmente, es ideal establecer procedimientos de *know your supplier, distributor,* y así sucesivamente. En materia de exportación, es vital establecer el destinatario final de los productos o servicios que la compañía ofrece en el mercado. El *screening* puede realizarse por métodos orientados al cliente o métodos orientados a las transacciones de la compañía, y que dependerá, en buena medida, de la regulación de la industria que se trate y el tipo de producto o servicio que se ofrece al mercado.

En los métodos orientados a los clientes, proveedores y distribuidores de la compañía, el procedimiento de *screening* se enfoca en el momento antes de la entrada de una orden de venta o compra por parte del representante de ventas de la compañía u otro empleado, por la solicitud de un cliente en específico. En este supuesto el representante de ventas o el departamento de *compliance* verifica el perfil del cliente.

Para que el procedimiento sea eficiente debe garantizar: *(i)* escanear todos los clientes nuevos, *(ii)* reescanear a clientes con cualquier cambio en su perfil de clientes o situación comercial, *(iii)* reescanear anualmente como parte del monitoreo manual de la base de datos de clientes, *(iv)* que toda nueva información acerca de un cliente que vengan de otras fuentes (medios, televisión, prensa, búsqueda en Google, industria...), pueda ser incorporada en el expediente del cliente. Esto implica establecer programas de entrenamiento a la fuerza de ventas de la compañía que se encuentra cercana con los clientes, así como la diversificación del riesgo entre varios empleados que procesan las órdenes de ventas de los clientes.

En los métodos orientados a las transacciones, los chequeos pueden ser aplicados a cada transacción en concreto y por orden comercial requerida. Esto supone un flujograma de varios estados comerciales en el trámite administrativo interno de la transacción por parte de la compañía, y requiere varias aprobaciones internas. En las etapas vulnerables es donde existe la posibilidad de aplicar el escaneo por las partes involucradas, y esto puede realizarse: *(i)* al momento del recibo de la orden comercial, *(ii)* durante el proceso de aprobación de la orden, *(iii)* al momento de identificarse el riesgo e involucrar a otras unidades del negocio, entre otros.

En la actualidad existen costosos softwares de búsqueda de información regulatoria para empresas como World-Check1, Dow Jones, entre otros. Realmente no existe una obligación legal de usar estos sistemas informáticos que se han convertido parte habitual de la práctica *in-house* corporativa. Lo verdaderamente importante es realizar de la forma que sea posible la debida diligencia sobre los clientes, proveedores y relacionados con la compañía. Lo anterior, aunado a que puede existir la obligación legal de realizar chequeos preventivos de nuestros clientes o proveedores específicos.

Así, en materia AML en Venezuela, la SUDEBAN ha emitido una circular a todos los bancos comerciales y universales[78] que requieren la profundización de las políticas de "conozca a su cliente," en el marco general establecido de acuerdo con la LOCDOFT y estableciendo que las instituciones financieras no podrán iniciar o mantener relaciones económicas, con personas físicas o jurídicas cuya identidad no pueda determinarse por completo (art. 11 de la ley). No obstante, el hecho que pueda ser exigible o no como obligación legal, conocer y establecer métodos de *screening* de clientes, proveedores, distribuidores, entre otros, ayuda en buena medida a alertar a la compañía de posibles *red flags* en clientes y a disparar todo el sistema interno de controles.

C. La estructura de delegación de autoridades y controles internos

En tercer lugar, el programa de cumplimiento debe describir la estructura corporativa y cómo se distribuye la autoridad y las funciones en la organización, así como su estructura de reporte. En las empresas internacionales tiene particular importancia que se señale la interrelación entre las subsidiarias del grupo y su lugar de constitución. Así las cosas, debe existir vigilancia, recursos y autoridad para que el programa de cumplimiento sea efectivo. Por ende, la discusión mensual de los cambios que deben ser realizados a los protocolos es sumamente valiosa para la empresa.

El programa de cumplimiento no es una estructura rígida, sino más bien, una estructura lo suficientemente flexible a las necesidades comerciales de la organización. Adicionalmente, las autoridades de *compliance* deben tener la suficiente autoridad y discreción para hacer valer sus decisiones en el marco de los protocolos y políticas que garantizan. La junta directiva debe proveer las herramientas necesarias para que el equipo de *compliance* pueda realizar su trabajo, incluyendo entrenamientos, soporte gerencial y presupuesto adecuado.

Nos hemos referido en este epígrafe a una idea estructural de delegación de autoridades en términos corporativos. Adicionalmente, la delegación de la autoridad dentro de la empresa tiene su vertiente tecnológica respecto a los procesos en los cuales la empresa aprueba sus procesos internos y controla la actividad interna. Los controles de seguridad de la

---

[78] Guía informativa para profundizar y promover políticas de conozca a su cliente para instituciones financieras bajo nomenclatura SIB-DSB-CJ-OD-25045 (04-08-2015).

información pueden involucrar aspectos de política, vigilancia, supervisión, procesos manuales, acciones de individuos o mecanismos automatizados implementados por sistemas y dispositivos de información, que la empresa debe velar por ser su propiedad tangible e intangible.[79]

Por ello, el sistema de manejo de información empresarial debe ser autorizado y delegado a personas en específico dentro de la organización de acuerdo con su función en aras de implantar controles. Acertadamente se ha señalado que se requiere que las organizaciones mitiguen adecuadamente el riesgo que surge del uso de información y sistemas de información en la ejecución de misiones y funciones comerciales.[80] El control corporativo interno de acceso a la información, los límites a la disponibilidad del contenido, acciones internas respecto a los servidores internos de la compañía así como controles administrativos sobre el *log in* de usuarios de la empresa, son muchos de los retos que presenta una estructura de delegación de autoridades en el plano tecnológico y que deben estar analizados debidamente por sus consecuencias legales y prácticas para la compañía y su negocio.

D. El entrenamiento a los empleados

En cuarto lugar, entrenar a los empleados de la compañía sobre los riesgos legales existentes en la operación es una necesidad corporativa. La prevención de riesgos legales importantes sólo puede ocurrir si todos los empleados y quienes forman parte de una organización entienden, responsablemente, las obligaciones empresariales y el marco regulatorio existente de una industria en concreto.

Los entrenamientos a los empleados deben ser prácticos y no teóricos, y deben necesariamente cubrir los procesos, responsabilidades, obligaciones y consecuencias (negativas o positivas) del incumplimiento de las regulaciones de un mercado en específico, y formas en cómo los procesos corporativos pueden ser manipulados para fines distintos a los que requiere la compañía o el uso inadecuado de los productos y servicios ofrecidos al mercado. El entrenamiento a los empleados, indudablemente, es una forma de empoderamiento y asunción de responsabilidades dentro

---

79 U.S Department of Commerce, National Institute of Standards and Technology, *Security and Privacy Controls for Federal Information Systems and Organizations*, 2013, p. 12.

80 En efecto, un desafío importante para las organizaciones es determinar el conjunto de controles de seguridad más rentable y apropiado, que si se implementa y se determina que es efectivo, mitigaría el riesgo y cumpliría con los requisitos de seguridad definidos por las leyes federales, órdenes ejecutivas, regulaciones, políticas, directivas o estándares. No existe un conjunto correcto de controles de seguridad que aborde todas las preocupaciones de seguridad organizacional en todas las situaciones. Id., p. 12.

de las funciones corporativas, pues les provee de herramientas para: *(i)* identificar fácilmente irregularidades e ilegalidades, *(ii)* detectar actividades sospechosas o conductas raras e inconsistentes, y finalmente *(iii)* qué hacer en esas circunstancias.

Proveer ejercicios y ejemplos prácticos respecto al potencial incumplimiento de las regulaciones siempre es ilustrativo para exponer los grandes riesgos que conlleva *compliance* y sus consecuencias. Adicionalmente, realizar entrenamientos a los empleados requiere preguntarse: *(i)* ¿quién será el responsable para realizar los entrenamientos?, *(ii)* ¿qué tipo de entrenamientos se realizarán?, *(iii)* ¿cuál será la periodicidad de los entrenamientos?, *(iv)* ¿el entrenamiento está actualizado a las circunstancias actuales?, *(v)* ¿cómo se documentará todo lo realizado? Igualmente, en la medida que las empresas invierten en su gente, también se invierte en el establecimiento de una cultura corporativa de *compliance* que es esencial para la mejor marcha de un sistema preventivo adecuado.

Siempre es recomendable que los entrenamientos sean experiencias dinámicas para los empleados: anunciar premios, realizar actividades grupales, reconocer a los mejores empleados o a las mejores unidades del negocio en sus metas de *compliance,* en fin, todo dependerá del perfil de los integrantes de cada organización. Lo fundamental es que el mensaje de responsabilidad que cada uno tiene y de la importancia del programa logre llegar de manera efectiva a cada uno de ellos.

Adicionalmente, muchas empresas han establecido mecanismos de comunicación confidenciales y privados (*whistleblowing*) para la denuncia y efectiva comunicación de irregularidades corporativas en aras de proteger el negocio ante eventos realizados por sus propios agentes. En este aspecto, la confianza será algo fundamental y que debe trabajarse constantemente a través de planes de profundización de un ambiente corporativo seguro y una cultura de *compliance* empresarial.

E. El monitoreo, prueba de los controles y auditorías

En quinto lugar, un programa de cumplimiento solo será efectivo en la medida que se ponga a prueba: los controles pueden fallar y esto no puede pasar. Tiene que existir un equipo de auditoría con completa autonomía y flexibilidad para identificar las deficiencias del programa, áreas potenciales de riesgo, y realizar recomendaciones en las áreas donde existan oportunidades de mejora. Esto implica, ya sea la prueba del programa como un todo, o en las transacciones en específico donde existan los riesgos.

Las auditorías al programa deberían realizarse –al menos– una vez al año y deberían incluir: revisar el proceso de *screening* a los clientes, el proceso de análisis de riesgos, comprobar la existencia de procedimientos y protocolos escritos, identificar vacíos en la autorregulación y en los procedimientos internos, y verificar si las unidades del negocio están en conocimiento y entrenadas sobre *compliance*. Esto es importante porque nos permite mantener los programas actualizados, adaptadas a las circunstancias reales y disminuir la mayor cantidad de fallas humanas posibles.

F. Las investigaciones internas

En sexto lugar, un programa de este tipo debe indudablemente tener una estructura clara para actuar. Los incidentes sospechosos deben ser reportados de distintas formas dentro de la organización incluyendo al departamento legal o de *compliance*, o línea directa para reporte de violaciones al código de ética empresarial, y el empleado encargado de esta responsabilidad debe ser claramente identificado por todos dentro de la organización. Otro sello distintivo de un programa de cumplimiento bien diseñado es la existencia de un mecanismo eficiente y confiable mediante el cual los empleados pueden denunciar de manera anónima o confidencial acusaciones de incumplimiento del código de conducta de la empresa, las políticas de la empresa o una conducta irregular o sospechosa.[81]

Proveer de un mecanismo o procedimiento en el cual los empleados puedan hacer reportes de forma anónima y garantizar que estos reportes serán confidenciales, es una forma de asegurar la colaboración interna en caso de incumplimientos de las regulaciones internas y externas de la compañía. Por ello, es crítico que todos los empleados de la compañía sepan que no existirá ninguna retaliación o sanción por parte de otros empleados ni de sus superiores, por preguntas o reportes realizados de buena fe sobre *compliance*.

De hecho, una cultura de reporte debe ser impulsada en la organización pues ayuda a enfatizar la prevención. Así, empleados con la confianza de poder reportar a las funciones pertinentes y la conciencia de sus responsabilidades como parte de la organización, es una de las mejores defensas que una empresa puede tener ante el eventual incumplimiento de una regulación. La gerencia de la empresa debe estar comprometida a enfatizar una cultura de responsabilidad y alentar a los empleados a hacer lo correcto y reportar irregularidades de cualquier tipo.

---

[81] DOJ, *Evaluation of...*, ob. cit., p. 6.

Asimismo, es una responsabilidad de los empleados hablar cuando deban hacerlo y levantar la mano si se encuentran en presencia de procedimientos sospechosos, o de potenciales incumplimientos al programa de cumplimiento de la compañía o la violación de cualquier norma legal. Es recomendable, en la industria en específico donde asesoramos, pensar a través de todas las contingencias posibles con antelación y delinear procedimientos detallados y claros. En otras palabras: ¿cómo determina la empresa qué quejas o señales de alerta merecen una mayor investigación? ¿cómo se asegura la empresa de que las investigaciones tengan un alcance adecuado? ¿qué medidas toma la empresa para garantizar que las investigaciones sean independientes, objetivas, se lleven a cabo de manera adecuada y estén debidamente documentadas? ¿cómo determina la empresa quién debe realizar una investigación, y quién toma esa determinación?[82]

En nuestro diseño de investigación, como mínimo, se deben incluir: *(i)* criterios de cuándo iniciar una investigación interna por un caso potencial de incumplimiento interno del programa de cumplimiento, *(ii)* cómo determinar el alcance de la investigación, *(iii)* el procedimiento específico (cómo, cuándo, dónde y qué se investigará), y *(iv)* cómo se documentará la investigación. Asimismo, se deben señalar quién o quiénes serán responsables de estos procedimientos. En todo programa práctico, delegar las responsabilidades es fundamental pues de esta manera todos los involucrados pueden saber mejor cómo deben actuar o a quién acudir en los distintos casos que se pueden presentar.

G. El registro de todas las actuaciones realizadas

El registro de todo lo realizado por el departamento legal y *compliance* de una compañía es vital ante una eventual investigación administrativa por parte de los entes o agencias regulatorias. La junta directiva o el comité de políticas corporativas debe también incluir en las políticas de control internas los procedimientos, responsabilidades, y buenas prácticas para el manejo de información dentro de la empresa y archivo de documentación crítica en materias altamente reguladas.

Esta clase de políticas de registro de información debe enfatizar que los archivos de la compañía son como cualquier otro bien corporativo susceptible de control y que pertenecen exclusivamente a ella. Los procedimientos para la inspección y aseguramiento del adecuado archivo de la

[82] Id., p. 7.

documentación e información de la compañía también deben ser documentados, así como los archivos que sustentan la relación comercial con clientes, proveedores, distribuidores, corredores de valores, entre otros.

En un ambiente comercial ya digitalizado como el que vivimos en la actualidad, es importante que todos los empleados involucrados en la operación del negocio sepan que son garantes y responsables de la información y archivos de la compañía, y por ello son responsables de su localización, que sean fácilmente compartidos y que no estén en riesgos de ser perdidos. Así, un empleado puede vulnerar los derechos e intereses de su organización al compartir intencional o equivocadamente información que puede vulnerar otros elementos del giro comercial de la empresa, como es el caso de información sensible y sujeta a secreto empresarial u otras circunstancias que atenten contra la competencia económica en la industria específica donde se tienen operaciones comerciales. Todas estas precauciones se hacen necesarias al entender lo siguiente: la compañía debe asumir que toda la documentación que tiene la empresa puede terminar en las manos de un regulador o fiscal federal norteamericano o de cualquier parte del mundo.

Aunque suene poético, las palabras se las lleva el viento y lo importante es que queden en papel –o soportes electrónicos– para la posteridad. La compañía debe actuar en todo momento como un buen padre de familia, responsable en la aplicación de sus procesos y protocolos, de la forma más razonable y diligente posible de acuerdo con las circunstancias. La documentación de la información se realiza, internamente, por tener efectos probatorios de la diligencia de la compañía en implementar las mejores prácticas corporativas y mitigar los efectos de potenciales sanciones. Pero para hacer eso, la misma compañía debe velar por dejar constancia de sus buenos oficios por escrito, ya sea físico o digital, de la implementación de esas mejores prácticas a su negocio y por sus empleados.

H. La revisión de cada adquisición y alianza comercial

Un programa de cumplimiento bien diseñado debe aplicar la debida diligencia basada en el riesgo a sus relaciones con terceros.[83] Así, visto que en el comercio internacional es común la realización de adquisiciones o alianzas comerciales (*mergers & acquisitions, joint ventures*, entre otras formas) con personas distintas a la empresa, cada adquisición o alianza comercial debe ser estudiada, adicionalmente por su viabilidad financiera,

[83] Id.

por el riesgo legal que pueda involucrar para la operación de la empresa. De este modo hemos de preguntarnos: ¿el socio comercial se encuentra sancionado? ¿algunos de los accionistas del socio comercial se encuentran en alguna lista interbancaria por lavado de dinero? ¿los negocios del socio comercial pueden incrementar mi exposición a agentes regulatorios?

Estas preguntas requieren un análisis *case-by-case* y que se encuentra muy ligados con el proceso de análisis de riesgo realizado por los equipos multidisciplinarios de la compañía. En efecto, aunque la necesidad y el grado de la debida diligencia pueden variar según el tamaño y la naturaleza de la empresa, la transacción y el tercero en cuestión, las empresas deben evaluar hasta qué punto están en conocimiento de las calificaciones y asociaciones de terceros. socios comerciales, incluidos los agentes, consultores y distribuidores que se utilizan comúnmente para ocultar conductas indebidas, como el pago de sobornos a funcionarios extranjeros en transacciones comerciales internacionales.[84]

IV. LAS ÁREAS DE APLICACIÓN DEL COMPLIANCE

La idea de *compliance* presentada en este trabajo es muy amplia y puede aplicarse a una cantidad innumerable de riesgos legales que enfrenta la compañía dependiendo de su industria y sector económico. En la práctica, se han establecido programas de cumplimiento principalmente en áreas que, como a continuación enunciaremos, tienen que ver con sectores de regulación administrativa o legal exhaustiva. Esta lista no es exhaustiva, y los principios de controles y manejo del riesgo pueden aplicarse a cualquier proceso corporativo donde el enfoque legal sea requerido a profundidad. Aunque en nuestros estudios nos enfocaremos en las áreas que consideramos fundamentales en cualquier análisis corporativo a nivel de *compliance*, éste se extiende a casi cualquier área del derecho empresarial.

1. Las sanciones internacionales

El derecho propio ya no es suficiente para definir las obligaciones de la empresa localmente considerada pues cada vez, con mayor frecuencia, las estructuras corporativas se ven envueltas en situaciones internacionales complejas con múltiples contactos jurisdiccionales en la medida que hacen negocios. Hoy en día, las consecuencias de las actuaciones comerciales en Venezuela pueden tener impacto en el resto del mundo, y, sobre

---

84 Id.

todo, para algunos ordenamientos jurídicos foráneos. Ello puede ocurrir al ser muchas empresas trasnacionales subsidiarias, accionistas, o relacionadas de empresas domiciliadas en países cuyas regulaciones trascienden sus fronteras.

Con la creciente emisión y regulación de sanciones por la Unión Europea y Estados Unidos contra países renegados de la comunidad internacional, el análisis exhaustivo de cómo aplica la regulación "*extraterritorial*" a nuestra empresa local, resulta de vital importancia en el mundo corporativo contemporáneo. Un programa de cumplimiento adecuado, adaptado a las características particulares de cada industria, puede ayudar a detectar rápidamente los riesgos a los que se expone el negocio y las formas de navegar las aguas de regulaciones cada vez más complejas.

2. La legitimación de capitales y el financiamiento al terrorismo

La legislación AML es exhaustiva en cualquier parte del mundo. En particular, en el mundo occidental y con una marcada influencia norteamericana, se ha creado todo un derecho regulatorio y sancionatorio para normar la actividad de las instituciones financieras y prevenir la legitimación de capitales provenientes del delito. Si bien la regulación AML va dirigida principalmente contra las instituciones financieras, cualquier empresa es susceptible de legitimar capitales por no tener los controles adecuados. Así como existen las regulaciones bancarias, también se encuentran tipificados de forma muy genérica su delito, como veremos más adelante.

Entre jurisdicciones, el tipo penal de legitimación de capitales, de probarse penalmente, tiene pena de prisión a los involucrados, siendo posible ser acusados de su comisión por personas naturales y jurídicas como es el caso venezolano. Las consecuencias de una acusación penal contra la empresa pueden ser catastróficas. Un programa de cumplimiento en materia AML no es solo necesario para instituciones financieras, sino para toda industria que ofrezca productos en un mercado específico o que, en su recaudación por ventas, reciba grandes cantidades de dinero de dudosa procedencia. Un programa AML ayuda a colaborar con las autoridades y asegura la estabilidad corporativa en esta clase de situaciones sospechosas.

3. La anticorrupción y el soborno

La empresa se encuentra en relación constante y diaria con órganos y entes de la Administración Pública para mantener su negocio. No obstante, en mercados cuya corrupción es elevada y la burocracia exacerbada, surge la errada práctica y opción poco ética de "facilitar" ciertos procedimientos con autoridades por medios de sobornos o regalos lo cual es un gravísimo error. La tendencia mundial es criminalizar este tipo de conductas por ser reprochables contra la sociedad y contribuir con una Administración Pública deficiente.

Al respecto de esta materia, Venezuela posee un marco regulatorio complejo y con varias sanciones administrativas, que incluyen no solo multas administrativas sino también penas privativas de libertad, como veremos en el capítulo respectivo de este trabajo. Participar en este tipo de actividades puede poner en peligro todo el negocio. Por una parte, participar en actos de corrupción compromete la reputación comercial de la empresa frente otros actores comerciales y agencias gubernamentales. Y, por otra parte, puede significar sanciones administrativas y penales muy severas por malas prácticas corporativas.

El impacto de la corrupción ya no es un problema meramente local, sino más bien, trasnacional. Con la promulgación de estatutos extraterritoriales por otros países del hemisferio occidental como Estados Unidos o Reino Unido, se criminalizan los actos de corrupción realizados por trasnacionales en cualquier parte del mundo. Una simple violación puede tener un impacto colateral en múltiples jurisdicciones y estar sujeta a diferentes leyes y tribunales. Un programa de cumplimiento contra la corrupción y soborno puede evitar que situaciones como estas ocurran en subsidiarias en países donde la corrupción es un tema culturalmente complejo. Sólo la educación y entrenamiento constante a los empleados de la empresa sobre la importancia de hacer nuestro trabajo éticamente puede ser una herramienta efectiva en la lucha contra la corrupción.

4. Los derechos humanos y la responsabilidad empresarial

Hacer negocios éticamente implica también un respeto por los derechos humanos en la actividad industrial que realiza el negocio que representamos. Si bien tradicionalmente el respeto a los derechos humanos debe provenir de los órganos y entes públicos, las empresas han incorporado en sus buenas prácticas corporativas políticas y protocolos para coadyuvar con las autoridades en el constante trabajo del respeto a los derechos humanos. Así, desde la publicación de los principios rectores sobre empresas y los derechos humanos por las Naciones Unidas[85] existen estándares internacionales de cómo las empresas deben garantizar el respeto a los derechos humanos en su industria en particular. Toda actividad

---

[85] Resolución 17/4 del 06-06-2011.

humana y empresarial puede generar externalidades o impactos sobre su entorno, tanto positivos como negativos, y es allí donde la actividad empresarial debe prevenir vulneraciones a los derechos humanos.[86]

La responsabilidad social empresarial se ha ampliado considerablemente, entendiendo a la empresa no sólo como entidad generadora de riqueza para los accionistas, sino como un actor social más que contribuye con la sociedad en la que participa. Políticas y protocolos empresariales pueden diseñar los lineamientos respecto a los límites y procedimientos para llevar a cabo la labor de responsabilidad social empresarial y cómo procurar legalmente el respeto de los derechos humanos de parte de las actuaciones corporativas (*v.g.* establecimiento de cláusulas contractuales de respectos de las partes contratantes a los derechos humanos, prohibición del trabajo infantil, fondeo a las comunidades necesitadas en el marco de un *joint venture*, entre tantas otras opciones).

5. Las exportaciones y reexportaciones de productos terminados

Estados Unidos posee una extensa regulación en materia de exportación de bienes fuera de sus fronteras. La regulación norteamericana ha impactado indirectamente en cómo compañías subsidiarias o relacionadas con compañías americanas tramitan y manejan sus exportaciones con contacto norteamericano. Aunque Venezuela no se encuentra sujeta a estas regulaciones norteamericanas (o al menos, no amerita el cuidado de jurisdicciones con sanciones más severas como Irán o Cuba), es certero afirmar que el comercio global indirectamente tiene contacto con Estados Unidos al ser unas de las principales economías del mundo.

Como regla general, y salvo expresas excepciones, los bienes de origen americano se encuentran sujetos a los *Export Administration Regulations* de acuerdo con la regla *de minimis* y requieren autorización por el *Bureau of Industry and Security* independientemente de la jurisdicción donde realicemos negocios.[87] El análisis de los denominados *export controls* es habitual en el comercio internacional y por ello es altamente recomendable contar con la asesoría de abogados norteamericanos en esta materia, así como un *exports compliance program* diseñado especialmente para esta área de regulación.[88]

---

86 AA.VV., *Guía para las empresas: Empresas y Derechos Humanos*, Valparaíso, Pontificia Universidad Católica de Valparaíso, 2019, p. 18.

87 U.S. Department of Commerce, Bureau of Industry and Security, *De minimis Rules and Guidelines*, 2019.

88 U.S. Department of Commerce, Bureau of Industry and Security, *Export Compliance Guidelines: The Elements of an Effective Export Compliance Program*, 2017.

6. El derecho de la competencia

Las empresas se desarrollan en el mercado y deben respetar a los demás actores económicos en un ambiente de libre competencia. Al respecto, existe en Venezuela y en el mundo una exhaustiva regulación del mercado, y lo que debe considerarse como prácticas anticompetitivas, como veremos en el capítulo respectivo de este trabajo. El incumplimiento de la regulación de la libre competencia puede acarrear sanciones administrativas y litigios peligrosos para la estabilidad de la compañía. Esta consideración es particularmente importante en compañías con una participación del mercado notable frente a sus competidores. El derecho norteamericano ha marcado la pauta en este sentido. Los programas de cumplimiento antimonopolio promueven una competencia vigorosa en una economía de mercado libre al crear una cultura de buena ciudadanía corporativa dentro de una empresa que busca prevenir violaciones antimonopolio.[89]

Un programa de cumplimiento en materia de *antitrust* y prácticas económicas ilícitas es vital para hacer negocios sin incurrir en prácticas anticompetitivas e ilegales, así como evitar potenciales sanciones administrativas de considerable peso. Además, los programas efectivos de cumplimiento antimonopolio no solo previenen, detectan y abordan las infracciones contra la competencia, sino que también promueven los esfuerzos de remediar situaciones legales complejas y ayudan a fomentar la responsabilidad corporativa e individual al facilitar la rápida *self-disclosure* de una empresa y la cooperación oportuna y completa en las investigaciones antimonopolio.[90]

7. La protección de datos

En la actualidad, la protección de los datos e información personal es una necesidad no solamente a título personal, sino adicionalmente, por manejo logístico y estratégico de información confidencial de negocio. La privacidad de la información y las consecuencias de su manejo y revelación es motivo de mucho interés regulatorio en Europa y Estados Unidos. En Venezuela, no existe en la actualidad un marco legal que regule la protección de datos personales con normas de rango legal o sublegal. Sin em-

---

89 DOJ, Antitrust Division, *Evaluation of Corporate Compliance Programs in Criminal Antitrust Investigations,* 2019, p. 1.

90 Id.

bargo, tanto la jurisprudencia del Tribunal Supremo de Justicia como ciertas disposiciones relacionadas en la CRBV han creado ciertos lineamientos generales en esta materia.

Preliminarmente, el derecho venezolano protege y busca garantizar la protección de la intimidad y vida privada de los individuos así como el conocimiento y el acceso a la información que de estos se tenga. No obstante, la inexistencia de una ley especial sobre esta materia no menoscaba los derechos constitucionales de los ciudadanos en materia de privacidad y protección de datos. Ciertamente, por mandato constitucional "toda persona tiene derecho a la protección de su honor, vida privada, intimidad, propia imagen, confidencialidad, y reputación y la Ley limitará el uso de información para garantizar el honor, y la intimidad personal y familiar de los ciudadanos" (art. 60). Por ello, toda persona tiene derecho a acceder a la información que sobre sí misma o sobre sus bienes consten en registros públicos o privados (art. 28 *ejusdem*).

La doctrina comparada latinoamericana ha mantenido una posición unánime en cuanto a la figura del *habeas data* como una garantía constitucional sobre el acceso a la información, aun cuando existen fuertes críticas en este sentido.[91] En Venezuela, el *habeas data* es considerado un derecho fundamental y de naturaleza jurídica propia, que garantiza los procedimientos que tengan como fin acceder a información propia para conocer su contenido.

Al respecto, el artículo 28 de la CRBV señala que:

> Toda persona tiene el derecho de acceder a la información y a los datos que sobre sí misma o sobre sus bienes consten en registros oficiales o privados, con las excepciones que establezca la ley, así como conocer el uso que se haga de los mismos y su finalidad, y a solicitar ante el tribunal competente la actualización, la rectificación o la destrucción de aquellos, si fuesen erróneos o afectasen ilegítimamente sus derechos [...].

Con esta base constitucional se garantiza, por una parte, la protección de los datos personales como un derecho fundamental y, adicionalmente, se contempla la posibilidad de oponerse a la utilización de los mismos para fines rechazados por el individuo del que se trate.

La Sala Constitucional del Tribunal Supremo de Justicia ha desarrollado criterios interpretativos tanto de los artículos 28, 60 y 143 de la CRBV como del *habeas data*, a través de su jurisprudencia. Ha señalado la

---

[91] Véase, Rodríguez Marcano, Eligio, "El derecho fundamental a la protección de datos de carácter personal en Latinoamérica y su errada construcción desde el habeas data", en: *Revista de Derecho Público*, 2015, N° 142.

Sala que los derechos que se desprendan de la CRBV pueden ser reclamados por vía judicial mediante acciones autónomas, y sólo en algunos casos responden a amparos constitucionales.[92]

En el caso *INSACA, C.A v. Director de Drogas y Cosméticos*[93] se estableció que el artículo 28 de la CRBV, a pesar de establecer una serie de derechos, no genera el restablecimiento de una situación jurídica lesionada, sino más bien, busca crear o condenar una situación jurídica como consecuencia de su ejercicio. La Sala ha destacado que el artículo se encuentra conformado por un doble derecho: *(i)* el de acceder a la información y a los datos que sobre sí misma o sus bienes consten en registros oficiales o privados; y *(ii)* a conocer la finalidad y uso que da el compilador a esos datos e información.

Al referirnos al *habeas data* como acción judicial debemos destacar los criterios fijados por la Sala Constitucional, la cual ha establecido pacíficamente que para que se pueda intentar un amparo constitucional, la demanda debe fundamentarse en *(i)* la existencia de un sistema de información en el cual existan datos del accionante, *(ii)* que se encuentren en propiedad de un tercero, conteniendo además pruebas fehacientes de la existencia de dicha información y *(iii)* del uso ilegal que se hace de ella, que se encuentra perjudicando al accionante.[94] Un caso interesante en

---

[92] En la sentencia N° 1050 de la referida Sala Constitucional del 23-08-2000, se estableció que el mencionado artículo de la Constitución tutela el derecho individual de conocer la información existente sobre cada individuo, cuando hayan sido recaudadas por un tercero, pudiendo estos ser particulares o incluso el Estado, y para regular ese derecho se establecen otros derechos señalados en el mismo artículo. Entre ellos: 1. El derecho de conocer sobre la existencia de tales registros. 2. El derecho de acceso individual a la información, la cual puede ser nominativa, o donde la persona queda vinculada a comunidades o a grupos de personas. 3. El derecho de respuesta, lo que permite al individuo controlar la existencia y exactitud de la información recolectada sobre él. 4. El derecho de conocer el uso y finalidad que hace de la información quien la registró. 5. El derecho de actualización, a fin de que se corrija lo que resulta inexacto o se transformó por el transcurso del tiempo. 6. El derecho a la rectificación del dato falso o incompleto. 7. El derecho de destrucción de los datos erróneos o que afectan ilegítimamente los derechos de las personas.

[93] Sala Constitucional, N° 332 del 14-03-2001, en https://bit.ly/3K3ewmt.

[94] Bajo estas premisas, pueden ocurrir varias formar de proceder en términos legales y de procedimiento. En el caso de que el accionante desee conocer sobre el uso y la finalidad de los datos, éste sólo podrá atacar la ilegalidad o legalidad de la tenencia de la información, por lo que deberá realizarlo mediante una acción ordinaria ante el tribunal ordinario competente. En el supuesto de que los datos del accionante se encuentren en propiedad de un órgano administrativo, este puede interponer un recurso administrativo ante el órgano administrativo que emitió el acto el cual se desea impugnar. Al respecto, es importante señalar que el propio individuo cuya información se use para fines que rechace, es quien podrá ejercer una acción al respecto. La norma constitucional determina la vía judicial para

materia de protección de datos en Venezuela es *Defensoría del Pueblo contra Ley de Reforma Parcial de la Ley de Instituciones del Sector Bancario.*[95] En esta acción de nulidad de ley interpuesta por la Defensoría del Pueblo, la Sala Constitucional fijó criterios vinculantes en cuanto a la protección de datos tomando en consideración los aspectos que hemos mencionado anteriormente. En ese sentido, la Sala estableció que todo sistema de datos personales que contenga información referida a otra persona debe asegurar los siguientes principios:

a. El principio de la *autonomía de la voluntad*. Este principio se refiere a la existencia del consentimiento previo, libre, informado, inequívoco y revocable para el uso o recopilación de datos personales. Por lo que debe informarse al interesado el hecho de que se están recopilando datos personales de él o que se recopilarán, para que pueda ejercer su derecho a la protección de datos personales.

b. El principio de *legalidad* hace referencia a que la información no debe ser obtenida por métodos desleales o ilegales y su fin no puede ser contrario a los principios y garantías establecidos en la CRBV. Sin embargo, el grado de protección o reserva de los datos personales dependerá de las circunstancias particulares de cada caso.

c. El principio de *finalidad y calidad*, estableciendo así que la obtención de datos debe ser pertinente y adecuada a los motivos o las causas por las cuales se inició el procedimiento, y esta finalidad debe ser legítima, determinada y no puede ser contraria al ordenamiento jurídico constitucional. Es decir, la obtención de datos debe respetar el principio de buena fe.

d. El principio de la *temporalidad o conservación*. La Sala establece que la conservación de los datos sólo puede extenderse hasta alcanzado el objetivo que justificó la obtención de dicha información.

e. El principio de *exactitud y autodeterminación*. Los datos deben mantenerse exactos, completos y actualizados, es decir, no deben ser descontextualizados y en el supuesto que esto ocurra puede ser objeto de control por parte del interesado.

---

hacer valer los derechos mencionados y no la condiciona a ninguna acción extrajudicial previa.

95 Sentencia de la Sala Constitucional N° 1318 del 04-08-2011, en https://bit.ly/3dikWS5.

f. El principio de *previsión e integridad.* Supone la protección que debe haber del individuo contra la recopilación de datos, el almacenamiento y la utilización de los mismos, es decir, se refiere a los derechos fundamentales del individuo en cuanto a la información personal que pueda afectarle.

g. El principio de *seguridad y confidencialidad*. Establece que las personas que intervengan en el manejo de los datos personales obtenidos deben hacerlo con responsabilidad y no alterar datos o permitir que se alteren datos, ya que los mismos son de carácter confidencial y el acceso a ellos debe ser restringido.

h. El *principio de tutela.* Establece que el derecho de protección de datos personales no sólo se refiere al derecho a acceder a la información sino también de conocer el fin que se busca con la obtención de la misma.

i. El *principio de responsabilidad.* Se refiere a que la violación del derecho a la protección de datos personales debe acarrear sanciones que, dependiendo del caso, pueden ser civiles, penales o administrativas.

Como hemos podido analizar, la regulación existente tiene un fuerte sentido jurisprudencial e interpretativo que recoge los principios generales del derecho de la protección de datos y privacidad. Un programa de cumplimiento puede acoger perfectamente tales principios jurisprudenciales y moldearlos a las necesidades del negocio en concreto.

8. Los sectores altamente regulados por la ley o la regulación administrativa

Particularmente el derecho público venezolano posee una extensa y abrasiva regulación jurídica de los sectores de las telecomunicaciones, farmacéutico, agroalimentario, energía, bancario, asegurador, de valores, entre muchos otros. En los sectores con regulaciones especiales, se hace necesario establecer controles previos que puedan prever quiebres del sistema y alertar a los agentes de la corporación el momento adecuado para realizar los correctivos necesarios. Esto es esencial pues al involucrarse la autoridad administrativa en estos sectores económicos, puede implicar la paralización de la operación de inmediato. Un programa de cumplimiento que entienda el dinamismo del negocio del que se trate, así como los puntos álgidos de riesgo y cómo mitigarlos, garantiza una respuesta rápida ante una eventual fiscalización o sanción administrativa.

V. LAS VENTAJAS QUE OFRECE UN BUEN PROGRAMA DE CUMPLIMIENTO

Nuestra tarea de promulgar las ventajas de un programa de cumplimiento adecuado no se agota en un análisis meramente legal, sino que propulsa de la mejor manera procesos corporativos de forma dinámica. El hecho de tener un programa de cumplimiento tiene muchos beneficios para la empresa cuando se cuenta con personal calificado de altura y que maneje los procesos necesarios para ayudar, a través de la prevención, con la sustentabilidad del negocio. Sólo a título ilustrativo, creemos que el personal calificado de *compliance* ofrece una relación costo-beneficio para la empresa en su quehacer corporativo que exponemos de seguida.

1. La mitigación de riesgos para la compañía y el negocio

En primer lugar, anticiparse a las consecuencias del incumplimiento de la legislación local y sus regulaciones garantiza el ahorro de mucho dinero para la empresa. Como tendremos la oportunidad de estudiar más adelante, el pago de multas puede significar la quiebra de una compañía o su inviabilidad financiera. Por ejemplo, los arreglos judiciales en materia de sanciones e instruidos conjuntamente por la OFAC y el DOJ buscan precisamente "arreglos ejemplificantes" que impongan cierto efecto disuasivo a todas las compañías infractoras y aquellas que buscan adaptarse a las regulaciones emitidas.

Ante la posibilidad de una multa o revocación de licencias administrativas para el ejercicio del comercio, es preferible establecer planes de acción que prevén estos supuestos y asegurar que estos nunca pasen.

2. La colaboración con las autoridades administrativas y penales

En segundo lugar, el quehacer de la Administración Pública en esta materia es siempre buscar culpables. ¿Quiere la compañía ser declarada culpable por las violaciones de la regulación cometida? Por supuesto que no. Un programa de cumplimiento busca precisamente la ocurrencia de situaciones penal o regulatoriamente complejas donde la empresa deba defenderse sobre acusaciones o multas extraordinarias por la comisión de delitos o irregularidades.

Ahora bien, no es lo mismo encontrar a nuestros clientes en una situación de cooperación con las autoridades a una situación de indefensión absoluta por manifiesta negligencia en su actuar. Por una parte, *colaborar* con las autoridades casi siempre garantiza un tratamiento preferencial respecto a las potenciales sanciones a ser aplicadas, pues la empresa dio el primer paso ya sea confesando la irregularidad u ofreciendo formas de corregir sus errores y participación en irregularidades. Un correcto plan de adecuación a las leyes y regulaciones locales puede ayudar a atenuar los efectos de una eventual fiscalización por parte de la Administración u entes gubernamentales asociados.

Tradicionalmente, los instrumentos normativos penales tipifican causas atenuantes de la pena por conductas que colaboren con la autoridad competente. En materia administrativa también es posible encontrar este tipo de disposiciones para la reducción de la cuantía de la multa, como veremos más adelante. Por otra parte, *rehusarse a colaborar* puede tener consecuencias catastróficas dependiendo de las circunstancias en concreto. Un funcionario de mal ánimo, un fiscal agresivo, entre tantas otras situaciones propias de un país sin Estado de derecho y con un sistema judicial deficiente, pueden incrementar el riesgo de que la empresa sea sancionada más duramente al tomar una actitud desafiante y contraria a la autoridad. En materia de defensa penal y regulatoria de la empresa hay que recordar que la estrategia a aplicar trasciende al derecho y tiene que apreciar las circunstancias propias de la empresa y la situación de las violaciones cometidas, así como su gravedad.

Por lo anteriormente expuesto, es altamente recomendable colaborar con la autoridad en aras de preservar la empresa, su operatividad e integridad, en vez de contrariar las investigaciones de los reguladores o fiscales. Salvo que medie un delito gravoso para la integridad de la empresa, si los fiscales o reguladores han iniciado investigaciones contra la empresa, esto no ocurre por mero capricho de ellos, sino más bien por la existencia de algo que no está bien. Por ello, un programa de cumplimiento debe procurar la colaboración entre la empresa y la autoridad, pues los funcionarios no son enemigos y en la mayoría de los casos sólo hacen su trabajo. Entrometerse en ese trabajo, puede traer más problemas que soluciones.

3. La protección de la marca corporativa a través de la prevención

En tercer lugar, prevenir es evitar el peor escenario posible. ¿Tiene sentido prevenir aquello que puede generar un daño a nuestro cliente? La respuesta es obvia. El objetivo entero de *compliance* es la prevención, prevención y prevención. Ello sólo puede lograrse con formas y procedimientos de monitoreo, así como un equipo capacitado para realizar esta labor y entender el ambiente regulatorio de nuestro cliente. Las empresas líderes son aquellas que implementan de la mejor manera programas de cumplimiento adecuados a su dinámica comercial. Así, más que un esquema de controles, una empresa éticamente responsable se diferencia del resto de los actores en el mercado por seguir altos estándares en su actividad comercial y por colaborar con las autoridades cuando es requerido.

Mucho se ha escrito sobre la marca corporativa de las empresas.[96] Somos creyentes que una cultura de *compliance* ayuda a profundizar esta marca corporativa y ayuda a las empresas a ser auténticas y distintivas frente a otras. No es lo mismo ser una empresa con una reputación comercial dudosa en materia de cumplimiento normativo, a ser una empresa ejemplo de buenas prácticas corporativas. Ser un difusor de las buenas prácticas, el respeto a la ley, y de empresas socialmente responsables trae como consecuencia un mejor relacionamiento con entidades públicas y organizaciones no gubernamentales, además de una disminución de multas por incumplimiento considerables.

4. La adopción de una cultura de prevención como inversión

En cuarto lugar, se ha querido enfocar los problemas de *compliance* como un gasto innecesario de recursos corporativos o sencillamente en la sobre inversión en el tema. Ninguno de estos enfoques es acertado, e inclusive, son los pequeños cambios los que verdaderamente generan transformaciones de una cultura de *compliance* en el negocio. En muchas compañías, fortalecer *compliance* se ha convertido en sinónimo de contratar más *compliance managers*, comprar más softwares sofisticados y crear más políticas, inclusive cuando esas decisiones son en muchos casos redundantes y una pérdida de recursos o simplemente no generan resultados.[97] El gran problema es que las compañías, pueden tener miles de protocolos, pero no hacen chequeos de las rupturas e incumplimientos a sus propios programas.

Ciertamente, *compliance* sirve importantes funciones en materia legal, pero forzar el cumplimiento del programa a un requerimiento estrictamente legal limita su habilidad de influenciar positivamente el comportamiento de los empleados. Mientras muchas firmas de contadores y abogados continúan analizando *compliance* como un ejercicio legal, es en realidad mucho de ciencia aplicada del comportamiento de los empleados. Esta afirmación puede incomodar a cualquier abogado, pero para que

---

96 Kerin, Roger A. / Hartley, Steven W. & Rudelius, William, *Marketing*, 11° ed., Mc Graw-Hill Edición, 2014.

97 Chen, Hui & Soltes, Eugene, "Why Compliance Program Fail-and to Fix Them", en: *Harvard Business Review*, 2018, Vol. 96, N° 2, pp. 116-125.

un programa de cumplimiento tenga impacto real, los gerentes necesitan probar qué funciona y qué no.[98]

Las líneas directas no deben establecerse sólo para archivar y grabar las irregularidades, también deben servir para asesorar a los clientes internos antes de tomar una decisión equivocada y con terribles consecuencias.[99] ¿Está bien diseñado el programa de cumplimiento de la empresa? ¿se está aplicando el programa con seriedad y buena fe? En otras palabras, ¿el programa cuenta con los recursos adecuados y está capacitado para funcionar con eficacia? ¿el programa de cumplimiento de la empresa funciona en la práctica?[100]

No cabe duda que un equipo de *compliance* y su *internal program* será excelente sólo si la gente que trabaja en la compañía es excelente.[101] Adicionalmente, un punto importante y necesario es la preparación técnica e intelectual del personal que instruye e implementa el programa de cumplimiento que se trate. De nada sirve repetir sin entender las problemáticas y complejidades que aquí señalamos. La clave se encuentra en un correcto entendimiento de los problemas de *compliance*, y un adecuado entrenamiento a los empleados en un lenguaje accesible, flexible y entendible, de llano entendimiento, de los problemas y consecuencias de *compliance*.

Un programa de cumplimiento, no obstante, puede resultar bastante costoso para muchas empresas por el tiempo que es necesario invertir, los recursos humanos que se deben involucrar, y en ocasiones los recursos tecnológicos que esto puede representar. Sin embargo, el costo es un tema que cada organización deberá evaluar de acuerdo con los riesgos inherentes a su sector y determinar si no tener una herramienta de este tipo para prevenir es peor, así como saber manejar sus riesgos. En ese sentido, cabe preguntarse: ¿debe la empresa tercerizar su programa de cumplimiento ante la falta de recursos? o ¿debe la empresa tercerizar la realización y planeación de sus políticas internas?

Una de las principales fallas del sistema de controles planteado es su aplicación sin propósito y sin interés corporativo real. Mal puede tercerizarse un trabajo que sólo debe concernir a la persona involucrada. Nuevamente, la idea de *compliance* de papel como una compilación de protocolos es una pérdida de tiempo. Ello no quiere decir que la empresa deba

98 Id.

99 Id.

100 DOJ, *Evaluation of...*, ob. cit., p. 2.

101 Miller, *The law of...*, ob. cit., p. 176.

hacer todo solo y por su cuenta. El asesoramiento adecuado ayudará a robustecer sus programas y detectar márgenes de mejora. Pero ante los ojos de los reguladores, nada tiene más sentido que la creación de un programa de cumplimiento orgánicamente, así como una férrea cultura de *compliance* desde su alta gerencia como ejemplo.

VI. LAS IMPLICACIONES PRÁCTICAS DE UN PROGRAMA DE CUMPLIMIENTO DEFECTUOSO. ANÁLISIS DE CASOS

No todo puede ser perfecto. Los errores ocurren más a menudo de lo que queremos y el factor humano incrementa, en buena medida, violaciones a la regulación vigente y susceptibles de sanciones administrativas y procedimientos penales.

Desafortunadamente, de una forma muy habitual surgen preguntas y situaciones sumamente complejas para los practicantes de esta materia. Así, no solo *compliance* implica prevención: empresas con problemas públicos y notorios de *compliance* se ven obligadas a realizar un análisis de riesgos y elegir la opción menos mala cuando los controles fallan. De igual manera, hemos advertido que es posible, como estrategia de negocios, asumir ciertos riesgos legales. No obstante, hay riesgos tan altos que jamás pueden ser asumidos por su manifiesta ilegalidad o por sus consecuencias catastróficas.

En la práctica de *compliance* es habitual hacer referencia a casos emblemáticos, no por demostrar buenas prácticas, sino por ejemplificar los errores de mal manejo de programas, mala gerencia y asesoría en la materia que nos concierne. No todo puede ser controlado, independientemente de la estrategia aplicada y las proyecciones realizadas. Como todo, hay factores externos que ponen a prueba el modelo de *compliance* que mantiene la empresa o la carencia de éste.

Al ser una materia sensible, estos casos demuestran errores en el manejo interno de varios tópicos ilustrados en este trabajo. Mal manejo del riesgo, la desestimación de regulaciones y agentes administrativos, así como la falta de una cultura de *compliance* seria, pueden generar escándalos corporativos con implicaciones económicas para la compañía en millones de dólares en multas y sanciones. Lo importante de los errores cometidos por otros, es aprender de ellos, y aplicar correctivos al programa propio.

1. El caso de ZTE-Cisco: sanciones internacionales, controles de exportación

Si existe un caso ideal para ilustrar la anatomía de una violación del régimen de sanciones internacionales y el régimen de controles a la exportación e importación de productos de origen estadounidense impuesto por Estados Unidos es el caso de *ZTE Corporation* (ZTE) y *Cisco Systems Inc.* (Cisco).[102] Ambas son compañías trasnacionales del ramo de las telecomunicaciones y tecnología. En 2012, el DOJ llegó a un acuerdo con ZTE por violaciones a las regulaciones de sanciones de Irán por 430.4 millones de dólares por violar las sanciones de Estados Unidos al enviar artículos de origen estadounidense a Irán, luego de las determinaciones realizadas conjuntamente por la BIS, la OFAC y el DOJ.[103]

En la determinación de los hechos por la OFAC y el DOJ, se determinó que ZTE ayudó a Irán a desarrollar una inspección profunda de usuarios para monitorear y bloquear el tráfico de Internet. La inspección profunda y el sistema implantado aísla y bloquea el tráfico específico como si fuese un servicio similar al que presta Gmail por parte de Google: el gobierno iraní, gracias a la tecnología proporcionada, puede registrar cada solicitud en línea del servicio y rastrear a los usuarios individuales, para así descifrar qué ocurre en cada hogar con conexión a internet.

En mayo de 2008, ZTE realizó una presentación ante el Centro de Investigación de Telecomunicaciones de Irán, controlado por el gobierno, sobre sus últimos productos de red, incluida la "Solución de intercepción legal ZTE." Esto fue informado en ese momento por *Privacy International*, una organización sin fines de lucro con sede en Londres que defiende el derecho a la privacidad y obtuvo una copia de la presentación. En un documento llamado "Hablando con el futuro," ZTE señaló que su sistema ZXMT era aplicable a las agencias militares y de seguridad nacional. Proporcionaba "alta seguridad y buen secreto" y eran "invisibles para los objetivos."

Una lista de piezas con fecha de julio de 2011 para un contrato de hardware entre ZTE y *Telecommunication Company of Iran* (TCI), compañía estatal iraní, incluía varios conmutadores Cisco revendidos. En las negociaciones con TCI, ZTE acordó vender cinco conmutadores Cisco a una

102 Véase Steclow, Steve, "Exclusive: Cisco cuts ties to China's ZTE after Iran probe", *Reuters*.

103 Véase, DOJ, *ZTE Corporation Agrees to Plead Guilty and Pay Over $430.4 Million for Violating U.S. Sanctions by Sending U.S.-Origin Items to Iran, Combined Penalty of $1.19 Billion with Department of Commerce and Department of Treasury Actions Shows All of Government Approach to Sanctions Enforcement.*

unidad del consorcio que controla TCI, según documentos revisados por Reuters. En este supuesto, un tercero, no Cisco, revendió y redistribuyó productos manufacturados por Cisco luego de vendidos. Cisco manifestó en múltiples ocasiones que:

> ...no toleramos ninguna venta directa o indirecta de nuestros equipos a países embargados como Irán. Y cuando eso ocurre, damos un paso al frente y tratamos con mucha firmeza. Así que creo que puedes asumir que no verás que eso vuelva a suceder[104].

De acuerdo con la determinación realizada por el DOJ existieron dos contratos entre ZTE e Irán, que involucraron varias compañías. Veamos este problema entre los distintos contratos. Analicemos con pinzas la transacción:

En el primer contrato entre ZTE e Irán, ZTE y ZTE Persia acordaron con TCI de Irán suministrar equipos y administrar el proyecto para actualizar el sistema de telecomunicaciones del gobierno iraní. Esto incluía la función de vigilancia de la ley y el software. Se involucra a una tercera compañía, Beijing 8 Star (8S), compañía china, quien compraría equipos embargados a proveedores para distanciar a ZTE de las transacciones ilegales.

Realmente, 8S no tenía historial de envío ni reputación comercial real. Así las cosas, 8S mezcló bienes de origen estadounidense con su propio equipo y no identificó su origen en sus declaraciones de aduanas e identificó los productos de origen estadounidense en sus listas de empaque. ZTE había comprado los productos de origen estadounidense "a granel" de sus proveedores. Los números de compras reflejaron las ventas de ZTE por un valor total de los bienes de $68 millones de dólares.

El segundo contrato fue un acuerdo para construir torres celulares entre Irán, ZTE Persia y 8S. Así, 8S suministraba los equipos estadounidenses y ZTE Persia proporcionaba los servicios y productos de fabricación local. Previamente, ZTE adquirió bienes de origen estadounidense y los redistribuyó a 8S, pero ZTE terminó suministrando los bienes directamente a Irán porque 8S no tenía historial crediticio. Nuevamente, ZTE adquirió los productos de origen americano a través de pedidos "a granel" de sus proveedores, por un valor total del contrato en 165 millones de dólares. Para el 2011, el esquema cambia para establecer más compañías de fachada porque los riesgos de sanciones habían aumentado respecto a Irán.

---

104 Id.

Luego de las investigaciones realizadas por la OFAC sobre las violaciones al régimen sancionatorio, el DOJ determinó los conspiradores: el CEO, vicepresidente de ventas y vicepresidente de logística de ZTE. ZTE usó a CCA (una compañía china existente) para suministrar productos de origen estadounidense a Irán. ZTE Persia firmó el contrato con CCA con autorización del CEO de ZTE. En 2012, se citó administrativa a ZTE por parte del BIS, citación penal del DOJ para una investigación por parte de un gran jurado. El efecto inmediato fue que el negocio de ZTE en Irán cesó temporalmente. En 2013, ZTE reanudó su negocio en Irán por temor a violar su contrato con Irán y la posibilidad de ejecución de las garantías establecidas en él.

Podemos explicar la transacción de la siguiente forma: *(i)* El gobierno de Irán y algunas compañías iraníes realizaron pagos por compromisos contractuales al banco de ZTE; *(ii)* El banco de ZTE, a su vez, realizó pagos por compromisos contractuales a Citibank, siendo este último el que tenía una relación bancaria con Cisco; *(iii)* Una vez obtenidos los pagos a través de Citibank, Cisco proveyó de bienes y servicios a ZTE corporation, 8S, CCA y ZTE Persia como subsidiaria iraní de ZTE Corp., alcanzándose el objetivo de proveer de productos de origen americano y de servicios tecnológicos al gobierno de Irán y compañías iraníes.

El DOJ acusó formalmente a ZTE por obstrucción de la justicia. DOJ argumentó que el equipo de ZTE desinfectó los datos para ocultarlos de la firma de contabilidad forense que realiza la investigación. ZTE ocultó datos relacionados con la reanudación de sus ventas ilegales a Irán de una firma de contabilidad forense contratada por un abogado defensor para llevar a cabo una investigación interna sobre las ventas de Irán de la compañía.[105]

Así, ocurrió una eliminación automática de correos electrónicos del equipo gerencial de trece miembros y varios acuerdos de confidencialidad con los miembros de este equipo protegían la divulgación de cierta información sensible. No transcurrió mucho tiempo para que ZTE Corporation acordara presentar una declaración de culpabilidad y pagar una multa de $430.488.798 a los Estados Unidos por conspirar para violar la IEEPA al enviar ilegalmente artículos de origen estadounidense a Irán, obstruir la justicia y hacer una declaración falsa material ante agentes federales.[106]

---

105 Id.

106 United States of America v. ZTE Corporation Plea agreement, en https://bit.ly/3QFATQC.

ZTE acordó ante fiscales federales que, anualmente, durante el período de prueba, el *general counsel* de ZTE ejecutará bajo pena de perjurio y proporcionará al Gobierno una certificación de que, según el mejor conocimiento del consultor jurídico y después de una investigación razonable, ZTE cumple con los términos del *Plea Agreement*, incluyendo la certificación del general counsel de que ZTE ha seguido manteniendo su programa de cumplimiento y ética diseñado para prevenir y detectar violaciones de las *Export Administration Regulations* de los Estados Unidos en todas sus operaciones, incluidas las de sus subsidiarias, divisiones, segmentos y afiliados.

En efecto, la violación se concretó al momento que fue exportando intencionalmente el producto de origen americano. Ahora bien ¿por qué Cisco no fue sancionado tomando en cuenta que fueron sus productos los reexportados? En notas de prensa, Cisco ha señalado que "continúa investigando este asunto [sobre las reventas], ya que cualquier violación de los controles de exportación de los Estados Unidos es un asunto muy grave."[107]

¿Cisco no debió haber sabido de esta situación de reventas de sus productos? Como vemos, la fragilidad de la violación puede tornarse discrecional por parte de las autoridades administrativas y penales encargadas. No es lo mismo enjuiciar a un americano que a un extranjero, así como no es lo mismo perjudicar a nacionales americanos que negocios foráneos. ZTE nos demuestra que Estados Unidos hará todo lo posible para ejecutar sus regulaciones hasta sus máximas consecuencias.

2. El caso de HSBC: sanciones internacionales, legitimación de capitales y financiamiento al terrorismo

HSBC es un banco trasnacional con sede Reino Unido[108] que ha estado involucrado en varios escándalos financieros por ciertos clientes particulares. Uno de los mayores clientes del banco, por ejemplo, era el banco *Al Rajhi*, banco de Arabia Saudita, que había sido vinculado por la CIA y otras agencias gubernamentales a actividades de financiamiento al terrorismo. Según un documento citado en un informe del Senado, uno de los fundadores del banco, SULAIMAN BIN ABDUL AZIZ AL RAJHI, se encontraba entre los veinte primeros financiadores de Al Qaeda. Comentamos un reportaje

---

107 Id.

108 Véase información relativa de HSBC, en https://bloom.bg/3AfxgeS.

periodístico que estudia con profundidad los múltiples problemas de *compliance* que HSBC permitió durante casi 15 años.[109] En 2003, la CIA escribió un informe confidencial sobre el banco, describiendo a Al Rajhi como un "conducto para las finanzas extremistas."[110]

La agencia señaló que SULAIMAN AL RAJHI trabajó conscientemente para ayudar a las "organizaciones benéficas" islámicas a ocultar su verdadera naturaleza, ordenando a la junta del banco "explorar instrumentos financieros que permitirían las contribuciones caritativas del banco para evitar el escrutinio oficial saudí." En abril de 2003, la Reserva Federal envió a la subsidiaria estadounidense de HSBC una carta de cese y desistimiento, ordenándole que limpiara su acto e hiciera un mejor esfuerzo para evitar que los delincuentes y terroristas abran cuentas en su banco. En enero de 2005, mientras HSBC estaba bajo un acuerdo judicial con el DOJ, HSBC decidió cortar parcialmente los lazos con Al Rajhi. La decisión solo se aplicaría a la banca de Al Rajhi y no a su compañía comercial relacionada.[111]

En marzo de 2005, ALAN KETLEY, un oficial de cumplimiento de la filial estadounidense de HSBC, HBUS, le dijo alegremente a PAUL PLESSER, jefe del Departamento de Cambio Global de divisas de su banco, que era genial hacer negocios con *Al Rajhi Trading*. "Parece que estás bien para seguir lidiando con Al Rajhi", escribió: "¡Será mejor que ganes mucho dinero!" Después de que HSBC restableció por completo su relación con el Al Rajhi Bank, aparentemente aliado del terrorismo, Arabia Saudita suministró al banco casi mil millones de dólares estadounidenses. Cuando HSBC le preguntó por qué necesitaba todo su efectivo estadounidense, Al Rajhi explicó que las personas en Arabia Saudita necesitan dólares por todo tipo de razones. "Durante el verano tenemos una gran demanda de los turistas que viajan durante sus vacaciones," escribió el banco.[112]

Fíjese que en este supuesto que el banco, a sabiendas de las violaciones, ayudó a personas prohibidas a eludir el proceso de sanciones a través de su plataforma bancaria y financiera. Uno de esos individuos era el poderoso empresario sirio RAMI MAKHLOUF, un confidente cercano de la familia Assad. Cuando MAKHLOUF apareció en la lista de SDN de la OFAC en

---

109 Véase Taibbi, Matt, *Gangster Bankers: Too Big to Jail. How HSBC hooked up with drug traffickers and terrorists. And got away with it.*

110 Id.

111 Id.

112 Id.

2008, HSBC respondió no cortando lazos con él, sino tratando de averiguar qué hacer con las cuentas que el agente sirio tenía en sus sucursales en Ginebra y las Islas Caimán, y así movilizar el dinero a cuentas ajenas a la regulación de sanciones.[113]

El Departamento del Tesoro respondió duramente. Luego de meses de investigación, la OFAC llegó a un acuerdo con HSBC Holdings PLC., por más de $ 1.9 mil millones en multas por la conducta de HSBC en violación del BSA y el régimen de sanciones impuesto por los Estados Unidos a varios países. Esto ha sido catalogado en su momento como el acuerdo colectivo más grande en la historia del departamento.[114] Así, el ineficaz programa AML de HSBC expuso al sistema financiero de los Estados Unidos a graves abusos criminales.[115]

Estas fallas en el cumplimiento del *AML compliance program* significaron que el banco no detectó y no pudo detectar e informar de manera confiable actividades sospechosas y, por lo tanto, privó a las autoridades y reguladores de la información crítica utilizada para combatir la legitimación de capitales, el financiamiento del terrorismo, el crimen organizado transnacional y otras amenazas financieras nacionales y globales.[116]

El acuerdo con la OFAC resuelve una investigación sobre las aparentes violaciones de HSBC en materia de regulaciones de sanciones de Irán; regulaciones de sanciones Birmanas; las regulaciones de sanciones de Sudán; regulaciones sobre el control de activos de Cuba; y las regulaciones de sanciones de Libia (vigentes hasta 2004).[117] Luego de este arreglo extrajudicial, el caso nunca llegó a ninguna corte, como es usual en la práctica de sanciones, para evitar el mal mayor de un litigio con consecuencias desastrosas. El mal ya estaba hecho desde el primer momento en que la OFAC decidió investigar.

3. El caso Siemens: sanciones internacionales y prácticas de corrupción en el extranjero

La corrupción es un fenómeno que trasciende fronteras. Así, los hechos de un país, sin aparente conexión jurisdiccional, son suficientes para

---

[113] Id.

[114] Véase, DOT, "Treasury Department Reaches Landmark Settlement with HSBC", *Press Release*, 11-12-2012.

[115] Settlement Agreeement, U.S. Department of the Treasury's Office of Foreign Assets Control & HSBC Holdings P.L.C. Diciembre, 2012.

[116] Id.

[117] Id.

el juicio penal de otro. Este es el caso de Siemens AG y tres de sus subsidiarias cuando se declararon culpables de violaciones al FCPA y acordaron pagar 450 millones de dólares en multas combinadas.[118]

El caso Siemens, es sin lugar a duda, la cúspide de un verdadero escándalo de corrupción trasnacional. Antes de que el escándalo saliera a la luz pública, la reputación de Siemens era extremadamente buena en el mundo de los negocios como una trasnacional de primer nivel. Siemens era reconocido por sus productos tecnológicos y servicios confiables en telecomunicaciones, energía, transporte y equipos médicos.Por esta razón, el mundo se tomó por sorpresa cuando la policía allanó la sede de la compañía en Múnich y otras subsidiarias el 15-11-2006. La primera reacción de la compañía fue reclamar inocencia y culpar a una pequeña "banda criminal" de los hechos.[119]

Durante años, la compañía había pretendido hacer negocios de acuerdo con los más altos estándares éticos y legales. Desde al menos 1991, Siemens había desarrollado normas corporativas anticorrupción, códigos de conducta sofisticados y pautas comerciales estrictas. Incluso fue seleccionado para convertirse en miembro corporativo del capítulo alemán de Transparencia Internacional en 1998. Sin embargo, la realidad era completamente diferente.[120]

Desde al menos la década de 1990, Siemens había organizado un sistema global de corrupción para ganar cuota de mercado y aumentar su precio. Pudo salirse con la suya debido a las grandes lagunas en los sistemas legales de una gran cantidad de países, incluido Alemania. Esto trajo un efecto en cadena de múltiples casos judiciales de corrupción sobre el gigante de la industria de la tecnología. En todo el mundo, desde Bangladesh, Vietnam, Rusia, México hasta Grecia, Noruega, Iraq y Nigeria, Siemens pagó sobornos a funcionarios públicos y esto fue constatado y probado en juicios o ante fiscales.[121]

La magnitud del sistema de soborno fue generalizada y sin precedentes. Como dijo REINHARD SIEKACZEK, un empleado de Siemens: "todos sabíamos que lo que estábamos haciendo era ilegal. El pago de un soborno era habitual en prácticamente todas las unidades de negocios de Siemens

---

118 Véase: *Siemens AG and Three Subsidiaries Plead Guilty to Foreign Corrupt Practices Act Violations and Agree to Pay $450 Million in Combined Criminal Fines*, 15-12-2008.

119 Véase, The conversation, *Lessons from the massive Siemens corruption scandal one decade later.*

120 Id.

121 Id.

AG, excepto en las unidades de negocios que se ocupan de lámparas y demás."[122]

La respuesta de las distintas Administraciones de justicia no se hicieron esperar. Se tomaron medidas contra Siemens en varios países, incluidos Estados Unidos, Alemania, Italia y Liechtenstein.[123] Así, se constató luego de todas las investigaciones realizadas en múltiples jurisdicciones que todo el programa de cumplimiento establecido era una fachada y letra muerta en la práctica corporativa de Siemens. La empresa alemana usaba sobornos clave para garantizar oportunidades comerciales en el extranjero como su práctica habitual de negocios. Esto es un error de proporciones descomunales.

Así, en Estados Unidos, Siemens AG se declaró culpable de dos cargos interpuestos por violaciones penales de los controles internos requeridos de acuerdo con la FCPA. Siemens S.A. Argentina se declaró culpable del delito de conspiración para violar las disposiciones y requerimientos de libros y registros de la FCPA. *Siemens Bangladesh Ltd.* y *Siemens S.A. Venezuela*, cada uno se declaró culpable de conspiración para violar las disposiciones antisoborno y de libros y registros de acuerdo con la FCPA. Como parte de los acuerdos de culpabilidad, Siemens AG acordó pagar una multa de 448.5 millones de dólares; y Siemens Argentina, Bangladesh y Venezuela acordaron pagar una multa de 500.000 dólares.[124]

En el caso de corrupción de Venezuela, de acuerdo con el expediente judicial, desde noviembre de 2001 y continuando hasta aproximadamente mayo de 2007, Siemens Venezuela admitió que realizó pagos corruptos de al menos 18 millones de dólares a varios funcionarios venezolanos indirectamente a través de supuestos consultores comerciales, a cambio de un trato comercial favorable en conexión con dos grandes proyectos de transporte público metropolitano llamados Metro Valencia y Metro Maracaibo. Algunos de esos pagos se realizaron utilizando cuentas bancarias de los Estados Unidos controladas por los supuestos consultores comerciales.[125]

Como vemos, la corrupción trasciende fronteras y no distingue nacionalidades. Una de las lecciones del caso Siemens es que Estados Unidos se toma en serio las acusaciones de corrupción por parte de empresas tras-

---

[122] Id.

[123] Id.

[124] Id.

[125] *United States v. Siemens S.A (Venezuela),* Statement of Offense, en https://bit.ly/3pcNfEl.

nacionales. Son actitudes inexcusables, como la de Siemens, las que permiten entender que en el mundo actual de los negocios se requiere una tolerancia cero a la corrupción por sus implicaciones éticas y por entorpecer el trabajo de las Administraciones Públicas alrededor del mundo.

4. Algunas lecciones para un programa de cumplimiento efectivo

Hemos analizado someramente cuatro frentes de lucha: sanciones internacionales, legitimación de capitales y financiamiento al terrorismo, regulación de control sobre exportaciones, corrupción y soborno. Si se quiere, estos tópicos son *compliance* en su parte especial. Y son sólo algunos de los problemas que presenta el comercio global actual y la práctica trasnacional del derecho. Ahora bien, *compliance* en la actualidad es una *necesidad de negocio* y no es un maquillaje corporativo de malas prácticas corporativas como planteó *Siemens* hace más de diez años. Así como el riesgo legal existe y por ello se encuentran equipos de abogados de la empresa, también se hace necesario un equipo de *compliance*.

Buena parte de la literatura actual en la materia se sustenta en los fracasos ajenos y el establecimiento de mejores prácticas empresariales con base en esos escándalos corporativos.[126] En este trabajo, veremos muchos ejemplos de ello, así como también aquellas situaciones que nunca debieron pasar. El fracaso de un programa de cumplimiento tiene muchos frentes complejos de análisis. En nuestra opinión, el punto central, tal y como señalan Chen y Soltes es que "las empresas cuentan habitualmente con políticas y procedimientos, pero no realizaban un seguimiento de las infracciones que cometían."[127] De nada sirve un *compliance de papel y de escritorio* si la empresa no toma las decisiones correctas en el momento preciso. Esto ha generado una serie de problemas prácticos que conllevan, irremediablemente, al fracaso del programa que queremos fomentar.

Un error, también común, es confundir la responsabilidad legal con la efectividad del cumplimiento. Las políticas de cumplimiento cumplen funciones legales importantes, pero forzarlas a entrar en marcos legales puede limitar su capacidad para influir positivamente en el comportamiento de los empleados.[128] ¿Cómo ha evaluado la empresa si estas políticas y procedimientos se han implementado de manera efectiva? Las em-

---

126 Téngase a modo de ejemplo Miller, *The law of...*, ob. cit.

127 Chen & Soltes, *Why Compliance...*, ob. cit.

128 Id.

presas suelen responder mostrando que los empleados firmaron una declaración de que habían leído y comprendido las políticas y códigos de conducta de la empresa. Si bien dicha firma puede proporcionar una base legal para despedir a alguien que viole una regla, no demuestra que un empleado haya convertido el conocimiento sobre las políticas en prácticas laborales cotidianas.[129] ¿Realmente eso significa o aporta algo de valor para nuestro programa de cumplimiento? Contar las aprobaciones legalmente vinculantes de los empleados a las políticas no es una forma adecuada de cuantificar la efectividad de un programa de cumplimiento.

También la creencia errónea de que estamos haciendo las cosas bien genera una autocensura en nuestra crítica interna respecto a las áreas de oportunidad que puede tener nuestro programa de cumplimiento. El hecho de tener un *compliance program in place* quiere expresar que la empresa hace sus mejores esfuerzos para conocer los riesgos potenciales a los que se enfrenta y saber, preventivamente, cómo podría manejarlos. Ello genera un sesgo de autoinforme y autoselección peligroso para la empresa.

Compliance managers a menudo se basan en encuestas para evaluar el desempeño de sus programas. El desafío de las encuestas es que la autoevaluación y la autoselección de los encuestados pueden sesgar los resultados y llevar a los gerentes a sacar conclusiones incorrectas. Las personas que ocupan puestos de responsabilidad y las que realmente cometen una mala conducta pueden estar menos inclinadas a participar.[130] Por ello, es necesario tener en cuenta el sesgo en los datos recopilados al interpretar la data obtenida una vez probado o auditado el programa de cumplimiento.

Navegar regulaciones cada vez más complejas y exhaustivas requiere personal calificado y los recursos necesarios para esta labor. No en vano agentes regulatorios sancionan a empresas trasnacionales con multas de billones de dólares. La realidad es que es muy fácil ser acusado y aceptar acuerdos por violaciones que ni siquiera se tenían en el radar para el negocio. Si algo podemos aprender de estos fracasos de *compliance* es que su obligatoriedad de cumplimiento es una necesidad en la dinámica de los negocios en la contemporaneidad; su efecto mitigador de riesgos puede

---

129 Id.

130 Id.

ser clave; y su impulso y propulsión a mejores prácticas corporativas respetuosas de la ley, las regulaciones, la responsabilidad social empresarial y los derechos humanos, son el nuevo horizonte empresarial.

Finalmente, el trabajo de *compliance* es amplio en su espectro de temas a desarrollar. En los hombros de las empresas no solo recae el objetivo de hacer pagar dividendos, sino que, adicionalmente, recae el deber de cumplir con las exigencias de múltiples entidades y agentes administrativos en varias jurisdicciones, así como cumplir con la sociedad. Por ello, la asesoría y el establecimiento de programas adecuados son clave para un negocio exitoso en el mundo complejo que vivimos.

En los siguientes capítulos ahondaremos en específico los problemas habituales de *compliance* en Venezuela.

CAPÍTULO II:
EL COMPLIANCE Y LA RESPONSABILIDAD EMPRESARIAL

De acuerdo con la teoría general del delito, ha sido entendido el principio básico que algunas conductas son contrarias a valores humanos esenciales, intereses o derechos subjetivos de las personas.[131] El delito y su castigo es la extrema aplicación de la fuerza bajo el Estado de derecho, con ello el Estado impone la más dura penalidad a sus ciudadanos. Como una consideración de política pública, algunos delitos son más "*castigables*" que otros desde la perspectiva de la moral, pues causan un daño mayor o menor desde el punto de vista de lo socialmente aceptable.

Así, delitos como el homicidio, son clara e indudablemente conductas reprochables que cualquier persona puede cuestionar y estar de acuerdo con su castigo. No obstante, la duda surge en casos donde la consecuencia del hecho delictual no es tan sencilla de determinar. En el homicidio, hay un resultado dañoso inminente, una persona ha sido asesinada con dolo o culpa. Pero en otra clase de delitos, que involucra otras conductas como aquellas que afectan la estabilidad del sistema financiero, a veces surge la duda de ¿qué exactamente está ocurriendo y por qué esa conducta es castigada? ¿Por qué castigar estas conductas con el extremo de la fuerza que implica el *ius puniendi*?

Después de *Enron* y *Arthur Andersen*,[132] el universo corporativo ha cambiado, como también lo ha hecho el mundo en el siglo XXI. Por una parte, es innegable que la esfera de influencia que representa Estados Unidos para el resto del globo tiene un poder decisivo en el comercio mundial y cómo se comportan las empresas. De alguna forma, es certero afirmar que el Derecho Norteamericano está moldeando el derecho globalmente, teniendo una importante influencia en los países y sistemas del mundo occidental. Y, por otra parte, existe una extensa actividad corporativa que

---

131 Véase entre otros Muñoz Conde, Francisco, *Manual de Derecho Penal: Parte Especial*, Valencia, Tirant lo Blanch, 2004.

132 Enron, sin lugar a duda, es el escándalo financiero más grandes de la historia. Enron Corporation, que apareció en la lista de la séptima compañía más grande y rentable de Estados Unidos en el 2000, fue una gran estafa para todos. Su rentabilidad fue producto del maquillaje contable: los pasivos se convirtieron en activos, los créditos se presentaron como ingresos y todos los beneficios fueron inflados. La firma de auditoría de Enron, Arthur Andersen, considerada una de las firmas de contadores más prestigiosas del mundo, fue declarada culpable seguidamente por obstrucción a la justicia al destruir documentos relacionados con Enron y avalar sus estados financieros, en lo que se consideraba el principio del fin de la empresa. Hoy, Enron y Arthur Andersen son un recordatorio de todo lo que no se debe hacer en el mundo corporativo.

maneja áreas sensibles, ya sea por su impacto en los mercados y en la bolsa de valores, o sectores económicos claves para el crecimiento de las naciones. Es allí donde el crimen financiero sofisticado puede impactar a la economía global en formas jamás imaginadas, y por ello los Estados buscan promulgar leyes que regulen y castiguen el crimen financiero corporativo, pues grupos económicos pueden verdaderamente afectar la estabilidad económica de las sociedades.

No cabe duda, y así se ha aceptado en el derecho norteamericano,[133] que las compañías pueden ser sujetos delictuales y con una responsabilidad penal clara en materia de delitos financieros. Esto ha tenido sus matices en los sistemas continentales como tendremos la oportunidad de señalar, pero con una clara tendencia a criminalizar la conducta corporativa financiera. Así, el delito financiero cometido por las empresas se puede encuadrar en la categoría de delitos de cuello blanco. Sin embargo, el contexto donde se desarrolla esta clase de delitos ha sido estudiado incontables veces con opiniones encontradas al respecto.

Para algunos, "los delitos de cuello blanco llegaron para personificar la avaricia, que parecía cada vez más moralmente equivocada y más merecedora de retribución"[134] por parte de Ley que los tipifican como conductas penalmente ilícitas. Para otros, el delito de cuello blanco es una creación más racional, pensada y calculada que un conjunto de acciones producto de la pasión o la oportunidad, siendo su tipicidad una forma de lograr disuadir al sujeto infractor.[135] Inclusive, algunos autores han señalado que, desde el punto de vista económico, podría ser argumentado que, si se aumentara el costo esperado de los delitos de cuello blanco al aumentar la penalidad del tipo, los delitos de cuello blanco no serían rentables y, por lo tanto, cesarían.[136]

Ciertamente, desde un punto de vista criminológico, es difícil caracterizar esta clase de actuaciones criminales sofisticadas. Pero el delito de cuello blanco supone una responsabilidad penal clara, que, aunque indudable, es objeto de debate: ¿debe castigarse a las personas jurídicas por la comisión de un delito, a los individuos detrás de esa personería legal o se debe castigar a ambos en paralelo? Dependiendo del sistema legal, como veremos más adelante, los legisladores han tomado distintas posturas a

---

133 *New York Central & Hudson River Railroad v. United States*, 212 U.S. 481 (1909).

134 Bibas, Stephanos, "White-Collar Plea Bargaining and Sentencing after Booker", en: *William & Mary Law Review*, 2005, Vol. 47, N° 3, p. 723.

135 Id., p. 724.

136 Id., citando a Richard A. Posner en: *Economic Analysis of the Law*, 1986, 3° ed., p. 205.

esta pregunta, considerando criminalmente responsable solo al individuo infractor en vez de la persona jurídica copartícipe del delito. Pero, en cualquier caso, ¿cuál es la mejor forma de tratar esta situación desde un análisis de la política criminal del Estado?

Es preciso afirmar que todos los ciudadanos queremos que se haga justicia, y los criminales de cuello blanco no escapan de esta apreciación general. Sin embargo, la práctica de los delitos financieros es compleja de entender para cualquiera: ¿Qué es lo realmente punible? Partamos de lo básico: no cabe duda de que los delitos de cuello blanco suponen una complejidad y sofisticación muy detallada en la práctica. Así, su estudio es complejo pues esta clase de delitos:

> ...son difíciles de investigar y probar, empezando por la reconstrucción de lo ocurrido (¿son los balances financieros suficientemente claros?) para así determinar quién sabía de los hechos delictuales (¿fueron las obligaciones del imputado tan ambiguas que ninguna persona podía entender qué estaba pasando?) para entender la voluntad del individuo criminal (¿fue la falsedad del actor un acto de error inocente o fraude doloso?).[137]

En este contexto, la idea de este capítulo es explorar, desde una perspectiva de política criminal y regulatoria, la criminalización de la conducta empresarial de las personas jurídicas a través del derecho penal y el derecho administrativo. Es así como, en este contraste, esperamos proporcionar algunas ideas sobre regulación, derecho penal de la empresa y *compliance*. Para el propósito de este trabajo, en la primera parte se desarrolla ampliamente la pregunta del por qué castigamos penalmente a las empresas y el surgimiento del nuevo estado regulatorio. En la segunda parte, explicamos la noción de acción privada como técnica de *enforcement* de regulaciones sectoriales -propia del sistema norteamericano- y cómo las empresas pueden estar sujetas al cumplimiento regulatorio. Finalmente, en la tercera parte de estas notas, estudiamos la responsabilidad civil y administrativa como forma de penalidad corporativa, distinta al tipo penal de la empresa, y cómo éstas se aplican en Venezuela.

I. EL ILÍCITO CORPORATIVO COMO TIPO PENAL

Como premisa hoy, las empresas pueden ser objeto de imputación penal. Las empresas sí pueden cometer delitos y tienen responsabilidad penal y civil asociada a su actuación. Para ilustrar este punto, y cómo las empresas son penalmente castigadas, vamos a explorar el derecho actual

---

137 Bucy Pierson, Pamela, RICO, "Corruption and White-Collar Crime", en: *Temple Law Review*, 2013, Vol. 85, N° 3, p. 542.

de la responsabilidad penal y civil de las empresas para luego discutir su importancia desde la perspectiva de la política regulatoria y penal vigente. Como análisis legal comparativo, es importante dejar por sentado que los delitos de cuello blanco se encuentran estudiados principalmente por la jurisprudencia norteamericana en la materia, mientras que en otras partes del mundo existen varios instrumentos normativos que buscan regular y tipificar delitos financieros o económicos.

Como veremos, en otras jurisdicciones la ilicitud corporativa es exclusivamente un asunto de creación estatutaria, mientras que en los sistemas del *common law* es una mezcla de normas y jurisprudencia, respectivamente. En ambos casos, la política penal es la misma: la protección de las potenciales víctimas en casos y áreas muy sensibles para la sociedad y la procura de la ejecución de leyes y regulaciones para delincuentes muy sofisticados. En cualquier supuesto, la consecuencia de la imputación penal de las empresas o sus directores o empleados es la misma: la destrucción de la entidad corporativa y el negocio en sí mismo, teniendo ello varias consecuencias colaterales (empleados perdiendo sus empleos, consumidores sin acceso a los bienes o servicios prestados, crisis económica, entre muchas otras).

1. La imputabilidad de la persona jurídica

De acuerdo con el derecho norteamericano, las empresas tienen responsabilidad penal como cualquier persona natural. La Corte Suprema de los Estados Unidos sostuvo en *Hudson River Railroad*,[138] que:

> ...una empresa es responsable no sólo por las actuaciones de sus agentes corporativos estrictamente interpretados, puesto que el agente ha asumido realizar actos en nombre de la empresa incluso empleando los poderes societarios realmente autorizados, y en tales casos no hay necesidad de poseer autorización escrita sellada o voto de la sociedad para constituirse como un agente de la empresa o autorizar sus actos.

En este sentido, y bajo la teoría legal de la agencia, el Derecho Federal ha reconocido la responsabilidad penal de las entidades empresariales: los agentes de la empresa obligan en sus actuaciones a la compañía pues la representan en su actuación frente a terceros y esta actuación no es una

[138] *New York Central & Hudson River Railroad v. United States,* 212 U.S. 481 (1909). Hudson River es el primer caso que señala la importancia de la responsabilidad corporativa en el derecho norteamericano. ¿Tiene el Congreso la autoridad para crear responsabilidad corporativa? La respuesta ha sido afirmativa a lo largo de los años y ha sido ratificado formalmente por los precedentes de las cortes federales.

actuación propia del agente por no ser a título personal sino en representación de aquélla. Así, la responsabilidad penal corporativa se extiende a todos los empleados en el ámbito de su empleo.

Como cualquier individuo, la comisión de un delito supone la violación de un instrumento normativo que considera y protege un bien jurídico. Las empresas pueden violar la protección de ese bien jurídico por su comportamiento ilegal. En sentido amplio, la ilicitud corporativa es la violación de cualquier estatuto o instrumento normativo bajo la teoría del mandato o de la agencia societaria. Pero es indudable las dificultades de las empresas en mantener el chequeo constante y cumplir con las reglas establecidas, y en muchos casos, con la normativa aplicable por las actividades ilícitas de sus propios empleados. En cierto sentido, es inevitable que esto ocurra, pero el verdadero problema surge cuando las violaciones de los empleados, en representación de la empresa, se tornan penales o regulatorias. Muchas áreas suponen riesgos legales importantes: legitimación de capitales, fraude de valores, RICO, entre otras tantas, pueden explicar el comportamiento ilícito que pueden encauzar la ilicitud corporativa. Adicionalmente, la práctica de los delitos de cuello blanco se ha vuelto significativa hoy en día, especialmente en casos donde se están llevando a cabo M&A complejas. La pregunta, aún hoy, sigue siendo debatida: ¿debe ser aceptada la responsabilidad penal corporativa en el mundo corporativo actual?

La responsabilidad penal de las personas jurídicas es un tema debatido en el foro venezolano. Se ha sostenido que el requisito preexistente para el nacimiento de la responsabilidad penal es la concurrencia de un acto voluntario, como expresión de una voluntad humana que haya sido exteriorizada.[139] Con base en esto, se ha sostenido que la persona jurídica no puede ser responsable penalmente,[140] no puede cometer delitos,[141] pues "en el derecho penal, la acción finalista de un ser humano presidida por una voluntad entendida en sentido individual-psicológico y no normativo."[142] Así, el derecho penal valora las acciones de los seres humanos

---

139 Rodríguez Morales, Alejandro, *Síntesis de Derecho Penal: Parte General,* Caracas, Ediciones Paredes, 2006, p. 175.

140 Modollel González, Juan, *Persona Jurídica y Responsabilidad Penal*, Caracas, Universidad Central de Venezuela, 2002, p. 7.

141 Arteaga Sánchez, Alberto, *Derecho Penal Venezolano*, Caracas, Ediciones Liber, 2009, 11° ed., p. 211.

142 Id. citando a Gerardo Gabaldón, en *La Responsabilidad Penal de la Persona Jurídica en Venezuela,* Caracas, Editorial Jurídica Venezolana, 1978.

y no de los entes incorporales que nada tienen que ver con la capacidad volitiva de comisión del delito.[143]

De esta manera, la persona jurídica no es sujeto activo del delito ni responde penalmente, ni se le puede, por tanto, aplicar una pena, entendida ésta en sentido estricto. Por ende, a la persona jurídica sólo le corresponden sanciones civiles o administrativas.[144] Así, se ha debatido "la conveniencia político-criminal de sancionar penalmente a las personas jurídicas, toda vez que [...] por ser entes ficticios creados jurídicamente, pueden volver a constituirse con facilidad, por lo que la pena [...] sería verdaderamente inútil y no tendría ningún efecto patente."[145] En definitiva:

> ...quién está detrás de esa denunciada criminalidad de empresa es la persona natural, bien sea una sola o varias, bien sea el presidente de la empresa, bien sea su junta directiva toda, por lo que se hace preciso "levantar el velo corporativo" a efectos de hacer responder penalmente a los responsables.[146]

No obstante, es una realidad que existen delitos específicamente diseñados contra las personas jurídicas en Venezuela y la responsabilidad penal corporativa es plenamente reconocida en nuestra legislación. Así, tomando el ejemplo de la legitimación de capitales, en particular lo establecido en la LOCDOFT[147], las personas jurídicas "son responsables civil, administrativa y penalmente de los hechos punibles relacionados con la delincuencia organizada y el financiamiento al terrorismo cometidos por cuenta de ellas, por sus órganos directivos o sus representantes,"[148] sujetos a sanciones en sede administrativa o judicial. Al hacer esto, en el supuesto de la comisión de un delito, la LOCDOFT permite al poder judicial imponer sanciones penales a aquellas compañías declaradas culpables de cometer delitos señalados en dicho instrumento normativo.

---

143 Id., p. 211.

144 Id., p. 212.

145 Rodríguez Morales, *Síntesis de...*, ob. cit., p. 182.

146 Rodríguez Morales, *Criminal Compliance...*, ob. cit., p. 76.

147 GO N° 39.912 del 30-04-2012.

148 En particular, artículo 31 de la LOCDOFT. "Las personas jurídicas, con exclusión del Estado y sus empresas, son responsables civil, administrativa y penalmente de los hechos punibles relacionados con la delincuencia organizada y el financiamiento al terrorismo cometidos por cuenta de ellas, por sus órganos directivos o sus representantes. Cuando se trate de personas jurídicas del sistema bancario, financiero o cualquier otro sector de la economía, que intencionalmente cometan o contribuyan a la comisión de delitos de delincuencia organizada y financiamiento al terrorismo, el Ministerio Público notificará al órgano o ente de control correspondiente para la aplicación de las medidas administrativas a que hubiere lugar."

En realidad, la responsabilidad penal empresarial ha sido aceptada tenuemente desde un punto originalmente jurisprudencial. En el caso *Corpomedios GV Inversiones, C.A.*, la Sala Constitucional del Tribunal Supremo de Justicia se ha pronunciado sobre la existencia de la responsabilidad penal que puede ser ampliamente considerada y similar a las tendencias imperantes en el derecho comunitario europeo.[149] Con la promulgación de la LOCDOFT se ratifica una tendencia, si se quiere, ya reconocida en el derecho penal venezolano. Acertadamente se ha señalado que "independientemente de los debates inherentes a la doctrina penal, nuestro legislador adoptó la tesis de la responsabilidad penal de las personas jurídicas y así lo incorporó en la LOCDOFT"[150] y la legislación penal en diversas materias, como la Ley Penal del Ambiente, la Ley Especial contra Delitos Informáticos, entre otras.

En el marco normativo contemplado en la LOCDOFT, los jueces pueden imponer la clausura definitiva de la persona jurídica en el caso de la comisión intencional de los delitos tipificados en la LOCDOFT; la prohibición de realizar actividades comerciales, industriales, técnicas o científicas; la confiscación o decomiso de los instrumentos que sirvieron para la comisión del delito, de las mercancías ilícitas y de los productos del delito en todo caso,[151] entre otras sanciones administrativas o penales. La

---

149 En particular, la Sala Constitucional señaló "una concepción laxa de la responsabilidad penal, permite reorientar el concepto de imputación en la teoría del delito fracturando las estructuras ontológicas del Derecho Penal para concluir que las personas jurídicas ostentan la capacidad de culpabilidad penal –imputabilidad–, puesto que la culpabilidad ya no se concibe como un juicio de reproche eminentemente personal sino como un juicio que –en tanto función social– protege preventivamente los bienes jurídicos, siendo que la tutela penal abarca a todas las personas, ya sean estas naturales o jurídicas; aceptar lo contrario y aferrarse al principio tradicional societas delinquere non potest implicaría –frente a novedosas formas de criminalidad– dotar de impunidad a los entes colectivos y convertirlos así en gérmenes para la sociedad. A esa nueva dimensión de la responsabilidad penal apunta el Derecho Comunitario de la Unión Europea, que estipula la responsabilidad de las personas jurídicas, entendidas como una unidad económica. Así merece destacar las siguientes sentencias del Tribunal de la Comunidad Europea, recaídas en los casos: Christiani & Nielsen del 18 de junio de 1969, Farbstoffe del 24 de julio de 1969; Johnson & Johnson del 25 de noviembre de 1980; Moet & Chandon del 27 de noviembre de 1987; AEG del 6 de enero de 1982 y Zinc Producer Group del 6 de agosto de 1984." Sentencia N° 834 del 18-06-2019, en https://bit.ly/3K3gfYZ.

150 Granadillo, Nancy, *Ley Orgánica contra la Delincuencia Organizada y Financiamiento al Terrorismo*, Caracas, Ediciones Paredes, 2015, p. 52.

151 "Artículo. 32. El juez o jueza competente impondrá en la sentencia definitiva cualquiera de las siguientes sanciones de acuerdo a la naturaleza del hecho cometido, su gravedad, las consecuencias para la empresa y la necesidad de prevenir la comisión de hechos punibles por parte de éstas: [...]. 4. Publicación íntegra de la sentencia en uno de los diarios de mayor

legislación venezolana responde a una realidad: los legisladores alrededor del mundo están buscando penalizar conductas corporativas empresariales.[152] No en vano se ha comentado que la incorporación de la tesis de la responsabilidad penal de las personas jurídicas:

> ...no es una invención del legislador venezolano, sino que tiene fundamento en el artículo 10 de la Convención de las Naciones Unidas contra la delincuencia organizada transnacional [...] obligando a los Estados a adoptar las medidas necesarias para establecer la responsabilidad de las personas jurídicas involucradas en las actividades ilícitas de los grupos de delincuencia organizada.[153]

2. Tendencias actuales y experiencia comparada

En Estados Unidos, al día de hoy, "la lucha del fraude corporativo y otras conductas ilícitas es la prioridad número uno del Departamento de Justicia"[154] pero cuando se trata de:

> ...grandes empresas o trasnacionales, donde la responsabilidad puede ser difusa y las decisiones son realizadas a varios niveles, puede ser difícil de determinar si alguien tenía verdadero conocimiento y la voluntad criminal necesaria para establecer su culpabilidad más allá de la duda razonable.[155]

Este no es un problema nuevo y, de hecho, siempre ha sido la principal interrogante: ¿cómo determinar el alcance del ilícito corporativo y sus consecuencias? Un primer reto es entender que la forma de castigo indudablemente no puede ser el mismo aplicado a las personas jurídicas que a las personas naturales por razones obvias, aunque tratemos de entidades legales, solo la persona humana puede ser encarcelada como máxima sanción penal.

---

circulación nacional a costa de la persona jurídica en todo caso. 5. Multa equivalente al valor de los capitales, bienes o haberes en caso de legitimación de capitales o de los capitales, bienes o haberes producto del delito en el caso de aplicársele la sanción del numeral 2 de este artículo. 6. Remitir las actuaciones a los órganos y entes correspondientes a los fines de decidir la revocatoria de las concesiones, habilitaciones y autorizaciones administrativas otorgadas por el Estado."

152 En sentido similar la Ley Penal del Ambiente dispone en su artículo 2: "Las personas jurídicas serán responsables por sus acciones u omisiones en los casos en que el delito sea cometido con ocasión de la contravención de normas o disposiciones contenidas en leyes, decretos, órdenes, ordenanzas, resoluciones y otros actos administrativos de carácter general o particular de obligatorio cumplimiento."

153 Granadillo, *Delincuencia Organizada...*, ob. cit., p. 53.

154 Memorandum de Sally Quillian Yates, Deputy Att'y Gen., U.S. Dep't of Justice to All U.S. Att'ys et al., Individual Accountability for Corporate Wrongdoing (Sept. 9, 2015).

155 Id., p. 2.

En la práctica norteamericana en la materia, los fiscales federales tienen un tremendo poder sobre las empresas bajo la teoría de la responsabilidad penal corporativa ya que pueden forzar a negociaciones previo a la existencia de cualquier juicio. Ciertamente, existe un interés en el gobierno en promover la forma correcta de manejar los negocios, y que estos sean éticos. De igual forma, existe el interés gubernamental de que las empresas hagan negocios en el marco de la legalidad. Pero la mera existencia de una acusación penal formal puede tambalear hasta a la empresa más sólida, impactando su imagen, reputación, e inclusive, su valoración de mercado frente a sus pares y su cotización en la bolsa.

La responsabilidad penal empresarial presenta varios desafíos. Según la teoría de la agencia o mandato –*respondeat superior* como responsabilidad solidaria– la empresa no tiene un control real de la comisión de los delitos que a ella se le imputan. En teoría, cada empleado de la empresa puede cometer delitos corporativos –a título personal o en representación al mismo tiempo–, poniendo en peligro toda la acción empresarial. Realmente, creemos que la plena aplicación del derecho penal corporativo es imposible en la práctica. Como apunta el foro:

> Los DPAs y NPAs se ven geniales en comparación con la plena aplicación de la ley, pero la plena aplicación de la ley es impensable. Presumiblemente, todas las compañías de *Fortune 500* han tenido al menos un empleado que violó una ley penal federal mientras cumplía con sus obligaciones.[156]

Como punto de vista práctico, es mejor enjuiciar a las personas en lugar de a las empresas debido al posible impacto económico de la acusación.

Existen nuevas formas de castigar a las personas jurídicas gracias a la novedad legislativa de la regulación de los delitos financieros, que hace veinte años eran consideradas como impensables.[157] Nos encontramos en un mundo más complejo y donde la sofisticación de la actividad delictual se encuentra en constante evolución. El derecho venezolano es un ejemplo de esta afirmación. Las normas jurídicas solo diseñadas para las personas naturales quedan de alguna forma arcaicas para la nueva realidad

---

[156] Alschuler, *Two Ways...*, ob. cit., p. 1382.

[157] Sin embargo, como cuestión práctica, los fiscales venezolanos no acusan penalmente a las sociedades mercantiles, sino a los seres humanos detrás del velo corporativo. No hay estadísticas o datos que puedan explicar este fenómeno, y creemos responde a las consecuencias reputacionales de acusar directamente a los individuos infractores, aunado a las nociones de justicia en el enjuiciamiento de los delitos. No hay el mismo impacto del enjuiciamiento de una empresa que el enjuiciamiento de un director o propietario de dicha empresa, ni como la prensa ni la opinión pública reaccionan al respecto.

penal empresarial: algunos delitos deben ser dirigidos directamente contra las sociedades mercantiles mientras que otros a los individuos detrás de su velo protector.

Debido a este racional, la consideración de política pública penal entra en juego. ¿Cuál es el mejor remedio legal posible en estas circunstancias? Existen dos formas de castigar a las empresas cuando entran en terreno de la ilicitud. En primer lugar, usando el derecho penal y tipificando delitos sobre cierta conducta corporativa considerada reprochable por la sociedad. Y, en segundo lugar, usando herramientas y métodos con base en el derecho administrativo y regulatorio. En nuestro criterio, esta segunda opción es la mejor por varios argumentos que tendremos la oportunidad de explorar en este capítulo.

Adicionalmente, como situación de la práctica profesional y corporativa de las empresas, las compañías son investigadas, sancionadas e imputadas por dos equipos frente a ellas: los *reguladores* y los *fiscales*, quienes tienen distintos objetivos, propósitos e intereses. No en vano, cada Constitución ha creado un modelo de administración de justicia penal y esto puede variar de la jurisdicción de la que hablemos. De esta manera, por ejemplo, en la Constitución americana se ha diseñado un sistema de justicia penal donde los fiscales deben probar sus casos más allá de la duda razonable. Así, los fiscales deben probar que el delito ha sido cometido por el acusado penalmente. De forma similar, en Venezuela, la Constitución ha creado un sistema donde los fiscales del Ministerio Público deben probar sus casos contra el acusado y probar su culpabilidad (art. 49.2).

Los *reguladores*, por otra parte, son garantes de las normas técnicas que ellos mismos promulgan y buscan su cumplimiento de forma administrativa. Si se quiere, los *reguladores* son los especialistas de la Administración Pública en cuanto a sus sectores altamente regulados por su sensibilidad económica, social o de seguridad nacional. De esta manera, los *fiscales* y *reguladores* tienen objetivos diferentes cumpliendo su función correspondiente, y tienen intereses no necesariamente contrapuestos. Hay veces que los reguladores buscan simplemente fiscalizar a las empresas sujetas a su control. Otras veces, los reguladores buscan a los fiscales al constatar delitos en curso en la actividad empresarial. Mientras uno verifica el cumplimiento administrativo (el ente regulador) el otro verifica la comisión de una actividad delictual (los fiscales). De este modo, se aprecian intereses diferenciables de la empresa (hacer negocios y con ello perseguir sus fines sociales, trabajando éticamente, respetuosa de la ley y responsable socialmente), la fiscalía (con el monopolio de la acción penal, la fiscalía busca enjuiciar la comisión de delitos en aras de preservar el interés colectivo y proteger a la sociedad) y los reguladores (buscan regular y ejecutar las regulaciones administrativas preexistentes o dictadas de acuerdo con su competencia).

Precisado lo anterior, observamos que existe la tendencia actual de las legislaciones a crear sanciones (administrativas o penales) para imponer un cumplimiento estricto de tales leyes o regulaciones. El Estado ha pasado a ser un actor más en nuestras vidas, siendo ahora el nuevo Estado regulador una realidad. Con certeza afirmamos que este fenómeno ocurre en casi todos los países del hemisferio occidental, y ha llegado para quedarse.

Su razón es muy sencilla: la vida es cada vez más compleja en términos económicos y financieros. Aquí, realmente no importa la tradición legal (aunque las formas de implementación pueden variar de acuerdo con el derecho administrativo de cada país). Esto se debe a que, de hecho, hay una interacción constante entre las personas y las agencias gubernamentales, entes u organismos reguladores para varios propósitos en el quehacer cotidiano empresarial.

Las empresas interactúan constantemente con los reguladores para hacer negocios de manera rutinaria (*business as usual*). En este sentido, cada vez más hay una superposición entre el derecho administrativo y penal en varios aspectos: es más recurrente una norma administrativa que refiere al ámbito penal, y una norma penal que remita al ámbito administrativo como dos caras de una misma moneda.[158]

Pero a veces es en realidad difícil identificar quién realmente comete un delito o infracción, especialmente en organizaciones corporativas trasnacionales, precisamente por el problema de la personalidad jurídica e identificación del verdadero actor doloso. Por ello, es verdaderamente complejo establecer y determinar las responsabilidades de los directores, empleados y agentes corporativos.

Adicionalmente, hay ciertos problemas colaterales desde la perspectiva de la política penal: el castigo de la empresa también castiga otros

158 No obstante lo dicho, resulta prudente advertir que como los principios del Derecho Penal son matizados en el Derecho Administrativo Sancionador, esa superposición o remisión debe verse con sumo cuidado pues podría derivar –por ejemplo– en violaciones al debido proceso si ello deriva en una flexibilización del proceso penal en perjuicio del imputado.

intereses: castiga a los empleados, el acceso a bienes y servicios, la sustentabilidad de los negocios, e inclusive, la mera existencia de la empresa y la estabilidad de la economía nacional.

Desde la perspectiva empresarial, esta es la verdadera razón por la cual se recomienda establecer *effective compliance programs* para mitigar la responsabilidad penal corporativa y que procuren para la empresa estar dentro del rango de la legalidad, y en caso contrario, preparar su defensa penal ante las autoridades. Esto se debe a que la determinación de responsabilidad penal tiene graves consecuencias en todos los casos. Como estudiaremos en este capítulo, en estas circunstancias el privilegio abogado-cliente es clave en el proceso penal pues los abogados de la empresa aportan valor en su asesoramiento legal corporativo y las protecciones que la ley ofrece.

United States v. Park[159] es un ejemplo de cuán delicado puede ser un procedimiento judicial contra la empresa. Acme Markets, Inc., era una cadena de supermercados en Filadelfia manejada por JOHN PARK, quien era entonces el director ejecutivo de la empresa (CEO). Los almacenes de la red de supermercados fueron inspeccionados administrativamente por incumplimiento de la regulación sanitaria por parte de *Food and Drug Administration* (FDA). Después de inspeccionar los depósitos de la empresa, los inspectores federales notificaron al CEO de la empresa que había una infestación de roedores en sus depósitos y se le exigió la toma de medidas correctivas ante esta situación. Dos años después, los inspectores federales regresaron y notaron que los depósitos seguían ocupados por roedores.

Acme Markets, Inc., pero no el Sr. PARK, se declaró culpable en un juicio contra la empresa. En su juicio personal, PARK admitió que proporcionar condiciones sanitarias para los alimentos ofrecidos para la venta al público era algo de lo que era "responsable en toda la operación de la empresa," y que era una de las muchas fases de la empresa que asignó a "subordinados confiables." En el juicio, adicionalmente, el Sr. PARK reconoció que las mismas personas eran en gran parte responsables del saneamiento tanto en Baltimore como en Filadelfia, y que, como presidente de Acme, él era responsable de cualquier resultado que ocurriera en la empresa.

El tribunal de primera instancia, entre otras cosas, instruyó al jurado que, si bien el demandado no tenía que haber participado personalmente en la situación, debe haber tenido "una relación responsable con el tema."

---

159 *United States v. Park,* 421 U.S. 658 (1975).

El CEO de la empresa de alimentos impugnó su condena ya que, argumentaba, la empresa, y no él a título personal, era la verdaderamente responsable.

Park es ilustrativo porque establece claramente que el agente corporativo de la empresa, en este caso su CEO, tenía la capacidad de prevenir la ocurrencia del hecho ilícito, o la oportunidad de corregirlo inmediatamente después del hecho, y por su inacción en el caso concreto, él al igual que la empresa eran directamente responsables de lo sucedido. La corte concluyó que el propósito de las regulaciones sanitarias era prevenir daños sociales considerables, y por lo tanto, el acusado podría ser considerado estrictamente responsable del delito cometido, ya que el responsable de la empresa acepta las consecuencias de cualquier práctica ilegal en la que su empresa u organización esté involucrada. De igual forma, *Park* nos enseña la delgada línea entre las consecuencias administrativas y penales que la empresa puede enfrentarse: un problema regulatorio puede ser muy rápidamente un problema de índole penal.

Como vemos, con la creación de más regulaciones para cada sector que afecte la vida humana, de la misma manera se crean más sanciones relacionadas con la violación o el incumplimiento de dichas disposiciones regulatorias y penales. De hecho:

> ...una buena parte de lo que se describe como delito de cuello blanco son violaciones de las regulaciones federales, pero si las violaciones de las regulaciones federales se manejan como un asunto penal o civil, [poco importa si] puede determinarse por la intención del autor, la inmoralidad de los actos, el propósito de la sanción, o por el objeto de protección.[160]

Administrativamente, las sanciones aplicables por incumplimientos regulatorios no ameritan el análisis profundo que un juicio civil o penal puede ventilar, y se sustentará en la discrecionalidad administrativa habilitada por ley al caso en concreto y la valoración de los hechos realizada por la propia Administración Pública que se trate.[161]

---

[160] Carter, Timothy & Blum-West, Steve, "Bringing White-Collar Crime Back in: An Examination of Crimes and Torts", en: *Social Problems*, 1982, Vol. 30, N° 5, pp. 545-554, especialmente p. 549.

[161] Téngase presente que ello no equivale a que la Administración puede prescindir del debido proceso a tenor del artículo 49 de la CRBV y que, en todo caso, la carga de la prueba siempre recaerá sobre ella en virtud del principio de la presunción de inocencia. Lo anterior, al menos según el sistema venezolano pues el sistema norteamericano difiere en este aspecto según tendremos oportunidad de desarrollar.

A. Los DPA y NPA en los Estados Unidos de América

Desde una perspectiva global, empresas trasnacionales se ven sujetas a múltiples jurisdicciones donde deben sentarse a discutir con autoridades fiscales la ilicitud de sus acciones. Frente a ellas podrían llegar a distintos acuerdos a fin de declarar su culpabilidad o dilatar acciones judiciales por su colaboración voluntaria. Parece poco obvio, pero la práctica del *criminal compliance* puede resumirse en evitar y mitigar riesgos legales que pueden ser causa de acción penal, siendo los Estados Unidos de América la jurisdicción con mayor relevancia en la materia por sus propias características e impacto global de las empresas ya que, si tiene consecuencias en Estados Unidos, puede tener consecuencias globales para el negocio. Nunca es lo mismo negociar con los reguladores que con los fiscales penales al momento de encontrarnos en irregularidades corporativas.

En el ámbito de las sanciones administrativas y los delitos que pudieran cometerse, "negociar" con las autoridades resulta vital cuando las irregularidades ya fueron cometidas. La colaboración con las autoridades regulatorias y penales puede lograr una atenuación de la pena o la sanción administrativa en concreto, y debe ser fomentado tanto por el sistema de Administración de Justicia como la Administración Pública con autoridad regulatoria y contralora en específico. En la práctica federal norteamericana, las compañías tienen dos opciones: colaborar o soportar las consecuencias de una sentencia penal condenatoria y morir en el intento.

La práctica de negociación con las autoridades regulatorias es muy común en el foro norteamericano, en el cual, tanto reguladores como fiscales tienen mucha discreción al momento de presentar sanciones administrativas o acusaciones penales formales. Ya hemos discutido el impacto mediático y reputacional de este tipo de acciones frente a la empresa y sus terribles consecuencias. Sin embargo, la "negociación" puede significar realmente aceptación forzosa de los términos y condiciones que el Departamento de Justicia estime convenientes.

Nos referimos a la práctica americana de seguida pues las negociaciones con fiscales norteamericanos tienen un impacto directo en el manejo de las subsidiarias de la empresa. En este contexto, al existir múltiples leyes con contenido extraterritorial, cada vez es más frecuente negociar violaciones americanas de hecho no ocurridos en Estados Unidos.

En este sentido, existen dos modalidades de "negociación" en vía prejudicial ante fiscales del DOJ. De esta manera, los acuerdos de imputación diferida o *deferred prosecution agreement* (DPA) y los acuerdos de no enjuiciamiento o *non-prosecution agreements* (NPA) son herramientas de los fiscales federales para promover la colaboración "voluntaria" de empresas e individuos ante los posibles cargos que el DOJ quiera presentar ante las cortes federales. La diferencia entre los DPA y los NPA es que los DPA ocurren después de la acusación penal, mientras que los NPA ocurren previo a la imputación formal.[162]

Así, una de las implicaciones de suscribir esta clase de acuerdos es que invierte efectivamente el rol de la compañía al estar alineada con las pretensiones de la representación fiscal.[163] Al hacerlo, las DPA crean una dinámica entre la fiscalía y el acusado corporativo donde "[solo] el fiscal puede ser misericordioso, y por su misericordia la empresa elige racionalmente cooperar de cualquier forma que se le pida."[164] Nuevamente, la cantidad de discreción procesal es preocupante en casos de acuerdos de enjuiciamiento diferido, dado el hecho de que los fiscales tienen el poder exclusivo de decidir si enjuiciar a una corporación sin supervisión judicial.[165] En este escenario, "una entidad corporativa está en una posición débil cuando negocia los términos de un DPA"[166] por varias razones.

Los DPA y NPA pueden ser negociados e implementados exclusivamente por el fiscal federal, dándoles la posibilidad de aplicar sanciones sin acusar penalmente al imputado en una investigación penal ordinaria y caracterizada por la acusación, el juicio, la condena por jurado y la posterior sentencia condenatoria. Por ello, el acuerdo es prejudicial, pues no existe una autoridad judicial intermediaria de la negociación, y el objeto del acuerdo es diferir la presentación de cargos penales para así aplazar en el tiempo la acusación penal formal. De igual forma, adicionalmente a la exigencia del pago de multas y aceptación de monitoreo interno, los acuerdos corporativos pueden inclusive prever el despido de empleados que se rehúsan a cooperar.[167]

---

162 Podgor, Ellen S./ Henning, Peter J. / Israel, Jerold H. & King, Nancy J., *White Collar Crime, West Academic Publishing,* 2013, p. 39.

163 Id., p. 40.

164 Baer, Miriam H., "Organizational Liability and the Tension between Corporate and Criminal Law", en: *Journal of Law & Policy*, 2010, Vol. 19, N° 1.

165 Weissmann, Andrew, "Rethinking Criminal Corporate Liability", en: *Indiana Law Journal*, 2007, Vol. 82, N° 2, p. 424.

166 Id., p. 106.

167 Un ejemplo de ello que señalan Podgor et al., en *White Collar Crime*, es el acuerdo del DOJ de Archer Daniels que requirió el despido de aquellos empleados que se rehusaron a cooperar en la investigación penal, en https://nyti.ms/3vYwOiM.

En la práctica, los jueces no tienen autoridad para rechazar un DPA, ya que no se someten en absoluto a los tribunales más allá de su consignación en el tribunal de la causa. En realidad, "los fiscales tienen un margen considerable para negociar sobre los hechos."[168] Por ello los fiscales tienen en sus manos poderes de vida o muerte sobre las personas y las empresas, considerando las consecuencias colaterales de una imputación penal y el posible encarcelamiento de los involucrados.[169]

Si bien el fiscal no puede negociar el contenido de una potencial sentencia de mérito, sí puede negociar qué delitos imputará al acusado (el tipo penal adecuado corresponde a la representación fiscal), una solicitud menor de la duración de la pena de los delitos presentados y, finalmente, negociar diferir o no presentar ninguna acción penal frente al potencial acusado. Igualmente, los NPAs, a menudo son perfeccionados con acuerdos entre DOJ y la compañía involucrada, previendo los términos y condiciones que la compañía se adherirá para que así la acción penal no sea incoada en su contra.[170] De esta forma, ha surgido "de los escombros de *Enron*, la proliferación de acuerdos de enjuiciamiento diferido entre el gobierno y las empresas, incluidas algunas de las empresas más grandes del mundo."[171]

De igual forma, existen acuerdos de culpabilidad o *plea agreements* donde el acusado acepta los cargos inclusive antes de iniciarse su enjuiciamiento ante un tribunal. Así, ha sido famoso el caso de Siemens AG, donde aceptó el pago de $450 millones de dólares en multas al gobierno norteamericano como parte de *plea agreement* con la participación conjunta del DOJ, la comisión de valores o *Securities Exchange Comission* y el Estado Alemán por alegatos de corrupción en sus prácticas corporativas y pagando un total de 1.6 billones de dólares.[172] En realidad, esto muestra otra gran diferencia entre los procedimientos administrativos y la investigación penal. En el ámbito penal, los fiscales deben tener su caso probado más allá de toda duda razonable; en el ámbito civil o administrativo, generalmente solo por preponderancia de evidencia en juicio.

---

168 Bibas, *White-Collar...*, ob. cit., p. 728.

169 Podgor, Henning, Israel & King, *White Collar...*, ob. cit., p. 38.

170 Id., p. 39.

171 Alschuler, Albert W., "Two Ways to Think about the Punishment of Corporations", en: *American Criminal Law Review*, 2009, Vol. 46, pp. 1359 y ss., especialmente p. 1382.

172 Véase: *Siemens AG and Three Subsidiaries Plead Guilty to Foreign Corrupt Practices Act Violations and Agree to Pay $450 Million in Combined Criminal Fines*.

B. Recomendaciones generales derivadas de la experiencia comparada

En el mismo escenario, pero aplicado en un contexto venezolano, este sistema de negociación no existe en nuestro derecho penal. De hecho, los fiscales están obligados a hacer cumplir la ley sin ningún proceso de negociación. Pero más que la responsabilidad penal, la responsabilidad administrativa bajo varias leyes venezolanas crea un escenario donde es mucho más común negociar con las agencias que con los fiscales.[173] No obstante esta precisión, en la práctica internacional de las empresas trasnacionales los DPAs y NPAs son una situación crucial para evitar a toda costa, y que debe tenerse presente al existir la extraterritorialidad de la aplicación de las leyes penales norteamericanas, tal y como tendremos la oportunidad de analizar en el capítulo relativo a la jurisdicción y sus implicaciones en el comercio internacional.

Aunque en este epígrafe nos hemos dedicado al estudio en contexto de los NPA y DPA norteamericanos, es bueno entender que negociar y colaborar con las autoridades es una situación de casi todos los ordenamientos jurídicos y que puede realizarse en el marco de la legalidad (evidentemente con las particularidades propias de cada país). Como recomendaciones generales ante un eventual escenario de investigación administrativa por los entes regulatorios o por las autoridades fiscales, siempre es ideal mantener como *motto* tres palabras: transparencia, colaboración y sencillez en la respuesta dada.

En primer lugar, sea transparente: las autoridades están haciendo su trabajo y no vale la pena ser un obstáculo para ellos. No hay nada que ocultar si existe una investigación por autoridades públicas, salvo aquellos documentos que por ley requieren reserva o se encuentran protegidos por privilegios legales. Adicionalmente, ser un obstáculo en la investigación puede ser catalogado como obstrucción de justicia en determinados

[173] Desde una perspectiva comparativa, el debido proceso presenta varias preocupaciones en el ámbito administrativo y penal. El debido proceso legal es siempre una consideración clave cada vez que se trata de libertad, propiedad o la integridad física de los sujetos de derecho. Pero la noción de debido proceso no es la misma en todas partes. Por ejemplo, en la tradición del derecho civil, la noción de debido proceso es más amplia que la idea del common law americano de esta institución. El debido proceso protege todas las fases de las investigaciones penales y no se limita a un proceso legal en un tribunal de justicia. En este aspecto, hay un debido proceso en los procedimientos administrativos, y las agencias deben respetar el debido proceso legal en sus adjudicaciones y cumplimiento de las regulaciones. En el sistema del common law, la idea del debido proceso es más estrecha que su contraparte civil y solo es aplicable a los procedimientos judiciales como debido proceso procesal.

supuestos y, por consecuencia, empeorar una situación de por sí incomoda tanto para la empresa como para las autoridades.

Al respecto, se debe tener en cuenta el tiempo de informe. En general, cuando los reportes son oportunos: *(i)* la mayoría de los organismos u entes gubernamentales serán reacios a renunciar a los posibles beneficios del *self-reporting*, con la esperanza de que no salga a la luz un problema penal; *(ii)* el *self-reporting* puede ser particularmente importante en relación con una investigación de la FCPA en Estados Unidos; *(iii)* cuando nuestro cliente hace *self-reporting*, la importancia de la información dada a las autoridades mide los valores de una institución, su aceptación de responsabilidad y su compromiso de prevenir las malas acciones a futuro; *(iv)* el abogado de la empresa debe hacer hincapié que el *self-reporting* es como un factor de equilibrio y comunica a las autoridades el liderazgo de la compañía.

La cooperación puede ser un factor atenuante, pero no es dispositivo y no autoriza automáticamente a una empresa a la inmunidad de enjuiciamiento o una resolución favorable de su caso. La decisión de una empresa de no cooperar no es en sí misma evidencia de mala conducta ni respalda la presentación de cargos por los fiscales penales o autoridades administrativas. Al evaluar la cooperación de una empresa, los fiscales deben considerar si la empresa se comunicó con las autoridades voluntariamente para declarar la infracción o delito de manera oportuna, la voluntad de proporcionar evidencia e información relevantes e identificar actores relevantes en la ocurrencia de la infracción o delito.

Por ello, en segundo lugar, es fundamental colaborar con las autoridades en las medidas de sus posibilidades. La ley no espera una conducta heroica por parte del sujeto investigado, ni una conducta *kamikaze* o de autosacrificio; sea amable con los funcionarios y ayude en todo cuanto pueda ayudar. Finalmente, e íntimamente vinculado con lo anterior, colaborar no implica desconocer los derechos propios.

Por este motivo, es recomendable responder y facilitar exclusivamente lo que se le pregunte o requiere en el marco de una investigación penal-corporativa. La información clara y concisa tiene que ser contundente y eliminar la generación de dudas por los funcionarios. En todo caso, hagamos lo que hagamos, de constatarse una irregularidad administrativa o penal, tendrá como consecuencia la respectiva responsabilidad penal, civil o administrativa, y la estrategia ahora deberá versar en cómo defendernos ante tal señalamiento ya sea contra la empresa como persona jurídica o contra sus directores y empleados.

3. El compliance y el derecho penal corporativo

Mucho se ha escrito sobre el fenómeno del *compliance* como un asunto exclusivamente penal. Así, los programas de cumplimiento pueden ser descritos como una primera línea de defensa ante los potenciales delitos que la empresa pueda cometer. Destacados penalistas sostienen que lo que resulta más importante para el derecho penal corporativo es que mediante los programas de cumplimiento se previene el delito y, de esa forma, se colabora a que prevalezca el ordenamiento jurídico.[174] En nuestra propuesta de entendimiento del fenómeno del cumplimiento corporativo, no creemos que esta sea una forma completa de entender el problema. Al menos, no totalmente.

El derecho penal provee herramientas, evidentemente, para el entendimiento y tratamiento de los delitos como hechos típicos. Así, la dogmática penal provee las herramientas y elementos que distingue qué conducta es típicamente delictual y cual no posee las características propias para configurarse como un hecho punible y de persecución por las autoridades estatales. El correcto entendimiento del derecho penal y los delitos corporativos (para algunos denominados de cuello blanco) provee la posibilidad de la preparación de la mejor defensa penal en caso de que la empresa se encuentre envuelta en circunstancias de trascendencia penal.

En todo caso, lo cierto es que la prevención de los delitos corporativos, por sí solos, no explican por qué las empresas deben tener una cultura de integridad corporativa y estándares de cumplimientos acordes a su realidad comercial e industria. Sobre esta temática tendremos la oportunidad de discutir a lo largo de los capítulos especializados en esta materia que nos ocupa. *Compliance* y la cultura que promulga, equivale a controles, procedimientos y protocolos con base en la categorización de riesgos que se sustentan en la normativa existente, sea legal, regulatoria, internacional o sencillamente estandarizada y sin fundamento legal-normativo, para la toma de decisiones de negocio.

Por esta razón, somos de la opinión que el derecho regulatorio y la política pública detrás de tales regulaciones son el verdadero sentido de todo programa de cumplimiento corporativo, pues la sociedad requiere que las empresas posean estándares de conducta producto de su impacto comercial, económico, político e inclusive de afectación a la sociedad en general sobre diversos temas de interés general. Al vivir en una época

---

174 Ontiveros Alonso, Miguel, "¿Para qué sirve el compliance en materia penal?", en el libro colectivo *El Código Nacional de Procedimientos Penales. Estudio,* México D.F., Universidad Nacional Autónoma de México, 2015, p. 154.

donde se requiere la responsabilidad y transparencia de todos, las regulaciones buscan precisamente gobiernos corporativos responsables.

Por una parte, las regulaciones administrativas moldean y acoplan las actuales tendencias del mercado y los requerimientos de la sociedad. Por otra parte, no todo problema corporativo puede conllevar un problema de trascendencia penal, pero sí puede tener implicaciones regulatorias. Así, por ejemplo, una sanción administrativa de un ente regulador puede tener mucho más peso en la viabilidad de la empresa que la mera imputación penal por delitos en específico.

En nuestra opinión, sí es certero afirmar que el derecho penal corporativo existe en la medida que exista un complejo marco regulatorio de rango legal y sublegal, y que tanto las consecuencias penales como regulatorias deben ser estudiadas en su conjunto para la mejor protección, y prevención, de los intereses corporativos. La relación entre los diversos sectores de la autorregulación empresarial y la prevención de hechos delictivos no solo es significativa para establecer la relación entre normas (normas administrativas, de estandarización, de un lado, y penales, de otro), sino también para determinar la organización de la empresa y atribuir responsabilidades.[175]

Antes de llegar el derecho penal a las empresas, estas contaban ya con personas responsables para gestionar riesgos legales en buena parte de lo que ahora se han convertido en riesgos penales.[176] Hemos estudiado el dogma de la responsabilidad penal de la persona jurídica corporativa para ilustrar un cambio radical en la tradición civilista del derecho y la nueva realidad empresarial. No obstante, el análisis de cumplimiento no puede ser exclusivamente penal, pues ello limitaría el verdadero trabajo de las gerencias legales y de *compliance*: servir de autorregulación corporativa para el manejo de riesgos derivados de la actividad comercial.

II. LA RESPONSABILIDAD EMPRESARIAL ANTE LA ADMINISTRACIÓN PÚBLICA

Antes de adentrarnos en el caso de la responsabilidad administrativa consideramos prudente hacer algunas precisiones previas, a modo de resumen –y complemento– de lo expuesto hasta ahora en este capítulo.

---

175 Nieto Martín, Adán, "Problemas fundamentales del cumplimiento normativo en el derecho penal", en el libro colectivo *Temas de Derecho Penal Económico: Empresa y Compliance, Anuario de Derecho Penal 2013-2014*, p. 179.

176 Id.

Así, en las líneas que preceden hemos discutido la relevancia de la responsabilidad penal empresarial y hemos asumido que las empresas cometen irregularidades y delitos susceptibles de sanciones penales como el castigo máximo que el sistema de justicia penal puede permitir. Dicho esto, como cuestión preliminar, nos enfrentamos a varias responsabilidades frente a la comisión de un delito corporativo más que su criminalidad. En primer lugar, tenemos la responsabilidad penal de la empresa por sí misma como persona jurídica. En segundo lugar, tenemos la responsabilidad penal de los individuos, empleados y directores o gerentes de las empresas, como agentes de la compañía, quienes pueden cometer delitos por sí mismos o en representación de la empresa. Y, en tercer lugar, adicionalmente, tenemos la responsabilidad civil de las empresas y la de sus empleados, gerentes y agentes.

Es justo advertir que la división entre responsabilidad civil y penal tiene varias implicaciones legales y un tratamiento separado y distinguible. Así, por ejemplo:

> ...las empresas expuestas a responsabilidad penal pueden sufrir una reducción en el precio sus acciones e incluso la insolvencia como resultado del estigma de la criminalidad. El tratamiento de las empresas bajo el sistema civil puede eliminar parte de este estigma y, por lo tanto, proporcionar menos incentivos para que una empresa acepte términos injustos en cualquier acuerdo.[177]

No en vano, algunos autores han señalado la diferencia entre el sistema de responsabilidad civil y penal.[178]

En el sistema civil de responsabilidad, generalmente hay una demanda judicial contra la empresa, mientras que en un sistema penal de responsabilidad existe un delito sujeto a enjuiciamiento penal. En la primera clase de responsabilidad, el castigo de la empresa pasa por un juicio civil en el sistema judicial ordinario. Luego, las partes pueden llegar a un acuerdo dependiendo del escenario particular caso por caso y la ley aplicable a la controversia. En este caso, la fechoría corporativa generalmente se basa en una acción extracontractual.

En el segundo caso, en el sistema penal, las empresas son solo otro acusado en un proceso penal con la consecuencia final de sanciones monetarias u otras sanciones penales contra los individuos detrás del velo

---

177 Meeks, Wilson, "Corporate and White-Collar Crime Enforcement: Should Regulation and Rehabilitation Spell an End to Corporate Criminal Liability", en: *Columbia Journal of Law & Social Problems*, 2006, Vol. 40, N° 1, p. 81.

178 Véase entre otros Muñoz Conde, *Manual de...*, ob. cit.

corporativo.[179] Como vemos, en ambos escenarios, la solución de la fechoría es un alivio monetario para la víctima o la parte lesionada, más sanciones auxiliares que afectan la capacidad de la gerencia para llevar a cabo iniciativas corporativas estratégicas.

Ahora bien, cuando pasamos al estudio de la responsabilidad administrativa lo primero que debemos mencionar es que en algunos países, la responsabilidad civil y administrativa son la misma idea,[180] mientras que, en otros, son dos conceptos autónomos.

Así, según la ley venezolana, la responsabilidad civil proviene del hecho de la violación de una norma legal o contractual, mientras que la responsabilidad administrativa proviene de la violación de una regulación promulgada por un ente u órgano de la Administración Pública y, en consecuencia, sería aplicable una sanción pecuniaria o interdictiva contra el infractor, tal como desarrollaremos más adelante, considerando el autor que las primeras son de mayor eficacia para el resarcimiento del daño causado ante la imposibilidad de imponer penas físicas o corporales en sede administrativa, si bien no se desconoce que en determinados casos la revocatoria de permisos o admisiones de culpabilidad en medios de comunicación pueden lograr el efecto deseado.

Dicho en otros términos, una buena manera de castigar a las empresas es a través de sus bolsillos, y no su licencia para hacer negocios. Un buen ejemplo de este argumento es la práctica actual de la FCPA o Ley de

---

179 En el caso *Alberto Villasmil v. Seguros la Seguridad C.A.*, la Sala de Casación Civil ha establecido los parámetros en los cuales los jueces civiles pueden levantar el velo corporativo. Al respecto, ha sostenido la Sala que "cuando los juzgadores se encuentren en un caso en el que se alegue el uso abusivo de la forma societaria o en fraude a la ley, los jueces deben observar los siguientes lineamientos: Analizar el conjunto de relaciones que unen a las diferentes personas jurídicas y naturales actuantes; Verificar si de esas relaciones se evidencia que se utilizó la forma societaria para lesionar intereses de terceros o en fraude a disposiciones de orden público; Atender a ciertos hechos indiciarios que permitan establecer la procedencia del levantamiento del velo corporativo, como por ejemplo cuando se verifique una o más sociedades donde una de ellas tenga un solo socio, el control de una de las empresas sobre otra u otras, la insuficiencia del capital social, la no producción de dividendos, la ausencia de giro independiente, el control accionario entre dos o más empresas del grupo, el funcionamiento en establecimientos comunes y dependientes unos de otros, la confusión patrimonial, cuando existan contratos conexos o enlazados por el objeto o por la causa; En fin todos aquellos elementos que puedan conllevar a deducir la falta de independencia de una o varias de las sociedades frente a otra empresa o persona natural." Sentencia de la Sala de Casación Civil del 22-06-2016, en https://bit.ly/3zLag6a.

180 A modo de ejemplo, en Estados Unidos no existe tal distinción, y sólo se clasifica la responsabilidad como penal o civil dependiendo del tipo de tribunal y competencia que conoce un caso. Así, en dicho país la responsabilidad civil es esencialmente materia de *tort law,* y los delitos son manifestaciones punitivas del derecho civil contenido en *torts*.

Prácticas de Corrupción Extranjera, donde la conclusión del enjuiciamiento de algunos delitos de cuello blanco es la resolución de la controversia penal exclusivamente en términos monetarios. La combinación de una aplicación sólida y una supervisión judicial mínima ha producido una serie de tendencias exclusivas de la FCPA a las empresas trasnacionales.[181]

En el aumento en el enjuiciamiento penal de individuos, la aplicación agresiva contra entidades y las investigaciones en toda la industria, gran parte del éxito (o notoriedad) de la FCPA se atribuye al creciente número de empresas que divulgan voluntariamente posibles violaciones. El DOJ y la SEC, al darse cuenta de la fuerza que tienen los incentivos (o efecto disuasivo) de las sanciones masivas, han convertido un puñado de enjuiciamientos multimillonarios muy publicitados en muchas más revelaciones por parte de empresas que esperan sentencias condenatorias más leves.[182]

1. La conveniencia de una política sancionatoria que gire en torno a la responsabilidad administrativa de las empresas

Siempre y cuando la empresa esté pagando sus multas y cooperando, esto ayudará a las autoridades a investigar las irregularidades corporativas y enjuiciar a los agentes corporativos penalmente responsables. La responsabilidad penal corporativa tiende a destruir la empresa por sí misma, y el Estado no puede alentar la destrucción de las empresas nacionales y extranjeras. En cambio, si se limita la responsabilidad a sus términos económicos, se cumple el objetivo de indemnizar a la sociedad sin dañar a terceros inocentes. Hay una gran diferencia entre el trato penal contra una empresa y contra la persona natural individualmente considerada. Somos de la opinión que el trato penal no debe plantearse, mientras que la responsabilidad económica debe ser la regla general en esta materia.

De este modo, las sanciones penales y las sanciones administrativas pueden descansar en la misma idea de castigo: las sanciones de naturaleza pecuniaria. Esto tiene sentido porque los tribunales sólo pueden otorgar soluciones legales en términos monetarios como una cuestión de derecho, y porque no hay remedios alternativos en equidad. Pero ¿es este un buen enfoque de política regulatoria?

---

181 Stevenson, Drury D. & Wagoner, Drury D., "FCPA Sanctions: Too Big to Debar?", en: *Fordham Law Review*, 2011, Vol. 80, N° 2, pp. 775-820, especialmente, p. 785.

182 Bixby, Michael B., The Lion Awakens: "The Foreign Corrupt Practices Act-1977 to 2010", en: *San Diego International Law Journal,* 2010, Vol. 2, N° 1, pp. 89-146, especialmente p. 115.

Los reguladores son aquellos que conocen mejor la esencia y las implicaciones de las violaciones de las regulaciones que promulgan y hacen cumplir; su trabajo no sólo es emitir regulaciones sino también supervisarlas. Como hemos explorado y como cuestión práctica, la ley solo tiene remedios en términos monetarios. Si implementamos un esquema de cumplimiento administrativo efectivo, estamos asegurando una implementación agresiva de cumplimiento e incluso ingresos administrativos por cada irregularidad sancionada administrativamente.

A través de procedimientos administrativos, la acción del ente regulador u órgano de la Administración puede ser impugnada en el ámbito jurisdiccional. De hecho, una ventaja de la adjudicación administrativa es la posible supervisión judicial del proceso. Aunque es cierto que se lleva a cabo un procedimiento administrativo adjudicativo en la propia agencia u órgano administrativo,[183] el final de dicho procedimiento está sujeto a supervisión judicial hasta el ejercicio de todas las acciones disponibles en la vía contencioso administrativa.

En este caso, dado que todo el escenario de la investigación es administrativa en lugar de penal, se deben dejar de lado las consideraciones propias del procedimiento penal. Como podemos ver, este análisis sólo sería apropiado para empresas consideradas como infractoras penalmente. Como una cuestión de política penal y regulatoria, creemos que es una mejor opción para procesar judicial y administrativamente a un agente corporativo en lugar de la empresa en sí misma considerada.

Esto supone la necesaria implementación de un examen sobre la proporcionalidad de la decisión judicial condenatoria frente al delito corporativo. La regulación actual supone la superposición entre responsabilidad administrativa y penal como algo que debe fomentarse y como una cuestión de técnica legislativa. No estamos de acuerdo con este enfoque porque es demasiado lesivo para las empresas ser responsable administrativa y penalmente al mismo tiempo, y con las consecuencias legales y fácticas que ello implica, como veremos más adelante al referirnos al principio del *non bis in idem*.

Por el contrario, creemos que las empresas deben ser responsables administrativamente –que es lo suficientemente aflictivo como tendremos oportunidad de estudiar más adelante–, mientras que los individuos deben ser procesados penal y civilmente como una cuestión de política regulatoria y penal. Este enfoque ayuda a mitigar el potencial de los daños

---

183 Cabe destacar que son muy válidas las objeciones respecto a la discrecionalidad administrativa en la valoración de los hechos por parte de la Administración Pública.

colaterales causados por el enjuiciamiento de las empresas en el ámbito penal y también evita resultados similares a los de *Enron* y *Arthur Andersen* que cambiaron el mundo penal y regulatorio como lo conocíamos.

En este sentido creemos que, como un enfoque político a la pregunta de si las empresas deben ser penal o administrativamente responsables de sus irregularidades, la respuesta debe ser *administrativa* en lugar de penal en la mayoría de los casos. Esto tiene sentido considerando el nacimiento de un Estado regulatorio en como la nueva ley penal empresarial. Podemos ver que las tradiciones legales coinciden en el mismo problema material: las empresas deberían ser castigadas por sus malas acciones u omisiones de acuerdo con las normas que las regulan.

Ahora bien, cómo caracterizar tal fechoría, ya sea penal o administrativamente, es el gran problema de política pública. ¿Qué pueden hacer los legisladores al respecto? Una de las cuestiones primordiales en esta discusión es la proporcionalidad y el equilibrio de la regulación empresarial, teniendo en cuenta las posibles implicaciones de su aplicación en la economía nacional, los mercados internacionales, y los accesos de los consumidores a los bienes y servicios.

Hoy en día, con una economía de mercado compleja y un sistema financiero globalizado, la noción de delito corporativo ha evolucionado de varias maneras, y los sistemas legales son conscientes de estos cambios. Además, los sistemas legales también son más complejos y están más entrelazados que nunca. Hay más regulaciones y más normativa con diferente jerarquía, implicaciones legales y con más detalles, e incumplir, solo por ignorancia, es más sencillo de lo que parece.

Las razones por las cuales los delitos pueden ser tipificados pueden tener varias razones más allá de la discusión de este capítulo. Lo que es indudable es que el Poder Legislativo puede promulgar leyes que tipifiquen los delitos debido al incumplimiento de una regulación particular en cualquier parte del mundo como ejercicio de soberanía.[184] Y en esta complejidad, es fácil para las personas no entender qué conducta se considera legal en lugar de ilegal.

En esta realidad confusa, por un lado, las agencias y órganos administrativos pueden "enjuiciar" a las personas utilizando sus propios me-

---

[184] En este aspecto, Estados Unidos es tan soberano como Venezuela o cualquier país es soberano para promulgar tales leyes que castigan los delitos financieros. Cada país es un mundo propio de regulaciones, sanciones y delitos, todos con una presunción de legitimidad bajo los principios básicos del Derecho Internacional Público.

dios: a través de procedimientos administrativos sancionatorios, imponiendo restricciones comerciales, intentando acciones judiciales, interviniendo empresas por el bien colectivo, levantar el velo corporativo, entre muchas otras acciones. Esto es esencialmente iniciar medidas administrativas contra la persona con la finalidad de imponer sanciones pecuniarias o interdictivas.

Por otro lado, tenemos fiscales que pueden iniciar una acción judicial penal con varias herramientas en su arsenal, para procesar penalmente, el incumplimiento de las regulaciones. El marco regulatorio actual es difícil de soportar si nos encontramos como infractor o acusado. Y en esta realidad financiera, en opinión del DOJ, es preferible enjuiciar a los agentes, directivos y empleados en lugar de las empresas: ¿por qué no cambiar el marco para limitar al mínimo la responsabilidad penal de las empresas y alentar las sanciones administrativas contra ellas?

Una de las principales ventajas de los procedimientos administrativos en lugar del procedimiento penal es el hecho de cuál es la mejor entidad para conocer las violaciones y las consecuencias de los errores corporativos que los reguladores que procuran una acción administrativa eficiente. Pero los reguladores tienen un tremendo poder sobre los sectores económicos que regulan y pueden cambiar la forma en que hacen cumplir sus propias regulaciones con el tiempo. Esta discreción administrativa puede afectar la imparcialidad necesaria de cualquier juez. Además, las empresas como entidades legales también tienen derechos subjetivos y garantías procesales y constitucionales que las protegen, y entre ellos, el derecho al debido proceso y a la tutela judicial efectiva.

Ciertamente, los procedimientos administrativos no brindan ventajas que el proceso judicial ordinario puede proporcionar, como una fase probatoria controlada por un juez, un juez imparcial y natural que dirija el procedimiento y su oportunidad.[185] Si adoptamos la vía administrativa, en adición a la vía recursiva administrativa, también estamos proporcionando una supervisión judicial potencial de dicho procedimiento en los tribunales ordinarios o en contencioso administrativo, dependiendo del sistema legal que estemos hablando.[186]

Sin embargo, es importante aclarar que el objeto del proceso penal es diferente del objeto del procedimiento administrativo. La investigación

---

185 Lo anterior, si bien no se desconoce que de acuerdo con el artículo 49 de la CRBV, "el debido proceso se aplicará a todas las actuaciones judiciales y administrativas."

186 En contraposición, de optarse por la vía jurisdiccional la decisión únicamente podría recurrirse en apelación de acuerdo con el principio de la doble instancia.

penal, el proceso penal y el procedimiento administrativo son nociones diferentes en su alcance, pero también en sus objetivos desde la perspectiva del imputado. Las agencias y órganos de la Administración tienen el propósito de hacer cumplir la regulación dictada por el Poder Legislativo y la que ellos mismos promulgan en el marco de sus competencias y en pro del interés general; mientras que los fiscales buscan hacer cumplir las leyes penales dictadas por el Poder Legislativo y que representan a la sociedad en su conjunto, buscando justicia en nombre de la República ante aquellas conductas que se califican como delictivas.

Con esto, los fiscales buscan principalmente encarcelar a los delincuentes para seguir la motorización y andamiaje del sistema de administración de justicia penal, mientras que los reguladores quieren que se cumplan sus regulaciones administrativas en beneficio del interés público. Aunque distintos, ambos tienen el mismo propósito material común: la aplicación de las reglas, sin importar si son correctas o incorrectas, justas o injustas.

El problema surge cuando hay una superposición entre la sanción administrativa con las sanciones penales. En estos asuntos, como regla general, no existe una doble sanción cuando se presentan acciones penales y civiles contra la misma persona.[187] Debido a que nuestros sistemas en occidente permiten el enjuiciamiento paralelo penal y civil, esto genera múltiples sanciones a los infractores.

En todo caso, reiteramos que nuestra opinión es que la mejor forma de castigo a las corporaciones es por medio de su responsabilidad administrativa. Con ello, en el caso de la responsabilidad corporativa, la responsabilidad administrativa es suficiente castigo, sin menoscabo del levantamiento del velo corporativo a individuos en específico para imponer sanciones de carácter penal, como reseñamos más arriba.

2. El rol de la administración pública frente a la responsabilidad empresarial

La noción de responsabilidad tiene varias acepciones en el derecho civil continental. Mientras que el *common law* la noción de *liability* responde a una situación meramente civil –contractual y extracontractual–

[187] En los sistemas de derecho civil, esta situación se ha denominado non bis in idem, mientras que en el sistema norteamericano se ha denominado double jeopardy, Véase en general, Brown, Darryl K. / Turner, Jenia Iontcheva & Weisser, Bettina, *The Oxford Handbook of Criminal Process*, New York Oxford University Press, 2019.

o meramente penal, en el derecho venezolano existe una concepción tripartida de la responsabilidad, pues puede ser civil, penal o *administrativa,*[188] siendo ésta última de especial relevancia para los fines de este estudio como hemos visto hasta ahora. En general, "la responsabilidad es la deuda, la obligación de reparar y satisfacer, por sí o por otro, a consecuencia de delito, de una culpa o de otra causa legal."[189]

Así, existe la responsabilidad civil contractual cuando media el incumplimiento de un acuerdo válidamente celebrado entre partes, y la responsabilidad civil extracontractual cuando el daño ocasionado a una persona no tuviera sustento contractual y se efectuare el daño por su acción u omisión, ya que quien, con intención, o por negligencia o por imprudencia, ha causado un daño a otro, está obligado a repararlo.[190] Por ello, la responsabilidad civil extracontractual se refiere a "la obligación de indemnizar los daños y perjuicios fruto del incumplimiento culposo de una obligación o conducta preexistente [...y que] se presume al surgir la obligación de reparar el daño causado por la inobservancia de la conducta exigida."[191]

No en vano, es certero afirmar que la contrapartida del delito, en materia civil, es el hecho ilícito de acuerdo con el artículo 1185 del CC venezolano.[192] Por ello, el hecho ilícito es el argumento base necesario para la construcción de todo programa de cumplimiento, ya que el derecho administrativo económico se fundamenta, en muchos casos, en el ilícito civil sancionado administrativamente por la Administración Pública en función reguladora e investigadora.

---

188 Por ejemplo, la sanción típicamente civil es considerada igualmente administrativa en el ordenamiento jurídico norteamericano. Esta distinción es muy propia del derecho venezolano y por eso su estudio en específico.

189 Rondón de Sansó, Hildegard, "De las responsabilidades. Base legal. Criterios para diferenciar la Responsabilidad administrativa de la responsabilidad disciplinaria, civil y penal. Responsabilidad solidaria", en: *Boletín de la Academia de Ciencias Políticas y Sociales*, 2004, N° 142, p. 377.

190 Artículo 1185 del CC, en GO N° 2.990 del 26-07-1982.

191 Bernad Mainar, Rafael, *Derecho Civil Patrimonial: Obligaciones*, Caracas, Universidad Católica Andrés Bello, 2012, p. 13.

192 Señala acertadamente CORREA, que el derecho civil va más allá, pues nos impone el deber de proceder de buena fe como un buen padre de familia y conforme a las buenas costumbres. (Correa, María Alejandra, "Subsistencia del ilícito civil en los supuestos de despenalización", en: *Derecho y Sociedad,* 2017, N° 14, p. 136).

La responsabilidad penal se produce cuando los perjuicios del hecho dañoso alcanzan a la sociedad[193] y su sanción es necesaria al ser una conducta reprochable contra los intereses del colectivo. Esta responsabilidad es personal, y su "pena no puede trascender de la persona condenada" (art. 44.3 CRBV). De esta forma, de la responsabilidad penal también nace la responsabilidad civil derivada del delito[194] que es, esencialmente, responsabilidad civil extracontractual en los términos del derecho común, sirviendo como obligaciones accesorias a la pena corporal o falta impuesta por decisión judicial definitivamente firme.

Ahora bien, en estricto sentido, la responsabilidad administrativa se deriva de la violación de una norma del ordenamiento administrativo que tiene como consecuencia una sanción de carácter no corporal y con contenido generalmente pecuniario.[195] En el caso venezolano, la responsabilidad administrativa es entendida como la obligación de reparar el daño causado frente a la Administración Pública en cualquiera de sus formas. Esta concepción tradicionalmente ha tenido un ámbito muy limitado de aplicación en el derecho público venezolano, y concretamente se refiere a las leyes relativas al control sobre la hacienda pública que realiza la Contraloría General de la República y la LCC,[196] pero es aplicable a todo incumplimiento de la normativa que competa a la Administración fiscalizar.

Una de las características resaltantes de este tipo de responsabilidad es que, gracias al principio de culpabilidad, la naturaleza de la falta es personal, por cuanto obedece a los supuestos concretos que la determinan y por ello no se extiende al jerarca ni a los superiores del autor materia, sino al infractor en concreto.[197] En todo caso, la fuente de la responsabilidad proviene de la infracción de normas jurídicas y la comisión de hechos ilícitos así catalogados por la ley o por su naturaleza infractora.

---

193 Rondón de Sansó, *De las responsabilidades...*, ob. cit. En palabras de Rondón, "la sociedad se defiende contra los hechos que le causen daño o que amenazan el orden en que está establecida; y es así como para impedir que esos actos se cometan o se repitan, castiga a sus autores. Pero la sociedad no pide cuenta de sus acciones, sino a aquellos que han obrado mal intencionadamente, y por ello, para declarar a alguien penalmente responsable, es preciso analizar su estado psíquico, su intencionalidad o los errores de su conducta." (Rondón de Sansó, Id., p. 378).

194 Artículo 120 CP, en GO N° 5.494 Extraordinario del 20-10-2000. "La responsabilidad civil establecida en los artículos anteriores comprende: 1. La restitución. 2. La reparación del daño causado. 3. La indemnización de perjuicios."

195 Rondón de Sansó, *De las responsabilidades ...*, ob. cit., p. 380.

196 Id., p. 382.

197 Id.

A. Las potestades de la Administración en general

La empresa se relaciona constantemente con los entes reguladores de su actividad comercial para lograr los fines propios de su negocio. Por ello, es clave el análisis de los poderes que ellos ostentan como Administración Regulatoria. Los poderes de la Administración existen porque ella posee múltiples potestades administrativas. Potestad es sinónimo de poder, y el poder puede ser aplicado a la empresa por su incumplimiento o por la sola voluntad de la Administración si está autorizada para ello de acuerdo con la ley.

Es ampliamente estudiado y reconocido que la administración ostenta las potestades de actuar de oficio, de *autotutelarse*, ejecutar forzosamente sus actos, así como sancionar a los particulares por sus infracciones a la ley u órdenes administrativas.[198] Adicionalmente, la administración ostenta una *potestad regulatoria*, por medio de la cual, regula la vida de los ciudadanos de forma normativa bajo el cobijo del Estado Administrativo imperante. Sobre este punto ahondaremos con profundidad en el siguiente epígrafe.

Lo fundamental es entender que la empresa *(i)* no se encuentra en situación de igualdad frente a la administración pública, *(ii)* que esa administración ostenta poderes con base en la ley para someter a los ciudadanos a lo preceptuado por las regulaciones y puede someter forzosamente su cumplimiento, y *(iii)* que la colaboración con las autoridades administrativas puede traer beneficios para la empresa, como rebajas en la cuantía de las multas aplicables o continuidad de las operaciones, dependiendo del caso en concreto.

La administración no es un enemigo de la empresa, desempeña un rol en el tablero de juegos. Mientras la empresa busca cumplir con sus accionistas, la administración busca el cumplimiento de la ley. Ahora bien, el ejercicio de potestades públicas no puede menospreciarse ya que la administración puede polarizar o destruir la vida corporativa de la empresa si ésta se muestra contraria a los intereses de las regulaciones o es un infractor habitual. Por ello la empresa debe adecuarse a la regulación existente, y con ello, a la administración que ostenta la potestad de ejecutarla.

---

198 Véase en general, Brewer-Carías, Allan / Rondón de Sansó, Hildegard / Urdaneta Troconis, Gustavo & Hernández, José Ignacio, *Ley Orgánica de Procedimientos Administrativos y legislación complementaria,* Caracas, Editorial Jurídica Venezolana, 2011.

B. El ejercicio de la potestad normativa

La forma en que las regulaciones son promulgadas es especialmente relevante para nosotros. El término regulación puede tener un rango importante de distintos significados. Para efectos legales, el término regulación se refiere al control sobre actividades de los particulares ejercido por la autoridad pública.[199]

En la actualidad, las empresas son *reguladas* (en el sentido más amplio posible) por una gran cantidad de actores que pueden incluir a los accionistas, autoridades del Estado, cuerpos intergubernamentales, uniones del comercio, grupos de consumidores, entre muchos otros.[200] Por esta razón, nos referimos genéricamente a las nociones de legislación o regulaciones, como un conglomerado de normas que reglan la vida corporativa y de todos los ciudadanos en general desde la perspectiva legal en algunas ocasiones, y desde la perspectiva netamente corporativa como autorregulación privada, en otras situaciones.

A los efectos de este epígrafe, nos referimos a la regulación estrictamente legal y sublegal de la empresa como actor social. Por ello, en materia empresarial, realmente la regulación no requiere de un efecto coercitivo para ser aplicada y efectiva, pues el verdadero éxito de una regulación exitosa es el apropiado entendimiento de la influencia e importancia de su sentido en moldear el comportamiento corporativo y cómo puede ser empleado para alcanzar determinado fin.[201]

Ahora bien, ambos términos pueden ser bien técnicos al momento de explicar la jerarquía de las normas jurídicas, y sus efectos absolutos que obligan el quehacer corporativo, en distinta medida según su grado. No es la intención explicar esta compleja discusión jurídica en este trabajo.[202] Así, a efectos prácticos, las regulaciones entendidas como normas administrativas, dependen de lo dictado por las leyes, por lo cual se someten a éstas. Por ello, las normas jurídicas, de acuerdo con su rango, son preclusivas las unas con las otras. Las normas administrativas, no pueden contrariar lo establecido en la Constitución y las leyes ordinarias.

---

199 Zerk, *Multinationals and...*, ob. cit., p. 41.

200 Id.

201 En opinión de Zerk la pregunta verdaderamente importante que debemos realizarnos, es si las iniciativas regulatorias tienen el potencial de cambiar las opciones y decisiones corporativas y su comportamiento para el logro de objetivo determinado. Zerk, *Multinationals and...*, ob. cit., p. 42.

202 Véase en general, Peña Solís, José, *Manual de derecho administrativo: Adaptado a la constitución de 1999*, Vol. 1, Caracas, Tribunal Supremo de Justicia, 2002.

De esta manera, las compañías deben cumplir todo lo establecido en lo que se ha denominado bloques de la *legalidad*[203] y *sublegalidad*.[204] Así, los reguladores deben encontrarse habilitados a regular por la ley formal entendida como acto sancionado por la Asamblea Nacional[205] promulgada por el presidente de la República o por Decreto-Ley en específico.

Con la existencia de la habilitación administrativa para regular, el ente regulador puede dictar las normas administrativas que considere aplicables siguiendo el procedimiento administrativo establecido en su propia ley autorizadora o por el derecho especial en la materia. Como podemos observar, el Derecho Regulatorio es una consideración clave en industrias fuertemente reguladas como la industria farmacéutica, bancaria, tecnológica, entre otras.

En la actualidad, es indudable la potestad regulatoria que ostenta la Administración Pública venezolana. En el marco del ordenamiento jurídico, bien puede la administración regular cualquier materia que considere conveniente siempre y cuando no sea contraria a la Constitución y la ley. Así, la Administración puede crear normas jurídicas generales y abstractas que regulen la conducta de los ciudadanos ya sea por vía reglamentaria o por una regulación propiamente sectorial.[206]

Salgamos de la idea de las nociones tradicionales de derecho civil y común, pues realmente la idea de las regulaciones es su conjunto son las verdaderas reglas aplicables en el día a día empresarial y que ni el Congreso ni otra autoridad legislativa promulgan. De hecho, las regulaciones son hechas esencialmente por órganos u entes administrativos para ejecutar leyes promulgadas por el Poder Legislativo, y esas reglas tienen un impacto importante en la economía y la vida de sus ciudadanos.

---

203 Conformado por leyes, decretos leyes, actos de gobierno, constituciones y leyes estadales, y ordenanzas municipales.

204 Conformado por reglamentos, decretos, resoluciones, providencias, reglamentos y leyes estadales, y reglamentos y decretos municipales.

205 Artículo 202 de la CRBV. "La ley es el acto sancionado por la Asamblea Nacional como cuerpo legislador [...]".

206 Esto fue comentado en un trabajo propio llamado "Regulaciones sectoriales y el requisito de consulta pública contenido en el Decreto con Rango, Valor, y Fuerza de Ley Orgánica de Administración Pública", publicado en el *Anuario de la Especialización de Derecho Administrativo de la Universidad Central de Venezuela,* Caracas, 2019, p. 32. Puede consultarse en https://bit.ly/3pfACs0.

La Administración ostenta una potestad reglamentaria y regulatoria que obliga a los ciudadanos, a los poderes públicos y a la propia Administración.[207] Esta es una distinción importante porque la regulación administrativa y sus procedimientos son una parte importante donde se cometen irregularidades corporativas, en la *sublegalidad administrativa*. De hecho, la norma administrativa y reguladora desdibuja cada vez más la distinción entre los sectores público y privado, de modo que las etiquetas de administrativa y penalmente relevantes ya no son etiquetas significativas para clasificar los comportamientos subyacentes o tipos de acciones legales o reacciones a estos comportamientos.[208]

En efecto, es ahora parte de nuestra vida que la Administración Pública constantemente busque regular ciertas conductas privadas por la necesidad de preservar el bienestar colectivo al considerar algunas áreas de regulación estratégicas, importantes para el desarrollo de la vida en sociedad, o simplemente relevantes a los efectos de implementación de políticas públicas.[209] Así, las agencias u órganos administrativos pueden establecer regulaciones bajo sus competencias establecidas en la ley, mientras que también pueden iniciar procedimientos administrativos o procedimientos adjudicatorios en los casos en que no haya un cumplimiento estricto de las reglas administrativas establecidas.

En Estados Unidos, por ejemplo, las agencias federales también pueden iniciar un litigio civil en los casos en que el Congreso lo permita y cobrar daños por el bien colectivo. El Poder Legislativo se encuentra plenamente facultado con la potestad de promulgar leyes, crear o tipificar delitos penales en casos donde la regulación es tan sensible que no se debe tolerar el mero incumplimiento, así como también puede delegar a la Administración Pública el decreto de normas prudenciales para regular sectores altamente sensibles. En esta abstracción, los órganos u entes administrativos son aquellos que tienen la potestad administrativa de hacer cumplir sus regulaciones por sus propios medios.

Paralelamente, hay un fiscal, monopolizando la acción penal, que procesará los delitos en lugar de las sanciones por esas violaciones de la ley promulgada por el Congreso. En este ínterin, tenemos dos participantes o equipos en la aplicación de las leyes y reglamentos. Por un lado, la Administración Pública en cualquiera de sus formas y que hace cumplir

---

207 Cassagne, Juan Carlos, *El Acto Administrativo, Teoría y Régimen Jurídico*, Bogotá, Editorial Temis, 2013, p. 115.

208 Carter, & Blum-West, *Bringing White-Collar...*, ob. cit., p. 552.

209 Villegas, Ruiz, *Regulaciones sectoriales...*, ob. cit.

sus regulaciones y, por otro lado, la fiscalía que hace cumplir las leyes penales. Esta distinción es claramente el caso de la ley estadounidense y venezolana, como estamos discutiendo como ejemplo en estas palabras.

C. La necesaria interpretación de la norma administrativa

A veces obviado o pasado por desapercibido, el correcto análisis de la normativa vigente es lo que verdaderamente conduce a la adecuación de la empresa al entorno regulatorio que se enfrenta. ¿Cómo se adapta la organización a la regulación y cuál es su alcance? El análisis de las normas y regulaciones jurídicas es catalogado por muchos como un arte pues supone la aplicación de la teoría legal y los cánones interpretativos al servicio de nuestros clientes y en aras de entender la mejor forma de adecuación de las normas a la vida práctica.

Así las cosas, la interpretación regulatoria es el arte de entender la voluntad en la promulgación de una ley o regulación por parte de los entes u órganos de la administración. El análisis es el ejercicio propio de los abogados de empresa cuando ponderan las consecuencias de las normas jurídicas de acuerdo con su asesoramiento a su cliente en concreto. Ahora bien, cómo sabemos, ni la ley ni las regulaciones que se someten a ella, son claras. Más bien, son ambiguas y difusas y generan muchas dudas.

Ciertamente se ha señalado que los únicos verdaderos intérpretes de las normas jurídicas son los jueces en su función jurisdiccional, no obstante el poder de las agencias gubernamentales de interpretar sus regulaciones en su carácter de ejecutores de la ley, que los habilitó en primer lugar.[210] Como asesores de la empresa, navegar por las regulaciones necesariamente implica un acertado análisis de la normativa legal vigente y entender la consecuencia de la adecuación o no de la conducta corporativa.

En materia administrativa en Venezuela, cabe destacar que los reglamentos, resoluciones, providencias y demás actos administrativos son interpretados *stricto sensu* por los jueces contencioso-administrativos y la Administración con competencia en su ejecución. En todo caso, sea la legislación que sea, el incumplimiento normativo acarrea consecuencias. Esas consecuencias pueden ser tanto penales, como ya hemos estudiado, como administrativa, a través de sanciones administrativas típicas (multas, clausura, levantamiento de autorizaciones, entre otras) como estudiaremos a continuación.

---

210 Véase en este sentido, Jellum, Linda, *Mastering Statutory Interpretation*, Durham, Carolina Academic Press, 2013, 2° ed., pp. 251 y ss.

D. El ejercicio de la potestad sancionatoria

La Administración Pública tiene el poder para sancionar a los infractores de regulaciones generales y de órdenes particulares.[211] Cuando las conductas infractoras causan una lesión en intereses colectivos o revisten una especial gravedad, la reacción de la Administración posee un carácter represivo, consistiendo en la imposición de un mal o castigo al infractor: esto es, en la privación de una situación jurídica activa (por ejemplo, la revocatoria de una licencia) o, al contrario, en la creación de una situación de carácter pasivo (por ejemplo, obligación de pagar una multa), con los cuales se persigue tanto un fin de punición (castigo al infractor) como un fin de prevención (de desaliento futuro a conductas similares).[212]

La Administración Pública ostenta el *ius puniendi*, es decir, la potestad de reprimir conductas jurídicas infractoras al sistema preestablecido de normas. Por ello, el derecho penal y el derecho administrativo sancionador son ambas caras de una misma moneda por ser ambas manifestación del *ius puniendi* que ostenta el Poder Público. Con esta precisión, los principios del derecho penal resultan típicamente aplicables al derecho administrativo, si bien se admiten ciertas flexibilizaciones dadas las implicaciones de uno y otro.

Ahora bien, conjuntamente con la noción de responsabilidad administrativa, existe la noción de sanción administrativa en estricto sentido: al existir responsabilidad, existe sanción. Para entender la premisa del derecho sancionatorio, hay que partir de la idea que toda conducta no acorde al ordenamiento normativo preestablecido puede ser sancionado si es tipificado por ese mismo ordenamiento. Así, la sanción administrativa es el "mal infligido a una persona, por una autoridad estatal en ejercicio de una potestad administrativa, mediante la incoación del debido procedimiento, por haber desplegado una conducta violatoria de una norma del ordenamiento jurídico, la cual aparece tipificada como infracción."[213]

La tipificación de la conducta infractora se debe al principio de legalidad penal y administrativa, ya que no puede existir infracción sin previa ley que lo establezca bajo el principio de *nullum crimen, nulla poema sine*

---

211 Recuérdese que –al menos en Venezuela– este poder no se extiende a la creación de infracciones ni sanciones, pues ello es competencia del legislador en virtud del principio de separación de poderes.

212 Santamaria Pastor, Juan Alfonso, *Principios de Derecho Administrativo*, Volumen II, Madrid, Editorial IUSTEL. 2000, 2° ed., p. 371.

213 Peña Solís, José, La *potestad sancionadora de la Administración Pública venezolana*, Caracas, Tribunal Supremo de Justicia, 2005, p. 271.

lege, y así ha sido establecido como norma constitucional en Venezuela.[214] No en vano, la ley venezolana establece que ni "los reglamentos [ni demás actos administrativos normativos] podrán tipificar delitos, faltas o infracciones administrativas, establecer penas o sanciones, así como tributos, cánones u otras cargas o prestaciones personales o patrimoniales de carácter público" (art. 89 LOAP[215]).

Ahora bien, indudablemente, los presupuestos necesarios de existencia de la sanción administrativa son *(i)* su carácter aflictivo; *(ii)* una autoridad estatal competente que impone la sanción; *(iii)* la necesidad de incoación del debido procedimiento; *(iv)* y la violación de una norma, constituyéndose como infracción administrativa.[216] En todo caso, el carácter aflictivo de la sanción administrativa es fundamental para el fin de la Administración Pública en su rol de ejecutor de la legislación y la regulación, pues la sanción se traduce en la pérdida de derechos, o en la afectación de las situaciones jurídicas favorables de los administrados,[217] pero sin llegar a ser una afectación corporal del individuo, con el objetivo de hacer cumplir el ordenamiento que se le ha encomendado proteger.

Ocurre, sin embargo, que las multas que impone la Administración pueden tener una cuantía tal que quepa preguntarse si no se tratarían de auténticas penas. No obstante, no cabe duda de que la Administración está en ocasiones habilitada para imponer severísimas sanciones, siendo su único límite no invadir los escasos supuestos reservados a la justicia penal. La *administrativización* del *ius puniendi* marcha a ritmo veloz, en una situación dogmáticamente compleja.[218]

Las sanciones pueden dividirse entre corporales y no corporales, siendo, estás típicamente también catalogadas como sanciones penales y sanciones administrativas en estricto sentido.[219] También, las sanciones pueden ser principales o accesorias, dependiendo su acompañamiento a

---

[214] Artículo 49 de la CRBV. "El debido proceso se aplicará a todas las actuaciones judiciales y administrativas; en consecuencia: [...] 6. Ninguna persona podrá ser sancionada por actos u omisiones que no fueren previstos como delitos, faltas o infracciones en leyes preexistentes."

[215] GO N° 6.147 Extraordinario del 17-11-2014.

[216] Peña Solís, *La potestad...*, ob. cit., pp. 271 y ss.

[217] Id., p. 275.

[218] Silva Aranguren, Antonio, "La concurrencia de sanciones penales y administrativas y la complejidad del Non Bis In Idem", en el libro colectivo *Derecho Administrativo Sancionador*, Caracas, CIDEP, 2019, pp. 203-204.

[219] Id., p. 270.

otras sanciones impuestas en un mismo acto administrativo u orden judicial. La sanción penal típica es la pena, considerada esta la privación de libertad de la persona humana, pero también se encuentran tipificadas las faltas de acuerdo con lo establecido en el CP venezolano. En cambio, las sanciones administrativas pueden clasificarse en pecuniarias, interdictivas y disciplinarias[220] de acuerdo con su tipificación. Nos centraremos en las dos primeras al ser ambas las de mayor relevancia para todo análisis de *compliance*.

a. Las sanciones pecuniarias

Las sanciones pecuniarias son aquellas cuya imposición implica el pago de una suma de dinero por parte del sancionado siendo su expresión prototípica la multa, pudiendo ser una sanción principal o accesoria. La multa administrativa tiene que ser tipificada por un acto de rango legal y que establezca su cuantía.[221]

La sanción debe ser razonable en su imposición[222] y no busca como principal objetivo la rentabilidad de la Administración sino el cumplimiento de la regulación existente. La multa que se establezca o se imponga, no debe resultar más beneficiosa que el cumplimiento de la norma violada,[223] con lo cual la imposición de la sanción no puede ser una actividad rentable para la Administración.[224]

Adicionalmente, un efecto práctico de la imposición de la sanción administrativa es tener un efecto disuasivo ante potenciales infractores, con lo cual se ha aceptado en otros sistemas de derecho multas de cuantías

---

220 Id., p. 280.

221 Id., pp. 281-282.

222 Lo cual debe siempre interpretarse de acuerdo al principio del término medio pues "[...] cuando la ley castiga un delito o falta [administrativa] con pena [o multa] comprendida entre dos límites, se entiende que la normalmente aplicable es el término medio que se obtiene sumando los dos números y tomando la mitad; se la reducirá hasta el límite inferior o se la aumentará hasta el superior, según el mérito de las respectivas circunstancias atenuantes o agravantes que concurran en el caso concreto, debiendo compensárselas cuando las haya de una y otra especie. No obstante, se aplicará la pena en su límite superior o en el inferior, cuando así lo disponga expresamente la ley, y también se traspasará uno u otro límite cuando así sea menester en virtud de disposición legal que ordene aumentar o rebajar la pena correspondiente al delito en una cuota parte, que entonces se calculara en proporción a la cantidad de pena que el Juez habría aplicado al reo si no concurriese el motivo del aumento o de la disminución [...]" (artículo 37 del CP, con corchetes agregados).

223 Silva Aranguren, *La concurrencia...*, ob. cit.

224 Id. En palabras de Peña Solís, la multa debe someterse al principio de no rentabilidad. En nuestra opinión, debe entender de forma contraria. Las multas sí pueden generar renta a la Administración Pública, y creemos que esto fomenta la actividad contralora de la Administración al atarla a metas de recaudación por conceptos no tributarios.

exorbitantes, cuando el análisis de la Administración conlleve a concluir que el peligro de la infracción tenga grandes impactos para la sociedad y la economía.[225] No obstante, la sanción pecuniaria no puede privar al particular de su actividad económica por la imposición de la sanción y su incumplimiento[226] ni ser *confiscatoria.*[227]

b. Las sanciones interdictivas

Las sanciones interdictivas son aquellas que prohíben o revocan determinado acto legal por consecuencia de la conducta infractora. De esta forma, dentro de esta categoría encontramos la revocación de licencias, clausura de establecimientos comerciales, la inhabilitación temporal para obtener autorizaciones para realizar determinadas actividades, la reparación efectiva del daño causado, entre otras.[228] En materia bancaria, por ejemplo, la LISB prevé que la SUDEBAN puede revocar a las instituciones del sector bancario la autorización de funcionamiento, sin perjuicio de las sanciones penales a que hubiere lugar, ante la reincidencia en un mismo año de cualquiera de las infracciones previstas en la regulación bancaria.[229]

---

225 Este es el caso de las cuantiosas multas impuestas por agencias gubernamentales americanas en casos relativos a la legitimación de capitales, financiamiento al terrorismo y el sector bancario. Recientemente, Banesco, C.A Banco Universal y Banco Occidental de Descuento han sido objeto de investigaciones administrativas por violaciones a la normativa contra la legitimación de capitales vigente en Venezuela por parte de la SUDEBAN. Aunque por distintos motivos, ambas se fundamentan en la estricta vigilancia de los controles AML/CT que deben cumplir el sector financiero venezolano.

226 No obstante, esta precisión puede tener excepciones al tratarse de la seguridad de la nación o la lucha contra el terrorismo donde aplicarían sanciones interdictivas propiamente.

227 Artículo 116 de la CRBV. "No se decretarán ni ejecutarán confiscaciones de bienes sino en los casos permitidos por esta Constitución. Por vía de excepción podrán ser objeto de confiscación, mediante sentencia firme, los bienes de personas naturales o jurídicas, nacionales o extranjeras, responsables de delitos cometidos contra el patrimonio público, los bienes de quienes se hayan enriquecido ilícitamente al amparo del Poder Público y los bienes provenientes de las actividades comerciales, financieras o cualesquiera otras vinculadas al tráfico ilícito de sustancias psicotrópicas y estupefacientes."

228 Peña Solís, *La potestad...*, ob. cit., p. 288.

229 Artículo 188 de la LISB. "El procedimiento sancionatorio se iniciará por decisión del Superintendente o Superintendenta de las Instituciones del Sector Bancario, pero el mismo podrá delegar dicha potestad, en el funcionario o funcionarios de la Superintendencia de las Instituciones del Sector Bancario que él determine. Sin embargo, la decisión de imponer o no una sanción sólo podrá ser realizada por el Superintendente o Superintendenta o quien haga sus veces. // El Superintendente o Superintendenta de las Instituciones del Sector Bancario podrá revocar a las instituciones del sector bancario la autorización de funcionamiento, sin perjuicio de las sanciones penales a que hubiere lugar, ante la reincidencia en un mismo año de cualquiera de las infracciones previstas en este Decreto con Rango, Valor y Fuerza de Ley."

Siempre, las sanciones pecuniarias e interdictivas pueden ser recurridas en sede administrativa o judicial con las acciones que permita la ley al ser un acto aflictivo contra los intereses de los administrados y, en ambas, la Administración Pública tiene amplias potestades para ejecutar sus propios actos con base en el principio de autotutela administrativa[230], sin estar supeditada a ningún tipo de ejercicio de recursos administrativos o jurisdiccionales.[231] Existen múltiples ejemplos de sanciones interdictivas incluso más coercitivas que la mera prohibición o revocación. Así, en el marco de la LISB se habilita a la Administración Pública a intervenir instituciones financieras cuando se constataren incumplimientos administrativos.[232]

En materia bancaria, el régimen de la medida administrativa de intervención es regulada por la SUDEBAN a través normas prudenciales que regulan el proceso de intervención a fin de salvaguardar los derechos de los depositantes y agilizar la entrega de activos al Estado (art. 251 LISB). Las medidas administrativas de intervención se han fundamentado en la existencia de sectores económicos altamente regulados por su elevado interés público y la habilitación al Poder Ejecutivo para insertarse en la actividad empresarial privada, tradicionalmente en los sectores sector ban-

---

230 La Administración Pública puede revocar y reconocer la nulidad de sus propios actos jurídicos, así como ejecutarlos. En criterio de la Sala Político-Administrativa: "la [P]otestad o poder de la Administración de revisar y controlar, sin intervención de los órganos jurisdiccionales, los actos dictados por el propio órgano administrativo, o dictados por sus inferiores. Tal potestad de autotutela se ve materializada en nuestro ordenamiento, a través del ejercicio de diversas facultades, como lo son la posible convalidación de los actos viciados de nulidad relativa a través de la subsanación de éstos; la revocatoria del acto, por razones de oportunidad e ilegalidad, siempre que no se originen derechos adquiridos, o bien a través del reconocimiento de nulidad absoluta, y, por último, mediante la corrección de errores materiales." Sentencias de la Sala Político-Administrativa N° 718 del 22-12-1998, caso: Vicenzo Sabatino Asfaldo y N° 5663 del 21-09-2005, caso: José Julián Sifontes Boet, consultadas a través de https://bit.ly/3SWLBVd.

231 En este sentido, véase Peña Solís, *La potestad...*, ob. cit., p. 314.

232 Artículo 247 de la LISB. "Son causales de intervención de una institución del sector bancario: 1. La suspensión del pago de sus obligaciones. 2. Incumplir durante la vigencia de las medidas administrativas con los compromisos asumidos en el plan de recuperación convenido o con lo dispuesto por la Superintendencia de las Instituciones del Sector Bancario. 3. Cuando el capital social sea menos de la mitad del requerido para cada tipo de institución en los artículos 11, 12, 13 y 14 del presente Decreto con Rango, Valor y Fuerza de Ley. 4. Pérdida o reducción de más del cincuenta por ciento (50%) del capital social. 5. La no reposición del capital social exigido por la Superintendencia de las Instituciones del Sector Bancario. 6. Cuando no sea posible la aplicación de los mecanismos de transferencia. 7. Cuando las medidas administrativas impuestas no fueren suficientes para resolver las situaciones que las motivaron."

cario, asegurador, y de empresas concesionarias que prestan servicios públicos, no teniendo la intervención administrativa una regulación general, sino meramente sectorial.[233]

3. Los derechos y garantías de defensa de la empresa en los procedimientos administrativos sancionatorios

La idea de *compliance* expuesta en estas palabras es realmente *preventiva*. No obstante, la mera prevención no implica la renuncia a principios y derechos que protegen igualmente a la empresa. Sea un proceso penal o administrativo contra la empresa, el inculpado siempre tiene derechos y garantías que puede ejercer en el marco de su estrategia legal de *prevención* (antes de la ocurrencia de un hecho ilícito corporativo) o *reacción* (el ejercicio propiamente de su defensa en sede penal o administrativa).

Nos enfocamos en señalar los principales derechos fundamentales en cualquier defensa legal corporativa, indistintamente aplicables en procedimientos netamente penales como en procedimientos propiamente administrativos. En ambos casos, la empresa tiene herramientas legales útiles al momento de crear sus alegatos de defensa.

A. El debido proceso

Un presupuesto necesario para la aplicación de una sanción administrativa es la previa instrucción de un procedimiento administrativo en el cual se respete el debido proceso administrativo.[234] Aunque obvio, la sanción administrativa requiere ley previa que la consagre, como parte del principio de legalidad de las actuaciones administrativas. Requiere tipificación por ley de la infracción administrativa en concreto y respeto al debido proceso, entendida ésta como la oportunidad de presentar alegatos y rebatir las pretensiones de la Administración en sede administrativa y judicial.

Así, la necesidad de cargos previos, el acceso al expediente administrativo, y el derecho a la defensa son fundamentales en el marco de la imposición de una sanción administrativa. El principio de presunción de inocencia es aplicable en sede administrativa y sede judicial sin distinción, con lo cual toda persona se presume inocente mientras no se pruebe lo contrario (art. 49.2 CRBV).

---

233 Aurilivi Linares Martínez, "Aproximación a la intervención Administrativa de las Empresas a través de la legislación bancaria", en el libro colectivo *Desafíos del Derecho Administrativo Contemporáneo*, Caracas, Ediciones Paredes, 2009, pp. 895 y ss.

234 Véase Marienhoff, Miguel, *Tratado de derecho administrativo*, t. IV, Buenos Aires, Abeledo-Perrot, 1997, 6° ed., pp. 24 y ss.

B. La presunción de inocencia

Toda persona se presume inocente mientras no se pruebe lo contrario (art. 49.2 CRBV). Por ende, nadie es culpable de sanciones administrativas o penales hasta que se demuestre lo contrario. La presunción de inocencia no es exclusiva del ámbito penal, sino que, es aplicable a toda área del derecho, y muy especialmente, en materia administrativa en el marco de un procedimiento administrativo sancionatorio.

No obstante, bajo ese esquema aparentemente sencillo, resulta que el ejercicio de este derecho, a diferencia de otros, como el de propiedad, de tránsito, de expresión, etc., que generalmente requieren una actuación de sus titulares, lo que exige, por el contrario, es una acción y una abstención de los órganos administrativos, en el caso de la potestad sancionatoria, y de los órganos del Poder Judicial, en el caso de la potestad punitiva penal.[235]

En efecto, a los fines de respetar el derecho de la presunción de inocencia la Administración Pública está obligada cuando sanciona a un administrado: *(i)* a demostrar que la sanción está fundada en medios probatorios tanto de la conducta incriminada, como de su culpabilidad, es decir, a probar la certeza de la infracción y la certeza de la culpabilidad; *(ii)* a aceptar que en su carácter de acusadora a ella corresponde exclusivamente la carga de la prueba, y que en consecuencia se configura una interdicción insalvable para exigir al administrado que pruebe su inocencia y; *(iii)* a aceptar que cualquiera insuficiencia derivada de la actividad probatoria, debe obligarla a proferir una decisión absolutoria.[236] La empresa puede o no aceptar su culpabilidad al admitir sus infracciones o delitos frente a los fiscales o entes reguladores, pero ésta es una decisión empresarial en el marco de la colaboración voluntaria que ella decida implementar en aras de la protección de sus intereses.

C. La prohibición de indefensión

La empresa tiene derecho a tener un proceso en su contra, evacuar pruebas para desvirtuar las acusaciones fiscales o aquellas realizadas por entes regulatorios. Toda persona tiene derecho a ser notificada de los cargos por los cuales se le investiga, de acceder a las pruebas y de disponer del tiempo y de los medios adecuados para ejercer su defensa (art. 49.1 CRBV).

---

235 Peña Solís, *La potestad...*, ob. cit., p. 198.

236 Id.

Esto se traduce en el ámbito administrativo, en la exigencia de que la regulación del procedimiento sancionador ofrezca a las empresas las vías suficientes para exponer su versión de los hechos y de su fundamento jurídico y de aportar o pedir la realización de las pruebas necesarias para su esclarecimiento.[237] Por esta razón, serán nulas las pruebas obtenidas mediante violación del debido proceso. Así las cosas, toda persona declarada culpable tiene derecho a recurrir del fallo, con las excepciones establecidas en la Constitución y la ley (art. 49.1 CRBV).

D. La no autoinculpación

La empresa tiene derecho a no auto inculparse por sus delitos o infracciones administrativas. Ninguna persona podrá ser obligada a confesarse culpable o declarar contra sí misma (art. 49.5 CRBV). Este elemental derecho ha chocado con el deber de colaborar con la Administración y de proporcionarle las informaciones y documentos que ésta requiera, pues la negativa a colaborar puede ser tipificada como una infracción administrativa autónoma, mientras esta situación colide directamente con el derecho constitucional a no auto inculparse.[238]

El derecho a la no autoincriminación, expresado en la negativa a declarar contra sí mismo, y a declararse culpable, constituye una expresión del derecho a la defensa, pues cuando el inculpado o investigado opta por guardar "silencio", debe presumirse que esa actitud se inscribe dentro de la estrategia de su defensa. Inclusive en aras de tutelar el mencionado derecho, el instructor antes de tomarle la declaración al interesado o inculpado, tiene el deber de informarle el contenido de la disposición constitucional o legal en la cual aparece consagrada esta expresión pasiva del derecho a la defensa.[239]

No obstante, el derecho a la no autoinculpación no es absoluto y debe entenderse que no impide negarse a colaborar con la Administración. En efecto, el investigado está obligado a realizar en el marco del procedimiento sancionatorio todas aquellas contribuciones que no tengan un contenido directamente incriminatorio[240] en el marco de la necesaria colaboración que debe existir con las autoridades.

---

[237] Santamaria Pastor, *Principios de...*, ob. cit., p. 406.

[238] Id., p. 407.

[239] Peña Solís, *La potestad...*, ob. cit., p. 412.

[240] Id., p. 413.

E. La asistencia de un abogado

La empresa tiene el derecho a estar asistida por un abogado en cualquier grado y estado del proceso judicial o administrativo que se tratare. La defensa y la asistencia jurídica son derechos inviolables en todo estado y grado de la investigación y del proceso (art. 49.5 CRBV). Con ello, la empresa puede estar válidamente asesorada en todas sus actuaciones comerciales por su equipo legal. Así, por ejemplo, la empresa no se encuentra obligada a responder a un acto administrativo dictado por una autoridad que no es competente para dictarlo.

No obstante, la empresa sí se encuentra obligada a responder actos administrativos válidamente notificados y dictados con competencia, con lo cual, existe una obligación de comparecer, si así fuese requerido como refiere el artículo 28 de la LOPA. En materia procedimental administrativa, e igualmente aplicable a la representación judicial, la empresa puede escoger sus abogados y buscar la asesoría que mejor le convenga de acuerdo con sus intereses. Este derecho no puede ser menoscabado por la Administración o por los tribunales en ningún momento, al ser parte integrante del derecho a una defensa efectiva.

F. La prohibición de ser juzgado dos veces por el mismo hecho (non bis in idem)

Se ha resumido este principio bajo la premisa de que no puede castigarse un mismo hecho con más de una pena o sanción, pues nadie puede ser condenado dos veces por un mismo hecho. Una conducta ilícita, en cuanto constituye una violación de una norma, puede entrañar al mismo tiempo la infracción de una u otras cuya represión puede estar confinada a otro órgano administrativo. Por ello el principio excluye la posibilidad de imponer con base en los mismos hechos dos o más sanciones administrativas, o una sanción administrativa y otra de orden penal.[241]

La jurisprudencia venezolana ha sido poca y restringida a los hechos materiales del caso en concreto. La Sala Político-Administrativa ha sostenido que se viola el principio *non bis in idem* cuando la Administración sanciona a un mismo sujeto en varios procedimientos administrativos, por los mismos hechos, calificación jurídica e idéntica sanción. De esta forma, en *Nestlé de Venezuela S.A., C.A. v. INDECU* se sostuvo:

> ...el principio invocado constituye una garantía esencial del derecho al debido proceso que, de conformidad con el artículo 49 de la Constitución resulta aplicable a todas las actuaciones judiciales y administrativas,

241 Santamaria Pastor, *Principios de...*, ob. cit., pp. 392-393.

y a su vez se configura como un derecho fundamental del sancionado junto a los principios de legalidad y tipicidad de las infracciones.[242]

No obstante, en la jurisprudencia de la Sala Político-Administrativa se ha determinado que no se viola el principio *non bis in idem* cuando el Estado sanciona dos veces a un particular por los mismos hechos, siempre y cuando se trate de procedimientos de distinta naturaleza. En particular,

---

242 *Nestlé de Venezuela S.A., C.A. v. INDECU*, sentencia N° 1107 del 01-11-2018. En particular, se mantuvo que no puede sancionarse por múltiples procedimientos por los mismos hechos. Este caso ilustra como el principio *non bis in idem* puede ser ejercido como argumento judicial de revisión de las actuaciones administrativas. La Sala Político-Administrativa sostuvo: "[...] Dicha garantía consagrada en el numeral 7 de la citada disposición, según la cual 'ninguna persona podrá ser sometida a juicio por los mismos hechos en virtud de los cuales hubiese sido juzgada anteriormente', se considera vulnerada cuando una persona es sometida dos veces a juicio, existiendo identidad en el supuesto de hecho y en el bien jurídico protegido por las normas cuya aplicación se pretenda.[...] Como puede observarse de la anterior reproducción parcial de las razones en que se fundamentaron los actos administrativos antes identificados, el entonces Instituto para la Defensa y Educación del Consumidor y del Usurario (INDECU) sancionó a la sociedad mercantil Nestlé de Venezuela, S.A. por considerar que violó el contenido de los artículos 8, 9 y 100 de la Ley antes mencionada, esto motivado a la elaboración y distribución del producto Purina Dog Chow que contenía altos porcentajes de una micotoxina llamada aflatoxina, que produjo la muerte de los caninos cuyos dueños eran los particulares denunciantes en sede administrativa; situación ésta que además conllevó a la imposición de sanciones pecuniarias por el equivalente a trescientas unidades tributarias (300 U.T.) a tenor de lo establecido en los artículos 121 y 122 *eiusdem*. Ahora bien, llama poderosamente la atención que el mencionado Instituto a través de una serie de actos distintos a los impugnados mediante la presente acción, igualmente determinó que la aludida sociedad mercantil incurrió en el mismo ilícito por la elaboración y distribución del referido producto de consumo canino, el cual estaba contaminado por la aflatoxina, lo que también conllevó a la muerte de las mascotas de los denunciantes en sede administrativa. [...] Vale destacar que de una lectura minuciosa a las decisiones que anteceden y, en particular, al primer acto que –se entiende– le fue notificado a la actora el 11 de enero de 2007 correspondiente al procedimiento Nro. 001273-2005-0101, se analizó un supuesto de hecho idéntico al de autos el cual no solo se sustentó en las mismas normas jurídicas que las decisiones objetadas en la presente demanda, sino que, además el razonamiento utilizado por la Administración se encuentra redactado en idénticos términos, concluyéndose en la violación de los artículos 8, 9 y 100 de la Ley de Protección al Consumidor y al Usuario y, por ende, en la imposición de la sanción pecuniaria expresada en la cantidad de trescientas unidades tributaria (300 U.T.) en atención a lo previsto en los artículos 121 y 122 *eiusdem*. [...] De esta manera es claro que la Administración aplicó inicialmente su potestad sancionatoria contra la sociedad mercantil Nestlé de Venezuela, S.A. por la producción y distribución del alimento para mascotas Purina Dog Chow contaminada con una micotoxina que desencadenó en la muerte de las mismas. Ahora, si bien es cierto que –en el caso bajo análisis– las dos denuncias interpuestas en vía administrativa devinieron de diferentes sujetos, lo cierto es que el hecho imputado es igual en cada caso e, incluso, la sanción y su justificación fue impuesta a la referida empresa en idénticos términos. Por lo tanto, la situación descrita conlleva a afirmar a esta Sala que es evidente la violación al principio *non bis in idem* consagrado en el artículo 49, numeral 7 de la Constitución, toda vez que la hoy actora fue castigada múltiples veces por el mismo hecho," en https://bit.ly/3QFUJvp.

Seguros Caracas de Liberty Mutual, C.A. v. INDEPABIS al impugnarse un procedimiento administrativo iniciado por INDEPABIS en el marco de la actividad de seguros:

> ...la sola existencia de una resolución emanada de la citada Superintendencia que avale o justifique el rechazo del siniestro reportado por el denunciante, no se traduce necesariamente, en la imposibilidad del órgano recurrido de determinar la existencia de una infracción a la normativa cuya vigilancia y aplicación le incumbe y, en consecuencia, imponer la sanción de multa impugnada.[243]

Vista la jurisprudencia poco conclusiva, cabe preguntarse: ¿Qué protege realmente el principio? ¿puede, entonces, existir un castigo múltiple? Señala Silva Aranguren que, en principio, sí podría existir castigo múltiple en el sentido de que un hecho podría dar lugar a sanciones diversas de imposición simultánea, tal como sucede con las sanciones principales y accesorias establecidas en el CP o en las leyes especiales.[244] Lo que no se podría es castigar una vez y, luego, en el mismo orden decisorio volver a castigar.[245] La fórmula legislativa según la cual la imposición de determinadas sanciones no impide la imposición de otras es práctica habitual de múltiples leyes de contenido administrativo.[246]

En criterio de Peña Solís, la regla del *non bis in idem* debe aplicarse a dos supuestos: *(i)* es inaceptable que se pretenda aplicar dos sanciones administrativas por los mismos hechos a la misma persona, en el entendido que la Administración es una sola, que persigue un único interés general, y dicho interés no puede segmentarse para fundamentar la multiplicidad de penas; y *(ii)* la regla debería operar cuando exista la concurrencia de normas penales y administrativas que califican los mismos hechos como delitos e infracciones, pues siempre que exista identidad en el sujeto, en los hechos y fundamentos, regirá la regla de la prohibición, y en estricto rigor lógico, la primera sanción excluirá, sea penal o administrativa, la imposición de la otra.[247]

En nuestro criterio, en todo caso y a pesar de las dificultades prácticas en su aplicación y la doctrina y jurisprudencia laxa en favor de la Admi-

---

243 Sentencia N° 1153 del 16-10-2013, en https://bit.ly/3JPrwMn.

244 Silva Aranguren, *La concurrencia...*, ob. cit., p. 206.

245 Id. Señala Silva Aranguren en la misma idea "aunque debemos recordar que es justo lo que ocurre con las inhabilitaciones del Contralor General y también con la facultad del Servicio Nacional de Contratistas de inhabilitar a quien hubiera sido objeto de sanción por parte del ente contratante." Id., p. 206.

246 Id.

247 Peña Solís, *La potestad...*, ob. cit., pp. 242 y ss.

nistración, cabe precisar que la garantía del *non bis in idem* es precisamente ello, un argumento de defensa con bases constitucionales listo para ejercerse aunque presente grandes problemas dogmáticos.[248] No cabe duda que la empresa puede verse envuelta en situaciones penales y administrativas que simultáneamente requieran la aplicación de la garantía, y será, en efecto, otro argumento más en nuestro arsenal de defensa legal como abogados de la compañía.

G. La proporcionalidad de la sanción

Hemos adelantado que la sanción administrativa debe ser ponderada, es decir, racionalizada en el caso concreto. La norma rectora en este sentido se encuentra establecida en el artículo 12 de la LOPA:

> Aun cuando una disposición legal o reglamentaria deje alguna medida o providencia a juicio de la autoridad competente, dicha medida o providencia deberá mantener la debida proporcionalidad y adecuación con el supuesto de hecho y con los fines de la norma, y cumplir los trámites, requisitos y formalidades necesarios para su validez y eficacia.

En el caso *Alfombras y Fieltros Iberia, C.A.*, se ha determinado que la ponderación del poder sancionatorio de la Administración deberá guardar la debida adecuación entre la gravedad del hecho constitutivo de la infracción y la sanción aplicada.[249] Este criterio ha sido pacífico en la jurisprudencia administrativa. Más recientemente, en *Alimentos Heinz, C.A. v. INDECU*,[250] la Sala Político-Administrativa ha establecido un estándar sobre la ponderación sancionatoria, advirtiendo que la sanción debe ser adecuada, idónea, necesaria y razonable, significando ello que:

> a) Debe existir congruencia entre la sanción y la falta cometida, y entre el medio (el castigo impuesto) y el fin de la norma que le sirve de sustento, lo que exige, a su vez, una correcta interpretación de la ley aplicable.
>
> b) El poder represivo del Estado debe ejercerse con el objeto de garantizar que al particular le resulte menos provechoso infringir la ley que acatarla, sin que por intermedio del mecanismo sancionatorio empleado se desborden los límites de la norma representados por la consecuencia jurídica en esta contemplada y la finalidad que la misma persigue.

---

248 Señala acertadamente SILVA ARANGUREN en *La concurrencia...*, ob. cit., p. 212, citando a CANO CAMPOS, el principio de *non bis in idem* "emerge de un panorama preñado de problemas, carencias y dificultades, muy alejado de la visión elemental y simplista que a veces se le tiene del mismo."

249 Sentencia N° 669 del 07-05-2014.

250 Sentencia N° 607 del 02-06-2015.

c) En el ejercicio de la aludida potestad, la Administración debe estar en capacidad de justificar la solución adoptada en el caso concreto.[251]

En áreas con regulaciones sectoriales, la propia ley establece los parámetros de análisis a ser tomados en cuenta por las entidades reguladoras y contraloras para imponer la sanción correspondiente. Así ocurre en materia bancaria,[252] de mercado de valores, y control fiscal en Venezuela. Todas las regulaciones, por específicas que sean, son controladas bajo el análisis del artículo 12 de la LOPA: la imposición de la sanción administrativa debe ser proporcional, adecuada y motivada en los hechos que se vinculan al infractor. En opinión de Santamaria Pastor, deben existir tres reglas fundamentales en la adecuación de los hechos a la persona del infractor: *(i) la regla de la moderación*, las sanciones deben ser exclusivamente utilizadas para que la penalidad cumpla las funciones represivas y preventivas; *(ii) la regla de discrecionalidad limitada*, con la cual la decisión acerca del *quantum* de la sanción no es una decisión incontrolable por la

---

[251] Id. Señala el referido criterio jurisprudencial: "[refiriéndose al artículo 12 LOPA] reproducida consagrá el principio de la proporcionalidad, conforme al cual las medidas adoptadas por los órganos y entes de la Administración Pública deben adecuarse tanto al supuesto de hecho de la norma que sirve de base legal a la voluntad por aquellos manifestada, como a los fines de la misma y, en general, de la competencia ejercida, y cobra especial relevancia en el ejercicio del poder sancionatorio de la Administración. [...] Por ello, cuando la Ley deja al criterio de la Administración la imposición de una pena contemplada entre dos límites, el poder discrecional de aquella (condicionado siempre por el principio de legalidad), implica que la sanción podrá ser establecida dentro de un rango más o menos amplio. No obstante, el órgano o ente competente deberá: i) partir siempre del término medio de la pena, ii) analizar la existencia de circunstancias atenuantes y/o agravantes y, iii) acreditar en el supuesto específico la verificación de dichas circunstancias, a efectos de justificar la ponderación que ha llevado a cabo de la conducta típica, los elementos subjetivos relacionados con su comisión y los efectos de esta última."

[252] Artículo 191 de la LISB. "Criterios para la imposición de sanciones. Las sanciones aplicables en cada caso por la comisión de infracciones se determinarán en base a los siguientes criterios: 1. La naturaleza y entidad de la infracción. 2. La gravedad del peligro ocasionado o del perjuicio causado. 3. Las ganancias obtenidas, en su caso, como consecuencia de los actos u omisiones constitutivos de la infracción. 4. La importancia de la institución del sector bancario correspondiente, medida en función del importe total de sus activos sobre el total de activos del sector bancario. 5. Las consecuencias desfavorables de los hechos para el sistema financiero o la economía nacional. 6. Hacer participar o utilizar a otras instituciones financieras en la comisión de las infracciones. 7. La obstaculización de las investigaciones de la Superintendencia de las Instituciones del Sector Bancario o de cualquier otro órgano de la Administración Pública. 8. La circunstancia de haber procedido a la subsanación de la infracción por propia iniciativa. 9. En el caso de insuficiencia patrimonial, las dificultades objetivas que puedan haber concurrido para alcanzar o mantener el nivel legalmente exigido del patrimonio. 10. La conducta anterior de la institución del sector bancario en relación con las normas que le afecten, atendiendo a las multas que le han sido impuestas, durante los últimos cinco años. 11. Cualquier otra circunstancia debidamente motivada, que a juicio del Superintendente o Superintendenta, se considere como atenuante o agravante de la falta cometida."

autoridad sancionatoria, sino que puede ser revisada judicialmente; y *(iii) la regla del control judicial sustitutivo.*[253]

4. Obligaciones de la empresa frente a la Administración Regulatoria

Así como hemos explorado los principios que protegen a la empresa frente a la Administración, la compañía tiene obligaciones que cumplir por el sólo hecho de la apertura de un procedimiento administrativo en su contra. Tanto la empresa como la Administración se encuentran sujetos a la aplicación de la ley de acuerdo con el principio de igualdad. Por ello, los requerimientos administrativos deben responderse sí son: *(i)* realizados de acuerdo con las formas y procedimientos establecidos a tales efectos, y *(ii)* bajo expresa competencia o habilitación legal. Entre las obligaciones generales que debe la empresa a la Administración se encuentran: *(i)* obligación de informar, *(ii)* de comparecer, *(iii)* cumplir lapsos y *(iv)* ejecutar actos administrativos a solicitud o por orden de la Administración.

Como regla general, las empresas están obligadas a facilitar a la Administración Pública la información de que dispongan sobre el asunto de que se trate, cuando ello sea necesario para tomar la decisión correspondiente y les sea solicitada por escrito (art. 28 LOPA). Leyes especiales o regulaciones sectoriales exigen la obligación especial de reporte por parte de los sujetos obligados (típicamente el caso de la regulación actual bancaria, de valores y de seguros).

En algunos casos, esta obligación es inclusive incrementada por involucrar el interés general. Los particulares estarán obligados a comparecer a las oficinas públicas cuando sean requeridos, previa notificación hecha por los funcionarios competentes para la tramitación de los asuntos en los cuales aquellos tengan interés (art. 29 LOPA). La no comparecencia puede implicar la imposición de multas o sanciones administrativas más severas, e inclusive penales por tratarse de obstrucción de procedimientos en curso como el caso de la regulación de valores.

Los términos o plazos establecidos en materia administrativa obligan por igual, y sin necesidad de apremio, tanto a las autoridades y funcionarios competentes para el despacho de los asuntos, como a los particulares interesados en los mismos (art. 41 LOPA. Finalmente, la empresa puede

---

[253] Santamaria Pastor, *Principios de...*, ob. cit., p. 391.

soportar la ejecución de un acto administrativo dictado en su contra o puede ejecutar personalmente lo ordenado por la Administración.[254]

[254] Artículo 80 de la LOPA. "La ejecución forzosa de actos por la administración se llevará a cabo conforme a las normas siguientes: 1. Cuando se trate de actos susceptibles de ejecución indirecta con respecto al obligado, se procederá a la ejecución, bien por la administración o por la persona que esta designe, a costa del obligado. 2. Cuando se trate de actos de ejecución personal y el obligado se resistiere a cumplirlos, se le impondrán multas sucesivas mientras permanezca en rebeldía y, en el caso de que persista en el incumplimiento, será sancionado con nuevas multas iguales o mayores a las que se le hubieran aplicado, concediéndole un plazo razonable, a juicio de la administración, para que cumpla lo ordenado. Cada multa podrá tener un monto de hasta diez mil bolívares (Bs. 10.000,00), salvo que otra ley establezca una mayor, caso en el cual se aplicará ésta."

CAPÍTULO III:
LAS INVESTIGACIONES INTERNAS

Cuando hablamos de investigaciones internas, adicionalmente a lo referido al elemento que todo programa de cumplimiento debe tener especificado en el capítulo I, también se refiere a una situación corporativa muy particular. Cabe advertir que, por investigaciones internas, no nos referimos a un procedimiento administrativo con la Administración Pública. Todo lo contrario, nos referimos a un procedimiento "administrativo" corporativo interno en la empresa, ante la duda de una actividad sospechosa e irregular, bien sea por sus implicaciones administrativas o penales, que pueda comprometer a la compañía por sus consecuencias sancionatorias o reputacionales. El reciente estallido de delitos financieros ha logrado que las corporaciones incrementen las medidas para asegurar el cumplimiento de lo establecido por la ley, y asegurar que su ambiente corporativo sea conforme con los requisitos legales y éticos.[255]

Una de las consideraciones más importantes para iniciar o no una investigación interna es si los entes reguladores se encuentran ya realizando sus propias investigaciones. Ahora bien, en circunstancias donde el gobierno no se encuentra investigando, la pregunta se torna más compleja: ¿está la corporación en conocimiento de una irregularidad, no hace nada y asume el riesgo de una eventual investigación regulatoria o busca la prevención de la irregularidad internamente antes de que se torne público y conlleve, consecuencialmente, a una investigación regulatoria y penal a gran escala? Las complejidades de la realización de una investigación interna son muchas, incluyendo la pregunta si se requiere o no a un abogado externo versus realizar la investigación de forma *in-house*.[256]

La reacción pública a las investigaciones internas, incluyendo la inquietud de los accionistas, puede ser una espada de doble filo. Por una parte, las investigaciones internas demuestran la seriedad de la empresa en contra de las conductas irregulares y el acatamiento de la ley ayudando a su reputación comercial. Pero, por otra parte, el mero hecho de hacer públicas estas investigaciones puede tener un impacto –por ejemplo– en la cotización de las acciones en bolsa.[257] Así, dependiendo de la naturaleza

---

255 Strader, J. Kelly & Jordan, Sandra D., *White Collar Crime, Cases, Materials, and Problems*, 3° ed., New York LexisNexis, 2016, p. 621.

256 Id., p. 622.

257 Id.

de la irregularidad a investigar, el alcance de una investigación y la recopilación de los hechos puede variar mucho en el caso en concreto.

No en vano se ha señalado que las investigaciones internas pueden ser costosas, probablemente impidan la continuidad de las operaciones, y de hacerse públicas, generar una matriz de opinión negativa para la empresa.[258] Por ello, antes de empezar una investigación interna, la compañía debe considerar y ponderar si la fuente de información y las alegaciones realizadas son creíbles en primer lugar.[259]

Una precisión importante, en toda investigación interna es el carácter protector que busca la gerencia legal de la empresa. Los abogados de la empresa, en su rol de guardianes de esta, tienen una visión sustancialmente diferente a la visión tradicional del ejercicio de la abogacía porque supone un deber de lealtad superior, que incluso puede suponer reportar a los superiores sobre situaciones ilegales altamente sensibles.

Un programa de cumplimiento adecuado puede ayudar a canalizar el alcance de las investigaciones y mitigar todo efecto negativo para la empresa en su instrucción. Se ha clasificado entre investigaciones internas de pequeña y gran escala: las pequeñas sobre irregularidades menores y las grandes en graves irregularidades que involucran a personal clave de la compañía.[260] Típicamente, la primera clase de investigaciones es realizada por el departamento de recursos humanos de la compañía, lo cual puede ser una buena idea; no obstante, dependiendo de la magnitud de la irregularidad también pudiera resultar útil la instrucción del consultor legal de la compañía para crear y someter al privilegio del secreto profesional a toda la investigación realizada y los documentos de trabajo.[261] Se ha desarrollado una interesante práctica en las cortes federales norteamericanas con decisiones judiciales que delimitan el *attorney-client privilege* en el foro norteamericano y establecido prácticas corporativas respecto a cómo tratar este tipo de investigaciones internas. Aun cuando la regulación sobre el secreto profesional y su alcance varía muchísimo entre los sistemas de derecho civil y el *common law*, es pertinente traer a colación estas distinciones de derecho americano que proveen mejores prácticas en la materia que nos ocupa.

---

[258] Boghraty, *Organizational Compliance...*, ob. cit., p. 419.

[259] Véase Low, Lucinda, Effective *FCPA Corporate Investigations: Discovering the Whole Truth*, Chicago, American Bar Association, 2015.

[260] Miller, *The law of...*, ob. cit., p. 186.

[261] Id.

I. LA IMPORTANCIA DE REALIZAR INVESTIGACIONES INTERNAS

Las investigaciones internas pueden realizarse de forma *in-house* por múltiples razones, todas importantes en el quehacer corporativo. Algunas veces se fundamentan en razones estrictamente legales, como el incumplimiento de determinada regulación u oportunidades de mejora en procesos relativos al relacionamiento con funcionarios públicos del Estado. En otras ocasiones se justifica en motivos éticos y morales que pueden perjudicar la reputación comercial de la compañía. Así, delitos contables o tributarios, situaciones irregulares de legitimación de capitales, acoso sexual en el trabajo, como la comisión de delitos, puede ser una de las múltiples causas por las cuales la compañía quiera investigar lo que ocurre dentro de su corporación. Pero ¿por qué hacer esto si las autoridades pueden hacerlo por mí? ¡grave error!

Dada la naturaleza sensible y los importantes riesgos comerciales y de reputación asociados con los cargos penales derivados de cualquier tipo de conducta irregular, originalmente iniciado con las prácticas de las empresas estadounidenses, grandes empresas trasnacionales comenzaron a darse cuenta del valor de realizar investigaciones internas antes de que el gobierno se involucrara en el asunto, en lugar de simplemente utilizar esta herramienta para negociar con fiscales en procesos penales existentes.[262] La idea detrás de toda investigación interna es mitigar los riesgos de sanciones impuestas por las autoridades competentes, prevenir la potencial sanción y sus consecuencias para la empresa y su reputación, así como la integridad de sus empleados. Así, la realización de una investigación interna busca definir la situación irregular para que la gerencia adecuada pueda tomar decisiones rápidamente respecto a qué hacer estratégicamente sobre los hechos dañosos.

En un plano más interno organizacionalmente, las investigaciones internas también pueden ayudar a esclarecer situaciones donde existe incertidumbre por coyunturas corporativas complejas y no perseguir, necesariamente, un fin legal. Desde un punto de vista organizacional, las investigaciones internas pueden ser verdaderas herramientas corporativas que ayuden a limpiar la imagen y reputación de trabajadores que de otra forma se pudiera encontrar en duda por denuncias infundadas.

---

262 Lucian E. Dervan, *International White-Collar Crime and the Globalization of Internal Investigations*, 39 Fordham Urb. L.J. 361 (2011) 365.

La vida corporativa está llena de situaciones donde puede ponerse en juicio el obrar o la forma de proceder de los empleados de la empresa y una investigación interna puede ayudar, desde los ojos de la gerencia *senior*, a entender hechos poco claros y prácticas corporativas irregulares (o conductas regulares pero nubladas por *chismes de pasillo*, denuncias sin fundamentos, malentendidos o interpretaciones erróneas). Esta consecuencia interna de la investigación dentro de la organización tiene un fuerte impacto en el clima organización y las relaciones dentro de la empresa. Una investigación interna puede estrechar o destruir relaciones laborales internas en la organización dependiendo de sus hallazgos y su manejo procedimental.

Se ha señalado que el clima organizacional se sustenta en tres problemas: la ética propia y la ética de la empresa, el respeto, y justicia procedimental. El clima organizacional determina qué tipo de conducta es esperada de los empleados y apoyada por la organización. Ahora bien, ese clima organizacional requiere respeto a los empleados, entendido como el trato considerado y digno que se les da.[263]

Esto se vincula directamente con la justicia procedimental que debe procurarse estructuralmente, pues, toda la estructura tiene legitimidad en la medida que el clima de justicia procedimental es usado para tomar decisiones en la organización ante problemas de cumplimiento o éticos.[264] En este sentido, las consecuencias internas de una investigación internas pueden ser desastrosas si no se encuentran alineadas a las expectativas de justicia que esperan los empleados y la propia cultura de la organización.

El respeto y la justicia procedimental promueve que los empleados correspondan sus conductas a los lineamientos corporativos y sus reglas.[265] Precisamente, son los valores institucionales y organizaciones de la empresa lo que permite soportar éticamente la investigación interna y proveerla de legitimidad de origen. Una cultura organizacional arraigada puede promover una participación natural a colaborar en las investigaciones iniciadas internamente, así como evitar el curso de irregularidades por los empleados.

No podemos obviar una realidad: las investigaciones, por defecto, generan tensión y preocupación en los empleados, y su empleo indiscrimi-

---

263 Id.

264 Id.

265 Id., p. 295.

nado o poco razonable (sin bases sólidas) puede generar un efecto contraproducente en las relaciones personales entre los empleados y frente la empresa. A continuación, vamos a explorar algunos de estos escenarios a profundidad, pues una investigación interna puede sustentarse en bases legales, éticas, de políticas corporativas, entre muchas otras.

Como ya hemos analizado, la cantidad de regulaciones a las cuales se somete la empresa pueden ser abrumadoramente extensas y exhaustivas. El incumplimiento de estas puede acarrear sanciones administrativas o penales dependiendo de la industria donde nos encontremos. Ahora bien, al encontrarse sometida la compañía a un marco regulatorio complejo, una investigación interna puede ayudar a prevenir malas prácticas corporativas o ilegalidades en el negocio. Encontrar a tiempo las fallas e irregularidades puede prevenir una potencial sanción o mitigar sus efectos, al demostrar la diligencia de la compañía en tomar correctivos en su actuar. La compañía siempre tendrá a su alcance la opción de remitir todo lo investigado a las autoridades competentes como forma de colaboración con los organismos del Estado, y es, si se quiere, un as bajo la manga siempre disponible.

Colaborar en el momento adecuado puede ser una estrategia corporativa para mitigar riesgos legales contra la compañía al ponderar la sanción establecida por la ley, las acciones de los funcionarios públicos, y la posible mitigación de riesgo de acciones legales más perjudiciales contra la empresa (*v.g.* puede ser conveniente colaborar con las autoridades contraloras del derecho a la competencia si se sabe la existencia de una irregularidad contraria a la ley por parte de la compañía, pero existe la intención corporativa de corregirla a sabiendas que la legislación provee atenuantes a las sanciones por el solo hecho de colaborar con las autoridades competentes).

No hay respuestas universales a los problemas que aquí nos planteamos, y cada investigación, en sí misma, será una estrategia particular aplicada. Las regulaciones, como hemos advertido, son altamente técnicas en algunos sectores o industrias. Así, en materia financiera, los contadores de la empresa poseen exhaustivas regulaciones respecto a la elaboración de balances financieros sobre información clave del negocio,[266] y de igual

[266] Por ejemplo, La Ley del Ejercicio de la Contaduría Pública y su reglamento que establece expresamente causales de suspensión del ejercicio de la contaduría pública.

forma los actores de la actividad de corretaje de valores,[267] pues la ley los prevé como servicios financieros altamente influenciables.

De esta manera, las irregularidades contables, financieras y fiscales son motivos muy justificados para la sustanciación de una investigación interna, al ser sectores críticos de cualquier negocio independientemente de la industria y con graves consecuencias penales por su incumplimiento.

1. El incumplimientos de los códigos de ética y las políticas corporativas

En la actualidad, casi cualquier empresa tiene un código de ética corporativo. Un código de ética es un conjunto de normas de conducta de carácter moral que establecen imperativos para convivir y respeto de ciertos parámetros en el establecimiento comercial donde trabajamos. Si bien no son imperativos legales, son imperativos morales que deben ser respetados con la más estricta aplicación. El código de ética se fundamenta en dos clases de normas: principios y reglas de conducta.[268] Los principios son normas amplias que proveen un marco general para las reglas de conducta, más específicas y detalladas.[269] Las reglas de conducta contienen los estándares específicos que recomiendan el nivel de conducta profesional que se espera de nuestros empleados y profesionales.

El cumplimiento de dichas normas de conducta depende, en primer lugar, del propio entendimiento y las acciones voluntarias de nuestros profesionales y, en segundo lugar, de la reafirmación del cumplimiento de dichas normas con sus compañeros de trabajo y hacia el público en general.[270] Por ello, es común el lema de un ambiente integro de trabajo para todos los empleados de la compañía, donde la integridad es el horizonte de toda conducta o actividad de la empresa.[271]

Los códigos de conducta empresarial son importantes porque demuestran el compromiso de la compañía con mantener estándares éticos en su negocio, y procura que sus empleados sigan éstos, y adicionalmente,

---

[267] Normas Relativas a la Autorización y Registro de los Corredores Públicos de Valores y Asesores de Inversión, GO N° 39.071 del 02-12-2008.

[268] Legal Compliance S.L, *Notas sobre Código de Ética y Conducta.*

[269] Id.

[270] Id.

[271] Pero ¿qué significa ser íntegro? “Integridad es hacer lo correcto, incluso cuando no tienes que hacerlo – cuando nadie te está viendo y nunca lo sabrá, cuando no vayas a ser reconocido por haber hecho las cosas de esa manera.” (Marshall, Charles, *Shattering the Glass Slipper*, United Kingdom, Provision Group, 2003).

porque establece claramente y tipifica aquello que no se considera adecuado para la empresa. El incumplimiento del código de ética de la empresa puede ser causal suficiente para amonestar a un empleado, así como las actitudes contrarias a las buenas costumbres que establezca el código respectivo.

Cuando el incumplimiento de la ética necesaria para realizar negocios es grave (*v.g.* por uso inadecuado de los bienes de la compañía), existen suficientes indicios de hecho para la realización de una investigación interna y establecer responsabilidades del empleado en el caso en concreto, de acuerdo con los procedimientos que la misma compañía tenga establecidos para tales fines (así, luego de una investigación interna, el departamento legal recomienda una amonestación al empleado "A" por incumplir el código de conducta por irrespeto a sus colegas en las oficinas de trabajo, y remite su informe preliminar al departamento de recursos humanos para imponer sanciones disciplinarias).

2. La corrupción y el soborno a funcionarios públicos para el logro de fines corporativos

La corrupción y el soborno se encuentra altamente penalizado de forma administrativa y penal de acuerdo con el derecho venezolano, norteamericano, y por buena parte de los países del mundo. La corrupción como forma de hacer negocios es inaceptable en la contemporaneidad, por incrementar la burocracia y obstaculizar los fines de la Administración Pública. Adicionalmente a su carácter penal, y por ser un hecho moralmente reprochable, así como todas las conductas derivadas de esta clase de actos. Precisamente por su carácter penal, ningún empleado de la compañía puede entrar en esta clase de actividades ilegales que ponen en riesgo no solo la reputación de la compañía como un todo, sino al propio empleado que acepta participar en estos actos delictuales.

La tolerancia cero a la corrupción, más que una tendencia global, es una necesidad para todos como ciudadanos, empleados, asesores, directores, proveedores, entre muchos otros. La sospecha de actividades irregulares de corrupción y soborno deben ser investigadas inmediatamente por la compañía, debido a sus nocivos efectos a la integridad y reputación corporativa y que trascienden a un tema meramente penal. Por ello, las investigaciones internas son una herramienta para estos casos en concreto y ayudan a establecer correctivos a aquellos empleados o directores, que en contra de lo establecido en las leyes, regulaciones y códigos de ética corporativos, atentan la integridad del negocio con sus actuaciones legalmente reprochables.

3. El acoso sexual y los escándalos corporativos

En Venezuela, tanto el acoso sexual como el acoso laboral son considerados como hechos ilícitos (arts. 164 y 165 LOTT). Ambos supuestos suponen el hostigamiento o conducta abusiva ejercida en forma recurrente o continuada por el empleador, sus representantes o trabajadores que atente contra la dignidad o la integridad de un empleado perturbando el ejercicio de sus labores y poniendo en peligro su trabajo o degradando las condiciones de ambiente laboral (art. 164 LOTT). La compañía puede y debe investigar situaciones irregulares que atenten contra la dignidad de sus trabajadores, y reportarlo inmediatamente a las autoridades competentes independientemente del grado o *seniority* del involucrado en estas actividades ilícitas.

Aun cuando la ley es difusa en el establecimiento de sanciones,[272] el acoso es un delito autónomo en Venezuela con consecuencias penales. En los tiempos modernos, es una necesidad un ambiente de trabajo que respete la dignidad humana de las personas independientemente de su condición política, social y económica. Esto es una consideración inclusive constitucional y que trasciende el ordenamiento jurídico.[273] No puede ser permisible un ambiente de trabajo donde se tolere el irrespeto a los trabajadores por causas de tipo sexual o de cualquier índole. Una investigación interna puede ayudar a establecer responsabilidades internamente en la empresa y ayudar a la investigación de las autoridades al encontrarnos en presencia de un delito.

4. La discriminación por raza, sexo, religión

En la actualidad, es muy debatible y controversial la discriminación por raza, sexo y religión en el lugar de trabajo, precisamente, por las tendencias de inclusión y diversidad en las empresas. La CRBV establece claramente que no se permitirán discriminaciones fundadas en la raza, el sexo, el credo, la condición social o aquellas que, en general, tengan por objeto o por resultado anular o menoscabar el reconocimiento, goce o ejercicio en condiciones de igualdad, de los derechos y libertades de toda persona (art. 21 CRBV). Sin lugar a duda es reprochable la discriminación

---

272 Artículo 166 de la LOTT. "El Estado, los trabajadores y trabajadoras, sus organizaciones sociales, los patronos y patronas, quedan obligados a promover acciones que garanticen la prevención, la investigación, la sanción, así como la difusión, el tratamiento, el seguimiento y el apoyo a las denuncias o reclamos que formule el trabajador o la trabajadora que haya sido objeto de acoso laboral o sexual."

273 No en vano establece la CRBV en su artículo 3 que el Estado tiene como fines esenciales la defensa y el desarrollo de la persona y el respeto a su dignidad.

de forma negativa en el lugar de trabajo cuando menoscaba la dignidad del trabajador. Aunque Venezuela no tiene problemas raciales de la misma magnitud que otros países, esta no es una conducta legalmente aceptable y es ilícita tanto por la Constitución como la legislación positiva posterior.

En Venezuela, la LOCDR establece como objeto prevenir, atender, erradicar y sancionar la discriminación racial en cualquiera de sus manifestaciones (art. 1), quedando sujetos a la ley toda persona natural o jurídica, de carácter público o privado, que se encuentre en el territorio nacional (art. 2). Por ello, la discriminación racial en Venezuela constituye un hecho ilícito, con lo cual se prohíbe todo acto de racismo, endorracismo y de xenofobia, que tenga por objeto limitar o menoscabar el reconocimiento, goce y ejercicio de los derechos humanos y libertades de la persona o grupos de personas (art. 8).

Así como hecho ilícito, la discriminación racional es un delito, y por ende, susceptible de ser incoado por los fiscales del Ministerio Público y con penas de uno a tres años.[274] No obstante, sí es posible discriminar en el ámbito corporativo cuando existan motivos de negocios justificados para hacerlo, o como establece la LOCDR, cuando existan distinciones basadas en capacidades o conocimientos especializados, para desempeñar un cargo, oficio o actividad determinada (art. 9.4 LOCDR). Por ello, no es ni ilegal ni inconstitucional la discriminación en el trabajo por motivos de mérito o necesidades de negocio. Siempre y cuando no se atente contra la norma constitucional y el objetivo de la discriminación sea justificado, la compañía puede legalmente discriminar entre empleados de acuerdo con sus necesidades.

5. Los conflictos de intereses

Un área de práctica de cumplimiento sumamente etérea es el área de los conflictos de intereses. Nos referimos a esta práctica como etérea, precisamente, por la falta de bases legales sólidas para explicar su naturaleza

[274] Artículo 37 de la LOCDR. "Delito de Discriminación Racial. El o la que mediante acción u omisión distinga o excluya a una o varias personas, en razón de su origen étnico, origen nacional o rasgos del fenotipo, con el objeto de anular o menoscabar el goce o ejercicio de sus derechos humanos reconocidos en la Constitución, en los tratados, pactos y convenios internacionales suscritos y ratificados por la República, será penado o penada con prisión de uno a tres años. El o la que cometa el delito de discriminación racial cumplirá entre doscientas y seiscientas horas de servicio social comunitario."

legal[275] aunque pueda ser regulado en específico de acuerdo con el sector de regulación que estudiemos.[276] Debido a su escasa regulación en Venezuela, acertadamente se ha señalado que en materia de contratación pública, la regulación del conflicto de interés es sumamente débil.[277]

Ahora bien, es muy importante advertir que un conflicto de intereses es una situación fáctica que no depende estrictamente de la ley para ocurrir, ni debe ser tratado como un problema exclusivo de derecho público. Más bien, la gama de posibilidades que representan los conflictos de intereses son, en nuestra opinión, juicios éticos sobre situaciones potenciales –pero no necesariamente– legales. Por ello, en el caso corporativo, los conflictos de intereses representan tradicionalmente ejercicios éticos dentro de las organizaciones contemporáneas por contraponer los intereses personales frente a los intereses empresariales.

El conflicto de intereses se puede definir como la situación en la cual los intereses personales de alguien se oponen a sus deberes.[278] En este sentido, al analizar los conflictos de intereses, podemos percatarnos que no se trata de una conducta sino de una situación o estado de cosas que implica el riesgo objetivo de que las personas involucradas lleguen a incurrir en conductas que afectan negativamente determinados intereses públicos, privados o colectivos.[279] A título de orientación, la Guía sobre el Manejo de Conflictos de Intereses en el Sector Público y Experiencias Internacionales de la OCDE distingue los siguientes tipos de conflictos de intereses (igualmente aplicables al sector privado):

a. Conflicto real. Existe un inaceptable conflicto de hecho entre los intereses individuales o privados de la persona y sus obligaciones.

b. Conflicto aparente. Se refiere a la situación en que existe un interés personal que no necesariamente influiría en la persona pero que podría

275 En materia de estricto derecho privado, pudiera asociarse al conflicto existente entre mandantes y mandatarios respecto a las responsabilidades encomendadas y cómo un interés personal puede afectar al mandante, pero no es nuestra intención ahondar una discusión netamente jurídica sobre esta problemática dado su amplísimo carácter.

276 Por ejemplo, en materia anticorrupción, en materia bancaria, de seguros, y otras afines donde la regulación es extensiva y detallada.

277 Gil Martínez, Alberto y Rosas, Daniel, "El Conflicto de Interés en la Contratación Pública, Análisis de la Regulación de Argentina y Venezuela", en: *Revista de Contrataciones Públicas*, 2020, N° 4, p. 11.

278 Cuif, Pierre-François," El conflicto de intereses. Ensayo sobre la determinación de un principio jurídico en derecho privado", en: *Revista de Derecho Privado*, 2007, N° 12-13, pp. 55-93, especialmente p. 55.

279 Zalaquett, José, "Conflictos de intereses: normas y conceptos", en: *Anuario de Derechos Humanos*, 2011, N° 10, pp. 179-189, especialmente p. 181.

dar lugar a que otros consideren que puede influir en el cumplimiento de sus deberes.

c. Conflicto potencial. Alude al caso en el que una persona tiene un interés privado que puede convertirse en un conflicto de interés en el futuro, por ejemplo, si un familiar trabaja en la misma organización y es promovido por la persona, quien es su superior.[280]

Aunque no necesariamente tiene que ser entendido como un problema que sólo atañe a funcionarios públicos, algunos asocian la problemática del conflicto de intereses como un problema de la legislación anticorrupción exclusivamente. Ello se debe al evidente conflicto existente entre el funcionario público en el ejercicio de sus funciones y su vida personal.

No obstante, los conflictos de intereses, como situación esencialmente ética, tiene un espectro más amplio y puede ocurrir en organizaciones públicas y privadas sin distinciones, pues los intereses personales siempre serán una situación compleja en el ejercicio de las funciones de un empleado de una empresa. Así, los conflictos de intereses pueden ser tanto públicos como privados. De hecho, las empresas pueden adoptar en sus prácticas de gobierno corporativo, normativa empresarial interna con normas más exhaustivas a las recomendadas para las autoridades públicas.

Ahora bien, en la materia que nos ocupa, una investigación interna puede versar sobre un conflicto de interés no declarado que ponga en peligro o represente un riesgo para la organización. Efectivamente, si la gerencia de la empresa requiere tomar decisiones en beneficio del negocio, una persona en conflicto no puede velar por los mejores intereses empresariales. Así las cosas, hay conflictos que pueden ser intolerables al momento de tomar decisiones financieras.

A título de ejemplo, pensemos en un gerente que debe adjudicar un contrato de obra en beneficio de la empresa, y en el proceso licitatorio un participante es un familiar cercano: ¿se podrá tomar una decisión objetivamente bajo estas circunstancias? ¿el beneficio persigue fines empresariales o la adjudicación del contrato persigue intereses propios? O cambiando el ejemplo a una situación netamente personal: ¿puede decidir en beneficio del negocio empleados que, trabajando en el mismo equipo, tienen una relación sentimental?

---

280 Id., p. 182. Véase igualmente, *Programa de las Naciones Unidas para el Desarrollo, Mecanismos de control de los conflictos de intereses*, 2014, en https://bit.ly/3JRTaIn.

Como vemos, las preguntas de conflicto de intereses no son fáciles de responder. No obstante, requieren una metodología ética para ser respondidas por la gerencia como ya hemos discutido en el primer capítulo de este trabajo, así como entender el conflicto en su contexto (es decir, si el conflicto es real, aparente o potencial). Ahora bien, las investigaciones internas ayudan a tomar decisiones respecto a irregularidades sobre intereses que debieron ser reportados y fueron omitidos. En este sentido, una investigación puede ayudar a establecer los hechos claros para la toma de decisiones de negocios razonadas.

6. Los problemas respecto a la privacidad de la información y los empleados

La protección de los datos e información personal es una necesidad no solamente a título personal, sino adicionalmente, por manejo logístico y estratégico de información confidencial de negocio. Aunque hemos adelantado que en Venezuela no existe un marco legal que regule la protección de datos, ciertamente existen lineamientos generales respecto a la privacidad de los trabajadores que deben ser tomados en consideración al momento de realizar investigaciones internas y recabar las pruebas que sustenten la investigación.

Nuevamente, por mandato constitucional "toda persona tiene derecho a la protección de su honor, vida privada, intimidad, propia imagen, confidencialidad, y reputación y la Ley limitará el uso de información para garantizar el honor, y la intimidad personal y familiar de los ciudadanos" (art. 60 CRBV) Por ello, toda persona tiene derecho a acceder a la información que sobre sí misma o sobre sus bienes consten en registros públicos o privados (art. 28 CRBV).

En el marco de la investigación interna, nos encontramos con trabajadores que tienen derechos y deberes al igual que su empleador (derechos y deberes, muchas veces contrapuestos). Mucho se ha debatido respecto hasta qué punto el empleador tiene poderes jerárquicos respecto a sus empleados en el curso de sus funciones al usar las plataformas que la empresa pone a disposición de estos.

Ciertamente, el trabajador no deja su condición de ciudadano cuando ingresa a su centro de trabajo pero estas condiciones no cambian el hecho que el trabajador está en su puesto de trabajo para prestar un servicio, por lo que las herramientas que se le otorgan (por ejemplo, un correo electrónico con dominio corporativo y el uso de internet desde equipos corporativos) deben utilizarse para la prestación de sus servicios, por lo que no sólo no debería existir información privada en dichas comunicaciones, sino que dichas comunicaciones no podrían adicionalmente considerarse como "comunicaciones privadas."[281]

En todo caso, cuando el empresario facilite estas herramientas al trabajador habría que dejar constancia de la naturaleza o condición otorgada por el empresario a las mismas, de la tipificación de la falta y la sanción correspondiente cuando se produzca un uso irregular, así como de la posibilidad, en su caso, de realizar controles y de su alcance.[282]

Por una parte, la investigación interna se caracteriza por su carácter inquisitivo: se busca internamente las pruebas de una irregularidad corporativa, y para ello, se faculta a unidades internas de una empresa para realizar esta investigación por todos los medios y plataformas que la empresa posee. Por otra parte, el trabajador tiene derechos irrenunciables a su privacidad y la debida conservación de sus datos personales e información privada. Los sujetos investigados al final del día son trabajadores que ostentan derechos subjetivos como cualquier persona.

En efecto, la relación de trabajo presupone e impone una serie de deberes y obligaciones al patrono y al trabajador, por lo que pareciera estar ajustado a derecho el despido justificado de un trabajador con base en su deslealtad frente a la confianza que se le ha depositado y que reiteradamente utiliza las herramientas de trabajo propiedad de su patrono para realizar actividades distintas para las cuales fue contratado, teniendo presente siempre los principios de proporcionalidad y ponderación aplicados al caso concreto.[283] En todo caso, la protección de la confidencialidad con respecto a las personas o el contenido también demuestra respeto por los requisitos legales de privacidad de los datos del trabajador,[284] y la preservación de la integridad de una investigación a través del principio de "quién tiene necesidad de saber."[285]

---

281 Aguiar, Yanet, *Límites de las Potestades Jerárquicas del Patrono en el uso de las Nuevas Tecnologías asignadas al Trabajador*, (Tesis de Especialización en Derecho Laboral), 2010, p. 88.

282 Thibault Aranda, Javier (2001, 30-03*), El uso del e-mail por los trabajadores y las facultades de control del empleador,* Seminario "Poder informático e intimidad: límites jurídico-laborales y penales al control empresarial".

283 Id., p. 46.

284 United Nations, *An Anti-Corruption Ethics and Compliance Programme for Business: A Practical Guide,* New York, United Nations, 2013, p. 90.

285 Id., p. 89. Tal como señala el *An Anti-Corruption Ethics and Compliance Programme for Business: A Practical Guide* "un principio fundamental de las investigaciones profesionales es que la integridad de la investigación debe ser protegida en cada caso; la protección en cuestión no está relacionada solo con la información recibida durante la investigación, sino

El poder de dirección del patrono y de propiedad sobre sus equipos, en particular aquellos que asigna a sus trabajadores para la prestación de los servicios, permiten resguardar los datos relativos a la actividad productiva empresarial, controlar la disminución en el rendimiento de los trabajadores, la recepción y difusión de virus en los sistemas de la empresa, la filtración de información confidencial, la pérdida de calidad en la red de comunicaciones, prácticas de acoso a otros compañeros o subordinados, entre otros, pues adicionalmente, el patrono responde por los perjuicios ocasionados a terceros por sus dependientes en la prestación de sus servicios.[286]

Así, la primera conclusión para tener en cuenta es que la prestación de servicios subordinados del trabajador equivalen a la enajenación de su tiempo durante la jornada laboral a favor de su patrono, razón por la cual, el trabajador no puede dedicarse a asuntos personales durante la jornada ordinaria de trabajo, salvo que excepcional y razonadamente se amerite. Bajo esta premisa, el trabajador no podría realizar un uso personal sobre las herramientas de trabajo que le asigna su patrono, en este caso, el correo electrónico y la internet.[287]

Evidentemente, la práctica habitual corporativa es que existan políticas del manejo de la información y utilización de los activos corporativos de los empleados en el curso de sus funciones. En todo caso, la mejor práctica es que el monitoreo de las plataformas utilizadas por el trabajador debe ser realizado de manera transparente e informada. Señala acertadamente AGUIAR que *(i)* el trabajador debe ser informado; *(ii)* no debe existir discriminación en el empleo del monitoreo (por ejemplo, los tra-

también con la gente que está o pudiera estar involucrada. Por ende, en adhesión a ese estricto principio de confidencialidad, la información relacionada con cualquier investigación solo se comparte vagamente y en riguroso cumplimiento del principio de 'quién tiene necesidad de saber,' es decir, únicamente con aquellos empleados que en el curso ordinario de sus asuntos necesitan esa información para evitar una alteración innecesaria de las actividades de la empresa. En aplicación de ese principio, normalmente solo se informa al personal directivo al comienzo de una investigación en su área comercial. Sin embargo, durante la investigación, si se descubre algún riesgo para la empresa, los empleados o la reputación de la empresa, se notificará inmediatamente al personal directivo en cada caso. En los casos en los que no se identifique ningún riesgo inminente, no existe 'necesidad' de notificar al personal directivo hasta que el informe final esté disponible y se tengan que tomar las medidas adecuadas. La adhesión a este principio contribuye a ofrecer altos niveles de garantía para los empleados de todos los niveles sobre el profesionalismo de la oficina investigadora."

286 Aguiar, *Límites de...*, ob. cit., p. 107.

287 Id.

bajadores afiliados a un determinado sindicato); *(iii)* que el control a realizarse sea imprescindible para la protección del patrimonio empresarial, y; *(iv)* que su empleo sea previamente consultado con los propios trabajadores, en aras de evitar manejos arbitrarios de tales monitoreos.[288]

II. EL PRIVILEGIO PROFESIONAL DE LOS ABOGADOS DE LA COMPAÑÍA

En la jurisprudencia norteamericana ha habido varios casos que discuten el hecho del secreto profesional y la relación de los abogados de la compañía con los empleados de la empresa.[289] Esta consideración es vital en el marco de una investigación interna debido a que es recomendable que un abogado instruya la investigación en aras de formalizar el procedimiento. Ciertamente, el reporte de la investigación conlleva varias implicaciones que trasciende el ámbito legal, pero las recomendaciones legales siempre estarán presentes. El abogado de la empresa es la persona ideal para constatar los hechos objeto de investigación, y asesorar a la empresa respecto al curso de acción como abogado de la empresa.

Ser abogado, en un contexto investigativo, es ostentar los privilegios de la profesión y que otros profesionales no tienen. Nos referimos a los privilegios de confidencialidad de las comunicaciones en el marco de la asesoría legal entre el abogado que investiga y su cliente (la empresa). El abogado de empresa se encuentra así en un dilema ético poco explorado en el derecho venezolano, ¿a quién le debo mis servicios profesionales como practicante del derecho? Exploremos esta pregunta en un análisis comparado, usando las mejores prácticas en la materia.

1. El privilegio en Venezuela y su alcance

En Venezuela, los instrumentos legales rectores en la materia son la LDA, el CPC, el CP y el CDEA. La doctrina ha distinguido entre los deberes del abogado, sus obligaciones frente a las autoridades y las excepciones aplicables por habilitación del ordenamiento jurídico.[290] En todo caso, el ejercicio del derecho es el desempeño de una función propia de la abogacía o de una labor atribuida en razón de una Ley especial a un egresado

---

288 Id., p. 100.

289 *Golden Trade v. Lee Apparel Co.* (S.D.N.Y. 1992), *Upjohn Co. v. United States* (1981), *Clutchett v. Rushen* (9th Cir. 1985), y *Clark v. United States* (1933).

290 Véase Galloti, Alejandro, "Límites y excepciones del secreto profesional del abogado", en: *Revista Venezolana de Legislación y Jurisprudencia*, 2016, N° 2, pp. 252-276.

universitario en Derecho, o aquellas ocupaciones que exijan necesariamente conocimientos jurídicos (art. 11 LDA).

Por ello, el abogado se encuentra obligado tanto por la ley como por la ética a la cabal representación de su cliente, y en caso de incumplimiento, puede ser objeto de sanciones disciplinarias y civiles. No en vano se ha afirmado que la violación al secreto profesional puede generar responsabilidad civil contractual en el caso de mandatos judiciales, pues la obligación de reparación se extiende a todo daño material o moral causado por el acto ilícito.[291]

Nos referimos a un privilegio propiamente dicho, pues se trata de una ventaja exclusiva o especial que goza alguien por concesión de la ley y determinada por la circunstancia propia del ejercicio de la profesión. De esta manera, sólo aquellos habilitados para el ejercicio del derecho tienen el deber de ofrecer a su cliente el concurso de la cultura y de la técnica que se ostenta y el deber de la aplicación de tal técnica con rectitud de conciencia y esmero en la defensa; prudencia en el consejo legal y la actuación con lealtad para el triunfo de la justicia (art. 2 LDA). Los abogados en ejercicio están obligados a aceptar las defensas que se les confíen de oficio, salvo negativa razonada, y podrán exigir a sus defendidos el pago de honorarios (art. 16 LDA). Precisamente en el nacimiento de la relación abogado-cliente surge la obligación del secreto profesional, no por mandato expreso de la ley sino por la ética de la profesión.

De esta manera, de acuerdo con el artículo 25 del CDEA:

> El abogado guardará el más riguroso secreto profesional. Este secreto amparará sus archivos y papeles aún después que el abogado haya dejado de presentarles sus servicios al patrocinado o al defendido. El abogado podrá negarse a testificar en contra de éste y abstenerse de contestar cualquier pregunta que envuelva la revelación del secreto o la violación de las confidencias que hubieren hecho.
>
> Tampoco podrá el abogado comunicar a terceras personas lo que llegare a su conocimiento por causa de su profesión. Queda comprendido del secreto profesional, todo cuanto un abogado trate con el representante de la parte contraria.

En el foro se ha sostenido que el secreto profesional impone un deber de guardo de esa información confidencial, y sea de la naturaleza que sea, puede ser clasificado como absoluto o relativo, implicando consecuencias

291 Espinoza Melet, Manuel, "El Secreto Profesional", en: *Anuario de Derecho de la Universidad de Carabobo*, 2013, Vol. 36, p. 16.

jurídicas diferenciadas por su naturaleza.[292] Así, lo absoluto no puede tener ningún tipo de efecto probatorio mientras que su relatividad implica la posibilidad de excepciones establecidas en la ley.[293] Por ende, el deber de confidencialidad del abogado es parcialmente absoluto, pues su comunicación no surte ningún efecto probatorio sino ante un tribunal determinado o ante especiales condiciones.[294]

En nuestra opinión, estas obligaciones nacen naturalmente al momento que se perfecciona la relación entre el abogado y su cliente. En consecuencia, la relación abogado-cliente nace cuando el abogado acepta el caso ante él presentado, sin mayores formalidades que las derivadas del derecho de los contratos, en particular, a las formas requeridas por el contrato de mandato de acuerdo con el derecho común.

Fíjese que, por el hecho de ser una obligación de carácter ético, ello no quiere decir que no sea legalmente exigible. La ley delega al colegio de abogados la promulgación de normas éticas que normen la vida profesional del abogado siendo aplicadas por tribunales disciplinarios especializados.[295] Adicionalmente, la ley reconoce el privilegio del ejercicio de la abogacía en su contrapartida probatoria al otorgar un privilegio en la prueba de testigos en materia civil y penal.

En materia civil, los artículos 17, 170 y 171 del CPC determinan las directrices y los patrones de conducta que abogados y jueces deben observar en el proceso civil venezolano a los fines de prevenir y sancionar la colusión, el fraude procesal y, en general, cualquier otra conducta contraria a la ética profesional,[296] siendo esto igualmente aplicable al proceso

---

292 Cabrera Romero, Jesús, *La Prueba Ilegítima por Inconstitucional*, Caracas, Ediciones Homero, 2012, p. 627.

293 Id.

294 Véase Cabrera Romero, *La Prueba...*, ob. cit.

295 Esta habilitación se encuentra establecida en la concordancia entre el artículo 46 de la LDA y el artículo 1 de la CDEA. Así, establece la LDA que "corresponde a la Federación de Colegios de Abogados de Venezuela: [...] Establecer las reglas de ética profesional y las medidas de disciplina que aseguren la dignidad del ejercicio de la abogacía, y la estimación pública que ésta merece." Igualmente establece el CDEA, en el artículo mencionado, "Las normas contenidas en este código serán de obligatorio cumplimiento para todos los Abogados en su vida pública y privada. Su aplicación corresponderá previstos en la Ley y sus disposiciones no podrán enervarse ni relajarse por convenios de ningún tipo. Serán nulos todos los actos que pretendan contrariarlo, ya emanen de personas o entidades públicas o privadas."

296 Ruan, Javier, *La Ética del Abogado y los deberes que rigen su conducta en el Proceso Civil Venezolano: Análisis Legal, Doctrinal y Jurisprudencial sobre su contenido y alcance*, (Tesis de Postgrado), 2005, p. 42.

penal analógicamente. En nuestro caso particular, en efecto, la ley reconoce que el abogado ostente un deber frente a su cliente y las autoridades en el marco de la profesión. En virtud de ello, el abogado tiene el derecho de negarse a testificar al ser convocado como testigo en la causa de su cliente, así como tiene la obligación de colaborar con las autoridades cuando la ley expresamente lo requiere (como es el caso de mandato expreso en materia de legislación bancaria, LOCFT, y legislación antidrogas).

Como regla general, el abogado tiene un deber de confidencialidad y secreto profesional siempre y cuando la ley no disponga lo contrario. En materia penal, se encuentra tipificado el delito de violación de secreto profesional, y se considera delito "que teniendo por razón de su estado, funciones, profesión, arte u oficio, conocimiento de algún secreto cuya divulgación pueda causar algún perjuicio [su revelación sin justo motivo], será castigado con prisión de cinco a treinta días" (art. 189 CP).

Es decir, la ley busca precisamente el resguardo del secreto profesional para el ejercicio de las profesiones liberales (el ejercicio de la medicina, la contaduría pública, la abogacía, entre otros). Ahora bien, en materia probatoria el deber de confidencialidad tiene dos contrapartidas: *(i)* el privilegio de no testificar y *(ii)* la protección de las comunicaciones abogado-cliente.

Como acertadamente señala CABRERA ROMERO, el deber legal de guardar secreto profesional tiene un doble propósito: primero, proteger lo que la persona confía al profesional cuya atención contrata o busca, y que muchas veces se refiere a cuestiones atinentes al honor, a su reputación, a la intimidad y a la vida privada, las cuales debe necesariamente comunicar; y segundo, prestigiar las profesiones y crear confianza en quienes la ejercen.[297]

Consecuencia de ello, es que quien guarde secreto profesional pueda excusarse del deber de testificar o negarse a exhibir instrumentos (arts. 436 y 437 CPC) o rendir informes si es una persona jurídica (art. 433 CPC).[298] La ley confiere el privilegio en disposiciones aisladas en varios instrumentos legales. En materia de testigos, no puede tampoco testificar el abogado o apoderado por la parte a quien represente, y esto se encuentra expresamente establecido en las normas procesales en materia civil y penal (arts. 478 CPC y 210 COPP).

---

[297] Cabrera Romero, *La Prueba...*, ob. cit., p. 639.

[298] Id.

Los despachos y oficinas de los abogados defensores no podrán ser objeto de allanamiento sino únicamente en los casos de investigación de los delitos que se les atribuyen (art. 143 COPP), ni están obligados a declarar los abogados respecto de las instrucciones y explicaciones que reciban de sus clientes (art. 210.3 COPP). De allí que las entrevistas entre detenidos y abogados no pueden ser interferidas por orden judicial ni en lo referente a las conversaciones de persona a persona, ni la correspondencia escrita u oral (telefónica o similar) mantenida entre el preso y su defensor, a menos que éste último sea investigado de un delito en coautoría con el preso.[299] Esto puede sustentarse y aplicarse en materia civil, al sostenerse que las comunicaciones son parte de la confidencialidad que garantiza la CRBV como derecho autónomo.[300]

Estas precisiones son importantes porque las comunicaciones entre el abogado *in-house* y su cliente –la empresa– pueden ser consideradas confidenciales y parte del secreto profesional. Los abogados de la empresa son repositorios de información confidencial que puede, evidentemente, comprometer a la compañía y su reputación. El abogado de la empresa, en el ejercicio de su representación, no puede testificar contra su representada y sus comunicaciones se deben presumir confidenciales con su cliente. Ahora bien, surge la siguiente duda: ¿cómo diferenciar entre clientes internos y mi cliente? ¿A quién se le debe éticamente el deber de confidencialidad y representación? ¿cuándo aplica o no el deber y privilegio de confidencialidad aquí enunciado?

Imaginemos el siguiente supuesto: usted es un abogado de la compañía transnacional "A" y tiene múltiples clientes internos pues atiende a múltiples unidades del negocio. Así, como abogado *in-house* asesora al equipo de finanzas, operaciones, mercadeo y logística. Entre sus clientes habituales se encuentra el gerente de impuestos, y al ser usted un abogado *in-house* especialista en derecho tributario, las consultas son frecuentes. Luego de varios años se ha descubierto un escándalo de corrupción y se ha constatado por medio de una investigación interna el pago de sobornos a varios funcionarios de la administración tributaria para facilitar el trámite del pago de ciertas obligaciones fiscales. No se han determinado aún las responsabilidades de los involucrados por el equipo de finanzas, y se

---

299 Id., p. 629.

300 Artículo 60 de la CRBV. "Toda persona tiene derecho a la protección de su honor, vida privada, intimidad, propia imagen, confidencialidad y reputación. La ley limitará el uso de la informática para garantizar el honor y la intimidad personal y familiar de los ciudadanos y ciudadanas y el pleno ejercicio de sus derechos."

acerca el gerente de impuesto, ese habitual cliente interno, a pedir su asesoría como abogado ¿qué debo hacer en el caso de corrupción? ¿el hecho de atender al gerente de impuesto lo hace su abogado a efectos de asesorarlo legalmente?

2. El privilegio en los Estados Unidos de América y las Upjohn warnings

En *Upjohn v. United States*,[301] la Corte Suprema de los Estados Unidos sentó las bases de orientación a todos los abogados que se encuentran entrevistando a empleados corporativos en el marco de una investigación interna. Los hechos de *Upjohn* son ilustrativos. Después de que el consultor jurídico de *Upjohn Co.*, una farmacéutica trasnacional, fuera informado de ciertos pagos cuestionables realizados por una de las subsidiarias extranjeras de la empresa a funcionarios de gobiernos extranjeros, comenzó una investigación interna que incluyó el envío de cuestionarios a gerentes extranjeros en busca de información detallada sobre los pagos realizados.

En el curso de la investigación interna se realizaron entrevistas a los gerentes y otros empleados corporativos. El Servicio de Impuestos Internos estadounidense (IRS), durante el curso de una investigación propia para determinar las consecuencias fiscales de los pagos, emitió una citación administrativa válidamente autorizada para ello, exigiendo la producción de los cuestionarios y las notas del consultor jurídico en las entrevistas.

La empresa se negó a entregar la documentación realizada en el curso de la investigación alegando que todos los instrumentos escritos estaban protegidos de la divulgación por el privilegio abogado-cliente y constituía el producto de trabajo (*work product*)[302] de un abogado preparado en anticipación de un litigio. Luego de varios meses de litigio, en la apelación, el Tribunal Federal de apelaciones del Sexto Circuito sostuvo que el privilegio abogado-cliente no se aplicaba pues las comunicaciones fueron hechas por oficiales y agentes no responsables de dirigir las acciones de la

301 *Upjohn Co. v. United States*, 449 U.S. 383 (1981).

302 *Work product doctrine* sostiene la protección de documentos y cosas tangibles que se preparan en anticipación de litigios. La protección del producto del trabajo del abogado puede no aplicarse en ciertos casos donde la parte contraria, que busca tales documentos en *Discovery*, demuestra que tiene una necesidad sustancial de que los materiales preparados sean producidos en juicio. Véase *Practical Law, Work Product Doctrine*, en https://tmsnrt.rs/3dqamss.

empresa en respuesta al asesoramiento legal y, por ende, porque las comunicaciones no eran las del "cliente". Así, la doctrina del *work product* no se aplicaba a las citaciones del IRS.

En *certiorari*, la Corte Suprema de los Estados Unidos revocó la sentencia de apelaciones, sosteniendo que las comunicaciones entre los empleados de la empresa y su *general counsel*, que se evidenciaron tanto por las respuestas a los cuestionarios como por las notas tomadas por el consultor jurídico, y que reflejaban las respuestas de los empleados durante las entrevistas, estaban protegidas por el privilegio abogado-cliente y, en consecuencia, la divulgación de tales al IRS no podía obligar a producir las comunicaciones de conformidad con una citación administrativa, ya que los empleados hicieron la comunicación en cuestión al *general counsel*, actuando como tal, bajo la dirección de sus superiores corporativos, para obtener asesoramiento legal sobre asuntos relacionados con los deberes corporativos de los empleados. No en vano sostuvo la Corte:

> En el contexto corporativo, con frecuencia serán los empleados más allá del grupo de control (directores y agentes responsables de dirigir las acciones de la compañía en respuesta al asesoramiento legal) quienes poseerán la información que necesitan los abogados de la empresa. Los empleados de nivel medio y de nivel inferior pueden, mediante acciones dentro del alcance de su empleo, involucrar a la empresa en serias dificultades legales, y es natural que estos empleados tengan la información relevante que necesita el *in-house counsel* si él es el adecuado para asesorar al cliente con respecto a tales dificultades reales o potenciales. En una empresa, puede ser necesario obtener información relevante para un problema legal del personal de gerencia media o no gerencial, así como de los altos ejecutivos. [...] El alcance limitado dado al privilegio abogado-cliente por el tribunal a continuación no sólo dificulta que los abogados corporativos formulen asesoría sólida cuando su cliente se enfrenta a un problema legal específico, sino que también amenaza con limitar los valiosos esfuerzos del abogado corporativo para garantizar cumplimiento de la ley.[303]

El propósito de las *Upjohn warnings* –o *corporate miranda warnings*– es asegurarse de que el empleado individualmente considerado que se entrevista sea plenamente consciente de que el privilegio abogado-cliente no se aplica a su entrevista con un abogado de la empresa, puesto que el abogado *in-house* representa a la compañía y no al empleado. Asegurarse de que el empleado entrevistado esté al tanto de esta situación resulta éticamente necesario, ya que el deber del abogado es frente a su cliente.

En el derecho norteamericano, en cualquier entrevista con un empleado, el abogado *in-house* tiene el poder y posibilidad de preservar para

---

303 *Upjohn Co. v. United States*, nota 391.

la empresa las declaraciones del empleado de la manera más adecuada para los intereses de la compañía. Proporcionar a un empleado un *Upjohn warnings* debería dejar en claro que: *(i)* el privilegio abogado-cliente sobre las comunicaciones entre el abogado y el empleado pertenece exclusivamente a la empresa y está controlada por ésta y *(ii)* que la compañía puede optar por renunciar al privilegio y divulgar lo que el empleado informa al abogado a una agencia gubernamental o cualquier otro tercero.[304]

En la mayoría de las situaciones, el abogado no puede servir intereses profesionales de la compañía y sus empleados debido al conflicto de intereses inherente a esta situación.[305] Esto es particularmente retador en situaciones complejas, pues el beneficio es exclusivo para el cliente.[306] Un empleado, al ser investigado, puede aseverar muchas cosas de interés corporativo y que pueden ser usadas en su contra válidamente si son voluntarias. En efecto, en las investigaciones de delitos corporativos, las confesiones surgen en un ambiente mucho más gentil.[307] Los empleados pueden ser entrevistados en su lugar de trabajo por un abogado corporativo, o también por auditores independientes, reguladores o agentes de la ley.[308] El juez norteamericano FREDERICK LACEY ha acuñado el término "*Adnarim*" (Miranda deletreado al revés) para advertencias que todo abogado corporativo debe realizar a los empleados de la empresa y ha sugerido el uso del siguiente discurso en esta clase de situaciones:

> Yo no soy su abogado, yo represento a la empresa. He sido contratado por interés de la empresa. Usted tiene derecho a tener su propio abogado. Si usted no puede costearse un abogado, la empresa puede o no pagar sus honorarios. Usted puede consultar con su abogado antes de entrevistarse conmigo. Entre otras cosas, usted puede invocar el privilegio contra la autoincriminación. Usted puede no hablarme en lo absoluto si así quisiere.
>
> Cualquier cosa que me diga, si tiene que ver con la función que desempeña, y es confidencial, será considerado privilegiado. El privilegio, sin embargo, requiere explicación. No es su privilegio ni lo ostenta. El privilegio es de la empresa. Así, yo debo decir a otros en la empresa aquello que usted me dirá si es necesario para que pueda asesorar legalmente a la empresa que me ha contratado para ello.

---

304 Thomson Reuters Practical Law, Glossary Upjohn Warning, en https://bit.ly/3vY7fhX.

305 Strader & Jordan, *White Collar...*, ob. cit., p. 629.

306 Id.

307 Garrett, Brandon L., "Corporate Confessions", en: *Cardozo Law Review*, 2008, Vol. 30, N° 3, pp. 917-947, especialmente p. 918.

308 Id.

> Inclusive, la empresa puede renunciar a su privilegio y así, el presidente o yo, u otra persona, puede divulgar voluntariamente a las autoridades aquello que usted me diga si la empresa decide renunciar a su privilegio.
>
> Adicionalmente, si yo encuentro o descubro una irregularidad, yo me encuentro en la obligación de reportar a la Junta Directiva y quizás a los accionistas.
>
> Finalmente, el hecho que una conversación es privilegiada no significa que lo que usted hizo, o dijo, es protegido de divulgación sólo porque usted ha hablado conmigo. Por ejemplo, usted puede ser citado judicialmente, y ser requerido de usted a declarar lo que hizo, dijo u observó, inclusive si usted habló conmigo.
>
> ¿Usted entiende lo que se la ha dicho?[309]

Acertadamente algunos comentaristas han señalado que no existe una solución perfecta y que proporcionar tales advertencias tiene un costo.[310] En realidad, cada investigación interna tendrá sus particularidades de acuerdo con el asunto investigado, los intereses involucrados, y las personas participantes. En particular, proveer de advertencias detalladas puede disuadir a los empleados de cooperar en una investigación interna.[311] Por otra parte, incluso después de una confesión o revelación completa recibida y escuchada por los abogados corporativos, los empleados pueden sentirse obligados a cooperar por su propia cuenta por temor a represalias de su empleador si no cooperan.[312] "Las advertencias no les dan a los empleados un sentido más informado de los riesgos particulares que enfrentan".[313]

Los sospechosos renuncian rutinariamente a los *Miranda rights* durante los interrogatorios de custodia; quizás los empleados ignorarían de manera similar las diversas *Adnarim warnings* proporcionadas.[314] Este nivel de detalle no se contempla en el derecho positivo venezolano, pero es igualmente aplicable como una buena práctica corporativa *in-house*. El principio es el mismo, el abogado debe su obligación ética con la compañía y no con sus empleados individualmente considerados.

---

309 Comentarios de Frederick Lacey en McNeil, Barry F. / Brian, Brad d. & Demsky, Lisa, *Internal Corporate Investigations,* Chicago, American Bar Association Section of Litigation, 2007, p. 37.

310 Abramowitz, Elkan & Bohrer, Barry A., "'Adnrim' Warnings in Corporate Internal Investigations", en: *New York Law Journal*, 2005, Vol. 284, N° 85.

311 Id.

312 Id.

313 Garrett, *Corporate Confessions...*, ob. cit., p. 944.

314 Id.

III. LOS WHISTLEBLOWERS O DENUNCIANTES INTERNOS

Una investigación interna puede iniciar precisamente por una denuncia privada en el seno de la organización. En la materia que nos ocupa, es sumamente importante el diseño de canales institucionales para el manejo de información sensible y la posterior toma de decisiones para los correctivos necesarios. *Whistleblowers* o denunciantes son personas que advierten, dentro de los canales adecuados, irregularidades corporativas del negocio en el marco de un programa de cumplimiento. El *whistleblower* es un voluntario que tiene conocimiento personal de una irregularidad en la organización y que lo manifiesta por su propia voluntad.[315]

Por ello, el denunciante no es un fiscal, un policía, ni un agente encubierto; es sólo un empleado que se percata personalmente de una irregularidad. Esta noción parece derivar por la imagen de un policía con un silbato, para así aludir a la función de cumplimiento de los agentes gubernamentales, o a los deportes, cuando un réferi en un juego observa las faltas cometidas y suena el silbato para advertir el error: el sonido del silbato para completamente el juego y permite al réferi explicar la naturaleza de la falta cometida y establecer un *penalty* al infractor.[316]

Es importante advertir que en Venezuela no existe una obligación legal de *whistleblowing* más allá de lo establecido en la legislación penal como forma de iniciación de un procedimiento penal. No nos referimos en esta discusión a la denuncia formal ante la comisión de un delito de acuerdo con el COPP, y que es una obligación legal propiamente dicha. En este sentido, en materia penal la denuncia es una declaración de conocimiento oral o escrita acerca de la existencia de un hecho punible que se transmite directamente a un órgano del sistema de justicia.[317] Por ello se distingue en el caso de los delitos públicos, los cuales son perseguibles de oficio, donde cualquier persona puede ser denunciante (art. 267 COPP) y los delitos de instancia privada donde el denunciante debe tener legitimación y capacidad salvo excepciones especiales de acuerdo con el artículo 25 del COPP.[318]

No obstante la distinción, la denuncia siempre será obligatoria para funcionarios públicos en su función y los testigos presenciales del delito cuando la omisión de ella sea sancionable (art. 269 COPP)- Si se ejerce o

---

315 Miller, *The law of...*, ob. cit., p. 271.

316 Id.

317 Rivera Morales, Rodrigo, *Manual de Derecho Procesal Penal*, Barquisimeto, Ediciones Librería J. Rincón, 2013, p. 420.

318 Id.

no una denuncia penal por parte de la empresa ante la comisión de un hecho punible responderá a la estrategia legal que quiera emplear la compañía luego de constatar los hechos irregulares denunciados privadamente y el análisis de riesgo respectivo que presenta el caso penal corporativo.

En materia de *compliance*, como un policía o réferi, el denunciante observa aquello que considera una violación de las normas de la empresa.[319] Se ha discutido mucho sobre la necesidad de impulsar una cultura de *whistleblowing* considerando el hecho de la compleja regulación actual de los negocios. Ciertamente, *whistleblowing* es establecer los mecanismos de denuncia efectivos, protegiendo la integridad de los empleados y la empresa.

Debido a las connotaciones negativas del término *whistleblowers* empresas han adoptado nombres alternativos a través del reforzamiento positivo en una cultura corporativa de *compliance*. De lo contrario, connotaciones menos favorables como persona chismosa, hipócrita, traidor, doble moral, entre tantas conductas negativas pueden ser opiniones imperantes sobre los mecanismos de denuncia y de esta manera, lograr que los empleados tengan confianza en hablar y denunciar irregularidades es mucho más difícil.

Mientras que muchas compañías se refieren a su *hot line* o línea directa como "línea de ayuda de ética" o "línea de integridad" para transmitir un tono más acogedor para los empleados, muchos ejecutivos se refieren a sus reporteros empleados como "denunciantes" que envían un mensaje mixto sobre el valor del informe y el quién reporta. No en vano se ha afirmado que la palabra "denunciante" no solo puede tener connotaciones intimidantes, sino que puede hacer que un posible empleado que reporte se guarde un problema o lo lleve directamente a un regulador sin darle a la compañía la oportunidad de abordar el problema internamente.[320]

Si bien los procedimientos de denuncia interna pueden ser eficaces en algunas situaciones, no son un mecanismo de denuncia eficaz para todos los tipos de conducta indebida. Los encuestados favorecieron la presentación de informes internos en casos más pequeños y "menos importantes" de mala conducta, pero la presentación de informes internos es la

---

319 Miller, *The law of...*, ob. cit.

320 Pennman, Carrie (2019, 27-09), *It's Time to Reconsider the Term "Whistleblower"*.

menos probable cuando la administración está involucrada en la mala conducta en cuestión.[321]

En todo caso, también puede premiarse y reconocerse a las personas con el coraje de denunciar en el marco de una afirmación positiva de esta clase de deberes de los empleados, e incluso considerarse *héroes en las circunstancias*, como es el caso de SHERRON WATKINS, ejecutiva de *Enron Corporation*.[322] En grandes escándalos financieros, han existido importantes casos de denunciantes que han colaborado con las autoridades para desmontar esquemas fraudulentos y delitos financieros.[323] El reconocimiento y la confianza deben imperar en cualquier mecanismo de *whistleblowing*. ¿Con quién puedo denunciar? Es recomendable que la organización establezca mediante políticas y protocolos los procedimientos a seguir y las personas indicadas a quien acudir.

Institucionalizar esta clase de conversaciones difíciles entre gerentes y empleados o jefes y supervisados, es garantizar que existan los medios para realizar denuncias efectivas y que se active toda la estructura que prevé el programa de cumplimiento. Esto requiere voluntad de los empleados a efectivamente denunciar irregularidades de forma voluntaria y transparente. El miedo siempre será algo natural en esta clase de procedimientos de denuncias, ya sea porque está mal visto entre colegas o pares, o por sus consecuencias. Muchos empleados tendrán miedo de denunciar por dos obvias razones.

En primer lugar, porque sus quejas no serán escuchadas y ninguna acción será realizada. En segundo lugar, porque los empleados que decidan denunciar recibirán castigos y retaliaciones por el solo hecho de denunciar aquello que creen está mal o es raro. En este sentido, lo recomendable es darle una promoción positiva a levantar la mano y comunicar las situaciones sospechosas o irregulares que se deban comunicar. La empresa debe procurar invitar a sus empleados a denunciar irregularidades, y garantizar que serán tratados con la confidencialidad debida y que se tomarán todas las medidas necesarias para remediar aquello que esté mal y sea dañino para la organización.

---

321 Blount, Justin & Markel, Spencer, "The End of the Internal Compliance World as We Know It, or An Enhancement of the Effectiveness of Securities Law Enforcement? Bounty Hunting Under the Dodd-Frank Act's Whistleblower Provision", en: *Fordham Journal of Corporate / Financial Law*, 2012, N° 4, Vol. 17, pp. 1024-1061, especialmente p. 1053.

322 Véase *Text of Watkins' Testimony at House Hearing on Enron*, 14-02-2002. The New York Times.

323 Weinberg, Neil (2005, 14-03) *The Dark Side of Whistleblowing.*

Sin embargo, también es cierto que denunciar falsamente o de mala fe puede ser igual de dañino que el ocultamiento de irregularidades. Una declaración pública de una irregularidad o mala práctica corporativa por parte de un denunciante puede indudablemente dañar los precios de las acciones de la compañía, los ingresos y la reputación de los empleados. Las revelaciones de alto perfil también pueden atraer la atención de los reguladores de la industria, las agencias gubernamentales o incluso la policía u otras autoridades competentes.

Denunciar por denunciar no debe ser premiado, ni debe investigarse todo lo denunciado. Las denuncias infundadas pueden existir en el curso de denuncia de irregularidades que no son tal o no tienen soporte en hechos concretos. Por esta circunstancia, es recomendable una investigación previa a la denuncia formulada, a los fines de constatar su viabilidad y fundamento. No tiene sentido alguno el inicio de una investigación interna, y todo lo que ella conlleva, si el fundamento de la investigación es una denuncia débil o poco razonable de acuerdo con las circunstancias del caso.

Por esta circunstancia, es altamente recomendable la instrucción de "investigaciones previas" a la propia investigación interna y validar con los departamentos legal y *compliance* de las empresas cada caso en concreto, pues, aunque debe favorecerse la denuncia interna de irregularidades, no es menos cierto que puede darse el caso de empleados o exempleados con resentimientos que inicien o promueven investigaciones internas como una forma de "cacería de brujas" o *vendetta* personal contra sus supervisores o pares. No se investiga internamente por investigar, se investiga porque existen bases sólidas para el inicio de una investigación. Esta precisión es fundamental y requiere un análisis concreto de los hechos y la denuncia formulada.

De igual forma, hay casos emblemáticos sobre denuncia privadas por intereses privados. Un ejemplo ilustrativo es el caso de *TAP Pharmaceuticals*. En este caso, el vicepresidente de TAP pasó ocho años ayudando al gobierno a construir su propio caso contra la compañía, visitando fiscales en cuatro estados y testificando ante un gran jurado en Boston. Recopiló una lista de presuntos conspiradores de TAP y luego llamó a estos excolegas mientras el FBI escuchaba. Durand más tarde presentó una demanda haciendo acusaciones similares contra un rival de TAP, el ex Zeneca Inc. Los agentes federales finalmente se unieron a él, presentando cargos civiles y penales contra TAP y presionando para que pague al gobierno $885 millones para resolver el caso, seis veces más que las demandas presentadas. Douglas Durand recibió $126 millones del gobierno de los Estados Unidos por su colaboración. Ahora de 53 años, Durand se retiró y vive con su esposa e hija en el enclave Tony de Tarpon Springs, Florida.[324]

Como vemos, dependiendo de la denuncia y sus consecuencias, tales revelaciones pueden poner a otros en peligro, particularmente en circunstancias en las que el secreto es una característica clave de la organización o industria en cuestión. Por ello es vital que el equipo interno que realice la investigación interna pueda delimitar aquello que es potencialmente verdad de aquello que puede ser potencialmente mentira con base en los hechos investigados.

Siempre es recomendable crear una cultura de *compliance* que aprecie la confidencialidad de las comunicaciones en materia de denuncias privadas, así como la no retaliación por denuncias realizadas. *Hot lines* o líneas telefónicas especiales, así como correos anónimos de reporte son algunos de los mecanismos para fomentar las denuncias privadas en las compañías en la actualidad, entendiendo a estos mecanismos como formas institucionales para activar procedimientos internos de investigaciones privadas. No olvidemos que la denuncia en sí misma no generará ningún cambio. Lo importante es que de la denuncia pueda activarse todo un procedimiento de investigación sobre hechos irregulares y tomar los correctivos necesarios en cada caso en concreto.

IV. EL PROCEDIMIENTO DE LA INVESTIGACIÓN INTERNA

Cuando pensamos en la noción de procedimiento, lo primero que nos viene a la mente es la existencia de un proceso detallado, fases, tiempos y lapsos, la sustanciación de un expediente por una unidad administrativa, entre otras tantas cosas. No obstante, el tipo de investigación al que aquí nos referimos es distinta en sus formas, aunque es recomendable el seguimiento de ciertas formalidades a efectos de dejar constancia de lo investigado y las resultas pues siempre será recomendable el *recordkeeping* de todo lo acontecido e investigado.

La investigación interna, aunque de naturaleza altamente inquisitiva, no es un procedimiento penal ni es una herramienta que deba encuadrarse en esta categoría. Ciertamente, el procedimiento debe tener garantías básicas en respeto a la dignidad y los derechos constitucionales de los empleados involucrados, pero en ningún momento debe tratarse como una

---

[324] Id.

investigación penal. No es el interés de la empresa ser juzgador o sentenciador; su verdadero interés es salvaguardar la organización por medio del reforzamiento de una cultura de integridad en el marco de sus propios lineamientos corporativos y respeto a la legalidad. En este sentido, la investigación debe ser lo suficientemente dinámica para ser, al mismo tiempo, flexible dentro de la organización, pero estableciendo claramente lineamientos básicos que garanticen la consecución del fin investigativo: esclarecer hechos, irregularidades y coyunturas corporativas complejas.

Al ser una investigación sin formalidades de un procedimiento establecido por la ley, la compañía puede escoger de forma muy amplia cómo realizar investigaciones internas a sus empleados. No obstante, es recomendable la existencia de un protocolo corporativo del cómo, cuándo, quién y dónde realizar este tipo de investigaciones internas, y determinar, dependiendo de los grados gerenciales involucrados, la conveniencia de contar con el propio equipo de abogados de la empresa o la contratación de los servicios profesionales de una firma externa de abogados solo para instruir la investigación.

1. El inicio de la investigación y algunas generalidades

Ahora bien, cuando hablamos de procedimiento una de las frases claves que nos viene a la mente inmediatamente es la noción de debido proceso. Pero ¿a quién se le debe debido proceso? ¿debe la compañía respetar el debido proceso en la investigación interna? Estas preguntas pueden tener respuestas opuestas dependiendo del sistema legal al que nos enfrentemos. En Venezuela, la noción de debido proceso es amplísima a diferencia de otros sistemas legales. No obstante, de una lectura estricta del artículo 49 de la CRBV, podemos notar que el debido proceso es debido a los poderes públicos y no a los particulares.

La jurisprudencia venezolana, en cambio, ha extendido la garantía del debido proceso a instancias más allá de las jurisdiccionales y administrativas tradicionales para ser aplicada a asociaciones privadas, a juntas de condominio, elecciones internas de clubes vacacionales, e inclusive para la celebración de elecciones de entidades cien por ciento privadas. Por ejemplo, la Sala Constitucional ha sostenido que:

> ...el artículo 49 del Texto Fundamental desarrolla en forma amplia la garantía del derecho a la defensa, con la finalidad de que toda persona ejerza el derecho a ser oída en cualquier clase de proceso, con las debidas garantías y dentro de los lapsos razonables determinados legalmente.[325]

[325] Caso *Asociación Civil Club Campestre Paracotos*, sentencia N° 53 del 27-02-2019, en https://bit.ly/3zS9iF8.

Y, por ende, se ordenó a todas las asociaciones civiles sin fines de lucro o clubes constituidas en todo el territorio nacional que en lo sucesivo garanticen dentro de sus estatutos de funcionamiento en el desarrollo de cualquier procedimiento disciplinario aplicado a sus asociados, todos los derechos y garantías indispensables que deben existir en todo proceso vinculado con el debido proceso y derecho a la defensa.[326]

En contraste, en Estados Unidos, el *due process of law* es solo requerido en las relaciones con el gobierno y su administración[327] o cuando privados sean equiparables en funciones al Estado mediante la doctrina del *state action*,[328] no estando la compañía legalmente obligada a ningún tipo de procedimiento formal ni garantizar etapas probatorias o de defensa. En ambos supuestos, una investigación interna debe permitir al investigado la asistencia de un abogado, y el establecimiento de reglas claras en todo el procedimiento interno en su contra, al margen de que implique una sanción disciplinaria.

Al iniciarse una investigación privada contra un trabajador de la empresa en Venezuela, es importante considerar las protecciones que ofrece la legislación laboral venezolana en este sentido. Por ello, si bien el patrono tiene un poder de dirección sobre los trabajadores y con ello un poder de investigación en el marco de la relación laboral, no es menos cierto que existen límites a este poder, como la dignidad de los trabajadores y su privacidad como derecho constitucional.[329]

---

326 Id.

327 De acuerdo con el derecho norteamericano, el debido proceso puede dividirse entre *procedural due process* y *substantive due process*. El primero, como la frase implica, refiere al procedimiento que el gobierno debe seguir antes de privar a una persona de su vida, libertad o propiedad. El segundo, se pregunta si el gobierno tiene una razón adecuada para privar a una persona de esa vida, libertad o propiedad, y justificar la acción gubernamental en este sentido. Chemerinsky, Erwin, *Constitutional Law, Principles and Policies,* Philadelphia, Wolters Kluwer, 2015, 5° ed., pp. 569 y ss.

328 Id.

329 ¿Cuál es el límite de la privacidad de un trabajador que comete un delito o irregularidad administrativa en el curso de su trabajo? Señala Rosebaum que "en la actualidad es una constante cada vez más creciente encontrar en el desarrollo de las relaciones laborales, conflictos generados por la confrontación entre los poderes empresariales –en concreto, los poderes de dirección, control y disciplinario–, y derechos fundamentales del trabajador –en particular, los inespecíficamente laborales–. Muchos de esos conflictos se inscriben en el ámbito del uso de las nuevas tecnologías y, en definitiva, se producen por la pugna, por un lado, entre la introducción de novedosos mecanismos de organización empresarial con la finalidad de agilizar los procesos productivos, el control del trabajo y de los dependientes y, por otro lado, los derechos de los trabajadores, en gran medida, al respeto a la

Pudiera existir el argumento que toda investigación administrativa interna requiere, al menos, garantizar el derecho a la defensa del trabajador en el caso en concreto como reminiscencia de ese debido proceso amplísimo aplicado en Venezuela. Por ello, es recomendable que quede por escrito todas las oportunidades dadas a la persona investigada en el curso de la investigación, cuestión de que no quede duda en el reporte realizado de esto, en caso de que se cuestione la legalidad de toda la investigación realizada en materia laboral. En todo caso, en la realización de la investigación, debe quedar muy claro al empleado que: *(i)* los abogados de la empresa o externos no son sus abogados, y *(ii)* las resultas de la investigación pueden conllevar una sanción disciplinaria en caso de constatarse irregularidades en sus funciones.

2. El informe de la investigación

Una investigación interna debe concluir necesariamente con un informe a la gerencia involucrada con los hallazgos y recomendaciones a ser tomadas en cuenta por los incumplimientos de estándares éticos, políticas internas, procedimientos y protocolos, así como cualquier situación irregular, ilegalidad o delito cometido por el sujeto investigado. El reporte simplemente da recomendaciones y constata los hallazgos que se hagan, pues los investigadores no son idóneos para tomar decisiones que conciernen al negocio. Esto tiene sentido pues los abogados de la compañía son precisamente eso, abogados.

El abogado tiene una función de asesorar a su cliente, no de tomar decisiones por él. Por ello, el reporte es una compilación de recomendaciones legales y afirmación de los hechos investigados.[330] No obstante el cierto matiz legal que tiene el informe es oportuno aclarar que este reporte va dirigido a múltiples audiencias y no tiene como objetivo primor-

vida privada, los datos personales, la inviolabilidad de la correspondencia, entre otros. Muchos de esos conflictos se inscriben en el ámbito del uso de las nuevas tecnologías y, en definitiva, se producen por la pugna, por un lado, entre la introducción de novedosos mecanismos de organización empresarial con la finalidad de agilizar los procesos productivos, el control del trabajo y de los dependientes y, por otro lado, los derechos de los trabajadores, en gran medida, al respeto a la vida privada, los datos personales, la inviolabilidad de la correspondencia, entre otros." (Rosenbaum Carli, Federico, "El Derecho a la vida privada del Trabajador y los Poderes del Empleador: Jurisprudencia reciente del Tribunal Europeo de Derechos Humanos", en: *Revista IUSLabor*, 2020, pp. 50 y ss.).

330 Un ejemplo de ello es el *Report of Investigation by the Special Investigative Committee of the Board of Directors of Enron Corp.* presentado y preparado por Wilmer Cutler Pickering Hale & Dorr LLP., en https://bit.ly/3AgmCVm.

dial ser solo de utilidad para abogados: el informe busca constatar los hechos investigados y hacer recomendaciones a la *gerencia senior* sobre todo lo relevante descubierto.

Ahora bien, las situaciones descubiertas en el marco de la investigación tienen muchos matices y grados, y será un análisis concreto caso por caso y a lo que debemos preguntarnos: ¿lo descubierto expone a la compañía? ¿expone la reputación comercial? ¿es ilegal? ¿puede constituir un delito? De constatarse una situación ilegal, la recomendación es colaborar inmediatamente con las autoridades pertinentes. No obstante, la decisión sobre el qué hacer, como decisión de negocio, no corresponde a los investigadores sino a la gerencia de la compañía encargada. Al ser un reporte emitido por un abogado interno o externo, la comunicación escrita se encuentra protegida por la confidencialidad derivada entre abogado y cliente de acuerdo con las reglas establecidas en la jurisdicción donde se ejerza el derecho.

Como vemos, de acuerdo con *Upjohn*, este informe se encontraría protegido bajo el *work producto doctrine*. En Venezuela, el deber de confidencialidad debe imperar y tales documentos no pueden ser considerados pertinentes de acuerdo con nuestro derecho probatorio, al ser una comunicación entre el abogado y su cliente como parte del secreto profesional como lo hemos analizado. Evidentemente, el manejo de la información confidencial es clave y estratégico, ya que nada puede hacerse con una divulgación voluntaria ya sea por error o intencional.

3. Recomendaciones para un procedimiento de investigación interna

Cuando una investigación interna descubre evidencia de una violación legal o regulatoria, la compañía debe decidir cuándo y cómo revelar de forma voluntaria a las autoridades competentes.[331] La colaboración voluntaria temprana con las autoridades puede ayudar a evitar un crecimiento acelerado del problema que tenemos entre manos, y tiene particular relevancia en ciertas áreas como en la práctica del FCPA en Estados Unidos.

Evidentemente, aunque los quiebres de políticas internas por razones meramente éticas pueden tratarse completamente *in-house*, las violaciones de normas legales cambian completamente el panorama. La recomendación legal clave en esto asuntos puede resumirse en las palabras *discreción* y *recordkeeping*. Se puede acertadamente afirmar que los programas

[331] Boghraty, *Organizational Compliance...*, ob. cit., p. 498.

de cumplimiento y las investigaciones internas van de la mano en la práctica corporativa, pues los primeros ayudan a determinar las irregularidades cometidas por los empleados que se desean investigar.

No obstante, esto trae consigo múltiples retos que ocurren tanto desde la perspectiva legal como en su práctica y el manejo de conversaciones verdaderamente difíciles. ¿Qué ocurre si durante una investigación corporativa por "X" conducta se encuentra la comisión de la conducta ilícita "Y" igualmente reprochable? ¿Qué ocurre si durante una investigación corporativa de una conducta de una persona "A" que podría afectar exclusivamente a la compañía se encuentre información personal privada de la persona investigada? ¿Qué ocurre si esa conducta constituye por sí mismo un delito que en nada se relacione con la empresa?

Un primer acercamiento a estas interrogantes nos hace pensar en la importancia del manejo de la información, sus accesos, y cuáles son los límites empresariales al momento de investigar, efectivamente, una conducta irregular. Por una parte, la privacidad es una limitante constitucional o legal en la mayoría de los supuestos. La información íntima de los trabajadores no debe ser objeto de investigación empresarial, ya que la empresa no debe tener interés en la vida privada de sus trabajadores. Esto, evidentemente, tiene excepciones cuando el sujeto investigado usa los medios que la compañía le proporciona para cometer tales actos irregulares.

Por otra parte, las investigaciones internas deben respetar nociones básicas de debido proceso que, aunque no expresamente aplicables ni por ley o regulación, constituyen una buena práctica corporativa y respeta la dignidad de los empleados ante falsas acusaciones. Las investigaciones internas suelen ser percibidas como invasivas, tanto en la esfera empresarial como en la esfera privada de los empleados. Para contrarrestar esa percepción y otras, es una buena práctica garantizar tanta transparencia como sea posible en torno al tema de las investigaciones. Ello se logra haciendo un mapeo gráfico del proceso que represente claramente los pasos de la investigación y describa quién es responsable de cada paso, y que además demarque las interacciones con otros departamentos.[332]

Esa transparencia sirve para calmar cualquier inquietud de los empleados, y también puede usarse para explicar a las otras partes interesadas, el personal directivo, los sindicatos, etc., qué pueden esperar cuando

---

332 United Nations, *An Anti-Corruption Ethics...*, ob. cit., p. 89.

se realiza una investigación interna. El mapeo también ayuda a tener claridad y facilita la orientación en el trabajo diario del investigador.[333] Así las cosas, el derecho a la defensa, la posibilidad de contestar acusaciones, y promover pruebas bajo la asistencia de un abogado, refuerzan la investigación interna realizada por la empresa por su seriedad en el asunto.

En material judicial, la aplicación de un programa de cumplimiento tiene un efecto en la sentencia definitiva aplicada en los Estados Unidos, al considerarse que el establecimiento de políticas y programas de cumplimiento mitigan o atenúan los efectos de una sentencia condenatoria.[334] Ahora bien, para recibir el reconocimiento efectivo de la colaboración con las autoridades, la empresa debe hacer más que cumplir con las citaciones u otros procesos de emplazamiento. La empresa debe proveer todo su conocimiento sobre los hechos investigados y sobre las conductas y eventos bajo investigación, así como afirmativamente señalar a los individuos responsables (suministrando evidencia de su culpabilidad), incluyendo ejecutivos corporativos y oficiales de la empresa en el tiempo adecuado para hacerlo.[335]

No obstante, tener un programa de cumplimiento no es tener una póliza de seguros.[336] La mera existencia de un programa de cumplimiento activo en la compañía provee un arsenal de argumentos contra las pretensiones de los fiscales y entes regulatorios, un programa efectivo no asegura que el gobierno no pueda ejercer finalmente acciones penales contra la empresa.[337] En el estudio de estas situaciones en el derecho americano, TARUN ha señalado que desde la perspectiva de la defensa penal de un

---

333 Id.

334 United States Sentencing Commission, *Sentencing Guidelines Manual Annotated,* 2018. En la sección B, referida a la solución de daños por conducta penal y programa efectivo de cumplimiento y ética, los lineamientos para sentenciar establecen que "(a) Tener un programa efectivo de ética y cumplimiento, para los propósitos de la subsección (f) de §8C2.5 (Puntaje de Culpabilidad) y la subsección (b) (1) de §8D1.4 (Condiciones recomendadas de libertad condicional - Organizaciones), una organización deberá: (1) ejercer la debida diligencia para prevenir y detectar conductas delictivas; y (2) promueva una cultura organizacional que fomente la conducta ética y el compromiso de cumplir con la ley. // Dicho programa de cumplimiento y ética se diseñará, implementará y aplicará razonablemente de manera que el programa sea generalmente efectivo para prevenir y detectar conductas delictivas. El hecho de no prevenir o detectar el delito instantáneo no significa necesariamente que el programa no sea generalmente efectivo para prevenir y detectar conductas delictivas," p. 517.

335 Caldwell, Leslie R, *Remarks at the Compliance Week Conference,* DOJ, 2015.

336 Strader & Jordan, *White Collar...,* ob. cit., p. 649.

337 Id.

cliente corporativo, las empresas deben observar diez factores cuando tengan que manejar investigaciones corporativas muy sensibles:

1. Considerar si una firma de abogados externa con poca o ninguna relación con la compañía será la adecuada para cumplir con los objetivos de una investigación objetiva.

2. Definir cuidadosamente el alcance de la investigación al comienzo de todo.

3. Tomar medidas prontas para asegurar de cualquier documento físico o electrónico relevante para la investigación.

4. Enfatizar a los empleados que el abogado investigador no los representa legalmente.

5. Hay que asegurar que el abogado investigador evada o al menos minimice declaraciones públicas sobre la investigación que realiza.

6. Mantenga presente que el reporte escrito de la investigación será en muchos casos apropiado.

7. Asuma que el reporte escrito de la investigación puede ser liberado al público.

8. Entienda que el reporte debe ser escrito para múltiples audiencias.

9. El abogado investigador debe tener presente los procesos cuando represente a la junta directiva, el comité de auditoría, o al comité especial que designe la compañía.

10. Abogado y cliente deben seguir exhaustivamente todas las recomendaciones sobre cómo remediar los problemas a la mano y prevenir la recurrencia de los problemas que llevaron a la investigación.[338]

La empresa debe tener procedimientos y protocolos de cómo realizar estas investigaciones de la forma más confidencial e interna posible, para evitar las catastróficas consecuencias de una publicación en prensa o en medios nacionales que puede generar el descontrol del caso en específico. Por ello, un programa efectivo debe asegurar que la organización ejercerá la debida diligencia para detectar actividades sospechosas inescrupulosas y promover un ambiente que fomente conductas éticas para los empleados.[339] Así como el establecimiento de procedimientos internos, es importante el manejo de la información confidencial contenida en el reporte final de la investigación y la toma de decisiones para proveer los correctivos necesarios ante la situación irregular: sanciones disciplinarias, despido de trabajadores, remisión de lo investigado a las autoridades competentes.

---

[338] Tarun, Robert W., "Ten Tips for Handling Sensitive Corporate Investigations: Practical Advice in the Sarbanes-Oxley Era", en: *ABA-CLE Publication on White Collar Crime,* 2004, p. D-83.

[339] Strader & Jordan, *White Collar...*, ob. cit., p. 649.

El manejo comunicacional de lo investigado, así como su debida discreción es lo que verdaderamente diferencia una investigación exitosa a un fracaso corporativo y reputacional. Por ello, es altamente recomendable que la investigación sea conducida y conocida por pocas personas en aras de mantener cierto control sobre la información derivada de la investigación.

Finalmente, el objetivo de la investigación interna es mitigar riesgos y actuar ante irregularidades corporativas, no provocarlos. Es necesario un equipo interno que sea capaz de detectar cuándo proceder y cómo realizarlo de la manera más discreta posible y respetando la dignidad de los involucrados. Nunca será una situación sencilla confrontar trabajadores que han cometido irregularidades o delitos. La clave, siempre, es mantener un expediente corporativo de todo lo investigado y demostrar a las autoridades, en caso de ser necesario, toda la diligencia y proactividad de la compañía, tal y cómo hubiese hecho un buen padre de familia.

CAPÍTULO IV:
LAS SANCIONES INTERNACIONALES Y LOS PROGRAMAS DE CUMPLIMIENTO

Las sanciones contra Venezuela han creado mucha incertidumbre en el foro comercial sobre su límite, alcance e implicaciones, al ser nuestra nación un país petrolero geopolíticamente importante en América Latina. Pero estas dudas e interrogantes no son nuevas y, de hecho, replican experiencias todavía vigentes. El derecho internacional público, así como la aplicación del derecho doméstico, generan una serie de interrogantes muy interesantes en la práctica local e internacional de las empresas trasnacionales.

Por una parte, el derecho propio ya no es suficiente para definir las obligaciones de la empresa localmente considerada pues cada vez más las estructuras corporativas se ven envueltas en situaciones internacionales complejas con múltiples contactos jurisdiccionales en la medida que hacen negocios. Por otra parte, las consecuencias de las actuaciones comerciales en Venezuela pueden tener impacto en el resto del mundo, y, sobre todo, para algunos ordenamientos jurídicos foráneos.

No en vano, ello puede ocurrir al ser muchas empresas trasnacionales subsidiarias, accionistas o relacionadas de empresas domiciliadas en países cuyas regulaciones trascienden sus fronteras. Estos no son ejercicios teóricos o casos de laboratorio: BNP Paribas accedió a declararse culpable ante fiscales norteamericanos en un DPA pagando 8.9 billones de dólares por incumplimiento a las sanciones internacionales,[340] y más recientemente, incluso Amazon.com Inc. ha decidido negociar con la OFAC por sus deficiencias en su programa de cumplimiento en materia de sanciones.[341] Toda empresa trasnacional tiene el riesgo latente de incumplimiento a los ojos de las autoridades americanas de sus regulaciones.

La existencia del denominado *imperialismo financiero*[342] impuesto por Estados Unidos a la economía mundial hacen que esta potencia económica imponga, indirectamente, ciertas directrices en el comercio internacional, dibujando y moldeando cómo las empresas trasnacionales realizan

[340] DOJ, "BNP Paribas Agrees to Plead Guilty and to Pay $8.9 Billion for Illegally Processing Financial Transactions for Countries Subject to U.S. Economic Sanctions", *Press Release*, 30-06-2014.

[341] Véase, DOT, *OFAC Settles with Amazon.com, Inc. with Respect to Potential Civil Liability for Apparent Violations of Multiple Sanctions Programs,* Enforcement Release, 08-07-2020.

[342] Reportes del Fondo Monetario Internacional, en https://bit.ly/3zOBjNW.

negocios internacionales. Sólo en el 2019, el dólar estadounidense y el euro representaron el 61,63% y 20,35%, respectivamente, del total de las reservas de divisas a nivel mundial de acuerdo con el Fondo Monetario Internacional.

El papel dominante que ha desempeñado el dólar en la economía mundial sugiere que las acciones de política monetaria de los Estados Unidos que hacen que el dólar fluctúe podrían tener grandes efectos indirectos en los precios y volúmenes del comercio internacional.[343] Es decir, el dólar es importante para predecir el comercio mundial, incluso cuando se excluye el comercio directo de los países con los Estados Unidos.[344]

Miles de millones de dólares han circulado directa o indirectamente por el sistema financiero estadounidense. Un marco regulatorio sancionatorio se ha creado bajo esta premisa que ha impactado a Venezuela, y ha disparado múltiples *red flags* en transacciones financieras internacionales que involucran a nuestro país. ¿Cuál es el límite de los Estados en sus luchas diplomáticas y la imposición de sus agendas? ¿Cómo afectan estas sanciones financieras a las compañías trasnacionales? Las respuestas a estas preguntas son una mezcla compleja entre derecho internacional público, la actual agenda diplomática estadounidense y su derecho interno, así como de derecho doméstico propio. Estudiamos este tema con la profundidad necesaria de seguida.

I. EL PROBLEMA DE LA JURISDICCIÓN Y SUS CONSECUENCIAS

La jurisdicción es una precisión fundamental en el comercio internacional para las empresas pues responde a la pregunta ¿a cuáles tribunales me someto en caso de un incumplimiento? Y en el mundo regulatorio contemporáneo, ¿cuál es la regulación aplicable y a qué Administración Pública debo adaptar mi negocio? Visto en perspectiva, una compañía trasnacional grande promedio puede tener más de 50.000 empleados en todo el mundo, más de 30 subsidiarias y más de 10.000 vendedores, franquiciados, distribuidores, operadores logísticos, entre otras figuras comerciales. Todas estas personas son susceptibles de *halar* jurisdiccionalmente a la compañía ante tribunales en cualquier parte del mundo. Pero

343 Boz, Emine / Gopinath, Gita & Plagborg-Møller, Mikkel, "Global Trade and the Dollar", en: *International Monetary Fund Working Paper,* 2017, p. 21.

344 Id., p. 36. En particular, los autores exponen que "específicamente, una apreciación del 1% del dólar estadounidense frente a todas las demás monedas del mundo predice una disminución del 0.6-0.8% dentro de un año en el volumen del comercio total entre países en el resto del mundo, manteniendo constantes implicaciones para el ciclo económico global."

¿hasta qué punto las actuaciones comerciales de todos estos involucrados habilitan el ejercicio de la jurisdicción?

Cuando hablamos de jurisdicción, podemos definirla en diversos sentidos. Al ser un concepto multívoco, el empleo del término hace a veces difícil y poco precisa su referencia en el Derecho Procesal Civil Internacional. La determinación de la jurisdicción establece una serie de consecuencias fundamentales desde el punto de vista del foro natural de la controversia –ya sea civil o penal–, del Derecho Internacional Privado, del Estado llamado a decidir sobre el conflicto que se presentare ante sus tribunales competentes y de la posibilidad, así sea remota, del inicio de un proceso judicial que escapa de las manos de todos.

Así, una de las consecuencias del ejercicio de la jurisdicción es que el tribunal que conozca del caso ante él presentado va a tener que resolver el tema del derecho aplicable al mérito de la controversia. En estricta interpretación jurídica, la solución del derecho aplicable se hace de conformidad con el sistema de normas de derecho aplicable que a tal efecto dicte el Estado que ejerza su poder de decisión. Es decir, si Venezuela resulta con jurisdicción, van a ser los órganos del Poder Público venezolano los llamados a –eventualmente– determinar el derecho aplicable de conformidad con el sistema venezolano de normas de Derecho Internacional Privado o las normas que le atribuyan jurisdicción penal, según sea el caso. Si Estados Unidos poseyere jurisdicción, la misma interpretación aplicaría pues cada Estado tiene poder de decisión sobre controversias sometidas a sus tribunales. Enfocándonos en Venezuela, resulta interesante el caso de *Conrado Scherling* sobre las determinaciones de esta clase de problemas[345] e ilustra un principio básico: los Estados, con base en lo establecido en el derecho internacional, son soberanos y tienen poder para decidir cualquier controversia ante ellos suscitada.

---

345 El asunto fue objeto de examen por el Juzgado Superior del Estado Bolívar, con sede en Ciudad Bolívar, en el proceso de interdicción propuesto contra el ciudadano Conrado Scherling donde resulta notable la singular maestría del sentenciador para diferenciar los problemas de escogencia de la ley aplicable y los relativos a la determinación del tribunal competente. Esta distinción permite entender la aplicación de una ley extranjera cuando lo disponen las correspondientes normas de Derecho Internacional Privado. Al respecto fue afirmado en la sentencia del 01-07-1909: "dos opiniones se han suscitado tanto en doctrina como en jurisprudencia sobre el punto de saber cuál es el Tribunal competente para decretar la interdicción de un extranjero. Una de esas opiniones atribuye competencia a los Tribunales de la Nación a que pertenece el indiciado de demencia y la otra sostiene que la competencia pertenece a los Tribunales del domicilio de los extranjeros. Esas divergencias se han suscitado con motivo de la disposición que declara que el estado y capacidad de las personas, se rigen por su estatuto personal, y dedúcese de allí que los Tribunales de

Es un principio fundamental, rector y generalmente aceptado de Derecho Procesal Civil Internacional el *forum regit procesum*. El ejercicio de la jurisdicción vendrá necesariamente acompañado del derecho del Estado cuya jurisdicción ejerza. Este principio establece que las formas y cuestiones de procedimiento se van a regir por el derecho del funcionario que interviene en el asunto. Así las cosas, las formas del procedimiento, e incluida en estas, las formas de determinación de la jurisdicción y las reglas relativas a la determinación de la competencia, quedan sometidas al derecho del funcionario que interviene en el asunto en concreto.[346] De esta manera, de existir los presupuestos necesarios, el juez venezolano tiene indudablemente jurisdicción civil y penal para conocer las controversias ante él presentadas. Por ello, en materia penal se ha afirmado acertadamente que la finalidad general de la jurisdicción es la de comprobar si en la conducta de la persona vinculada procesalmente se dan los elementos objetivos y subjetivos que constituyen el delito.[347]

Ahora bien, la jurisdicción se viene a activar sobre la base de un libelo de demanda o una acusación penal presentada ante los tribunales venezolanos. De esta forma, el juez deberá decidir, en primer lugar, si posee o

---

una Nación son incompetentes para decidir las cuestiones de estado y capacidad del extranjero. Es principio de Derecho Internacional Privado que los Tribunales deben aplicar la ley que rige el hecho jurídico y si bien es verdad que el estatuto determina la ley según la cual el litigio debe ser juzgado, también es cierto que dicho estatuto no señala el Juez que debe decidirlo. Por consiguiente, la interpretación extensiva de ese principio nos conduciría al error de confundir el estatuto personal con la competencia." A renglón seguido dijo el Juzgador: "Esto por lo que respecta a los principios del Derecho Internacional Privado, pues al descender al caso concreto nos encontramos que conforme al artículo 8 de la Ley de Introducción al Código Civil Alemán, cualquier extranjero podrá ser declarado entredicho en Alemania, según las leyes alemanas, cuando tenga allí su domicilio o a falta de éste, su residencia en el territorio del Imperio. De manera, pues, que si en Alemania puede declararse, conforme a las leyes alemanas, la interdicción de un venezolano, no hay razón jurídica para sostener que en Venezuela no puede ser declarado entredicho un alemán." *Memoria de la Corte Federal y de Casación. Año 1910*, t. 11, pp. 177-178. Para más información véase el trabajo de Gonzalo Parra-Aranguren sobre "La Interdicción y la Inhabilitación en el Derecho Internacional Privado Venezolano".

346 Desde la óptica del juez venezolano, si este tiene que examinar las cuestiones relativas a la jurisdicción de los tribunales venezolanos o la cuestión de la forma de los actos en el procedimiento como las pautas que deben seguirse a los efectos de practicarse la citación del demandado en el extranjero, o la sustanciación procesal de una prueba en territorio venezolano, serán las prescritas por la legislación venezolana. El éxito del principio *forum regit procesum* se debe a razones de carácter pragmático y es una cuestión de conveniencia para el desarrollo de los procedimientos judiciales. Así, el tribunal nacional aplica su propio derecho procesal y no el derecho procesal extranjero. En Venezuela este principio ha sido recogido expresamente en el artículo 56 de la LDIP como regla general.

347 Vásquez González, Magaly, *Derecho Procesal Penal venezolano*, Caracas, Ediciones UCAB, 2019, p. 125.

carece de jurisdicción para conocer del asunto y, en segundo lugar, y una vez sea afirmada la jurisdicción, la iniciación del proceso judicial y la puesta en funcionamiento de un sistema de Derecho Internacional Privado para la resolución del fondo del asunto.[348] Por ello, para llegar a la sentencia de fondo, se hace necesario un examen previo de la jurisdicción del tribunal venezolano.

Junto a la noción de jurisdicción debemos referirnos a la noción competencia. La competencia desde el punto de vista procesal se entiende como la unidad de medida de la jurisdicción; es decir, su límite y alcance. Ahora bien, esa unidad de medida puede obedecer a diferentes criterios. Por ello, podemos hablar de competencia en razón de la materia, de la cuantía y en razón del territorio.

En todo caso, para el propósito de este trabajo, cuando utilizamos el término jurisdicción, nos referimos al poder del Estado soberano, que corresponde a todos los Estados por el solo hecho de serlos y de conformidad con el Derecho Internacional Público, para decidir las controversias entre los particulares. La teoría de las competencias de los Estados, desde la perspectiva del Derecho Internacional Público, sirve también para sostener la noción de jurisdicción como potestad soberana que establece cada Estado acorde a su ley y su libre voluntad.

En tal sentido, cada Estado va a establecer cuáles órganos son los encargados de ejercer su jurisdicción, tomando en consideración que la tripartición de los poderes es una concepción meramente occidental y no un requisito impuesto por el Derecho Internacional Público, que puede variar según el país que se trate, siendo en algunas naciones órganos distintos a los tribunales los que ejerzan efectivamente la jurisdicción como potestad soberana. En el caso venezolano, la jurisdicción es ejercida exclusivamente por el Poder Judicial como poder público constituido. Así, las empresas transnacionales se someten a múltiples jurisdicciones en su quehacer corporativo, y con ello, asumen múltiples obligaciones legales.

1. Los tipos de jurisdicción de relevancia en el comercio global

El ejercicio de la jurisdicción es fundamental para las grandes compañías para definir a qué Estados y leyes se someten sus negocios. Así, deben existir cinco presupuestos para el ejercicio de la jurisdicción y que éste sea cónsono con los preceptos del derecho internacional: *(i)* la nacionalidad; *(ii)* la territorialidad; *(iii)* la protección que requiera el Estado por

348 Véase en este particular, Pérez Pacheco, Yaritza, *La Jurisdicción en el Derecho Internacional Privado*, Caracas, Universidad Central de Venezuela, 2008, pp. 126 y ss.

motivos de seguridad nacional; *(iv)* cuando una conducta tenga efectos en el territorio propio; *(v)* la universalidad jurisdiccional sólo aceptada en caso de crímenes internacionales.[349] Con base en cualquiera de estos presupuestos, el Estado puede justificar el ejercicio de su jurisdicción. Estos preceptos no tienen ningún tipo de jerarquía, ya que hay ciertos presupuestos más establecidos que otros, y en general, todos habilitan a los Estados para ejercer jurisdicción bajo el derecho internacional si son debidamente justificados.[350]

A. La jurisdicción por la nacionalidad

Naturalmente, los Estados pueden ejercer jurisdicción sobre sus nacionales, ya sea que residan en su territorio o se encuentren domiciliados fuera de él. No en vano la ley define la nacionalidad como el vínculo jurídico y político que une a la persona con el Estado (art. 4.6 de la Ley de Nacionalidad y Ciudadanía), y por el mero hecho de existir tal vinculación, "los venezolanos que posean otra nacionalidad deberán hacer uso de la nacionalidad venezolana para su ingreso, permanencia y salida del territorio de la República, debiendo identificarse como tales en todos los actos civiles y políticos" (art. 7 *ejusdem*).

De esta manera, la nacionalidad venezolana se tiene y se puede adquirir de dos maneras: en primer lugar, por el hecho del nacimiento, en cuyo caso se trata de la nacionalidad originaria, y el elemento esencial que da lugar a ella es lógicamente el nacimiento de la persona cuando aparece vinculado por el territorio de la República o por la filiación; y en segundo lugar, por un hecho posterior al nacimiento, en cuyo caso se trata de la nacionalidad derivada.[351] Esto es, la nacionalidad adquirida por nacionalización para lo cual cada Estado maneja sus propias normas de derecho doméstico.[352]

En Venezuela, este tipo de jurisdicción es particularmente interesante en los casos de las sociedades mercantiles (art. 20 LDIP), las aeronaves (art. 20 de la Ley de Aeronáutica Civil) y embarcaciones (art. 12 de la Ley del Comercio Marítimo), y de los bienes muebles trasladables que

---

349 Véase Shaw, Malcom, *International Law,* New York, Cambridge University Press, 2008, 6° ed., p. 659.

350 Id., p. 652.

351 Brewer-Carías, Allan, *Régimen Legal de Nacionalidad, Ciudadanía y Extranjería*, Caracas, Editorial Jurídica Venezolana, Colección de textos legislativos N° 31, 2015, p. 15.

352 En el caso venezolano puede ser por el tiempo de residencia en el territorio nacional, por contraer nupcias con un(a) venezolano(a) o en casos de menores de edad cuyos padres adquirirán la nacionalización y estos desean hacerlo también.

se reputan de nacionalidad venezolana de acuerdo con reglas domésticas venezolanas (art. 533 CC). Venezuela puede ejercer jurisdicción sobre sus nacionales en materia penal aun cuando se encuentren en el extranjero (art. 4 CP), así como en materia civil si el derecho internacional privado dictare que los tribunales venezolanos tuvieran jurisdicción para conocer el asunto en concreto. En Estados Unidos, la IEEPA[353] define qué personas se encuentran sujetas a la jurisdicción norteamericana en supuestos de declaraciones de emergencia, lo cual delimita el alcance de muchas de las consideraciones del derecho de las sanciones como tendremos la oportunidad de analizar más adelante.

B. La jurisdicción territorial

Se dice que la jurisdicción es territorial, como su nombre lo indica, cuando se ejerce sobre determinado territorio.[354] Evidentemente, los Estados se encuentran delimitados por sus fronteras, y en ellas son plenamente soberanos en el marco del derecho internacional. Así, Venezuela o cualquier Estado es soberano para decidir cualquier controversia que ocurra dentro de los límites de su territorio.[355] Hoy en día, en el caso venezolano, en los artículos del 31 al 47 del CPC se regula la materia de la jurisdicción y en los artículos del 48 al 52 se prevén los temas con respecto a la competencia por razón del territorio. Solo al existir respuesta afirmativa de la existencia de la jurisdicción, es que se procede a fijar la competencia. De esta forma, se delimita cuál es el órgano llamado a ejercer la jurisdicción en el caso concreto a través del criterio de la competencia en razón del territorio que individualiza el ejercicio de la jurisdicción. Así, la competencia se fija sobre la base de las normas de competencia territorial interna[356] y no cumplen la función de atribuir jurisdicción.

Es un principio de derecho internacional que los tribunales de un país, como regla general, no tienen jurisdicción respecto a actuaciones o

---

353 P.L, 50 U.S.C.S. § 1701.

354 Artículo 1 del CPC. "La Jurisdicción civil, salvo disposiciones especiales de la Ley, se ejerce por los Jueces ordinarios de conformidad con las disposiciones de este Código. Los Jueces tienen la obligación de administrar justicia tanto a los venezolanos como a los extranjeros, en la medida en que las leyes determinen su competencia para conocer del respectivo asunto."

355 Artículo 11 de la CRBV. "La soberanía plena de la República se ejerce en los espacios continental e insular, lacustre y fluvial, mar territorial, áreas marinas interiores, históricas y vitales y las comprendidas dentro de las líneas de base recta que ha adoptado o adopte la República; el suelo y subsuelo de éstos; el espacio aéreo continental, insular y marítimo [...]."

356 Las normas de competencia territorial interna se encuentran consagradas en el CPC venezolano.

eventos que ocurrieron o están ocurriendo en el territorio de otro Estado.[357] De hecho, para algunos, existe la presunción de que la legislación local aplica exclusivamente en el marco de un territorio interesado y no en otros.[358] Contrario a ello, algunos Estados sí poseen jurisdicción más allá de sus fronteras cuando existe expresa habilitación legislativa al respecto. Esto se ha denominado *jurisdicción extraterritorial*. El ejercicio de esta clase de jurisdicción es bastante controversial bajo los estándares del derecho internacional público contemporáneo, pero es "justificable" cuando el Estado en cuestión tiene suficientes vínculos con el sujeto en concreto o existe un detrimento sustancial en su territorio.

En el derecho norteamericano, la Corte Suprema de Justicia interpretando la cláusula de comercio de la Constitución norteamericana, ha sostenido que cualquier actividad interestatal que tenga un gran efecto en la economía de la nación podrá ser regulada por el Congreso y, por ende, sujeto a jurisdicción de sus tribunales federales.[359] De igual manera, es un criterio pacífico en el derecho norteamericano que no se puede entablar una demanda contra un individuo a menos que tenga contactos mínimos con el estado del foro de la controversia, y que dicha demanda no ofenda las nociones tradicionales de juego limpio y justicia sustancial.[360] De esta forma, la justificación de la jurisdicción en razón del territorio se queda atrás frente al entendimiento americano sobre la territorialidad en contextos altamente regulados como *antitrust*, *securities regulations*, *export controls*, entre otros.

De igual manera, el uso del dólar estadounidense también ha sido considerado un factor de conexión jurisdiccional importante. Durante mucho tiempo, el bloqueo o la congelación de transferencias bancarias que involucren el dólar estadounidense, incluidas las transferencias que tienen lugar fuera de los Estados Unidos, ha sido una herramienta importante de la política exterior norteamericana. De esta forma, el gobierno de los Estados Unidos ha adoptado una serie de controles sobre la banca nacional y extranjera y otras instituciones financieras que podrían facilitar o ayudar a los grupos terroristas designados por sus agencias federales. Por ello, para evitar la financiación de actividades terroristas, Estados

---

[357] Shaw, *International Law...*, ob. cit., p. 653.

[358] Id.

[359] *Wickard v. Filburn*, 317 U.S. 111 (1942).

[360] *International Shoe Co. v. Washington*, 326 U.S. 310 (1945).

Unidos no solo puede ordenar la congelación de las transferencias en dólares estadounidenses, sino también la incautación de cuentas en dólares que mantienen bancos extranjeros fuera de los Estados Unidos.[361]

Ejemplos prácticos de este poder financiero, hay muchos: recientemente, el enlace al sistema financiero de Estados Unidos con la *Fédération Internationale de Football Association* o FIFA como normalmente se conoce, se puso de manifiesto cuando Citibank Inc., un banco transnacional con sede en Estados Unidos, reveló que había recibido una citación del Fiscal Federal para el Distrito de Nueva York en relación con el caso en contra de representantes de la FIFA por la presunta comisión de "soborno, corrupción y legitimación de capitales de la FIFA", así como la posible participación de las instituciones financieras en esas actividades ilícitas.[362] Asimismo, *Bank Hapoalim B.M.* (BHBM), un banco israelí con operaciones internacionales, y su subsidiaria de propiedad absoluta, Hapoalim (Switzerland) Ltd. (BHS), acordaron pagar una multa de $9.329.995 para resolver una investigación sobre su participación en una conspiración de lavado de dinero que alimentó un esquema internacional de soborno en el fútbol.[363] Específicamente, BHBM y BHS han admitido que, a través de algunos de sus empleados, conspiraron para lavar más de $20 millones en sobornos y sobornos a funcionarios de fútbol con la Federación Internacional de Fútbol Asociación (FIFA) y otras federaciones de fútbol.[364]

No en vano, Estados Unidos ha mantenido en su legislación y en foros internacionales que los principios que permiten la jurisdicción extraterritorial no aplican en el contexto de la financiación del terrorismo.[365] En cualquier caso, la afirmación de que los estatutos de un país violan el principio de territorialidad tiene poca consecuencia porque no hay foro ni procedimiento para demandar al país infractor. La extraterritorialidad de un estatuto sólo podría argumentarse si se convierte en un problema en una

---

361 Gurson, Michael, "The U.S. Jurisdiction over Transfers of U.S. Dollars between Foreigners and over Ownership of U.S. Dollar Accounts in Foreign Banks", en: *Columbia Business Law Review*, 2004, pp. 722-743, especialmente p. 722.

362 United States Securities and Exchange Commission, *Form 10-k for annual report pursuant to section 13 or 15(d) of the Securities Exchange Act of 1934 for the fiscal year ended December 31, 2015 commission file number 1-9924 Citigroup Inc.*

363 DOJ, "Bank Hapoalim Agrees to Pay More Than $30 Million for Its Role in FIFA Money Laundering Conspiracy", *Press Release*, 30-04-2020.

364 Id.

365 Gurson, *The U.S. Jurisdiction...*, ob. cit., p. 763.

demanda de derecho privado,[366] y por ende, sería un problema doméstico y no internacional.

C. La jurisdicción prescriptiva

La jurisdicción también puede ser ejercida como un medio de protección por parte del Estado que la ejerce por razones de seguridad nacional. Cualquier Estado puede ejercer jurisdicción contra no nacionales por amenazas contra su seguridad nacional.

En Venezuela, la Defensa Integral de la Nación abarca el territorio y demás espacios geográficos de la República, así como los ciudadanos, y los extranjeros que se encuentren en él. Igualmente, contempla a los venezolanos y venezolanas, y bienes fuera del ámbito nacional, pertenecientes a la República (art. 15 de la Ley Orgánica de Seguridad de la Nación) y se prevén delitos específicos contra el desacato de los poderes públicos constituidos. Estados Unidos ha ejercido jurisdicción contra no nacionales no residenciados en su país en materia de acciones contra ataques terroristas a sus ciudadanos en el extranjero y a su personal diplomático.

Sin embargo, está claro que es un principio del que se puede abusar fácilmente, aunque generalmente se centra en la migración y varios delitos económicos, ya que lejos de proteger funciones estatales importantes podría manipularse para subvertir gobiernos extranjeros.[367]

D. La jurisdicción pasiva

Dentro de la jurisdicción prescriptiva se incluye la jurisdicción bajo personalidad pasiva. Bajo este principio, un Estado puede ejercer jurisdicción para enjuiciar a un individuo por ofensas cometidas en el extranjero, pero que afectan o afectarán a nacionales de ese Estado.[368]

De acuerdo con este principio jurisdiccional, un nacional de un Estado X (que denominaremos "N" a los efectos de este análisis) carga consigo la protección de las leyes del Estado X con él dondequiera que se encuentre, fuera o dentro del territorio de su nacionalidad. Esta situación es controversial desde la óptica del derecho internacional debido a su potencial para crear una alta inseguridad jurídica (*v.g.* un actor en el Estado Y puede no ser consciente de la nacionalidad de N cuando actúa, y por lo tanto, no estará en condiciones de evaluar las implicaciones legales de sus

---

366 Id., p. 764.

367 Shaw, *International Law...*, ob. cit., p. 667.

368 Id., p. 664.

acciones) y debido a las implicaciones jurisdiccionales que supone, reta la actual concepción del sistema jurisdiccional basado en el territorio del Estado donde cada Estado tiene soberanía sobre su propio territorio.[369]

La opinión general ha sido que el principio de jurisdicción pasiva es, de hecho, un motivo de difícil justificación bajo el derecho internacional, a lo cual Estados Unidos y Reino Unido se han opuesto enérgicamente.[370] La *International Bar Association Task Force Report* ha señalado la validez de esta forma de ejercicio jurisdiccional como forma de aplicación extraterritorial en materia penal, señalando los ejemplos de procesos penales en varios Estados incluyendo Francia, Estados Unidos, Finlandia, Suecia y China basados en este principio.[371]

E. La jurisdicción universal

Finalmente se argumenta que existe jurisdicción universal por parte de todos los Estados cuando se han cometido y consumado crímenes contra la humanidad así definidos por el derecho internacional público y la comunidad internacional. Su alcance ha sido tradicionalmente delimitado a acciones como piratería, comercio de esclavos, secuestro de aeronaves comerciales, genocidio, crímenes de guerra y actos terroristas.

Al respecto, existe el consenso generalizado que el:

> ...ejercicio de la jurisdicción universal requiere la presencia del presunto acusado en el territorio del Estado acusador, a borde de un buque con bandera de ese Estado, o en una aeronave que este registrada de acuerdo con sus leyes u otras formas legales de control sobre el presunto acusado.[372]

2. El derecho internacional consuetudinario

El derecho internacional consuetudinario o costumbre internacional es una fuente del derecho internacional público que obliga a los Estados soberanos. Así, la costumbre es la regla que se forma a partir de la repetición de comportamientos idénticos o casi idénticos, como derecho no escrito, con existencia y con fuerza obligatoria.[373]

---

[369] Zerk, Jennifer, *Extraterritorial Jurisdiction: Lessons for the Business and Human Rights Sphere from Six Regulatory Areas*, Harvard Corporate Social Responsibility Initiative Working Paper N° 59, 2010, p. 30.

[370] Id., p. 665.

[371] Véase, *International Bar Association Task Force Report, Report of the Task Force on Extraterritorial Jurisdiction,* 2009.

[372] Institut de Droit International, Resolución adoptada el 26-08-2005, para. 3(b).

[373] Véase Jaffé, Angelina, *Derecho Internacional Público*, 2° ed., Caracas, Academia de Ciencias Políticas y Sociales, 2014, p. 47.

Así, por ejemplo, se ha afirmado que la comunidad internacional está llegando a considerar la lista negra de terceros, o boicots secundarios, como "irrazonable" y, por lo tanto, una intrusión injustificable sobre la soberanía del Estado neutral.[374] Las medidas de boicot como el *Helms-Burton Act* y el boicot contra la Liga Árabe "son contrarias al derecho internacional, porque [buscan] irrazonablemente coaccionar conductas que tienen lugar completamente fuera del estado que pretenden ejercer su jurisdicción para prescribir."[375]

Se ha argumentado que el derecho de las sanciones impuesto por Estados Unidos es contrario al derecho internacional consuetudinario puesto que aunque "no se han formulado reglas precisas en la materia, en las áreas de sanciones [...] el derecho internacional consuetudinario limita las medidas extraterritoriales unilaterales."[376] Así:

> ...no es de extrañar que los boicots económicos plantean serias preocupaciones de derecho internacional público y que en vista de los rechazos repetidos e inusuales de la jurisdicción extraterritorial de las naciones extranjeras como una herramienta de política exterior (de los Estados Unidos) que impulsa con eficiencia los boicots económicos contemporáneos, se podría argumentar que los boicots son ilegales según el derecho internacional.[377]

Aunque parezca una discusión bizantina, siempre es pertinente tener presente que el esquema sancionatorio aplicado por algunos países en el comercio internacional no logra pasar el escrutinio de las reglas básicas del derecho internacional. Pero, al fin y al cabo, al ser de naturaleza doméstica, los esquemas sancionatorios no son más que una muestra de la supremacía del derecho interno de los Estados sobre el derecho internacional. Esto ha traído una interesante discusión, que a la fecha no ha tenido ninguna respuesta satisfactoria para todos.[378]

---

[374] Fitzgerald, Peter, Pierre Goes Online: Blacklisting and Secondary Boycotts in U.S. Trade Policy, en: Vanderbilt Journal of Transnational Law, 1998, Vol. 31, N° 1, p. 91.

[375] Lowenfeld, Andreas F., "Congress and Cuba: The Helms-Burton Act", en: *The American Journal of International Law,* 1996, Vol. 90, N° 3, pp. 419-434, especialmente p. 430.

[376] Lowenfeld, Andreas, *International Economic Law*, 2° ed., New York, Oxford University Press, 2008, p. 926.

[377] En este sentido, véase Ryngaert, Cedric, "Extraterritorial Export Controls (Secondary Boycotts)", en: *Chinese Journal of International Law*, 2008, Vol. 7, N° 3, pp. 625-658, especialmente pp. 625, 626 y 655.

[378] Véase en general Zerk, *Extraterritorial Jurisdiction...*, ob. cit.

3. La relación entre el derecho internacional y el derecho público doméstico

No cabe duda de que existe una compleja relación entre el derecho internacional público y el derecho público interno. ¿Es que acaso el derecho público interno prevalece sobre el derecho internacional? La respuesta a esta pregunta debería ser negativa. Sin embargo, lo contrario a esta postura parece ser la visión venezolana actual del tema, promulgando la supremacía del ordenamiento interno, así como también lo promulga los Estados Unidos. En términos generales, se ha entendido bien que "el derecho internacional es vinculante para el Estado, y el Estado está obligado a aplicarlo como una cuestión de derecho internacional, pero el derecho internacional no reemplaza el derecho nacional de los Estados."[379]

No obstante, el problema de su aplicación es otra historia, que se resuelve principalmente por el hecho de que es obligación del Estado aplicarlo como parte de su sistema legal.[380] En contraste, siguiendo las opiniones legales del Tribunal Supremo de Justicia venezolano, se ha considerado la supremacía del derecho interno sobre el derecho internacional.[381] Entonces, en la perspectiva venezolana, la invocación de disposiciones internas como justificación por la falta de aplicación del derecho internacional tiene un nivel constitucional. ¿Es cierto ese enfoque?

Indudablemente la Constitución es la norma suprema de los Estados occidentales; no obstante, no puede ser la excusa para evitar el derecho y las obligaciones internacionales. Extender el poder de nuestra Constitución incluso a otros Estados es un ejercicio de ignorancia, especialmente porque el Estado tiene muchas responsabilidades como miembro de la comunidad internacional. De lo contrario, se argumenta irresponsabilidad y falta de derecho en las relaciones internacionales.

En un mundo multilateral con intensos negocios y relaciones políticas, "es importante y necesario [para todos los Estados y sus ciudadanos] mantener el respeto, por parte de sus representantes, en sus negocios en el comercio internacional y no permitirles a ellos escapar de sus obligaciones comerciales por refugiarse en una legislación segura para ellos".[382]

---

379 Fisler Damrosh, Lori & Murphy, Sean, *International Law, Cases and Materials*, 6° ed., St. Paul, West Academic Publishing, 2014, p. 621.

380 Id. En otras palabras, "la adhesión y la aplicación del derecho internacional depende de los gobiernos de los Estados y sus sistemas constitucionales y legales."

381 Sentencia N° 1265 de la Sala Constitucional del 05-08-2008, en https://bit.ly/3C6C0oz.

382 *Société Nationale Algerienne Pour La Recherche, etc. v. Distrigas Corp.*, 80 B.R. 606 (D. Mass. 1987).

En nuestra opinión, la idea detrás de este *dictum* se aplica a todos los Estados, independientemente de sus contextos, debido al único hecho de ser los Estados un sujeto de derecho internacional y, por ende, susceptible de deberes y obligaciones. En el mundo contemporáneo de hoy tiene sentido respetar las reglas básicas que el derecho internacional nos provee.

Los diferentes sistemas legales están más conectados que nunca, y esto requiere una comprensión de las reglas básicas que son mucho más altas que las disposiciones normativas nacionales.[383] Lamentablemente, la práctica profesional, ha demostrado que el derecho internacional, en muchos casos, pasa desapercibido por el derecho doméstico de las sanciones norteamericanas, como derecho interno norteamericano.

4. El derecho a las sanciones internacionales como derecho doméstico foráneo

¿Es realmente el derecho de las sanciones internacionales, derecho internacional? Bajo los estándares del derecho internacional público contemporáneo, paradójicamente, existen fuertes argumentos para sostener que los Estados pueden sancionar a sus pares. El derecho internacional público permite, no obstante, el ejercicio de represalias o *countermeasures* por parte del Estado agraviado por la violación de una obligación internacional contra el Estado ofensor.[384] Estas son medidas unilaterales de un Estado frente a otro Estado basadas en el derecho internacional normativo o consuetudinario como medidas *inter pares*.

Ahora bien, por estar todos en el mismo plano de soberanía y con iguales derechos y obligaciones como sujetos de derecho internacional no pueden obligar ni imponer sus pretensiones frente a otros Estados.[385] Priva así, como regla general, que los Estados son iguales entre ellos y pares. Esto ha sido señalado en el artículo 4 de la Convención de Montevideo sobre Derechos y Deberes de los Estados en donde se indica que:

> ...los Estados son jurídicamente iguales, disfrutan de iguales derechos y tienen igual capacidad para ejercitarlos [...] los derechos de cada uno no

---

383 Somos de la opinión, bien aceptada, de que el derecho internacional se adelanta al derecho interno. El problema radica en que el derecho internacional no debe perder las consideraciones necesarias del derecho interno cuando su aplicación se estima requerida. Las consideraciones domésticas dan sentido y contexto al derecho interno. Cuando la justificación de la legislación nacional puede parecer arcaica desde la perspectiva extranjera, en realidad, para el foro local puede tener años de interpretación en una tradición legal particular y tener sentido en este contexto particular.

384 Fisler Damrosh & Murphy, *International Law* ..., ob. cit., p. 521.

385 Véase en general Sorensen, Max, *Manual de Derecho Internacional Público*, 11° ed., México, Fondo de Cultura Económica, 2010, p. 264.

dependen del poder de que disponga para asegurar su ejercicio, sino del simple hecho de su existencia como persona de Derecho Internacional.

Con base en el derecho internacional, las sanciones internacionales en estricto sentido son una creación del derecho internacional público que busca amonestar a los Estados como sujetos de derecho internacional al cual se someten. Esto supone que exista una norma de derecho internacional que: *(i)* cree la sanción en particular, y que *(ii)* el Estado haya aceptado la aplicación de la norma en su contra. Ahora bien, y respecto a nuestro interés en la materia sancionatoria internacional, los Estados pueden adoptar medidas ajenas a los preceptos del derecho internacional sobre la paridad de derecho y obligaciones en el contexto internacional.

Por ello, resulta particularmente ilustrativo el concepto de sanciones económicas de un Estado frente a otro Estado. Esta clase de sanciones son medidas locales de carácter económico propiamente dicho empleadas por un Estado como método para reducir o reforzar ciertos valores e influencia de él sobre un Estado objetivo de tales medidas.[386] Por ello, son diseñadas por los Estados con base en su derecho local cuyo objetivo es lograr por medio de la coerción indirecta a reducir al Estado sancionado. Sin embargo, debemos aclarar que no es lo mismo sancionar en este sentido a un Estado, que sancionar a un individuo de una nacionalidad distinta a la del Estado sancionador.

Los Estados, en efecto, pueden e imponen sanciones a sujetos individualizados. En este sentido, cabe preguntarse ¿puede un Estado sancionar a nacionales de un Estado que ofende el derecho internacional? ¿puede un Estado congelar los bienes de un extranjero en su territorio? ¿impone límites el derecho internacional sobre este asunto? La jurisprudencia norteamericana, que tiene particular peso en esta materia, ha afirmado la posibilidad soberana de sancionar a nacionales extranjeros en ejercicio del derecho doméstico. Así, en *Sardino v. Federal Reserve Bank of N.Y.*[387] la Corte de Apelaciones del Segundo Circuito de Nueva York sostuvo que "la Constitución protege a los extranjeros contra las acciones arbitrarias ejercidas por nuestro gobierno con ellos, pero no protege respecto a la respuesta razonable de nuestro gobierno contra el suyo."

Existe una marcada tendencia judicial norteamericana de afirmar el carácter soberano de las regulaciones en territorio americano, y con cierta razón: un Estado puede darse su propio derecho en su territorio por fuerza

---

386 Doxey, Margaret, *International Sanctions in Contemporary Perspective*, Palgrave Macmillan, 1987, p. 3.

387 *Sardino v. Federal Reserve Bank of New York*, 361 F.2d 106, 114 (2d Cir. 1966).

soberana. En *United States. v. HESCORP, Heavy Equipment Sales Corp.*,[388] se mantuvo que:

> ...de una interpretación de la estructura de las regulaciones se puede afirmar que el embargo iraní conllevó a una la prohibición total del tipo de envíos a Irán y, sin embargo, que Hescorp los realizó pese a la prohibición [...] y debido a que la OFAC era la agencia encargada de administrar las regulaciones pertinentes, sus puntos de vista y aplicación de estas tienen derecho de deferencia administrativa. [...] por ende, como se indicó anteriormente, las regulaciones fueron lo suficientemente claras como para notificar a Hescorp que sus envíos a Irán estaban prohibidos.[389]

Igualmente, en *Narenji v. Civiletti*[390] se afirmó judicialmente de las regulaciones que requerían un chequeo adicional del estatus de las visas de los estudiantes iraníes en Estados Unidos al momento de la crisis diplomática de los rehenes en Irán. Esto es sumamente controversial bajo la perspectiva del derecho internacional por obvias razones.

Como podemos observar, el derecho a las sanciones internacionales, realmente, es derecho doméstico foráneo, pero aplicado contra nacionales extranjeros, con propósitos políticos, económicos y diplomáticos por parte del Estado sancionador. En este sentido, Estados Unidos ha tomado un rol, autoproclamado, de ejecutor de los "*estándares de derecho internacional*" a través de la legislación doméstica norteamericana promulgada por su Congreso.[391] Ahora bien, ejercer la jurisdicción a los extranjeros ajenos a su foro natural es controversial: ¿Cuál es el límite de la jurisdicción de los Estados? El límite, paradójicamente debería ser el límite físico de los Estados, aunque esto, nada se refleja en la praxis.

---

388 *United States v. Hescorp, Heavy Equipment Sales Corporation*, 801 F.2d 70 (2d Cir. 1986).

389 Id. Hescorp, es un caso interesante puesto que Hescorp era una empresa de los Estados Unidos, pero subsidiaria en propiedad total de Impregilo, S.P.A, una empresa italiana, y tenía como principal objetivo comercial la adquisición de equipos y piezas de construcción, en nombre de Impregilo, para su uso en proyectos de construcción de Impregilo en todo el mundo, lo cual, en el caso en concreto, implicó una exportación de productos a Irán. Ya desde la década de los ochenta la Corte de Apelaciones del Segundo Circuito reconocía la potestad de la OFAC en la administración de sus regulaciones, así en el caso concreto de Hescorp sostuvo que "la OFAC ha denegado licencias a varias compañías que buscaban permiso para enviar piezas y materiales a Irán para el uso de otras compañías que tenían contratos de servicios relacionados con proyectos industriales [...] debido a que las transacciones de este tipo [no fueron] consistentes con la política exterior de los Estados Unidos."

390 *Narenji v. Civiletti*, 617 F.2d 745.

391 Véase Zoller, Elisabeth, *Enforcing International Law Trough U.S. Legislation,* Leiden, Brill-Nijhoff, 1985, pp. 42-57.

Un principio básico del ejercicio de la jurisdicción de los Estados es que ellos pueden ejercer su poder jurisdiccional en los límites de su territorio y el derecho internacional reconoce este poder infinito de sus sujetos de derecho en el marco de este límite. Pero, ¿qué ocurre en los casos donde la jurisdicción se extiende más allá de las fronteras? El derecho internacional entiende que el ejercicio de la jurisdicción debe ser justificado por las conexiones y el contexto de la situación en concreto. Esto ha sido inclusive aceptado por la doctrina norteamericana en la materia,[392] y, como hemos analizado, contradice a los postulados de la práctica actual del derecho de las sanciones.

5. Los supuestos de extraterritorialidad de la ley venezolana

Así como las leyes norteamericanas pueden aplicarse extraterritorialmente, la ley venezolana también puede hacerlo bajo supuestos expresamente regulados por la ley.

De esta forma, la LOCDOFT establece que los venezolanos o extranjeros que cometan los delitos tipificados por la LOCDOFT en territorio nacional o en el extranjero, salvo condena en el país respectivo, "están sujetos [...] a enjuiciamiento y serán penados de conformidad con esta ley [...]".[393] Ciertos artículos establecidos en el CP, la Ley Penal del Ambiente,[394] entre otros instrumentos normativos, tienen supuestos de aplicación extraterritorial para acciones delictuales cometidas fuera del territorio nacional, en particular, en materia de delitos económicos.

Nuevamente, cabe advertir que la extraterritorialidad es una técnica legislativa usada por todos los Estados del mundo como herramienta de

---

392 Véase Restatement (Third) of Foreign Relations Law of the United States.

393 Artículo 73 de la LOCDOFT. "Están sujetos o sujetas a enjuiciamiento y serán penados o penadas de conformidad con esta Ley: 1. Los venezolanos, venezolanas, extranjeros o extranjeras que cometan cualquiera de los delitos tipificados en esta Ley en país extranjero, que atenten contra los intereses patrimoniales de integridad o seguridad de la República Bolivariana de Venezuela. 2. El investigado o investigada que se encuentre en la República Bolivariana de Venezuela y haya cometido alguno de los delitos tipificados en esta Ley, o si parte del delito se ha cometido en el territorio de la República Bolivariana de Venezuela, en alta mar o en el mar extraterritorial; o en el espacio aéreo internacional. // Este principio de jurisdicción extraterritorial se aplicará, salvo que haya sido juzgado en otro país y cumplido la condena."

394 Artículo 2 de la Ley Penal del Ambiente. "Extraterritorialidad. Las disposiciones de esta Ley son aplicables a las personas naturales y jurídicas por los delitos cometidos tanto en el espacio geográfico de la República como en país extranjero, si los daños o riesgos del hecho se producen en Venezuela. En este caso se requiere que el investigado haya venido al territorio de la República y que se inicie la investigación por el Ministerio Público. Requiérase también que el investigado no haya sido juzgado por tribunales extranjeros, a menos que habiéndolo sido hubiere evadido la condena."

política legislativa y diplomática, y nada impide a Venezuela, bajo el derecho internacional, a legislar en este sentido.

II. EL DERECHO DE LAS SANCIONES NORTEAMERICANAS

Para entender a plenitud todo lo referente a las sanciones norteamericanas, sus esquemas, implicaciones, entre otros factores, es necesario hacer caso omiso a todas las consideraciones de derecho internacional público mencionadas en el acápite precedente. El derecho de las sanciones norteamericano contraría, en buena medida, todos los preceptos actuales del derecho internacional contemporáneo. Es importante conocer los límites de la jurisdicción de los Estados, pues ésta es la práctica internacional de la mayoría de la comunidad internacional. Sin embargo, Estados Unidos escapa de esta precisión por su agenda diplomática y económica en el comercio global. La práctica moderna del derecho de las sanciones empezó con las sanciones impulsadas contra Cuba e Irán. Sin embargo, históricamente Estados Unidos ha implementado sanciones económicas como una herramienta de política exterior incluso antes de convertirse en una potencia mundial dominante.[395]

En la contemporaneidad y a partir de la década de los 70, el patrocinio al terrorismo por parte de los Estados ha sido considerado otro pilar de la política de sanciones de los Estados Unidos.[396] Los patrocinadores estatales son países que han "brindado apoyo estatal en repetidas ocasiones a actos de terrorismo internacional," esto, de acuerdo con lo designado por el Secretario de Estado en virtud de la Sección 6 (j) de la Ley de Administración de Exportaciones de 1979 o el EAA y las posteriores regulaciones *Export Administration Regulations* (EAR).

Desde entonces, los principales designados bajo esta categoría han sido Cuba, Irán, Iraq, Libia, Corea del Norte, Sudán y Siria. La inclusión de un país como patrocinador del terrorismo desencadena una serie de medidas en su contra, que incluyen restricciones a las licencias de exporta-

---

[395] En la década de 1760, las colonias americanas instituyeron la "no importación" y la "no exportación" contra Gran Bretaña en un esfuerzo por obligarla a cambiar sus leyes de impuestos y comercio. Durante la Guerra Civil, los Estados Unidos impusieron sanciones contra la Confederación, cortando al Sur de importaciones extranjeras. En la guerra hispanoamericana de 1898, Estados Unidos presionó económicamente a España al bloquear a Cuba y Filipinas. Véase Rathbone, Meredith / Jeydel, Peter & Lentz, Amy, "Sanctions, Sanctions Everywhere: Forging A Path Through Complex Transnational Sanctions Laws", en: *Georgetown Journal of International Law,* 2013, Vol. 44, p. 1055.

[396] Id.

ción, asistencia gubernamental y limitación de las transacciones financieras de las personas estadounidenses así como la habilitación administrativa para que el presidente restrinja las importaciones de considerarlo necesario. Aunque nombrar a un Estado como patrocinador del terrorismo no desencadena automáticamente un embargo económico total, la mayoría de los Estados que ahora están o han sido designados –incluidos Cuba, Irán, Irak, Libia, Sudán y Corea del Norte– están sujetos al menos a sanciones comerciales y financieras generales,[397] bastante equiparables a los efectos materiales de un embargo aun cuando no lo sea en estricto sentido. Debido a la magnitud del poder que representa Estados Unidos en la economía mundial, el utilizar estas medidas ejercen un gran control sobre los Estados afectados.

Estados Unidos ha consolidado un régimen sancionatorio contra sus adversarios internacionales a nivel doméstico constituido bajos dos leyes dictadas por el Congreso: la IEEPA y la EAA. Ahora bien, es importante señalar que cada régimen de sanciones es único en sus características pues atiende a una situación política en concreto. No obstante, los regímenes de sanciones de Cuba, Irán, Sudán y Siria comparten características similares globalmente considerados. Estos cuatro regímenes sancionatorios generalmente prohíben: la participación de personas estadounidenses en transacciones relacionadas con el estado sancionado; colaboración por parte de personas estadounidenses en transacciones realizadas por personas que no sean estadounidenses y que estarían prohibidas si fueran realizadas por personas estadounidenses; y transacciones de cualquier persona en cualquier parte del mundo que involucren bienes de origen estadounidense, aunque a veces ciertos bienes de origen estadounidense pueden ser reexportados a países sancionados por personas no estadounidenses.[398]

La política norteamericana respecto a las sanciones de sus adversarios es muy dinámica. Nos encontramos en un escenario en constante movimiento y con objetivos variables. La primera regla general en materia de sanciones es que sus objetivos y su alcance cambian constantemente. Por tal motivo, lo más recomendable es verificar las regulaciones antes de realizar cualquier transacción riesgosa o que presente *red flags* para asegurar el cumplimiento del marco sancionatorio actual. No queda duda que el Presidente de los Estados Unidos posee una gran discreción en cuanto a la promulgación de un derecho sancionatorio complejo, y que impone

---

397 Id.

398 Id.

muchas obligaciones a las compañías internacionales. Esta discreción *amplísima* ha sido objeto de debate en diversas oportunidades.

En *United States v. Ali Amirnazmi* se sostuvo que el presupuesto para el ejercicio de autoridad ejecutiva de acuerdo con la IEEPA es la declaración de una emergencia nacional bajo la Ley Nacional de Emergencias o *National Emergencies Act* (NEA). Según la IEEPA, la emergencia debe provenir de una amenaza inusual y extraordinaria, que tiene su origen en todo o en gran parte fuera de los Estados Unidos, para la seguridad nacional, la política exterior o la economía de los Estados Unidos.[399]

En conclusión, lo cierto es que la existencia misma de estas sanciones secundarias ha afectado las actividades de compañías no estadounidenses, particularmente cuando se combina con las estrictas sanciones de Irán y la amenaza de una potencial sanción y cómo se aplicaría.[400] Como podemos observar, las grandes compañías multinacionales en industrias altamente reguladas (por ejemplo, servicios financieros, energía, defensa)

---

399 *United States v. Ali Amirnazmi*, 645 F.3d 564, 572-577 (3d Cir. Pa.2011). En particular, la Corte del tercer circuito sostuvo "como fuente de autoridad legal para el ejercicio de poderes económicos de emergencia por parte del Ejecutivo en respuesta a las crisis en tiempos de paz, IEEPA rastrea su procedencia al § 5 (b) de la TWEA. La TWEA ha dotado al presidente de amplios poderes para regular el comercio internacional en tiempos de guerra o 'emergencia nacional,' pero carecía de un mecanismo compensatorio para deshacerse de la autoridad otorgada al presidente una vez que la emergencia había disminuido. Debido a que los presidentes habían mostrado una tendencia a permitir que las declaraciones de 'emergencia' perduraran 'incluso después de que las circunstancias o tensiones que habían llevado a la declaración ya no pudieran decir que representaban una amenaza de emergencia para la nación,' algunos expresaron su preocupación de que TWEA efectivamente sirvió como un 'herramienta unidireccional para mejorar en gran medida la autoridad discrecional del presidente sobre la política exterior.' *Regan v. Wald*, 468 U.S. 222, 245, 104 S. Ct. 3026, 82 L. Ed. 2d 171 (1984) (con opinión disidente Blackmun, J.,). [...] La máxima legal de que el Congreso no puede delegar su poder legislativo al presidente es 'universalmente reconocida como vital para la integridad y el mantenimiento del sistema de gobierno ordenado por la Constitución.' Sin embargo, la Corte Suprema ha invocado la doctrina de la delegación como inconstitucional –pues se deriva su fundamento constitucional de la concesión del artículo I que establece 'todos los poderes legislativos' al Congreso– para la declaratoria de inconstitucionalidad de una ley solo dos veces en su historia. La jurisprudencia de la Corte se ha caracterizado por un 'entendimiento práctico de que en nuestra sociedad cada vez más compleja, repleta de problemas cada vez más cambiantes y técnicos, el Congreso simplemente no puede hacer su trabajo sin la capacidad de delegar el poder bajo amplias directivas generales.' En consecuencia, al evaluar una delegación permisible, la Corte ha decretado que será 'constitucionalmente suficiente si el Congreso delinea claramente la política general, la agencia pública que la aplicará y los límites de esta autoridad delegada.' [...] Dos de nuestros circuitos hermanos han analizado la delegación de autoridad de acuerdo con la IEEPA para criminalizar la conducta a la luz de Touby y han concluido que la ley se mantiene bajo un análisis y escrutinio constitucional [...] también concluimos que IEEPA 'restringe significativamente' la discreción del presidente en esta materia."

400 Id.

han sido conscientes de las sanciones económicas y otros problemas de control de exportaciones con Estados Unidos. Sin embargo, a medida que el alcance de las leyes de sanciones norteamericanas continúa expandiéndose, las compañías que operan en áreas menos sensibles y reguladas pueden encontrarse, ahora más que nunca, al alcance de la OFAC u Oficina de Control de Activos Extranjeros o el Departamento de Estado, en supuestos de comprometer la seguridad nacional norteamericana. Algo importante que debemos señalar es que, en el estudio de esta materia, se ha distinguido entre sanciones primarias y secundarias como veremos a continuación.

1. Las sanciones económicas como Derecho Administrativo Federal Norteamericano

En el derecho constitucional norteamericano la teoría de la no delegación o *non-delegation doctrine*, es un punto de inicio para todo el esquema constitucional, legal y regulatorio doméstico norteamericano que sustenta el derecho de las sanciones. Originalmente, la doctrina de la no delegación mantuvo como buen derecho la premisa formal que el Congreso no puede delegar su poder legislativo a ninguna otra institución.[401] No obstante, paradójicamente, el derecho actual parte de la premisa contraria: debemos partir por la premisa que el Congreso de los Estados Unidos puede delegar su autoridad legislativa a agencias federales a través de legislación que específicamente faculte a un órgano administrativo para tal fin, otorgando poderes propios del Congreso.

La ironía de esta doctrina es el principio de separación de los poderes.[402] ¿Puede una agencia federal ostentar el poder del Congreso? Y la respuesta norteamericana es afirmativa. Así, en primer lugar, el Congreso define los objetivos de la legislación y los límites de la autoridad del poder ejecutivo. En segundo lugar, el presidente emite órdenes ejecutivas o *executives orders* que establecen reglas e instrucciones a la agencia federal con la experiencia en la materia en específico para ejecutar el contenido y objetivo de la legislación promulgada por el Congreso. Y finalmente, la agencia administrativa federal en específico, en pleno conocimiento técnico y experiencia, emite regulaciones administrativas detalladas con el objetivo de cumplir los fines de la legislación dentro de los límites establecidos por el Congreso.

---

401 Werhan, Keith, *Principles of Administrative Law,* West Academic Publishing, 2014, p. 47.

402 Id., p. 71.

Aunque este procedimiento de creación de regulaciones parece sencillo, históricamente ha tenido una evolución sobre la base de los poderes constitucionales del presidente de los Estados Unidos, como agente diplomático y como cabeza del Estado Administrativo Federal. En un primer lugar, desde el siglo XIX, la jurisprudencia constitucional norteamericana era pacífica en que el Congreso podía delegar sus poderes a otros órganos del Estado (como el poder ejecutivo o judicial).

Sin embargo, fue a principios del siglo XX cuando comenzaron las preguntas sobre esta posibilidad, y en particular, la interrogante de cómo deberían ser establecidos los estatutos que delegan el poder del Congreso. La Corte Suprema de los Estados Unidos desde *J.W Hampton, Jr. & Co. v. United States*, en un caso sobre un estatuto que autorizaba al presidente a alterar la cantidad de ciertas mercancías importadas para igualar el costo de producción entre los Estados Unidos y naciones extranjeras, declaró que esta "acción legislativa no es una delegación prohibida del poder legislativo al presidente."[403]

Esta regla de derecho fue expandida posteriormente inclusive mucho más en *Mistretta v. United States*, al considerar la Corte que:

> ...nunca se ha considerado que la Constitución niegue al Congreso los recursos necesarios de flexibilidad y practicidad, que le permitirán desempeñar su función [en consecuencia] esta Corte ha considerado constitucionalmente suficiente que el Congreso delinee claramente la política general, la agencia pública que debe aplicarla, y los límites de esta autoridad delegada.[404]

Igualmente, la Corte Suprema ha sostenido desde *Curtiss-Wrigh*t *Export Corp.*, las bases constitucionales y legales para la amplia concesión de autoridad de la IEEPA al presidente como rector de la agenda diplomática norteamericana. En este sentido, el presidente es el "único órgano del gobierno federal en el campo de las relaciones exteriores."[405] En efecto, por mandato constitucional, el presidente como órgano del poder ejecutivo es el encargado de dictar la agenda diplomática norteamericana. Así, el presidente de los Estados Unidos, por la naturaleza inherente de las relaciones exteriores y el cargo de presidencia le otorga "la autoridad más delicada, plena y exclusiva de poder [...] en el campo de las relaciones internacionales, siendo este un poder que no requiere como base para su ejercicio un acto del Congreso para habilitarlo en su ejercicio."[406]

---

[403] *J. W. Hampton, Jr. & Co. v. United States,* 276 U.S. 394 (1928).

[404] *Mistretta v. United States*, 488 U.S. 361 (1989).

[405] *United States v. Curtiss-Wright Export Corp.*, 299 U.S. 304 (1936).

[406] Id.

Más recientemente, en *United States v. Amirnazmi,* en un esfuerzo por abordar la evolución de la Ley de Comercio con el Enemigo de 1917 o TWEA hacia un "instrumento flexible de política exterior en situaciones que no son de emergencia," el Congreso enmendó el § 5 (b) en 1977, restringiendo la capacidad del Ejecutivo para actuar bajo ese estatuto estrictamente en tiempos de guerra.[407] Al mismo tiempo, el Congreso promulgó la IEEPA para servir como el lugar de la autoridad económica ejecutiva durante situaciones de emergencia nacional.[408] Al evaluar una delegación permisible, en opinión del tercer circuito, la IEEPA es "constitucionalmente suficiente si el Congreso delinea claramente la política general, la agencia pública que la aplicará y los límites de esta autoridad delegada."[409]

El derecho de las sanciones se funda y se sustenta en las premisas discutidas: el Congreso dictó la IEEPA, el presidente ordena a sus agencias federales determinadas instrucciones en el ejercicio de su poder constitucional en materia de política exterior, y las agencias federales ejecutan y emiten regulaciones con base en los límites establecidos por el Congreso de acuerdo con las instrucciones dadas por el presidente. Esa agencia federal es la OFAC, como oficina subordinada al Secretario del Tesoro.

Ahora bien, en materia de derecho administrativo norteamericano, una agencia administrativa federal puede investigar, decidir y ejecutar la ley, sin violar principios de debido proceso. La Ley de Procedimiento Administrativo o la *Administrative Procedure Act* delimita muchas de las funciones que tienen las agencias gubernamentales federales respecto a los poderes administrativos de decisión como jueces administrativos dentro del poder ejecutivo.[410] Incluyendo los poderes fiscales y decisorios de las agencias federales, estos órganos tienen el poder de promulgar regulaciones y formular políticas públicas.[411] Desde la decisión sostenida en *Withrow v. Larkin*[412] es muy claro en el derecho administrativo federal norteamericano que la combinación de funciones no hace en sí mismo que la acción administrativa de las agencias federales sea considerada como una parcialidad inadmisible al momento de tomar decisiones administrativas.[413]

---

407 *U.S. v. Amirnazmi*, 645 F.3d 564 (3d Cir. 2011).

408 Id.

409 Id., epígrafe 577.

410 Lawson, Gary, *Federal Administrative Law*, West Academic Publishing, 2016, p. 298.

411 Id., p. 300.

412 *Withrow v. Larkin*, 421 U.S. 35 (1975).

413 Lawson, *Federal Administrative Law*..., ob. cit., p. 300.

Ahora bien, como agencia federal administrativa, la OFAC y el Departamento de Tesoro de los Estados Unidos, administran y hacen cumplir las sanciones económicas y comerciales basadas en la política exterior de los Estados Unidos, así como los objetivos de seguridad nacional contra los países y regímenes extranjeros específicos, los terroristas, los traficantes de narcóticos internacionales, los que participan en actividades relacionadas con la proliferación de armas de destrucción masiva y otras amenazas a la seguridad nacional, política exterior o economía de los Estados Unidos. De esta forma, la actuación de la OFAC sólo se encuentra limitada por el Congreso y por las expresas instrucciones del presidente.

2. Las sanciones primarias

Las sanciones primarias son aquellas que enfocan su objetivo en la negociación entre un ciudadano americano "*U.S. person*" y un sujeto efectivamente sancionado. Las sanciones como hemos mencionado se derivan de la existencia de una amenaza real a la seguridad nacional o la política exterior de los Estados Unidos, y generalmente van dirigidas a países en específico. Sin embargo, pueden recaer también sobre cualesquier persona, natural o jurídica, e incluso buques, que actúen como un agente de amenaza. Ahora bien, en lo que respecta a los Estados, en la praxis, "las sanciones contra un Estado pueden tomar muchas formas."[414]

Principalmente, entre ellas se incluyen medidas que potencialmente pueden ordenar la congelación de las relaciones diplomáticas o detener la asistencia militar y económica bajo tratados internacionales, la prohibición a personas privadas de participar o facilitar la transferencia de bienes o tecnología, o la prestación de servicios, a otro país, su gobierno o sus funcionarios públicos y la focalización de individuos o entidades particulares como sujetos sancionados, causando menos daño colateral a ciudadanos inocentes que los programas de sanciones basados en el país en específico.

Como se ha señalado, "las sanciones económicas se definen tradicionalmente como el 'retiro deliberado, inspirado por el gobierno, o amenaza de retiro, de las relaciones comerciales y financieras habituales con un país objetivo en un esfuerzo por cambiar las políticas de ese país.'"[415] Actualmente, la OFAC administra programas generales de sanciones contra sujetos sancionados en específico, entre los cuales se encuentran Irán, Sudán, Siria y Corea del Norte, como Estados sancionados.

---

[414] Rathbone, Jeydel & Amy, *Sanctions, Sanctions...*, ob. cit.

[415] Id.

Como tendremos la oportunidad de ver, en el caso particular de Venezuela, la situación es diferente. Quien se encuentra sancionado es el Gobierno de Venezuela (y varias personas naturales y jurídicas en específico) y no el Estado de Venezuela como sujeto de derecho internacional público, siendo esto una precisión fundamental en el ámbito de aplicación de las sanciones norteamericanas. Existe una gran diferencia en ambos casos porque las sanciones que existen recaen única y exclusivamente sobre el Gobierno, no sobre el pueblo venezolano en sí. De esta forma, como regla general, una sanción primaria se centra en la prohibición de relacionamiento entre una persona de nacionalidad americana y el sujeto previamente sancionado.

3. Las sanciones secundarias

Las sanciones secundarias, por su parte, son cualquier forma de restricción económica impuesta por un Estado sancionador o emisor (por ejemplo, los Estados Unidos) que tiene la intención de disuadir a un país tercero o a sus ciudadanos y empresas (por ejemplo, Francia, el pueblo francés y las empresas francesas) de realizar transacciones con un objetivo de sanciones (por ejemplo, un régimen contrario a los intereses del Estado Emisor, sus altos funcionarios de gobierno o una entidad terrorista no estatal).[416]

Así, las sanciones secundarias se pueden dividir en dos categorías. Por una parte, aquellas que nacen a través de una indirecta conexión territorial o jurisdiccional contra aquellas personas y compañías no nacionales norteamericanos, pero cuyo dueño es un ciudadano o compañía americana. Por otra parte, a través del ejercicio de la jurisdicción norteamericana puramente extraterritorial sobre actos de personas y compañías no nacionales norteamericanos, usando la amenaza de detener los beneficios de hacer negocios en Estados Unidos o con ciudadanos o compañías americanas. Debemos señalar que las sanciones secundarias, han sido durante mucho tiempo una fuente de controversia[417] por sus marcadas diferencias con el derecho internacional consuetudinario, como ya hemos discutido.

---

416 Meyer, Jeffrey A., "Second Thoughts on Secondary Sanctions", en: *University of Pennsylvania Journal of International Law,* 2009, Vol. 30, N° 3, pp. 905-968, especialmente p. 926.

417 Rathbone, Jeydel & Lentz, *Sanctions, Sanctions...*, ob. cit., p. 1055.

III. EL RÉGIMEN ACTUAL DE LAS SANCIONES NORTEAMERICANAS CONTRA VENEZUELA

Desde hace varios años, el Gobierno de los Estados Unidos ha mostrado gran interés por la situación sociopolítica venezolana. Venezuela ha sido epicentro de distintos episodios de gran tensión social los cuales han derivado en situaciones extremas y lamentables de violaciones de derechos humanos, crisis económica, crisis sanitaria y otros problemas de diversa índole. Estos acontecimientos derivan principalmente de la mala administración del gobierno nacional actual y al descontento que existe de una gran parte del país con el régimen. Al respecto, los Estados Unidos, a través de sus Poderes Ejecutivo y Legislativo, ha manifestado su preocupación y su disconformidad con el Gobierno de Venezuela, su gestión y la forma en la que se mantiene en el poder pues contraría muchos de sus valores y principios.

Actualmente, el Gobierno de Venezuela se encuentra sancionado por Estados Unidos, pero ¿qué significa estar sancionado exactamente? Desde 2015, Estados Unidos ha "sancionado" a funcionarios públicos venezolanos que hayan participado en actos de corrupción y violación de derechos humanos. Como tendremos la oportunidad de analizar, la sanción aplicada es realmente una prohibición de comercio y relacionamiento con sujetos específicamente designados.

A título de contexto histórico, inicialmente el Congreso de los Estados Unidos promulgó el *Venezuela Defense of Human Rights and Civil Society Act*[418] o Ley de Defensa de los Derechos Humanos y la Sociedad Civil de Venezuela de 2014 que establece sanciones a las personas responsables de las violaciones de los derechos humanos de los manifestantes antigubernamentales en Venezuela, para fortalecer la sociedad civil en Venezuela. Pero la regulación de las sanciones se encuentra principalmente en Órdenes Ejecutivas o *Executive Orders* dictadas directamente por el Presidente de los Estados Unidos en el marco de la IEEPA y la legislación complementaria, como analizaremos a continuación.

1. El contenido de las sanciones

El esquema de sanciones que afectan al actual Gobierno Nacional se ha extendido con la Orden Ejecutiva N° 13.692 del 08-03-2015, sobre el bloqueo de propiedades y suspensión de la entrada de ciertas personas

---

[418] Venezuela Defense of Human Rights and Civil Society Act of 2014, 113 P.L. 278, 128 Stat. 3011.

que contribuyen a la situación en Venezuela (*Executive Order Blocking Property and Suspending Entry of Certain Persons Contributing to the Situation in Venezuela*)[419] y la Orden Ejecutiva N° 13.808 del 24-08- 2017, que impone sanciones adicionales con respeto a la situación en Venezuela (*Executive Order Imposing Additional Sanctions with Respect to the Situation in Venezuela*).[420]

Actualmente, se encuentra plenamente vigente la Orden Ejecutiva N° 13.884 o *Executive Order 13.884 of August 5, 2019 Blocking Property of the Government of Venezuela*[421] cuya finalidad es precisamente profundizar el esquema sancionatorio contra el Gobierno de Venezuela. De esta forma, el Gobierno de Venezuela ha pasado de un esquema de sanciones a funcionarios en específico a través de listas de nacionales específicamente designados o SDN a un esquema complejo de SDN y una sanción genérica al Gobierno de Venezuela, ampliando el alcance regulatorio de las sanciones.

Ahora bien ¿qué se sanciona exactamente? Estas sanciones son esencialmente económicas e imponen bloqueo y congelamiento de activos de personas sancionadas por Estados Unidos. Por ello, se ordena que: *(i)* todos los bienes e intereses en propiedad del Gobierno de Venezuela que se encuentren en los Estados Unidos, que en lo sucesivo entren en los Estados Unidos, o que se encuentren en el poder o el control de cualquier persona de los Estados Unidos, están bloqueados y no pueden ser transferidos, pagados, exportados, o de cualquier forma negociado; *(ii)* todos los bienes e intereses en propiedades que se encuentren en los Estados Unidos, que en lo sucesivo se encuentren dentro de los Estados Unidos, o que se encuentren o se encontraren en el futuro por cualquier persona de los Estados Unidos de las siguientes personas están y serán bloqueadas y no podrán ser transferidas, pagadas, exportadas, o negociadas de cualquier manera.[422]

Así cualquier persona determinada por el Secretario del Tesoro puede ser sancionada por: *(i)* haber prestado materialmente asistencia, patrocinio o asistencia financiera, material o tecnológica, o bienes o servicios a, o en apoyo de, a una persona incluida en la lista de personas especialmente designadas y personas bloqueadas mantenida por la OFAC cuyas propiedades e intereses en la propiedad están bloqueados de conformidad

---

419 80 FR 12747, en https://bit.ly/3JL9Pxn.

420 82 FR 41155, en https://bit.ly/2x7intG.

421 84 FR 38843, en https://bit.ly/3bRW971.

422 E.O. 13.884 del 05-08-2019, §1.

con esta orden; o *(ii)* ser propiedad o estar bajo el control de, o haber actuado o pretender actuar para o en nombre de, directa o indirectamente, cualquier persona cuya propiedad e intereses en la propiedad estén bloqueados de conformidad con esta orden.[423]

¿Esto significa que el Gobierno de Venezuela está bloqueado? En palabras de la OFAC se ha establecido claramente que solo hay prohibiciones con aquellas personas agregadas a las listas de personas sancionadas,[424] y no el país como Estado soberano. En la actualidad, han sido notorias las sanciones contra Petróleos de Venezuela S.A. (PDVSA), y varios funcionarios públicos, negando o revocando sus visas a territorio norteamericano y el congelamiento de bienes y cuentas bancarias en bancos norteamericanos. Esto ha constituido, indudablemente, un gran problema para la reestructuración de la deuda soberana venezolana, y ha resultado en un marco regulatorio realmente complejo entre el derecho de las sanciones norteamericano versus el marco interno venezolano.[425]

Ahora bien, quien se encuentra sancionado es el Gobierno de Venezuela, no Venezuela como Estado soberano de acuerdo con el derecho internacional. Esta precisión es clave porque las sanciones, teóricamente, no son contra Venezuela como un todo, sino contra su gobierno y algunos funcionarios específicamente designados. De tal manera, que el gobierno venezolano en el exilio no se encuentra sancionado, pero sí se encuentra sancionado el Gobierno de Venezuela entendido como la administración del presidente Nicolás Maduro. De igual forma, los ciudadanos de Venezuela (entendidos como nacionales de Venezuela como Estado) no se encuentran sancionados de acuerdo con las regulaciones del Departamento del Tesoro de los Estados Unidos.

---

423 Id.

424 La OFAC ha señalado en este particular que: "La designación de un funcionario del Gobierno de Venezuela no significa que el gobierno mismo también esté bloqueado. Las prohibiciones se aplican a transacciones o acuerdos comerciales exclusivamente con las personas y entidades cuya propiedad e intereses en la propiedad están bloqueados. Sin embargo, las personas de los EE. UU. deben ser cautelosas en sus tratos con el gobierno para asegurarse de que no se involucren en transacciones o acuerdos comerciales, directa o indirectamente, con un SDN, por ejemplo, al celebrar contratos firmados por un SDN, al iniciar negociaciones con un SDN, o mediante el procesamiento de transacciones, directa o indirectamente, en nombre de la SDN, en ausencia de autorización o licencia aplicable. [13/02-17]", en https://bit.ly/3JMdElZ.

425 De hecho, la OFAC ha dicho que "existen prohibiciones expresas para negociar nueva deuda si la entidad involucrada es PDVSA u otra parte del Gobierno de Venezuela," en https://bit.ly/3AizWIZ.

Lo explicado anteriormente implica dos cosas: *(i)* que los ciudadanos venezolanos pueden relacionarse comercialmente con *U.S. persons* al no estar sancionados, y *(ii)* que toda sociedad mercantil privada venezolana no está sancionada por Estados Unidos y, por ende, puede relacionarse con *U.S. persons*. La premisa en materia de sanciones estadounidenses es que Venezuela no está embargada en este marco regulatorio, ya que sólo se encuentra sancionado su gobierno y los SDN designados como tal por el Departamento del Tesoro.

De esta forma, las transacciones con partes privadas de nacionalidad venezolanas que se realicen sin la participación del Gobierno de Venezuela o partes sancionadas siguen siendo plenamente permisibles en el marco del régimen sancionatorio establecido por la OFAC contra el Gobierno de Venezuela. Así las cosas, las sanciones contra Venezuela son realmente prohibiciones de relacionamiento por parte de sujetos americanos con personas específicamente designadas como sancionados.

2. Las prohibiciones generales

Como se evidencia, la regla general en la materia que nos ocupa es que existe una prohibición genérica para las personas americanas de interactuar directamente (vender, prestar servicios, importar, exportar, invertir, entre otras actividades comerciales) con personas designadas como SDN. La prohibición implica, paralelamente, la participación de manera indirecta a *facilitar* las transacciones de personas no estadounidenses con un SDN o donde el "beneficio" de la transacción sea recibido por un SDN (*v.g.* una persona americana que refiere una negociación comercial a una persona que no es americana con un SDN, y posteriormente firma un contrato con un SDN, entre otros supuestos). Ahora bien, la prohibición de relacionamiento también trae consigo la prohibición de facilitar transacciones comerciales por *U.S. persons*.

El término facilitar o *facilitation* genera muchas dudas en la práctica empresarial. Por una parte, facilitar transacciones a través de terceros posee grandes problemas prácticos si analizamos en concreto las regulaciones contra Venezuela. La realidad actual es que no se define por los reguladores qué es *facilitation* en las regulaciones específicas contra Venezuela, con la finalidad de poseer un instrumento lo suficientemente ambiguo para aplicarlo a una cantidad infinita de supuestos de hecho dentro del derecho sancionatorio. En términos generales, la prohibición de la facilitación hace que sea ilegal que una persona americana brinde apoyo o asistencia a personas extranjeras, si esas personas extranjeras se dedican a una actividad que estaría prohibida si las personas americanas se dedicaran directamente a dicha actividad.[426]

Esta idea de *facilitation* proviene originalmente de las regulaciones de sanciones sudanesas, las cuales explican que una *prohibited facilitation* ocurre cuando una persona estadounidense "ayuda" o "apoya" la actividad comercial con Sudán por parte de cualquier persona americana. Existen prohibiciones explícitas de facilitación en los regímenes de sanciones de Irán y Siria también, pero la definición sudanesa del término es la más expansiva y completa. Se ha discutido mucho con respecto a las definiciones inconsistentes de facilitación de la OFAC en los diversos regímenes de sanciones y los desafíos de cumplimiento que ha creado.[427]

Sin embargo, la práctica predominante (y ciertamente el curso de acción más seguro) es asumir que la OFAC aplicará la noción de la facilitación que se encuentra en las regulaciones de sanciones de Sudán a todos sus regímenes de sanciones. Igualmente, en el marco de las sanciones a Irán y Cuba, se ha discutido mucho respecto a las definiciones inconsistentes de *facilitation* o colaboración con el sujeto sancionado impuestas por las regulaciones del Tesoro en los diversos regímenes de sanciones y los retos en el cumplimiento regulatorio que ha creado. Una revisión de las acciones tomadas por la OFAC demuestra que el Departamento del Tesoro ha resuelto una variedad de casos civiles que alegan *prohibited facilitation* contra una variedad de compañías norteamericanas.[428]

Por ejemplo, el acuerdo de *Schlumberger Oilfield*[429] con la OFAC subraya la importancia de cumplir con el espíritu y la letra de las prohibiciones de facilitación. Este es especialmente el caso de las corporaciones multinacionales con presencia tanto en los Estados Unidos como en países sancionados. La identificación de áreas potenciales de vulnerabilidad requiere un análisis cuidadoso basado en las peculiaridades del negocio y el contacto (si lo hay) con operaciones en países sancionados. Nuevamente, aunque la definición regulatoria es ambigua y ha habido pocas acciones de cumplimiento bajo la teoría de facilitación, varios programas de sanciones brindan algunos ejemplos de conductas específicas que pueden constituir facilitación:

---

426 Véase en general Rathbone, Jeydel & Amy, *Sanctions, Sanctions...*, ob. cit., pp. 1055 y ss.

427 Id.

428 Id.

429 Véase, *OFAC Issues Finding of Violation to Schlumberger Oilfield Holdings, Ltd. (SOHL), a subsidiary of Schlumberger Ltd., for Violations of the Iranian Transactions and Sanctions Regulations and the Sudanese Sanctions Regulations*.

- Las partes estadounidenses no pueden aprobar, financiar, asegurar o garantizar ninguna transacción en la que se les prohíba participar (Regulaciones Sancionatorias de Irán, 31 C.F.R.560.208; Regulaciones Sancionatorias de Siria, 31 C.F.R.542.413).

- Las partes americanas no pueden proporcionar mercancías para su uso en relación con una transacción prohibida ni realizar una compra en beneficio de una transacción prohibida (Regulaciones Sancionatorias de Irán, 31 C.F.R.560.205; Regulaciones Sancionatorias de Sudán, 31 C.F.R. 538.206).

- Las partes de los Estados Unidos no pueden proporcionar servicios en apoyo o en conexión con actividades prohibidas (Regulaciones Sancionatorias de Sudán, 31 C.F.R.538.407 (a); Regulaciones Sancionatorias de Irán, 31 C.F.R.560.417 (b)).

- Las partes de los Estados Unidos no pueden brindar orientación sobre actividades prohibidas (Regulaciones Sancionatorias de Sudán, 31 C.F.R.538.407 (b)).

- Las partes estadounidenses no pueden alterar sus políticas corporativas para permitir transacciones prohibidas (Regulaciones Sancionatorias de Irán, 31 C.F.R.560.417; Reglamento de Sudán, 31 C.F.R. 538.407).

- Las partes estadounidenses no pueden referir negocios a una persona extranjera que implique una transacción prohibida (Regulaciones Sancionatorias de Sudán, 31 C.F.R. 538.407 (d)).

- En el otro extremo del espectro de conducta, las regulaciones de Sudán indican que las actividades puramente clericales o de informes, por ejemplo, informar sobre el comercio de una subsidiaria con un país sancionado, no constituyen facilitación (Regulaciones Sancionatorias de Sudán, 31 C.F.R. 538.407 (a)).[430]

Analógicamente, y aplicado a las regulaciones de sanciones contra Venezuela, en teoría puede existir *facilitation* de un ciudadano americano a un SDN dada las consideraciones expuestas. Por ello, es fundamental la aplicación de mecanismos y un programa de cumplimiento sancionatorio que proteja a la empresa ante eventuales escenarios de *facilitation*. Desafortunadamente, es muy difícil saber con base en la información que la OFAC pone a disposición del público qué exactamente constituye la supuesta colaboración con un sujeto sancionado en el caso en concreto[431] por tratarse de casos en vía administrativa y no judicializados (y que, por consecuencia, nunca llegan al sistema de justicia formal).

---

[430] Howell Anderson, Paula / Newcomb, Danforth / Urofsky, Philip / Fishbein, Stephen / LaVigne, Christopher & Burke, Burke (2015, 11-04) *"Facilitation": A New Tool For Extraterritorial Sanctions Enforcement?,* Shearman & Sterling LLP, 2015.

[431] Id.

3. La extraterritorialidad práctica de las sanciones norteamericanas

Las sanciones norteamericanas, como hemos señalado, son derecho interno norteamericano, y como tal, siguen el procedimiento de creación de las leyes y regulaciones que establece la Constitución y la ley como acto dictado por el Congreso de los Estados Unidos de América. Las regulaciones del Departamento del Tesoro son *territoriales* pues aplican a todos los bienes y activos en territorio norteamericano, pero indirectamente son *extraterritoriales* al extender la jurisdicción norteamericana a las transacciones realizadas en dólares americanos por interpretación jurisprudencial y regulatoria, por el alcance de la IEEPA como norma rectora, y adicionalmente, por la legislación complementaria en materia bancaria y financiera (BSA y *Money Laundering statutes* analizados en el siguiente capítulo de este trabajo). Por ello, toda transacción realizada en dólares americanos puede reputarse como realizada en Estados Unidos al ingresar en el sistema financiero norteamericano y, por ende, susceptible del ejercicio de la jurisdicción americana.

De acuerdo con lo sostenido en *Morrison v. Nat'l Austl. Bank Ltd.*, la Corte Suprema de los Estados Unidos ha manifestado que es "un principio de larga data en el derecho norteamericano que la legislación promulgada por el Congreso, a menos que aparezca una intención contraria, debe aplicarse solo dentro de la jurisdicción territorial de los Estados Unidos."[432] Sin embargo, en la práctica, y como ya hemos adelantado, las autoridades federales americanas han usado al extremo los límites de su jurisdicción para acusar e impulsar causas penales contra extranjeros, así como procedimientos administrativos en el marco de los poderes que delega la IEEPA al Presidente de los Estados Unidos.[433]

---

432 *Morrison v. Nat'l Austl. Bank Ltd.*, 561 U.S. 247.

433 Id. nota 22. Desde la perspectiva norteamericana, hay dos requisitos para analizar los problemas de extraterritorialidad. En el primer requisito, un tribunal se pregunta si la presunción contra la extraterritorialidad ha sido refutada, es decir, si el estatuto da una indicación clara y afirmativa de que se aplica extraterritorialmente. El tribunal debe hacerse esta pregunta independientemente de si el estatuto en cuestión regula la conducta, ofrece remedios judiciales o simplemente confiere jurisdicción. Si el estatuto no es extraterritorial, entonces, en el segundo requisito, el tribunal determina si el caso involucra una aplicación interna del estatuto, y el tribunal lo hace observando el "enfoque y finalidad" del estatuto promulgado. Si la conducta relevante para la finalidad del estatuto ocurrió en los Estados Unidos, entonces el caso involucra una aplicación doméstica permisible incluso si otra conducta ocurrió en el extranjero; pero si la conducta relevante para el objetivo de la ley ocurrió en un país extranjero, entonces el caso involucra una aplicación extraterritorial inadmisible independientemente de cualquier otra conducta que haya ocurrido en el territorio de los EE. UU.

4. La jurisdicción norteamericana y sus consecuencias

Una vez confirmada la jurisdicción, un fiscal federal o agencia federal norteamericana puede presentar un caso contra el sujeto infractor, y no hay nada peor que este escenario. Evidentemente, poseer jurisdicción no implica necesariamente la existencia y prueba de un incumplimiento del régimen sancionatorio vigente. Pero no menos cierto, el ejercicio de jurisdicción americana es tener una *Caja de Pandora* muy difícil de predecir: la posibilidad de un DPA con un fiscal federal, la imposición de multas sin ir propiamente a juicio, y en el supuesto de pelear, las altas probabilidades de una sentencia condenatoria civil y penalmente en nuestra contra.

El estatuto federal norteamericano que controla todo el derecho de las sanciones aplicado a otros Estados es la IEEPA como ya hemos señalado. La IEEPA, en la práctica, es una herramienta importante en las medidas de diplomacia de los Estados Unidos contra los Estados que no están en línea con la agenda estadounidense. Este marco normativo sumado a las sanciones primarias entre las personas americanas y la persona sancionada, dan origen a los programas específicos contra países que la OFAC administra, a través de sanciones comerciales generales contra varios Estados entre los que se incluyen Irán, Sudán, Siria y Corea del Norte. La IEEPA habilita administrativamente al Presidente de los Estados Unidos a emitir regulaciones a través de *Executive Orders* u órdenes ejecutivas en aplicación de la IEEPA cuando ocurran amenazas inusuales y extraordinarias a los Estados Unidos.[434] Esta habilitación administrativa puede ser otorgada por el presidente a otras agencias gubernamentales u oficinas

---

434 En particular, IEEPA § 1701. "Unusual and extraordinary threat; declaration of national emergency; exercise of Presidential authorities: (a) Any authority granted to the President by section 1702 of this title may be exercised to deal with any unusual and extraordinary threat, which has its source in whole or substantial part outside the United States, to the national security, foreign policy, or economy of the United States, if the President declares a national emergency with respect to such threat. (b) The authorities granted to the President by section 1702 of this title may only be exercised to deal with an unusual and extraordinary threat with respect to which a national emergency has been declared for purposes of this chapter and may not be exercised for any other purpose. Any exercise of such authorities to deal with any new threat shall be based on a new declaration of national emergency which must be with respect to such threat. Jurisdiction (a) Any individual, wherever located, who is a citizen or resident of the United States; (b) Any person within the United States as defined in § 515.330; (c) Any corporation, partnership, association, or other organization organized under the laws of the United States or of any State, territory, possession, or district of the United States; and (d) Any corporation, partnership, association, or other organization, wherever organized or doing business, that is owned or controlled by persons specified in paragraphs (a) or (c) of this section. U-turns are $ transactions from one foreign location to another which pass through the US financial system and are processed by a US correspondent bank selected by the foreign bank handling the transaction."

del Estado, como es el caso del OFAC para la administración específica de las sanciones. La IEEPA otorga al presidente un poder discrecional amplísimo para establecer regulaciones en una extensa categoría de materias para salvaguardar la seguridad nacional y los intereses económicos de los Estados Unidos en el mundo. Adicionalmente, la IEEPA establece una cláusula jurisdiccional que habilita a las agencias gubernamentales para iniciar procedimientos administrativos[435] y a las cortes federales para conocer cualquier controversia suscitada por su aplicación al ser derecho federal bajo el artículo III § 2, cláusula primera[436] y las regulaciones emitidas por el Departamento del Tesoro.[437]

Al ser la IEEPA derecho federal promulgado por el Congreso, todo el derecho de las sanciones es federalizado e interpretado, por una parte, por el propio presidente como fuente normativa sublegal y, por otra parte, por las cortes federales con una reducida participación en la potestad discrecional del presidente en el manejo de las relaciones internacionales de Estados Unidos,[438] así como el carácter deferencial que ostentan las regu-

---

435 Establece la IEEPA en la parte que nos ocupa: "(a)(1) At the times and to the extent specified in section 1701 of this title, the President may, under such regulations as he may prescribe, by means of instructions, licenses, or otherwise- (A) investigate, regulate, or prohibit- (i) any transactions in foreign exchange, (ii) transfers of credit or payments between, by, through, or to any banking institution, to the extent that such transfers or payments involve any interest of any foreign country or a national thereof, (iii) the importing or exporting of currency or securities, by any person, or with respect to any property, subject to the jurisdiction of the United States; (B) investigate, block [...] regulate, [...] nullify, void, prevent or prohibit, any acquisition, holding, withholding, use, transfer, withdrawal, transportation, importation or exportation of, or dealing in, [...] with respect to [...] transactions involving, any property in which any foreign country or a national thereof has any interest by any person, or with respect to any property, subject to the jurisdiction of the United States."

436 Aquellos casos conocidos bajo el imperio de la Constitución y el Derecho Federal es de jurisdicción exclusiva de los tribunales federales bajo el artículo III § 2, cláusula primera que establece: "The judicial Power shall extend to all cases [...] arising under this Constitution, the Laws of the United States, and Treaties made [...]."

437 Regulaciones del Departamento del Tesoro § 515.329: "The terms person subject to the jurisdiction of the United States and person subject to U.S. jurisdiction include: (a) Any individual, wherever located, who is a citizen or resident of the United States; (b) Any person within the United States as defined in § 515.330; (c) Any corporation, partnership, association, or other organization organized under the laws of the United States or of any State, territory, possession, or district of the United States; and (d) Any corporation, partnership, association, or other organization, wherever organized or doing business, that is owned or controlled by persons specified in paragraphs (a) or (c) of this section."

438 *Zivotofsky v. Kerry*, 576 U.S. 1059 (2015) sostuvo que el poder ejecutivo tiene la exclusiva y única autoridad de otorgar el reconocimiento de gobiernos y ciudadanos extranjeros en el

laciones administrativas de acuerdo con lo establecido en su jurisprudencia administrativa.[439] Esto, sin menoscabo de la conexión jurisdiccional en materia penal por el incumplimiento de la legislación y las regulaciones norteamericanos bajo el delito de conspiración.[440]

Estados Unidos ha justificado el ejercicio de su jurisdicción sobre las bases de las conexiones de la nacionalidad, territorialidad, los efectos del acto violatorio a la legislación doméstica, el origen americano de sus productos exportados y protección a la seguridad nacional. De esta forma, Estados Unidos tiene plena jurisdicción sobre cualquier bien y nacionales como los no nacionales –así sea transeúnte en su espacio territorial– situados en su territorio, así como cualquier acto, que, aunque sea foráneo, tenga efectos en Estados Unidos y tenga conexiones sustanciales con la jurisdicción norteamericana. Por ello, en opinión de los tribunales norteamericanos, el uso del dólar estadounidense presenta un elemento de conexión territorial por ser parte del sistema financiero americano y, por lo tanto, es reputado como un asunto territorial, aunque la transacción hubiese sido realizada entre dos sujetos no nacionales y fuera del territorio norteamericano.

En *Leasco Data v. Maxwell*[441] se sostuvo, por ejemplo, que los correos electrónicos o las llamadas telefónicas al territorio del Estado en cuestión son suficientes para ejercer jurisdicción federal. En *Deutsche Bank v. Montana*[442] una corte federal sostuvo que una sola transacción en los Estados Unidos es suficiente para afirmar la jurisdicción, incluso si el demandado no ingresa en el territorio estadounidense. Este caso fue particularmente

---

ejercicio del poder que posee en el manejo de las relaciones internacionales. Con Zivotofsky se ratifica que el Congreso no tiene autoridad alguna de menoscabar este poder del presidente de los Estados Unidos.

439 *Chevron U.S.A., Inc. v. Natural Resources Defense Council, Inc.*, 467 U.S. 837 (1984).

440 Sobre la jurisdicción y el delito de Joint Participation Conspiracy se establece de acuerdo con 18 U.S. Code § 371. "If two or more persons conspire either to commit any offense against the United States, or to defraud the United States, or any agency thereof in any manner or for any purpose, and one or more of such persons do any act to affect the object of the conspiracy, each shall be fined under this title or imprisoned not more than five years, or both." Respecto a las nociones de *Aiding* y *abetting, causing* se establece en el numeral 18 U.S. Code § 2. "Whoever commits an offense against the United States or aids, abets, counsels, commands, induces or procures its commission, is punishable as a principal. (b) Whoever willfully causes an act to be done which if directly performed by him or another would be an offense against the United States, is punishable as a principal."

441 *Leasco Data Processing Equipment Corp v. Maxwell*, 468 F 2d 1326, 1335 (2d Cir 1972).

442 *Deutsche Bank Sec., Inc. v. Montana Bd. of Inv.*, 7 N.Y.3d 65, 71 (2006).

controversial ya que Deutsche Bank solo envió un mensaje a través de un servicio de mensajería instantánea.[443]

La interpretación estadounidense del principio de territorialidad considera que es suficiente invocar mensajes electrónicos para afirmar jurisdicción sobre entidades extranjeras. El envío de correos electrónicos o mensajes SWIFT puede dar lugar a la creación de un enlace territorial, sin embargo, según la interpretación tradicional del principio de territorialidad, este enlace es demasiado débil y controvertido para ser utilizado por sí mismo.[444] Estudiamos consideraciones críticas como un epígrafe autónomo de seguida, ya que las siguientes ocho consideraciones serán críticas al establecer la jurisdicción americana y el incumplimiento del régimen sancionatorio.

A. Las U.S. person a los efectos de las regulaciones

Las *U.S. persons* son personas de nacionalidad estadounidense (pudiendo ser tanto ciudadanos estadounidenses, como personas que no siendo ciudadanos estadounidenses son titulares de la *green card* o residencia legal), compañías estadounidenses (por estar incorporadas en cualquier estado de los Estados Unidos, incluyendo esto sucursales en el extranjero, sus empleados sin importar su nacionalidad, directores, en representación de la compañía) y cualquier persona en el territorio de los Estados Unidos, incluso temporalmente o de forma transeúnte. Los *U.S. persons* son personas sujetas a las *sanciones primarias*.

Ahora bien, un *Non U.S. person* es aquella persona que no es ciudadano o residente americano y que puede causar potencialmente violaciones por parte de personas estadounidenses o quienes participan en actividades sancionables (*v.g.*, interactuar comercialmente con SDN). Los Non *U.S. persons* son personas sujetas a las *sanciones secundarias*, que como ya hemos analizado, son esencialmente colaterales y accesorias a una sanción principal.

B. La lista de nacionales específicamente designados (SDN)

La OFAC publica una lista de nacionales específicamente designados que administra las sanciones contra las personas y entidades designadas

---

443 Repa, Milic, *Extraterritorial Measures of The United States of America And the Impact on Foreign Banks: The Example of Financial Sanctions, Geneve, Dissertation Submitted in fulfillment of the requirement for the Master in International Law*, Graduate Institute of Geneve, 2015, p. 36.

444 Id.

por el presidente. Así, la OFAC establece listas sancionatorias de múltiples personas, catalogadas por la OFAC como sujetos sancionados. Es decir, la OFAC unilateralmente designa, a su voluntad y sin necesidad de explicar su inserción en la lista respectiva, un SDN. Una vez designado, la persona SDN queda con esta etiqueta hasta que la OFAC considere conveniente su remoción a su entera discreción. Dicho en otras palabras, es una categorización administrativa por parte de una agencia gubernamental sobre un sujeto que, en opinión de la agencia, atenta contra la seguridad nacional y financiera de Estados Unidos.

En el marco de estas listas regulatorias, la OFAC designa múltiples SDN por país: esto se denomina *country sanctions programs*. En la actualidad existen numerosos SDN designados formalmente por la OFAC en Venezuela, incluidos Petróleos de Venezuela, S.A, el Banco Central de Venezuela, personas vinculadas al régimen de Maduro (funcionarios públicos o no), entidades en el sector minero, varios buques, aeronaves y bancos públicos. El *truco* o *as bajo la manga* de las regulaciones contra el Gobierno de Venezuela y SDN, es que un SDN puede ser formalmente designado como tal, tanto y como un SDN también puede ser *de facto* por el sólo hecho de ser propiedad de un SDN o relacionado a un SDN.

C. La regla del 50% y su aplicabilidad a las empresas públicas venezolanas

De acuerdo con las sanciones a Venezuela, se aplica la regla del 50% o mejor conocida como *OFAC 50 percent rule*. Esto quiere decir que las entidades que poseen el 50% o más de los SDN se tratan así mismas como SDN, incluso si no están expresamente designadas como SDN por la OFAC. En otras palabras, la propiedad y los intereses en la propiedad de entidades de propiedad directa o indirecta del 50% o más en conjunto por una o más personas bloqueadas se consideran bloqueadas independientemente de si dichas entidades aparecen en la lista de nacionales y personas bloqueadas (Lista SDN) de la OFAC o en el anexo a una orden ejecutiva.[445]

De igual forma, las regulaciones requieren, por parte de las instituciones financieras, bloquear (e informar) inmediatamente la propiedad e intereses en la propiedad (incluidos los fondos) de un SDN de tener contacto con él. Cabe señalar que, en Venezuela, una empresa se considera pública cuando ésta sea poseída por un ente público en más del 50% de su

---

[445] Véase, OFAC FAQs: *General Questions, Entities Owned by Persons Whose Property and Interest in Property are Blocked (50% Rule).*

capital social representado en acciones o en cuotas de participación o derechos como consideración de derecho público interno.[446] No obstante, siguiendo la regla del 50% establecida en las regulaciones americanas, cualquier masa accionaria superior al 50% por parte de un SDN se considera de facto también un SDN, aunque no haya sido expresamente designado como tal.

En la actualidad, es muy interesante la práctica en la aplicación de esta regla ya que no existen verdaderas pautas escritas en piedra en este sentido. Por ejemplo, en mayo de 2020 se dio a conocer que la empresa Nynas AB, empresa sueca de productos industriales petroleros, ha dejado de ser un sujeto sancionado por parte de la OFAC. Esto se debe a que PDVSA, propietaria del 50% de las acciones de dicha empresa, hizo un traspaso del 35% de sus acciones a una fundación sueca, quedando solo con una participación accionaria del 15%.

De acuerdo con las E.O. N° 13.850 (28-01-2019) y 13.884 (05-08-2019) las sanciones se extendían a todas las empresas del Gobierno de Venezuela y PDVSA, donde tuviesen una participación igual o mayor al 50% y, con esta reestructuración accionaria, la situación de la refinería sueca de acuerdo con las regulaciones de sanciones cambió radicalmente pasando de ser un sujeto sancionado a ser totalmente excluido de la lista SDN.

Fíjese que en este caso la OFAC decidió revocar la Licencia General 13E[447] en la cual se autorizaba especialmente transacciones donde la única entidad del Gobierno de Venezuela que estuviese involucrada fuese Nynas AB o alguna subsidiaria; y, emitió las Licencias Generales 3H[448] *Authorizing transactions related to, financing for, and other dealings in certain bonds* y 9G[449] *Authorizing transactions related to dealings in certain securities* en sustitución de las licencias 3G y 9F, respectivamente, las cuales hacían referencia a la mencionada empresa. Con esta decisión, ya no es necesaria una autorización para que *U.S. Persons* puedan participar en transacciones con Nynas AB.

---

[446] Artículo 103 de la LOAP. "Las Empresas del Estado son personas jurídicas de derecho público constituidas de acuerdo a las normas de derecho privado, en las cuales la República, los estados, los distritos metropolitanos y los municipios, o alguno de los entes descentralizados funcionalmente a los que se refiere el presente Decreto con Rango, Valor y Fuerza de Ley Orgánica, solos o conjuntamente, tengan una participación mayor al cincuenta por ciento del capital social."

[447] Véase, DOT, *Venezuela Related Sanctions, General License 13E.*

[448] Véase DOT, *Venezuela Related Sanctions, General License 13H.*

[449] Véase DOT, *Venezuela Related Sanctions, General License 9G.*

No obstante, actuar con precaución es la regla primordial en esta área. No en vano, se recomienda a las personas estadounidenses que actúen de este modo cuando consideren una transacción con una entidad no bloqueada en la que una o más personas bloqueadas tienen un interés significativo de propiedad que es inferior al 50% o que una o más personas bloqueadas pueden controlar por otros medios que no sean participación mayoritaria.[450] Dichas entidades pueden ser objeto de una futura designación o acción de cumplimiento por parte de la OFAC en posteriores actualizaciones de la lista SDN.

D. La noción del Gobierno de Venezuela en las regulaciones

The Government of Venezuela es una noción amplísima y redactada con la ambigüedad necesaria para encuadrar en ella múltiples entidades y órganos administrativos venezolanos. Esto trajo consigo implicaciones inmediatas en la interpretación de la *Executive Order N° 13.884* ("las regulaciones") y su aplicación a Venezuela. Las regulaciones señalan una definición de *Government of Venezuela*:

> The state and Government of Venezuela, any political subdivision, agency, or instrumentality thereof, including the Central Bank of Venezuela and Petroleos de Venezuela, S.A. (PDVSA), any person owned or controlled, directly or indirectly, by the foregoing, and any person who has acted or purported to act directly or indirectly for or on behalf of, any of the foregoing, including as a member of the Maduro regime.

En la práctica esta definición estrictamente interpretada implica dos cosas: *(i)* no se encuentra permitida la participación de una persona estadounidense con el Gobierno de Venezuela, entendido éste de manera *amplísima*; *(ii)* las entidades –personas naturales o personas jurídicas– que cumplen con la definición del Gobierno de Venezuela se tratan efectivamente como SDN en la práctica, aunque no sean designados formalmente como tal. Dicho de otra forma, a efectos prácticos el Gobierno de Venezuela, entendido como ejecutivo nacional de Venezuela, es un SDN adicional en la lista de SDN.

¿Todo el Estado venezolano se encuentra sancionado? Fíjese que la definición empleada por las regulaciones es tan amplia, que en una interpretación *amplísima* involucraría no sólo al gobierno nacional de Venezuela, sino a cualquier subdivisión del poder ejecutivo nacional, estatal y municipal, incluyendo todos los poderes públicos. Por ello la definición establece "*political subdivision*" en el texto de la E.O N° 13.884. Ahora

---

450 Véase DOT, *Revised Guidance on Entities Owned By Persons Whose Property And Interests In Property Are Blocked,* 2014.

bien, una interpretación *restringida* implicaría aceptar que esta definición es sólo aplicable al gobierno nacional de Venezuela y las SDN, e implicaría un análisis concreto cada vez que se interactúe con una entidad u órgano administrativo venezolano.

Por esta distinción se ha recomendado evitar cualquier interacción con cualquiera de las formas de la Administración Pública venezolana en la medida de lo posible o cuando una licencia lo permita. Retomamos la respuesta a la pregunta: no, no todo el Estado se encuentra sancionado. Sólo el Gobierno de Venezuela, entendido como su ejecutivo nacional, y cualquier órgano administrativo que específicamente la OFAC disponga como SDN. Así, en principio los municipios y estados, quedarían ligeramente excluidos (pero con altas probabilidades de ser designados como SDN). Esto implicará un análisis del caso en concreto, y de las circunstancias políticas de la entidad en cuestión. Como vemos, la interacción con entidades públicas en Venezuela no es una ciencia exacta.

No obstante, volvamos a la regla general: existe una prohibición genérica para las *personas americanas* de interactuar directamente con SDN (la regla es aplicable exclusivamente *U.S. persons* y no es aplicable a *Non U.S. persons*). Es decir, una empresa venezolana no es objeto directo de las sanciones americanas y en efecto puede interactuar con su gobierno. Sin embargo, aun en este escenario es recomendable proceder con cautela, pues como vemos, un *Non-U.S. person* puede igualmente *causar* o *facilitar* una violación al régimen sancionatorio.

Ciertamente, es imposible cumplir a cabalidad una abstención total de interacción con el Gobierno de Venezuela pues las empresas necesitan interactuar con el gobierno para el pago de sus impuestos, trámites administrativos y habilitaciones, pago de servicios públicos y demás procedimientos para mantener su giro comercial. Por ello, volvemos a la regla general: la prohibición es para los nacionales americanos y no para los venezolanos haciendo vida y comercio en Venezuela.

E. El alcance de la noción de "material support" al gobierno venezolano

Como hemos podido observar, existen muchos problemas interpretativos con respecto al alcance de varios conceptos que definen o simplemente mencionan las regulaciones. En particular, las regulaciones contra Venezuela establecen que puede ser incluido:

> ...any person determined by the Secretary of the Treasury, in consultation with the Secretary of State:

(i) have materially assisted, sponsored, or provided financial, material, or technological support for, or goods or services to or in support of, any person included on the list of Specially Designated Nationals and Blocked Persons maintained by the Office of Foreign Assets Control.[451] (resaltado nuestro).

Las nociones de *materially assisted* y *material support* son situaciones de hecho indeterminadas y redactadas de forma ambigua para encausar múltiples supuesto de hecho en las relaciones entre los ciudadanos americanos y personas sancionadas. Fíjese que estas nociones son aplicadas a ciudadanos americanos y no a venezolanos o extranjeros, pero una empresa no americana puede prestar *material support* a un SDN o al Gobierno de Venezuela y causar una violación a un ciudadano americano. No hay un estándar definido para lo que constituye *material support* en el marco de las regulaciones. En todo caso, dependerá de la totalidad de los hechos y circunstancias.

En otros contextos sancionatorios, la OFAC busca probar siete puntos claves: *(i)* el tamaño, el número y la frecuencia de las transacciones; *(ii)* la naturaleza de las transacciones; *(iii)* el nivel de conocimiento de la administración y si las transacciones son parte de un patrón de conducta; *(iv)* el nexo entre las transacciones y una persona bloqueada; *(v)* el impacto de las transacciones en los objetivos de la empresa; *(vi)* si las transacciones involucran prácticas engañosas; y *(vii)* otros factores que se consideren relevantes caso por caso. En este contexto, los factores pueden incluir, por ejemplo, si una compañía es el único actor o fuente primaria o una fuente de financiamiento para el SDN, o si los productos o servicios prestados se usan para fines contrarios a los objetivos de la política diplomática de los Estados Unidos, entre otros factores.

Las *Non U.S. persons* también pueden enfrentar ciertos riesgos de sanciones secundarias en relación con actividades que ocurren completamente fuera de la jurisdicción estadounidense y sin nexo estadounidense. Esto quiere decir, incluso cuando esas actividades no están prohibidas *per se*. En particular, los *Non U.S. persons* pueden eventualmente enfrentar riesgos bajo sanciones secundarias de los Estados Unidos para ciertos tratos "materiales" con SDN.

Las Órdenes Ejecutivas según las cuales se implementan las sanciones de Venezuela incluyen el lenguaje bajo el cual las partes consideradas por la OFAC como "*materially assisted, sponsored, or provided financial,*

---

451 E.O. N° 13.884 del 05-08-2019, §1.

material, or technological support for"[452] para que una SDN pudiera ser objeto de sanciones de los Estados Unidos. Tales sanciones secundarias probablemente tomarían la forma de una designación colateral, es decir, el Non *U.S. person* que se agrega a la Lista SDN como parte bloqueada. Como veremos, no hay un umbral específico para la materialidad en este contexto y depende de los hechos y circunstancias específicos a los ojos del gobierno de los Estados Unidos, por lo que puede ser difícil de medir desde una perspectiva de riesgo. En muchos casos, este riesgo se considera generalmente como "baja probabilidad, pero de alto impacto," ya que tiende a reservarse para casos de apoyo más notorios o significativos para las partes sancionadas.

F. El control por parte de una empresa norteamericana

De acuerdo con la E.O. N° 13.884, se establece que puede ser específicamente designado por el Secretario del Tesoro cualquier entidad: "to be <u>owned</u> or <u>controlled</u> by, or to have acted or purported to act for or on behalf of, directly or indirectly, any person whose property and interests in property are blocked pursuant to this order"[453] (resaltado nuestro).

No define la E.O. N° 13.884 qué debe entenderse por *owned* o *controlled*. Aplicable a la situación de Venezuela de forma analógica, en las regulaciones de Irán se ha establecido que una empresa tiene control sobre compañía cuando *(i)* mantiene más del 50% de los intereses de capital por voto o valor en la entidad; *(ii)* se ocupan la mayoría de los puestos en el consejo de administración de la entidad o su junta directiva; o *(iii)* cuando se tiene poder de cualquier modo sobre las acciones, políticas o decisiones de personal de la entidad.[454]

El debate sobre las implicaciones prácticas sobre los términos *owned* o *controlled* son particularmente importante en el caso de subsidiarias americanas establecidas en Venezuela y su imposibilidad de cumplir tanto con el derecho de su casa matriz, como con el derecho del sitio donde rea-

---

452 Id.

453 Id.

454 Esto ha sido definido en particular en el régimen de sanciones iraníes que establecen: 22 U.S. Code §18725. "Liability of parent companies for violations of sanctions by foreign subsidiaries. (a) Definitions. In this section: (1) Entity. The term 'entity' means a partnership, association, trust, joint venture, corporation, or other organization. (2) Own or control. The term 'own or control' means, with respect to an entity— (A)to hold more than 50 percent of the equity interest by vote or value in the entity; (B) to hold a majority of seats on the board of directors of the entity; or (C) to otherwise control the actions, policies, or personnel decisions of the entity."

lizan negocios. Un ejemplo de esta discusión ha sido el racional estratégico para que AT&T Inc. anunciara el cese de las operaciones de DIRECTV luego de 24 años de trayectoria en Venezuela, precisamente, por su imposibilidad en cumplir tanto con la regulación local venezolana como la regulación americana de sanciones.

Por una parte, de acuerdo con el derecho venezolano de las telecomunicaciones, se le exigía a DIRECTV la transmisión de canales de televisión catalogados como SDN y requeridos para mantener la licencia del servicio de televisión de pago en Venezuela. El canal de televisión Globovisión fue incluido en la lista de SDN en 2019 por su vinculación con Raúl Gorrín y Gustavo Perdomo (ambos SDN por estar involucrados en actos de corrupción). En el caso de PDVSA TV, está sancionada por la "regla del 50%" pues su mayor accionista es Petróleos de Venezuela S.A.[455] Nuevamente, hemos reiterado la prohibición general de las personas americanas de relacionarse con sujetos sancionados. No obstante, en el caso de estudio de DIRECTV, la pregunta sobre la imposibilidad de cumplimiento de las regulaciones en concreto implica un análisis y ponderación de todos los intereses comerciales en juego en aras de mitigar un riesgo alto y comprometer la operación comercial globalmente considerada.

---

455 DIRECTV operaba en el país bajo la denominación comercial Galaxy Entertainment de Venezuela C.A., una empresa constituida bajo las leyes venezolanas. De acuerdo con el esquema de sanciones norteamericanas, se prohíbe exclusivamente a *U.S. Persons* participar en cualquier actividad que involucre a un SDN. Por tal motivo, podría afirmarse que la prohibición de mantener actividades con los canales antes mencionados no aplica. Sin embargo, en materia de telecomunicaciones el panorama es mucho más complejo. Los *landing rights* o derechos de aterrizaje en lo que respecta a las telecomunicaciones, son la autorización legal que se otorga a una empresa para conectarse al tráfico de telecomunicaciones de otro país incluyendo cables submarinos o enlaces (*uplinks* y *downlinks*) a satélites, como es el caso de esta operadora. AT&T Inc., además de ser una empresa americana, es la *parent company* de DIRECTV Venezuela y la titular de los *landing rights* que utilizaba la operadora en el país. Con la decisión tomada por AT&T se busca minimizar los riesgos en el incumplimiento de *U.S. Sanctions* por tener un accionista directo de nacionalidad americana y una situación local financieramente compleja. Adicionalmente, frena la presión que el gobierno nacional continuamente ha venido ejerciendo sobre estas operadoras, así como también posibles investigaciones por parte de la OFAC. Es importante señalar que, en enero del año 2020, DIRECTV debía sacar del aire ambos canales y esto no ocurrió, aumentando así la tensión en sus operaciones. ¿es DIRECTV un caso de *over-compliance*? Ciertamente el caso demuestra las complejas decisiones legales, regulatorias y financieras que puede suscitarse en escenarios como el venezolano.

G. El uso del dólar americano como elemento de conexión jurisdiccional territorial o prescriptiva

Hemos adelantado que el uso de una moneda puede ser un factor de conexión a la jurisdicción de un Estado y así lo ha hecho Estados Unidos con su regulación sancionatoria en el comercio internacional. Las autoridades estadounidenses han afirmado que existe una responsabilidad de los bancos por "abuso del sistema financiero estadounidense."[456] No es casualidad que en los documentos ofrecidos al público en general de arreglos extrajudiciales, el gobierno norteamericano no haya abordado expresamente el tema de la jurisdicción. Sin embargo, el lenguaje de los acuerdos normalmente justifica las acciones del gobierno norteamericano en el principio de territorialidad y en el principio de jurisdicción prescriptiva, y en cierta medida, en la jurisdicción pasiva.[457]

Se ha señalado que las transacciones con *eurodollars* son particularmente riesgosas a los efectos de otorgamiento de jurisdicción norteamericana. Los *eurodollars* son depósitos de dólares americanos en bancos extranjeros o sucursales de bancos americanos domiciliadas fuera de los Estados Unidos,[458] por lo que no están bajo la jurisdicción de la Reserva Federal. Ahora bien, los *eurodollars* son creados cuando un depositante americano o extranjero con un banco en los Estados Unidos transfiere dólares americanos a una cuenta bancaria en un banco extranjero o a la sucursal extranjera de un banco americano localizada fuera de los Estados Unidos.[459]

El banco extranjero asume la responsabilidad derivada del depósito al transferidor pagadero en dólares americanos, y el mismo tiene un cargo en dólares americanos contra el banco estadounidense en los Estados Unidos. El banco extranjero puede transferir sus dólares americanos en el depósito a una segunda institución bancaria, y este segundo banco puede transferir el depósito a un tercer banco y así sucesivamente. En todo caso, los dólares americanos fueron originalmente depositados en un banco dentro de los Estados Unidos y nunca dejaron el banco de los Estados Unidos, así que el monto total de depósitos del banco se mantiene inalterado, pero fondos en dólares adicionales son creados en el extranjero.[460]

---

456 DOT, "Treasury Reaches Largest Ever Sanctions-Related Settlement with BNP Paribas SA for $963 Million §3", *Press Release*, 30-06-2014.

457 Repa, *Extraterritorial Measures...*, ob. cit., p. 28.

458 Gurson, The U.S. *Jurisdiction over...*, ob. cit., p. 724.

459 Id.

460 Id., p. 725.

Hay varios supuestos que analizar en cuando se realizan transacciones con dólares estadounidenses: un primer supuesto, en el cual se transfiere dólares americanos por compensar en la Federal Reserve Bank en los Estados Unidos (es decir, dólares dentro del sistema financiero norteamericano entre *U.S. persons*); un segundo supuesto donde se transfiere dólares americanos pero estos no son compensables en el Federal Reserve Bank en los Estados Unidos (es decir, entre una cuenta americana y una cuenta extranjera); y finalmente, un tercer supuesto donde se transfiere dólares americanos sin compensación interbancaria en el sistema financiero norteamericano (es decir, entre dos extranjeros fuera de Estados Unidos).[461] Los tres casos difieren solo en la ubicación de la institución bancaria donde tienen cuentas las partes involucradas, según la institución se encuentre dentro o fuera de los Estados Unidos. Solo en el primer supuesto se realizan las transferencias de dólares estadounidenses a través de un Banco de la Reserva Federal en los Estados Unidos.

En los supuestos dos y tres se produce una autorización fuera de los Estados Unidos, sin la participación de ningún Banco de la Reserva Federal, ni de ningún banco comercial estadounidense.[462] Si no se transfieren dólares a través de *Clearing House Interbank Payment System* (CHIPS) o transferencia bancaria, la ley americana no se aplica a dicha transferencia. A menos que las partes acuerden que el derecho norteamericano gobierne la transferencia no estadounidense, las transferencias en los casos dos y tres no afectan a los Estados Unidos. Dicho en términos concretos, un dólar que entre en el sistema financiero estadounidense es un dólar que está sujeto a su jurisdicción, ya sea por su uso dentro del sistema financiero o por el servicio de corresponsalía bancaria por un sujeto norteamericano.

Si se compensa una transferencia en dólares, en el sistema financiero norteamericano, hay pocas dudas de que los dólares que se transfieren están bajo el control de una persona estadounidense y que el banco transferidor y el banco aceptante tienen interés en los fondos que se transfieren. Por lo tanto, las órdenes ejecutivas se aplican y no tienen ningún efecto extraterritorial, pues se realizan en el territorio norteamericano. Si una transferencia de dólares finalmente no se autoriza en los Estados Unidos (supuestos dos y tres), los fondos transferidos nunca se encuentran

---

461 Id.

462 Id., p. 730.

dentro de los Estados Unidos, no están bajo el control de una persona estadounidense y no están cubiertos por la orden ejecutiva bajo el principio de territorialidad.[463]

No obstante, Estados Unidos podría argumentar que cada dólar retenido en una cuenta bancaria fuera de los Estados Unidos se refleja en un dólar retenido por un banco estadounidense en los Estados Unidos, y por ende, los Estados Unidos tienen jurisdicción también sobre transferencias en los casos dos y tres. Sin embargo, el dólar retenido en los Estados Unidos no es propiedad del banco transferidor ni del banco aceptante, ni tiene derecho contractual o interés en ese dólar.[464]

U-turn es el término normalmente empleado para referirse a la forma en que las transacciones en dólares estadounidenses tienen lugar donde el cliente o el proveedor se enfrentan a sanciones estadounidenses. Antes de noviembre de 2008, la OFAC permitió algunas transacciones con Irán (con productos no prohibidos) siempre que la transferencia fuera iniciada por un banco no iraní y pasara por el sistema norteamericano en el camino a otro banco no iraní.[465] La práctica de *cambio de sentido* se terminó el 10-11-2008 con enmiendas a las regulaciones de Irán, 31 CFR §560. De igual forma, ciertos *U-turns* fueron permitidos en el marco de las Regulaciones a Cuba hasta 2019.[466]

Un ejemplo reciente de lo cuidadoso de esta conexión jurisdiccional es el caso de BNP Paribas SA,[467] una institución financiera global con sede en París, que acordó declararse culpable de conspirar para violar la IEEPA y TWEA al procesar miles de millones de dólares de transacciones a través del sistema financiero de los Estados Unidos en nombre de entidades sudanesas, iraníes y cubanas sujetas a sanciones económicas norteamericanas.[468] El acuerdo del banco francés representa la primera vez que un

---

463 Id., p. 734.

464 Id.

465 NASDAQ Glossary, en https://www.nasdaq.com/glossary/u/u-turn.

466 Mcmillan, Bart / Kim Shin, Eunkyung & Lefevre, Callie (2019, 17-09) *US Government Eliminates "U-Turn" Financial Transactions and Restricts Remittances to Cuba*, 2919.

467 DOT, "BNP Paribas Agrees to Plead Guilty and to Pay $8.9 Billion for Illegally Processing Financial Transactions for Countries Subject to U.S. Economic Sanctions", *Press Release*, 30-06-2014.

468 Un esquema de las transacciones realizadas por BNP a favor de países sancionados por la OFAC puede precisarse del modo siguiente: *(i)* Sudán da la instrucción de una transferencia bancaria a BNP, *(ii)* BNP dirige los documentos transaccionales al banco corresponsal norteamericano, que los remite a BNP por medio del *u-turn*, *(iii)* BNP ejecuta el pago al proveedor, cumpliendo la orden de Sudán. En este supuesto, podemos encontrarnos en una

banco global se declara culpable de violaciones sistemáticas a gran escala de las sanciones económicas de Estados Unidos. Como puede observarse, BNP realizó múltiples transacciones financieras de movilización de fondos a sujetos sancionados usando bancos corresponsales norteamericanos. Es decir, aunque el dinero no fue dirigido a los Estados Unidos, el mero hecho de la corresponsalía generó suficiente vínculo jurisdiccional con los Estados Unidos.

Acertadamente se ha señalado que la vinculación de la jurisdicción con la compensación de las transferencias de dinero a través de CHIPS y transferencia bancaria conduce a un efecto extraterritorial de la IEEPA. Las cuentas en dólares ubicadas en países extranjeros se extraen bajo la jurisdicción norteamericana al hacer que la transacción de compensación final a través de CHIPS o transferencia bancaria sea el factor decisivo. Debido a este vínculo genuino debería haber poca preocupación, desde una perspectiva legal sobre esta asunción de jurisdicción bajo la IEEPA.[469]

H. Los productos de origen o contenido americano como conexión jurisdiccional

Aunque no esté expresamente establecido en las regulaciones contra Venezuela, Estados Unidos puede ejercer jurisdicción cuando existan productos de origen o contenido americano de acuerdo con la EAR y la regla de contenido *de minimis*.[470] En ciertas leyes de sanciones, los Estados Unidos basa su jurisdicción en el hecho de que están involucrados productos de origen estadounidense. Esto se refiere, por ejemplo, a la prohibición de que personas extranjeras reexporten ciertos bienes de origen estadounidense o servicios a Irán y Cuba. El derecho norteamericano afirma que el origen del producto norteamericano vincula los bienes fabricados en los Estados Unidos con su jurisdicción. Esta lógica legal poco ortodoxa plantea preguntas sobre el vínculo territorial.[471]

En la actualidad, a falta de expresa regulación al respecto, Venezuela como Estado no es un país sancionado por los Estados Unidos y, por ende, su regulación de exportación no es directamente aplicable. No obstante, es previsible entender que el uso de productos o servicios de origen ame-

---

violación del esquema sancionatorio por existir un banco de corresponsalía y el uso de dólares norteamericanos (nexo jurisdiccional) y una transacción donde existe un sujeto específicamente sancionado (Sudán).

469 DOT, *BNP Paribas...*, ob. cit., p. 770.

470 De acuerdo con §734.4 (c) y (d), en https://bit.ly/3SJGXtr.

471 Repa, *Extraterritorial Measures...*, ob. cit., p. 36.

ricano puede crear una potencial conexión jurisdiccional que toda empresa debe prever en su programa de cumplimiento sancionatorio. Nuevamente, la regla general es aplicable en este contexto: no se encuentra sancionado el uso de productos o servicios de origen americano. No obstante es recomendable el monitoreo empresarial de los bienes o servicios que pueden ser de origen americano, ya que estos pueden abrir la puerta a una clara conexión jurisdiccional con los Estados Unidos independientemente que la empresa no tenga un enlace comercial con este país.

5. Las competencias de la OFAC como agencia administrativa

La OFAC es una agencia federal a las órdenes del Secretario del Tesoro de los Estados Unidos y administra la IEEPA de acuerdo con las órdenes presidenciales respecto a la política exterior y financiera. Como agencia administrativa, se encuentra plenamente facultada para ejecutar sus competencias con base en la IEEPA y la legislación complementaria. Por ello, la OFAC puede demandar civilmente a infractores de sus regulaciones y solicitar apoyo al DOJ para el ejercicio de acciones de carácter penal contra los conspiradores y violadores de la regulación norteamericana del Tesoro. Los programas de sanciones son administrados por la OFAC en representación del Departamento del Tesoro de los Estados Unidos como agencia ejecutora. Por ello la "OFAC es responsable de promulgar las regulaciones de sanciones, designar SDN y hacer cumplir estas medidas."[472]

A. El bloqueo de transacciones

Las regulaciones del tesoro exigen que los activos y las cuentas de un Estado, entidad o individuo especificado por la OFAC se bloqueen cuando dicha propiedad se encuentre en territorio de los Estados Unidos o esté en manos de personas o entidades norteamericanas. Por ejemplo, si una transferencia de fondos proviene del extranjero y se procesa a través de un banco norteamericano a un banco extranjero, y en la transacción una de las partes se encuentra designada como un SDN, la transacción debe bloquearse inmediatamente. Caso contrario, la entidad financiera estuviera sujeta a sanciones administrativas por el incumplimiento a las regulaciones.

La definición de activos y propiedades es *amplísima*. Normalmente, esto se define específicamente en cada programa de sanciones administrado por la OFAC. Los activos y propiedades incluyen cualquier cosa de valor, ya sea directo, indirecto, presente, futuro o contingente (incluidos

[472] Véase en general, P.L, 50 U.S.C.S. § 1701.

todos los tipos de transacciones bancarias). Los bancos deben bloquear las transacciones que: *(i)* son por o en nombre de una persona o entidad bloqueada; *(ii)* son o atraviesan una entidad bloqueada; o *(iii)* están relacionados con una transacción en la que una persona o entidad bloqueada tiene interés.

B. La prohibición de transacciones

En algunos casos, una transacción subyacente puede estar prohibida, pero no hay interés bloqueable en la transacción (es decir, la transacción no debe aceptarse por el banco, pero no existe un requisito OFAC para bloquear los activos en específico). En esta clase de contextos, los bancos poseen una alta discreción para "paralizar" transacciones. En estos casos, la transacción simplemente se rechaza; es decir, no es procesada por el banco.

Por ejemplo, el programa de sanciones a Sudán prohíbe las transacciones en apoyo de actividades comerciales realizadas en Sudán. Por ende, un banco de los norteamericanos tendría que rechazar una transferencia de fondos entre dos empresas que no sean personas consideradas SDN pero que impliquen una exportación a una empresa en Sudán, tampoco considerada como SDN. En principio, debido a que las sanciones sudanesas solo requerirían el bloqueo de transacciones con el Gobierno de Sudán o SDN, no habría intereses bloqueables en los fondos entre las dos compañías. Sin embargo, debido a que las transacciones constituirían un apoyo a la actividad comercial sudanesa, lo cual está prohibido por las regulaciones, el banco norteamericano no puede procesar la transacción y simplemente la rechazaría. Un oficial de cumplimiento bancario probablemente mantendría esta posición en defensa de la institución financiera.

Es importante tener en cuenta que el régimen sancionatorio que especifica prohibiciones contra ciertos países, entidades e individuos es separado y distinto a la regulación del programa de identificación del cliente contenido en la BSA (31 CFR 103.121) y que requiere que los bancos comparen nuevas cuentas del gobierno sancionado contra listas de grupos u organizaciones terroristas conocidas o sospechosas dentro de un período de tiempo razonable después de que se abre la cuenta bancaria respectiva.

C. La licencia de actividades tradicionalmente autorizadas

No obstante la regulación de sanciones, los programas administrados por la OFAC tienen válvulas de escape justificadas en razones humanitarias o por necesidad de sus propios ciudadanos americanos en el proceso de conclusión de sus actividades comerciales. Así, por ejemplo, no se encuentra prohibido cualquier acción que tome un *U.S. person* en aras de cerrar sus negociaciones comerciales para salir de Venezuela. En este sentido, se ha entendido como actividades tradicionalmente autorizadas aquellas permitidas por licencias de la OFAC.

Las licencias OFAC generalmente dan derecho al licenciatario o a una clase más grande de personas a participar en una transacción o transacciones que de otro modo estarían prohibidas por uno de los programas de sanciones de los Estados Unidos. La OFAC emite dos tipos de licencias: generales y específicas, las primeras siendo de oficio y las segundas a solicitud de parte interesada.

Por una parte, son *licencias generales* aquellas que se hacen públicas y proporcionan exenciones universales a un conjunto determinado de sujetos sancionados. Por otra parte, son *licencias específicas* las que se otorgan sólo a solicitud de parte interesada y autorizan exclusivamente al solicitante a participar en una transacción específica o categoría de transacciones, a menudo con limitaciones significativas y requisitos formales y de reporte. Los epígrafes a continuación se refieren a licencias generales otorgadas al público en general.

a. Las actividades agroquímicas y medicinas

Cualquier régimen de sanciones contiene licencias generales que permiten a las personas americanas negociar y celebrar contratos para la venta de productos agrícolas y médicos, por la importancia que tiene en la vida diaria de las personas del país sujeto a sanciones. La Licencia General No. 4 relacionada a las sanciones a Venezuela, autoriza todo el financiamiento relacionado con la exportación o reexportación de productos agrícolas, medicamentos, dispositivos médicos, componentes o piezas de repuesto para dispositivos médicos, al país o a personas en terceros países que compran específicamente para reventa a Venezuela, siempre que la exportación o reexportación esté autorizada por el Departamento de Comercio.[473]

La Licencia General N° 4 no autoriza ninguna transacción prohibida por la E.O. N° 13.808. No se requiere una licencia específica de la OFAC para enviar alimentos o medicamentos de origen estadounidense a Venezuela siempre y cuando su transacción u otro trato no implique propiedad

---

473 Véase, Regulaciones el Tesoro, *Authorizing New Debt Transactions Related to the Exportation or Reexportation of Agricultural Commodities, Medicine, Medical Devices, or Replacement Parts and Components,* 2017, en https://bit.ly/3C2ixWg.

o intereses en propiedad de un SDN. No obstante, toda transnacional haciendo negocios en Venezuela debe asegurarse de que su exportación propuesta está debidamente autorizada por el Departamento de Comercio de los Estados Unidos, por el *Bureau of Industry and Security* (BIS), que mantiene la jurisdicción sobre la exportación de productos a Venezuela.[474]

La tendencia regulatoria actual es que exista, en el marco de las sanciones, la posibilidad de proveer productos de necesidad para la población del país sancionado. Así, la OFAC ha implementado recientemente una regulación adicional que alivia las prohibiciones estadounidenses a la exportación de productos médicos y alimenticios estadounidenses a Libia, Irán y Sudán. Lo mismo ocurre en las Regulaciones de Venezuela. De igual manera, el BIS ha implementado reformas similares con respecto a las exportaciones agrícolas a Cuba. La capacitación de un *internal compliance program* debe aclarar estas reglas y oportunidades para los vendedores en estas áreas, y debe proporcionar procedimientos para monitorear de cerca cada paso del proceso de negociación para garantizar el cumplimiento de las reglas de la OFAC.

b. Ciertas actividades transaccionales y financieras

Tradicionalmente, las transacciones financieras entre *U.S. persons* y sujetos sancionados se encuentran prohibidas y bloqueadas. No obstante, ciertas actividades de intermediación financiera pueden ser permitidas por la OFAC gracias a licencias generales o específicas. Así las cosas, se encuentra vigente la Licencia General N° 3 *Authorizing Transactions Related to, Provision of Financing for, and Other Dealings in Certain Bonds.*[475] La E.O. N° 13.808 prohíbe a las personas estadounidenses comprar valores de cualquier tipo, incluidos títulos de deuda y de capital, al Gobierno de Venezuela.[476] No obstante, las personas estadounidenses no están autorizadas a comprar, directa o indirectamente, bonos enunciados en el Anexo de la Licencia General N° 3 relativa a las sanciones al Gobierno de Venezuela.

---

474 Véase, OFAC, *Frequently Asked Questions Regarding Venezuela-related Sanctions,* en https://bit.ly/3JLPqIw.

475 Véase, Regulaciones del Tesoro, 2017, en https://bit.ly/3AghxMH.

476 La excepción a esta prohibición es la compra de valores que califican como deuda de PDVSA emitida a partir del 25-08-2017, con un vencimiento menor o igual a noventa días, o deuda de cualquier otra institución del Gobierno de Venezuela emitido a partir del 25-08-2017, con un vencimiento menor o igual a treinta días. Las personas americanas pueden negociar con el Gobierno de Venezuela como contraparte de las transacciones que involucran valores que caigan en cualquiera de estas dos categorías.

En general, cabe advertir que las instituciones financieras norteamericanas pueden continuar manteniendo cuentas corresponsales y procesar transacciones de compensación de dólares estadounidenses para el Gobierno de Venezuela, siempre que esas actividades no impliquen participar en transacciones prohibidas por E.O. N° 13.692 o cualquier otra E.O. relacionada con Venezuela u otras leyes o regulaciones aplicables.

El *broker* o la institución financiera americana será responsable si no toma las medidas adecuadas para garantizar que las transacciones comerciales prohibidas no se consuman, sin la autorización de la OFAC. La OFAC espera que las personas de norteamericana lleven a cabo la debida diligencia sobre sus propios clientes directos, y OFAC considerará la totalidad de las circunstancias que rodean el procesamiento de la transacción para determinar qué medidas de cumplimiento tomar, si corresponde.[477]

c. El registro y la protección de la propiedad intelectual

Las reglamentaciones de la OFAC también permiten generalmente transacciones en países sancionados relacionadas con el registro o la protección de los derechos de propiedad intelectual, incluidas las patentes, marcas comerciales y otros derechos de propiedad intelectual.

En el caso de las Regulaciones de Venezuela, la licencia general N° 27 sobre *Certain Transactions Related to Patents, Trademarks, and Copyrights Authorized* establece que toda transacción relacionada con derechos de propiedad intelectual sobre patentes, marcas comerciales, derechos de autor u otra forma de protección de la propiedad intelectual en los Estados Unidos o Venezuela que de lo contrario estaría prohibida por la Orden Ejecutiva del 05-08-2019, está autorizada, y en consecuencia se encuentra autorizado: *(i)* La presentación de cualquier solicitud para obtener una patente, marca comercial, derecho de autor u otra forma de protección de la propiedad intelectual; *(ii)* La obtención de una patente, marca comercial, derecho de autor u otra forma de protección de la propiedad intelectual; *(iii)* La renovación o mantenimiento de una patente, marca comercial, derecho de autor u otra forma de protección de la propiedad intelectual; y *(iv)* La presentación y la contestación de cualquier procedimiento de oposición o infracción con respecto a una patente, marca comercial, derecho de autor u otra forma de protección de la propiedad intelectual, o la realización de una defensa en dicho procedimiento.[478]

---

[477] Véase, OFAC, *Frequently Asked Questions Regarding Venezuela-related Sanctions*, pregunta 650.

[478] Véase, Regulaciones del Tesoro, 2017, en https://bit.ly/3Pkq8lI.

La licencia general N° 27 autoriza el pago de tasas a autoridades administrativas del Gobierno de Venezuela, y de los honorarios y cargos razonables y habituales a los abogados o representantes dentro de los Estados Unidos o Venezuela, en relación con las transacciones autorizadas.[479] La capacitación de un *internal compliance program* debe tener en cuenta este hecho y proporcionar procedimientos para monitorear las actividades de los empleados o asesores externos al utilizar esta excepción que es fundamental para el negocio.

d. El régimen sancionatorio de las criptomonedas y el Petro

Para los propósitos de este epígrafe y sin ser un estudio exhaustivo del tema, el *blockchain* es un conjunto de tecnologías que permiten la transferencia de un valor o activo de un lugar a otro, sin ayuda de terceros.[480]

El primer *blockchain* fue creado para BitCoin, una criptomoneda implementada con software de código abierto, en funcionamiento desde 2009. Así, en términos generales, *blockchain* es un tipo de libro de cuentas que registra transacciones. Precisamente su innovación radica en que no hay una copia maestra de la transacción, cualquier participante puede mantener una copia del libro de cuentas y, sin embargo, todos los participantes tienen la confianza de que el suyo coincide con todas las demás copias. Esta es una innovación central de la tecnología de *blockchain*, pues los participantes pueden confiar en la precisión de una transacción con o sin referencia a una autoridad central.[481]

De forma genérica, podemos entonces afirmar que *blockchain* es una plataforma tecnológica para la realización de transacciones. Ahora bien, para hacer tales transacciones se requiere un medio de intercambio. En

---

479 Señalan las Regulaciones del Tesoro que "el pago efectuado de conformidad con los términos de este párrafo no puede hacerse desde una cuenta bloqueada." Esta aclaratoria se debe a que no debe interpretarse la licencia como una válvula de escape para los actuales SDNs en el pago de sus tasas por los títulos de propiedad intelectual que ostenten, sino que ratifica que toda transacción con SDN se encuentra prohibida de acuerdo con la regulación sancionatoria existente. De hecho, la licencia se dicta para que las compañías americanas puedan renovar y tramitar sus derechos de propiedad intelectual que de otra forma estaría igualmente prohibidos.

480 BBVA (2019), *Claves para entender la tecnología Blockchain.*

481 Hughes, Heather, "Blockchain and the Future of Secured Transactions Law", en *Stanford Journal of Blockchain Law & Policy*, 2020.

este contexto, surgen las criptomonedas como las conocemos en la actualidad. Podemos definir las criptomonedas como activos digitales diseñados para trabajar como medios de intercambio.[482]

Así, las criptomonedas usan criptografía para darle seguridad a las transacciones realizadas, permiten controlar la creación de nuevas unidades y verificar su transferencia, funcionando sin respaldo físico en tanto su aval es la seguridad que ofrece el sistema bajo el cual operan (y la confianza que tienen los usuarios en su posible intercambio futuro por bienes, servicios y monedas tradicionales). Por ello, el sustento de las criptomonedas no es otro que el acuerdo de voluntad que se concreta a través de contratos inteligentes suscritos entre quienes deciden adherirse al sistema del *blockchain*, en el que se reconoce a la criptomoneda que en ella opere como un activo con un valor que deviene de su oferta y demanda.[483]

En este contexto, no en vano se ha afirmado que las criptomonedas son el terreno ideal para legitimar capitales, financiar al terrorismo y evadir esquemas regulatorios complejos. Las criptomonedas tienen el potencial de desafiar al gobierno en la supervisión de la política monetaria por la interrupción de los sistemas de pago y por la elusión de los esquemas regulatorios existentes. En particular, ofrecen –o al menos se percibe que proporcionan– la capacidad de encubrir transacciones con un nivel de anonimato que actualmente sólo se encuentra con ciertas transacciones en efectivo.[484]

Una particularidad del derecho de las sanciones norteamericanas contra Venezuela es la regulación de estas frente a las criptomonedas emitidas por el Gobierno de Venezuela. Desde una perspectiva norteamericana, ¿se encuentra sancionado el uso del Petro como instrumento financiero? La respuesta es afirmativa para una persona de nacionalidad norteamericana. Nuevamente, partimos de la premisa general de que una persona de nacionalidad norteamericana debe abstenerse de usar inclusive instrumentos financieros sancionados como forma de pago emitido por un sujeto sancionado.

---

[482] Carmona, Juan Cristóbal, *Discurso y trabajo de Incorporación como Individuo de Número en el Sillón N° 30 de la Academia de Ciencias Políticas y Sociales*, 2020, p. 22, en https://bit.ly/3bM6od5.

[483] Id.

[484] Middlebrook, Stephen T. & Hughes, Sarah Jane, "Regulating Cryptocurrencies in the United States: Current Issues and Future Directions", en: *William Mitchell Law Review*, 2014, p. 816.

La OFAC ha dejado claro, incluso a través de sus preguntas y orientaciones públicas, que el uso de las criptomonedas en cualquier industria tiene las mismas obligaciones de cumplimiento que los servicios financieros tradicionales, independientemente de si las transacciones están denominadas en moneda digital o tradicional.[485] Por tal circunstancia, desde la promulgación de la Orden Ejecutiva N° 13.827 del 19-03- 2018,[486] las denominaciones de "Petro" y "Petro-gold" se consideran una moneda o token digital que fue emitida por, para o en nombre del Gobierno de Venezuela a partir del 09-01-2018, y por lo tanto, prohibidas.[487]

Ahora bien, ¿qué es el Petro? Domésticamente, el Petro se puede definir como una criptomoneda emitida por el Estado venezolano como medio de pago digital. Aunque esta definición puede ser fácilmente refutada por las grandes diferencias y características entre el Petro y una criptomoneda,[488] a los efectos prácticos de este trabajo, en materia de sanciones económicas norteamericanas, se considera una moneda digital susceptible de acarrear efectos sancionatorios.

A partir del 08-12-2017 el gobierno nacional inicia con la publicación del Decreto N° 3.196 en Gaceta Oficial de la República Bolivariana de Venezuela N° 6.346 de igual fecha, una campaña de promoción de las criptomonedas en el país, tanto en los que respecta a su utilización en operaciones comerciales como en cuanto a su minado.[489] En este sentido, si bien es cierto existe un "sistema de criptomonedas" en Venezuela, el solo hecho de ser emitidas por el Gobierno de Venezuela, descalifica, desde el punto de vista norteamericano, cualquier transacción financiera con esta moneda de pago o forma de intercambio.

---

485 Jacobson, Andrew, *Economic sanctions: challenges confronting the cryptocurrency industry*, International Commerce and Distribution Committee publications, International Bar Association, 2020.

486 E.O. N° 13827 del 19-03-2018. En particular, establece la E.O "Section 1. (a) All transactions related to, provision of financing for, and other dealings in, by a United States person or within the United States, any digital currency, digital coin, or digital token, that was issued by, for, or on behalf of the Government of Venezuela on or after January 9, 2018, are prohibited as of the effective date of this order [...]", en https://bit.ly/2LQmwYA.

487 OFAC, *Frequently Asked Questions*, Pregunta N° 564, en https://bit.ly/3SJHlrT.

488 En este sentido, véase Hernández, José, "El criptoactivo venezolano Petro y su valoración como criptomoneda e instrumento financiero", en: *Economía: Revista de la Facultad de Ciencias Económicas y Sociales*, Universidad de los Andes, 2019. Igualmente, véase, Carmona, Juan Cristóbal, *Mundo jurídico de las criptomonedas*, Caracas, Asociación Venezolana de Derecho Tributario, 2019.

489 Carmona, *Mundo jurídico*..., ob. cit., p. 37.

No es nuevo que gobiernos y sujetos sancionados busquen vías alternativas para financiar sus operaciones y el uso de criptomonedas es una vía para tal fin. La reciente aplicación del régimen sancionatorio por parte de los Estados Unidos ilustra cómo el gobierno estadounidense está tomando medidas enérgicas contra las personas involucradas en el uso indebido de la criptomoneda para enfrentar las sanciones y disuadirlas.[490] Recientemente, en *United States v. Griffith*, la Corte de Distrito Sur de Nueva York confirmó una acusación formal en contra de un ciudadano por conspirar para violar las sanciones establecidas de acuerdo con la IEEPA contra Corea del Norte al dar una charla en Pyongyang sobre tecnología *blockchain* y criptomonedas.[491]

El acusado, VIRGIL GRIFFITH era un empleado de una fundación que apoya desarrollos de *blockchain*, y la acusación fiscal se centró en una presentación que hizo en una conferencia en Corea del Norte sobre posibles aplicaciones de este tipo tecnología. La corte sostuvo que la presentación de GRIFFITH constituía una exportación prohibida de un servicio a Corea del Norte, un país sujeto a una amplia legislación estadounidense de sanciones.[492]

De igual forma, la corte rechazó el argumento de GRIFFITH de que la acusación que se le había interpuesto violaba su derecho a la libertad de expresión de acuerdo con la primera enmienda de la Constitución de los Estados Unidos. Concluyó la corte que incluso bajo un escrutinio estricto, el esquema regulatorio aplicado a GRIFFITH no violó la primera enmienda porque sirvió a un interés de política exterior de los Estados Unidos: mantener la seguridad nacional.[493]

Para protegerse contra posibles violaciones de sanciones existen pasos clave que los usuarios e intercambios de criptomonedas pueden tomar. Los intercambios de criptomonedas que operan en los Estados Unidos deben registrarse con FinCEN como empresas de servicios monetarios, obtener licencias en los Estados en los que operan e incluir a los usuarios en la jurisdicción sancionada y a los de la lista SDN de la OFAC para que no realicen transacciones en el intercambio.[494] Recientemente,

---

490 Schwinger, Robert A., "Cryptocurrency Offers No Escape From International Sanctions", en: *New York Law Journal,* 2021.

491 *United States v. Griffith*, 2020 WL 275903 (S.D.N.Y. Jan. 27, 2021).

492 Id.

493 Id.

494 Clark, Harry, McGuinness, Jeanine P. & Zane, Elizabeth, *Cryptocurrency and OFAC: Beware of the Sanctions Risks,* Orrick Law firm Blockchain Bulletin, 2020.

la OFAC acordó un arreglo extrajudicial con BitPay Inc. por la presunta violación de varios programas de sanciones relacionados con el uso de monedas digitales en transacciones con sujetos sancionados.[495]

En este sentido, BitPay Inc. permitió a las personas que parecen haber estado ubicadas en la región de Crimea de Ucrania, Cuba, Corea del Norte, Irán, Sudán y Siria pudieran realizar transacciones con comerciantes en los Estados Unidos y en otros lugares utilizando moneda digital en la plataforma de BitPay a pesar de que BitPay tenía información de ubicación, incluida Direcciones de Protocolo de Internet (IP) y otros datos de ubicación, sobre esas personas antes de realizar las transacciones.[496] En este arreglo extrajudicial, BitPay Inc. pagó la suma de 507 mil dólares a título de multa por el presunto incumplimiento.

En este sentido, las mejores prácticas son el mapeo y monitoreo de las transacciones en específico de tratarse de un servicio financiero, y en caso de no serlo, evitar cualquier clase de contacto por parte de personas de nacionalidad americana. Personas no-norteamericanas ubicada en Venezuela pueden usar el Petro como medio de pago, pues las regulaciones se encuentran dirigidas para empresas y ciudadanos norteamericanos. No obstante, siempre es recomendable un monitoreo cauteloso y exhaustivo de cualquier transacción financiera en estos términos por todas las implicaciones sancionatorias estudiadas en este capítulo.

6. Las consecuencias del incumplimiento del régimen sancionatorio

Las personas de los Estados Unidos que no cumplan con las sanciones de la OFAC enfrentan severas sanciones civiles y penales.

Para una persona que viola las sanciones norteamericanas, la IEEPA permite que OFAC imponga una multa civil máxima de $250.000 o el doble del monto de la transacción subyacente a la violación de las sanciones, lo que sea mayor. Al determinar el monto de una sanción civil, la OFAC considera si la violación fue revelada voluntariamente y si, basándose en una serie de factores, la violación fue *willful violation of law,* es decir, que sea de manera manifiesta en contra de lo expresamente prescrito la IEEPA también permite la aplicación de sanciones penales.

---

495 DOT, "OFAC Enters Into $507,375 Settlement with BitPay, Inc. for Apparent Violations of Multiple Sanctions Programs Related to Digital Currency Transactions", *Press release,* 2021.

496 Id.

Las sanciones penales están reservadas para los infractores "deliberados" de las sanciones de los Estados Unidos y la IEEPA limita dichas sanciones a $1.000.000 o, si el infractor es una persona física, hasta veinte años de prisión.

Adicionalmente, la OFAC posee otras acciones administrativas más allá de la vía civil o penal. Así las cosas, en respuesta a una aparente violación la OFAC puede: *(i)* realizar una denegación de licencia, suspensión, modificación o revocación u *(ii)* ordenar el cese y desistimiento de la conducta infractora.

En el primer caso, las autorizaciones de la OFAC para participar en una transacción (incluida la liberación de fondos bloqueados) de conformidad con una licencia general o específica se pueden retener, denegar, suspender, modificar o revocar en respuesta a una aparente violación.

Con respecto al segundo caso, la OFAC puede ordenar a la persona sancionada que cese y desista de la conducta prohibida que realiza por cualquiera a través de los programas administrados por la OFAC cuando tiene fundados indicios que una persona sancionada ha participado en varias transacciones o que dicha conducta está en curso o puede repetirse.

A. Factores que considerar en caso de una violación

Cuando el equipo local de una subsidiaria o de una empresa relacionada a una estadounidense ha detectado una violación al régimen sancionatorio, existen varios enfoques de cómo implementar el control de daños. Todo dependerá del tipo de estrategia legal que exista para abordar la situación.

Por una parte, puede establecerse una respuesta correctiva a la violación detectada. De esta forma, la acción correctiva se concentra en las acciones que toma la persona obligada por las sanciones y en respuesta a la aparente violación para mitigar su incumplimiento. Por otra parte, se puede tomar una respuesta evasiva si a consideración del *management board* la violación es mínima o circunstancial, por ende, no susceptible de reporte (estrategia, en nuestra opinión, no recomendable en caso de violación: los efectos de que una violación salgan a la luz pública pueden ser catastróficos para la empresa dependiendo de la magnitud de la violación en concreto; todo dependerá del nivel de riesgo que quiera asumir la empresa).

En todo caso, los reguladores siempre van a analizar caso por caso el trasfondo de la violación de sanciones realizada. Entre los factores que la OFAC puede considerar al evaluar la respuesta correctiva están:

a. Los pasos tomados por la persona obligada por las regulaciones al enterarse de la aparente violación. ¿La persona obligada detuvo inmediatamente la conducta infractora en cuestión?

b. En el caso de una persona jurídica, los procesos administrativos internos seguidos para resolver los problemas relacionados con la aparente violación. ¿La persona obligada por las regulaciones descubrió la información necesaria para determinar las causas y el alcance de la aparente violación? Es decir, ¿pudo darse cuenta de la violación? ¿Estaba la alta gerencia completamente informada? Si la respuesta es sí, ¿cuándo se enteraron de la violación y sus responsables?

c. En el caso de una persona jurídica, si la persona obligada adoptó controles y procedimientos internos nuevos y más efectivos para evitar que se repita la aparente violación de la regulación. Si la persona obligada no tenía un programa de cumplimiento en el momento de la aparente violación, ¿lo implementó al descubrir las aparentes violaciones? Si tenía un programa de cumplimiento en materia de sanciones ya establecido, ¿la empresa tomó las medidas adecuadas para mejorar el programa y evitar la repetición de violaciones similares? ¿Proporcionó la persona jurídica a las personas responsables de la aparente violación con capacitación adicional o tomó otras medidas apropiadas para garantizar que no ocurrieran violaciones similares en el futuro?

d. Cuando correspondía, ¿la persona obligada por las regulaciones realizó una revisión exhaustiva para identificar otras posibles violaciones?

B. La práctica federal de DPA y NPA por incumplimiento a la regulación de sanciones

Hasta el 2008, nunca se habían aplicado DPA y NPAs en casos relacionados con sanciones económicas internacionales. Las consecuencias inminentes de la crisis financiera señalaron a las instituciones financieras, especialmente a las que fueron cuestionadas por su papel en la crisis hipotecaria, que la bendición del DOJ de los enjuiciamientos diferidos fue "un paso importante lejos de las prácticas procesales más agresivas observadas en algunos casos bajo sus predecesores."[497]

[497] Xian, Kristie, "The Price of Justice: Deferred Prosecution Agreements in the Context of Iranian Sanctions", en: *Notre Dame Journal of Law, Ethics & Public Policy*, 2014, Vol. 28, pp. 631-664, especialmente p. 632.

Al respecto se dijo, por ejemplo, que los tribunales no han sido persuadidos por varias defensas que intentan justificar el incumplimiento del embargo, incluidas las acusaciones de que las órdenes ejecutivas eran vagas porque no proporcionaron un aviso adecuado o justo y las quejas de que las empresas deben cumplir con las obligaciones contractuales según la doctrina de la necesidad porque los trabajadores y las familias extranjeras en Irán dependen del envío de bienes. De hecho, el embargo arroja una amplia red sobre una multitud de incidentes, desalentando a las empresas de realizar transacciones indirectas incluso con estados sancionados. De igual forma, las empresas que simplemente facilitan empresas conjuntas a estados sancionados son responsables de facilitar, financiar o aprobar transacciones entre terceros no afiliados y países embargados.[498]

Ya hemos señalado el inmenso poder sobre los hombres de los fiscales norteamericanos y el poder de la mera presentación de una demanda civil o una acusación penal ante una corte federal. No en vano, se ha afirmado que el poder fiscal es más intimidatorio que efectivo, pues los casos nunca llegan a juicio por el temor a una sentencia condenatoria. Pero, así como el ejemplo de Irán es sumamente complejo, hay otros ejemplos notorios por violaciones de otros programas de sanciones. Así, los acuerdos de la OFAC en 2012 con *HSBC* ($375 millones), *Standard Chartered Bank* ($132 millones) e *ING Bank* ($619 millones), mencionados anteriormente, son sólo los más recientes en una línea de acuerdos que esta institución ha alcanzado con grandes empresas extranjeras y bancos,[499] que han presuntamente incurrido en violaciones del esquema sancionatorio norteamericano de forma voluntaria o involuntaria.

En todo caso, la poca judicialización de este tipo de casos genera poca información respecto a cómo la OFAC instruye sus propias investigaciones y cómo logra, en colaboración con DOJ, la imposición de DPAs y NPAs.

IV. OTRAS SANCIONES APLICABLES A VENEZUELA

Venezuela no sólo se encuentra "sancionada" por los Estados Unidos. Entre 2015 y el 2020, personas integrantes del Gobierno de Venezuela han sido específicamente sancionadas por otros Estados siguiendo la tendencia sancionatoria por política exterior contra el actual gobierno venezolano. Los regímenes sancionatorios europeo y canadiense han seguido los pasos de la regulación americana que ya hemos estudiado, aunque su aplicación no sea tan severa como los mandatos norteamericanos. En todo

498 Id.

499 Id.

caso, estas iniciativas sancionatorias buscan ser mecanismos de presión diplomática contra Venezuela y su situación política. A continuación, rescatamos los puntos clave de estas regulaciones.

1. Las sanciones de la Unión Europea

Al igual que USA, la Unión Europea ha sancionado específicamente a sujetos integrantes del gobierno venezolano. El Consejo de la Unión Europea ha aplicado sanciones contra Venezuela desde el 13-11-2017.

De esta forma, la Unión Europea ha sido partidaria de la aplicación de sanciones selectivas, destinadas a incentivar un proceso creíble y significativo que pueda conducir a una solución pacífica negociada en Venezuela. Las medidas restrictivas consisten en: *(i)* un embargo de armas y equipos destinados a la represión interna, y *(ii)* una base jurídica para la posible inclusión selectiva de personas en la lista de sancionados.[500] Por ello, "estas medidas se utilizarán de manera gradual y flexible y podrán ampliarse, dirigiéndose contra quienes participan en el incumplimiento de los principios democráticos y del Estado de Derecho y la violación de los derechos humanos."[501]

Desde 2017, el Consejo Europeo ha agregado a varios sujetos como personas específicamente sancionados por violaciones de los derechos humanos y por socavar la democracia y el Estado de Derecho en Venezuela. Estas medidas han sido prorrogadas por el Consejo Europeo por un año, hasta el 14-11-2020.[502]

A diferencias de las sanciones norteamericanas contra Venezuela, las sanciones europeas son amplias y genéricas, en aras de la agenda diplomática europea con Venezuela y su objetivo de soluciones consensuadas y negociadas para la estabilidad política nacional.[503] Por esta razón, las sanciones europeas no poseen el peso comercial y diplomático que sí posee la regulación norteamericana por su extensión, especificidad e implicaciones comerciales.

---

500 Véase, Consejo de la Unión Europea, "Venezuela: La UE adopta Conclusiones y sanciones selectivas", *Press Release*, 13-11-2017.

501 Id. § 5.

502 Para ver la cronología de sanciones europeas contra Venezuela: https://bit.ly/3QI2aCl.

503 Banca y Negocios (2018, 22-01), *Sanciones son incentivo para ayudar a negociación entre gobierno y oposición.*

2. Las sanciones de Canadá

Las sanciones relacionadas con Venezuela se han promulgado en virtud del *Special Economic Measures Act* para implementar la decisión de la Asociación formada entre Canadá y los Estados Unidos de América el 05-09-2017. La Asociación instó a sus miembros a tomar medidas económicas contra Venezuela y personas responsables de la situación actual propiciada por el Gobierno de Venezuela.

De forma muy similar a la IEEPA, el *Special Economic Measures (Venezuela) Regulations* ("Las Regulaciones") imponen una congelación de activos y la prohibición de relacionamiento a las personas incluidas en la lista. Las Regulaciones prohíben que cualquier persona en Canadá y cualquier canadiense fuera de Canadá:

- Comerciar propiedades, donde sea que estén ubicadas, que sean propiedad, estén bajo el control o estén controladas por personas listadas o una persona que actúe en nombre de una persona listada;

- Realizar o facilitar cualquier transacción relacionada con un negocio prohibido por las regulaciones;

- Proporcionar cualquier servicio financiero o relacionado con respecto a un trato prohibido por las regulaciones;

- Poner a disposición cualquier producto, dondequiera que esté, a una persona listada o una persona que actúe en nombre de una persona listada; y

- Proporcionar servicios financieros u otros servicios relacionados o para el beneficio de una persona incluida en la lista.

- Causar, facilitar o ayudar en actividades prohibidas también está prohibido.[504]

Al igual que las regulaciones norteamericanas, Canadá puede otorgar excepciones a las reglas generales de prohibición en el marco de las regulaciones. Por ello, el gobierno canadiense ha manifestado expresamente que las prohibiciones de congelamiento de activos y transacciones mencionadas anteriormente no se aplican a las siguientes actividades o transacciones:

- Pagos realizados por o en nombre de una persona incluida en la lista de conformidad con los contratos celebrados antes de la entrada en vigor de las regulaciones, siempre que los pagos no se realicen a una persona incluida en la lista o a una persona que actúe en nombre de una persona incluida en la lista;

- Transacciones necesarias para que un canadiense transfiera a una persona que no figura en la lista las cuentas, fondos o inversiones de un

---

[504] Véase, *Canadian Sanctions Related to Venezuela.*

canadiense en poder de una persona que figura en la lista el día en que esa persona entró en la lista;

- Negociaciones con una persona incluida en la lista requerida con respecto a los reembolsos de préstamos hechos a cualquier persona en Canadá, o cualquier canadiense fuera de Canadá, para préstamos suscritos con cualquier persona que no sea una persona incluida en la lista, y para la ejecución y realización de la seguridad con respecto a esos préstamos, o reembolsos por garantes que garanticen esos préstamos;

- Negociaciones con una persona incluida en la lista requerida con respecto a los reembolsos de préstamos hechos a cualquier persona en Canadá, o cualquier canadiense fuera de Canadá, para préstamos suscritos con una persona incluida antes de que esa persona se convierta en una persona incluida, y para la aplicación y realización de la seguridad con respecto a esos préstamos, o reembolsos por garantes que garantizan esos préstamos;

- Pagos de pensión a cualquier persona en Canadá o cualquier canadiense fuera de Canadá;

- Servicios financieros requeridos para que una persona incluida en la lista obtenga servicios legales en Canadá con respecto a la aplicación de cualquiera de las prohibiciones establecidas en las regulaciones;

- Transacciones con respecto a cuentas en instituciones financieras mantenidas por misiones diplomáticas, siempre que la transacción se requiera para que la misión cumpla con sus funciones diplomáticas bajo la Convención de Viena sobre Relaciones Diplomáticas, o transacciones requeridas para mantener las instalaciones de la misión si el diplomático la misión ha sido retirada temporal o permanentemente;

- Transacciones con cualquier organización internacional con estatus diplomático, agencias de las naciones unidas, el movimiento internacional de la Cruz Roja, o con cualquier entidad que haya celebrado un acuerdo de donación o contribución con asuntos exteriores, comercio y desarrollo de Canadá; y transacciones del gobierno de Canadá que se estipulan en cualquier acuerdo o acuerdo entre Canadá y Venezuela.[505]

3. Las sanciones de Suiza

Desde el 01-01-2003, el régimen de sanciones vigente se basa en la Ley Federal de Implementación de Sanciones Internacionales de 22-03-2002 (también conocida como la Ley de Embargo). Las sanciones suizas son predominantemente de naturaleza económica, pero pueden incluir medidas no económicas. De conformidad con el artículo 1, numeral 3, de la Ley de Embargo, las medidas obligatorias pueden, en particular: *(i)* restringir directa o indirectamente las transacciones que involucran bienes y servicios, pagos y transferencias de capital, y el movimiento de personas, así como intercambios científicos, tecnológicos y culturales; *(ii)* incluir

[505] Id.

prohibiciones, licencias y obligaciones de informes, así como otras restricciones de derechos.[506]

El incumplimiento de las sanciones puede resultar en prisión por hasta cinco años, que se puede combinar con una multa de hasta un millón de francos suizos (sección 5 de la Ley de Embargo). Adicionalmente, cualquier negativa a proporcionar información, entregar documentos o permitir el acceso a locales comerciales puede resultar en la detención o en una multa de hasta 100.000 francos suizos. Las empresas pueden ser penalmente responsables por el incumplimiento de las sanciones, al igual que los directores gerentes, empleadores, delegados o directores que intencionalmente o por negligencia no evitan un incumplimiento cometido por un "subordinado" (sección 12 de la Ley de Embargo).[507]

En el caso venezolano, desde marzo del 2018, el gobierno suizo ha ordenado la congelación de activos y la prohibición de viajar para personas, empresas y organizaciones, incluidos varios ministros venezolanos y altos funcionarios. Al igual que con las sanciones impuestas por la Unión Europea, los incluidos en la lista de sanciones incluyen al ex presidente de la Asamblea Nacional Diosdado Cabello, el ministro del Interior, Néstor Reverol, y el presidente del Tribunal Supremo de Justicia, Maikel Moreno.[508]

Aunque tradicionalmente considerada como una país neutral, Suiza ha manifestado que se encuentra "seriamente preocupada por las reiteradas violaciones de las libertades individuales en Venezuela, donde el principio de separación de poderes se ve gravemente socavado y el proceso en vista de las próximas elecciones adolece de una grave falta de legitimidad."[509]

V. ELEMENTOS DE UN PROGRAMA DE CUMPLIMIENTO SANCIONATORIO

La materia que nos ocupa no escapa de las consideraciones básicas de todo *programa de cumplimiento* como planteamos en el capítulo primero de este trabajo. Sin embargo, al tener Venezuela muchas particularidades por el derecho de las sanciones, se hace necesario hacer un traje a la me-

506 Eversheds Sutherland, *Global sanctions guide: Switzerland.*

507 Id.

508 SWI swissinfo.ch, *Swiss slap sanctions on Venezuela and freeze assets*, 2018.

509 Id.

dida en cualquier programa de cumplimiento sancionatorio referido a Venezuela, y que debería ser muy útil para las empresas trasnacionales que directa o indirectamente deben verse involucradas con nuestro país en el comercio internacional.

En esta materia, la OFAC no tiene manuales ni instructivos de cómo debe ser un programa de cumplimiento en materia de sanciones internacionales y la práctica, así como lamentables experiencias corporativas, son las que han proporcionado indicios de qué se debe y qué no se debe hacer en materia de sanciones. Debemos señalar que las regulaciones de la OFAC no requieren que una empresa establezca un *programa de cumplimiento interno* para evitar violaciones de sanciones, pero en nuestra opinión es altamente recomendable el establecimiento de políticas corporativas en este sentido.

Ahora bien, el fracaso en desarrollar un programa de cumplimiento interno puede tener graves consecuencias para la empresa, especialmente en el caso de constatarse violaciones. Dependiendo del régimen de sanciones al que nos refiramos, se pueden imponer sanciones pecuniarias de hasta $10.000.000 por cada infracción OFAC individualmente considerada, y procesar penalmente a los empleados de la compañía declarados culpables de violar las regulaciones del DOT, enfrentando penas de prisión de hasta treinta años bajo la justicia federal norteamericana. Adicionalmente, incluso cuando las empresas actúen de buena fe, pueden enfrentar multas sustanciales ya que la OFAC tiene potestad para imponer sanciones por infracciones involuntarias.

Un programa de cumplimiento puede ayudar a prevenir verse involucrados en infracciones de cualquier tipo y mitigar las consecuencias en aquellos casos en que se produzca alguna a pesar del uso de un programa de cumplimiento corporativo. Las guías federales para sentenciar, inclusive, prevén un ajuste a la baja en las sentencias por infracciones penales cuando una empresa mantiene un programa de cumplimiento efectivo.[510] Como lo hemos señalado con anterioridad, los riesgos naturalmente siempre van a existir, lo fundamental es la prevención y orientar nuestro mayor esfuerzo en aras de no vernos involucrados en infracciones, especialmente de regímenes sancionatorios.

La detección automatizada de todos los nuevos socios comerciales y clientes es una necesidad. Se debe prohibir cualquier transacción con una persona, entidad o país restringido sin la aprobación previa del oficial de

---

510 Véase, *United States Sentencing Commission, Sentencing Guidelines Manual Annotated,* 2018.

cumplimiento correspondiente. Pero también es crucial que las empresas evalúen regularmente a los socios comerciales y clientes existentes. Nuevas personas y entidades se agregan constantemente a la lista SDN. Un agente que no activó ninguna señal de alerta cuando se usó por primera vez podría aparecer en la Lista SDN seis meses después, y la compañía no sería más sabia a menos que revisara regularmente a todos sus socios comerciales.[511]

1. El compromiso gerencial y la autonomía del programa

Es crucial un compromiso gerencial de alto nivel y absoluto con el programa de cumplimiento sancionatorio. Cuanta más autoridad se otorgue a un oficial o al departamento de *compliance* empresarial, de forma centralizada en la empresa, más fácil es reconocer y tomar decisiones sobre los riesgos potenciales que rodean a la compañía. Como resultado, los empleados sabrán de inmediato a quién contactar cuando surja una pregunta respecto a las sanciones y protocolos a seguir. Además de tener más conciencia de la importancia que tiene el programa, esto tiene varias implicaciones:

a. De nuevo, es clave el establecimiento de un programa de cumplimiento de sanciones por escrito, como conjunto de normas internas y estándares aplicables a la organización en su negocio y actividad comercial, así como protocolos de acciones en caso de violaciones a las regulaciones norteamericanas. Cada empresa es diferente por lo cual puede ser adaptada a la naturaleza de sus operaciones cotidianas.

b. *Coordinación y coherencia*: un equipo de *compliance* centralizado aumenta la coherencia de las decisiones y esfuerzos de cumplimiento frente a la OFAC y la integridad de la empresa ante potenciales acciones judiciales y administrativas. Esto es especialmente importante cuando una empresa contiene varias divisiones que pueden aplicar las mismas políticas de *compliance* de manera diferente.

c. *Monitoreo eficiente de las regulaciones y sujetos sancionados*: la implementación de un equipo central de *compliance* con la responsabilidad de monitorear y difundir las regulaciones y los cambios en la lista SDN elimina la duplicación innecesaria de actividades. Esto igualmente supone un personal altamente capacitado para

---

[511] Rathbone, Jeydel & Lentz, *Sanctions, Sanctions...*, ob. cit., p. 1055.

el ejercicio de las tareas de monitoreo y establecimiento de estrategias preventivas y legales.

d. *Conocimiento corporativo institucional*: a medida que un equipo centralizado de *compliance* comienza a ver problemas repetitivos o indicios de potenciales problemas y violaciones, se vuelve más eficiente en el análisis de dichos problemas. Los oficiales de cumplimiento centrales también comienzan a desarrollar un conocimiento práctico de cómo se desarrolla el derecho de las sanciones, su evolución y los procedimientos aplicables. Así, el personal *in-house* especializado se convierten en experto sobre cuestiones de cumplimiento de sanciones norteamericanas.

Como regla general, la responsabilidad de cumplimiento de las regulaciones sancionatorias norteamericanas debe asignarse específicamente al menos a un oficial de cumplimiento o director de alto rango. Tal asignación mejora los esfuerzos de cumplimiento de dos maneras: *(i)* comunica el compromiso de la compañía con el cumplimiento del marco regulatorio sancionatorio y la naturaleza seria del problema soportándolo con el *seniority* empresarial respectivo; y *(ii)* la responsabilidad profesional y legal del equipo de *compliance* especializado aumenta la probabilidad de que se apliquen estrictamente los procedimientos de *compliance* en todo momento.

El programa de cumplimiento debe indicar a los empleados clave que marquen las transacciones con información sospechosa, especialmente aquellas transacciones que mencionan cualquiera de los países sancionados y las principales ciudades dentro de esos países. Sin embargo, dado que muchos SDN tienen nombres aparentemente benignos y residen en países amigos de los Estados Unidos, una serie de transacciones prohibidas por la OFAC pasarán desapercibidas bajo este método. Por lo tanto, es imperativo que al menos una vez antes de la ejecución de una transacción, las partes relevantes se verifiquen con la lista SDN completa. Al ser derecho estadounidense, una recomendación práctica es contactar a un abogado local norteamericano en caso de problemas realmente serios de violaciones.

Nunca es recomendable despreciar el conocimiento práctico y teórico del abogado local, pues sólo él podrá asesorar a la empresa adecuadamente. Adicionalmente, es vital una estructura de manejo de reporte directo a la Junta Directiva y a la alta gerencia de la compañía. En materia de sanciones, el riesgo se eleva a comprometer a todo el negocio y su operatividad. La gerencia legal o de *compliance*, cualquiera sea su nombre, así como el consultor jurídico de la empresa tienen y deben mantener informado de manera constante, oportuna y eficaz a la junta directiva sobre todos los riesgos asociados a esta materia. Las implicaciones pueden ser catastróficas por una mala estrategia legal al respecto, involucrando no solo la empresa local sino sus subsidiarias y relacionadas.

2. Registro de las actuaciones realizadas

Es altamente recomendable asumir que toda la documentación que tiene la empresa puede terminar en las manos de un regulador o fiscal federal norteamericano. Los programas de sanciones administrados por la OFAC generalmente requieren la retención de todos los registros relacionados durante cinco años, aunque esta no es una regla escrita en piedra. Como mínimo, un programa de cumplimiento debe exigir que el departamento de cumplimiento interno archive todos aquellos documentos comerciales relacionados con transacciones realizadas bajo una licencia OFAC específica o general, de ser el caso. En caso de llevar a cabo una transacción comercial riesgosa, documente todo lo que pueda, y todo aquello que pueda indicar su intención de no violar o entorpecer las regulaciones norteamericanas.

Adicionalmente, en la medida de lo posible, las empresas también deben archivar los registros comerciales relacionados con transacciones sospechosas o *red flags* que el oficial de cumplimiento interno ha determinado como permitidas bajo las actuales regulaciones del Tesoro, ya que las autoridades administrativas norteamericanas pueden tener una visión diferente de la transacción. El programa de cumplimiento debería al menos exigir la preservación de los documentos básicos de las transacciones con entidades o sujetos sancionados, de ser el caso.

Debido a la tecnicidad que existe, no es fácil entrenar a los empleados en materia de sanciones económicas. En efecto, es una materia que inclusive la mayoría de los profesionales del derecho no entiende por su práctica difusa, compleja de momentos y multi jurisdiccional. No obstante, es fundamental que los empleados de la empresa entiendan que su negocio se puede encontrar involucrado en regulaciones altamente complejas en el comercio internacional. No es necesario que los empleados sean expertos en materia de sanciones económicas, pero definitivamente sí deben saber a quién acudir en caso de dudas o situaciones sospechosas, así como también saber detectar cuáles pueden ser consideradas como tal.

3. Asesoría especializada en la materia

Es fundamental que exista en la organización personas calificadas capaces de entender el complejo mundo sancionatorio, su impacto para el negocio, y que puedan asesorar adecuadamente a la compañía ante este tipo de situaciones. Una recomendación práctica es el contacto con los asesores externos expertos en la materia, pues es clave en este sentido contar adicionalmente con practicantes forenses en materia de sanciones. Los asuntos sancionatorios o son muy esporádicos o nunca ocurren, pero de ocurrir, sus consecuencias pueden ser desastrosas. Por ello, solo la adecuada asesoría *in-house* y externa puede lograr el mejor entendimiento del negocio y el esquema sancionatorio y cómo navegarlo adecuadamente.

Hemos comentado en este trabajo la necesidad de probar el sistema de controles y verificar que se cumplen las políticas corporativas. De nada sirve tener en papel miles de procedimientos si estos no son aplicados de manera efectiva. Es muy importante verificar y dejar constancia de la realización de los procedimientos establecidos para verificación del riesgo y toma de decisiones respecto a la interacción con sujetos sancionados o susceptibles de sanción. El monitoreo de proveedores, clientes de la empresa, así como el rechequeo que las unidades de negocios siguen los procedimientos de verificación preestablecidos, son la única forma de asegurar que la empresa está haciendo todo lo que está a su alcance para mitigar al máximo su exposición al régimen de sanciones internacionales que hemos comentado.

Cuando ocurren irregularidades en materia de sanciones, hay que fijar un curso de acción inmediatamente y establecer las responsabilidades en el caso en concreto. Una investigación interna puede ayudar a determinar en qué parte se comenten los errores en nuestros procedimientos y cuándo y dónde nuestros empleados pudieron comprometer a la compañía en una potencial violación del régimen sancionatorio. La redacción de informes internos, constatando los hechos irregulares cometidos por empleados son elementos probatorios que potencialmente pueden ser usados como defensa ante las eventuales violaciones realizadas por la empresa y forma de expresión de sus buenos oficios para evitarlos a pesar de las circunstancias gravosas. Los reguladores consideran y ponderan todas las acciones realizadas en aras de evitar violaciones y las pruebas documentales son las más idóneas en este sentido.

Como hemos comentado con anterioridad, la documentación de la información se realiza, internamente, a efectos probatorios de la diligencia de la compañía en implementar las mejores prácticas corporativas y mitigar los riesgos de potenciales sanciones. Pero para hacer eso, la misma compañía debe velar por dejar constancia de sus buenos oficios por escrito, ya sea en físico o digital, de la implementación de esas mejores prácticas en su negocio y por sus empleados. En materia de sanciones, todo entrenamiento, protocolo o procedimiento debe ser documentado a efectos de que los reguladores pueden constatar los buenos oficios de la empresa y preconstituir pruebas de cumplimiento de las regulaciones.

En el comercio internacional es común la realización de adquisiciones o alianzas comerciales con personas distintas a la empresa. Cada adquisición o alianza comercial debe ser estudiada, adicionalmente de su viabilidad financiera, por el riesgo sancionatorio que pueda involucrar para la operación de la empresa. ¿El socio comercial se encuentra sancionado o en la lista SDN? ¿hay accionistas sancionados? ¿Hay una licencia general o específica de la OFAC en la industria que nos encontramos? ¿Cuál será la moneda de pago de la transacción? ¿hay compañías americanas involucradas?

Estas preguntas requieren un análisis caso por caso y que se encuentra muy ligado con el proceso de análisis de riesgo realizado por los equipos multidisciplinarios de la compañía. Como vemos, y luego de discutir las complejidades de la regulación actual a lo largo de este capítulo, el *screening* a actores comerciales externos es una regla obligatoria en cualquier transacción comercial en el comercio internacional. Por ello, siempre será recomendable consultar con los abogados especialistas para revalidar las condiciones particulares en cada caso.

CAPÍTULO V: LA LEGITIMACIÓN DE CAPITALES Y EL FINANCIAMIENTO AL TERRORISMO

En términos generales, la legitimación de capitales afecta a prácticamente todos los sistemas legales y bancarios en el mundo. Aunque sea difícil observar su impacto, el dinero producto del delito puede escabullirse fácilmente en actividades aparentemente lícitas y *manchar* dinero legítimamente obtenido. Se han argumentado varias razones sobre el porqué la legitimación de capitales debe ser castigada por el Estado. No obstante, todas ellas se soportan en el hecho que la legitimación de capitales "es comúnmente entendida como un proceso de limpieza del dinero sucio por las resultas de la comisión de delitos"[512] y que el Estado no puede tolerar ni propiciar la propagación de dinero ilegítimamente obtenido.

Más que un análisis criminológico, vamos a enfocarnos en el necesario programa de cumplimiento que las empresas deben estructurar u operativizar para coadyuvar a la regulación contra la legitimación de capitales, con particular foco en la regulación bancaria sobre esta materia. De hecho, el sistema bancario es un actor clave y fundamental en el marco regulatorio contra la legitimación de capitales debido a su sensible participación en la actividad de intermediación financiera y recaudadora de fondos de los clientes y ahorristas. El mero manejo del dinero del colectivo tiene miles de consecuencias legales y obligaciones por parte de la banca pública y privada.

Acertadamente ha sido señalado que para "la mayoría de los países, la legitimación de capitales y financiamiento al terrorismo levanta problemas importantes respecto a la prevención, detección e investigación penal", mientras "técnicas sofisticadas para lavar dinero y financiar al terrorismo añaden complejidad a estos problemas"[513] y dificultan el trabajo de las autoridades en ejecución de las leyes del sector financiero. Instituciones financieras, desde trasnacionales hasta bancos medianos y pequeños con operaciones financieras sencillas, pueden verse involucradas en delitos de legitimación de capitales debido a que sus operaciones centrales pueden procesar dinero alrededor del mundo.[514]

---

512 Charles Doyle, *Money Laundering: An Overview of 18 U.S.C. 1956 and Related Federal Criminal Law*, 2012.

513 *Comprehensive Reference Guide to AML/CFT, (2006) at Chapters 1 and 2.*

514 Podgor, Henning, Israel & King, *White Collar...*, ob. cit., p. 378. Véase también *United States. v. Dinero Exp., Inc.* 313 F.3d 803 (2d Cir. 2002).

En este capítulo se desarrolla un análisis comparativo de las regulaciones AML en el derecho norteamericano y en el derecho venezolano. No es de extrañar que la regulación venezolana, y mundial, se inspira en lo establecido bajo el imperio del derecho americano, con sus ventajas y desventajas. Siendo Estados Unidos un factor financiero clave en el comercio internacional, su influencia es innegable alrededor del mundo y en el derecho contra la legitimación de capitales no ha sido la excepción. De igual forma, gracias al creciente derecho de las sanciones impuestas por Estados Unidos a Venezuela, nuestro país se ha convertido en un escenario regulatorio complejo para bancos norteamericanos y sus transacciones habituales concernientes a Venezuela y los venezolanos, haciendo el *AML compliance program* una consideración clave en términos macro.

Construyendo esta idea existe la creencia, en buena medida gracias a las autoridades federales americanas, que Venezuela es un sitio ideal para cometer delitos financieros y legitimar capitales gracias a su pobre regulación, su sistema de administración de justicia y corrupción generalizada.[515] Dejando a un lado el discurso político imperante, analizaremos las regulaciones vigentes y su aplicabilidad en la práctica para las empresas y cómo su incumplimiento puede ocasionar sanciones administrativas o incluso penales. En nuestra opinión, no cabe duda de que un conocimiento general de cómo funcionan las instituciones financieras, independientemente de la categoría o clase de empresa a la que asesoramos, nos permite un *insight* importante al momento de asesorar a clientes en sus asuntos regulatorios.

I. LA LEGITIMACIÓN DE CAPITALES Y EL FINANCIAMIENTO AL TERRORISMO EN LOS ESTADOS UNIDOS DE AMÉRICA Y EN VENEZUELA

La tipificación de delitos AML así como su regulación administrativa en materia bancaria es *amplísima* y busca, en la mayor medida posible,

---

[515] DOT, FinCEN: "En los últimos años, instituciones financieras han reportado a la FinCEN sus sospechas de acuerdo con muchas transacciones sospechosas de estar vinculadas con la corrupción en Venezuela, incluyendo contratos con el Estado. Basado en el reporte y otras informaciones, todo el gobierno y agencias gubernamentales venezolanos, incluyendo altos funcionarios de gobierno y asociados, aparecen vulnerables a la corrupción pública y a la legitimación de capitales. El gobierno venezolano parece usar su control sobre importantes áreas de la economía nacional para generar riqueza a los altos oficiales del gobierno, funcionarios relacionados y asociados. En este sentido, existe un alto riesgo de corrupción al encontrarse relacionado con funcionarios públicos venezolanos en todos sus niveles, incluyendo a aquellos que manejan y trabajan en empresas del Estado," en https://bit.ly/2JslL6l.

servir de cajón de sastre para otros delitos o de aplicación de normas legales relacionadas. Así, los delitos o infracciones administrativas AML pueden depender de la existencia de un delito o infracción principal, como pueden ser autónomos y ser motivo suficiente para un proceso penal o procedimiento administrativo, dependiendo del caso en concreto.

En todo caso, la regulación existente en materia de legitimación de capitales es un *As bajo la manga* de los fiscales y reguladores al momento de iniciar investigaciones o acusaciones formales, ya que se puede legitimar capitales de muchísimas formas distintas. Aunque algunos pueden pensar que los delitos de legitimación de capitales son delitos exclusivos del crimen organizado o delitos relativos a narcóticos, delincuentes de cuello blanco también pueden ser imputados penalmente, y más comúnmente, ser procesados por esta clase de delitos que por otros tipos.[516]

Existen varios niveles de regulación en materia ALM:

A un nivel internacional nos encontramos con estándares internacionales adoptados por organismos gubernamentales y no gubernamentales como derecho internacional para los Estados ratificantes de tales tratados, creando verdaderas normas legales para los países signatarios. Como veremos, este derecho internacional es bastante difuso en la práctica al fundamentarse en buenas prácticas y estándares y no en verdaderas normas de derecho internacional aun cuando la UNCDOT se encuentra ratificada por Venezuela[517] y muchos otros Estados.

---

516 Podgor, Henning, Israel & King, *White Collar...*, ob. cit., p. 378.

517 Venezuela ratificó la UNCDOT el 19-12-2003 con las siguientes reservas: "De conformidad con las disposiciones del párrafo 3 del artículo 5 de la Convención de las Naciones Unidas contra la Delincuencia Organizada Transnacional, el gobierno de la República Bolivariana de Venezuela declara lo siguiente: Con respecto a las leyes nacionales que rigen los delitos descritos en el artículo 5, párrafo 1 (a) (i), la ley venezolana tipifica y penaliza dichos delitos en virtud de los artículos 287 a 293 del Código Penal actual que se refiere al delito de formar un grupo delictivo organizado. De conformidad con el párrafo 5 del artículo 16, la República Bolivariana de Venezuela declara: La Convención de las Naciones Unidas contra la Delincuencia Organizada Transnacional se tomará como base jurídica para la cooperación en materia de extradición en las relaciones entre la República Bolivariana de Venezuela y otros Estados parte en la Convención. // De conformidad con el artículo 18, párrafo 13, la República Bolivariana de Venezuela declara: La autoridad central que tendrá la responsabilidad y el poder de recibir solicitudes de asistencia judicial recíproca y ejecutarlas o transmitirlas a las autoridades competentes para su ejecución será la fiscalía, de conformidad con los poderes conferidos a dicha institución por Ley de reforma parcial del COPP. De conformidad con el artículo 18, párrafo 14, la República Bolivariana de Venezuela declara: Las solicitudes de asistencia judicial recíproca en materia penal al gobierno de la República Bolivariana de Venezuela se redactarán en español, de conformidad con las disposiciones constitucionales y legales de Venezuela," en https://bit.ly/3SIu6rm.

A nivel local, la LOCFT es la norma rectora en la materia en su vertiente penal, y en materia administrativa la regulación de la SUDEBAN y organismos relacionados con el sector bancario y de valores han sido clave en esta área de práctica. Una consideración clave y muy práctica es entender que el derecho local tiende a aplicar siempre, con lo cual, las consideraciones del foro marcan la pauta de cómo asesorar en un caso que involucra delitos AML.

No obstante, al existir un mundo globalizado, la gran empresa debe entender el fenómeno AML no solamente local, sino de una forma trasnacional (su regulación local más su regulación en mercados potencia importantes *v.g.* Estados Unidos), así como las normas internacionales en la materia que designan estándares y buenas prácticas. Finalmente, cabe destacar que el mundo regulatorio alrededor de las disposiciones AML es muy cambiante y dinámico, con lo cual, nos enfocamos en normas rectoras en la materia y principios generales de la regulación para su fácil entendimiento y comprensión.

Nótese finalmente que en materia AML existen varios organismos no gubernamentales que han tomado la tarea especializada de promulgación de estándares internacionales contra la legitimación de capitales. Venezuela no es parte de tratados internacionales en materia AML y su regulación encuentra sentido en su mayoría en disposiciones de derecho interno. De forma similar, Estados Unidos tampoco es parte de tratados internacionales en esta materia.

1. Las actividades que comprenden la legitimación de capitales

El fenómeno de la legitimación de capitales tiene varios nombres dependiendo del derecho del país que lo regula. Así, el blanqueo de capitales, lavado de dinero, lavado de activos, blanqueo de dinero, no son más que distintas denominaciones para significar el mismo proceso de apariencia de ilegalidad de fondos derivados del delito. A los efectos de este trabajo, nos referimos al término utilizado en Venezuela: legitimación de capitales. Nos enfocamos en su regulación desde la perspectiva bancaria pues son las instituciones financieras quienes prestan la plataforma para la comisión de estos delitos. Adicionalmente, se espera de las instituciones financieras mayor rigurosidad en la prevención de delitos de legitimación de capitales al estar asociados al dinero en efectivo y electrónico.

Ahora bien, cabe preguntarnos antes de adentrarnos en el mundo regulatorio AML ¿cómo se blanquea un capital? El proceso de legitimación de capitales es igual en todas las jurisdicciones y ha sido profundamente estudiado desde la perspectiva penal y financiera. Así, se dice que el proceso de legitimación de capitales se constituye en tres etapas: colocación, estratificación o intercalación, y la integración o inversión de los fondos,[518] también denominado en inglés como *placement*, *layering* e *integration*.[519]

En la etapa de colocación o *placement*, la OECD ha explicado acertadamente que el objetivo en esta fase es depositar los ingresos delictivos, generalmente efectivo, en una cuenta bancaria en el país o en el extranjero.[520] Para ello, el efectivo podría cambiarse a otros objetos de valor como bienes comerciales, diamantes, lingotes de oro o cheques. También podría intercambiarse en otras monedas, en denominaciones más grandes o dividirse en sumas más pequeñas que permiten un fácil transporte por correo en efectivo.

El efectivo u otros objetos de valor pueden transportarse al extranjero, lejos del país donde se cometió el delito, al país de residencia del criminal o un país específico donde el efectivo puede depositarse o invertirse fácilmente. El transporte puede ser en automóviles, aviones (pasajeros o carga) o utilizando un sistema bancario en particular. Para todos estos actos, los delincuentes pueden recurrir a terceros, ya sean personas físicas o jurídicas. El dinero derivado del fraude, como el fraude fiscal o el fraude de inversión, podría fácilmente ser dinero retenido en una cuenta bancaria y ser intercambiable electrónicamente. No todas las ganancias criminales son en efectivo o incluso dinero.[521]

El proceso de estratificación o *layering* de los fondos sucios incluye una serie de transacciones financieras cuyo objeto es distanciar los fondos actuales de su fuente original como un esfuerzo de evitar o eliminar el riesgo de ser auditados, cualquier pista o información similar, haciendo imposible su rastreo por parte de las autoridades policiales y regulatorias. La cadena de depósitos pueden terminar siendo usados para la compra de oro, joyas, acciones, bonos u otros objetos de valor; así cualquier bien

---

518 Bautista, Norma, Castro Milanés, Heiromy, et al., *Aspectos Dogmáticos, Criminológicos y Procesales del Lavado de Activos,* Santo Domingo, Agencia de los Estados Unidos para el Desarrollo Internacional, 2005, p. 29.

519 Weismann, Miriam, *Money Laundering, Legislation, Regulation & Enforcement*, Chicago, ABA Book Publishing, 2014, p. 2. Véase un esquema sobre este proceso en DOT, U.S. *Money Laundering Threat Assessment*, 2005, p. 18.

520 OCDE, *Money Laundering Awareness Handbook for Tax Examiners and Tax Auditors*, 2009, p. 13.

521 Id.

comprado puede ser readquirido en dinero en efectivo, realizarse la transmisión de la propiedad a otra persona, prestado a un prestatario inexistente o transferido a otra cuenta.[522]

El uso de efectivo o moneda (es decir, billetes y monedas utilizados como medio de cambio) es atractivo para los delincuentes, principalmente debido a su anonimato y la falta de seguimiento en auditorías. Los delincuentes buscan la mayor flexibilidad posible y están interesados en evitar a toda costa la detección. El efectivo proporciona esa flexibilidad, ya que es universalmente aceptado y se puede usar y mover con poco o ningún mantenimiento de registros. Los ingresos en efectivo a menudo se utilizan para comprar más productos y servicios. Por ello, algunos legitimadores de capitales también almacenan grandes cantidades de efectivo como una forma de mantenerse seguros. Los instrumentos negociables al portador también son atractivos para los legitimadores de capitales, ya que son documentos en papel que tienen valor monetario para la persona que los posee y están en una forma que la propiedad o el título pasa al momento de la entrega.[523]

Finalmente, la integración o *integration* de los fondos ocurre cuando los fondos provenientes del delito se reintegran al sistema financiero de forma aparentemente legítima y se confunden de manera indistinguible entre el dinero legítimo.[524] El legitimador de capitales crea un origen legal aparente del dinero mediante la fabricación o estructuración de transacciones con el uso de documentos falsos y fabricados, como facturas, informes, contratos, acuerdos, escrituras, entre otras.[525]

2. La legislación norteamericana aplicable

En Estados Unidos, la legitimación de capitales es denominada *Money Laundering* y por ello se ha empleado el acrónimo AML para especificar todas las normas y programas de cumplimiento cuyo objetivo es sancionar

---

522 Id., p. 3.

523 Financial Task Force Report, *Global Money Laundering & Terrorist Financing Threat Assessment*, 2010, p. 15.

524 Weismann, *Money Laundering...*, ob. cit., p. 3.

525 *Money Laundering Awareness Handbook*, ob. cit., p. 14. En este sentido, Los métodos de justificación comunes utilizados son: *(i)* elaboración de un préstamo; *(ii)* aumento en el patrimonio neto: compra y venta de bienes raíces y otros artículos; *(iii)* fabricación de ganancias de casinos, premios de lotería, herencias, etc.; *(iv)* disfrazar la propiedad de activos e intereses en negocios (construcciones con entidades legales extranjeras, por ejemplo, compañías offshore o parientes como propietario legal); *(v)* manipulación de precios (sobre y subfacturación); *(vi)* manipulación de la facturación o ventas combinando fuentes de ingresos ilícitas y legales.

o prevenir estas actividades ilícitas. Su traducción literal ha implicado que varios países hayan adoptado la noción de "lavado de dinero" en sus legislaciones como forma de categorización del delito. Desde 1980, el Congreso de los Estados Unidos ha promulgado varios estatutos diseñados para rastrear el flujo de grandes sumas de dinero –estatutos de reporte de transacciones de dinero (*Currency transaction reporting statutes* o CTR)– y para criminalizar el flujo del dinero ilegalmente generado dentro de la economía (*anti-money laundering statutes*).[526]

Tanto las leyes CTR y AML proveen al gobierno con medios para señalar y desenmascarar delitos como la evasión fiscal y para remover los incentivos de las mafias de la droga, entre muchos otros, en entrar en actividades criminales en primer lugar. El dinero sucio genera el accionar de múltiples delitos en simultáneo. Por ello, desde una perspectiva de *white-collar* crime norteamericano, *money laundering crimes* pueden ser argumentos fiscales fuertes y accesorios a la prosecución de delitos como *bribery, mail and wire fraud, securities fraud*, y *tax fraud*. Por ello las leyes CTR se enfocan en la criminalización del encubrimiento de los fondos generados por el delito, mientras que las leyes AML se enfocan en la criminalización del uso de ese dinero sucio para la realización de otra actividad ilegal.[527]

Hay una muy buena razón para la amplitud de las normas AML y su alcance. Las disposiciones sobre legitimación de capitales sirven a dos fines principales: primero, proporcionan disuasión al evitar que los narcotraficantes y otros delincuentes que acumulan grandes cantidades de dinero en efectivo usen estos fondos "para mantener un estilo de vida lujoso" o para disfrutar de los frutos de sus delitos. En segundo lugar, inhiben el crecimiento de las empresas criminales al evitar el uso de dinero sucio para promover el crecimiento de su empresa criminal.[528] Ahora bien, la criminalización de delitos sobre legitimación de capitales de forma general trae consigo múltiples obligaciones ante los entes regulatorios, y en particular, afectando a las instituciones financieras como tendremos la oportunidad de señalar en el marco de la regulación del BSA. Nos centramos de seguidas en el estudio de los tipos penales en concreto con base en la legislación norteamericana a título introductorio, pues sirven de sustento de toda la regulación AML a nivel administrativo.

---

526 Strader & jordan, *White Collar...*, ob. cit., p. 499.

527 Id.

528 *United States v. Santos*, 553 U.S. 507, 128 S. Ct. 2020 (2008).

A. El lavado de dinero

Los dos estatutos federales principales en materia AML son 18 U.S.C. § 1956 y 1957 como partes integrantes del *Money Laundering Control Act* de 1986. Ambas secciones criminalizan el uso ilegal de fondos provenientes del delito de forma nacional e internacional, así como las ofensas de los delitos previos por sí solos. Los delitos de *money laundering* tienen un rango de aplicación amplísimo para arropar la mayor cantidad de actividades ilegales posibles para transacciones nacionales o internacionales.

Así, es certero afirmar que los *money laundering crimes* se encuentran constituidos en gran medida sobre la base de otros delitos, y esto se ha calificado como "*specified unlawful activity*" o actividad ilegal especificada.[529] Una larga lista de delitos, que incluyen delitos federales y estatales, sirven de base para las acusaciones penales en materia de legitimación de capitales.[530] Por ello, los delitos de cuello blanco se incluyen en esta lista, más no son excluyentes, pues pueden sumarse adicionalmente delitos ambientales, contra el mercado de valores, corrupción, secuestro y extorsión, entre muchos otros.

Ahora bien, el delito de legitimación de capitales es criminalizado en varias modalidades: *promotion*: al entrar en una transacción financiera (§1956(a)(1)(A)(i)); *evasion:* entrar en una transacción financiera involucrando fondos del delito para evadir impuestos (§1956(a)(1)(A)(ii)), *concealment*: entrar en una *transacción financiera* para esconder su naturaleza, fuente, o propiedad de los fondos (§1956(a)(1)(B)(i)); *structuring*: por estructurar transacciones financieras para evadir deberes de reporte (§1956(a)(1)(B)(ii)); y *transporting*: transportar fondos generados por ciertas actividades criminales en o a través de los Estados Unidos para promover actividades criminales posteriores, para esconder su naturaleza, fuente, o propiedad de los fondos originados del delito, o evadir obligaciones de reporte (§1956(a)(1)),[531] entre otras modalidades sobre *spending* tipificadas en la sección §1957.

A los efectos de nuestro estudio, es clave entender que la definición de *financial transaction* es el detonador de la aplicación de estas normas jurídicas. ¿Qué es una transacción financiera a los efectos de la §1956? Pues aquella transacción que afecte el comercio extranjero o interestatal y que involucre el movimiento de fondos por transferencia u otros medios,

---

529 Podgor, Henning, Israel & King, *White Collar...*, ob. cit., p. 385.

530 Id.

531 Weismann, *Money Laundering ...*, ob. cit., p. 95.

cualquier transacción involucrando el uso de una institución financiera, así como cualquier transacción que involucre la transferencia del título a propiedad inmobiliaria, vehicular, a embarcaciones, o aeronaves.[532] La amplitud del concepto estatutario está precisamente diseñada para incluir todas las transacciones involucradas que involucren la compra o venta de títulos así como transacciones en efectivo.[533]

a. 18 U.S.C. § 1956

La sección 1956 es compleja por comprender múltiples delitos sobre legitimación de capitales con distintos requisitos de aplicación. Así se contempla los delitos de *(i) transactional money laundering, (ii) international transportation*, también denominada *transmission money laundering* y *(iii) sting operations*. En particular, la sección dispone:

> (a)(1) Whoever, knowing that the property involved in a financial transaction represents the proceeds of some form of unlawful activity, conducts or attempts to conduct such a financial transaction which in fact involves the proceeds of specified unlawful activity—
>
> (A) (i) with the intent to promote the carrying on of specified unlawful activity; or
>
> (ii)with intent to engage in conduct constituting a violation of section 7201 or 7206 of the Internal Revenue Code of 1986; or
>
> (B) knowing that the transaction is designed in whole or in part—
>
> (i) to conceal or disguise the nature, the location, the source, the ownership, or the control of the proceeds of specified unlawful activity; or
>
> (ii) to avoid a transaction reporting requirement under State or Federal law,
>
> shall be sentenced to a fine of not more than $500,000 or twice the value of the property involved in the transaction, whichever is greater, or imprisonment for not more than twenty years, or both. For purposes of this paragraph, a financial transaction shall be considered to be one involving the proceeds of specified unlawful activity if it is part of a set of parallel or dependent transactions, any one of which involves the proceeds of specified unlawful activity, and all of which are part of a single plan or arrangement.
>
> (2)Whoever transports, transmits, or transfers, or attempts to transport, transmit, or transfer a monetary instrument or funds from a place in the United States to or through a place outside the United States or to a place in the United States from or through a place outside the United States—
>
> (A)with the intent to promote the carrying on of specified unlawful activity; or

[532] 18 U.S.C. §1956(c)(4).

[533] Weismann, *Money Laundering...*, ob. cit., p. 98.

(B)knowing that the monetary instrument or funds involved in the transportation, transmission, or transfer represent the proceeds of some form of unlawful activity and knowing that such transportation, transmission, or transfer is designed in whole or in part—

(i)to conceal or disguise the nature, the location, the source, the ownership, or the control of the proceeds of specified unlawful activity; or

(ii)to avoid a transaction reporting requirement under State or Federal law,

shall be sentenced to a fine of not more than $500,000 or twice the value of the monetary instrument or funds involved in the transportation, transmission, or transfer, whichever is greater, or imprisonment for not more than twenty years, or both. For the purpose of the offense described in subparagraph (B), the defendant's knowledge may be established by proof that a law enforcement officer represented the matter specified in subparagraph (B) as true, and the defendant's subsequent statements or actions indicate that the defendant believed such representations to be true.

(3) Whoever, with the intent—

(A) to promote the carrying on of specified unlawful activity;

(B) to conceal or disguise the nature, location, source, ownership, or control of property believed to be the proceeds of specified unlawful activity; or

(C) to avoid a transaction reporting requirement under State or Federal law,

conducts or attempts to conduct a financial transaction involving property represented to be the proceeds of specified unlawful activity, or property used to conduct or facilitate specified unlawful activity, shall be fined under this title or imprisoned for not more than 20 years, or both. For purposes of this paragraph and paragraph (2), the term "represented" means any representation made by a law enforcement officer or by another person at the direction of, or with the approval of, a Federal official authorized to investigate or prosecute violations of this section.[534]

No es nuestra intención establecer un análisis desde la perspectiva penal del delito de acuerdo con la teoría general del delito norteamericana. No obstante, resulta importante destacar que legitimación de capitales no escapa de las consideraciones del derecho penal general, en el sentido que debe alegarse y probarse en juicio para establecer a una persona como legitimador de capitales. Por ello, se requiere prueba del conocimiento de la actividad ilegal, una conducta que desencadene una transacción monetaria, y la existencia de una transacción financiera en sí misma considerada.

---

[534] 18 U.S. Code § 1956. Laundering of monetary instruments, en https://bit.ly/3C8effI.

En todo caso, como han apuntado las cortes federales, y de vital importancia para nuestro análisis, podemos precisar que el delito de legitimación de capitales tiene cuatro elementos que son que el demandado *(i)* realizó a sabiendas una "*transacción financiera*," *(ii)* que él sabía involucraba fondos que eran el producto de alguna forma de actividad ilegal, *(iii)* donde los fondos involucraban en la transacción financiera, de hecho, fueron las ganancias de una "actividad ilegal especificada", y *(iv)* que el demandado participó en la transacción financiera sabiendo que la transacción fue diseñada total o parcialmente para ocultar o disfrazar la naturaleza, ubicación, fuente, propiedad o control del producto de dicha actividad ilegal.[535]

Hay dos formas para que el gobierno federal establezca que un acusado realizó una "*transacción financiera*." Para satisfacer su carga de la prueba, el gobierno federal debe probar *(i)* que el demandado participó en una transacción que de alguna forma o grado afectó el comercio interestatal o extranjero e implicó la transferencia de fondos o el uso de uno o más instrumentos monetarios o *(ii)* que el demandado participó en una transacción que involucró el uso de una institución financiera que estaba involucrada, o las actividades que afectaron el comercio interestatal o extranjero de algún grado o manera.[536]

En *Tarkoff*, el gobierno federal demostró que un ciudadano participó en una "*transacción financiera*" en virtud de la evidencia de que Tarkoff y Fernández, dos ciudadanos estadounidenses legitimadores de capitales, viajaron desde Estados Unidos a Israel para realizar transacciones comerciales con un banco, y que las transacciones bancarias israelíes requirieron comunicación telefónica entre Israel y Miami, así como entre Miami y Curazao, para organizar la transferencia de fondos de Curazao a Israel.

En opinión de la Corte de Apelaciones, estos hechos respaldaron la conclusión de que Tarkoff participó en una "transacción financiera" tal como se define ese término en 18 U.S.C. § 1956 (c) (4) (A) porque los viajes internacionales y la comunicación requeridos para ejecutar las transacciones electrónicas afectaron el comercio exterior de cualquier grado o manera. La evidencia también respalda el hallazgo de que Tarkoff participó en una "transacción financiera" porque las transacciones involucraron el uso del banco israelí, una institución financiera que, al comunicarse con las partes en los Estados Unidos y proporcionando servicios bancarios a los ciudadanos de los Estados Unidos, fue una "institución financiera

---

535 *United States v. Tarkoff*, 242 F.3d 991, nota 994.

536 Id.

que participó en, o cuyas actividades afectaron, el comercio exterior de cualquier manera o grado."[537]

b. 18 U.S.C. § 1957

La sección 1957 criminaliza el uso de grandes sumas de dinero generados por actividades ilegales especificadas sin importar si existió o no intención o esfuerzo en esconder o encubrir la fuente del dinero o la naturaleza de la actividad generadora. Por ello, la sección 1957 se ha denominado "*money spending statute*" o "*estatuto de gasto de dinero*" debido a que el objetivo de este es criminalizar la transacción superior a $10.000 producto de la actividad ilegal sin importar si el acusado intentó o no blanquear fondos.[538] En particular se establece:

> (a)Whoever, in any of the circumstances set forth in subsection (d), knowingly engages or attempts to engage in a monetary transaction in criminally derived property of a value greater than $10,000 and is derived from specified unlawful activity, shall be punished as provided in subsection (b).
>
> (b)
>
> (1) Except as provided in paragraph (2), the punishment for an offense under this section is a fine under title 18, United States Code, or imprisonment for not more than ten years or both. If the offense involves a pre-retail medical product (as defined in section 670) the punishment for the offense shall be the same as the punishment for an offense under section 670 unless the punishment under this subsection is greater.
>
> (2) The court may impose an alternate fine to that imposable under paragraph (1) of not more than twice the amount of the criminally derived property involved in the transaction.
>
> (c)In a prosecution for an offense under this section, the Government is not required to prove the defendant knew that the offense from which the criminally derived property was derived was specified unlawful activity.
>
> (d)The circumstances referred to in subsection (a) are—
>
> (1) that the offense under this section takes place in the United States or in the special maritime and territorial jurisdiction of the United States; or
>
> (2) that the offense under this section takes place outside the United States and such special jurisdiction, but the defendant is a United States person (as defined in section 3077 of this title, but excluding the class described in paragraph (2)(D) of such section).
>
> (e)Violations of this section may be investigated by such components of the Department of Justice as the Attorney General may direct, and by such components of the Department of the Treasury as the Secretary of

---

537 Id., nota 995.

538 Podgor, Henning, Israel & King, *White Collar...*, ob. cit., p. 387.

the Treasury may direct, as appropriate, and, with respect to offenses over which the Department of Homeland Security has jurisdiction, by such components of the Department of Homeland Security as the Secretary of Homeland Security may direct, and, with respect to offenses over which the United States Postal Service has jurisdiction, by the Postal Service. Such authority of the Secretary of the Treasury, the Secretary of Homeland Security, and the Postal Service shall be exercised in accordance with an agreement which shall be entered into by the Secretary of the Treasury, the Secretary of Homeland Security, the Postal Service, and the Attorney General.

(f)As used in this section—

(1)the term "monetary transaction" means the deposit, withdrawal, transfer, or exchange, in or affecting interstate or foreign commerce, of funds or a monetary instrument (as defined in section 1956(c)(5) of this title) by, through, or to a financial institution (as defined in section 1956 of this title), including any transaction that would be a financial transaction under section 1956(c)(4)(B) of this title, but such term does not include any transaction necessary to preserve a person's right to representation as guaranteed by the sixth amendment to the Constitution;

(2) the term "criminally derived property" means any property constituting, or derived from, proceeds obtained from a criminal offense; and

(3) the terms "specified unlawful activity" and "proceeds" shall have the meaning given those terms in section 1956 of this title.[539]

De acuerdo con la sección 1957, el gobierno solo requiere probar que se llevó a cabo una transacción monetaria superior a 10.000 dólares americanos, aun cuando se requiere prueba del conocimiento del acusado sobre la procedencia de los fondos como derivados del delito.[540] Así las cosas, la sección 1957 es una provisión genérica que puede ser empleada por los fiscales federales cuando el acusado sea también imputado por cualquier actividad ilegal especificada.

B. El financiamiento al terrorismo

Después de los ataques del 11 de septiembre contra los Estados Unidos, el DOJ ha trabajado arduamente en poner en práctica todas las herramientas legales disponibles a fin de desmontar los complots terroristas y desmantelar sus organizaciones. El enjuiciamiento penal y las acciones de ejecución civil dirigidas a la financiación y facilitación del terrorismo han desempeñado un papel importante en la ejecución por parte del Gobierno

---

539 18 U.S.C. 1957. *Engaging in monetary transactions in property derived from specified unlawful activity*, en https://bit.ly/3QzIu3m.

540 Podgor, Henning, Israel & King, *White Collar...*, ob. cit., pp. 387-388.

de una estrategia de múltiples agencias federales para cortar el flujo de fondos y otros apoyos o recursos materiales a los terroristas.[541]

Los *material support statutes* (MSS) codificados en 18 U.S.C. §§ 2339A y 2339B, se han utilizado cientos de veces en los esfuerzos del DOJ para detener el flujo de asistencia a terroristas y organizaciones terroristas,[542] y por ello su alcance extraterritorial al establecer cláusulas jurisdiccionales amplísimas de acuerdo con sus definiciones estatutarias. No nos centraremos en la discusión jurisdiccional de estas disposiciones, ya que su parte general ha sido comentada en el capítulo sobre el derecho de las sanciones internacionales. Usualmente, los acusados que están sujetos la jurisdicción extraterritorial en el marco de los MSS, particularmente si el presunto delito no tiene una conexión jurisdiccional directa con los Estados Unidos, comúnmente afirman que su enjuiciamiento viola el derecho internacional.[543] Hay fuertes argumentos en este sentido como hemos analizado anteriormente, pero a nivel práctico los mismos han sido rechazados en pro del ejercicio de la acción penal federal estadounidense.

Ahora bien, el delito de financiamiento al terrorismo supone penalmente que una persona sepa que está prestando apoyo material a una organización terrorista específicamente designada como tal por el DOJ. La sección 18 U.S § 2339B castiga penalmente esta situación estableciendo:

(a) Prohibited Activities.—

(1) Unlawful conduct.—

Whoever knowingly provides material support or resources to a foreign terrorist organization, or attempts or conspires to do so, shall be fined

541 Taxay, Michael, "Trends in the Prosecution of Terrorist Financing and Facilitation", en: *United States Attorneys' Bulletin,* 2014, Vol. 62, N° 5, pp. 2 y ss.

542 De Pue, Paul, "Extraterritorial Jurisdiction and the Federal Material Support Statutes", en: *United States Attorneys' Bulletin,* 2014, Vol. 62, N° 5, pp. 16 y ss.

543 Señala De Pue que "[...] desde el año 2004, el Congreso aclaró y amplió el alcance extraterritorial de § 2339B a su estado actual. Específicamente, la subsección (d), denominada 'Jurisdicción extraterritorial' establece que: '(1) In general.--There is jurisdiction over an offense . . . if-- (A) an offender is a national of the United States . . . or an alien lawfully admitted for permanent residence in the United States; (B) an offender is a stateless person whose habitual residence is in the United States; (C) after the conduct required for the offense occurs an offender is brought into or found in the United States, even if the conduct required for the offense occurs outside the United States; (D) the offense occurs in whole or in part within the United States; (E) the offense occurs in or affects interstate or foreign commerce; or (F) an offender aids or abets . . . or conspires with any person over whom jurisdiction exists [...] (2) Extraterritorial Jurisdiction.--There is extraterritorial Federal jurisdiction over an offense under this section. 18 U.S.C. § 2339B(d) (2014).' Por lo tanto, en muchos casos donde la provisión de apoyo material no ocurre dentro de los Estados Unidos ni es perpetrada por un ciudadano estadounidense, § 2339B permite el ejercicio de la jurisdicción extraterritorial." (De Pue, Paul, *Extraterritorial Jurisdiction...*, ob. cit., p. 17).

under this title or imprisoned not more than 20 years, or both, and, if the death of any person results, shall be imprisoned for any term of years or for life. To violate this paragraph, a person must have knowledge that the organization is a designated terrorist organization (as defined in subsection (g)(6)), that the organization has engaged or engages in terrorist activity (as defined in section 212(a)(3)(B) of the Immigration and Nationality Act), or that the organization has engaged or engages in terrorism (as defined in section 140(d)(2) of the Foreign Relations Authorization Act, Fiscal Years 1988 and 1989).

Por otra parte, la sección 18 U.S § 2339C castiga penalmente a todo aquel que, por cualquier medio provea de fondos para un acto que constituya una ofensa o intente daño físico severo, sin importar la categoría del individuo infractor como en la sección 2339B. La acción prohibida fundamentalmente por la norma penal es el financiamiento o soporte en estricto sentido, así como el ocultamiento de ese soporte material. En su parte relevante, la sección 18 U.S. Code § 2339C establece:

(a) Offenses.—

(1) In general.—Whoever, in a circumstance described in subsection (b), by any means, directly or indirectly, unlawfully and willfully provides or collects funds with the intention that such funds be used, or with the knowledge that such funds are to be used, in full or in part, in order to carry out—

(A) an act which constitutes an offense within the scope of a treaty specified in subsection (e)(7), as implemented by the United States, or

(B) any other act intended to cause death or serious bodily injury to a civilian, or to any other person not taking an active part in the hostilities in a situation of armed conflict, when the purpose of such act, by its nature or context, is to intimidate a population, or to compel a government or an international organization to do or to abstain from doing any act,

shall be punished as prescribed in subsection (d)(1).

(2) Attempts and conspiracies.—

Whoever attempts or conspires to commit an offense under paragraph (1) shall be punished as prescribed in subsection (d)(1).

(3) Relationship to predicate act.—

For an act to constitute an offense set forth in this subsection, it shall not be necessary that the funds were actually used to carry out a predicate act.

[...]

(c) Concealment.—Whoever—

(1)

(A) is in the United States; or

(B) is outside the United States and is a national of the United States or a legal entity organized under the laws of the United States (including any of its States, districts, commonwealths, territories, or possessions); and

(2) knowingly conceals or disguises the nature, location, source, ownership, or control of any material support or resources, or any funds or proceeds of such funds—

(A) knowing or intending that the support or resources are to be provided, or knowing that the support or resources were provided, in violation of section 2339B of this title; or

(B) knowing or intending that any such funds are to be provided or collected, or knowing that the funds were provided or collected, in violation of subsection (a),

shall be punished as prescribed in subsection (d)(2).

(d) Penalties.—

(1) Subsection (a).—

Whoever violates subsection (a) shall be fined under this title, imprisoned for not more than 20 years, or both.

(2) Subsection (c).—

Whoever violates subsection (c) shall be fined under this title, imprisoned for not more than 10 years, or both. [...]

Fíjese que los fiscales federales que investigan el delito de financiamiento al terrorismo tienen una gama de opciones para prosecución de delitos disponibles mientras contemplan la mejor manera de preparar sus casos. Deben considerarse todos los posibles cargos penales, incluidos los numerosos cargos -no estrictamente vinculados al terrorismo pero relacionables- con los que la mayoría de los fiscales están muy familiarizados. Los estatutos principales utilizados para acusar penalmente financiamiento al terrorismo y *facilitation* (o facilitación en español) están codificados en 18 U.S.C. §§ 2339A - 2339D (los MSS), 50 U.S.C. §§ 1701-05 (IEEPA), y 18 U.S.C. § 1956 (a)(2)(A) (*international money laundering*). Por ello, desde la perspectiva fiscal, cada uno de estos estatutos tiene un propósito y requisitos únicos, que deben considerarse cuidadosamente mientras se elabora un caso.[544]

A diferencia de los *money laundering crimes* estudiados en este capítulo, y similar a la legislación venezolana, financiamiento al terrorismo se agota en las disposiciones penales que la condenan y se adecua a la práctica de las regulaciones AML vigentes. En otras palabras, no existe una

---

[544] Taxay, Michael / Schneider, Larry & Didow, Katherine, "What to Charge in a Terrorist Financing or Facilitation Case", en: *United States Attorneys' Bulletin*, 2014, Vol. 62, N° 5, pp. 9 y ss.

regulación *amplísima* posterior a la tipificación del financiamiento al terrorismo porque la regulación AML es suficiente para la consecución de los fines de ambas regulaciones y tipificaciones.

Por ello, en la práctica se ha dado un tratamiento conjunto a AML y al financiamiento al terrorismo, aunque sean nociones autónomas. A los efectos de este trabajo, es importante entender que *(i)* el financiamiento al terrorismo y facilitación son delitos con alcance extraterritorial en Estados Unidos y que, *(ii)* que al tratarse principalmente de *financiamiento*, las normas AML se encuentran íntimamente vinculadas, pues existe el potencial uso del sistema financiero para la consecución de estas actividades ilícitas.

C. La extraterritorialidad de la regulación AML

Aunque los tribunales norteamericanos han afirmado que "la ley de los Estados Unidos gobierna a nivel nacional pero no gobierna el mundo,"[545] no es menos cierto que su derecho impone una tendencia en el derecho a nivel global. De acuerdo con el derecho norteamericano, en ausencia de una intención del Congreso claramente expresada en contrario, las leyes federales se interpretarán para tener solo una aplicación interna.[546] La jurisprudencia ha señalado que la pregunta no es si creemos que "el Congreso hubiera querido" que un estatuto se aplicara a la conducta extranjera, sino si el Congreso ha ordenado afirmativa e inequívocamente que el estatuto se aplique expresamente. Por ello, cuando un estatuto no da una indicación clara de una aplicación extraterritorial, no tiene ninguna.[547]

Hay varias razones para esta presunción. En particular, sirve para evitar la discordia internacional que puede resultar cuando la ley de los Estados Unidos se aplica a la conducta en países extranjeros.[548] A efectos de este capítulo, es importante precisar que la regulación AML estadounidense puede ser extraterritorial, toda vez considerada causada en los Estados Unidos ya sea por el uso del dólar estadounidense como conexión jurisdiccional o por leyes que expresamente establecen su extraterritorialidad.

---

545 *Microsoft Corp. v. AT&T Corp.*, 550 U.S. 437 (2007).

546 *Morrison v. National Australia Bank*, 561 U.S. 247 (2010).

547 Id.

548 *RJR Nabisco, Inc. v. European Community*, 579 U.S. (2016), nota 19.

Así, en el caso que nos ocupa, la Ley RICO da una indicación clara y afirmativa de que 18 U.S.C.S. § 1962 se aplica a actividades de crimen organizado en el extranjero, pero solo en la medida en que los delitos alegados en un caso particular se aplican extraterritorialmente. Dicho de otra manera, un patrón de actividad de crimen organizado puede incluir o consistir en delitos cometidos en el extranjero en violación de un delito tipificado para el cual se ha superado la presunción contra la extraterritorialidad.[549]

Tradicionalmente, junto al estudio de la regulación AML, se ha mencionado el carácter extraterritorial del SOX como otro estatuto de relevancia en la materia por su contenido financiero en el mercado de valores desde el escándalo financiero de *Enron* y el cambio de paradigmas que condujo. El SOX regula principalmente la contabilidad y auditoría de empresas que cotizan en la bolsa de valores en los Estados Unidos. El amplio rango de acción del SOX no solo tiene un impacto directo en las empresas estadounidenses, sino también en los mercados de valores internacionales en los que Estados Unidos es un actor dominante.[550] Por ejemplo, las firmas de auditoría extranjeras, que auditan a emisores extranjeros y estadounidenses, deben registrarse en *Sarbanes-Oxley's Public Company Accounting Oversight Board.*

Asimismo, la falta de una exclusión expresa de los emisores privados extranjeros de acuerdo con el SOX tuvo un impacto sustancial en la globalización y comercio internacional. En este contexto, el SOX se aplica no solo a todas las empresas y subsidiarias cuyos valores cotizan en una bolsa de valores de los Estados Unidos, sino también a los emisores no estadounidenses que deben presentar informes anuales ante la SEC,[551] así como a todas las empresas que registran sus valores para la venta en los Estados Unidos, incluso mediante el uso del *American Depositary Receipt Program*.[552]

Se ha señalado que el modelo de gobierno corporativo establecido por la SOX entra en conflicto con la estructura de gobierno y los valores culturales de otras naciones. Un ejemplo sorprendente de las principales dis-

---

549 Id.

550 Lanois, Paul, "Between A Rock and A Hard Place: The Sarbanes-Oxley Act and Its Global Impact", en: *University of Pennsylvania Journal of International Law & Policy*, 2007, p. 2.

551 Id.

552 Un *American Depositary Receipt* (ADR) representa las acciones de una empresa extranjera custodiadas por un banco local norteamericano, y da derecho a los accionistas a todos los dividendos y ganancias sobre el capital.

tinciones en los estándares de gobierno corporativo entre países extranjeros y los de Estados Unidos se demuestra por las dificultades que encuentran los grupos multinacionales al intentar cumplir con la Sección 404 del SOX, que establece que las empresas que cotizan en bolsa deben contar con políticas y controles internos para "proteger, documentar y procesar la información para la presentación de informes financieros." Desafortunadamente, esta sección se aplica tanto a emisores privados nacionales como extranjeros[553] y la empresa trasnacional debe aplicar tales controles independientemente su ubicación.

4. La legislación venezolana aplicable

Hemos apuntado que existe una extensa legislación AML en Venezuela contenida en la LOCDOFT así como otras leyes especiales en la materia y resoluciones administrativas relacionadas. En este trabajo nos enfocamos primariamente en la LOCDOFT por ser la norma rectora, pero mencionaremos las normas accesorias pertinentes. No en vano, la LOCDOFT tiene por objeto prevenir, investigar, perseguir, tipificar y sancionar los delitos relacionados con la delincuencia organizada y el financiamiento al terrorismo.[554]

Así las cosas, en Venezuela, denominamos legitimación de capitales al proceso de esconder o dar apariencia de legalidad a capitales, bienes y haberes provenientes de actividades ilícitas (art. 4.15 LOCDOFT). Ahora bien, precisamente en este enfoque *generalista* de la regulación que queremos mantener, es importante tener claro que toda la regulación AML en Venezuela se cimienta sobre la base del delito de legitimación de capitales establecido en la LOCDOFT. Adicionalmente, la legislación AML venezolana es uno de los ejemplos de *long arm jurisdiction* en Venezuela al ser su aplicación extraterritorial.[555]

---

553 Lanois, *Between A Rock...*, ob. cit., p. 15.

554 Artículo 1 de la LOCDOFT. "[...] de conformidad con lo dispuesto en la Constitución de la República y los tratados internacionales relacionados con la materia, suscritos y ratificados por la República Bolivariana de Venezuela. [...]."

555 Artículo 3 de la LOCDOFT. "Las normas con alcance extraterritorial contenidas en esta Ley son de obligatorio cumplimiento tanto por los órganos y entes de control y tutela como por los sujetos obligados, designados por esta Ley o por el órgano rector, no pudiendo oponerse el cumplimiento de estas mismas normas respecto de otras jurisdicciones."

A. La legitimación de capitales

Hemos señalado que toda la regulación AML actual se basa en un tipo penal. Al respecto, el artículo 35 de la LOCDOFT establece como una conducta delictual:

> Quien por sí o por interpuesta persona sea propietario o propietaria, poseedor o poseedora de capitales, bienes, fondos, haberes o beneficios, a sabiendas de que provienen directa o indirectamente de una actividad ilícita, será penado o penada con prisión de diez a quince años y multa equivalente al valor del incremento patrimonial ilícitamente obtenido. La misma pena se aplicará a quien por sí o por interpuesta persona realice las actividades siguientes:
>
> La conversión, transferencia o traslado por cualquier medio de bienes, capitales, haberes, beneficios o excedentes con el objeto de ocultar o encubrir el origen ilícito de los mismos o de ayudar a cualquier persona que participe en la comisión de tales delitos a eludir las consecuencias jurídicas de sus acciones.
>
> 1. El ocultamiento, encubrimiento o simulación de la naturaleza, origen, ubicación, disposición, destino, movimiento o propiedad de bienes o del legítimo derecho de estos.
>
> 2. La adquisición, posesión o la utilización de bienes producto de algún delito.
>
> 3. El resguardo, inversión, transformación, custodia o administración de bienes o capitales provenientes de actividades ilícitas.
>
> 4. Los capitales, bienes o haberes objeto del delito de legitimación de capitales serán decomisados o confiscados.

El delito de legitimación de capitales es un delito autónomo, no subsidiario y cuyo bien jurídico protegido es el orden socioeconómico al afectar al sistema financiero, y pluriofensivo pues quien protege al legitimador de capitales obstaculiza e impide las investigaciones por la dificultad de seguir el rastro de los bienes producto de los delitos previos. Es un delito autónomo pues la ley no requiere la comisión de un delito previo como condición para su señalamiento fiscal y posterior investigación. No obstante, fácticamente la legitimación de capitales supone un delito previo, es decir, la existencia de capitales, bienes, haberes o beneficios que derive directa o indirectamente de un delito consumado.[556] De esta manera, existe una íntima vinculación entre el delito de legitimación de capitales y el delito previo consumado que generó la necesidad del blanqueo en primer lugar.

Existen múltiples delitos que pueden ser el origen del delito de legitimación de capitales y la LOCDOFT tipifica muchos de ellos aun cuando

---

556 Rebolledo, Alejandro, *Prevención y Control de Legitimación de Capitales y del Financiamiento al Terrorismo,* Caracas, Editorial Vadell hermanos, 2007, pp. 29-30.

no es un instrumento legal excluyente al existir otros tipos penales económicos en otras leyes especiales, sectores regulados (bancario, seguros, valores, entre otros) o en el derecho penal general. Así, son delitos previos asociados a la legitimación de capitales: el financiamiento al terrorismo, el tráfico ilegal de órganos, la obstrucción a la administración de justicia, el tráfico de estupefacientes, los delitos bancarios, el hurto, robo, entre otros. Esto tiene sentido pues se legitima aquello que proviene del delito, y si los bienes de que se trate no provienen de una actividad delictual, por ende, no se constituye una actividad de legitimación de capitales en los términos señalados por la ley.

Como elemento subjetivo, el delito de la legitimación de capitales puede ser doloso o culposo, pues se requiere prueba de la intención en la obtención del resultado de la legitimación perseguida o la negligencia, imprudencia, impericia o inobservancia de la ley (art. 36 LOCDOFT). Ahora bien, la ilegalidad de la legitimación de capitales es *penal* (en el sentido de su tipificación como delito autónomo) y *civil*, puesto que su comisión penal es suficiente motivo para la aplicación de sanciones administrativas accesorias por los entes regulatorios con competencia en la materia.

B. El financiamiento al terrorismo

La LOCFT es la norma rectora en la materia y que sanciona, por una parte, el financiamiento al terrorismo, y por la otra, la propia actividad terrorista. En este sentido, el artículo 53 de la LOCFT señala como delito de financiamiento al terrorismo a:

> Quien proporcione, facilite, resguarde, administre, colecte o recabe fondos por cualquier medio, directa o indirectamente, con el propósito de que estos sean utilizados en su totalidad o en parte por un terrorista individual o por una organización terrorista, o para cometer uno o varios actos terroristas, será penado o penada con prisión de quince a veinticinco años, aunque los fondos no hayan sido efectivamente utilizados o no se haya consumado el acto o los actos terroristas.
>
> La pena señalada se aplicará independientemente de que los fondos sean utilizados por un o una terrorista individual o por una organización terrorista que opere en territorio extranjero o con independencia del país donde se efectúe el acto o los actos terroristas.
>
> El delito de financiamiento al terrorismo no podrá justificarse en ninguna circunstancia, por consideraciones de índole política, filosófica, ideológica, religiosa, discriminación racial u otra similar.

De manera muy similar a la actual regulación norteamericana, en Venezuela se castiga a quien efectivamente facilite o proporcione apoyo por medios financieros. Esta provisión legislativa es lo suficientemente genérica para englobar cualquier tipo de financiamiento. Así, es pertinente aclarar que la actividad terrorista se financia mediante actividades tanto legítimas como ilegítimas.[557] Bien puede una organización terrorista financiarse por el tráfico de personas, tráfico de narcóticos, extorsión, falsificación de productos –fuentes ilegítimas– así como lucrarse por medio de simulación de emprendimientos comerciales, obras de caridad, importación y exportación de bienes y servicios, entre otras inversiones aparentemente legítimas. Por ello, es indistinto la fuente del financiamiento, sino el financiamiento *per se*.

Por práctica habitual, se han tratado de forma unitaria los delitos de legitimación de capitales y financiamiento al terrorismo. Como señala REBOLLEDO, la diferencia más importantes entre el financiamiento del terrorismo y la legitimación de capitales involucra el origen de los fondos. Por una parte, el financiamiento al terrorismo utiliza fondos con un objetivo político ilegal, pero el dinero en sí mismo no *necesariamente* tiene un origen ilegal. Por otro lado, la legitimación de capitales involucra fondos derivados de actividades *netamente ilegales* pues su objetivo primordial es que el dinero pueda ser usado legalmente.[558]

El delito de financiamiento del terrorismo es un delito doloso que requiere una voluntad inequívoca de *financiar* y *colaborar* con la organización terrorista. Aunque parezca una obviedad, el dolo debe probarse para que una acusación penal por financiamiento al terrorismo prospere. De igual forma, el delito de financiamiento al terrorismo es un delito autónomo frente al delito de legitimación de capitales. Ahora bien, su tratamiento práctico y conjunto se debe principalmente por su vinculación fáctica: tiende a ocurrir que uno es consecuencia del otro, pero esto dependerá en gran medida de los hechos en concreto del caso, ya que como hemos precisado, los fondos del financiamiento no son necesariamente ilegales en su origen.

5. La relación entre la legitimación de capitales y los delitos tributarios

El COT establece varios delitos tributarios cuyo objetivo primordial es garantizar los intereses del fisco en su recaudación. Ciertamente, existe una vinculación entre los delitos contra la legitimación de capitales y los

557 Id., p. 131.

558 Id., p. 135.

delitos tributarios, pues en ambos casos se trata de fondos que no pasan por los sistemas financieros legalmente establecidos.

Quien legitima capitales muy probablemente tampoco entere sus impuestos al fisco, consumándose dos hechos delictuales: por una parte, se legitima dinero proveniente del delito, y por la otra, se evade el pago de impuestos. Por ello, los delitos contra la legitimación de capitales y los delitos tributarios se complementan simultáneamente, al ser uno, en la mayoría de los casos, consecuencia del otro. Acertadamente se ha señalado que, cuando ningún delito se le pudo imputar a Al Capone, el *Internal Revenue Service* (IRS) obtuvo su convicción por evasión fiscal. ¿no se puede gravar la renta ilegalmente obtenida? El hecho es que, la renta cualquiera sea su fuente u origen, legal o ilegal, es renta gravable a favor de los intereses del fisco.[559]

Hemos advertido que legitimar capitales tiene consecuencias fiscales. Así, quien legitima capitales, consecuencialmente, no declara ni paga sus impuestos por las rentas ilegítimamente obtenidas.

Al respecto, y a modo de ejemplo, el congreso de los Estados Unidos promulgó FATCA en el 2010, y desde entonces su objetivo primordial es la obtención de inteligencia e información tributaria desde la perspectiva norteamericana. El escándalo de UBS fue un impulsor clave de la promulgación de FATCA. El senador estadounidense Carl Levin y el subcomité permanente de investigaciones del Senado norteamericano observaron a más de 50.000 personas estadounidenses con cuentas bancarias suizas sospechosas en el banco suizo UBS.[560]

El DOJ citó directamente al banco UBS, requiriendo información sobre los titulares de cuentas estadounidenses. El escándalo de UBS implicó acusaciones del IRS contra el banco suizo de cooperar con ciudadanos estadounidenses para ocultar sus activos en Suiza. UBS y el DOJ llegaron a un acuerdo con una multa de $780 millones impuesta a UBS y al DOJ que recibió los nombres de más de 4.000 titulares de cuentas estadounidenses.

Además de los muchos cambios importantes que FATCA aporta al panorama financiero y fiscal, también es importante comprender las muchas obligaciones y requisitos fiscales preexistentes de los Estados Unidos. [561]

---

559 Weismann, *Money Laundering...*, ob. cit., p. 95.

560 Byrnes, IV, William H. / Kleinfeld, Denis / Gil Soriano, Alberto, *Guide to FATCA Compliance*, Thomas Jefferson School of Law Research Paper, 2014, p. 7.

561 Maxwell, Josh & Li, Aaron, "FATCA: What it Is, What it Isn't, and What's Next", en: *Asia-Pacific Journal of Taxation,* 2015, Vol. 19, N° 2, p. 20.

Las definiciones técnicas, los requisitos y las leyes de impuestos norteamericanas pueden ser difíciles de navegar, incluso para los profesionales de impuestos más sofisticados.[562] De acuerdo con el derecho tributario americano, los contribuyentes deben reportar y declarar múltiples planillas informativas antes el IRS. Si bien estos formularios son solo informativos, pueden acarrear importantes sanciones por no presentarlos.[563]

Antes de FATCA había una serie de razones por las que se requerían estos formularios. Principalmente, los Estados Unidos necesita tener seguimiento de estas actividades en el extranjero por consideraciones impositivas, como los impuestos a las herencias, los impuestos a las donaciones, los impuestos a las ganancias, los impuestos a las ganancias de capital y los ingresos de los contribuyentes. FATCA no creó estos requisitos de declaración y reporte, la necesidad de la información o las posibles sanciones monetarias,[564] pero sí reforzó el sistema ya establecido con multas adicionales y significativas.

De acuerdo con FATCA, se exige legalmente que todos los bancos divulguen las cuentas de ciudadanos estadounidenses en todo el mundo. Esta es una divulgación "voluntaria," pero hay un gran precio a pagar si no se cumple. Las instituciones financieras que no reporten e informen a los Estados Unidos a los titulares de cuentas estadounidenses están sujetos a una retención fiscal del 30% sobre la retención de impuesto realizada desde los Estados Unidos. Esta retención del 30% cubre una lista de pagos

---

562 Señalan Maxwell y Li, p. 20, que "los Estados Unidos gravan los ingresos de todas las personas estadounidenses en todo el mundo. Las personas americanas incluyen ciudadanos, residentes (también conocidos como titulares de la *green card*) y otros contribuyentes que han pasado suficiente tiempo en los Estados Unidos. Para cumplir con la prueba de presencia sustancial prescrita por el IRS, además de pagar impuestos sobre el ingreso mundial, las personas americanas deben informar sus ingresos independientemente de dónde vivan o de dónde obtengan los ingresos. Por ejemplo, si un contribuyente obtiene una *green card* para la conveniencia de ingresar a los Estados Unidos o para una futura planificación de inmigración, tendría que informar y pagar el impuesto de los Estados Unidos sobre el ingreso mundial, incluso si regresa a su país de origen y no tiene otros lazos con los Estados Unidos. Una persona estadounidense que obtenga ingresos en el extranjero puede tener la capacidad de utilizar beneficios como la exclusión de ingresos ganados en el extranjero o créditos fiscales extranjeros; sin embargo, siempre estarán obligados a presentar una declaración de impuestos en los Estados Unidos e informar sus ingresos. En resumen, las personas de nacionalidad americana tienen que pagar impuestos sobre los ingresos mundiales, independientemente de dónde obtengan sus ingresos o dónde vivan. Sin embargo, este sistema existió mucho antes de FATCA."

563 Id.

564 Id., p. 21.

más amplia que el ingreso pasivo habitual conocido como FDAP (fijo, determinable, anual o periódico).[565]

Quizás la parte más conocida de FATCA es la presentación de informes gubernamentales a través de acuerdos intergubernamentales, que son acuerdos entre los Estados Unidos y un país extranjero que requieren que las instituciones financieras dentro de ese país extranjero informen a los titulares de cuentas de los Estados Unidos, ya sea a su propio gobierno y luego a los Estados Unidos al IRS directamente. Aunque algunos de estos acuerdos se consideran bilaterales, en muchos casos este intercambio de información es unilateral a favor de los Estados Unidos.[566]

Esta es información tributaria está en manos del IRS para su uso exclusivo en aras de evitar la evasión fiscal (y donde hay evasión fiscal, muy probablemente hay legitimación de capitales). Por ello, FATCA es una herramienta que debe ser entendida como la verdadera fuente de inteligencia tributaria para el IRS. Así, mientras FATCA es derecho norteamericano, el *Common Reporting Standard* (CRS) son propuestas de derecho internacional por parte de la OECD.

El CRS, ha sido desarrollado en respuesta a la solicitud del G20 y aprobado por el Consejo de la OECD el 15-07-2014, y solicita a los miembros que obtengan información de sus instituciones financieras e intercambien automáticamente esa información con otras jurisdicciones anualmente. Así, se establece la información de la cuenta financiera que se intercambiará, las instituciones financieras que deben informar, los diferentes tipos de cuentas y contribuyentes cubiertos, así como los procedimientos comunes de diligencia debida que deben seguir las instituciones financieras.[567]

6. El caso de las personas políticamente expuestas

Con motivo de las regulaciones bancarias contra la legitimación de capitales y anticorrupción, se ha creado la etiqueta de persona políticamente expuesta o PEP que no es más que una persona, designada como tal por una entidad bancaria, por sus antecedentes como oficial o funcionario de alto nivel en la Administración Pública en cualquiera de sus formas. No obstante esta definición, es oportuno aclarar que no existe una

---

565 Id.

566 En general, Maxwell & Li, *FATCA: What...*, ob. cit.

567 Véase en general, OECD, *The Common Reporting Standard (CRS).*

definición de PEP acordada internacionalmente,[568] creando una figura sumamente amplia y vaga en su aplicación. Generalmente, los reguladores y comisiones internacionales al respecto están de acuerdo en que las PEP son personas a las que se les encomienda, o se les ha encomendado, funciones públicas importantes, como Jefes de Estado o de Gobierno.[569]

Un número considerable de Estados esperan que las instituciones financieras traten a la familia de un funcionario público prominente y asociados cercanos igualmente como PEPs.[570] Así, la designación de PEP deviene de la conexión del funcionario o exfuncionario con el manejo de fondos públicos o cargos de autoridad administrativa con acceso a asignaciones de licitaciones públicas y afines. Ciertamente, la noción de PEP trasciende la legislación contra la legitimación de capitales en el sector bancario, pues como figura de análisis puede emplearse contra cualquier persona que se relaciona comercialmente con cualquier empresa. Así, cualquier empresa pudiera o no relacionarse con PEPs luego del análisis y aprobación de riesgos respectivo.

En Venezuela, el artículo 4.19 de la LOCDOFT define a un PEP como:

> ...una persona natural que es o fue figura política de alto nivel, de confianza o afines, o sus familiares más cercanos o su círculo de colaboradores inmediatos, por ocupar cargos como funcionario importante de un órgano ejecutivo, legislativo, judicial o militar de un gobierno nacional o extranjero, elegido o no, un miembro de alto nivel de un partido político nacional o extranjero o un ejecutivo de alto nivel de una corporación, que sea propiedad de un gobierno extranjero.

Adicionalmente, de acuerdo con el mismo artículo:

> ...en el concepto de familiares cercanos se incluye a los padres, hermanos, cónyuges, hijos o parientes políticos de la persona expuesta políti-

---

568 Maxwell & Li, *FATCA: What...*, ob. cit., p. 25.

569 Artículo 52 de la UNCAC. "Prevención y detección de transferencias del producto del delito. 1. Sin perjuicio de lo dispuesto en el artículo 14 de la presente Convención, cada Estado Parte adoptará las medidas que sean necesarias, de conformidad con su derecho interno, para exigir a las instituciones financieras que funcionan en su territorio que verifiquen la identidad de los clientes, adopten medidas razonables para determinar la identidad de los beneficiarios finales de los fondos depositados en cuentas de valor elevado, e intensifiquen su escrutinio de toda cuenta solicitada o mantenida por o a nombre de personas que desempeñen o hayan desempeñado funciones públicas prominentes y de sus familiares y estrechos colaboradores. Ese escrutinio intensificado deberá estructurarse razonablemente de modo que permita descubrir transacciones sospechosas con objeto de informar al respecto a las autoridades competentes y no deberá ser concebido de forma que desaliente o impida el curso normal del negocio de las instituciones financieras con su legítima clientela."

570 Id.

camente, [así como] también se incluye en esta categoría a cualquier persona jurídica que como corporación, negocio u otra entidad que haya sido creada por dicho funcionario o funcionaria en su beneficio.

El artículo 18 de la LOCDOFT exige que los sujetos obligados bajo la supervisión del órgano o ente de control deben diseñar, establecer y aplicar procedimientos de debida diligencia cuando mantengan relaciones comerciales con clientes que son, han sido o serán considerados bajo el perfil de una persona expuesta políticamente. Asimismo, deberán establecer sistemas apropiados en el manejo del riesgo, debiendo la alta gerencia de los sujetos obligados aprobar en todo momento la vinculación de estos clientes con la institución. En términos muy similares la Regulación AML/CT para el mercado de valores también define los PEPs LOCDOFT (mismo art. 18), manteniendo la definición legal establecida en la LOCDOFT previamente promulgada.

Ser catalogado como un PEP, evidentemente, tiene consecuencias prácticas más que legales. Nadie quiere relacionarse con una persona con historial político del cual puede inferirse malas prácticas públicas, corrupción y todos los delitos asociados. Ciertamente, aunque no todos los políticos son corruptos, la política en general se encuentra mal vista por el público, y asociarse a ella genera un estigma difícil de ocultar. Las compañías, como regla general, no están obligadas a mantener relaciones comerciales con todas las personas; por ello las compañías son selectivas con sus clientes, proveedores y externos. La misma consideración es aplicable a los PEPs pero sumado al hecho de sus antecedentes políticos.

Una empresa no está obligada, ni está restringida, a relacionarse con un PEP, pero de decidir hacerlo, debe realizarlo de la forma más cautelosa posible y respetando las mejores prácticas en esta materia: chequeo de antecedentes, monitoreo constante, cancelación de relación comercial y reporte de actividades sospechosas a las autoridades competentes cuando resultare adecuado.

Un PEP puede ser tanto indicativo de legitimación de capitales y corrupción, como el indicativo de absolutamente nada más allá del cargo político ostentado, pues como categoría, el PEP solo indica el pasado político de una persona y genera en el operador un indicio o probabilidad de hechos dañosos para la empresa. Esto debe acompañarse con la debida diligencia y *screening* sobre la persona objeto de investigación para tomar decisiones sobre el establecimiento de relaciones comerciales.

Así, la categoría PEP por sí sola es insuficiente, y requieren contexto para ser entendida por los tomadores de decisiones. Por ello, es muy importante advertir que los indicios por sí solo no prueban absolutamente nada. Ahora bien, indudablemente las PEP tienen implicaciones prácticas y legales que explicamos de seguida:

A. No implica estar sancionado penal o administrativamente

La designación de un PEP como tal es una operación de análisis en concreto, realizado por una institución financiera, luego de ejecutada la debida diligencia sobre la persona que se trate,[571] bajos los parámetros establecidos por la misma institución bancaria o por las normas prudenciales en la materia como derecho interno. No obstante, el hecho de ser catalogado como PEP no implica que exista una sanción administrativa previa o una sanción penal del sujeto catalogado. Esto quiere decir que la persona etiquetada, en principio, solo ostenta una etiqueta de su condición como funcionario público de alto nivel. Aunque esta tarea es encomendada a la actividad bancaria, nada impide que empresas privadas tengan sus propias listas PEP o categoricen a sus clientes o proveedores como PEP si así lo consideran conveniente en el manejo del riesgo al que se encuentran expuestas.

B. No es una etiqueta prohibitiva

De conformidad con la Recomendación N° 12 del Grupo de Acción Financiera o FATF,[572] las instituciones financieras y las Empresas o Profesiones no financieras designadas deben obtener la aprobación de la alta gerencia para establecer (o continuar, para los clientes existentes) relaciones comerciales con PEP extranjeros.[573]

La Recomendación N° 12 no define ni especifica el nivel preciso de *seniority* dentro de una institución financiera que se consideraría suficiente para poder aprobar el establecimiento o mantenimiento de una relación de cliente PEP ya que dicha definición no sería significativa en todos los países y en todos los contextos y asuntos relevantes a analizar en

---

[571] Esto tiene sentido al analizar lo establecido en el art. 52 (1) UNCAC, que se refiere específicamente a la investigación previa que deben hacer las instituciones financieras de "los beneficiarios finales de los fondos depositados en cuentas de valor elevado, e intensifiquen su escrutinio de toda cuenta solicitada o mantenida por o a nombre de personas que desempeñen o hayan desempeñado funciones públicas prominentes y de sus familiares y estrechos colaboradores."

[572] La FATF es una organización no gubernamental que se dedica a establecer estándares internacionales para prevenir actividades ilegales en materia financiera y el daño que causan a la sociedad. Como órgano de promulgación de políticas, la FACTF trabaja para generar la voluntad política necesaria para lograr reformas legislativas y regulatorias domésticas en esta área. Por ello, la FATF dicta recomendaciones a los Estados sobre regulaciones AML/CT y anticorrupción y soborno.

[573] FATF, *Guidance for Political Exposed Persons (Recommendations 12 and 22)*, 2013, p. 19.

el caso concreto.[574] En todo caso, no existe una prohibición general de relacionarse con los PEP. Lo que se impone es la buena práctica de autorización interna corporativa y asunción del riesgo por la gerencia de la compañía luego de su análisis en el caso concreto.

C. No tiene una duración específica

La duración de esta categorización no se encuentra determinada internacionalmente. Ni las Recomendaciones 40+9 del FATF ni la UNCAC imponen o recomiendan límites de tiempo ni duración de la designación de un cliente como PEP después de que el funcionario público haya dejado el cargo ("una vez que un PEP, siempre es un PEP").[575] Si bien esto puede ser apropiado en algunas circunstancias (por ejemplo, con algunos jefes de Estado), la carrera de un funcionario público importante a menudo es de corta duración.

La aplicación de medidas de debida diligencia exhaustiva a todos los antiguos titulares de oficinas públicas y sus familias y asociados cercanos, por un tiempo infinito sería evidentemente desproporcionado.[576] Ciertamente la etiqueta PEP trasciende el ámbito AML, ya que los negocios se relacionan en su día a día con cualquier clase de funcionarios públicos. En todo caso, lo importante de su noción es que finalmente nos ayuda a determinar cuán cautelosos debemos ser al interactuar con personas políticamente expuestas y sus impactos para la compañía.

Adicionalmente, si un PEP ha dejado de ostentar un cargo público y se ha retirado de la vida pública, estos son indicios que deben ser considerados en cualquier análisis de riesgos respectivo. De igual forma, el tipo de cargo político ejercicio también es una consideración clave: no puede ser categorizado de igual forma un juez como integrante del poder judicial, a un funcionario electo por votación popular: aunque ambos son funcionarios, el manejo de fondos públicos tiende a ser distinto.[577]

---

574 Id.

575 Greenberg, Theodore S. / Gray, Larissa / Schantz, Delphine / Gardner Carolin & Latham, Michael, *Politically Exposed Persons, Preventive Measures for the Banking Sector*, Washington D.C., The World Bank, 2010, p. 31.

576 Id.

577 Hay situaciones que se prestan a confusión. Por ejemplo, limitar los "funcionarios judiciales" a los jueces de la corte suprema es problemático en la práctica: si los jueces en las cortes inferiores son corruptos, es improbable que el caso alcance el nivel de la corte suprema en primer lugar. Además, hay muchas oportunidades para los jueces en tribunales inferiores para involucrarse en la corrupción (Id., p. 30).

Ciertamente, algunas veces las categorías son demasiado restrictivas y limitan el alcance de la definición PEP en el caso concreto; por ejemplo, aquellos funcionarios que tienen funciones políticas a nivel internacional. Cuando la exposición política del individuo es comparable a la de posiciones similares a nivel nacional, la definición debería alentar a las instituciones financieras a tratar a esos clientes como PEP en función de los riesgos que representen.[578] En caso de duda respecto a si una persona es PEP o no siempre es útil preguntarse ¿la persona objeto de análisis ostenta u ostentó un cargo público importante de decisión en la Administración Pública? Si la respuesta es negativa, muy probablemente la persona objeto de análisis no sea un PEP a los efectos de esta categoría.

D. No es una etiqueta transferible

Ni UNCAC ni otros estándares establecidos por la FACTF establecen la transmisión de la condición de PEP a personas jurídicas donde los PEP sean accionistas. La condición PEP, en principio, es personalísima y sí es transferible a familiares cercanos por normativa local.

Evidentemente, un PEP como accionista puede levantar sospechas y alarmas, pero no por ello debe catalogarse de primeras a la persona jurídica como PEP por tener un accionista o socio PEP.

II. EL BANK SECRECY ACT Y LAS REGULACIONES COMPLEMENTARIAS

De acuerdo con el Derecho Norteamericano Federal, la regulación bancaria contra la legitimación de capitales se encuentra establecida por el BSA de 1970. El propósito del BSA es prever los requisitos de registro y reporte por parte sujetos que hagan vida en el sistema bancario, bancos y otras instituciones financieras. El Congreso de los Estados Unidos promulgó el BSA para ayudar a identificar la fuente, volumen y movimiento de moneda y otros instrumentos financieros transportados o transmitidos dentro y fuera de los Estados Unidos o depositado en instituciones financieras americanas.

Por esta razón, el BSA requiere a los bancos *(i)* reportar transacciones en efectivo por encima de $10.000 por medio de un reporte de transacción en efectivo (denominados como *Currency Transaction Report*); *(ii)* identificar apropiadamente a las personas realizando esas transacciones, y

---

[578] Id.

(iii) mantener en documentos impresos un registro de tales transacciones como registros financieros.

Para cumplir este propósito, ha sido creada la Red de Investigación de Crímenes Financieros (*Financial Crimes Enforcement Network* o FinCEN). Como parte del DOT, la FinCEN es la agencia regulatoria de investigación y ejecución de las regulaciones AML que trabaja juntamente con el DOJ para la ejecución de la normativa contra la legitimación de capitales. La BSA fue pensada como una herramienta y autorización para que el DOT pueda promulgar toda la normativa administrativa sublegal, prudente y necesaria, en esta materia en específico.

El principal propósito del FinCEN es promulgar regulaciones en sede administrativa por parte del gobierno federal americano. De esta forma, la "BSA no especifica realmente el tipo de reportes que las instituciones financieras deben reportar, sino que más bien sirve como un estatuto autorizatorio al Secretario del Tesoro [a través del FinCEN] para promulgar regulaciones en este sentido." Al hacer esto, por ejemplo, "la contribución más importante al esquema regulatorio contra la legitimación de capitales actual es la regulación y promulgación de normas por el Secretario del Tesoro que requieren a las instituciones financieras, definidas por la BSA, a reportar *Currency Transaction Reports* (CTRs)."[579]

Como asunto preliminar, es importante señalar el carácter global del impacto de la regulación americana. Es práctico admitir que las agencias gubernamentales y cortes de justicia de Estados Unidos siempre tendrán intereses de ejecutar sus propias regulaciones sin importar sus implicaciones internacionales. Adicionalmente, como poder mundial, Estados Unidos tiene el sistema bancario y financiero más importante del mundo. Así, cualquier regulación afectando el sistema financiero norteamericano, definitivamente impactará en otros países, aunque no tengan relación comercial con Estados Unidos. Es bien entendido que la mayor parte de las transacciones financieras tienen conexiones con Estados Unidos por el mero uso del dólar estadounidense como moneda de cambio, y por existir confianza en la moneda y el sistema financiero que la respalda. Esto tiene implicaciones legales indirectamente que todo abogado de empresa debe conocer.

El mero uso del dólar americano es un elemento de conexión suficiente para ser considerado como un gancho jurisdiccional (*jurisdictional*

579 Fagyal, Paul, "The Anti Money Laundering Provisions of the Patriot Act: Should They Be Allowed to Sunset?" en: *Saint Louis University Law Journal*, 2006, Vol. 50, N° 3, pp. 1361-1395, especialmente p. 1370.

hook) para cualquier transacción financiera que haya pasado a través del sistema financiero norteamericano. Todos estos factores, han creado un sólido sistema de regulación y *compliance* contra la legitimación de capitales que de alguna forma ha delineado las regulaciones del resto del mundo. Como tendremos la oportunidad de estudiar, es justo comentar que la regulación AML venezolana es muy similar a la regulación americana en la mayoría de sus aspectos.

El marco regulatorio del BSA es detallado y realizado a la medida para instituciones bancarias con el objetivo de detectar delitos de legitimación de capitales. En este sentido, *compliance* es la regla en los tiempos modernos de las empresas. Luego de muchos ejemplos y escándalos como HSBC,[580] es acertado afirmar que el alcance del Derecho Norteamericano es más agresivo que nunca, y que agencias federales van a requerir el cumplimiento de la normativa AML a través de un *compliance program* específicamente diseñado para estas circunstancias, en lo particular, en el sector bancario gracias a su actividad de intermediación financiera.

Múltiples instituciones financieras han sido imputadas en procesos penales de acuerdo con violaciones al BSA, siendo algunos de ellos tan importantes como Lloyd´s of London, Credit Suisse, Wachovia, Barclays, Standard Chartered Bank, ING Bank, Ocean Bank, y la transmisora de dinero MoneyGram International.[581] Debido a lo sensible de la materia regulada, de acuerdo con la BSA, las instituciones bancarias norteamericanas están obligadas a reportar muchísimas actividades a las agencias federales. Así, las regulaciones federales han establecido el requisito de reporte administrativo de las instituciones financieras. Desde un punto de vista práctico, hay dos grandes obligaciones de acuerdo con la BSA y su esquema regulatorio. Por una parte, el requerimiento de reportes. Y, por otra parte, requerimientos específicos de registro y control de reportes y otra información recolectada en la actividad bancaria.

1. Los requerimientos sobre reportes en la BSA

Bajo el actual esquema regulatorio, los bancos americanos están obligados a reportar a las agencias regulatorias un importante volumen de información de sus clientes como forma de prevenir y detectar actividades delictuales. Desde la perspectiva de los requerimientos de la BSA, el más importante a efectos prácticos de este estudio es el Reporte de Actividad

---

580 Agustino Fontevecchia (2016, 16-06), *HSBC Helped Terrorists, Iran, Mexican Drug Cartels Launder Money, Senate Report Says,* Forbes.

581 Day, M. Kendall, "Prosecuting Financial Institutions and Title 31 Offenses", en: *United States Attorneys' Bulletin,* 2013, Vol. 61, N° 5, especialmente p. 19.

Sospechosa o *suspicious activities report* (SAR); reportes de actividad en efectivo o *currency transaction reports* (CTR); reportes de bancos extranjeros y cuentas financieras o *reports of foreign bank and financial accounts* (FBAR), y el reporte de transporte internacional de moneda e instrumentos monetarios *reports of international transportation of currency or monetary instruments* (CMIR).

A. El reporte de actividad sospechosa

El SAR es un reporte que documenta actividad extraña o potencialmente sospechosa (*v.g.* una transacción que no tiene sentido comercial o su objeto pareciera ilícito) realizado a través de una institución financiera.[582] Los bancos americanos se encuentran obligados a interponer reportes SAR cuando han detectado una actividad inusual bancaria de sus clientes, sin importar la naturaleza de la actividad inusual a reportar.

Esencialmente, el reporte de requerimientos SAR sirve como la principal herramienta a ser usada por las agencias federales para detectar delitos de legitimación de capitales y financiamiento al terrorismo, sirviendo como indicio para posteriores investigaciones administrativas o penales. Así, las instituciones financieras están obligadas a interponer reportes SAR en buena fe, manteniendo la confidencialidad del reporte y su consignación, así como cualquier información que revele la existencia del SAR de cliente en específico.

La información contenida en el reporte SAR es información bancaria interna recolectada por la institución financiera en el curso de sus propósitos bancarios y para interponer el reporte ante la FinCEN. Así, toda información recolectada por bancos y demás instituciones financieras es estrictamente confidencial y sólo permitida su acceso para los propósitos de las autoridades financieras federales. Desde un punto de vista de política pública, la información dada por los clientes y la subsecuentemente recolectada en el reporte SAR "representa para la FinCEN un método de identificación de tendencias y patrones emergentes asociado con delitos financieros."[583] Como regla general, un reporte SAR siempre debe ser interpuesto en las siguientes circunstancias:

a. *Abuso interno involucrando cualquier monto.* Si el banco nacional detecta cualquier infracción penal federal, conocida o sospechada, o si el banco ha sido usado para facilitar una transacción

---

582 Véase *Guide to U.S. Anti-Money Laundering Requirements. Frequently Asked Questions,* 6° ed., Menlo Park, Protiviti, 2014, p. 77.

583 Id.

con un propósito delictual y el banco tiene base sustancial para identificar uno o algunos de los infractores, sin importar el monto involucrado en la violación de la normativa aplicable.[584]

b. *Violaciones que agregaren $5.000 o más donde el sospechoso pueda ser identificado.* Si el banco nacional detectare, de forma conocida o sospechosa, la infracción penal de cualquier estatuto federal, o patrón de infracciones delictuales, cometida o intentada a través de un banco o involucrando una transacción o transacciones realizadas a través del banco e involucrando o agregando 5.000 dólares o más en fondos u otros bienes.[585]

c. *Violaciones que agregaren $25.000 o más sin importar el potencial sospechoso.* Si el banco nacional detectare, de forma conocida o sospechosa, la infracción de un estatuto penal federal que involucrare una transacción o transacciones realizadas a través del banco e involucrando o agregando 25.000 dólares o más fondos o bienes, y donde el banco creyere que fuere víctima actual o potencial víctima de una infracción penal, o serie de infracciones penales, o que el banco haya sido usado para facilitar una transacción delictual, aunque no exista base sustancial para identificar al posible sospechoso o grupo de sospechosos.[586]

d. *Transacciones que agregaren $5.000 o más y que involucren potencial legitimación de capitales o violación de la BSA.* Cualquier transacción, depósito, retiro, transferencia entre cuentas, intercambio de dinero, préstamo, extensión de crédito, o compra o venta de cualquier acción, bono, certificado de depósito, u otro instrumento monetario o garantía de inversión, o cualquier otro pago, transferencia, hacia una institución financiera, realizado o intentada por, o a través de los bancos nacionales e involucrando o agregando 5.000 dólares o más en fondos u otros bienes, si el banco sabe, sospecha, o tiene razones para sospechar que *(i)* la transacción involucra fondos derivados de actividades ilegales o que son intentados o realizados para esconder o escabullir fondos; *(ii)* la transacción es designada para evadir cualquier regulación promulgada bajo el imperio de la BSA; o *(iii)* la transacción no tiene sentido comercial ni aparente un propósito lícito, o no es lícita la operación en la forma en la que el cliente en particular

---

584 12 C.F.R. § 21.11 (c)(1).

585 12 C.F.R. § 21.11 (c)(2).

586 12 C.F.R. § 21.11 (c)(3).

> se esperaba en realizarla, y la institución sabe que no habría ninguna explicación razonable para la transacción luego de examinar los hechos disponibles, incluyendo los antecedentes y posible propósito de la transacción.[587]

Fíjese que en las normas y supuestos citados los bancos u otras instituciones financieras tienen un gran poder de discreción sobre qué se considera sospechoso o potencialmente sospechoso y qué no. A diferencia de las instituciones públicas y entes del Estado, los privados pueden ser discrecionales sin distinción alguna, cosa que no ocurre con la Administración Pública en Venezuela ni en los Estados Unidos. Así, el banco tiene amplios poderes al definir la procedencia de los fondos de sus clientes. Los bancos e instituciones financieras son requeridos a reportar y consignar los SAR no más de treinta días calendario luego del día de la detección inicial de los hechos que puedan constituir la base para la consignación del SAR.[588]

En aquellos casos donde la violación continuada o posteriores esquemas delictuales sean detectados por la institución financiera, los bancos deben inmediatamente notificar por teléfono a la autoridad adecuada, adicionalmente de interponer temporáneamente el SAR.[589] Además, se espera de las instituciones financieras el reporte a las autoridades estatales y locales con competencia en materia de investigación penal luego de la detección del delito. De hecho, "bancos nacionales son fomentados a interponer copia del SAR a las autoridades estatales y locales de acuerdo con la ley estatal o local que habiliten a los órganos de investigación penal y estos fueran apropiados."[590] Finalmente, se espera de los bancos mantener registros de los reportes SAR interpuestos por un período de cinco años luego de su interposición con objetivos de investigación e imputación penal.[591]

Ha habido algunos casos en la jurisprudencia respecto a los requisitos de reporte, principalmente, por causa de las dificultades de traer estas cuestiones al área del litigio. Es importante comentar el caso de *United States v. Clines*, en el cual la Corte Federal de Apelaciones por el cuarto circuito mantuvo que las regulaciones del DOT:

---

587 12 C.F.R. § 21.11 (c)(4).

588 12 C.F.R. § 21.11 (d).

589 Id.

590 12 C.F.R. § 21.11 (e).

591 12 C.F.R. § 21.11 (g).

> ...requieren que, a una persona sujeta a la jurisdicción de los Estados Unidos deberá reportar al comisionado de asuntos tributarios o cualquier otra autoridad competente, los intereses financieros en bancos, títulos valores u otra cuenta u instrumento financiero en un país extranjero.[592]

Otro caso relevante en esta materia es *United States v. Sturman*. En este caso, respecto a la potencial autoincriminación al momento de interponer y cumplir con la obligación de reporte, la Corte Federal de Apelaciones del sexto circuito mantuvo que "el miedo de autoincriminación del imputado no puede servir como defensa a la falta de incumplir con la información expresada en los documentos que soportan sus créditos fiscales a menos que sea promovido como una objeción cuando la interpuso,"[593] dándole carácter y naturaleza no penal a las disposiciones establecidas por la BSA.

Debido a la confidencialidad de los reportes SAR, los clientes bancarios no tienen permitido acceder a la información recolectada en el SAR por el banco. De hecho, como regla general, "ningún banco nacional, y ningún director, oficial, empleado o agente del banco, podrá revelar un reporte SAR o ninguna información que pudiere revelar la existencia del reporte SAR."[594] La mera revelación de la información SAR puede constituir un delito, y la violación de toda la regulación SAR aplicable. Adicionalmente, "la falta de consignar el reporte SAR [de acuerdo con los requisitos establecidos bajo la BSA] puede implicar al banco, sus directores, oficiales, empleados, agentes u otras instituciones asociadas y afiliadas, una acción de supervisión,"[595] significando ello la base legal para multas y sanciones administrativas para la institución financiera.

B. El reporte de transacciones de dinero

Bancos e instituciones financieras se encuentran en la obligación de reportar operaciones en dinero efectivo de sus clientes por encima de los 10.000 dólares en un solo día hábil.[596] Para el propósito de este reporte, múltiples transacciones deben ser agregadas hasta tanto y en cuanto alcancen el mínimo de $10.000 en un solo día hábil. Las instituciones finan-

---

592 *United States v. Clines*, 958 F.2d 578 (4th Cir. 1992) nota 581.

593 *United States v. Sturman*, 951 F.2d 1466 (6th Cir. 1991) nota 1487.

594 12 C.F.R. § 21.11 (k)(1)(i).

595 12 C.F.R. § 21.11 (h)(2)(i).

596 31 C.F.R § 1010.311.

cieras pueden designar a determinados clientes exentos al consignar o interponer la forma de personas designadas exentas o *Designation of Exempt Persons* (DOEP) en la FinCEN.[597]

C. El reporte de bancos extranjeros y cuentas financieras

El reporte de bancos extranjeros y cuentas financieras o FBAR debe ser consignado e interpuesto por una persona de nacionalidad americana que tiene interés financiero o titularidad sobre cualquier cuenta financiera extranjera, incluyendo bancos, valores u otro instrumento financiero en un país extranjero, con un valor máximo excedente de 10.000 dólares americanos (solos o agregados) en cualquier momento durante el año calendario.[598] La idea detrás del FBAR es fomentar la transparencia. Cuentas extranjeras en jurisdicciones como Suiza con leyes de secreto bancario son comúnmente usadas para ocultar el beneficiario final de fondos. Una persona que no posea nacionalidad americana, pero haciendo negocios en Estados Unidos, no se encuentran obligados al reporte FBAR.[599]

D. El reporte de transporte internacional de dinero u otros instrumentos monetarios

En términos generales, el reporte de transporte internacional de dinero u otros instrumentos monetarios o CMIR es requerido a interponerse por: *(i)* cada persona que físicamente transporta, envía por correo físico o envía por otros medios, o resulta (o intenta hacerlo) estar físicamente transportado, o enviado dinero en efectivo u otros instrumentos monetarios que en agregado exceda el mundo de 10.000 dólares en algún momento desde los Estados Unidos hacia cualquier parte fuera de los Estados Unidos o dentro de los Estados Unidos desde cualquier sitios fuera de los Estados Unidos;[600] y *(ii)* cada persona que reciba dólares americanos o ins-

---

597 Una persona exenta puede ser un banco, una agencia o autoridad gubernamental, una compañía que cotice en la bolsa pública de valores o sus subsidiarias, entre otros. Véase Financial Crimes Enforcement Network, *Designation of Exempt Person (FinCEN 110) Electronic Filing Instructions*, octubre 2012.

598 Véase en general, *Guide to U.S. Anti-Money...*, ob. cit.

599 Sin embargo, según la FATCA, requiere que las instituciones financieras extranjeras reporten directamente al IRS información sobre cuentas financieras mantenidas por contribuyentes estadounidenses o por entidades extranjeras en las que los contribuyentes estadounidenses tengan una participación sustancial en la propiedad.

600 31 C.F.R. § 1010.340 (a).

trumentos monetarios en agregado y superior a $10.000 en un solo momento, el cual ha sido transportado, enviado por correo desde cualquier sitio afuera de los Estados Unidos.[601]

2. Los requerimientos de registro de documentos de acuerdo con la BSA

En términos generales, la BSA requiere la retención de todos los informes FinCEN por parte de las instituciones financieras (SAR, CTR, FBAR, CMIR, entre otros). Además, se exige a las instituciones bancarias la retención de cheques; giros postales por más de US$ 100; un registro de cada remesa o transferencia de fondos o de moneda, todo instrumentos monetarios, cheques, valores de inversión o crédito de más de US$ 10.000 a una persona, cuenta o lugar fuera de los Estados Unidos; cada documento otorgando autoridad de firma sobre cada cuenta de depósito; cada documento relacionado con una transacción de más de US$ 10.000 remitido o transferido a una persona o cuenta fuera de los Estados Unidos, entre varios otras obligaciones.[602] Además, la información de verificación obtenida sobre un cliente en la apertura de la cuenta debe ser retenida por el banco y debe conservarse durante cinco años después de la fecha de cierre de la cuenta.

A. La política de conoce a tu cliente

De acuerdo con las regulaciones actuales AML, *know your customer* (KYC) es una obligación obligatoria para los bancos si desean llevar a cabo operaciones de intermediación financiera en el sistema financiero. KYC puede explicarse como la obligación del banco de recopilar información sobre sus clientes con fines bancarios y la posible facilitación de investigaciones penales y acciones judiciales. KYC tiene dos propósitos principales. Por un lado, proporciona "protección al consumidor y estabilidad económica."[603] Por otro lado, facilita la detección temprana de delitos financieros, ya sea que afecten al sistema financiero o ayuden a la comisión de otros delitos. Bajo la tendencia regulatoria actual, la aplicación del marco AML descansa principalmente en el cumplimiento de las entidades privadas en lugar de las agencias gubernamentales.

En términos generales, los bancos deben establecer políticas, procedimientos y controles internos para detectar la legitimación de capitales

---

[601] 31 C.F.R. § 1010.340 (b).

[602] Véase 31 C.F.R. § 1010.410.

[603] Dickson, Deborah L., "Bank on Marijuana: A Legitimate Industry Warranting Banking Access", en: *Savannah Law Review*, 2015, Vol. 2, N° 2, pp. 459-536, especialmente p. 486.

mediante: *(i)* la designación de un oficial de cumplimiento o *compliance officer*; *(ii)* desarrollar y mantener un programa de capacitación contra la legitimación de capitales para empleados; y *(iii)* utilizar auditorías independientes para evaluar la efectividad de los bancos en la detección del lavado de dinero.[604] Sin embargo, aunque KYC es una regla de cumplimiento bien establecida en la actualidad, ha sido criticada como una forma de trasladar la responsabilidad de las agencias gubernamentales a las empresas privadas.[605] De hecho, se considera que las empresas de alguna manera deben hacer el trabajo de las Administración Pública Bancaria.

No obstante, en el mundo actual, donde el sistema financiero es tan complejo y sofisticado, es justo afirmar que solo esta relación simbiótica entre agencias gubernamentales y empresas puede facilitar la aplicación de regulaciones que al final del día ayudan a los consumidores de instrumentos financieros. Además, solo los bancos tienen acceso a cierta información confidencial de primera mano, gracias a su intermediación bancaria. El banco "debe saber quiénes son las personas y las empresas antes de comenzar el proceso de abrir cuentas de depósito, celebrar acuerdos de préstamo o formar una relación con el cliente."[606] Este acceso a la información del cliente es particularmente relevante para los propósitos del *Patriot Act*.

B. Las exigencias del Patriot Act

El *Patriot Act* se promulgó con la intención de luchar contra la legitimación de capitales y el financiamiento del terrorismo, requiriendo que las instituciones financieras establezcan programas de cumplimiento interno para la detención temprana de estos delitos financieros. El *Patriot Act* está más allá del alcance de este trabajo, pero es importante comprender su relevancia en la regulación AML actual. Los reguladores esperan que los bancos asignen una calificación a cada cliente que pueda estar realizando lavado de dinero, financiamiento del terrorismo u otro delito financiero a través de la institución financiera, y que refleje su riesgo en particular.

---

604 31 U.S.C.S. § 5318 (h).

605 Bilali, Genci, "Know Your Customer -Or Not", en: *University of Toledo Law Review*, 2012, p. 322.

606 Bilali, *Know Your...*, ob. cit., p. 322.

Este proceso de evaluación de riesgos se realiza tras bastidores y los clientes de las instituciones financieras no tienen acceso a dicho procedimiento y clasificación. En primer lugar, esto implica la obligación del banco de recopilar información específica de sus clientes y verificar sus identidades utilizando los procedimientos y protocolos establecidos. Y, en segundo lugar, los reguladores bancarios han insistido en que las instituciones realicen la debida diligencia sobre sus clientes que a veces va más allá de los requisitos básicos de la Sección 326.[607]

C. La debida diligencia a los clientes bancarios

FinCEN ha emitido reglas bajo la BSA para aclarar y fortalecer los requisitos de debida diligencia del cliente para los bancos, corredores o agentes de valores, los fondos de inversión y los comerciantes de comisiones y los corredores de *commodities*.[608] En términos generales, las instituciones financieras deben preguntar al cliente y recopilar información sobre *(i)* el propósito de la cuenta; *(ii)* actividad real o anticipada en la cuenta; *(iii)* naturaleza del negocio del cliente; *(iv)* ubicación del cliente; *(v)* tipos de productos y servicios que el cliente planea usar; *(vi)* fuente de fondos y riqueza, entre otros. Esto supone una obligación preliminar de debida diligencia del cliente.

Como cuestión práctica, los bancos también están obligados a someter a cada cliente a un proceso de debida diligencia que puede implicar la recopilación de más información de la estrictamente necesaria, como referencias bancarias, descripción de la actividad comercial principal del cliente y si se espera que se realicen transacciones internacionales de forma rutinaria, descripción de las operaciones comerciales realizadas, el volumen previsto de divisas y ventas totales, y una lista de los principales clientes y proveedores del cliente investigado, beneficiarios reales de las cuentas si corresponde; ocupación o tipo de negocio del cliente (o propietario beneficiario), domicilio (donde se organiza el negocio) y estados financieros. En realidad, esta es la fase previa antes de la regla KYC, pero al final, tanto la diligencia debida de KYC como la debida diligencia de los terceros relacionados logran el objetivo de recopilar información necesaria para detectar posibles actividades delictivas en el sector bancario.

---

607 Pub. L. No. 107-56 § 326.

608 81 FR 29397.

D. La regla del beneficiario final

La regla final sobre la debida diligencia del cliente también estableció un nuevo requisito para identificar y verificar la identidad de los beneficiarios reales de los clientes de entidades legales.[609] La regla del beneficiario final (BOR) establece que las instituciones financieras deben identificar y verificar la identidad de los beneficiarios reales de todos los clientes de entidades jurídicas (que no sean aquellos que están exceptuados de su aplicación) en el momento en que se abre una nueva cuenta (que no sean cuentas exceptuadas por la misma entidad bancaria o autoridad regulatoria).[610]

La razón de ser detrás de esta regla es que exista transparencia para los clientes que acceden al sistema bancario en las transacciones financieras. La información BOR proporciona datos de gran valor para las agencias gubernamentales con el propósito de prevenir o detectar la legitimación de capitales y los delitos tributarios, así como facilitar las investigaciones penales relacionadas con el terrorismo y el crimen organizado.[611]

Recientemente, FinCEN ha emitido un memorándum que aborda preguntas frecuentes sobre el BOR y sus consecuencias. Una de las principales preocupaciones era el alcance del BOR para propósitos AML. En este sentido, bajo BOR existe un requisito de identificación en el que una institución obligada debe recopilar, de sus clientes de entidad jurídica, información sobre cualquier individuo que sea el propietario beneficiario. Por lo tanto, las instituciones financieras obligadas deben obtener de sus clientes como entidades legales las identidades de las personas detrás del velo corporativo y que satisfacen la definición, ya sea directa o indirectamente a través de múltiples estructuras corporativas.[612]

Además, las instituciones financieras obligadas deben verificar la identidad de cada beneficiario efectivo de acuerdo con los procedimientos basados en el riesgo que contienen, como mínimo, los mismos elementos que las instituciones financieras deben usar para verificar la identidad de los clientes individuales bajo los requisitos del Programa de Identificación del Cliente o *Customer Identification Program* aplicable (CIP).[613] En este contexto, las instituciones financieras están en una posición en la que la

---

[609] Id.

[610] Id., B (1).

[611] FinCEN, *Guidelines Beneficial Owner Rule*, FIN-2018-G001, (03-04-2018).

[612] Id., pregunta 3.

[613] Id., pregunta 4.

diligencia debida no sólo se extiende a sus clientes, sino también a terceros que no son clientes o están relacionados con el banco por sí mismos. La idea detrás de la debida diligencia del cliente en relación con sus terceros relacionados es identificar empresas de maletín.

Así, para propósitos de BOR, los clientes del banco no solo son la entidad legal que hace negocios con el banco, sino también la persona física que representa a dicha entidad legal. En consecuencia, los bancos están constantemente obligados a recopilar información del cliente (y las personas naturales detrás de su fachada corporativa) con respecto a sus cuentas bancarias en caso de actividad sospechosa. En el caso de BOR, esta información debe actualizarse y mantenerse durante un período de cinco años después del cierre de la cuenta de la persona jurídica.[614]

III. LA REGULACIÓN AML EN EL SECTOR BANCARIO VENEZOLANO

La ley venezolana proporciona un cuerpo robusto de AML y varias regulaciones bancarias en este sector, claramente influenciadas por las tendencias regulatorias en todo el mundo y, en particular, las regulaciones de los Estados Unidos y los estándares internacionales del FATF. Hoy, Venezuela tiene un cuerpo muy sofisticado de leyes contra la legitimación de capitales contenido en la LOCDOFT y disposiciones importantes en la LISB. Sin embargo, el problema actual del marco regulatorio venezolano no es su regulación en sí misma sino su aplicación por los reguladores y fiscales.

Como cuestión práctica, en un país que vive con crisis políticas y económicas prolongadas, los delitos de legitimación de capitales están lejos de ser la principal atención de los fiscales venezolanos. Aunque el Estado venezolano tiene entes regulatorios para combatir los delitos financieros, su capacidad técnica y disposición para abordar este tipo de delitos sigue siendo inadecuada. Hasta cierto punto, las entidades administrativas a cargo de los programas AML y anticorrupción son ineficaces y carecen de voluntad política.[615]

Además, hay una situación subyacente. En palabras del DOT, "los controles de divisas en Venezuela limitan el suministro de dólares estadounidenses para la mayoría de las actividades económicas, lo que fo-

[614] Véase 31 CFR 1010.230(i)(2).

[615] Know your country, en https://www.knowyourcountry.com/venezuela1111.

menta la demanda de divisas y contrabando de bienes en el mercado paralelo."[616] El control cambiario de divisas desde 2002, el régimen establecido durante la ya derogada Ley de Ilícitos Cambiarios,[617] y cierta flexibilización cambiaria a la fecha, ha logrado un ambiente propenso para la comisión de delitos financieros. Así:

> ...aunque es ilegal, el mercado paralelo de Venezuela es un negocio altamente rentable para aquellos con conexiones de régimen que les permiten acceder a dólares y bienes de bajo costo.
>
> Este mercado paralelo depende de corredores no regulados; cuyos clientes a menudo incluyen delincuentes que integran ganancias ilícitas en la economía legal. Los funcionarios venezolanos que reciben acceso preferencial a dólares estadounidenses al tipo de cambio oficial más favorable, también explotan el sistema de tipo de cambio multinivel para obtener ganancias.[618]

Desde la perspectiva de los EE.UU. y en virtud de las circunstancias cambiantes, las instituciones financieras, las empresas y los inversores que realizan negocios en o con Venezuela deben garantizar que se implementen los procedimientos adecuados y se implementen activamente para cumplir con los requisitos contra el lavado de dinero.[619]

1. Las potestades administrativas de la SUDEBAN y la UNIF

La SUDEBAN es un instituto autónomo con personalidad jurídica y patrimonio propio e independiente a la República, que actúa bajo la discreción y responsabilidad del Superintendente de las Instituciones Bancarias, con autonomía para dictar su reglamento interno, y sometida al régimen establecido en la Ley Orgánica del Sistema Financiero Nacional, la LISB, la normativa dictada por el Banco Central de Venezuela y al control posterior de la Contraloría General de la República. La LISB faculta a la SUDEBAN con una clara potestad normativa a través de la emisión de normativa prudencial como ente de regulación (art. 6). Por normativa

---

616 Véase, FinCEN, en https://bit.ly/2JslL6l.

617 En lo particular, lo establecido en su Capítulo III, artículo 9 (derogado).

618 FinCEN, *Reports from financial institutions are critical to stopping, deterring, and preventing the proceeds tied to suspected Venezuelan public corruption from moving through the U.S. financial system.* Pero no solo los funcionarios han utilizado el mercado negro para vender divisas. Los ciudadanos que obtienen remesas del exterior comercializan su moneda en el mercado negro para evitar el uso del mercado oficial, que también es un delito en virtud de los intercambios de divisas ilícitas. Por lo tanto, como una práctica, hay muchas actividades de legitimación de capitales indirectamente realizadas sin ningún enjuiciamiento o conciencia por parte de los ciudadanos. Desafortunadamente, la crisis económica ha creado una implosión en el sistema con las altas tasas de inflación y el alto costo de vida.

619 Kirkland & Ellis Alert, *Understanding the Rising Corruption, Sanctions and Money Laundering Risks of Doing Business with Venezuela*, 12-10-2017.

prudencial se entiende toda directriz o instrucción de carácter técnico, contable, legal y tecnológico de obligatoria observancia para las instituciones del sector bancario dictadas por la SUDEBAN mediante resoluciones de carácter general o a través de circulares enviadas a las personas sometidas a su control.[620]

La SUDEBAN tiene potestad para autorizar, supervisar, inspeccionar, controlar y regular el ejercicio de la actividad de los sujetos bajo su tutela. Adicionalmente, le corresponde instruir la corrección de fallas que se detecten en la ejecución de la actividad bancaria y sancionar las conductas infractoras del marco legal para garantizar y defender los derechos e intereses de los usuarios del sector bancario nacional y del público en general. La SUDEBAN ha sido investida con plena potestad fiscalizadora sobre los sujetos obligados. De esta manera, la SUDEBAN tiene plena potestad de inspeccionar, regular, e instruir a los sujetos obligados del sistema bancario.

Respecto a la potestad de inspección, en el ejercicio de sus funciones, el Superintendente y su personal, tendrán el más amplio derecho de inspección, vigilancia, supervisión y control, inclusive la revisión de todos los libros, prescritos o no por la Ley que regula la materia mercantil, cuentas y archivos, así como los sistemas informáticos, documentos, bases de datos, dispositivos de acceso y almacenamiento, y demás documentos relacionados con las actividades del sector bancario. Por ello, las instituciones supervisadas están obligadas a brindar al personal encargado de las inspecciones todas las facilidades que éstos soliciten.[621] La potestad sancionatoria de la SUDEBAN es amplísima, pudiendo intervenir sociedades mercantiles, liquidarlas, o sancionarla dependiendo de la infracción o irregularidad cometida, en aras de proteger el interés general de los usuarios.

La UNIF, en tanto, es creación exclusiva de la LOCDOFT como ente colaborador de las superintendencias especializadas (bancaria, de seguros, y valores) y adscrita al Ministerio de Finanzas. De este modo, según el artículo 24 de esa ley, la UNIF es un órgano desconcentrado con capacidad de gestión presupuestaria, administrativa y financiera, dependiente jerárquicamente del Ministerio con competencia en materia de planificación y finanzas. Por su función, la UNIF contribuirá con la ONCDOFT en

---

620 Mantellini Oviedo, Héctor, *El Sistema bancario venezolano: análisis, con fines prácticos, de las nuevas leyes que lo regulan*, 2011, p. 81.

621 Id., p. 85.

el diseño, planificación y ejecución de las estrategias del Estado en materia de prevención, supervisión y control de la legitimación de capitales y del financiamiento al terrorismo y la cooperación internacional en esta materia.

La función de la UNIF es centralizar los reportes de actividades sospechosas a nivel nacional y el intercambio con agencias similares de información que coadyuve a la lucha contra la delincuencia organizada, así como remitir casos al Ministerio Público para su investigación penal. Así, la UNIF puede requerir y recibir de los sujetos obligados toda la información relacionada con las transacciones financieras, comerciales o de negocios que puedan tener vinculación con los delitos de legitimación de capitales y financiamiento al terrorismo (art. 25.2 LOCDOFT).

2. La LOCDOFT y el marco normativo venezolano

El cuerpo legal de las disposiciones contra la legitimación es la LOCDOFT, que crea la UNIF y que trabaja conjuntamente con la SUDEBAN como la entidad administrativa que rige la regulación bancaria y su aplicación. Según la ley venezolana, como cuestión preliminar, no hay distinción en la regulación entre la legitimación de capitales y financiamiento del terrorismo. Esto se debe a que esencialmente "las técnicas utilizadas para lavar dinero son esencialmente las mismas que las utilizadas para ocultar las fuentes y los usos del financiamiento del terrorismo." Por ello, "los fondos utilizados para apoyar el terrorismo pueden originarse de fuentes legítimas, actividades delictivas o ambas."[622]

En este sentido, SUDEBAN puede solicitar información las instituciones públicas y privadas sobre el comportamiento de las personas físicas o jurídicas, ya sean usuarios o no del sector bancario nacional, para recopilar información adicional y necesaria para facilitar la evaluación de riesgos y contribuir con las normas de identificación del cliente para la prevención de la legitimación de capitales y el financiamiento del terrorismo (art. 88 LISB). Adicionalmente, bajo el marco normativo bancario, las instituciones financieras serán sancionadas con una multa entre 0.2% y 2% de su capital social si facilitan la salida o la legitimación de capitales en cualquiera de sus modalidades, sin perjuicio de las acciones legales que puedan ser aplicables (art. 202.6 LISB).

A pesar de este marco normativo general, una de las principales deficiencias de la LOCDOFT actual es la falta de mecanismos importantes

---

622 *Comprehensive Reference Guide to AML/CFT, (2006) at Chapters 1 and 2.*

para combatir las organizaciones criminales nacionales, como la exclusión del estado y sus empresas del alcance de las investigaciones. Pero actualmente, Venezuela ya no está en la lista del FATF de países que han sido identificados con deficiencias estratégicas de AML.[623]

Como veremos, LOCDOFT impone varias obligaciones regulatorias a las instituciones financieras en Venezuela. Estas obligaciones formales también imponen la creación de programas de cumplimiento en el sector bancario como una forma de prevención y detección de delitos de legitimación de capitales. De hecho, los bancos deben diseñar y establecer un programa operativo de cumplimiento AML/CT. Dicho programa de cumplimiento debe estar disponible para SUDEBAN en los primeros quince días hábiles en los que se implementaría.[624]

Como tendremos la oportunidad de estudiar, existen múltiples obligaciones de reporte bajo el LOCDOFT que cubre infinidad de aspectos de interés bancario para los reguladores. De hecho, uno de los propósitos de LOCDOFT es promover la creación de programas de cumplimiento AML por parte de las instituciones bancarias con la idea de tener una matriz de información compartida por las entidades y órganos administrativos para facilitar la investigación de los delitos de legitimación de capitales y asegurar el cumplimiento de la regulación bancaria.

De acuerdo con la LOCDOFT, el delito de legitimación de capitales se encuentra tipificado en una disposición legal –general en su redacción– para así encuadrar varias conductas ilícitas equiparables. A este respecto, en virtud de la disposición legal, está prohibido usar dinero proveniente de actividades ilegales, sabiendo que provienen directa o indirectamente de una actividad ilícita, con una pena de prisión de diez a quince años.[625]

---

[623] Id.

[624] Artículo 22 de las Normas Relativas a la Administración y Fiscalización de los riesgos relacionados con los delitos de legitimación de capitales y financiamiento al terrorismo a las instituciones reguladas por SUDEBAN, en G.O. N° 39.388 del 17-03-2010.

[625] Artículo 35 de la LOCDOFT. "Quien por sí o por interpuesta persona sea propietario o propietaria, poseedor o poseedora de capitales, bienes, fondos, haberes o beneficios, a sabiendas de que provienen directa o indirectamente de una actividad ilícita, será penado o penada con prisión de diez a quince años y multa equivalente al valor del incremento patrimonial ilícitamente obtenido. La misma pena se aplicará a quien por sí o por interpuesta persona realice las actividades siguientes: 1. La conversión, transferencia o traslado por cualquier medio de bienes, capitales, haberes, beneficios o excedentes con el objeto de ocultar o encubrir el origen ilícito de los mismos o de ayudar a cualquier persona que participe en la comisión de tales delitos a eludir las consecuencias jurídicas de sus acciones. 2. El ocultamiento, encubrimiento o simulación de la naturaleza, origen, ubicación, disposición, destino, movimiento o propiedad de bienes o del legítimo derecho de éstos. 3. La

Con la misma pena se considera un delito el ocultamiento, la recepción, la simulación y la adquisición de bienes del producto del delito y actividades ilegales (art. 35 LOCDOFT).

Adicionalmente, "los directivos, empleados de los sujetos obligados, que por imprudencia, impericia, negligencia, favorezcan o contribuyan a la comisión del delito de legitimación de capitales y financiamiento al terrorismo, sin haber tomado parte en él, serán penados o penadas con prisión de tres a seis años" (art. 36 LOCDOFT). Así, por una parte, existe la tipificación legal del delito de legitimación de capitales, y por otra parte, existen amplias regulaciones AML/CFT para evitar actividades de lavado de dinero que están mucho más allá del alcance de esta tipo penal. De este modo, los reguladores han establecido un marco legal desde la perspectiva de las obligaciones de información en el sector bancario, al ser estos, los principales actores del sistema.

La SUDEBAN ha emitido varias regulaciones que explican el alcance y la aplicación de las normas AML bajo el LOCDOFT. De acuerdo con el derecho bancario venezolano, las regulaciones en esta materia se denominan "regulación prudencial" o "normas prudenciales." Entre las normas prudenciales emitidas por SUDEBAN como Administración Bancaria en el sector, hay varios instrumentos legales en el rango de la sublegalidad que obligan a los actores del sistema bancario. Algunas de estas resoluciones son de carácter consultivo en lugar de ser taxativas, pero en la práctica las instituciones financieras siguen esas recomendaciones como una cuestión de mejores prácticas y cumplimiento normativo sectorial, así como también como una forma de evitar posibles sanciones y multas administrativas.

De acuerdo con la LOCDOFT, las instituciones financieras se clasifican como sujetos obligados.[626] Esto significa que cualquier participante en el sector bancario (como persona que realiza la intermediación financiera) está sujeto a la ley y sus disposiciones. Existe la obligación general de que las entidades obligadas deben mantener física y digitalmente los registros, documentos y otros instrumentos de sus clientes por un período

---

adquisición, posesión o la utilización de bienes producto de algún delito. 4. El resguardo, inversión, transformación, custodia o administración de bienes o capitales provenientes de actividades ilícitas. 5. Los capitales, bienes o haberes objeto del delito de legitimación de capitales serán decomisados o confiscados."

[626] De acuerdo con el artículo 9.1 de la LOCDOFT se establecen como sujetos obligados a las personas naturales y jurídicas cuya actividad se encuentra regulada por la ley que rige el sector bancario. En consecuencia, toda la actividad bancaria se encuentra sujeta a la LOCDOFT y sus consecuencias legales.

de cinco años (art. 10) con la idea de facilitar investigaciones penales y la obtención de pruebas que puedan ser usadas en juicio. Con este principio general, se derivan una multiplicidad de obligaciones legales en virtud del mandato expreso de la LOCDOFT.

Así, existe la obligación de identificar a los clientes antes del inicio de cualquier transacción (art. 11), la obligación de informar cualquier actividad inusual (art. 13), la obligación de informar las operaciones en efectivo (art. 17), la obligación de identificar a terceros que intervienen en las transacciones (art. 16) y la obligación de informar a los PEP involucrados en transacciones (art. 18). La violación de estas obligaciones formales resultaría en una multa pecuniaria entre 500 y 3.000 U.T. a la entidad obligada. Estos informes no son de naturaleza penal y no tienen que cumplir con las formalidades de una acción penal de acuerdo con el COPP (art. 13, parágrafo tercero). Luego, el UIDF remitirá el caso al Ministerio Público en caso de evidencia suficiente de actividad criminal para comenzar la investigación y el enjuiciamiento penal propiamente dicho.

A. La obligación de reportar transacciones

Con respecto a los requisitos de presentación de informes y reporte, la SUDEBAN ha emitido "Normas Relativas a la Administración y Fiscalización de los riesgos relacionados con los delitos de legitimación de capitales y financiamiento al terrorismo a las instituciones reguladas por SUDEBAN" (Normas prudenciales AML/CFT) para implementar regulaciones AML con suficiente detalle en las transacciones financieras por los actores bancarios. Estas reglas son de obligatorio cumplimiento para las instituciones financieras. La obligación de informar al ente regulador es crucial bajo la regulación actual de AML en Venezuela, pues así se ayuda a las autoridades a detectar y prevenir el crimen organizado. Explicamos los requisitos de información más relevantes de seguida.

a. El reporte de actividad sospechosa

De acuerdo con la LOCDOFT, la ley venezolana tiene su propio Informe de Actividad Sospechosa (RAS). Los sujetos obligados deben prestar especial atención a cualquier transacción o grupo de transacciones, independientemente de su monto y naturaleza, cuando se sospeche que los fondos, capital o activos provienen o están vinculados, o podrían usarse para cometer delitos de legitimación de capitales o financiamiento de terrorismo o cualquier otro delito de delincuencia organizada (art. 13 LOCDOFT). Como indica ese mismo artículo, las instituciones financieras deben prestar especial atención a tales actividades a pesar de su eventual fuente legal. Las entidades obligadas deben informar de manera expedita las actividades sospechosas detectadas al UIDF por obvias razones. Luego de dicho reporte, la UIDF determinará si el caso debe enviarse al Ministerio Público para su conocimiento y con el fin de iniciar una investigación penal. Esta obligación específica se complementa con la obligación general de cooperar con la Administración Pública sectorial para hacer cumplir las regulaciones AML/CFT (art. 83 norma prudencial AML/CFT).

En este sentido, de acuerdo con el artículo 84 de la norma prudencial AML/CFT, se impone la obligación a las instituciones financieras que presten especial atención a las operaciones de efectivo –deposito o retiro inusual–, operaciones de crédito, operaciones de divisas, notas de crédito y otros indicios de operaciones relacionadas con la legitimación de capitales cuando no hay suficiente justificación de tales movimientos o simplemente por su naturaleza inusual en el historial del cliente. Además, los bancos venezolanos deben clasificar las transacciones como transacciones sospechosas, a discreción del banco, cuando la transacción es inusual, poco convencional, en tránsito, estructurada o compleja a partir del análisis de la información recopilada del cliente (art. 85 *ejusdem*). El incumplimiento de los informes SAR se sanciona con una multa entre cinco 500 U.T y 1.000 U.T. (art. 13 LOCDOFT).

Cuando un sujeto obligado decide informar una actividad sospechosa relacionada con AML/CFT, el oficial de cumplimiento de la institución financiera debe enviar el RAS al UIDF, por medios electrónicos o escritos, a más tardar a dos días hábiles después de que el comité de AML/CT del banco haya establecido la necesidad de reportar la operación sospechosa (art. 86 norma prudencial AML/CFT). A los fines del RAS, las instituciones financieras no están obligadas a tener certeza de la conducta que informan, ni tienen la naturaleza de una acción penal o civil, ni tienen como consecuencia responsabilidad alguna. En este sentido, las entidades obligadas deben prestar especial atención a la información recopilada en los medios (televisión, prensa, entre otros), informes gubernamentales, organizaciones internacionales, clientes, internet, entre otros, a discreción de la institución financiera (art. 91 *ejusdem*).

Esta es información sumamente útil para construir el perfil del cliente, pero, en cualquier caso, el informe RAS debe enviarse luego de un análisis sensato de acuerdo con las circunstancias del cliente en concreto y basado en indicios razonables de posibles irregularidades (art. 91 *ejusdem*). En este sentido, las entidades obligadas deben implementar sus propios procedimientos para desarrollar una política de debida diligencia del cliente y evaluar el riesgo del mismo (art. 34 *ejusdem*). Finalmente, y conforme con el mismo artículo, el informe RAS escrito debe ir acompañado de toda la documentación reunida del cliente por el banco para facilitar la investigación penal que potencialmente pudiera ocurrir. El RAS es confidencial y los clientes no tienen acceso a dicha información. Su divulgación puede constituir solo una sanción administrativa para la institución financiera.

b. El reporte de transacciones y de transacciones en efectivo

Las instituciones financieras deben informar electrónicamente todas las transacciones, depósitos o retiros por un monto igual o superior a Bs. 10.000 realizados por sus clientes en sus cuentas u otros productos financieros (art. 78 norma prudencial AML/CFT). SUDEBAN puede eximir este requisito tras la designación en la lista de excepciones para estos asuntos. Como cuestión práctica, gracias a la actual inflación y crisis económica, este monto es ilusorio en la práctica, pero, no obstante, existe teóricamente la obligación por parte de los bancos de informar dicho monto, aun cuando las regulaciones actuales permiten que SUDEBAN modifique esta cantidad en el tiempo pues en efecto lo hace constantemente (art. 120 norma prudencial AML/CFT).

Adicionalmente, de acuerdo con el último artículo citado, las entidades obligadas deben informar, entre los quince días hábiles después del cierre del mes las operaciones de compra, venta, transferencias bancarias y venta de moneda electrónica que son: *(i)* transacciones iguales o superiores a US$ 10.000, en territorio de la República o mediante transferencia bancaria a otras jurisdicciones en el extranjero; *(ii)* transacciones iguales o superiores a US$ 3.000 que se realizan en jurisdicciones *offshore* (que están especificadas por la Organización para la Cooperación y el Desarrollo Económico); y *(iii)* transacciones iguales o superiores a US$ 750 que se realizan desde o hacia países productores de drogas ilícitas (países que se especifican en las directrices de las Naciones Unidas en tal sentido).

c. El reporte de empleados bancarios y nuevos clientes

Las instituciones financieras están obligadas a enviar un informe mensual de nuevos clientes al SUDEBAN electrónicamente (art. 81 norma prudencial AML/CFT), así como un informe de los nuevos empleados bancarios. Este informe debe proporcionar información de los empleados bancarios actuales, así como una indicación de aquellos empleados que ya no trabajan para la institución (art. 80 *ejusdem*).

B. La obligación de registrar documentos

De manera similar a las regulaciones de EE.UU, la ley venezolana requiere mantener registros bancarios por un período de cinco años.[627] En particular, las entidades obligadas deben mantener en forma física y digital durante un período mínimo de cinco años los documentos o registros correspondientes para verificar el desempeño de las operaciones y las relaciones comerciales de los clientes con estos, así como los documentos necesarios para su identificación cuando establecen relaciones comerciales con la entidad obligada (art. 10 LOFCT). Este período de cinco años se empezará a contar de acuerdo a la forma de recopilación del documento en cuestión.[628]

a. La política de conoce a tu cliente

De acuerdo con el artículo 11 de la LOCDOFT, las entidades obligadas no podrán iniciar o mantener relaciones económicas con personas físicas o jurídicas cuya identidad no pueda determinarse por completo. Tampoco podrán mantener cuentas anónimas, encriptadas, sin nombre o con nombres ficticios.

La SUDEBAN y otras agencias reguladoras en el sector tienen la autoridad de establecer regulaciones para requerir la identificación del cliente. El incumplimiento de esta regla es multado con 500 U.T y 1.000 U.T.

Adicionalmente, la SUDEBAN ha emitido una circular a todos los bancos comerciales y universales que requieren la profundización de las políticas de "conozca a su cliente," así como "conozca a su empleado,"[629] en

---

627 Curiosamente, bajo la norma prudencial este período se extiende por un período de diez años. Sin embargo, la emisión de la norma prudencial precede la LOFCT (La LOFCT fue promulgada por la Asamblea Nacional en el 2015, mientras que la Norma prudencial fue emitida en 2010 por la SUDEBAN). Hoy, la LOFCT está regulando el estatuto sobre las regulaciones contenidas en la norma prudencial, siendo la LOFCT el instrumento de rango legal controlante.

628 En particular, véase el artículo de la LOCDOFT que prevé *(i)* para los documentos relativos a la identificación de clientes o usuarios (copias o registro de documentos de identidad oficiales, tales como pasaporte, cédula de identidad, permiso de conducir o documentos similares) a partir del día en que finalice la relación; *(ii)* para aquellos documentos que acrediten una operación, a partir de la ejecución de ésta; *(iii)* para los reportes de actividades sospechosas, a partir de la remisión del mismo; *(iv)* para la correspondencia comercial, después de haber concluido la relación comercial. El incumplimiento de esta norma será sancionado por el órgano o ente de control del sujeto obligado con multa equivalente entre 300 U.T. y 500 U.T.

629 *Guía informativa para profundizar y promover políticas de conozca a su cliente para instituciones financieras bajo nomenclatura SIB-DSB-CJ-OD-25045 (04-08-2015).*

particular, en las transacciones de divisas en la frontera con Brasil y Colombia.[630]

De igual forma, como podemos observar, existe una superposición entre el régimen RAS y las regulaciones de conozca a su cliente, en el sentido de que, en cualquier caso, los bancos necesitan saber *necesariamente* con quién está haciendo negocios. En el estatus actual de la regulación, hay un énfasis particular en las instituciones bancarias extranjeras. Al hacerlo, las entidades obligadas deben establecer una política de conocer a su cliente cuando el cliente es una institución financiera extranjera que está haciendo negocios fuera de la República. Esos clientes deben presentar a la institución bancaria, como mínimo: *(i)* que dicha institución tiene una AML/CFT y la prueba requerida de dicho programa; e *(ii)* identificación de los accionistas de dicha institución (art. 49 norma prudencial AML/CFT).

En todo caso, de acuerdo con lo establecido en las normas prudenciales, las instituciones financieras deben establecer procedimientos de debida diligencia del cliente (art. 34 *ejusdem*). Estas políticas y procedimientos deben realizarse continuamente, como una forma de evaluar el riesgo del cliente. De esta manera, los bancos deben tener un archivo individualizado de cada cliente (art. 36). En caso de apertura de nuevas cuentas, los bancos deben realizar una entrevista en persona con el cliente potencial. Los clientes potenciales deben proporcionar una copia de su número de identificación o pasaporte para los extranjeros domiciliados en el país (art. 37). En el caso de corporaciones extranjeras, los clientes deben proporcionar sus artículos de incorporación legalizados y traducidos al español (art. 37), y los clientes que estén representados por otros deben proporcionar el poder que autoriza dicha representación (art. 38).

Los bancos también están obligados a crear una tarjeta individualizada para cada cliente, que será mantenida electrónicamente como una forma fácil de identificación. Esta tarjeta debe contener: los motivos para abrir la cuenta; nombre y apellido del cliente; fecha y lugar de nacimiento; profesión o actividad económica; nacionalidad; salario y otras ganancias mensuales; dirección personal y comercial; referencias bancarias; huella digital del pulgar, entre otros (art. 39 norma prudencial AML/CFT). Finalmente, las instituciones financieras deben informar la detección de falsedad de la información proporcionada (art. 41 *ejusdem*) y verificar constantemente la información recopilada (art. 43).

---

630 Esto se debe a los importantes flujos de efectivo y transacciones en esta área en el curso del comercio y el comercio en la frontera.

b. La regla del beneficiario final

Según el artículo 16 de la LOCDOFT, las instituciones bancarias deben recopilar información de sus clientes, extendiendo este requisito a terceros y beneficiarios reales. De esta forma, los sujetos obligados deben establecer, por todos los medios, la verdadera identidad de los terceros intervinientes y el beneficiario final de los fondos. El incumplimiento de esta regla será multado entre 1.000 U.T. y 3.000 U.T. Sin embargo, no existen normas prudenciales que expliquen el alcance de dicha disposición, lo cual trae consigo varios problemas prácticos. De hecho, debido a la falta de pautas en las reglas de este beneficiario final, existe una laguna interpretativa en la aplicación de posibles sanciones administrativas.

¿Cuánta diligencia debe hacerse en esta investigación? Así las cosas, existen compañías sin accionistas mayoritarios por cotizar en la bolsa pública de valores que dificulta la aplicación total de la regla *in comento*. En este caso, los beneficiarios finales de una compañía pública no pueden proveer el beneficiario final, ya que al existir múltiples accionistas que cambian de manos constantemente, los beneficiarios finales son indeterminables hasta llegar a personas naturales. En todo caso, como cuestión práctica, la institución financiera debe recopilar información de las partes involucradas en las transacciones que evalúan su riesgo, siendo aconsejable recopilar más información en transacciones que representen un verdadero *red flag* en lugar de las transacciones rutinarias. En teoría, esto debería ser suficiente en aras de cumplir con el propósito y sentido del artículo 16 de LOCDOFT sobre terceros y beneficiarios reales, pero los reguladores pueden tener un análisis diferente en cada caso.

C. La obligación de registrar a los sujetos obligados

La reciente Providencia Administrativa N° ONCDOFT-002-2021, mediante la cual se dicta la Normativa para el Registro Unificado de Sujetos Obligados ante la ONCDOFT (RUSO-ONCDOFT)[631] (conjuntamente referida como "la Providencia Administrativa") dictada por la ONCDOFT[632] establece directrices generales de registro para los sujetos obligados de acuerdo con la LOCDOFT y de especial importancia en materia AML/CTF.

---

[631] G.O. N° 42.098 del 30-03-2021. Cabe destacar que la Providencia N° ONCDOFT-002-2021 mediante la cual se dicta la Normativa para el Registro Unificado de Sujetos Obligados ante la Oficina Nacional Contra la Delincuencia Organizada y Financiamiento al Terrorismo (RUSO-ONCDOFT) publicada en G.O. N° 42.118 del 03-05-2021, fue reimpresa por modificaciones realizadas en al instrumento original publicado en la G.O. N° 42.116 del 29-04-2021.

[632] La ONCDOFT es un órgano administrativo adscrito al Ministerio de Interior y Justicia.

La Providencia tiene por objeto –según su artículo 1– establecer los requisitos y procedimientos que deben cumplir los sujetos obligados cuya actividad no se encuentre regulada por ley especial o que no estén sometidos a ningún órgano o ente de prevención, control, supervisión, fiscalización y vigilancia; para inscribirse en el RUSO-ONCDOFT ante la ONCDOFT como órgano rector en la materia, así como la actualización de la información y la anulación de dicho registro. Aunque la ley rectora en esta materia será la LOCDOFT, puede ser el caso que exista una normativa especial adicionalmente aplicable (como pudiera la normativa prudencial bancaria o regulaciones especiales en materia de mercado de valores).

El registro tiene como propósito el control de los sujetos obligados de acuerdo con la LOCDOFT y, por ende, los órganos o entes de prevención, control, supervisión, fiscalización y vigilancia serán los responsables del trámite de registro, actualización o anulación del Registro de Sujeto Obligado, correspondiente a todas aquellas personas naturales y jurídicas designadas por leyes especiales o que se encuentren bajo su ámbito de supervisión (art. 3 de la providencia).

De esta forma, la regulación AML impone la obligación legal de registro respectivo ante el correspondiente órgano de control. Aunque la regulación actual no es precisa en este sentido, por órgano de control deberá entenderse el órgano u ente administrativo con función de supervisión a la persona en específico (así, por ejemplo, la SUDEBAN en materia bancaria) y quienes a su vez reportan a la ONCDOFT. En este sentido, las personas naturales o jurídicas señaladas como sujetos obligados en la LOCDOFT, cuya actividad no se encuentre regulada por ley especial o que no estén sometidos a ningún órgano o ente de prevención, control, supervisión, fiscalización y vigilancia; deberán inscribirse en el Registro Unificado de Sujetos Obligados que lleva el órgano rector (art, 2 *ejusdem*).

Igualmente deberán registrarse todas las personas naturales y jurídicas designadas mediante leyes especiales, o que desarrollen actividades que puedan ser utilizadas para cometer los delitos de legitimación de capitales, financiamiento del terrorismo y financiamiento de la proliferación de armas de destrucción masiva, o intervengan de alguna manera en el sistema integral de administración de riesgo y de cumplimiento corporativo implementados por los sujetos obligados (art. 2).

La Providencia Administrativa establece requisitos de registro para personas naturales y jurídicas, diferenciándolas en requisitos generales (art. 4) y requisitos específicos para sociedades mercantiles (art. 5), organizaciones sin fines de lucro (art. 6), y requisitos específicos para sociedades con oficiales de cumplimiento (art. 7) en los términos consagrados en la legislación venezolana. El órgano rector revisará y verificará de forma *extra situ* los recaudos proporcionados por el sujeto obligado para su registro, hasta que se haya recibido el ultimo recaudo de la documentación solicitada, así como el órgano rector, cuando lo estime conveniente, realizará visitas *in situ* al sujeto obligado para verificar la información recibida (art. 9). Los sujetos obligados tienen la obligación de remitir sus estados financieros anuales al cierre del último ejercicio fiscal, auditados o certificados por un contador público colegiado (art. 4.2.D).

Actualmente, la Providencia Administrativa suprimió la norma que establecía la imposición de sanciones de conformidad con lo establecido en la LOCDOFT en el supuesto de incumplimiento de los deberes y obligaciones de registro por parte de los sujetos obligados, tal y como lo preveía la normativa anterior. De tal manera, del texto de la Providencia Administrativa, no se desprenden multas o sanciones en caso de incumplimiento, aun cuando los sujetos obligados se encuentran igualmente sometidos a los mandatos generales de la LOCDOFT.

3. Algunas críticas al sistema de reporte bancario

Comentaristas y autores han argumentado que imponer todas estas obligaciones a los bancos implica una carga innecesaria para las actividades de intermediación financiera.[633] Gracias a las nuevas tendencias de *general compliance*, los particulares deben colaborar con las agencias gubernamentales para prevenir y controlar las actividades delictivas pero, ¿es ello algo negativo? Esta afirmación ha sido cuestionada: ¿no es obligación de las agencias gubernamentales hacer el trabajo de investigación penal en lugar de los bancos? En la práctica, el programa de cumplimiento puede invertir las prioridades de trabajo para las partes involucradas: los bancos encuentran a los delincuentes mientras que las agencias gubernamentales solo pueden atraparlo cuando el expediente y las pruebas están ya realizadas.

Ciertamente, las instituciones financieras deben invertir recursos considerables para lograr los objetivos de las regulaciones de cumplimiento bancario. No obstante, es innegable que la tendencia de *compliance* llegó para quedarse, así como una Administración Pública que busca delegar en el sector privado mucha de sus labores. No queda duda que los programas de cumplimiento ayudan de varias maneras a prevenir

---

633 Bilali, *Know Your...*, ob. cit., p. 322.

el crimen y la aplicación de las regulaciones. Es así como la colaboración entre la Administración Pública y las instituciones financieras puede ser muy útil en el mundo financiero de hoy en día.

El enfoque legislativo a esta interrogante ha sido imponer más obligaciones regulatorias a las instituciones financieras e incluso criminalizar algunas conductas para enfatizar la aplicación de la regulación AML. En el panorama general, algunas legislaciones están implementando la responsabilidad penal de las instituciones bancarias para crear un esquema de cumplimiento mejor regulado. En el marco de la LOFCT, las instituciones financieras son "responsables civil, administrativa y penalmente de los delitos relacionados con el crimen organizado y la financiación del terrorismo cometidos por ellos, por sus agentes o sus representantes,"[634] sujetos a sanciones en el ámbito administrativo y judicial.

Al hacerlo, en el caso de la comisión de un delito, el LOCDOFT permite que el poder judicial imponga sanciones penales a aquellas empresas declaradas culpables de cometer delitos. Este fue un cambio importante en la legislación venezolana, considerando que, tradicionalmente, las empresas no estaban sujetas a responsabilidad penal como discutimos en el capítulo segundo de este trabajo. Sin embargo, las violaciones de las obligaciones netamente regulatorias solo están sujetas a sanciones administrativas de acuerdo con la ley venezolana, lo que es una diferencia significativa en comparación con el marco legal estadounidense actual donde la violación del marco regulatorio puede tener verdaderas consecuencias penales.

En el caso del derecho venezolano, la violación de las obligaciones de registros e informes se castigan esencialmente con sanciones administrativas. Por el contrario, en el sistema estadounidense estas violaciones pueden constituir un delito contra las agencias reguladoras. El enfoque estadounidense de aplicación es difícil de traducir a la práctica venezolana actual. Dada la forma en que funciona el derecho penal venezolano, existe una diferencia sustancial en la forma en que se procesan los delitos de legitimación de capitales. Según el derecho penal venezolano, es justo

[634] En particular, el artículo 31 de la LOCDOFT establece: "las personas jurídicas, con exclusión del Estado y sus empresas, son responsables civil, administrativa y penalmente de los hechos punibles relacionados con la delincuencia organizada y el financiamiento al terrorismo cometidos por cuenta de ellas, por sus órganos directivos o sus representantes. Cuando se trate de personas jurídicas del sistema bancario, financiero o cualquier otro sector de la economía, que intencionalmente cometan o contribuyan a la comisión de delitos de delincuencia organizada y financiamiento al terrorismo, el Ministerio Público notificará al órgano o ente de control correspondiente para la aplicación de las medidas administrativas a que hubiere lugar."

afirmar que una vez que se completa un procedimiento penal, es muy difícil detenerlo.

De hecho, los fiscales venezolanos no tienen la opción de negociar sanciones y la posibilidad de incoar la acción penal como los fiscales federales estadounidenses tienen en casos ante cortes federales. Para los fiscales venezolanos, es obligatorio procesar el caso hasta un juicio final. Al hacerlo, no existe un poder de negociación en manos de la acusación, sino formas procesales muy limitadas para evitar la obligación legal de enjuiciar. Entonces, no existe una práctica posible de DPA como lo ha hecho Estados Unidos. En palabras del DOJ:

> Antes de 2002, no existían acciones penales, o incluso sanciones regulatorias serias, por el hecho de que las instituciones financieras no presentaran los SAR o cumplieron con los requisitos de la § 5318 (h). La primera sanción civil contra un banco por no presentar los SAR fue impuesta al Great Eastern Bank de Miami, Florida, en septiembre de 2002. En noviembre de 2002, el Departamento de Justicia comenzó a realizar una serie de investigaciones criminales sobre instituciones financieras, resultando en condenas penales significativas o enjuiciamientos diferidos de varias instituciones por una variedad de delitos, incluidos los estatutos de BSA antes mencionados.[635]

No es secreto que la agenda del gobierno de los Estados Unidos es hacer cumplir al máximo sus regulaciones. En la mayoría de los casos, los problemas regulatorios se resuelven informalmente a través de estos acuerdos de DPA con fiscales federales. Por ello, los fiscales tienen en sus manos poderes de vida o muerte sobre las personas y las empresas. Al hacerlo, "una vez que se cumplan las condiciones del acuerdo de conciliación, el cargo formal se desestima sin la condena resultante."[636]

En el mismo escenario, pero aplicado en un contexto venezolano, este sistema de negociación no existe en virtud de nuestro derecho penal. De hecho, los fiscales están obligados a hacer cumplir la ley sin ningún proceso de negociación. Pero más que la responsabilidad penal, la responsabilidad administrativa bajo varias leyes venezolanas crea un escenario donde es mucho más común negociar con la Administración Pública que con los fiscales del Ministerio Público.

Ciertamente, sería muy difícil traducir este sistema de DPA al sistema de justicia penal venezolano, dadas las preocupaciones sobre el debido proceso en dicho entorno de negociación. Como cuestión práctica, *AML compliance* en Venezuela es un proceso constante con los reguladores y

---

[635] Day, *Prosecuting Financial...*, ob. cit., p. 19.

[636] Weismann, *Money Laundering...*, ob. cit., p. 57.

no con los fiscales, pero ¡cuidado! nada peor que una causa penal en tu contra por legitimación de capitales; una vez iniciada una imputación penal, se crea una Caja de Pandora impredecible para los involucrados.

Desde una perspectiva política regulatoria y desde un punto de vista pragmático, no todos los delitos financieros pueden ser procesados por el sistema de administración de justicia. Los delitos de legitimación de capitales por sí mismos son delitos tan sofisticados que no valen la pena si no hay un delito subyacente adicional adecuado para acusar penalmente. La justificación es aplicable a la violación de los requisitos de información de los clientes. En este caso, un delito de legitimación de capitales procesado puede catalogarse como un desperdicio de recursos. Aquí, una discreción procesal adecuada es clave para determinar qué delitos son mejores para ser procesados que otros.

Al menos en la práctica de los Estados Unidos, la violación de estos requisitos ha sido suficiente para sentarse a negociar DPA contra las instituciones bancarias y no impulsar un proceso penal formal. En cualquier caso, la imposición de sanciones administrativas es necesaria para lograr los objetivos del marco regulatorio actual. Para algunas personas, las sanciones deben verse como un mero costo de hacer negocios en un mercado lucrativo.[637] Los requisitos de informes y mantenimiento de registros tienen su fundamento en la idea del cumplimiento interno y la evaluación del riesgo y tienen sentido en el sofisticado sistema financiero del mundo actual.

Entonces, ¿realmente creemos que la idea de un programa de cumplimiento interno tiene sentido, especialmente en el sistema financiero? La respuesta tiene que ser afirmativa. Dado el hecho de que los delitos de legitimación de capitales son delitos muy sofisticados, solo los actores sofisticados pueden detectarlos de manera eficiente. Este es esencialmente el caso del sector bancario y financiero en general. Incluso si la Administración Pública tuviera un control completo de las instituciones bancarias, solo los bancos están en condiciones de detectar actividades financieras irregulares porque tienen la plataforma tecnológica para hacerlo. Adicionalmente, los bancos tienen el *know-how* del negocio bancario y han desarrollado procedimientos internos, sistemas y prácticas mucho más complejas que cualquier agencia gubernamental.

Las obligaciones de mantenimiento de registros, informes, KYC y debida diligencia son actividades clave para la correcta implementación de

---

637 Id.

las regulaciones AML y las políticas administrativas y de *compliance* interno. Esto genera una "asociación público-privada entre el Administración Pública y la industria financiera que crea una relación simbiótica en un esfuerzo conjunto para detectar y prevenir la legitimación de capitales, lo que amenaza la integridad de los sistemas interbancarios."[638] Así, se ha señalado que "las fallas de los bancos comerciales y de inversión para implementar y cumplir plenamente con las políticas KYC [y otras normativas] en préstamos u ofertas de productos estuvieron entre las causas de la crisis económica y financiera de 2007 a 2009."[639] ¿Se hubiese descubierto *Enron* con la implementación de esta serie de políticas internas? Seguramente sí, y las instituciones financieras hubiesen apoyado a los fiscales federales ante el fiasco financiero más grande de la historia.

En este escenario, las instituciones financieras han ayudado al gobierno a reforzar la aplicación de la regulación, gracias a la información que los bancos pueden obtener fácilmente mediante la creación y la regulación interna para cumplir con el marco regulatorio existente. Además, como una consideración de política pública en la materia que nos ocupa, "el abuso de entidades legales para disfrazar la participación en actividades financieras ilícitas es una vulnerabilidad de larga data que facilita el crimen, amenaza la seguridad nacional y pone en peligro la integridad del sistema financiero."[640] Esta justificación puede sostenerse fácilmente bajo la regulación venezolana actual que sigue el mismo principio. Al final, combatir la legitimación de capitales es un objetivo común en el mundo occidental.

4. La regulación en materia de mercado de valores

En la regulación del mercado de valores, las disposiciones AML son esencialmente administrativas en su propósito, pero con las mismas consecuencias penales establecidas en la LOCFT como norma rectora. De acuerdo con el Decreto con Rango, Valor y Fuerza de Ley de Mercado de Valores[641] (LMV), esta norma regula el mercado de valores, integrado por las personas naturales y jurídicas que participan, de forma directa o indirecta, en los procesos de emisión, custodia, inversión, intermediación de títulos valores, así como sus actividades conexas o relacionadas; y establece sus principios de organización y funcionamiento.

---

638 Id., p. 487.

639 Bilali, Genci, *Know Your...*, ob. cit., p. 319.

640 81 FR 29397 at § II, (B) 1.

641 Publicada en la G.O. N° 6.211 Extraordinario del 30-12-2015.

La SUNAVAL, como ente regulador del mercado de valores, también con personalidad jurídica y patrimonio propio e independiente del Fisco Nacional y adscrita al Ministerio con competencia en las Finanzas, tiene amplias potestades administrativas para instruir, sustanciar e imponer sanciones administrativas como competencias propias en el marco de la LMV que establece procedimientos administrativos especiales en materia de mercado de valores. De igual forma, la LMV contempla delitos económicos propios del mercado de valores (*v.g.* apropiación indebida en el artículo 146, simulación de operaciones en el artículo 147, obstaculización de inspecciones administrativas en el artículo 148, entre otras) que, aunque son delitos autónomos, pueden ser acompañados de la acusación formal por delitos de legitimación de capitales dependiendo de las circunstancias del caso en concreto.

Como ya sabemos, a través de títulos valores se puede legitimar capitales al invertirse fondos derivados del delito. Por ello, la SUNAVAL ha emitido normas relativas a la administración y fiscalización de los riesgos relacionados con los delitos de legitimación de capitales, financiamiento al terrorismo, financiamiento a la proliferación de armas de destrucción masiva y otros ilícitos, aplicables a los sujetos regulados por la SNV (Regulación AML/CT para el mercado de valores).[642] De forma muy similar a la regulación bancaria ya estudiada en este capítulo, la Regulación AML/CT para el mercado de valores posee amplios requerimientos administrativos para todos los sujetos obligados. Así, se impone el requerimiento estructural de un oficial de cumplimiento en las sociedades de corretaje de valores.

No ahondaremos en la Regulación AML/CT para el mercado de valores por ser, esencialmente, de la misma naturaleza que la normativa vigente establecida en la LOCFT y en la normativa bancaria. No obstante, es importante precisar que la Regulación AML/CT para el mercado de valores es esencialmente de contenido *administrativo* sobre los sujetos obligados. Es decir, son normas prudenciales del sector valores que los sujetos obligados necesariamente deben cumplir y su incumplimiento acarrea sanciones administrativas en el marco de la LMV.

Al igual que la legislación AML, en general, las normas buscan la mitigación del riesgo por parte de los sujetos obligados por medio de la imposición de las obligaciones administrativas de establecimiento de un programa de cumplimiento, estructuras organizativas para la prevención del delito a través de un oficial de cumplimiento, obligaciones de reporte

642 Publicada en la G.O. N° 41.788 del 26-12-2019.

a la autoridad administrativa competente, entre otras. Así, la instrucción de un procedimiento administrativo puede perfectamente argumentarse sobre la infracción de la normativa administrativa creada y debe instruirse de acuerdo con el procedimiento administrativo especial contenido en la LMV. Ahora bien, ante la comisión de un delito, los únicos autorizados para su acusación penal son los fiscales del Ministerio Público al ser este último quien posee el monopolio absoluto de la acción penal.

Una diferencia importante respecto a la actual regulación bancaria AML, es que la Regulación AML/CT para el mercado de valores impone parámetros preestablecidos de análisis de riesgo, definiendo administrativamente cuáles riesgos son considerados altos de acuerdo con la ubicación geográfica del sujeto analizado, su condición y otras variables consideradas unilateralmente por la SUNAVAL en su regulación administrativa. De esta manera, el sujeto obligado debe dar un nivel de riesgo a cada factor, cuantificar la incidencia del riesgo, y considerar como de alto riesgo en su programa de cumplimiento casas de cambio no domiciliadas en el país, empresas dedicadas al envío de remesas, casinos, prestamistas, abogados y contadores, PEPs, operaciones de valores vía electrónica, jurisdicciones identificadas como de alto riesgo por la FATF, entre muchas otras especificadas en su artículo 12.

Esta regulación en específico no es la misma a la establecida en las normas prudenciales AML para el sector bancario que prevé factores o variables que deben ser consideradas por el sujeto obligado en el marco de sus procedimientos establecidos para tal efecto y no como imposición legal por la norma administrativa.[643] En otras palabras, la Regulación AML/CT para el mercado de valores asume por sentado el riesgo que los sujetos obligados deben establecer cuando sea alto, y no permite discreción privada al momento de categorizarlo y analizarlo en el caso en concreto.

IV. LOS ELEMENTOS DE UN PROGRAMA DE CUMPLIMIENTO AML/CT

La legitimación de capitales como fenómeno financiero no es exclusivamente un tema bancario. Cualquier empresa puede legitimar capitales independientemente de su rubro o industria. Por ello, se hace necesario el establecimiento de un programa de cumplimiento interno que pueda

[643] Véase en contraste el artículo 32 de las normas prudenciales AML del sector bancario. Interpretativamente, no es lo mismo *valorar* a la expresión *deber considerar*.

crear protocolos y procedimientos de acción para mitigar los efectos negativos para el negocio de una potencial irregularidad o delito financiero. Hemos esbozado los elementos de todo programa. Si bien las normas prudenciales AML/CT bancarias prácticamente construyen en lineamientos generales el programa de cumplimiento bancario, lo importante en materia AML/CT, independientemente del sector, es siempre tener presente las siguientes recomendaciones prácticas.

1. La gestión de riesgos

Un aspecto fundamental en lo que respecta a AML/CT es la prevención. En este sentido, más allá de planes de acción (los cuales son también indispensables) las medidas que se toman para evitar tales situaciones son fundamentales. Es necesario que las empresas establezcan mecanismos para conocer a las personas con quienes se relacionan, de quién reciben dinero, qué implicaciones puede tener involucrarse con actores de lavado de dinero, y esto debe incluir a todos los que forman parte de una organización. Políticas para conocer a los clientes, a los proveedores, a los empleados, el origen de los fondos que manejarán, son algunas de las formas más comunes que se utilizan para la prevención. Los reguladores continuarán examinando y fiscalizando las instituciones financieras para asegurar que la alta gerencia y las juntas directivas se hayan tomado el tiempo para identificar los riesgos particulares que plantea el modelo comercial de la empresa y hayan diseñado un programa de cumplimiento AML/CT que aborden dichos riesgos de manera efectiva.[644]

Por ejemplo, una institución financiera con una gran práctica de banca corresponsal en el extranjero o una presencia significativa de tarjetas prepagas debe abordar los riesgos particulares de esas líneas de negocio en sus programas, políticas y procedimientos en materia AML. Dependiendo del perfil comercial de la institución financiera, esto también puede incluir actividades de gestión de riesgos centradas en el cliente.[645] De esta forma, una institución financiera con una base de clientes activa entre inmigrantes locales puede tener mayores riesgos relacionados con las transferencias de remesas y otras transacciones de salida.

Lo mismo es aplicable para empresas de naturaleza no financiera, como es el caso del consumo masivo de productos. Por ejemplo, una em-

---

644 Petrasic, Kevin, "Anti-Money Laundering Compliance - FinCEN Ups the Ante", *LAW 360 Magazine*, 2014.

645 Id.

presa de alimentos en un país cuyo mayor problema comercial es el contrabando, tiene que pensar en las formas de asegurarse que vende sus productos a los clientes correctos. En el caso de las empresas de consumo masivo es posible crear situaciones donde los bienes producidos pueden servir de vehículo para la legitimación de capitales por parte de terceros por ser este tipo de empresas generadoras de altos flujos de dinero en efectivo por su giro comercial habitual.

2. El entrenamiento especializado

De nada sirve una cultura de *compliance* desde el top de la organización si no se integra adecuadamente a las unidades del negocio que pueden verse involucradas en situaciones contra la legitimación de capitales. La compañía debe entrenar a las distintas unidades de negocio para que puedan levantar su mano en caso de la detección de *red flags* que puedan afectar a la empresa. Ello implica, un entrenamiento especializado debido a la tecnicidad de la materia AML. Un ejemplo de ello es la necesaria capacitación que debe tener el equipo de finanzas de una compañía que controle, por ejemplo, la fuerza de ventas en el caso de una empresa de consumo masivo. El reporte interno de transacciones financieras irregulares sólo podrá darse cuando los empleados estén conscientes de la regulación y qué debe considerarse como irregular.

Ahora bien, un entrenamiento especializado no quiere decir que los empleados deban ser especialistas en esta materia. Para ello, la empresa debe contar con un departamento o gerencia legal que pueda asesorar y guiar a los empleados en caso de dudas. En todo caso, lo fundamental es la creación de conciencia del problema y cómo emplear mecanismos de mitigación de riesgo.

Por ejemplo, en caso de una venta irregular, que exista un analista de finanzas que sepa cómo reaccionar y detectar su irregularidad y pueda levantar la mano, en ejercicio de sus funciones, sin que ello implique una recriminación de su actuar. De esta forma, al momento de la detección de una conducta potencialmente irregular, se pueda poner en conocimiento a los empleados con conocimientos técnicos en la materia para gestionar el riesgo y tomar una decisión de negocio.

3. La debida diligencia y el conocer al cliente

Todo programa de cumplimiento AML/CT debe tener protocolos de acciones claros y precisos de qué hacer ante una irregularidad o delito. El delito es intolerable en la empresa y debe ser debidamente reportado o denunciado a las autoridades competentes so pena de ser considerado un copartícipe en la irregularidad o actividad delictual. Pero el delito o irregularidad normalmente detectado no es propio sino *externo*, en el sentido de que es detectado en nuestros clientes o proveedores directos como empresa. La responsabilidad de la compañía en estos casos se extiende a lo que conoce la empresa y todo lo que ha hecho para informarse sobre tales conductas irregulares, así como su colaboración directa con las autoridades competentes.

Nuevamente, la regulación AML/CT no es algo extraordinario ni novedoso, todo lo contrario, debe ser para la empresa algo cotidiano. No por el hecho de ser un sector ajeno al mundo bancario o financiero quiere decir que las regulaciones AML/CT no son aplicables a nuestro negocio. ¿Debe permitir la empresa aceptar altas sumas de dinero? ¿Cómo le consta a la empresa que el origen del dinero de sus clientes es legítimo cuando se trata de sumas sospechosas?

Políticas AML/CT ayudan a que tanto reguladores como empresas puedan tener un ambiente libre de delitos financieros, que al final, pueden afectarnos a todos como ciudadanos. Nuevamente, veamos a la empresa como un colaborador adicional en la lucha contra los delitos y actividades irregulares. Sólo entendiendo que la función corporativa no se agota en su industria, sino que va mucho más allá de su objeto social, es que podemos afirmar que existe un verdadero compromiso corporativo. Ahora bien, lo anterior, pasa necesariamente por un análisis previo de saber quién es tu cliente o proveedores y el origen de sus fondos involucrados en las transacciones que impliquen a la empresa.

Usualmente, la normativa AML/CT exige como requisito legal el chequeo de clientes en transacciones comerciales atípicas. Por ello, es recomendable la cancelación de operaciones comerciales que impliquen altas sumas de dinero en efectivo o metálico (el dinero en efectivo es usado comúnmente en operaciones de legitimación de capitales por su difícil trazabilidad), el monitoreo constante de clientes con antecedentes regulatorios o penales complejos, y la comunicación constante con el departamento de legal & *compliance* de la empresa para obtener asesoramiento legal en concreto ante estas situaciones complejas en un análisis caso por caso.

4. Los recursos adecuados y el soporte tecnológico

Este elemento ciertamente tiene mucho mayor peso en las instituciones financieras propiamente dichas en vez de otras empresas no financieras pero que siguen sujetas a la regulación AML en general. No obstante, dedicar recursos humanos adecuados para el seguimiento de esta clase de problemas siempre será provechoso para la empresa para el establecimiento de una cadena de reporte de riesgos robusta y la creación de planes de mitigación de potenciales riesgos legales del negocio. En general, una institución financiera debe poder demostrar a los reguladores que ha comprometido los recursos necesarios, y que está dispuesta y puede invertir recursos adicionales, según corresponda, para establecer y mantener un programa sólido de cumplimiento de AML/CMT, incluidas inversiones en tecnología, personal, así como formación y seguimiento.

El costo de comprometer los recursos adecuados por adelantado producirá beneficios en términos de menor exposición al riesgo y posibles costos de reparación y multas por no tomar las acciones necesarias para lograr y mantener el cumplimiento AML/CMT. Además de mantener el software y los programas de tecnología actualizados, la administración y la junta directiva de una institución financiera deben asegurar que el personal esté adecuadamente capacitado para monitorear y supervisar estos procesos y programas. Los reguladores pueden sondear los sistemas de tecnología, el software empleado y los departamentos analíticos de la empresa destinados a asegurar la mitigación del riesgo AML para asegurarse de que los procesos de gestión de casos para transacciones únicas o inusuales estén respaldados por inteligencia financiera razonable.[646]

5. El esquema regulatorio localmente complejo

En nuestra opinión, el derecho venezolano proporciona un cuerpo robusto de leyes contra la legitimación de capitales, principalmente influenciadas por las regulaciones AML estadounidense y la UNCAC. Para nosotros, es indudable que Estados Unidos está exportando las ideas de KYC, la diligencia debida y las obligaciones de informes, que en nuestra opinión son necesarias para prevenir y detectar delitos de legitimación de capitales y posiblemente coadyuvar en la investigación de las actividades delictivas subyacentes. Ambos sistemas tienen requisitos de informes importantes que son clave en el marco de AML actual.

Creemos que este es el enfoque de política regulatoria correcta en el sector bancario. En la práctica, la sofisticación de los delitos de legitimación de capitales es tan compleja que su enjuiciamiento puede ser debatible dependiendo de los otros delitos contenidos en la acusación penal y en el marco de la investigación penal. Este conflicto surge porque el equilibrio entre la necesidad de justicia y la aplicación de las leyes, así como el uso adecuado de los recursos públicos para procesar los delitos de la

646 Petrasic, *Anti-Money...*, ob. cit.

mejor manera posible, es complejo en maximizar esos recursos humanos participantes en el sistema AML.

En el caso de Venezuela, sin embargo, el problema no es la ley contra la legitimación de capitales en sí misma considerada, sino su aplicación final. No importa si los países tienen regulaciones realmente buenas si no hay un método adecuado para hacer cumplir sus regulaciones administrativas. Y esta es una de las principales debilidades del sistema venezolano contra el lavado de dinero. Las regulaciones están en su lugar, pero en muchos casos guardadas como ejercicios de escritorio, y no se aplican debido a su sofisticación.

Tanto en el sistema estadounidense como en el venezolano hay un cuerpo robusto de regulaciones establecidas y esta es la dirección regulatoria correcta. Uno de los principales desafíos en materia AML es lograr estos objetivos de manera eficiente. Realmente se ha dicho que el cumplimiento requiere muchos recursos que las agencias gubernamentales no están dispuestas a pagar e impactan la rentabilidad corporativa de muchas empresas. Pero solo la relación efectiva entre el sector privado y el público puede lograr la aplicación de la regulación AML y prevenir la delincuencia organizada nacional y trasnacional que afecta tanto a los negocios como a la sociedad.

CAPÍTULO VI:
LA LEGISLACIÓN CONTRA LA CORRUPCIÓN Y SU IMPACTO EMPRESARIAL

La corrupción es un problema que afecta a las naciones de distintas formas; frena el desarrollo de las sociedades, debilita las instituciones y los sistemas, puede generar pobreza y, también, causar graves problemas de gobernabilidad. De esta manera, es posible afirmar que este es indudablemente uno de los principales y más graves problemas a los que se enfrentan muchos países en el mundo. Las ideas de transparencia, ética y gobernanza corporativa justa son prioridades en los negocios trasnacionales contemporáneos.

A primera vista, pudiera pensarse que el fenómeno de la corrupción, indudablemente, implica un conflicto entre la cultura corporativa y las prácticas de negocio. Podríamos preguntarnos, ¿cuáles son las mejores prácticas comerciales? ¿quién las define o impone? La verdad es que la corrupción y su combate, más que una imposición de los valores de la cultura occidental es una *necesidad* de negocio y que el mundo de *compliance* arropa por los riesgos derivados de su ocurrencia. Las tendencias actuales parecen demostrar que hay dos perspectivas al momento de responder esta pregunta, y su respuesta está íntimamente ligada con la globalización y la relación de las empresas con la Administración Pública en ambientes altamente regulados en múltiples jurisdicciones en simultáneo.

Por una parte, objetivamente hay una influencia considerable en la forma de hacer negocios en el mundo occidental, y principalmente, por Estados Unidos como regulador con impacto mundial y cuya legislación trasciende sus fronteras extraterritorialmente. Creemos que es innegable la existencia de un *american way to doing business* al ser Estados Unidos uno de los actores más poderosos en la economía global, así como sus valores y leyes han sido impuestos para el mundo cercano a ellos. En paralelo a esta circunstancia, las organizaciones y el derecho internacional propulsan el combate a la corrupción como una forma de implementación de mejores políticas públicas, transparencia en los asuntos de los Estados, y un golpe a la burocracia que en final término afecta a los ciudadanos de las naciones del mundo.

Por otra parte, la forma de hacer negocios en países no pertenecientes a la cultura occidental o en países en desarrollo posee culturalmente valores y prácticas comerciales que se diferencian de la ética empresarial que impulsan los estándares internacionales en la materia. ¿Las diferencias culturales hacen que sea éticamente correcto hacer un soborno?

Sin un estudio sociológico de estas perspectivas, no es nueva la preocupación sobre prácticas corruptas como forma de hacer negocios o influenciar la toma de decisiones públicas y privadas para la obtención de resultados particulares. No obstante esa aseveración, casi toda la legislación del mundo sanciona la corrupción y conductas asociadas a ésta por entenderlas como dañinas para la sociedad, poco éticas y mal vistas, sin importar la industria o negocio que se trate. La corrupción, más que una conducta moralmente reprochable, afecta la economía en muchos niveles y ángulos.[647]

La anticorrupción es solo uno de los muchos temas inmersos en el mundo de *compliance* y la gestión de riesgos por tener un impacto directo en las operaciones comerciales al levantar múltiples *red flags*. ¿Es conveniente para la empresa ser considerada como una empresa involucrada en escándalos de corrupción? ¿Vale la pena lograr *profit* a costas de proveedores, contratistas o distribuidores corruptos y de dudosas prácticas comerciales? No pretendemos un análisis macroeconómico de la corrupción, más sí queremos exponer sus consecuencias dañinas para la empresa responsable que hace negocios éticamente. No cabe duda de que existen altos riesgos legales al existir un problema de corrupción empresarial. Pero ¿qué es realmente la corrupción? ¿Por qué es un problema tan complejo que trasciende el riesgo legal?

I. APROXIMACIÓN AL FENÓMENO DE LA CORRUPCIÓN

No existe una definición inequívoca de corrupción porque, en efecto, el fenómeno de la corrupción tiene muchas caras, perspectivas y matices. En forma muy amplia y útil a los efectos de un análisis corporativo y ético, la corrupción es el abuso del poder confiado para beneficio propio.[648] Aunque podemos englobar la corrupción genéricamente en la figura del soborno, en realidad, la corrupción puede materializarse en múltiples actos que buscan una ventaja indebida por medio de la influencia sobre otra

---

647 Véase, *How does corruption affect economic growth?* En este informe, se afirma que "el análisis empírico demuestra un efecto en doble sentido de la corrupción burocrática en el desempeño de la empresa. La existencia de un cierto número de empresas que sobornan aumenta el rendimiento agregado de la empresa [...] pero la posibilidad de recibir beneficios del soborno puede ser una de las razones por las cuales la corrupción no desaparece a pesar de su efecto global de limitar el crecimiento."

648 Transparency International, *What is corruption?*

persona (que bien puede ser un funcionario público o un privado de acuerdo con las circunstancias).

El Consejo de Europa y las Convenciones de las Naciones Unidas exigen a sus signatarios que tipifiquen como delito el "ofrecer," "prometer" y "dar" un soborno. Esto refleja la actitud de la comunidad internacional de que los tres tipos de conducta representan un comportamiento corrosivo que debe prohibirse y castigarse en cualquiera de sus modalidades.[649]

Las convenciones internacionales utilizan el soborno como el acto principal de corrupción,[650] pero hay muchas formas para su realización. Cada uno requiere prueba de una relación entre el pago o transferencia del beneficio al funcionario público y la acción gubernamental, expresando el elemento como un "intercambio" o, "para obtener o retener negocios", y para que el funcionario "actúe o se abstenga de actuar" en su trámite habitual.[651] Dado su gravedad, se ha señalado que la corrupción erosiona la confianza en las instituciones del Estado, debilita la democracia, obstaculiza el desarrollo económico y exacerba aún más la desigualdad, la pobreza, la división social y la crisis ambiental.[652]

Como un juego deportivo, hay reglas que todos debemos seguir para lograr ganar una partida. En cierto sentido, las leyes son como un gran ring de boxeo en el cual los boxeadores (las empresas en sus mercados) están peleando en cada *round* con el fin de lograr sus objetivos. Si nos fijamos en este ejemplo, el boxeo es una lucha ordenada y preestablecida. Es *ordenada* porque cada boxeador debe conocer las reglas, y en caso contrario, el réferi (el Poder Judicial o la Administración Pública) penalizará la contraparte. Es *preestablecida* por las reglas del juego que son interpretadas por el réferi cuya decisión es final (en otras palabras, el Poder Judicial interpreta las leyes, la Administración sus regulaciones). Es decir, sin reglas, no habría boxeo, habría una simple pelea desordenada donde todo golpe vale, sin implicaciones ni consecuencias.

Con las reglas del juego se garantiza un final previsible a la contraparte de acuerdo con sus acciones sean acordes a las reglas impuestas por

---

649 OECD, *Corruption a glossary of International Standards in Criminal Law,* Paris, OECD Publishing, 2008, p. 26.

650 Henning, Peter, "Public corruption: comparative analysis of International Corruption Conventions and United States law", en: *Arizona Journal of International and Comparative Law,* 2001, p. 825.

651 Id.

652 Transparency International, *What is...*, ob. cit.

la ley o contrarias a esta. Finalmente, los espectadores de esta pelea infinita somos los ciudadanos, que, como público general, tenemos el derecho de quejarnos de una pelea injusta. Lo mismo pasa con las instituciones del Estado y sus ciudadanos en sus relaciones. Existen reglas preestablecidas –que se basan en la ley– que nos indican que se puede y que no se puede hacer para convivir en sociedad.

La corrupción no es ética pues no respeta las reglas del juego en nuestro sistema de instituciones públicas, y se encuentra penalizada por sus consecuencias en nuestro gobierno y su administración. Así, no puede ser tolerado en ninguna circunstancia el uso abusivo del poder para beneficio propio, o beneficios ajenos al interés público por ser ilegal y antiético.

La distinción comúnmente utilizada entre *corrupción política* y *corrupción burocrática* también es útil en este sentido. La corrupción política puede incluir adaptar las leyes y reglamentos a ventaja de los agentes del sector privado a cambio de sobornos, otorgando grandes contratos públicos a empresas específicas o malversando fondos del tesoro. La corrupción burocrática ocurre durante la implementación de las políticas públicas. Involucra a burócratas designados y personal de administración pública a nivel central o local. Implica actos corruptos entre quienes implementan las reglas diseñadas o introducidas por altos funcionarios.[653]

Adicionalmente, se ha empezado a abordar la corrupción desde un nuevo punto de vista, buscando inspiración en el razonamiento económico. Esta tendencia entiende la corrupción como resultado de la interacción constante entre intereses públicos y privados dentro de la estructura del Estado pues existen incentivos para las prácticas corruptas siempre que una autoridad pública ejerce su discreción sobre la distribución de un beneficio o un costo al sector privado. El Estado tiene el poder de comprar y vender bienes y servicios, ofrecer concesiones y distribuir subsidios (beneficios), así como recaudar impuestos, hacer cumplir las regulaciones y requerir autorizaciones (costos). Por otro lado, existe un sector privado con poder económico y dispuesto a pagar por los beneficios o reducir los costos que se le impusieron. Como todas las actividades mencionadas son inherentes al funcionamiento de un gobierno en la actualidad, la creación de incentivos para la corrupción es inevitable.[654]

---

653 Id.

654 Vaz Ferreira, Luciano & Costa Morosini, Fabio, "The Implementation of International Anti-Corruption Law in Business: Legal Control of Corruption Directed to Transnational Corporations", en: *Brazilian Journal of Strategy & International Relations,* 2013, p. 243.

En este contexto, la UNCAC no establece una sola definición del tema bajo estudio, ya que cada Estado tiene la potestad soberana de definirla legalmente como desee como sujeto de derecho internacional. No obstante, existen fuertes intentos en unificar los delitos de corrupción en instrumento internacionales unificados. Ciertamente, esto no ha ocurrido debido a las fuertes diferencias estatales en el foro internacional sobre la materia que nos ocupa, aun cuando existen iniciativas referenciales de mejores prácticas como la Convención para Combatir el Cohecho de Servidores Públicos Extranjeros en Transacciones Comerciales Internacionales de 1997 por la Organización para la Cooperación y el Desarrollo Económico y demás lineamientos contra la corrupción emitidos por organismos internacionales. En todo caso, definiendo la corrupción en sentido *amplísimo* como ese abuso de poder confiado para el beneficio propio, podemos afirmar que la corrupción puede tomar varias formas: el soborno, malversación, pagos de facilitación, fraude, concusión, extorsión, patronaje, nepotismo y clientelismo,[655] entre muchas otras figuras legales con variaciones de jurisdicción en jurisdicción.

1. La empresa y el panorama actual globalizado

No es novedoso las diversas preocupaciones sobre la corrupción en América Latina y Venezuela no se escapa de tales consideraciones. Se ha señalado que mientras la corrupción y otros problemas de gobernanza resultan principalmente de procesos generados dentro de la economía interna de los países, también hay importantes factores internacionales impulsores de la corrupción. Los ejemplos incluyen los efectos de las rentas de recursos naturales que surgen del comercio internacional de productos de alto valor, la capacidad de ocultar y mover activos financieros en el exterior y presiones creadas por la inversión extranjera.[656]

El tráfico ilegal de narcóticos y el contrabando en los mercados de los países ricos también generan grandes ganancias y rentas, con efectos particularmente corruptos para la policía y los políticos en las áreas de transbordo. El incentivo para aprovechar todas estas oportunidades para el enriquecimiento personal se intensifica con la liberalización financiera, que facilita grandes movimientos de capital transnacional y proporciona un margen para ocultar activos financieros en el extranjero.[657] Por ello, el fenómeno de la corrupción es complejo y de carencia de transparencia en

[655] United Kingdom, Department of International Development, *Why corruption matters: understanding causes, effects and how to address them,* 2015, p. 12.

[656] OECD, *International Drivers of Corruption: A Tool for Analysis*, OECD Publishing, 2012, p. 9.

[657] Id., p. 15.

los países, que puede estar impulsado tanto doméstica como internacionalmente, evidenciándose problemas graves en las estructuras que definen la economía nacional, las instituciones públicas y los procesos políticos.

En la práctica corporativa, las empresas venezolanas deben cumplir con la legislación local venezolana y, adicionalmente, la legislación extranjera que resulte aplicable por nacionalidad o tipo de industria. Esto no es algo novedoso pues las empresas trasnacionales deben velar por el cumplimiento legal en múltiples jurisdicciones en su *risk assessment* de mercado.

Ahora bien, como costumbre comercial en Venezuela se ha hecho práctica común sobornar a los funcionarios públicos para facilitar el trámite de permisos administrativos en transacciones comunes, como certificaciones notariales, constituciones de empresas, registro de escrituras, solicitudes administrativas, licitaciones públicas, licencias, y demás trámites administrativos debido al largo proceso y la estructura burocrática existente que dificultan las operaciones habituales de los negocios legalmente establecidos.

Ciertamente, Venezuela posee un esquema regulatorio muy complejo para hacer negocios, lo que ha creado una burocracia extensa y sofisticada dependiendo de la industria que se trate, generando un ambiente ideal para el crecimiento exponencial de riesgos de corrupción local y trasnacional. Este esquema se intensifica en varios niveles hasta el punto de ofrecer sobornos para contratos públicos, decisiones judiciales favorables, entre otros hechos irregulares muy cuestionables e ilegales.

En palabras del Departamento de Estado de los Estados Unidos:

> ...las condiciones en Venezuela brindan amplias oportunidades para los abusos financieros. La proximidad de Venezuela a los puntos de origen de drogas y su estado como país de tránsito de estupefacientes, combinado con la débil aplicación de las leyes contra legitimación de capitales y la falta de voluntad *política*, la cooperación bilateral limitada y la corrupción endémica, hacen que Venezuela sea vulnerable al lavado de dinero y los delitos financieros.[658]

Parece innecesario advertir al lector que todas estas actuaciones son ilegales en buena parte del mundo contemporáneo, y reafirmar lo inaceptable de sus prácticas. Sin embargo, a veces inadvertidas, estas prácticas son poco éticas e ilegales, y tienen un riesgo potencial en el negocio corporativo. Muchas empresas en países de América Latina toman la decisión

[658] Véase https://bit.ly/3AcUliu.

de aceptar este tipo de comportamiento ilegal para facilitar la práctica comercial. Sin embargo, incluso la mínima falta puede tener un impacto terrible en el negocio en general, no sólo afectando al negocio local, sino al negocio internacionalmente considerado.

A título de ejemplo, imaginemos que, para cerrar una transacción, el equipo corporativo de la compañía extranjera X requiere que su abogado externo pague un soborno a un funcionario público para obtener resultados. En este ejemplo, la empresa está potencialmente sujeta al delito de corrupción de conformidad con el artículo 61 de la LCC venezolana y la FCPA de conformidad con lo estipulado en la sección §78dd-3 (a).[659] En este ejemplo, tenemos dos violaciones en dos jurisdicciones simultáneamente con una posible responsabilidad penal, civil y administrativa derivada del incumplimiento. Por supuesto, en este ejemplo, no estamos teniendo en cuenta la exigibilidad de dicha regulación, ni hemos adelantado la nacionalidad de la compañía infractora.

De hecho, el ámbito de aplicación de estos instrumentos normativos es clave para prever qué jurisdicción implica más daño potencial para la empresa. En la práctica, las autoridades administrativas de Venezuela han demostrado ser menos eficientes que las autoridades administrativas estadounidenses. Pero esta suposición no significa que los funcionarios venezolanos no hagan cumplir su propia legislación y que incumplir con la normativa venezolana sea algo positivo para la empresa.

Como regla primordial, ningún incumplimiento corporativo puede ser aceptable, a menos que afecte la integridad física de sus empleados o sea producto de causas extrañas no imputables a su actuación corporativa. La legislación y la regulación existente siempre será ejecutada y, de hecho, para ello existen las Administraciones Públicas, para ejecutar la ley en todo momento.

La suposición de que, en general, los sistemas judiciales débiles son una excusa para sobornar, no es ni una buena estrategia de *compliance*

---

659 "FCPA § 78dd-3 (a) states: (a) Prohibition. It shall be unlawful for any issuer which has a class of securities registered pursuant to section 78l of this title or which is required to file reports under section 78o(d) of this title, or for any officer, director, employee, or agent of such issuer or any stockholder thereof acting on behalf of such issuer, to make use of the mails or any means or instrumentality of interstate commerce corruptly in furtherance of an offer, payment, promise to pay, or authorization of the payment of any money, or offer, gift, promise to give, or authorization of the giving of anything of value to— (1) any foreign official for purposes of— (A) (i) influencing any act or decision of such foreign official in his official capacity, (ii) inducing such foreign official to do or omit to do any act in violation of the lawful duty of such official, or (iii) securing any improper advantage."

–o carencia absoluta de ella– ni un buen asesoramiento legal básico. Aunque, "el gobierno [venezolano] no implementa las leyes anticorrupción relevantes de manera efectiva, y los funcionarios del gobierno se involucran en la corrupción con impunidad", hay muchas otras regulaciones que prevén varias sanciones y que solo esperan el momento para ser activadas por cualquier fiscal venezolano.[660] Lamentablemente, la práctica del ejercicio profesional contrasta con la realidad que nuestras leyes tienen escrita. A veces desconocido por los prejuicios contra las naciones del tercer mundo, los países latinoamericanos tienen marcos normativos y regulatorios bien establecidos y más complejos de lo que cualquier abogado extranjero pueda imaginarse.

Utilizando el ejemplo de Venezuela, es justo decir que el marco regulatorio es complejo y con varias sanciones, que incluyen no solo multas administrativas sino también penas privativas de libertad. Inclusive, participar en este tipo de actividades puede poner en peligro todo el negocio, ya que vemos que el impacto del soborno no es sólo local sino internacional. La ley anticorrupción venezolana penaliza el soborno activo y pasivo, el abuso del cargo, la extorsión y la legitimación de capitales, y se castiga con penas de prisión de entre tres y diez años. Venezuela posee un amplio marco regulatorio que regula los sectores de banca y energía, con participación constante de autoridades administrativas. Como vemos, una simple violación puede tener un impacto colateral en múltiples jurisdicciones y estar sujeta a diferentes leyes y tribunales.

2. La corrupción como problema legal y de compliance empresarial

En este estudio, a los solos efectos de limitar su alcance, la corrupción es una situación compleja con consecuencias legales que genera riesgos para la empresa, su estabilidad y reputación comercial. Todo incumplimiento de la ley o regulación conlleva consecuencias legales o administrativas y la corrupción no escapa de esta precisión. Ahora bien, entendida la corrupción como fenómeno complejo: ¿es conveniente para la empresa obtener permisos con pagos dudosos? ¿Es conveniente para la empresa ser indiciada por corrupción en su país y en el extranjero? Ciertamente, no es conveniente para la empresa contemporánea involucrarse con proveedores, contratistas o distribuidores manifiestamente corruptos en sus operaciones comerciales. No sólo compromete el negocio propio, sino que pone en duda la debida transparencia comercial de la empresa, dando la

[660] Véase, Risk & Compliance Portal (2016), *Venezuela Corruption Report*.

posibilidad de que las autoridades competentes investiguen para constatar irregularidades.

Una visión de *compliance* del fenómeno de la corrupción es identificar preventivamente aquellas situaciones de negocios que comprometen la operación comercial, ya sea por la ocurrencia de delitos, o por la posibilidad de ocurrir. La prevención no es exclusiva para evadir eventuales cargos penales, es para educar a la empresa qué clase de negocios queremos y cómo se puede lograr siendo respetuosos de la ley.

Como vemos, la corrupción no es solo un problema legal –pues la empresa puede ser acusada de la comisión o colaboración de un delito–, que puede también dar lugar a cuantiosas multas administrativas o la suspensión de licencias de comercio o de la relación comercial con el Estado, sino que se trata de un verdadero problema reputacional. ¿Quién quiere relacionarse comercialmente con una empresa que propicia actos contrarios a la ley y la ética empresarial? ¿Qué clase de trabajadores se prestan para tales fines? ¿Cómo es percibida la empresa luego de la ocurrencia de un hecho de corrupción por parte de los accionistas? La volatilidad de las empresas puede verse a prueba en un escándalo de corrupción empresarial.

Por ello, como regla general, la corrupción no puede ser tolerada por la empresa responsable, no solamente por sus efectos, sino porque no tiene sentido el ejercicio empresarial realizado con ventajas indebidas. Una empresa que apuesta a la corrupción como forma de impulsar sus actividades comerciales es simplemente un delincuente de cuello blanco con una gran chequera.

II. EL DERECHO INTERNACIONAL Y COMPARADO CONTRA LA CORRUPCIÓN Y EL SOBORNO

El marco del derecho internacional contra la corrupción es un complejo conjunto de legislación doméstica y tratados internacionales.[661] Hasta 1990, la corrupción doméstica y la legislación contra la corrupción estaba en gran medida circunscrita a los delitos cometidos dentro de los límites reguladores de los Estados.[662] En la actualidad existen múltiples tratados internacionales en la materia, entre los que destacan la Convención para Combatir el Cohecho de Servidores Públicos Extranjeros en Transacciones Comerciales Internacionales de 1997 por la Organización

[661] Zerk, *Extraterritorial Jurisdiction*..., ob. cit., p. 30.

[662] Id.

para la Cooperación y el Desarrollo Económico,[663] la UNCAC de 2003,[664] la CICC de 1996,[665] el *Criminal Law Convention on Corruption* de 1999 del Consejo de Europa,[666] el Convenio de la Unión Europea relativo a la lucha contra los actos de corrupción en los que estén implicados funcionarios de la Unión Europea o funcionarios de los países miembros de 2005,[667] entre otros.

El resultado de esta compleja regulación internacional es la coexistencia de varios instrumentos normativos internacionales con distintos grados de regulación de la corrupción doméstica y en el extranjero, con diferentes definiciones sobre qué constituye delito y sus consecuencias, en múltiples regímenes normativos internacionales y domésticos.[668] En términos prácticos, la corrupción, si bien se encuentra regulada internacionalmente, tiende a ventilarse como un problema doméstico en los Estados donde se comete el hecho punible. En el marco del derecho venezolano, Venezuela es parte de la UNCAC,[669] la UNCDOT[670] y la CICC,[671] más no es parte de la convención OEDC contra la corrupción ni de la Convención del Consejo de Europa.

Lo que afecta a las compañías en Venezuela, independientemente del derecho local, es la extraterritorialidad de disposiciones contra la corrupción del derecho extranjero aplicable a la casa matriz de la empresa en Venezuela y su relación con sus subsidiarias. La extraterritorialidad de las disposiciones contra la corrupción ha sido la verdadera fuerza que promueve la relevancia de la materia que nos ocupa.

En la actualidad existe la marcada tendencia de aplicar la ley nacional y sus efectos a hechos cometidos fuera de sus límites territoriales. Este tópico ha sido ampliamente discutido en el capítulo IV de este trabajo respecto a las consecuencias internacionales del ejercicio de la jurisdicción de los Estados en el comercio internacional, y a él nos remitimos. Una idea

---

663 En https://bit.ly/2ohCpx0.

664 En https://bit.ly/2YwgUsf.

665 En https://bit.ly/3dsxaaM.

666 En https://rm.coe.int/168007f3f5.

667 En https://bit.ly/3de7Fdg.

668 Zerk, *Extraterritorial Jurisdiction...*, ob. cit., p. 30.

669 Venezuela es parte del tratado desde el 10-12-2003 y ratificó completamente su contenido el 02-02-2009.

670 Venezuela ratificó la convención el 13-05-2002, así como todos sus protocolos en 2005.

671 Venezuela es parte del tratado desde el 29-03-1996 y ratificó su contenido el 22-05-1997.

clave en materia de regulación aplicable a la corrupción es que su afectación a la empresa es primordialmente doméstica al ser delitos establecidos en la legislación local.

Ciertamente, no queremos menospreciar la actual regulación internacional de la materia que nos ocupa, pero en efectos prácticos, la legislación local tiene verdaderos efectos ejecutorios frente a la empresa en sus operaciones diarias. El derecho internacional contra la corrupción provee lineamientos generales de punibilidad a los Estados. En cambio, el derecho penal doméstico es quién realmente define el alcance de los delitos de corrupción en todas sus variantes, y busca su *enforcement* de acuerdo con su sistema de administración de justicia.

Ahora bien, grandes potencias mundiales buscan imponer sus legislaciones sobre sus pares. En este epígrafe nos enfocaremos en la regulación norteamericana de la legislación contra la corrupción en el extranjero. No cabe duda de que el *enforcement* realizado por los Estados Unidos de la FCPA ha generado un cambio radical en la forma en cómo las trasnacionales conducen sus negocios en el extranjero, cuando su casa matriz es de nacionalidad norteamericana. Este modelo, como tendremos la oportunidad de analizar superficialmente, es replicado por varios países, como Reino Unido, Canadá, entre otros, siguiendo precisamente las tendencias regulatorias y prácticas impuestas por los Estados Unidos.

1. El caso de los Estados Unidos de América

El combate contra la corrupción ha tenido su mayor impulso desde la década de los noventa con la red de tratados y convenciones internacionales anticorrupción. Sin embargo, una excepción notable fue la promulgación de la FCPA en 1977,[672] mucho antes de la discusión formal del fenómeno de la corrupción y sus consecuencias legales, éticas y financieras que conocemos hoy en día. Como su nombre indica, esta legislación tenía como objetivo penalizar el soborno de funcionarios públicos extranjeros, incluido el soborno que se realizaba fuera de los Estados Unidos.

Históricamente, la FCPA se describe comúnmente como una consecuencia del escándalo de Watergate y la investigación que el Senado estadounidense instruyera a tal efecto. Si bien tal referencia es relevante para los orígenes de la FCPA, describir la FCPA como una consecuencia singular de Watergate pasa por alto el hecho histórico de que el Congreso

672 Zerk, *Extraterritorial Jurisdiction...*, ob. cit., p. 30.

estaba investigando activamente las acusaciones de soborno y corrupción en el extranjero por separado y aparte del escándalo de Watergate.[673]

Otra situación que contribuyó en el actual desarrollo de la práctica del FCPA es la globalización. Así como las economías planificadas alrededor del mundo pasaron a ser economías libres de mercado y se abrieron al comercio e inversión extranjera, existe un consenso global contra el uso ilegal de fondos privados para actividades de corrupción en economías emergentes. La FCPA fue modificada en 1998 precisamente para adecuarse a las múltiples obligaciones convencionales de los Estados Unidos de acuerdo con la Convención OECD.[674] Esto ha generado el resurgimiento de la FCPA como práctica de *criminal compliance* empresarial y donde la regulación norteamericana ha llevado la batuta de la extraterritorialidad.

En el contexto de una aplicación agresiva, multas y sanciones multimillonarias resultantes, está el hecho innegable de que, en la mayoría de los casos, no existe un escrutinio judicial de las teorías de aplicación de la FCPA. El resultado final es que la FCPA a menudo significa lo que las agencias federales dicen que significa, sin previo control judicial de su accionar. La llamativa práctica en materia del FCPA ha sido bien documentada, al igual que las agresivas posiciones de aplicación del DOJ y SEC, las dos agencias federales responsables de hacer cumplir el estatuto federal norteamericano.[675]

Como se describe habitualmente, la aplicación de la FCPA fue en gran parte (pero no del todo) inexistente desde 1977 hasta el año 2002.[676] Ciertamente, la FCPA fue enmendada en 1988 y 1998 y el resumen a continuación proporciona una descripción general del estatuto de la FCPA posterior a 1998 (es decir, el estatuto referidos a los libros contables, y cuando la FCPA resucitó de una casi extinción legal, generando la versión del estatuto aplicado actualmente).[677]

A. Las prohibiciones generales

La FCPA es parte de la *Securities Exchange Act* de 1934 y tiene dos disposiciones principales: las disposiciones contra el soborno propiamente y

---

673 Koehler, Mike, "The Facade of FCPA Enforcement", en: *Georgetown Journal of International Law*, 2010, p. 911.

674 Boghraty, *Organizational Compliance...*, ob. cit., pp. 136-137.

675 Koehler, *The Facade...*, ob. cit., p. 907.

676 Véase generalmente, Searcey, Dionne, *US. Cracks Doum on Corporate Bribes*, Wall Street Journal, 26-05-2009; Shearman & Sterling LLP, *FCPA Digest: Cases and Review Releases Relating to Bribes to Foreign Officials under the Foreign Corrupt Practices Act of 1977*, 2014.

677 Koehler, *The Facade...*, ob. cit., p. 907.

las disposiciones referentes a la regulación de libros contables y registros y control interno corporativo.[678] Dicho en otros términos, la FCPA prohíbe dar o prometer algo de valor a un funcionario de un gobierno extranjero, partidos políticos o funcionarios del partido a cambio de obtener o mantener negocios, o de obtener alguna ventaja comercial inadecuada (esto puede catalogarse como las "disposiciones contra el soborno" de la FCPA).[679] Igualmente, la FCPA prohíbe mantener libros y registros inexactos y mantener controles internos inadecuados (que son catalogadas como las "disposiciones contables" de la FCPA).[680] Aun cuando nos encontramos analizando un instrumento legal de derecho norteamericano, tiene especial relevancia en el comercio internacional por su *amplísimo* alcance.

En general, la FCPA prohíbe ofrecer a pagar, pagar, prometer pagar o autorizar el pago de dinero o cualquier cosa de valor a un extranjero oficial con el fin de influir en cualquier acto o decisión del funcionario extranjero en su capacidad oficial o para asegurar cualquier otra ventaja indebida con el fin de obtener o retener negocios.[681] La disposición antisoborno de la FCPA se aplica ampliamente a emisores de valores registrados ante la SEC, cualquier ciudadano americano, nacional, residente u organización empresarial cuyo lugar principal de negocios se encuentre en los Estados unidos o que se haya constituido en los Estados Unidos, funcionarios, directores, empleados y agentes que actúen en nombre del emisor o empresa norteamericana, donde sea que se encuentren.

El delito se consuma con la oferta corrupta: no es necesario realizar ningún pago, y de hecho, la ausencia de pago puede mantener abierta la posibilidad de prescripción. Por ello, no es requisito para el delito de soborno la obtención u otorgamiento de ningún beneficio propiamente dicho. Las acciones de aplicación de la FCPA se han centrado en pequeños pagos y obsequios solo cuando forman parte de un curso de conducta sistémico o de larga data que evidencia un plan para pagar corruptamente a funcionarios extranjeros para obtener o retener negocios.[682]

En lugar de dedicar recursos de cumplimiento para evitar sobornos a funcionarios del gobierno para obtener o retener negocios, el propósito

---

[678] Id., p. 913.

[679] 15 U.S.C. § 78dd-1(a).

[680] 15 U.S.C. § 78m (b)(2)(A).

[681] DOJ, *FCPA: A Resource Guide to the U.S. Foreign Corrupt Practices Act,* 2° ed., 2020, p. 9.

[682] Id., p. 14.

principal de la FCPA, las empresas se ven obligadas a gastar grandes cantidades de tiempo y dinero vigilando casi todas las interacciones, sin importar cuán insignificante sea, con funcionarios extranjeros, empleados de empresas estatales y prácticamente cualquier persona que de alguna manera pueda tener influencia con un gobierno extranjero.

Las empresas estadounidenses también se ven obstaculizadas significativamente en su capacidad de confiar en agentes locales, como los agentes de aduanas, cuyos servicios pueden ser esenciales (o incluso exigidos por la ley local) para navegar en entornos regulatorios desconocidos, pero cuyo comportamiento no puede ser completamente controlado. Estos representantes de terceros son una gran fuente de responsabilidad potencial porque la FCPA explícitamente hace que las empresas sean responsables tanto por la conducta que autorizan como por la conducta que son deliberadamente ciegas o deliberadamente ignorantes.[683]

Adicionalmente, las provisiones de la FCPA se aplican a la subsidiaria extranjera cuando la subsidiaria actúa como agente; a los socios de empresa en conjunto; y las personas que no sean emisores o inquietudes domésticas cuando la conducta que promueve la actividad ocurre en los Estados Unidos. Un riesgo para las compañías americanas es que pueden ser declaradas responsables por sobornos pagados por subsidiarias extranjeras o relaciones comerciales en las cuales se encuentren participando. Desde la perspectiva norteamericana, muchos proyectos en el extranjero son licitados por grupos trasnacionales donde los participantes de otros países pueden no ser sujetos a la misma prohibición de realizar pagos a funcionarios públicos extranjeros, debido, precisamente, a que la FCPA no es aplicable directamente a la compañía extranjera.[684]

Ahora bien, es importante advertir que la FCPA no prohíbe todos los pagos a funcionarios extranjeros, pues, en efecto, la compañía puede verse involucrada en pagos legítimos con funcionarios públicos y que no persiguen los fines castigados por la ley. Esto se ha denominado *routine governmental action*, y es aplicable en aquellos casos donde la empresa hace algo rutinariamente, como obtener permisos o licencias para calificar a una persona para hacer negocios en el extranjero, trámite de docu-

---

683 Ballenger, J. Scott / Greenburg, Douglas N. & Seltzer, Nathan H., "Reining in the Foreign Corrupt Practices Act: The Supreme Court Ignores a Perfect Opportunity", en *Criminal Law Bulletin*, 2010, Vol. 46, N° 4, 2010, pp. 625-637, especialmente p. 633.

684 Martin, Keith, "Foreign Corruption Practices Act" en *Corporate Legal Departments: Practicing Law in a Corporation*, apéndice A6, p. A6-8.

mentos, servicios gubernamentales básicos como protección policial, servicio de correo, telefónico, suministro de energía y agua, entre otras tareas de rutina que requieren interacción empresa y gobierno extranjero.[685]

En todo caso, es fundamental que el propósito del pago debe ser solicitar a un funcionario que haga lo que el funcionario ya tiene la obligación legal de hacer, y he allí la conducta penalmente reprochable. La FCPA prohíbe los pagos indirectos corruptos e impone responsabilidad si la empresa americana autoriza el pago o si tenía conocimiento que el pago ilícito sería realizado por un tercero, incluido su agente local, consultor, filial, abogado, entre otros. Por ello, "conocimiento" significa ser consciente o ignorar conscientemente una alta probabilidad de que se realice un pago u oferta corrupta.

Kay v. United States[686] representó una ampliación judicial de los términos del FCPA a través del *Business Purpose Test.* En *Kay*, los ex ejecutivos de American Rice, Inc. Douglas Murphy y David Kay, fueron acusados de violar la FCPA por una conducta que surgió de las operaciones de American Rice en Haití durante la década de 1990, un período de corrupción desenfrenada e ilegalidad en ese país. En 1998 y 1999, Kay y Murphy autorizaron pagos a los funcionarios de aduanas haitianos para reducir los aranceles aduaneros y los impuestos a las ventas de la compañía para los envíos de arroz a Haití, y para poder llevar los barcos al puerto sin problemas. El tribunal de distrito inicialmente determinó que el soborno destinado a reducir los aranceles aduaneros no es un pago realizado "para ayudar (...) en obtener o retener negocios," y desestimó la acusación.[687]

Sin tener en cuenta la tradicional "regla de lenidad," según la cual se supone que todas las ambigüedades en los estatutos penales se resuelven a favor del acusado, la corte se basó en dudosos antecedentes legislativos para concluir que la FCPA alcanza pagos dirigidos a reducir las obligaciones tributarias si los demandados pretendían que el ahorro fiscal mejorará la posición competitiva de la empresa y, por lo tanto, mejorará el negocio en general. La decisión del quinto circuito en *Kay* fue el primer caso que extendió el alcance de la FCPA para cubrir este tipo de pagos regulatorios a funcionarios extranjeros que no estaban directamente relacionados con la obtención o retención de negocios con ninguna persona[688]. Por ello, de acuerdo con *Kay*, el pago para obtener un tratamiento fiscal favorable

685 Podgor, Henning, Israel & King, *White Collar...*, ob. cit., p. 264.

686 *Kay v. United States*, 129 S. Ct. 42, 172 L. Ed. 2d 21 (2008).

687 Ballenger, *Reining in...*, ob. cit., p. 627.

688 Id.

puede, en determinadas circunstancias, violar las disposiciones de la FCPA.[689]

El *Business Purpose Test* establece entonces ampliamente:

> ...que se castiga el soborno pagado para generar asistencia para mejorar las oportunidades comerciales del pagador o su beneficiario, independientemente de si esa asistencia es directa o indirecta, e independientemente de si está relacionada con la administración de la ley, contratando, extendiendo o renovando de un contrato, o preservando un acuerdo comercial.[690]

Algunos ejemplos de acciones tomadas para obtener o retener negocios de acuerdo con el *Business Purpose Test* pueden ser: *(i)* ganar un contrato; *(ii)* influir en el proceso de adquisiciones; *(iii)* eludir las reglas para la importación de productos; *(iv)* obtener acceso e información a licitaciones privadas; *(v)* evadir impuestos o multas; *(vi)* influir en la decisión de juicios o acciones de ejecución; *(vii)* obtener excepciones a la normativa legal vigente; *(viii)* evitar la rescisión del contrato públicos.[691]

Un área en la que el gobierno se ha centrado intensamente desde *Kay*, y que puede ser el área más prometedora para probar la interpretación del estatuto por parte del gobierno, involucra pagos para reducir o evitar las cargas regulatorias. Las empresas estadounidenses enfrentan cargas regulatorias y operativas sustanciales en el extranjero constantemente. Así:

> La capacidad de una empresa para operar en un país anfitrión y el éxito de esas operaciones, a menudo se basa en decisiones discrecionales del gobierno, incluidas inversiones extranjeras o aprobaciones comerciales; la obtención de concesiones (como en el sector de minero y petrolero), franquicias, permisos o licencias (como en el sector de telecomunicaciones en muchos países o en otros sectores "sensibles"), decisiones fiscales o aduaneras, y otras acciones o beneficios regulatorios.[692]

Como condición para las transacciones comerciales o de inversión, el gobierno puede exigir que el inversionista extranjero se asocie con una empresa local, subcontrate cierto trabajo a empresas locales, cumpla con estándares de empleo locales específicos, construya infraestructura o satisfaga otras condiciones de desempeño.[693] Por ello, se ha señalado que la FCPA prohíbe expresamente ofrecer, pagar o prometer pagar cualquier

---

689 Boghraty, *Organizational Compliance...*, ob. cit., p. 267.

690 *Kay v. United States...*, Id.

691 *FCPA: A Resource Guide...*, ob. cit., p. 12.

692 Id., p. 631.

693 Lucinda A. Low et al., "Enforcement of the FCPA in the United States: Trends and the Effects of International Standards", en *The Foreign Corrupt Practices Act: Coping with Heightened Enforcement Risks*, p. 72.

cosa de valor o *anything of value*.[694] Dentro de esta categoría entran situaciones grises que requieren un análisis fáctico *case-by-case*, como lo son: *(i)* las donaciones caritativas y *(ii)* los regalos corporativos, viajes y entretenimiento, que aunque no expresamente prohibidos pueden, de acuerdo con las circunstancias, violar la FCPA.

Las provisiones contables de la FCPA también son un motivo de preocupación importante. Si la SEC cree que será difícil probar una violación contra el soborno, puede presentar un caso basado en libros y registros inexactos. Por ejemplo, cuando los pagos a funcionarios gubernamentales se registran como "entretenimiento," "tarifas promocionales," "publicidad," "consultoría," "comisiones" o "gastos diversos" para ocultar la naturaleza de dichos pagos. A menudo se demuestra probando que (i) no hubo contratos o documentación válidos para los servicios descritos o (ii que se pagaron comisiones cuando no se proporcionaron servicios.

Las provisiones contables de la FCPA aplican igualmente a los *issuers* o emisores de acciones, o como lo define el propio estatuto como cualquier empresa extranjera o doméstica cuyos valores se encuentren negociados en el sistema de mercado de valores estadounidense o en los mercados extrabursátiles o *over-the-counter market* y que consignan periódicamente reportes ante la SEC.[695]

Un ejemplo de *enforcement* en esta área es el caso de *BellSouth Corp*[696] que, como empresa constituida en Estados Unidos, se encontraba plenamente sujeta a la aplicación de la FCPA. Entre septiembre de 1997 y agosto de 2000, la ex alta gerencia de la subsidiaria venezolana de BellSouth, Telcel, C.A., autorizó pagos por un total de aproximadamente $10,8 millones a seis empresas offshore y registró indebidamente los desembolsos en los libros y registros de Telcel, con base en facturas ficticias, como servicios de buena fe. Los controles internos de Telcel no lograron detectar los pagos sin fundamento durante un período de al menos dos años. Como consecuencia adicional de esta deficiencia de control, BellSouth no pudo reconstruir las circunstancias o el propósito de los pagos de Telcel, o determinar la identidad de sus destinatarios finales.[697]

Aunque la §13 (b) del *Securities Exchange Act* solo aplica a los *issuers* y sus subsidiarias, el DOJ y SEC han interpretado ampliamente el estatuto

694 15 U.S.C § 77dd-1.

695 Boghraty, *Organizational Compliance...*, ob. cit., p. 206.

696 *SEC v. BellSouth Corporation,* Civil Action No. 1:02-CV-0113 (N. D. Ga.).

697 SEC, "Sec Settles Case Against Bellsouth Corporation", *Press Release*, 15-01-2002, en https://bit.ly/3zJ7HBq.

para incluir el concepto *affiliates* o afiliadas.[698] Así, los libros y registros de un emisor incluyen los de sus subsidiarias y afiliadas consolidadas. De esta forma, la responsabilidad de un emisor se extiende a asegurar que las subsidiarias o afiliadas bajo su control, incluidas las subsidiarias extranjeras y las empresas conjuntas, cumplan con las disposiciones contables.[699] Por ejemplo, el DOJ y la SEC entablaron acciones de ejecución contra una empresa de California por violar las disposiciones contables de la FCPA cuando dos empresas conjuntas chinas en las que era socio pagaron más de 400.000 dólares en sobornos durante un período de cuatro años para obtener negocios en China.[700]

Empresas multinacionales usualmente mantienen fuertes lazos comerciales con sus colaboradores alrededor del mundo –*joint venture partners*, distribuidores, licenciatarios, franquiciados, entre muchos otros– de quienes dependen para realizar negocios. A diferencia de los propietarios de acciones que cotizan en la bolsa de valores, esa relación comercial no es susceptible de medición, haciendo difícil para los emisores en su determinación si un colaborador extranjero pueda o no calificar como una afiliada de acuerdo con la definición sostenida por la SEC.[701]

Finalmente, una peculiaridad de la regulación y criterios actuales sobre la FCPA es la teoría del *successor liabiliy*. Un comprador de una empresa norteamericana a través de una fusión societaria o adquisición de acciones será tratado como el sucesor del transferente,[702] y será señalado como responsable por todas las deudas de éste, sin importar su conocimiento ante potenciales violaciones ocurridas anteriores a la realización de la transacción.

Tanto en el derecho norteamericano como el derecho venezolano, las empresas adquieren una serie de responsabilidades cuando se fusionan o adquieren otra empresa, incluidas las que surgen de contratos, demandas judiciales, regulaciones y estatutos. Como asunto legal general, cuando una empresa se fusiona con otra empresa o la adquiere, la empresa sucesora asume las responsabilidades de la empresa predecesora. La responsabilidad del sucesor es un componente integral del derecho corporativo y, entre otras cosas, evita que las empresas eludan la responsabilidad mediante la reorganización. El DOJ y la SEC alientan a las empresas a realizar

---

698 Boghraty, *Organizational Compliance*..., ob. cit., p. 211.

699 *FCPA: A Resource Guide*..., ob. cit., p. 43.

700 *SEC v. RAE Sys. Inc.*, No. 10-cv-2093, 2010, en https://bit.ly/3BXnZtp.

701 Boghraty, *Organizational Compliance*..., ob. cit., p. 211.

702 Id., p. 346.

la debida diligencia previa a la adquisición y a mejorar los programas de cumplimiento y los controles internos después de la adquisición por una variedad de razones, entre ellas, el riesgo de corrupción.[703]

B. La extraterritorialidad como un aspecto a considerar

Como hemos adelantado, la FCPA tiene alcance extraterritorial de sus disposiciones a los emisores extranjeros que negocien acciones en el mercado de valores, ya sea personas naturales o jurídicas, incluyendo a subsidiarias y afiliadas bajo el control de empresas norteamericanas. El alcance jurisdiccional de la FCPA se ha expandido significativamente con el tiempo. Algunos de esos cambios se produjeron mediante enmiendas estatutarias en respuesta a brechas problemáticas en la ley, mientras otros han surgido en la práctica del DOJ y la SEC y la presentación de cargos que han sido resueltos con la inclusión de bases jurisdiccionales ampliadas.[704]

Ahora bien, teóricamente, los emisores extranjeros y los agentes de empresas norteamericanas solo pueden ser "halados" por la jurisdicción norteamericana en el uso de instrumentos de comercio interestatal como forma de conexión jurisdiccional. Así, por ejemplo, antes de que un emisor extranjero pueda ser enjuiciado por una conducta ocurrida fuera de los Estados Unidos, la fiscalía debe probar el nexo entre la conducta del emisor extranjero y el comercio en Estados Unidos.[705]

En este orden de ideas, si se establece una relación de agencia, la jurisdicción sobre la parte estadounidense puede extenderse para que la jurisdicción sobre la parte extranjera también sea apropiada. De acuerdo con la FCPA, Estados Unidos tiene jurisdicción sobre los actores extranjeros que operan como agentes autorizados de una empresa estadounidense, incluidas las subsidiarias extranjeras de las matrices estadounidenses.[706]

Las bases más invocadas para la jurisdicción extraterritorial en este campo son *(i)* el principio de territorialidad subjetiva (por ejemplo, cuando un curso de conducta ha tenido lugar en parte en el Estado A y en parte en el Estado B) y *(ii)* el principio de nacionalidad (es decir, cuando

---

703 *FCPA: A Resource Guide...*, ob. cit., p. 29.

704 Wilson, Natasha, "Pushing the Limits of Jurisdiction Over Foreign Actors Under the Foreign Corrupt Practices Act", en: *Washington University Law Review*, Vol. 91, N°. 4, p. 1063, en https://bit.ly/3pb5XMH.

705 Boghraty, *Organizational Compliance...*, ob. cit., p. 357.

706 Wilson, *Pushing the...*, ob. cit., p. 1081.

la persona o empresa que comete el delito extraterritorial es nacional del Estado A).[707]

Las autoridades estadounidenses tienen una visión amplia de la territorialidad subjetiva y de los tipos de conexiones territoriales necesarias para enjuiciar a ciudadanos no estadounidenses en virtud de la FCPA. No obstante, esta precisión legal se ha desdibujado en la práctica. La proliferación de DPA y NPA ha excluido significativamente el rol del poder judicial en las acusaciones fiscales corporativas, y como resultado, la pregunta sobre la extraterritorialidad de la FCPA ha sido principalmente establecida por la DOJ y la SEC.[708]

2. El caso de Reino Unido

Al igual que Estados Unidos, el Reino Unido está intensificando la aplicación de la ley anticorrupción de acuerdo con la UKBA como estatuto principal en materia anticorrupción. La UKBA es un estatuto de reciente data, apenas promulgado en el 2010, y con un enfoque actualizado de las disipaciones en materia contra la corrupción en general. Su promulgación no es casual.

El Reino Unido sigue siendo el principal centro de servicios financieros del mundo y representa el 17% del valor global total de los préstamos bancarios internacionales y el 41% del comercio mundial de divisas. El atractivo de su sector financiero, combinado con vínculos estrechos con centros extraterritoriales, expone al Reino Unido a riesgos significativos de corrupción y legitimación de capitales relacionado con sobornos extranjeros, como lo reconocen tanto el gobierno como las agencias gubernamentales británicas.[709]

En este sentido, por una parte, la UKBA recoge los avances del derecho anticorrupción desde la perspectiva internacional y, adicionalmente, establece regímenes penales altamente sofisticados y técnicos para las empresas transnacionales de origen británico. Las empresas deberían analizar ciertas áreas para asegurar el cumplimiento de UKBA, incluyendo *(i)* gastos promocionales, *(ii)* facilitación de pagos y *(iii)* procedimientos adecuados y programas de cumplimiento robustos en materia anticorrupción.

---

707 Zerk, *Extraterritorial Jurisdiction...*, ob. cit., p. 37.

708 Id.

709 OECD, *Implementing The Oecd Anti-Bribery Convention Phase 4 Report: United Kingdom*, 2018, p. 9.

La UKBA otorga a los tribunales del Reino Unido jurisdicción sobre el soborno cometido en el extranjero cuando la persona que comete el delito es un ciudadano británico, residente habitual en el Reino Unido, un organismo constituido en el Reino Unido o una sociedad escocesa. El alcance extraterritorial de la ley se expresa además en la sección que regula a las empresas que llevan a cabo negocios en el Reino Unido y permite que se les impongan multas ilimitadas si no existen procedimientos adecuados para prevenir los delitos de soborno.[710]

Adicionalmente, la UKBA ha creado el delito de "incumplimiento de una organización comercial para prevenir el soborno" como parte de una revisión de las leyes anticorrupción del Reino Unido. Según la sección 7 de la UKBA, una empresa puede ser culpable de un delito de corrupción si un empleado o un tercero intermediario (incluida una filial extranjera) paga un soborno con la intención de obtener un trato comercial o ventajoso para esa empresa.[711]

Adicionalmente, la UKBA establece dentro de sus disposiciones el delito de "supervisión negligente," un término que se utiliza cada vez más en el contexto de delitos corporativos, con la idea de que, si bien una empresa matriz puede no ser directamente responsable del incumplimiento de una obligación legal, debería ser considerada responsable sobre la base de que no había tomado las medidas necesarias para evitar que un tercero (sobre el cual la empresa matriz ejercía algún control) cometiera delitos.[712]

Si bien la FCPA ofrece de manera controversial una exención con respecto a los "pagos de facilitación," esta exención no existe en virtud de la UKBA, aunque los lineamientos generales emitidos por el Secretario de Estado sobre la UKBA otorga a los fiscales de la corona un poder discrecional a la hora de considerar la posibilidad de enjuiciar en virtud de esta posibilidad procesal.[713] La UKBA proporciona un modelo legislativo importante para tratar con un amplio rango de actividades de soborno cor-

---

710 Belch, Gordon, *An Analysis of the Efficacy of the Bribery Act 2010,* 2014, p. 5.

711 UKBA, §7. "Failure of commercial organisations to prevent bribery (1) A relevant commercial organisation ("C") is guilty of an offence under this section if a person ("A") associated with C bribes another person intending— (a) to obtain or retain business for C, or (b) to obtain or retain an advantage in the conduct of business for C. (2) But it is a defence for C to prove that C had in place adequate procedures designed to prevent persons associated with C from undertaking such conduct. [...]."

712 Zerk, *Extraterritorial Jurisdiction...*, ob. cit., p. 52.

713 United Kingdom Ministry of Justice, *The Bribery Act 2010 – Guidance*, 2011.

porativo y, al hacerlo, se ha basado en la literatura sobre gobierno corporativo para crear nuevas herramientas y tratar de manera más flexible este tipo de conducta corporativa reprochable.[714]

La reciente multa civil impuesta por la *Financial Services Authority* del Reino Unido contra *Aon Ltd.* es un ejemplo de caso en el que una empresa matriz ha sido considerada responsable, no por la comisión delitos de soborno propios, sino por permitir que surgiera una situación en la que fuera posible el soborno de funcionarios extranjeros y no tomar las medidas correctivas suficientes. Específicamente, *Aon Ltd.* fue acusada por no emplear la debida diligencia necesaria en sus procedimientos de pago a proveedores y de no aplicar adecuadamente un sistema de seguimiento continuo de las relaciones con "terceros en el extranjero."[715]

Otro ejemplo ilustrativo es el caso de *Sweett Group*. La investigación de la *Serious Fraud Office* descubrió que, de 2012 a 2014, *Sweet Group* pagó sobornos por valor de 500.000 de libras esterlinas a un funcionario de los Emiratos Árabes Unidos para obtener un contrato valorado en 1.500.000 de libras esterlinas para gestionar el proyecto de construcción de un hotel en Dubái. La compañía fue acusada bajo la sección 7 de la UKBA y se declaró culpable. El tribunal impuso sanciones económicas por valor de 22.250.000 GBP. El aspecto de soborno extranjero del caso fue detectado a través de un informe regulatorio de la empresa.[716]

III. LA LEGISLACIÓN CONTRA LA CORRUPCIÓN EN VENEZUELA

En Venezuela, la corrupción es un delito y acarrea, por consecuencia, responsabilidad penal, incluso empresarial. Ahora bien, el derecho venezolano tipifica el hecho delictual de la corrupción de diversas formas que estudiaremos brevemente en este epígrafe. Aunque el derecho contra la corrupción no es nuevo en Venezuela, es certero afirmar que su tipificación es compleja y diversa entre distintos instrumentos normativos que se remonta a la aún vigente Ley Orgánica de Salvaguarda del Patrimonio Público,[717] aunque derogada parcialmente por múltiples leyes posteriores.

---

714 Tomasic, Roman, "Global Corporations, Bribery and Corrupt Practices - Anti-Bribery Laws and the Limits of State Action", en: *Law and Financial Markets Review*, 2018, p. 11.

715 Financial Conduct Authority, "FSA fines Aon Limited £5.25m for failings in its anti-bribery and corruption systems and controls". *Press Release*, 08-01-2009.

716 Véase, United Kingdom, SFO, "Sweett Group PLC sentenced and ordered to pay £2.25 million after Bribery Act conviction", *Press Release*, 19-02-2016.

717 G.O. N° 3.077 del 23-12-1982.

En particular, nos enfocaremos en lo dispuesto en la LCC, la LOCFT, la LOPJ y otras disposiciones en específico que generan una regulación sofisticada en la materia desde la perspectiva pública y privada.

Venezuela presenta particularidades importantes frente a otras regulaciones en materia anticorrupción. Por una parte, tiene una regulación que busca recoger los estándares internacionales en la materia y establecer un sistema de normas de derecho público altamente punitivas tanto penal como administrativamente. Por otra parte, existe un tratamiento severo a la figura del funcionario público, razón por la cual, la regulación se enfoca principalmente en la penalización de los actos contra el Estado propiamente dicho. Así, por ejemplo, no prescribe la acción penal de los delitos contra el patrimonio público, ni los relacionados con el tráfico ilícito de estupefacientes y sustancias psicotrópicas (arts. 30 LOCDOFT y 105 LCC).

Adicionalmente, también resulta importante destacar el sistema de control fiscal existente en Venezuela para el correcto manejo de los fondos públicos. Un ejemplo de ello es que en materia de contrataciones públicas, el manejo directo e indirecto de dinero proveniente del Estado (en el caso empresarial por la vía contractual con la Administración Pública u entes del Estado) se encontrará sometido al control y fiscalización de la Contraloría General de la República porque se encuentran involucrados fondos públicos. Esto deriva del ámbito de aplicación de la Ley Orgánica de la Contraloría General de la República y el Sistema Nacional de Control Fiscal[718] ("Ley de Contraloría") y por disposiciones en específico que someten a su aplicación a quienes en cualquier forma contraten, negocien o celebren operaciones con cualesquiera de los organismos o entidades conformantes del Estado venezolano.[719]

---

718 Publicada en G.O. N° 37.347 del 17-12-2001. "Artículo 2. La Contraloría General de la República, en los términos de la Constitución de la República y de esta Ley, es un órgano del Poder Ciudadano, al que corresponde el control, la vigilancia y la fiscalización de los ingresos, gastos y bienes públicos, así como de las operaciones relativas a los mismos, cuyas actuaciones se orientarán a la realización de auditorías, inspecciones y cualquier tipo de revisiones fiscales en los organismos y entidades sujetos a su control. // La Contraloría, en el ejercicio de sus funciones, verificará la legalidad, exactitud y sinceridad, así como la eficacia, economía, eficiencia, calidad e impacto de las operaciones y de los resultados de la gestión de los organismos y entidades sujetos a su control. // Corresponde a la Contraloría ejercer sobre los contribuyentes y responsables, previstos en el Código Orgánico Tributario, así como sobre los demás particulares, las potestades que específicamente le atribuye esta Ley."

719 Id. Artículo 9, numeral 12: "Están sujetos a las disposiciones de la presente Ley y al control, vigilancia y fiscalización de la Contraloría General de la República: [...] 12. Las personas

Los funcionarios públicos venezolanos y sus relaciones con privados se encuentran altamente regulados por normas de derecho público, precisamente para garantizar el ejercicio de las funciones que les confiere la ley.[720] En este sentido, la empresa puede ser objeto de investigaciones por parte de la Contraloría General de encontrarse incursa en el manejo de fondos públicos. En todo caso, estudiaremos en este epígrafe la corrupción desde la perspectiva empresarial y las disposiciones clave en la materia como asunto de derecho penal y la eventual responsabilidad derivada por las comisiones de estos delitos.

1. La Ley contra la Corrupción

La LCC, como marco general, establece las normas que rigen las conductas que deben asumir las personas a los fines de salvaguardar el patrimonio público, garantizar el manejo adecuado y transparente de los bienes y recursos públicos; así como, la tipificación de los delitos contra el patrimonio público y las sanciones que deberán aplicarse a quienes infrinjan estas disposiciones (artículo 1). De este objeto amplio, se puede concluir que *(i)* el objetivo de la legislación venezolana es procurar el adecuado manejo de los recursos públicos, como un asunto de patrimonio

naturales o jurídicas que sean contribuyentes o responsables, de conformidad con lo previsto en el Código Orgánico Tributario, o que en cualquier forma contraten, negocien o celebren operaciones con cualesquiera de los organismos o entidades mencionadas en los numerales anteriores o que reciban aportes, subsidios, otras transferencias o incentivos fiscales, o que en cualquier forma intervengan en la administración, manejo o custodia de recursos públicos."

720 Véase en este sentido, Orlando, Freddy, *La Potestad Inquisitiva de los órganos de control fiscal y la determinación administrativa de los funcionarios públicos*, 3° ed., Caracas, UCAB, 2011. Señala ORLANDO, "el criterio del legislador fue el de establecer un universo lo más extenso posible [...] por ello, se puede afirmar que no existe un ente público o funcionario que esté excluido de alguna de las diversas modalidades de control que puede llevar a cabo la Contraloría General de la República [...] En cuanto a las personas, jurídicas o naturales, las posibilidades de excepción son casi ninguna, pues bastaría con ser contribuyente de algún tributo para quedar comprendido dentro de los eventuales destinatarios de una acto de control de dicho organismo" (p. 42). Ciertamente, poco se ha escrito sobre la aplicabilidad de los mandatos de la Ley de Contraloría a las empresas y sus relaciones con el Estado venezolano. Cabe preguntarse en este contexto: ¿Puede una empresa estar sujeta al procedimiento administrativo instruido por la Contraloría General de la República por irregularidades administrativas? Esta es, en nuestra opinión, una pregunta polémica dado el estado actual de la regulación y los potenciales argumentos a favor y en contra a su respuesta. No obstante a lo anterior, existen fuerte argumentos para sostener que todo manejo de fondos públicos puede estar sujeto potencialmente a la aplicación de la Ley de Contraloría, con lo cual empresas privadas que han tenido acceso y manejo de fondos públicos en su interacción con entes del Estado pueden ser investigadas y sancionadas por uso inadecuado de fondos otorgados por el Estado. Esto puede resultar un riesgo especialmente importante en materia de contrataciones públicas con el Estado venezolano regidas por la Ley de Contrataciones Públicas y sus regulaciones complementarias.

público[721] y *(ii)* la corrupción es un delito contra el patrimonio público, es decir, contra el Estado. Esto presenta, si se quiere, un problema teleológico: la ley castiga al funcionario corrupto por afectar directa o indirectamente al patrimonio público que debe proteger, más que expresamente por la falta de ética en su actuación. Ciertamente, la ley define los conceptos de moral administrativa[722] y ética pública,[723] pero limitándose al necesario apego que debe existir entre el funcionario y la ley que ejecuta.

En esta visión simplista del fenómeno de la corrupción, realmente la ley no define sus implicaciones, sino que, más bien, se limita a tipificar todo aquello que atenta al patrimonio público *ampliamente* considerado. Por ello, puede afirmarse que la LCC tiene una visión desde la perspectiva estadal de la corrupción y sus consecuencias, y que, colateralmente, cas-

---

721 Artículo 4 de la LCC. "Se considera patrimonio público, todos los bienes, derechos, recursos e instrumentos jurídicos y económicos que, por cualquier título, corresponden a: 1. Los órganos y entidades a los que incumbe el ejercicio del Poder Público Nacional. 2. Los órganos y entes a los que incumbe el ejercicio del Poder Público estadal. 3. Los órganos y entes a los que incumbe el ejercicio del Poder Público en los distritos y distritos metropolitanos. 4. Los órganos a los que incumbe el ejercicio del Poder Público Municipal y en los demás entes locales previstos en la Ley Orgánica del Poder Popular. 5. Los órganos y entes a los que incumbe el ejercicio del Poder Público en los territorios y dependencias federales. 6. Los institutos autónomos nacionales, estadales, distritales y municipales. 7. El Banco Central de Venezuela. 8. Las universidades públicas. 9. Las demás personas de Derecho Público: nacionales, estadales, distritales y municipales. 10. Las sociedades de cualquier naturaleza en las cuales las personas a que se refieren los numerales anteriores tengan participación en su capital social, así como las que se constituyen con la participación de aquellas. 11. Las fundaciones y asociaciones civiles, instituciones y otras formas asociativas, de derecho público o privado, incluidas las instancias y organizaciones de base del Poder Popular, que estén constituidas con fondos públicos o que sean dirigidas por las personas a que se refieren los numerales anteriores, o en las cuales tales personas designen sus autoridades, o cuando los aportes presupuestarios o contribuciones efectuadas en un ejercicio presupuestario por una o varias de las personas a que se refieren los numerales anteriores represente el cincuenta por ciento (50%) o más de su presupuesto. // Igualmente, se considera patrimonio público, los recursos entregados a particulares, por los entes del sector público mencionados en el artículo anterior, mediante transferencias, aportes, subsidios, contribuciones, o alguna otra modalidad similar para el cumplimiento de finalidades de interés o utilidad pública, hasta que se demuestre el logro de dichas finalidades. Los particulares que administren tales recursos estarán sometidos a las sanciones y demás acciones y medidas previstas en esta Ley y en la Ley Orgánica de la Contraloría General de la República y del Sistema Nacional de Control Fiscal."

722 Artículo 5 de la LCC. "Moral administrativa: A la obligación de quienes estén investidos de funciones públicas, de mantener en el desempeño de sus funciones, preeminencia del interés público sobre el interés personal o de grupos dirigidos a la satisfacción de las necesidades colectivas."

723 Artículo 4 de la LCC. "Ética pública: Al apego a los principios constitucionales y legales que rigen la Administración Pública de las personas señaladas en el artículo 3 de esta Ley."

tiga al sujeto privado que propicia el acto corrupto. ¿Es acaso el bien jurídico protegido en los tipos penales sobre la corrupción la protección del patrimonio público? De acuerdo con la legislación venezolana actual, puede argumentarse que el espíritu de la ley es precisamente la protección del Estado frente a la corrupción y no la prevención de sus consecuencias o disuasión a los potenciales actores corruptos.

En la concepción tradicional, el legislador protege el normal funcionamiento y el prestigio de la administración pública, en sentido amplio, por la necesidad de resguardar el ejercicio de las funciones públicas de los peligros y tentaciones consiguientes a las dádivas o regalos de los particulares a los funcionarios públicos por cumplir actos que le competen y que sean de carácter gratuito o por retardar esos actos y realizar otros que sean contrarios al deber que el cargo que ostentan les impone.[724] La LCC bajo el título de la corrupción recoge una pluralidad de tipos delictivos de difícil reducción a una naturaleza común desde la dogmática penal.[725]

Conforme a nuestro derecho, la corrupción puede ser activa o pasiva según se contemple la conducta del funcionario público que recibe la retribución indebida o la del particular que paga la banalidad de aquél; y tanto la una como la otra comprenden dos especies: la *impropia*, cuando el acto que es objeto de la negociación inmoral corresponde legalmente a las atribuciones del funcionario; y la *propia*, cuando dicho funcionario actúa contra las normas que regulan sus funciones.[726]

La LCC dedica gran cantidad de su articulado a la tipificación de delitos donde el funcionario público es el sujeto activo del delito. Así, el peculado en todas sus variantes, el delito de malversación, evasión de controles, concusión, uso indebido de la información, abuso de funciones, lucro indebido, entre otros delitos, requieren la participación necesaria de un funcionario público, en los términos definidos en la ley,[727] como requisito *sine qua non* de aplicación del tipo penal en específico. ¿Qué ocurre

---

724 Grisanti Franceschi, Andrés, *Manual de Derecho Penal: Parte Especial,* Caracas, Vadell Hermanos Editores, 2012, p. 834.

725 Muñoz Conde, *Manual de...*, ob. cit., p. 1003.

726 Id., p. 828.

727 Artículo 3 de la LCC. "Sin perjuicio de lo que disponga la Ley que establezca el Estatuto de la Función Pública u otras leyes, a los efectos de esta Ley se consideran funcionarias y funcionarios o empleadas públicas y empleados públicos a: 1. Las personas que estén investidas de funciones públicas, permanentes o transitorias, remuneradas o gratuitas, originadas por elección, por nombramiento o contrato otorgado por la autoridad competente, al servicio de la República, de los estados, de los territorios y dependencias federales, de los dis-

entonces con el castigo privado de la corrupción? ¿Puede la empresa cometer un acto de corrupción de acuerdo con la LCC?

El contenido de los tipos penales sobre la corrupción establecidos en la LCC son aplicables para personas naturales y jurídicas sin distinción por la misma ley.[728] Aunque no expresamente señalado en la LCC, las empresas tienen responsabilidad penal de acuerdo con el derecho venezolano, y si la comisión de un delito es determinada por un tribunal penal, la persona jurídica puede estar sujeta a sanciones penales de confiscación, multas, entre otras, de acuerdo con las circunstancia del caso de que se trate.

Sobre este punto, recomendamos regresar a las precisiones sobre la responsabilidad penal empresarial ampliamente discutido en el capítulo segundo para un mejor entendimiento. A los efectos de este trabajo, sabemos que los funcionarios públicos son responsables penalmente por sus actos de corrupción. Ahora bien, las empresas pueden ser el sujeto activo del delito de corrupción en supuestos expresamente establecidos en la LCC.

A modo de esquematizar la importancia de esta afirmación, de acuerdo con la LCC, los delitos clave que pueden ser objeto de investigación contra la empresa son; *(i)* la corrupción impropia; *(ii)* la corrupción propia; *(iii)* inducción sin éxito a la corrupción, *(iv)* concierto con interesados o intermediarios y *(v)* el soborno. Por lo anterior, y de forma genérica, nos referimos a estos delitos como "delitos de corrupción" ya que todos, en común, tipifican como antijurídico el soborno, influencia o promesa a un funcionario público para el provecho propio.

En otras palabras, la corrupción implica una multiplicidad de delitos relacionados. No pretendemos estudiar dogmáticamente cada tipo penal

tritos, de los distritos metropolitanos o de los municipios, de los institutos autónomos nacionales, estadales, distritales y municipales, de las universidades públicas, del Banco Central de Venezuela o de cualesquiera de los órganos o entes que ejercen el Poder Público. 2. Las directoras, directores, administradoras y administradores de las sociedades civiles y mercantiles, fundaciones, asociaciones civiles y demás instituciones constituidas con recursos públicos o dirigidas por algunas de las personas a que se refiere el artículo 4 de esta Ley, o cuando la totalidad de los aportes presupuestarios o contribuciones en un ejercicio proveniente de una o varias de estas personas represente el cincuenta por ciento (50%) o más de su presupuesto o patrimonio; y las o los directores nombrados en representación de dichos órganos y entes, aun cuando la participación fuere inferior al cincuenta por ciento (50%) del capital o patrimonio. 3. Cualquier otra persona en los casos previstos en esta Ley [...]."

728 Esta precisión debe apreciarse de acuerdo con lo establecido en la LOCDOFT como delito de obstrucción a la administración de justicia que comentaremos en un epígrafe aparte.

en concreto, si no entender que *(i)* la corrupción en todas sus formas es un delito de acuerdo con la LCC, y *(ii)* independientemente de las particularidades de hecho de cada tipo penal y sus requisitos establecidos en la ley, el fenómeno de la corrupción empresarial afecta desde el primer momento en que se plantea la idea de cometer un potencial acto corrupto.

A continuación enlistamos los tipos considerados de interés empresarial:

> [Corrupción impropia] Artículo 68. La funcionaria pública o funcionario público que por algún acto de sus funciones reciba para sí mismo o para otro, retribuciones u otra utilidad que no se le deban o cuya promesa acepte, será penado con prisión de uno (1) a cuatro (4) años y multa de hasta el cincuenta por ciento (50%) de lo recibido o prometido. Con la misma pena será castigada o castigado quien diere o prometiere el dinero, retribuciones u otra utilidad indicados en este artículo.
>
> [Corrupción propia] Artículo 69. La funcionaria pública o funcionario público que por retardar u omitir algún acto de sus funciones, o que por efectuar alguno que sea contrario al deber mismo que ellas impongan, reciba o se haga prometer dinero u otra utilidad, bien por sí mismo o mediante otra persona, para sí o para otro, será penada o penado con prisión de tres (3) a siete (7) años y multa de hasta el cincuenta por ciento (50%) del beneficio recibido o prometido.
>
> La prisión será de cuatro (4) a ocho (8) años y la multa de hasta el sesenta por ciento (60%), si la conducta ha tenido por efecto:
>
> 1. Conferir empleos públicos, subsidios, pensiones u honores, o hacer que se convenga en contratos relacionados con la administración a la que pertenezca la funcionaria pública o funcionario público.
>
> 2. Favorecer o causar algún perjuicio o daño a alguna de las partes en procedimiento administrativo o juicio penal, civil o de cualquier otra naturaleza.
>
> Si el responsable de la conducta fuere una Jueza o Juez, y de ello, resultare una sentencia condenatoria restrictiva de la libertad que exceda de seis (6) meses, la pena de prisión será de cinco (5) a diez (10) años.
>
> Con la misma pena en cada caso, será castigada la persona interpuesta de la que se hubiere valido la funcionaria pública o funcionario público para recibir o hacerse prometer el dinero u otra utilidad, y la persona que diere o prometiere el dinero u otra utilidad indicados en este artículo.
>
> [Inducción sin éxito a la corrupción] Artículo 70. Cualquiera que, sin conseguir su objeto, se empeñe en persuadir o inducir a cualquier funcionaria pública o funcionario público a que cometa alguno de los delitos previstos en los artículos 67 y 68 de esta Ley, será castigada o castigado, cuando la inducción sea con el objeto de que la funcionaria o funcionario incurra en el delito previsto en el artículo 68, con prisión de seis (6) meses a dos (2) años; y si fuere con el fin de que incurra en el señalado en el artículo 69, con las penas allí establecidas, reducidas a la mitad.
>
> [Concierto con interesados o intermediarios] Artículo 77. La funcionaria pública o funcionario público que, al intervenir por razón de su cargo en la celebración de algún contrato u otra operación, se concierte con los

interesados o intermediarios para que se produzca determinado resultado, o utilice cualquier maniobra o artificio conducente a ese fin, será penada o penado con prisión de dos (2) a cinco (5) años. Si el delito tuvo por objeto obtener dinero, dádivas o ganancias indebidas que se le dieren u ofrecieren a él o a un tercero, será penado con prisión de dos (2) a seis (6) años y multa de hasta el cien por ciento (100%) del beneficio dado o prometido. Con la misma pena será castigada o castigado quien se acuerde con las funcionarias o funcionarios, y quien diere o prometiere el dinero, ganancias o dádivas indebidas a que se refiere este artículo.

[Soborno] Artículo 90. Quien por sí o por persona interpuesta prometa, ofrezca u otorgue a una funcionaria pública o funcionario público de otro Estado, directa o indirectamente, por parte de sus nacionales, personas que tengan residencia habitual en su territorio y empresas domiciliadas en él, cualquier objeto de valor pecuniario u otros beneficios, como dádivas, favores, promesas, ventajas a cambio de que dicha funcionaria o funcionario realice u omita cualquier acto, en el ejercicio de sus funciones públicas, relacionado con una transacción de naturaleza económica, comercial o de cualquier otra índole, será penada o penado con prisión de seis (6) a doce (12) años. (Corchetes y subrayados nuestros).

En términos generales, todos los delitos contenidos en la LCC tienen como elementos comunes el ofrecimiento u otorgamiento de algo de valor, la promesa de un pago, dinero o utilidad. Sobre los elementos comunes de los delitos de corrupción se ha escrito considerablemente, resumiéndolos en las acciones de *ofrecer*, *prometer* y *dar*, aunque ciertamente hay diferencias entre ellos y el acto corrupto que se comenta. Por ejemplo, "ofrecer" y "dar" un soborno no requieren un acuerdo entre quien soborna y el funcionario.[729]

En otras palabras, ofrecer y dar no requiere que el funcionario público acepte la oferta o el obsequio, o incluso que él o ella tenga conocimiento o haya recibido la oferta o el obsequio (por ejemplo, la oferta o el obsequio es interceptado por autoridades policiales antes de su entrega al funcionario público). Pero independientemente de sus particularidades fácticas en cada tipo penal, los delitos citados son todos intencionales, es decir, dolosos. Para los delitos de corrupción, quien procura el acto corrupto debe ofrecer, prometer o dar el soborno u otro acto corrupto con la intención de que el funcionario sobornado actúe o se abstenga de actuar en el ejercicio de sus funciones u obligaciones.[730]

2. La Ley Orgánica de Precios Justos

Tradicionalmente se ha argumentado que el delito de la corrupción es un delito exclusivamente frente al Estado. Es decir, la corrupción como

---

729 OECD, *Corruption a...*, ob. cit., p. 27.

730 Id., p. 30.

hecho punible sólo puede existir por la ocurrencia del acto corrupto entre los particulares y la Administración Pública con la que se relacionan. Esta vieja tesis ha sido superada al entender la corrupción como un problema amplio, pues, en efecto, los particulares pueden entre ellos cometer actos de corrupción, entendido éste como ese beneficio propio y desleal de acuerdo con las circunstancias. Así las cosas, la corrupción como delito puede ocurrir frente al Estado, como también puede ocurrir frente a otro particular siempre que exista una ventaja indebida o un aprovechamiento comercial desleal. En el derecho venezolano es reconocido como una circunstancia ilegal la promesa u ofrecimiento entre privados con la finalidad de la obtención de ventajas irregulares en el comercio o negociaciones comerciales.

A título de ejemplo, puede existir corrupción entre privados en las licitaciones comerciales de empresas privadas frente a sus proveedores o en el manejo de los contratos de la empresa frente a sus distribuidores o contratistas siempre que exista un incentivo doloso que perjudique a otros agentes económicos. Así, el ofrecimiento de cualquier ventaja o beneficio frente a otros actores económicos corporativos puede consumar un delito de acuerdo con las circunstancias comerciales del caso en concreto. Por esta razón, la LOPJ establece el delito de corrupción entre particulares que establece expresamente como una conducta punible a:

> Artículo 63. Quien por sí o por persona interpuesta prometa, ofrezca o conceda a directivos, administradores, empleados o colaboradores de empresas, sociedades, asociaciones, fundaciones u organizaciones, un beneficio o ventaja de cualquier naturaleza, para que le favorezca a él o a un tercero frente a otros, incumpliendo sus obligaciones en la adquisición o venta de mercancías o en la prestación de servicios, será castigado con la pena de prisión de cuatro (04) a seis (06) años.
>
> Con la misma pena será castigado el directivo, administrador, empleado o colaborador, que por sí o por persona interpuesta, reciba, solicite o acepte dicho beneficio o ventaja.
>
> Adicionalmente, la Superintendencia Nacional para la Defensa de los Derechos Socioeconómicos, podrá imponer la sanción de suspensión del Registro Único, en los términos previstos en este Decreto con Rango, Valor y Fuerza de Ley Orgánica, y desarrollados en su Reglamento.

El delito de corrupción entre particulares debe entenderse en el contexto de lo prescrito por la Ley Antimonopolio y el concepto legal de prácticas comerciales desleales por su afectación al mercado en su conjunto.[731]

[731] Artículo 17 de la Ley Antimonopolio. "Prácticas desleales. Se entenderá como prácticas desleales, las siguientes: [...] 3. El soborno comercial: Se considera soborno comercial

La competencia desleal se encuentra prohibida en Venezuela[732] y un soborno comercial puede tener graves consecuencias legales por constituir una violación a la normativa de protección de la competencia venezolana, e implicar, la imposición de sanciones administrativas por las autoridades competentes.

En efecto, el soborno comercial no sólo es punible por su carácter antiético (por la desventaja concedida e injusta) sino por la afectación a los consumidores y el mercado como un todo, lo que convierte a este tipo penal en una situación de alto riesgo legal por su doble análisis desde la perspectiva anticorrupción y antimonopolio.

Por una parte, el hecho ilícito puede evidenciar malas prácticas empresariales respecto a la ética de los trabajadores de la compañía frente a sus socios comerciales, distribuidores, franquiciados, contratistas, proveedores, o empresas pares. Por otra parte, también puede revelar problemas de competencia del negocio como agente económico en el mercado susceptible de investigación administrativa por conductas prohibidas al atentar contra el mercado y la protección de la competencia.

3. La Ley Orgánica contra la Delincuencia Organizada y Financiamiento al Terrorismo

La LOCFT establece en su regulación el delito de obstrucción a la administración de justicia el cual pena, expresamente, la promesa de dinero a un funcionario público cuya finalidad es la obstaculización de un juicio, cualquiera sea su naturaleza, o una investigación penal en cualquier etapa de su procedimiento. En particular, la LOCFT establece:

---

cuando un agente económico induce a una persona que trabaja en una empresa competidora para que realice actividades o tome decisiones contrarias a los intereses de la empresa en la que labora, o bien no cumpla sus deberes contractuales, a cambio de una contraprestación; con la finalidad de obtener beneficios para su empresa, que en ausencia de dicha práctica no lograría. 4. Violación de normas: Se considera desleal, el prevalecer en el mercado mediante una ventaja adquirida como resultado del incumplimiento de una norma jurídica o reglamentaciones técnicas, tales como ambientales, publicitarias, tributarias, de seguridad social o de consumidores u otras; sin perjuicio de las disposiciones y sanciones que fuesen aplicables conforme a la norma infringida."

[732] Artículo 16 de la Ley Antimonopolio. "Prohibiciones. Se prohíben las prácticas desleales, engañosas y fraudulentas en la producción, distribución y comercialización, en cualquiera de sus fases, por ser contrarias a la democratización económica y por ser capaces de desplazar en forma real o potencial, total o parcial, a los sujetos de aplicación de este Decreto con Rango, Valor y Fuerza de Ley, que realicen una misma actividad económica, en perjuicio de éstos, o de los ciudadanos y ciudadanas en el ejercicio de su derecho al acceso oportuno y justo a bienes y servicios [...]."

> Artículo 45. Quien obstruya la administración de justicia o la investigación penal en beneficio de un grupo de delincuencia organizada o de algunos de sus miembros, será penado o penada de la manera siguiente:
>
> (…)
>
> 3. Si es prometiendo o dando dinero u otra utilidad para lograr su propósito, con pena de doce a dieciocho años de prisión, igual pena se aplicará al funcionario público o funcionaria pública, o auxiliar de la justicia que lo acepte o reciba.

Aunque parezca obvio, el delito de obstrucción a la administración de justicia consiste en *obstruir*[733] la labor de los órganos jurisdiccionales o la investigación penal, y dicha acción debe estar dirigida a beneficiar a un grupo de delincuencia organizada o alguno de sus miembros.[734] Ciertamente, el contenido de este tipo penal se yuxtapone al contenido del delito de corrupción impropia contenido en la LLC, pero su finalidad es penalizar la obstrucción del sistema de justicia. Por ello, de acuerdo con los hechos, la representación fiscal pudieras acusar por ambos delitos simultáneamente en su acusación fiscal por encontrarse dos bienes jurídicos lesionados: por una parte, la Administración de Justicia, y por la otra, el Estado como afectado en su función pública.

IV. LOS ELEMENTOS DE UN PROGRAMA DE CUMPLIMIENTO CONTRA LA CORRUPCIÓN Y EL SOBORNO

En materia anticorrupción se ha escrito profundamente manuales de evaluación del riesgo, establecimiento de programas de cumplimiento, así como formas de entendimiento del fenómeno socioeconómico de la corrupción en la actividad empresarial. Un ejemplo de ello es la Guía Práctica sobre Anticorrupción, Ética y Programas de Cumplimiento para Negocios publicado por las Naciones Unidas de 2013,[735] y el Manual para Empresas sobre Ética Anticorrupción y Elementos de Cumplimiento de la OECD del mismo año,[736] ambos ampliamente citados en estas palabras por ser, en nuestra opinión, la mejor compilación de *best practices* y estándares internacionales en el combate contra la corrupción como fenómeno sociopolítico.

Aunque reiterativo, un *Anti-corruption Compliance Program* (ACA) basa su eficacia en los elementos ampliamente discutidos en el capítulo

[733] RAE "1. tr. Estorbar el paso, cerrar un conducto o camino. [...] 3. tr. Impedir la operación de un agente, sea en lo físico, sea en lo inmaterial."

[734] Granadillo, *Delincuencia organizada...*, ob. cit., p. 71.

[735] En https://bit.ly/3bO6twV.

[736] En https://bit.ly/2Ots9jW.

primero como elementos fundamentales. Nos centraremos en esos elementos claves, asumiendo que debe existir un programa flexible que incorpore, por una parte, los valores de la empresa como organización y, por otra parte, la necesaria adopción de los estándares internacionales que deben imperar en el mundo corporativo contemporáneo. Muy acertadamente se ha señalado que:

> La ley por sí sola no es suficiente para resolver el problema de la corrupción. Las organizaciones tienen la responsabilidad de contribuir de manera proactiva a combatir el soborno. Esto puede lograrse mediante un sistema de gestión antisoborno y mediante el compromiso de los líderes empresariales de establecer una cultura de integridad, transparencia, apertura y cumplimiento. La naturaleza de la cultura de una organización es fundamental para el éxito o el fracaso de un sistema de gestión contra el soborno.[737]

El combate contra la corrupción es legal y cultural. Aunque no domésticamente exigibles por múltiples consideraciones,[738] el derecho internacional contra la corrupción es un gran aliado al momento de establecer las bases del programa local contra la corrupción. Inclusive, puede afirmarse que las iniciativas internacionales contra la corrupción cada vez más cuentan con la validez del derecho internacional consuetudinario al ser una práctica comercial *business as usual*. Esto implica que no es opcional para la empresa tener o no programas de cumplimiento contra la corrupción, sino que más bien, es una obligación de acuerdo con el derecho internacional.

Ante esta situación, adicionalmente, hay que ubicar los potenciales riesgos extraterritoriales de la aplicación de la ley extranjera al negocio local, pues la posibilidad de aplicación de la FCPA y la UKBA es plausible al constatarse actos de corrupción en el extranjero que obligan a las casas matrices de las empresas venezolanas como subsidiarias, afiliadas o relacionadas. En todo caso, cabe reiterar que no existe una fórmula perfecta de elementos para la elaboración de un programa de cumplimiento, sino que más bien responderá a las necesidades del negocio en concreto y la flexibilidad que se requiera dependiendo de la industria de que se trate.

---

737 International Organization for Standardization, *ISO 37001: 2016 Anti-bribery management systems –Requirements with guidance for use,* 2016.

738 En muy pocas ocasiones el derecho internacional es aplicado domésticamente salvo puntuales expresiones y prácticas. Fácticamente, existe una preferencia a la aplicación local del derecho frente a los mandatos del derecho internacional convencional o consuetudinario. No obstante, a efectos del derecho regulatorio contemporáneo poco importa la ejecución de la regulación sino la existencia de la norma que prescribe la conducta. La obediencia a la regulación ya sea interna o externa es la esencia de toda la idea de *compliance* expresada en este trabajo.

1. El riesgo de corrupción

En este trabajo hemos señalado la importancia de la identificación del riesgo y su categorización para la toma de decisiones de negocio. La materia anticorrupción no escapa de las generalidades expuestas en el capítulo I. En ese sentido: *(i)* se requiere un procedimiento para identificar potenciales riesgos; *(ii)* debe ser categorizado para saber su impacto en el negocio y sus operaciones; *(iii)* debe ser evaluado considerando todos los factores (jurisdicción, riesgos legales asociados, comerciales o reputacionales, situación geográfica) para tomar decisiones de negocio con base en lo evaluado y analizado previamente.

No obstante, existen ciertos particulares en lo que concierne al riesgo residual que representa en jurisdicciones legales múltiples. Por riesgo residual nos referimos al riesgo que, aunque mapeado por los equipos de *compliance*, puede ocurrir independientemente de las proyecciones o planes de riesgos realizados. El riesgo residual es particular en materia anticorrupción. Es muy importante porque requiere apreciaciones adicionales sobre su alcance e impacto, y se sostiene en el criterio y juicio del evaluador del riesgo. Tal como sucede con el riesgo inherente, hay un elemento de juicio al evaluar el riesgo residual de cada riesgo/esquema de corrupción.[739]

Las empresas que operan en ambientes internacionales pueden enfrentar el desafío de tener que cumplir las disposiciones de múltiples jurisdicciones legales al establecer una política que prohíba la corrupción.[740] Un ejemplo práctico donde ese desafío se manifiesta es el distinto tratamiento legal que reciben los pagos de facilitación.

Una empresa puede operar en un país donde los pagos de facilitación estén estrictamente prohibidos y en otro país en donde estén permitidos bajo ciertas circunstancias.[741] Políticas tanto locales como internacionales son recomendables para empresas trasnacionales que operan en múltiples jurisdicciones, pues de esta manera se puede regular individualmente las situaciones propias de los derechos de cada país en cuestión.

Por ello, se ha recomendado un análisis macro del mercado donde se realizan negocios con los siguientes pasos de análisis del riesgo de corrupción: Un primer paso consistente en comprender la economía política nacional; segundo, la identificación de factores internacionales que influyen

---

739 OECD & UNODC, *Manual para Empresas...*, ob. cit., p. 13.

740 United Nations, *An Anti-Corruption...*, ob. cit., p. 37.

741 Id.

el fenómeno de corrupción; tercero, el seguimiento de los efectos de tales factores internacionales, y finalmente, cuarto, definir conclusiones y evaluar el alcance de la acción en el mercado a hacer negocios en específico.[742]

Un entendimiento de los riesgos, esquemas y consecuencias legales potenciales de la corrupción es prerrequisito para una evaluación efectiva del riesgo. Ahora bien, la evaluación del riesgo estrictamente supone la consideración de una gama de factores complejos al momento de ingresar en una relación comercial con socios comerciales, proveedores, contratistas, distribuidores, alianzas comerciales, entre otros. Antes de efectuar una evaluación de riesgos, se aconseja a las empresas que definan las funciones y responsabilidades operativas, los procesos operativos y la responsabilidad de supervisar esas actividades.[743]

Poner en práctica una evaluación de riesgos puede ser más efectivo y eficiente cuando se incorpora a los procesos existentes, como la proyección financiera u otros ejercicios de evaluación de riesgos dentro de la empresa (*v.g.*, salud y seguridad). Este enfoque también ayuda a reconocer la relación entre las actividades de cumplimiento de las normas y las operativas.[744] En todo caso, el proceso de análisis del riesgo es fundamental para entender en que supuestos la compañía se encuentra más propensa a cometer una falta al programa, y cómo implementar decisiones de negocio para la mitigación de riegos potenciales.

Habiendo identificado y evaluado los riesgos inherentes relacionados con la corrupción, las empresas tienen que determinar el mejor curso de acción para afrontar, e idealmente minimizar, esos riesgos.[745] La empresa cuando busca mitigar riesgos contra la corrupción tiene múltiples opciones que pueden variar de acuerdo con las situaciones en concreto que nos encontremos.

Así, la empresa puede *(i)* establecer controles internos para el relacionamiento comercial con proveedores, contratistas o en el curso de sus propias actividades comerciales; *(ii)* romper relaciones comerciales con empresas, socios, contratistas, proveedores incursos en situaciones irregulares relativas a la corrupción; *(iii)* supervisar la gestión del negocio en áreas tradicionalmente propensas a ese riesgo y acompañamiento a sectores de la empresa en específico, entre muchos otros. Lo importante es

---

742 OECD, *International Drivers....*, ob. cit., p. 21.

743 OECD & UNODC, *Manual para Empresas...*, ob. cit., pp. 10-11.

744 Id., p. 11.

745 United Nations, *An Anti-Corruption...*, ob. cit., p. 15.

entender que existen muchas formas de mitigar los riesgos inherentes en cada país con el entrenamiento y acompañamiento debido a las distintas áreas del negocio.

2. El entrenamiento a los empleados y discurso corporativo

En materia anticorrupción, el principal reto para las empresas en Venezuela es el entrenamiento a sus empleados y la creación de conciencia colectiva sobre el problema y sus consecuencias. Sorpresivamente, la mayoría de los empleados tiende a desconocer las implicaciones reales y el grave daño que la corrupción genera al país, la economía y mucho menos a la empresa como ente comercial. Precisamente, el trabajo del establecimiento de una cultura contra la corrupción es muy complicado en un país donde está es parte de la vida misma de los empleados y se ha vulgarizado y normalizado como una situación corriente.

Por ello, el núcleo del ACA debe nacer del entrenamiento efectivo a todos los empleados sin importar su jerarquía dentro de la organización. Solo el entrenamiento efectivo puede lograr un ACA robusto pues se sustenta en el conocimiento preciso por parte de los empleados de la empresa y en su capacidad de distinguir entre lo moralmente aceptable y lo reprochable. De nada sirven entrenamientos monótonos con conceptos meramente legales o económicos sobre el porqué es mala la corrupción para la empresa.

La comunicación y accesibilidad a materiales de apoyo y políticas claras contra la corrupción y soborno por parte de los empleados es fundamental. Lo ideal, es que el empleado sepa a quién acudir y dónde encontrar la información necesaria ante una situación dudosa o irregular y sepa, evidentemente, identificarlas. La empresa debe implementar medidas diseñadas para asegurar una comunicación periódica y una capacitación documentada para todos los niveles de la compañía y, cuando corresponda, para todas sus subsidiarias, sobre la ética y el programa o medidas de cumplimiento en relación con el soborno transnacional.[746]

La mera creación de manuales y guías de cumplimiento es insuficiente para la creación de un ACA eficaz. Aunque ciertamente se necesitan protocolos, políticas y procedimientos claros, la verdadera esencia del programa se encontrará en *(i)* entender el problema y sus consecuencias, *(ii)* claridad sobre la negativa empresarial y tolerancia cero frente a la corrupción como parte de la cultura corporativa, y *(iii)* comunicación efectiva y entrenamiento supervisado. Por ello, se hace necesario un discurso

[746] Id., p. 61.

empresarial que ejemplifique la importancia de las políticas corporativas contra la corrupción.

El discurso de la empresa debe manejarse de manera tal que el mensaje pueda ser transmitido y entendido correctamente. Es fundamental que su lenguaje sea lo suficientemente determinante para que puedan entender la importancia que gira en torno a este tema. Este, adicionalmente, debe estar orientado a la necesaria transparencia que deben tener los empleados como ciudadanos en el ejercicio de sus derechos, la integridad de las acciones en su ambiente laboral y el necesario reporte de actividades dudosas o irregulares. De esta forma, un discurso sobre la importancia de actuar bien y ser respetuosos con la ley, es clave.

No en vano, el discurso corporativo al empleado es sumamente crítico en el establecimiento del ACA corporativo adecuado. Acertadamente se ha señalado que el discurso empresarial contra la corrupción debe establecerse desde lo más alto de la organización, no siendo un discurso único de las gerencias legales y *compliance*, sino una instrucción directa de la junta directiva. El personal directivo debe declarar abiertamente una tolerancia cero a la corrupción, respaldada por políticas y procedimientos de la empresa que reafirmen ese compromiso.[747]

Indudablemente, el compromiso tiene un papel crítico en el establecimiento de una cultura que esté basada en valores fundamentales como la integridad, la transparencia y la rendición de cuentas.[748] En efecto, la corrupción, además de ser una situación ética intolerable, representa altos riesgos legales a la empresa traducidos en cuantiosas multas monetarias que pueden desestabilizar el negocio y su generación de riqueza, sin contar, el impacto reputacional y valor de la acción en el mercado bursátil. De esta manera, el tono del discurso debe venir precisamente por el cuerpo de liderazgo de la organización, como un asunto moral y financiero. Por ello, es el equipo de liderazgo el encargado de expresar un apoyo y un compromiso fuerte, explícito y evidente con el programa corporativo de cumplimiento por parte de la Junta Directiva u otro órgano con facultad de decisión en la empresa y por parte de la alta gerencia.[749]

Íntimamente ligado con las razones del discurso a difundir a todos los empleados, tiene particular relevancia el carácter apolítico que este debe tener. Aunque el fenómeno de la corrupción tiene fuertes vinculaciones

---

747 United Nations, *An Anti-Corruption...*, ob. cit., p. 21.

748 Id.

749 International Chamber of Commerce, *Reglas de la ICC para Combatir la Corrupción*, 2011, p. 10.

políticas a las autoridades y sus malas prácticas, no es conveniente el manejo de un *discurso corporativo* politizado o que tome ejemplos de gobiernos actuales. De hecho, el discurso empresarial contra la corrupción debe ser apolítico en el sentido que señala genéricamente las implicaciones negativas de la corrupción y el soborno para el Estado ambiguamente considerado, pero sin señalar a autoridades incursas en tales prácticas.

En este caso, es importante recordar que la idea de estos programas es que sean verdaderamente efectivos, que puedan tener un impacto en todos los que forman parte de una organización y la mejor manera de hacerlo es que los mismos empleados de la compañía sientan libertad, confianza y compromiso con él. Para poder lograr este objetivo, el programa debe estar formulado de tal manera que las personas no se sientan en una posición donde perciban algún tipo de ataque o de crítica respecto a posiciones o condiciones particulares vinculadas a su inclinación política, creencias religiosas, preferencias sexuales, etc.

3. La corrupción como un problema financiero

Como hemos señalado, la corrupción es un problema ético y legal, pero también un problema que tiene sus matices desde el punto de vista financiero. ¿Es justificable para el negocio tener asientos contables que justifiquen sus regalos a funcionarios públicos? La corrupción también se combate desde un punto de vista financiero, ya que existe una íntima vinculación entre la regulación AML y la regulación contra la corrupción, pues pueden darse situaciones en simultáneo de ambas violaciones. Quien provee o propulsa la corrupción y el soborno, tiene como contraparte alguien que probablemente legitima capitales o malversa fondos públicos.

Las empresas deben asegurarse de que todas las transacciones financieras se identifiquen de manera adecuada y se registren apropiada y claramente en los libros de contabilidad correspondientes, y que estén disponibles para ser inspeccionados por auditores internos y externos, por el organismo del más alto nivel dentro de la empresa y que no existan cuentas "fuera de libros" o secretas, así como que emitirse documentos que no reflejen de manera clara y precisa las transacciones a las que se refieren.[750] En efecto, y sobre todo en los casos de empresas formalmente constituidas o trasnacionales, la corrupción tiene un efecto en la contabilidad de la empresa que puede ser señalado como un quiebre de controles en una auditoría interna o externa.

---

750 Id. Art. 9, a) y b).

La empresa y su ACA debe cerciorarse que los pagos en efectivo o pagos en especie sean monitoreados para evitar que los mismos sean utilizados para sobornos, solo deben de ser permitidos pequeños pagos hechos de la caja chica o en países o lugares en donde no exista un sistema bancario. En definitiva, se deben diseñar procedimientos financieros y contables a fin de asegurar el mantenimiento claro y preciso de los libros, registros y cuentas, para asegurar que no puedan utilizarse para propósitos de soborno o encubrimiento de actividades irregulares.[751] Desde un punto de vista legal, una experticia contable puede probar la comisión de un acto de corrupción por maquillaje financiero a la contabilidad de la empresa para encubrir pagos en efectivo de sobornos, regalos, y otras formas materiales de sobornar.

La FCPA sanciona precisamente las inconsistencias contables como una forma de penalizar globalmente los delitos relacionados a la corrupción. Por lo anterior, una capacitación personalizada a los equipos financieros de la empresa es una buena forma de reforzar las implicaciones de la corrupción inclusive en áreas donde tradicionalmente no se relacionan, y reafirman mandatos internacionales aceptado por los Estados.[752]

4. La denuncia interna de irregularidades

Si bien el ACA debe ser preventivo -lograr concientizar a los empleados sobre la importancia de la integridad empresarial y buenas prácticas comerciales- pueden ocurrir irregularidades relacionadas con soborno y corrupción en el curso de las operaciones de la empresa. Ahora bien, no es un argumento de defensa que la empresa se desentienda e ignore la situación ilegal. De ocurrir un hecho de corrupción, ya sea que el involucrado sea empleado o socio comercial, la empresa se encuentra comprometida y puede ser objeto de acciones penales contra ella y los involucrados.

En esta situación, el plan preventivo cambia abruptamente a considerarse un plan de mitigación de daños. Por ello, la compañía debe establecer una estructura interna y confidencial de reporte para identificar los riesgos de corrupción percibidos por los empleados. Este canal de comunicación debe ser confidencial para el mejor trabajo por parte del equipo

---

[751] Id. Art. 10, h).

[752] Artículo 12.1 de la UNCAC "Sector privado. 1.Cada estado parte debe tomar medidas, de conformidad con los principios fundamentales de su ordenamiento jurídico, para evitar la corrupción en el sector privado, mejorar las normas contables y de auditoría del mismo, y cuando sea necesario, disponer sanciones civiles, administrativas o penales efectivas, proporcionales y disuasivas por incumplimiento de dichas medidas."

de legal y *compliance* de la compañía, y debe investigarse internamente las denuncias de buena fe. Esto conlleva consigo varios matices de análisis.

Por una parte, debe protegerse al empleado-denunciante de las irregularidades. El ACA debe animar a los empleados y a otros a exponer preocupaciones y denunciar, tan pronto como sea posible, circunstancias sospechosas a funcionarios responsables de la empresa. Para este fin, la empresa debe proporcionar canales seguros y accesibles a través de los cuales los empleados y otros puedan hacerlo confidencialmente y sin riesgo de represalias. Estos canales también deben estar disponibles para que empleados y otros soliciten asesoría o sugieran mejoras para el programa. Como parte de este proceso, la empresa debe brindar orientación a los empleados y a otros en cuanto a la aplicación de las reglas y requisitos del programa a casos individuales.[753]

Lo anterior implica el manejo de conversaciones transparentes entre la persona que busca asesoría y quien asesora, pues éste último representa a la empresa en el marco de la denuncia, pero debe ser lo suficientemente hábil para manejar una conversación difícil que requiere un apoyo más allá de lo estrictamente legal, en lo que debe ser considerado ético de acuerdo con las circunstancias en concreto del caso planteado. Esto tiene una contrapartida desde el punto de vista de recursos humanos de la empresa, ya que no puede degradar o sancionar al empleado que ha decidido voluntariamente denunciar.

No obstante, la empresa debe dejar claro que el cumplimiento del programa es obligatorio y que ningún empleado será degradado, sancionado ni enfrentará otras consecuencias adversas por rehusarse a pagar sobornos, incluso si ello implica que la empresa pierda un negocio.[754] Tiene que existir un ambiente de confianza en el cual los empleados puedan libremente conversar con el equipo calificado que indagará en las denuncias realizadas.

Por otra parte, la comunicación entre el denunciante y el equipo de investigación debe ser confidencial y no repercutir, en ninguna circunstancia, en el trabajador. La compañía debe ofrecer canales confiables para exponer preocupaciones, buscar consejo o reportar violaciones sin temor

---

753 APEC, *Anti-corruption Code of Conduct for Business*, 2007, p. 6.

754 OECD & UNODC, *Manual para Empresas...*, ob. cit., p. 64.

a represalias, discriminación o acciones disciplinarias, así como todos los reportes levantados de buena fe deben de ser investigados.[755]

La investigación interna por realizar debe ser fundamentada y llevada de la mano del equipo legal de la compañía, ya sea por el resguardo de las comunicaciones que pueden ser confidenciales, así como para la elaboración de la estrategia penal de defensa de ser el caso (colaboración con las autoridades, *self-disclosure*, entre otros). Para este efecto, la empresa debe proporcionar canales seguros y accesibles a través de los cuales los empleados y otros puedan cumplirla confidencialmente y sin riesgo de represalias.[756] El proceso de investigación también debe basarse en los buenos principios consagrados dentro del Estado de derecho, que incluyen, por ejemplo, la presunción de inocencia, el derecho a ser escuchado y la preservación de la integridad de una investigación.[757]

5. El manejo y estrategia frente a las violaciones del programa

En primer lugar, la posibilidad de violación tanto de políticas internas como de normas legales siempre existe independientemente de la jurisdicción en la que nos encontremos operando. Ahora bien, este riesgo puede incrementarse en jurisdicciones de alto riesgo o por el tipo de industria de la que se trate (*v.g.* no es el mismo riesgo el existente para una multinacional de la tecnología como para una empresa extractiva de recursos minerales, ya que sus interacciones con funcionarios de gobierno son distintas y afectan su operación de formas particulares). El manejo de la irregularidad, cuando es un hecho en nuestras manos, puede manejarse de manera *interna* o *externa* con las autoridades.

Un manejo interno de un hecho irregular debe necesariamente desembocar en el inicio de una investigación interna por violaciones al código de ética empresarial de la compañía y establecer planes de mitigación de riesgos para que la situación no vuelva a ocurrir. Es recomendable que la empresa diseñe y ejecute medidas disciplinarias apropiadas (incluyendo terminación de la relación laboral) contra todas las personas involucradas en una conducta indebida u otra violación del ACA, en todos los niveles de la parte, incluyendo directores y altos oficiales corporativos.[758] Esto, claramente de acuerdo con el tipo de irregularidad que se trate.

---

755 ICC, *Reglas de la ICC...*, ob. cit., p. 11, literal m).

756 OECD & UNODC, *Manual para Empresas...*, ob. cit., p. 67.

757 United Nations, *An Anti-Corruption...*, ob. cit., p. 89.

758 World Bank, *Lineamientos para el cumplimiento de la integridad*, 2010, punto 8.2.

En general, el objetivo del ACA es preventivo. Pero de ocurrir un hecho irregular que active los planes de mitigación, la empresa debe demostrar que ha realizado todos los esfuerzos posibles para combatir la corrupción y que ha tomado las decisiones correctivas correctas de acuerdo con sus protocolos, políticas y, en general, en beneficio de un ambiente de trabajo íntegro.

6. La autonomía del programa y los recursos adecuados

El ACA debe ser plenamente autónomo y contar con los recursos necesarios y suficientes para realizar las investigaciones internas necesarias y ejecutar, de ser necesario, las políticas anticorrupción de la compañía. De nada sirve un programa escrito en papel, guardado y olvidado en una oficina. Al contrario, el ACA debe ser celosamente aplicado y ejecutado ante la sospecha de situaciones irregulares relativas a la corrupción que pueden potencialmente comprometer al negocio.

Para la implementación del ACA se debe contar con un equipo técnico calificado sobre la normativa aplicable y los procedimientos corporativos especialmente diseñados para resolver esta clase de problemas. Para que el ACA sea eficaz requiere de la colaboración de todos los departamentos de la compañía y no depender jerárquicamente de gerencias o departamentos distintos a su función. En otras palabras, el ACA debe permitir plena libertad al equipo de *compliance* para investigar, recomendar, o incluso sancionar a las personas involucradas en hechos irregulares.

7. El monitoreo de los regalos corporativos y donaciones caritativas

Finalmente, aunque los delitos de corrupción requieran intencionalidad en el acto corrupto, es decir, que el delito se concreta en la intención dolosa y la manifiesta contradicción al mandato establecido por la ley, regalar o donar a autoridades del Estado entra en un área de indeterminación muy difícil de controlar a los ojos de terceros ajenos a la empresa. El mero hecho de regalar o donar levanta alarmas sin necesidad de estudiar el fondo del asunto en cuestión. Legalmente, si bien no es expresamente un delito la realización de un regalo o una donación, existe una delgada línea entre lo lícito e ilícito que la empresa debe monitorear con cautela.

Es altamente recomendable, por regla general, que los regalos a funcionarios públicos no sean permitidos por la empresa salvo puntuales excepciones comerciales propias del negocio en concreto. Y, por tal motivo, es fundamental el establecimiento de límites para los mismos y el debido registro de todas las contribuciones aceptables que se puedan hacer.

Como hemos señalado, es importante que este tipo de actividades estén bien documentadas a los fines de potenciales auditorías.

Así, por ejemplo, los regalos simbólicos están permitidos siempre y cuando no sigan fines ilícitos y no sean exorbitantes u ostentosos. Debido a que la ley penaliza el ofrecimiento de dinero y su entrega a funcionarios, las entregas de dinero efectivo a funcionarios no pueden ser tolerados en un ACA empresarial por contrariar expresamente lo establecido en los delitos de corrupción. Por ello, la compañía debe establecer protocolos, procedimientos y políticas que regulen los regalos, donaciones y entretenimiento en situaciones referentes al relacionamiento con funcionarios públicos y pares comerciales.

La política corporativa de regalos y donaciones debe ser lo suficientemente flexible para reconocer ciertas situaciones de negocios donde los regalos corporativos pueden fomentar relaciones comerciales de buena fe y sin intenciones dolosas ni corruptas, ya que puede darse el caso y ser válido y plenamente legal. Ahora bien, en materia de regalos, donaciones y entretenimiento no hay reglas escritas en piedra (más allá de las que pueda establecer el negocio). En Venezuela particularmente no existe una regulación clara sobre la legalidad de los regalos corporativos, entretenimiento o donaciones caritativas, ni establecimiento de límites a su cuantía. Por ello, el análisis debe realizarse *case-by-case* y con el debido apoyo del equipo legal y de *compliance* de la compañía para verificar las intenciones empresariales perseguidas con la entrega de la cortesía empresarial.

En efecto, una forma de diferenciar los actos empresariales aceptables de los reprochables es a través del *test de la cortesía* y el *test del salario mínimo*. Por *test de la cortesía*, nos referimos a la siguiente pregunta: ¿es el regalo, donación o entretenimiento una cortesía que no recibe contraprestación o beneficio comercial? Si la respuesta es afirmativa, probablemente el regalo, donación o entretenimiento es un acto válido y legal. Por otra parte, el *test del salario mínimo* se refiere al valor del objeto entregado al funcionario público o al distribuidor, proveedor o socio comercial: ¿es el regalo, donación o entretenimiento superior a un salario mínimo? Si la respuesta es afirmativa ¿cuántos? Las respuestas a estas preguntas pueden ayudarnos a valorar lo regalado o donado y diferenciarlo de aquello que puede ser ostentoso para un ciudadano común en su día a día.[759] Si la respuesta es algo fuera de lo común, probablemente el regalo no es válido y puede interpretarse en contrario como un acto de corrupción, independientemente de la intención corporativa, por su impresión frente a terceros.

En ambos casos nos encontramos en un análisis casuístico del regalo o donación en concreto. Por ello, las políticas corporativas de regalos pueden establecer límites de cuantía de qué regalos son aceptables y cuáles no, y en qué supuestos se puede donar al Estado en cualquiera de sus formas (*v.g.* el establecimiento de lineamientos para la realización de donaciones a la Administración Pública como entidad legal y nunca a un funcionario en específico; una compañía hace una donación en colaboración del ministerio de salud por una alerta sanitaria decretada, contentiva de una dotación de material médico quirúrgico ante la pandemia, en el marco de su programa de responsabilidad social).

Adicionalmente, es muy importante aclarar que en materia de regalos corporativos y donaciones caritativas: *(i)* los regalos empresariales propios por la costumbre local son permitidos, siempre y cuando no sean ostentosos y no representen algo propiamente de valor (*v.g.* cesta navideñas como cortesía a ciertos funcionarios públicos o para socios, distribuidores y aliados comerciales); y *(ii)* la cortesía de alimentación a funcionarios públicos no puede considerarse como un acto doloso, pues al contrario, se trata de una liberalidad y demostración que exclusivamente manifiesta la atención, respeto que tiene alguien a esa persona (*v.g.* una empresa que proporciona transporte y desayuno a un funcionario público que debe fiscalizar las operaciones de la compañía en sus instalaciones).

Consideraciones distintas merecen las contribuciones políticas a partidos políticos. En materia de contribuciones políticas es recomendable su prohibición en todo sentido, ya que la empresa no debe participar en procesos políticos ajenos a su operatividad y negocio. En Venezuela, la Ley de Partidos Políticos, Reuniones Públicas y Manifestaciones[760] prohíbe

---

[759] Evidentemente, el salario mínimo en Venezuela es irreal frente a otros países. De igual forma sirve como parámetro de medición. Podemos preguntarnos: ¿Cuánto gana un funcionario público frente al obsequio que se le quiere dar? Y la respuesta a esta pregunta puede orientarnos sobre la validez o no del acto en cuestión.

[760] G.O. N° 6.013 Extraordinario del 23-12-2010.

expresamente a los partidos políticos la aceptación de donaciones o subsidios por parte de compañías extranjeras, Estados extranjeros y de organizaciones políticas extranjeras.[761]

[761] Artículo 24 de la Ley de Partidos Políticos. "4) No aceptar donaciones o subsidios de las entidades públicas, tengan o no carácter autónomo; de las compañías extranjeras o con casa matriz en el extranjero; de empresas concesionarias de obras públicas o de cualquier servicio de bienes propiedad del Estado; de estados extranjeros y de organizaciones políticas extranjeras."

CAPÍTULO VII: LA EMPRESA, LOS DERECHOS HUMANOS Y LA RESPONSABILIDAD SOCIAL

Hacer negocios éticamente implica también un respeto por los derechos humanos en cualquier actividad industrial que realice el negocio que representemos y el ejercicio activo de la responsabilidad social empresarial frente a la sociedad. La cadena de valor empresarial, como análisis interno de la compañía, permite identificar qué actividades generan valor en cada unidad estratégica de negocios de la empresa, y sus repercusiones para accionistas y la sociedad en general.[762]

Precisamente en el análisis interno empresarial, la compañía puede identificar sus carencias en materia de derechos humanos y responsabilidad social empresarial. *Compliance* no es solamente todo lo que desea realizar la compañía en el marco regulatorio existente como requisitos meramente de papel. Adicionalmente a todas las reglas de derecho y problemas legales que hemos analizado, así como la necesidad de una empresa de producir ganancia para sus accionistas, esta debe ser fomentada a ir más allá de sus obligaciones y deberes formales en servicio del interés público.[763]

En este sentido, es necesario que además de cumplir con todo lo que hemos señalado anteriormente, las empresas lo hagan respetando a la sociedad en su conjunto y preservando los valores que persigue. Consideramos que es importante que las organizaciones procuren afectar positivamente al entorno donde se desarrollan sus actividades para lograr un impacto que, entre otras cosas, puede incluso mejorar su operatividad. Las necesidades de la sociedad, y no sólo las necesidades económicas convencionales, son las que definen los mercados, y los males de la sociedad pueden crear costos internos para las empresas.[764]

Mientras una empresa se preocupa por la colectividad, las personas en general y sus trabajadores sienten empatía y apoyo frente a la sociedad, esto genera sentido de pertenencia y mayor motivación en la ejecución de

---

762 Véase en general sobre la cadena de valor, Porter, Michael, "Competitive Advantage: Creating and Sustaining Superior Performance", en: *Harvard Business Review*, 1985.

763 Miller, *The law of...*, ob. cit., p. 491.

764 Porter, Michael & Mark R., Kramer, "La Creación de Valor Compartido" en: *iHarvard Business Review,* 2011, p. 5.

sus labores, logrando incluso mejores resultados y comportamiento en el mercado particular.[765]

En este capítulo nos referimos al fenómeno y tendencia del *Corporate Social Responsibility* (CSR) el cual ha sido un tema bandera para los activistas sobre gobierno corporativo responsable por generaciones.[766] De esta forma, conjuntamente con la necesaria sustentabilidad ambiental de los negocios, derechos humanos, responsabilidad social y ética empresarial han sido tópicos clave en el desarrollo empresarial contemporáneo. En este capítulo, vamos a explorar este tema desde una perspectiva de interés empresarial, la forma legal de implementación de estos mecanismos, así como el derecho internacional que rodea la nueva práctica corporativa. Por estas razones, exploramos la relación existente entre una empresa socialmente responsable y su labor en coadyuvar en el respeto a los derechos humanos.

I. LOS DERECHOS HUMANOS Y LA EMPRESA

¿Debe la empresa velar por el cumplimiento de los derechos humanos? Esta pregunta ha sido ampliamente debatida en el foro internacional, y con mucha pertinencia. En primer lugar, el foco del activismo sobre los derechos humanos ha sido tradicionalmente sobre los actores estatales, aunque recientemente ese foco se ha expandido a actores corporativos y organizaciones cuyas actividades influencien Estados abusivos y partes asociadas a entidades públicas.[767] Si bien originalmente el respeto a los derechos humanos debe provenir de los órganos y entes públicos, como sujetos de derecho internacional, las empresas han incorporado en sus buenas prácticas corporativas políticas y protocolos para coadyuvar con las autoridades en el constante trabajo del respeto a los derechos humanos.

La empresa multinacional contemporánea tiene un alcance muy importante a las comunidades más afectadas en cuanto a violaciones de derechos humanos, así como el acceso de bienes y servicios. Ahora bien,

---

765 Esta situación ha sido definida como "valor compartido empresarial". El concepto de valor compartido puede ser definido como las políticas y las prácticas operacionales que mejoran la competitividad de una empresa a la vez que ayudan a mejorar las condiciones económicas y sociales en las comunidades donde opera. La creación de valor compartido se enfoca en identificar y expandir las conexiones entre los progresos económico y social. Id., p. 6.

766 Miller, *The law of...*, ob. cit., p. 499.

767 Id., p. 501.

desde la publicación de los principios rectores sobre empresas y los derechos humanos por la Naciones Unidas,[768] existen estándares internacionales de cómo las empresas deben garantizar el respeto a los derechos humanos en su industria en particular. Toda actividad humana y empresarial puede generar externalidades o impactos sobre su entorno, tanto positivos como negativos, y es allí donde la actividad empresarial debe prevenir vulneraciones a los derechos humanos.[769]

1. El derecho internacional de los derechos humanos

En el 2011, la OECD[770] emitió recomendaciones a los Estados miembros respecto al tratamiento de las compañías trasnacionales.[771] Las Líneas Directrices de la OECD para Empresas Multinacionales tienen como objetivo promover la contribución positiva de las empresas al progreso económico, medioambiental y social en todo el mundo. Por ello, las empresas pueden incidir prácticamente en todo lo referido a los derechos humanos reconocidos internacionalmente. En la práctica, ciertos derechos humanos pueden ser más vulnerables que otros en ciertos sectores o contextos y serán, en consecuencia, objeto de una mayor atención.[772]

Evidentemente, no es lo mismo el sector manufacturero e industrial que el sector netamente farmacéutico o financiero, de tal manera que hay sectores más propensos al trabajo infantil o en condiciones precarias y otras vulnerabilidades a los derechos humanos. Cabe advertir que estas recomendaciones no obligan a los Estados miembros ni a sus empresas –aun cuando cada vez existen más argumentos del carácter consuetudinario de los derechos humanos y la creación de obligaciones en el marco del derecho internacional– pero ciertamente han creado una *soft law* en toda la materia de derechos humanos para las corporaciones.

Las empresas trasnacionales han sido el foco de la nueva regulación empresarial. Pero ¿por qué representan las multinacionales un punto de

---

768 Resolución 17/4 del 06-06-2011.

769 AA.VV., *Guía para...*, ob. cit., p. 18, en: https://bit.ly/3pqtol7.

770 La Organización para la Cooperación y el Desarrollo Económico es una organización internacional cuya misión es diseñar mejores políticas públicas. Con ello, la OCDE tiene como objetivo promover políticas que favorezcan la prosperidad, la igualdad, las oportunidades y el bienestar para todas las personas a través de la colaboración con gobiernos, responsables de políticas públicas y ciudadanos. Trabajan para establecer estándares internacionales y proponer soluciones basadas en datos empíricos a diversos retos sociales, económicos y medioambientales.

771 OCDE, *Líneas Directrices de la OCDE para Empresas Multinacionales*, OECD Publishing, 2013.

772 Id.

controversia en materia de responsabilidad social? Desde 1970, la idea de empresa multinacional se ha convertido en sinónimo alrededor del mundo de poder y riqueza, y en muchos casos, un símbolo potente de dominancia política y económica de los Estados Unidos,[773] aunque en la actualidad esta concepción se encuentra muy alejada de la realidad habiendo multinacionales reconocidas de muchas nacionalidades.

La remoción de las barreras de comercio e inversión entre Estados es considerada como un factor contribuyente en el enorme crecimiento económico en las inversiones extranjeras directas durante las décadas de los ochenta y noventa.[774] No obstante el tremendo crecimiento económico generado, a principios de los noventa la empresa trasnacional como la conocemos empezó a enfrentar un nuevo abanico de retos y oportunidades, así como demandas sociales importantes, pero en esta ocasión generadas por la sociedad civil basadas en la idea del CSR.[775]

Ciertamente, la empresa trasnacional tiene el poder verdadero de contribuir socialmente en múltiples jurisdicciones y posee un entramado corporativo interno de regulaciones y prácticas que pueden hacer posible verdaderos cambios sociales. Así, es indudable que la empresa trasnacional contemporánea puede llegar a sitios donde el Estado no puede ejercer su influencia, y puede impactar en el desarrollo social de las comunidades. Es esta el origen de una, quizás problemática, discusión profunda de los objetivos empresariales y su impacto en la sociedad, y cómo la empresa puede colaborar con los fines de los Estados. Ahora bien, ¿debe la empresa asumir esas cargas de acuerdo con el derecho internacional? ¿Cuál es la responsabilidad de la empresa en materia de derechos humanos?

El derecho internacional público consuetudinario presenta grandes aportes en este sentido, al institucionalizar por medio de la OECD las buenas prácticas empresariales. Adicionalmente, la responsabilidad social empresarial se ha ampliado de manera considerable, entendiendo a la empresa no sólo como entidad generadora de riqueza para los accionistas, sino como un actor social más que contribuye con la sociedad en la que participa.

Políticas y protocolos empresariales pueden diseñar los lineamientos respecto a los límites y procedimientos para llevar a cabo la labor de responsabilidad social empresarial y como procurar legalmente el respecto

---

773 Zerk, *Multinationals and...*, ob. cit., p. 9.

774 Id., p. 14, citando a UNCTAD, *World Investment Report 1997: Transnational Corporations*, Market Structure and Competition Policy, 1997.

775 Zerk, *Multinationals and...*, ob. cit., p. 15.

de los derechos humanos de parte de las actuaciones corporativas. Buena parte del derecho sobre los derechos humanos es derecho internacional público que ha ido permeando el derecho interno de todos los países y sus legislaciones.

2. Las implicaciones legales para la empresa

En Venezuela, es una norma de derecho doméstico que toda persona tiene el deber de cumplir con sus responsabilidades sociales y participar solidariamente en la vida política, civil y comunitaria del país, promoviendo y defendiendo los derechos humanos como fundamento de la convivencia democrática y de la paz social (art. 132 CRBV). Así, son valores superiores de su ordenamiento jurídico la responsabilidad social y en general, la preeminencia de los derechos humanos, así como la ética (art. 2 *ejusdem*). No intentamos dedicar nuestro estudio a un análisis exhaustivo de los derechos humanos, lo importante es comprender cómo impactan ellos en las actividades empresariales modernas y cómo adecuar las prácticas de nuestros clientes a las recomendaciones que siguen muchos de los preceptos del derecho internacional en la materia.

Como regla general, de acuerdo con el derecho internacional de los derechos humanos, las empresas no son responsables por violaciones de derechos humanos cometidos en los Estados donde se encuentran haciendo negocios. Esta precisión es muy importante, y como veremos, tiene sus matices pues existe la tendencia de trasladar responsabilidad a particulares en materia de derechos fundamentales.

No en vano la Resolución 17/4 del 06-06-2011 de las Naciones Unidas ha señalado que las empresas transnacionales y otras empresas tienen la responsabilidad de respetar los derechos humanos, y que los Estados deben procurar la debida reglamentación, entre otras cosas mediante la legislación nacional de las empresas transnacionales y otras empresas, pues el funcionamiento responsable de estas puede contribuir a promover la protección, el ejercicio y el respeto de los derechos humanos y ayudar a canalizar los beneficios de las empresas hacia el disfrute de los derechos humanos y las libertades fundamentales.[776]

Mucho se ha debatido sobre el carácter consuetudinario de los derechos humanos. Recientemente, la Corte Suprema de Canadá en el caso *Nevsun Resources v. Araya* sostuvo que el carácter consuetudinario del derecho internacional implica, tácitamente, la aplicación doméstica del derecho internacional de los derechos humanos como derecho interno y

---

[776] Considerandos de la Resolución 17/4 del 06-06-2011 de las Naciones Unidas.

aplicable a las empresas. *Newsun* es un caso interesante de resaltar pues el apelante, una empresa minera con sede en Vancouver, podría ser considerada directamente responsable de las violaciones de las normas del derecho internacional consuetudinario contra la esclavitud, el trabajo forzado y el trato cruel e inhumano en relación con la operación de una mina en Eritrea.[777] Como acertadamente señalan los comentaristas, afirmar que las normas de derecho internacional consuetudinario vinculan directamente a las empresas (y otras personas privadas), es un gran paso adelante en el estado actual de los criterios adoptados sobre esta cuestión por otros órganos judiciales internacionales.[778]

Las complejidades que existen en la relación entre el derecho interno con el derecho internacional no son una situación nueva. Desde mediados de los noventa, ciudadanos norteamericanos y organizaciones no gubernamentales han ejercido acciones judiciales contra empresas trasnacionales de acuerdo con lo establecido en el *Judiciary Act of 1789* conocido como el *Alien Tort Claims Act*[779] y con base en el derecho internacional violado en el caso en concreto.[780] Los tribunales federales norteamericanos han aceptado desde *Filartiga v. Peña-Irala*[781] permitir a las víctimas de graves abusos a los derechos humanos demandar en tribunales federales, aun cuando la Corte Suprema en *Sosa v. Alvarez-Machain* ha limitado ese *holding* a violaciones en casos de normas de derecho internacional concretizadas y no en la costumbre internacional.[782]

Existe una marcada tendencia a entender que las empresas sí son responsables de violaciones de derechos humanos, consecuencialmente por su negligencia y el contexto político donde operan, en virtud del derecho internacional consuetudinario. Esta precisión es clave, ya que la empresa trasnacional no puede librarse de las obligaciones legales que tanto local como internacionalmente tiene en favor del respeto a los derechos humanos. Por ello, la responsabilidad de las empresas de respetar los derechos

---

777 *Nevsun Resources Ltd. v. Gize Yebeyo Araya*, et al., sentencia del 28-02-2020, en https://bit.ly/3QlBxmH.

778 Véase Siddharth Aatreya, *"Private" Breaches of International Law: Lessons from Domestic Courts for International Investment Law.*

779 28 U.S.C.A. § 1350.

780 Vagts, Detlev F. / Dodge, William S. / Hongju Koh, Harold & Buxbaum, Hanna L., *Transnational Business Problems,* 5° ed., New York, University Casebook Series, 2012, p. 202.

781 *Filártiga v. Peña-Irala*, 630 F.2d 876 (2d Cir. 1980).

782 *Sosa v. Álvarez-Machain*, 542 U.S. 692 (2004) en nota 732.

humanos aplica a todas las empresas sin importar su tamaño, sector, contexto operacional, propiedad o estructura.[783] Por lo anterior, la empresa debe tener procedimientos y protocolos adecuados para identificar el riesgo de violaciones de derechos humanos por parte de sus proveedores, distribuidores, consultores o socios comerciales, como deber en el marco del derecho internacional de los derechos humanos.

En definitiva, más que una consideración legal-empresarial, la protección de los derechos humanos es un trabajo de todos (el Estado, sus ciudadanos y las empresas que operan en él). Acertadamente se ha señalado que la empresa debe velar por su cumplimiento cuando el Estado no tiene los medios para ejercer las acciones correctivas correspondientes.[784] En efecto, la vieja concepción del derecho humano aplicado exclusivamente a los Estados ha quedado arcaica ante una realidad inminente: en materia empresarial, las compañías, por su influencia económica, tienen una responsabilidad compartida con el Estado: velar por las mejores prácticas en materia de derechos humanos es una necesidad por el bien de todos como individuos dignos. A la par de esta situación e íntimamente vinculado, la empresa debe ser responsable socialmente, lo cual estudiaremos de seguida.

II. LA RESPONSABILIDAD SOCIAL EMPRESARIAL

La responsabilidad social empresarial, CSR, o *corporate citizenship programs*, se ha definido como la contribución que la empresa hace a la sociedad a través de sus actividades empresariales, su inversión social y programas de filantropía, y su acercamiento con las políticas públicas. Esa contribución es determinada en la manera en que la empresa maneja el impacto que produce económica, social y ambientalmente, así como su relaciones con los distintos interesados, particularmente, los accionistas, trabajadores, clientes, socios comerciales, gobiernos, comunidades y las generaciones futuras.[785] La importancia alcanzada por la responsabilidad social empresarial es tan significativa, que todos voltearon hacia ella para atribuirle buena parte de la culpa de la reciente crisis financiera global, y por ello, ha ganado un amplio y prioritario lugar público.[786] Un intento

---

783 United Nations High Commissioner on Human Rights, *Guiding Principles on Business and Human Rights,* 2011.

784 Véase en general Zerk, *Multinationals and...*, ob. cit.

785 World Economic Forum, *Follow-up Questionnaire on the World Economic Forum CEO Statement: Global Corporate Citizenship: The Leadership Challenge for CEOs and Boards*, 2002.

786 Guédez, Víctor, *Responsabilidad Social Empresarial: Visiones Complementarias*, Caracas, Cámara Venezolano-Americana de Comercio e Industria, 2016, p. 10.

teórico que ha tratado de ir más allá de los confines de la ética de las intenciones es el del *good ethic is good business*: el comportamiento ético contribuye de forma positiva al buen *performance empresarial*, significando que la responsabilidad social entra, como argumento, en la función objetiva de la empresa y no más en el sistema de relaciones, como sucede en la teoría de los accionistas.[787]

Las responsabilidades de las empresas, ante tales contextos, se redimensionan hacia determinaciones más proactivas. Así como la ética ahora no se refiere a no hacer cosas malas, sino que más bien se inscribe en la necesidad de hacer cosas buenas, de manera análoga la responsabilidad social ya no se circunscribe a reducir y eliminar los efectos negativos sobre el entorno, sino a favorecer la repotenciación de los grupos que la integran y de aquellos con los cuales se relaciona. Ya no es tan difícil comprender lo dañino que es el hacer menos de lo posible para evitar que las cosas empeoren y menos de lo necesario para protegernos de sus consecuencias. Es así como el sentido de una responsabilidad social proactiva se convierte en la primera línea de proyección hacia el futuro que queremos destacar.[788]

En línea con esta definición, se ha afirmado que la responsabilidad social empresarial refiere a la situación en la cual la empresa debe buscar, ampliamente, objetivos sociales más que un enfoque exclusivo del rendimiento de los accionistas de la empresa.[789] En Venezuela, las obligaciones que correspondan al Estado, en cumplimiento de los fines del bienestar social general, no excluyen las que, en virtud de la solidaridad y responsabilidad social y asistencia humanitaria, correspondan a los particulares según su capacidad. Por ello, la ley proveerá lo conducente para imponer el cumplimiento de estas obligaciones en los casos en que fuere necesario (art. 135 CRBV). Las relaciones que una empresa tenga con los trabajadores, con sus clientes, con sus proveedores, con el gobierno, con otras empresas y la comunidad, van a influir en la generación de riqueza, y de allí que hoy en día exista relevancia a la responsabilidad social empresarial y la obtención de beneficios en todos los sentidos.[790]

---

787 Calvo, Cristina, "El Camino Ético de la Responsabilidad Social Empresarial", en *La RSE en Perspectiva: Ideas para su diseño, implantación, desarrollo y evaluación,* Caracas, Venancham, 2014, p. 80.

788 Guédez, *Responsabilidad Social...*, ob. cit., p. 475.

789 Miller, *The law of...*, ob. cit., p. 499.

790 Véase, Oberto Morey, Thania, "La responsabilidad social empresarial y el reconocimiento de los derechos laborales", en: *Revista de la Facultad de Ciencias Jurídicas y Políticas de la Universidad de Carabobo,* 2007, p. 146.

En este sentido, no olvidemos que la responsabilidad social también puede analizarse desde una perspectiva meramente financiera. Las decisiones relacionadas con la responsabilidad corporativa también pueden verse a través de la lente de los beneficios obtenidos y los costos incurridos por la empresa, por medio de dos aspectos de medición: identificación al calcular costos y beneficios y estimar costos y beneficios.[791] En todo caso, el nacimiento y reforzamiento de la tendencia en favor de la responsabilidad social ha creado múltiples estándares empresariales que, en la mayoría de los casos, no son de carácter obligatorio.

En el plano internacional, la tendencia del CSR es promovido por estándares internacionales emitidos por organizaciones internacionales de acuerdo con el derecho internacional propiamente dicho. Así, por ejemplo, la ISO introdujo en el 2010 la norma ISO 26000,[792] que contiene lineamientos no obligatorios sobre prácticas de responsabilidad social empresarial y mejores prácticas en la materia. Particularmente durante las últimas dos décadas, varias asociaciones empresariales prominentes, ONG e instituciones gubernamentales internacionales han desarrollado un cuerpo de estándares globales para el negocio responsable,[793] precisamente, para el establecimiento de mejores prácticas empresariales. Por esta razón, han tomado relevancia los reportes de impacto de parte de las empresas, a partir de otras metodologías como el estándar GRI, que destaca entre las más populares.[794] Este reporte transparente influye en indicadores tan importantes como el *Sustainability Dow Jones Index* para las empresas de capital público.[795]

1. El impulso empresarial in-house

Uno de los roles del *general counsel* de la empresa es crear y promover una cultura corporativa ética, pero adicionalmente, lo es contribuir e inclusive monitorear los esfuerzos corporativos sobre la responsabilidad social corporativa. Uno de los objetivos principales de la responsabilidad so-

---

791 Sprinkle, Geoffrey B. & Maines, Laureen A, *The benefits and costs of corporate social responsibility*, Kelley School of Business, Indiana University, p. 448.

792 Norma ISO 26000, Guía de responsabilidad social, 2010.

793 U.S. Department of Commerce, International Trade Administration, *Business Ethics: A Manual for Managing a Responsible Business Enterprise in Emerging Market Economies,* Washington, U.S. Department of Commerce, 2004, p. 32.

794 En este sentido, puede consultarse los estándares de Global Reporting Initiative, en https://bit.ly/2IRqoex.

795 En este sentido, recomendamos consultar el Dow Jones Sustainability Indices (DJSI), en https://bit.ly/3bPbd5u.

cial empresarial es asegurar que la compañía siga estándares internacionalmente adoptados relativos a problemas sociales como las condiciones del trabajo, prácticas ambientales y otras condiciones que pueden no ser adecuadamente tratadas en todas las naciones por las autoridades locales.[796]

Las iniciativas de responsabilidad social empresarial encuadran bien en el marco regulatorio de los esfuerzos existentes alrededor de las ideas de *compliance and ethics*.[797] Los pasos a seguir, en general son: *(i)* Organizar un equipo adecuado, que incluya al *general counsel* de la empresa, su oficial de cumplimiento, y agentes corporativos dedicados exclusivamente a los programas de responsabilidad social; *(ii)* Identificar los problemas potenciales, así como los riesgos en materia de ciudadanía corporativa y áreas de oportunidad; *(iii)* Establecer el tono desde el equipo gerencial, para así entrenar a los empleados, proveedores, inversionistas y clientes sobre la agenda de responsabilidad social de la compañía y sus objetivos; *(iv)* Chequear los estándares globales y verificar que la empresa se encuentra acorde a esos lineamientos, así como verificar la efectividad de los esfuerzos de su responsabilidad social; *(v)* Reportar los resultados a los *stakeholders* o interesados en la industria y a la comunidad.[798]

La inversión social de la empresa es un argumento de defensa empresarial cuando ésta se ve objeto de investigación por los reguladores y fiscales. Nuevamente, aunque los programas CSR no son una póliza a prueba de todo, ciertamente demuestran los mejores oficios de la empresa frente a la sociedad y su interés en aportar y colaborar con las comunidades. La punta de lanza de la empresa es su trabajo social y cómo ella aporta al crecimiento económico del país. No en vano, hemos hecho mucha referencia a la importancia de la reputación comercial e industrial en el capítulo I de este trabajo.

En términos de probabilidades, es menos probable la toma de acciones agresivas cuando una empresa es socialmente responsable y enmarca su actuación en la ley como práctica habitual. Las empresas tienen una variedad de responsabilidades sociales como participantes y beneficiarios de la sociedad.[799]

---

796 Veasey & Di Guglielmo, *Indispensable Counsel...*, ob. cit., p. 177.

797 Id., 121.

798 Véase entrevista con Levin, (Michael R. (2007, 01-05) *Risk Management Requires Legal and Compliance Officers to Focus Corporate Social Responsibility,* Metropolitan Corporate Counsel, 2007.

799 Veasey & Di Guglielmo, *Indispensable Counsel...*, ob. cit., p. 178.

Adicionalmente a cumplir con la legislación nacional, el punto de partida de la responsabilidad de las empresas es el respeto a los derechos humanos, y esta responsabilidad existe inclusive cuando la legislación nacional se encuentra ausente o no es ejecutada adecuadamente ya que respetar los derechos humanos es la mera fundación de la licencia social de la compañía para operar.[800] Por ello, una buena ciudadanía corporativa crea una relación simbiótica entre el beneficio a la comunidad y las empresas.[801]

2. La normativa aplicable

Independientemente al debate sobre el carácter voluntario o mandatorio del CSR, el derecho de la responsabilidad social se enmarca en varios instrumentos normativos de carácter legal.

Al ser Venezuela un Estado Social, la CRBV consagra la responsabilidad social como uno de los valores supremos del ordenamiento jurídico. No obstante, ¿impone la norma constitucional una obligación al empresariado privado en materia de responsabilidad social? Poco se ha escrito respecto a las obligaciones empresariales derivadas de la Constitución frente a las empresas.

Ciertamente, no existe una versión unánime respecto al tratamiento jurídico de la responsabilidad social empresarial.[802] No obstante, la ley no define qué es responsabilidad social y establece su alcance. Se ha sostenido la existencia de una cláusula de solidaridad social que impone el cumplimiento de obligaciones por parte del Estado y del sector privado para consolidar el bien social.[803] En esta dinámica, se ha aceptado la importancia que han tenido los tributos para tales fines, siendo más que un medio de participación del sector privado y del sector público en la satisfacción de necesidades colectivas.[804]

La verdadera acción de responsabilidad social empresarial es voluntaria –la empresa en su rol de benefactor frente a la sociedad– pero el Estado en su rol rector, puede orientar e incluso regular su cumplimiento,

---

800 Ruggie, John, *Report of the Special Representative of the Secretary General on the issue of human rights and transnational corporations and other business enterprises*, 2010, p. 14.

801 Veasey & Di Guglielmo, *Indispensable Counsel...*, ob. cit., p. 119.

802 Véase Navarro Sánchez, Lorena, "La Responsabilidad Social Empresarial: Teorías que fundamentan su aplicabilidad en Venezuela", en: *Sapienza Organizacional*, 2016, Vol. 4, N° 6, p. 179.

803 Id., p. 181.

804 Carmona, Juan, *La tributación en Venezuela en el contexto de la Responsabilidad Social del Sector Empresarial,* Caracas, Academia de Ciencias Políticas y Sociales, 2011.

con miras a lograr una mayor satisfacción de los derechos y garantías constitucionales.[805] Precisamente debido a su carácter no obligatorio se ha afirmado que es clave que la CSR sea voluntaria y no forzada por la legislación, pues se espera de las firmas un entendimiento de la sociedad por encima de los parámetros estrictamente corporativos. Por ello, el debate sobre si la responsabilidad social empresarial es voluntaria u obligatoria, está basado en la errónea impresión que los programas de CSR y la ley son de alguna forma ideas separadas, cuando en realidad son nociones íntimamente vinculadas.[806]

En todo caso, uno de los problemas fundamentales de esta discusión es hasta qué punto el Estado regula la CSR. Por una parte, el Estado puede establecer lineamientos para hacerlo, en virtud de las necesidades más relevantes de la sociedad. Pero definir temas obligatorios (como lo puede establecer, por ejemplo, la LOCTI) limita el aporte de CSR de las empresas en la diversidad de temas que puedan hacerlo, en línea con su actividad comercial.

En su sentido más estricto, CSR debe, y tiene que ver, en cómo las empresas responden a la aplicación de la ley, es decir, cómo las empresas responden a sus obligaciones legales y cómo usan la legislación para ejercer sus derechos.[807] Otra percepción errónea en materia de CSR es entender que mayores estándares y regulaciones necesariamente conlleva a mayores estándares de comportamiento empresarial. En realidad, la ley viene a ser un factor más entre muchos otros a considerar en la empresa en concreto (por ejemplo, su cultura corporativa).

En el derecho comparado, compañías norteamericanas no son requeridas u obligadas a reportar sus esfuerzos de responsabilidad social, excepto en aquellos casos de problemas particulares en el marco de la legislación federal de valores de comunicar a los inversores de información material por riesgos previstos,[808] pero la tendencia en la práctica es la revelación voluntaria de estos programas e iniciativas, aunque no sea requerido por ley.[809] Otros Estados, como Francia, Suráfrica, y Australia, requieren a las compañías incluir programas de responsabilidad social corporativa a sus reportes anuales.[810]

---

805 Id., p.17.

806 Zerk, *Multinationals and...*, ob. cit., p. 35.

807 Id.

808 Veasey & Di Guglielmo, *Indispensable Counsel...*, ob. cit., p. 122.

809 Id.

810 Véase Levin, *Focus Corporate...*, ob. cit.

De esta forma, la responsabilidad social empresarial en Venezuela se sustenta en dos grandes fuentes legales. Por una parte, en la norma constitucional que establece la necesidad de ser responsables socialmente, sin distingo entre los sectores público y privado (art. 2 CRBV). Y, por otra parte, en varias leyes de carácter tributario y servicios sociales para coadyuvar el cumplimiento de esos fines.

Así, existen varias leyes cuyo objetivo es reforzar e impulsar la responsabilidad social, aun cuando su materia sea especial y referente a sectores de especial regulación. Este es el caso de la Ley de Servicios Sociales, la Ley de las Personas con Discapacidad,[811] la Ley Orgánica de Ciencia, Tecnología e Innovación,[812] la Ley Orgánica contra el Tráfico Ilícito de Sustancias Estupefacientes y Psicotrópicas,[813] la Ley de Impuesto sobre la Renta,[814] la Ley Orgánica del Deporte[815] y la Ley Orgánica del Ambiente.[816] Nuevamente, la ley es meramente enunciativa a los efectos de un verdadero programa de responsabilidad social, ya que la empresa puede estar o no en la obligación legal de ser responsable socialmente. Dicho en términos sencillos, el hecho de que algo sea requerido por ley, no quiere necesariamente decir que será realizado bien,[817] y con ello, la verdadera responsabilidad social puede ser analizada desde una perspectiva tanto social, legal o económica de caras a la empresa que lo fomenta.

3. La sustentabilidad empresarial

Conjuntamente con la discusión sobre los derechos humanos y la responsabilidad social, la noción de sustentabilidad también posee una marcada tendencia en el mundo corporativo actual. La sustentabilidad es un concepto prestado de la ecología, con la intención de significar una actividad consistente en la procura de las necesidades e intereses de las generaciones futuras.[818] Existe una presión, tanto de la opinión pública como por parte de entes gubernamentales, de la necesidad de una empresa que opere sustentablemente y con los menores impactos para el planeta y nuestro ambiente.

---

811 G.O. N° 38.598 del 05-01-2007.

812 G.O. N° 6.151 Extraordinario del 18-11-2014.

813 G.O. N° 38.287 del 05-10-2005. Ley derogada.

814 G.O. N° 6.152 Extraordinario del 18-11-2014.

815 G.O. N° 39.741 del 23-08-2011.

816 G.O. N° 5.833 Extraordinario del 22-12-2006.

817 Levin, *Focus Corporate...*, ob. cit.

818 Miller, *The law of...*, ob. cit., p. 507.

Por ello, la empresa debe enfrentar afirmativamente y con declaraciones a sus empleados y a la sociedad su compromiso con estos valores fundamentales. No es filantropía genérica la que busca la empresa en sus programas de sustentabilidad, razón por la cual se ha llegado a afirmar un triple objetivo: prosperidad económica, calidad ambiental y justicia social, adicionalmente al fin primordial de generación de riqueza.[819] Por ello, se ha señalado que la reducción de desechos y contaminación tiene sentido comercial, toda vez que planes bien articulados puede ayudar a reducir los costos y generar mayor eficiencia en las operaciones de la empresa.

En todo caso, la empresa debe implementar políticas y declaraciones sobre sus propósitos de sustentabilidad, adoptado por las más altas autoridades de la organización, y estableciendo los compromisos pertinentes para iniciar y participar en proyectos de sustentabilidad.[820] Así, en buena medida, el negocio debe establecer compromisos con sus trabajadores, la sociedad y *stakeholders* en el plan de acción para mitigar y contribuir con el medio ambiente y un consumo eficiente de los recursos. Por ello, cada vez es más común ver trasnacionales emitiendo reportes de sustentabilidad, como una forma de manifestar todas las acciones realizadas ante la opinión pública y en favor de la sociedad en su conjunto.[821]

III. EL OBJETIVO DEL CSR: LA EMPRESA RESPONSABLE

Nos hemos referido numerosas veces a la noción de responsabilidad desde un punto de vista legal. Ahora bien, hablando de la empresa responsable, nos referimos a la responsabilidad en un sentido ampliamente ético pues una persona es responsable cuando pone cuidado y atención en lo que hace o decide. La "empresa responsable" es aquella que es respetuosa de la ley y regulaciones existentes, por ende, promueve su cumplimiento; contribuye a la sociedad con sus programas de responsabilidad social, y adicionalmente, impulsa una cultura de integridad en sus actuaciones comerciales. Se puede resumir que los objetivos de la CSR son

---

819 Véase en general, Sneirson, Judd, "Green is Good: Sustainability, Profitability and a new Paradigm for Corporate Governance", en: *Iowa Law Review*, 2009.

820 Miller, *The law of...*, ob. cit., p. 510.

821 A título de ejemplo, principalmente las empresas cuyas acciones cotizan en la bolsa de valores, emiten *sustainability reports* a los efectos de manifestar su agenda social y de negocios. Véase British American Tobacco Sustainability Report, en https://bit.ly/3JPDcPd; the Coca Cola Company Sustainability Report, en https://bit.ly/3w0aPbj; y Procter & Gamble Sustainability Report, en https://bit.ly/3dt7VWd.

tres aspectos íntimamente relacionados: gobierno corporativo comprometido, así como una conducta y gerencia socialmente responsable con los valores y aportes que la sociedad y comunidad necesita.

La empresa viene a suplir en buena medida aquellos espacios donde el Estado no puede impulsar el acceso a servicios públicos o contribuciones sociales necesarias para la vida básica en sociedad. Por ello, la empresa responsable tiene un gobierno corporativo comprometido que entiende el contexto social donde realiza negocios, así como una gerencia que ejecuta las decisiones de su junta directiva de acuerdo con parámetros éticos claros. No nos hemos referido en nuestra noción de *compliance* a una línea de defensa empresarial. Al contrario, creemos que *compliance* se define, en gran medida, como una forma de cultura empresarial de asunción de riesgos medidos y controlados, que coparticipa en la realización de las actividades comerciales de la compañía de forma transparente e íntegra.

1. El gobierno corporativo responsable

El gobierno corporativo de la empresa representa grandes retos y tensiones, que naturalmente, responden a la industria que nos ocupa y la dinámica del negocio que opera. La junta directiva representa la constante tensión entre distintas áreas del negocio que buscan, en final término, el beneficio de los accionistas y la estabilidad de su acción como valor. Un gobierno corporativo responsable entiende la necesidad de la inversión social como una forma de contribuir, intangiblemente, con los accionistas y el valor de sus acciones en bolsa. Adicionalmente, ese gobierno corporativo responsable vela por la estabilidad accionaria de la empresa, aportando a su valor directa e indirectamente a través de la operación del negocio y sus ventas, así como su percepción social como actor clave en la sociedad.

Una empresa responsable mide su desempeño como empresa por al menos cuatro razones: *(i)* por rendir cuentas a las partes interesadas en el negocio; *(ii)* por monitorear y rastrear los cambios en la cultura organizacional; *(iii)* por mejorar la calidad de los programas de ética y cumplimiento y, finalmente; *(iv)* por asignar recursos hacia programas más o menos intensificados en aquellas áreas con oportunidad de mejora.[822] En la

---

[822] U.S. Department of Commerce, *Business Ethics* ..., ob. cit., p. 240.

práctica, la gestión de recursos humanos puede introducir las modificaciones necesarias para enmarcar la cultura, dentro de valores humanos que contribuyan al ejercicio de la Responsabilidad Social Empresarial.[823]

Por supuesto, las juntas directivas corporativas pueden tener distintas ideas en como implementar su programa de responsabilidad social, como también tendrían los accionistas quienes desearían, en algunos casos, dejar a un lado los logros de amplios cometidos sociales al gobierno u otros actores privados.[824] El movimiento en favor del CSR busca que la opinión pública se pronuncie constantemente sobre los objetivos de las empresas y su correspondiente deuda con la sociedad en la que participan. Por ello, tanto directores como gerentes deben estar plenamente conscientes del impacto mediático y reputacional que puede tener un mal empleo de políticas corporativas sobre responsabilidad social.

2. La conducta responsable

En el mundo corporativo complejo que vivimos, las empresas deben ser garantes del cumplimiento de la ley y las regulaciones en el sector que operen. Nos referimos como conducta empresarial responsable a las elecciones y acciones de los empleados y agentes de la empresa que fomentan y cumplen las expectativas razonables de *stakeholders* empresariales. En la actualidad, se espera que las empresas comerciales cumplan con los estándares de conducta empresarial responsable que van más allá de lo que se esperaba tradicionalmente. Si bien la gente suele hablar de negocios en términos de productos, trabajos y ganancias, se entiende y acepta en todo el mundo que una empresa comercial sigue siendo un miembro de su comunidad. Por ello, la búsqueda de ganancias y progreso económico no es una licencia para ignorar las normas, valores y estándares comunitarios de respeto, integridad y calidad.[825]

La reputación de integridad de una empresa es importante para asegurar la lealtad de los clientes, para reclutar y retener a los empleados más profesionales y honestos, para convertirse en el socio comercial preferido, para ganar la aceptación de la comunidad local y para aumentar el acceso al capital y al crédito.[826] Una cultura corporativa de integridad y respeto a la ley, así como el respeto en el lugar de trabajo, no puede generar más que una primera línea de defensa ante las potenciales irregularidades que

---

823 Oberto Morey, *La responsabilidadl...*, ob. cit., p. 164.

824 Miller, *The law of...*, ob. cit., p. 499.

825 U.S. Department of Commerce, *Business Ethics...*, ob. cit., p. 3.

826 Id., p. 22.

pueden ocurrir y planes de acción cuyo objetivo es preservar esos lineamientos de integridad.

3. La gerencia responsable

Resulta necesario la consolidación de un manejo empresarial formal sobre estos tópicos, así como una junta directiva comprometida con la sociedad y su negocio. La conducta empresarial responsable aborda los problemas de ética, cumplimiento de las leyes y regulaciones y responsabilidad social como parte de sus operaciones comerciales habituales, y la alta gerencia de la compañía debe estar consciente de ello en todo momento. No es un trabajo extraordinario abordar estos temas empresariales, pues son parte de su día a día.

Las empresas contemporáneas enfrentan estos problemas todos los días en una economía de mercado. Por ello, se ha afirmado acertadamente que una conducta empresarial responsable puede definirse como una disciplina, como algo en lo que los propietarios y gerentes responsables pueden construir y como parte integral de las buenas prácticas de gestión de la empresa. Abordar la conducta empresarial responsable como una disciplina interna corporativa amplía los procesos de pensamiento de los propietarios y gerentes al tratar los problemas planteados por la ética empresarial y profesional, la ética organizacional, la responsabilidad social corporativa y el gobierno corporativo.[827]

4. Las mejores prácticas corporativas

Como vemos, una empresa responsable debe implementar los medios físicos para adaptar su práctica comercial a los mejores estándares corporativos en la materia en el marco de su responsabilidad social en las comunidades o la comunidad en la que activamente participa. Ahora bien, en el ámbito legal se ha tratado de normativizar la situación estableciendo contractualmente mecanismos de defensa privada de los derechos humanos. Esto se concreta en cláusulas contractuales impuestas por la empresa frente a sus clientes y proveedores en las cuales se acuerda, por medio del mutuo acuerdo entre las partes contratantes, el respeto a los derechos humanos en la actividad comercial de que se trate.

Al igual que en materia anticorrupción, es altamente recomendable el establecimiento de instrumentos contractuales que obligan civilmente al cumplimiento de los estándares éticos y de responsabilidad social que la empresa tiene como objetivo alcanzar. El derecho de las obligaciones

---

[827] Id., p. 31.

puede representar una gran herramienta para lograr no solo declaraciones escritas vacías, sino verdaderas obligaciones contractuales entre la empresa y sus relacionados en el marco de sus programas marco de responsabilidad social empresarial.

En materia de inversiones internacionales, las Naciones Unidas han recomendado a los Estados la adopción de principios de contratación responsable en materia de derechos humanos en las negociaciones entre Estados e inversores en el marco de contratos de inversión entre Estados y empresas privadas como una forma de crear mejores prácticas corporativas en las relaciones público-privadas. Así, los Estados y empresas "deben complementar las leyes, regulaciones y normas de alcance local con normas externas si estas sirven para prevenir, mitigar y subsanar los efectos negativos en los derechos humanos a lo largo de la vida del proyecto"[828] que manejen en conjunto.

5. Las tendencias en materia comercial

La OECD recomienda que todas las empresas multinacionales que manifiesten su compromiso con el respeto de los derechos humanos lo hagan a través de una declaración que: *(i)* sea aprobada al nivel jerárquico más alto de la empresa; *(ii)* sea elaborada por especialistas externos o internos; *(iii)* defina lo que se espera del personal, socios comerciales y otras partes directamente asociadas a sus actividades, bienes o servicios en materia de derechos humanos; *(iv)* sea difundida públicamente y comunicada interna y externamente al conjunto del personal, socios comerciales y otras partes interesadas; *(v)* se traduzca en políticas y procedimientos operacionales que den una dimensión concreta a este compromiso.[829]

Ya en materia de derecho comercial entre privados, la idea de revestir de carácter contractual a obligaciones referidas a los derechos humanos no es una invención nueva. Acertadamente se ha señalado que la negociación es el momento oportuno para aclarar las expectativas y las responsabilidades de las partes respecto de los riesgos de toda índole, en particular los que guardan relación con los derechos humanos. Asimismo, el

---

828 Véase, Organización de las Naciones Unidas, *Principios de contratación responsable: integración de la gestión de los riesgos relacionados con los derechos humanos en las negociaciones entre Estados e inversores: orientación para los negociadores,* (A/HRC/17/31/Add.3), 2011.

829 OCDE, *Líneas Directrices de la OCDE para Empresas Multinacionales*, 2013, p. 37, punto 44.

hecho de afrontar debidamente los riesgos en materia de derechos humanos incidirá en otras cuestiones contractuales, de manera que lo mejor es tenerlos en cuenta junto con los asuntos económicos y comerciales.[830]

Los crecientes procesos de globalización y de internacionalización de la economía y de los negocios imponen la formación de un derecho global o un *universal law*, en el cual haya influencia del *ius gentium* y del *ius cogens*, que recoja los principios del derecho convencional, de la jurisprudencia y de las costumbres internacionales en materia de derechos humanos, aplicable a los hechos, actos y negocios jurídicos del derecho a la integración y de la responsabilidad internacional adaptables al ámbito obligacional.[831] La cláusula de protección de derechos humanos puede clasificarse como un deber contractual de protección. Así, para algunos autores, el derecho privado, y en particular el derecho civil, ha desarrollado la categoría de los deberes de protección que se aplican a los contratos, y en el cual, las partes no sólo están obligadas a ejecutar sus prestaciones, sino que deben ejecutar prestaciones de protección entre ellas, teniendo en cuenta la naturaleza del contrato.[832]

6. Las herramientas contractuales

En el derecho venezolano en particular, el artículo 1264 del CC dispone que "las obligaciones deben cumplirse exactamente como han sido contraídas," siendo el deudor responsable de "daños y perjuicios en caso de contravención." Al ser el contrato ley entre las partes, la normativización privada de los derechos humanos puede tener efectos contractuales en los contratos comerciales de la empresa y ser motivo justificado, en caso de incumplimiento, de su rescisión unilateral. El principio de autonomía de la voluntad de las partes resulta particularmente útil para diseñar cláusulas de protección a los derechos humanos.[833] Así, puede observarse en la contratación corporativa cláusulas de este estilo:

---

830 Id., p. 6.

831 Tolosa Villabona, Luis, "De los principios del Derecho Obligacional y Contractual contemporáneo", en: *Revista Estudios Socio-Jurídicos*, 2017, Vol. 19, N° 2, pp.13-61.

832 Morales Hervias, Rómulo, "Los contratos con deberes de protección: a propósito de la vinculación entre el derecho constitucional y el derecho civil", en: *Revista de la Facultad de Derecho de la Pontificia Universidad Católica del Perú,* 2013, N° 71, pp. 53-75, especialmente p. 54.

833 Señala Messineo que una de las acepciones de la libertad contractual "deriva del hecho de que en algunas materias se admite la autodisciplina, esto es, la disciplina establecida por las mismas partes interesadas (en el llamado contrato normativo)." Messineo, Francesco, *Doctrina General del Contrato*, Buenos Aires, Ediciones Jurídicas Europa América, 1952, p. 17.

> Las Partes se comprometen a respetar los derechos y libertades reconocidos por la Constitución y los Tratados Internacionales sobre Derechos Humanos aplicables en el territorio nacional, a favor de sus trabajadores, sin discriminación alguna por motivo de raza, género, edad, nacionalidad, estado civil, religión, preferencias políticas o sexuales, enfermedades o capacidades físicas especiales, y cualquier otra circunstancia que atente contra la diversidad, la libertad o la dignidad de las personas. Asimismo, las Partes se comprometen a no emplear mano de obra infantil o trabajadores menores de edad.

El efecto práctico de la adición de una cláusula de respeto a los derechos humanos es poseer una acción contractual por incumplimiento, con la potencial exigencia de una reclamación por daños y perjuicios. No sólo los derechos humanos pueden normatizarse en el texto de un contrato escrito y formal entre la empresa y sus clientes o proveedores, sino adicionalmente los principios éticos que la empresa quiere procurar en la contratación. Como ejemplo observemos esta cláusula modelo:

> La Contratista expresamente declara que no contrata ni utiliza y acepta no contratar ni utilizar trabajo de menores de edad para producir, ensamblar o instalar los Servicios aquí descritos. Igualmente, declara que no contrata ni mantiene relaciones con otras compañías que se abastecen con productos y servicios (compañías y/o proveedores) que utilizan, explotan y/o contratan, bajo cualquier medio o forma, trabajo de menores de edad en concordancia con los términos establecidos en la Ley y/o regulaciones vigentes. Las Partes, irrevocable y permanentemente, acuerdan que la relación comercial aquí desarrollada deberá obedecer los más estrictos y rigurosos conceptos y principios éticos, morales y de buena fe, al conducir negociaciones, propias o de terceros, que eviten en todo o en parte, directa o indirectamente, relaciones, contactos y/o acuerdos comerciales con cualquier tipo y/o clase de agente que por cualquier medio o forma tiene o ha tenido participación en actividades comerciales ilegales.

Ciertamente, la prueba del incumplimiento contractual en este tipo de obligaciones puede ser retador para los litigantes, sobre todo en los casos de conflictos contractuales con clientes y proveedores al ejercer el contenido de la obligación expuesta. No obstante, la inclusión de este tipo de obligaciones de medio entre las partes contratantes ayuda a establecer mejores prácticas en la contratación comercial.[834] Por ello, la inserción de

---

[834] Las obligaciones de medio son aquellas donde lo aleatorio del resultado perseguido por el contrato hace que el obligado prometa apenas su diligencia, una conducta esforzada, atenta a prever los posibles obstáculos y a tratar de superarlos, pero donde lo único que realmente puede exigirse es este comportamiento prudente y cuidadoso. Sólo si se comprueba que el obligado ha desviado su conducta por negligencia o por imprudencia de la dirección requerida para obtener el fin perseguido por el contrato, podría decirse que él ha incurrido en falta. La pura diligencia no puede confundirse con el comportamiento debido, la adecuación o bondad que el comportamiento efectivo debe revelar al ser comparado con

una cláusula contractual de respecto a principios éticos y de respeto a los derechos humanos convierte una conversación muy etérea sobre el respeto a los derechos humanos en una discusión de incumplimiento contractual que puede implicar resarcimiento de daños ante un tribunal civil.

Dicho, en otros términos, la inserción de esta cláusula contractual *normatiza* la relación ética que debe tener la empresa con sus socios, clientes, proveedores y contratistas en general. En todo caso, el objetivo real no es una solicitud de resarcimiento civil como nos plantea el clásico derecho de las obligaciones. En cambio, este tipo de cláusulas contractuales sirven de declaraciones de compromiso por parte de la empresa respecto a su agenda de responsabilidad social y respeto al derecho internacional en cada una de sus actuaciones comerciales como un asunto de negocio que no se encuentra dispuesto a ceder.

IV. EL FUTURO SOBRE EL CSR Y LOS DERECHOS HUMANOS

En materia del derecho corporativo de la empresa, los derechos humanos y CSR llegaron para quedarse en beneficio de la sociedad en su conjunto. Ambos son parte inherente de la realidad empresarial contemporánea que excluye viejas concepciones financieras. Desde una perspectiva de *compliance*, el establecimiento de protocolos y procedimientos para señalar estos problemas y sus áreas de oportunidad en la compañía son la nueva regla general de negocios. La empresa socialmente responsable trabaja duro y compite de forma justa. Reconoce que destruir la estructura de un mercado para obtener ganancias es un contrasentido. No abusa de la confianza pública ni degrada el medio ambiente, del que todos dependemos.[835] La opinión pública es crucial en este sentido. Por una parte, la sociedad demanda cambio en la forma en que las empresas materializan sus operaciones comerciales. Por otra parte, las legislaciones incrementan las cargas fiscales de la empresa, al no poder el Estado asumir todos sus fines administrativos y públicos.

¿Es la empresa la única responsable del bienestar social? Absolutamente no. La empresa es un partícipe, como muchos, de esos fines sociales que todos pretendemos. En este sentido, el discurso y grupos en favor de la responsabilidad social no pueden apabullar el quehacer corporativo.

---

el que habría que proporcionado el objetivamente debido. En final término, la clasificación de una obligación como de medio o resultado depende básicamente de la interpretación de cuál sea la intención de las partes. Véase, Melich Orsini, José, *Doctrina General del Contrato*, 5° ed., Caracas, Academia de Ciencias Políticas y Sociales, 2012, p. 487.

835 U.S. Department of Commerce, *Business Ethics...*, ob. cit., p. 28.

La empresa responsable colabora con la sociedad en medio de sus posibilidades y diligentemente aporta su contribución social como ella lo estima conveniente de acuerdo con sus intereses. Ello ni pone en duda el compromiso empresarial con la sociedad, ni desestima sus múltiples compromisos sociales. En cambio, la empresa responsable es transparente en su accionar y busca el respeto, como estándar ético, de la legislación, la dignidad de sus trabajadores y su compromiso social.

Para algunos, el dilema que plantea la responsabilidad social empresarial es la encrucijada entre la competitividad o el objetivo de una sociedad más justa. La respuesta es directa y sin eufemismos: entre la competitividad y la sociedad justa no puede haber una relación dicotómica ni excluyente porque una y otra están relacionadas. Por eso la competitividad es el propósito estratégico de la responsabilidad social empresarial y la sociedad justa es su finalidad fundamental. Las actitudes que las empresas adopten ante estas exigencias dependerán de que se precisen claras distinciones entre ellas.[836]

En efecto, el respeto a los derechos humanos y la responsabilidad social no hacen a una empresa menos competitiva que otra en el plano financiero pues, al contrario, la consolida como actor empresarial en un mercado en específico. De esta forma, tanto la CSR como los derechos humanos representan oportunidades que las empresas deben capitalizar en beneficio de todos, pues sólo una empresa responsable puede hacer negocios verdaderamente significativos en el mundo contemporáneo, no porque sea obligatorio sino porque es lo *correcto* de hacer.

La responsabilidad social empresarial y el respeto por los derechos humanos, se han convertido de alguna manera en elementos fundamentales y centrales de las empresas en la actualidad. En nuestra opinión, la responsabilidad social es un aspecto que se debe tomar en cuenta y normativizar en los programas de cumplimiento de toda empresa. Como hemos visto, ambos pueden entenderse como una necesidad y estrategia de negocio.

En las líneas que preceden, hemos expuesto los factores que respaldan y explican las oportunidades que tiene el abogado corporativo para incluir estos temas en las normas internas corporativas. La noción de empresa cambia constantemente y con ella, el comportamiento y la visión que todos sus integrantes deben tener. La globalización y la relación empresa-sociedad cada vez más van mostrando las nuevas consideraciones y

---

836 Guédez, *Responsabilidad Social...*, ob. cit., p. 478.

oportunidades de participación que deben tener las compañías contemporáneas.

CAPÍTULO VIII: EL DERECHO ECONÓMICO Y LOS PROGRAMAS DE CUMPLIMIENTO

En estricto argot jurídico, el derecho económico es una materia interdisciplinar dedicada al análisis de cuestiones como la regulación de mercados, el régimen de la competencia y los derechos de los consumidores.[837] Desde una perspectiva de *compliance*, un programa de cumplimiento debe responder las preguntas que presenta el derecho público económico, al ser la empresa objeto de un sinfín de regulaciones relacionadas con su participación económica en el mercado.

A los efectos de este trabajo, el derecho económico enfocado a la empresa tiene tres vertientes de aristas complejas: el derecho de la competencia, el derecho de los consumidores, y la regulación de las prácticas económicas ilícitas, que podemos tratar, sin mucha precisión teórica, como un trinomio regulatorio independientemente de la autonomía de estudio de dichas ramas. Por esta razón, se ha afirmado que el derecho económico abarca sectores del ordenamiento jurídico no integrados exclusivamente ni en el derecho público ni en el derecho privado, y que por tanto han de ser estudiados desde ambos puntos de vista, necesariamente complementarios.[838] Los problemas de derecho económico, entonces, ni son completamente públicos, ni son completamente privados.

Desde una perspectiva de *compliance*, el derecho de la competencia representa múltiples consideraciones vitales para la empresa contemporánea. Con la tecnicidad jurídica que posee, el *antitrust law* presenta varios retos para la empresa trasnacional contemporánea. Los objetivos del derecho de la competencia local versus el *antitrust* de los Estados Unidos o la regulación del *Competition Law* europeo han generado muchos cambios en las formas en cómo se relacionan casas matrices con sus subsidiarias en aras de adecuarse a la regulación de la competencia.

No es casual la propuesta de programas de cumplimiento *antitrust* para que la gran empresa puede adecuarse a la regulación económica variante en todas las jurisdicciones. No es la intención de este trabajo explicar la política legislativa y económica detrás de la noción de *antitrust*. No obstante, sí es nuestra intención explicar el porqué de su importancia y

---

837 Rivero Ortega, Ricardo, *Derecho Administrativo Económico*, Marcial Pons Ediciones Jurídicas y Sociales, Madrid, 2018, p. 15.

838 Id.

cómo nociones básicas de *compliance* pueden ser útiles para la empresa para así asegurar el correcto cumplimiento de la legislación económica. Así, al igual que en otros capítulos, seguiremos con una metodología sustantiva y procedimental. *Sustantiva*, porque abordaremos nociones de fondo sobre lo que realmente establece la regulación y normativa aplicable. *Procedimental*, porque abordaremos los elementos de un programa de cumplimiento en la materia con recomendaciones prácticas.

Teóricamente, una primera aproximación a este estudio requiere una delimitación conceptual de los problemas comerciales que la empresa puede enfrentar. Aunque nos referiremos principalmente al derecho de la competencia y sus nociones básicas –nuevamente, no pretendemos ser un manual de derecho de la competencia y áreas conexas– sí pretendemos estudiar el impacto empresarial que tiene esta área de regulación pocas veces estudiada en conjunto con la noción de cumplimiento.

En términos macroeconómicos sencillos, una empresa posee un posicionamiento en el mercado. Al ser partícipe del mercado, la empresa ofrece bienes y servicios a los consumidores. Así, la empresa ofrece valor a sus clientes por medio de productos y servicios diferenciadores que atienden las necesidades de los consumidores. ¿Cómo participa el derecho en esta correlación económica? ¿Puede la actividad de mercadeo impulsada por la empresa afectar el mercado? ¿Tiene la empresa *poder de mercado*?

Por una parte, el derecho de la competencia busca delimitar y controlar las concentraciones económicas y responde a la pregunta ¿cuánto poder tiene la empresa en el mercado? Por otra parte, el derecho de los consumidores existe por la necesidad de regular el acceso justo a los bienes y servicios ofrecidos en el mercado y responde a la pregunta ¿se ha respetado el derecho de los consumidores y han recibido condiciones comerciales justas? Ambos derechos, aunque íntimamente relacionados, persiguen finalidades distintas que estudiaremos exclusivamente para delimitar un programa de cumplimiento en materia de competencia. Incluimos el derecho de los consumidores en esta consideración, pues la presencia en el mercado de una empresa, en efecto, impacta la vida de los consumidores que una empresa provee en el mercado.

A la par de la coexistencia del derecho de la competencia y el derecho de los consumidores también existe la teoría de las prácticas económicas ilícitas, pues las empresas pueden realizar actuaciones contrarias a la sana competencia y contrarias a los intereses de los consumidores en su conjunto, constituyendo hechos ilícitos civiles y delitos sujetos a sanciones administrativas y penales (que a los efectos de este epígrafe denominaremos hechos ilícitos corporativos).

La víctima de las prácticas ilícitas no es solo el agente económico de quien un competidor indelicado desvía la clientela, sino la clientela misma susceptible de actuar económicamente, es decir, susceptible de comprar bajo el efecto de una confusión. De esta manera, la forma en cómo la empresa se relaciona con sus clientes, proveedores, aliados, y consumidores finales tiene impacto no solamente comercial, sino también, tiene consecuencias legales. El consumidor es tanto el principio como el fin del proceso económico: es teniéndolo por norte que el fabricante produce, que el comerciante distribuye y que el prestador de servicios se ingenia en servir.[839]

Aunque parezca una obviedad, una empresa no puede abusar de su posición de dominio, no puede manipular precios y no puede imponer condiciones leoninas a los consumidores finales de los productos y servicios que ofrece en el mercado. Un programa de cumplimiento en materia de competencia puede señalar y advertir los riesgos que la empresa puede enfrentar a falta de un abogado corporativo que pueda entender a cabalidad la industria que se trate.

Un enjuiciamiento penal o una investigación administrativa en estas áreas puede significar grandes impactos para el negocio: ¿es la empresa monopolista en el mercado? ¿impone unilateralmente precios? ¿realiza prácticas anticompetitivas? ¿afecta su producción a los consumidores? ¿es causante de la desestabilización macroeconómica de la nación? Estas y otras preguntas son el motivo de este capítulo. Partamos entonces por nociones generales de la regulación para luego definir las generalidades del programa de cumplimiento de sectores altamente regulados. En todo caso, antes de adentrarnos en las aguas de un programa de cumplimiento regulatorio, es necesario comprender el racional detrás de la regulación actual de la competencia, así como otro aspecto de derecho económico, como tendremos la oportunidad de explorar.

I. EL DERECHO A LA LIBRE COMPETENCIA EN VENEZUELA Y EN LOS ESTADOS UNIDOS DE AMÉRICA

Si el derecho de la competencia nace, precisamente, para proteger al consumidor y las empresas en sus respectivos nichos de mercado, la regulación antimonopolio tiene sentido por su carácter *preventivo*. No en vano,

---

[839] Bentata, Víctor, *Teoría General de las Prácticas Económicas Ilícitas*, Caracas, Editorial Jurídica Venezolana, 1995, p. 369.

el objetivo de la Ley Antimonopolio venezolana es, precisamente, la protección del mercado en su conjunto. Ahora bien, ¿cómo debe comportarse una empresa responsable bajo las reglas de la libre competencia?

Un ejemplo práctico radica en la necesidad de una empresa que compite en adecuar sus prácticas de mercadeo a estándares legalmente aceptados y permisibles en cualquier mercado bajo reglas justas. Para la dirección de mercadeo de cualquier empresa, el derecho de la competencia es una consideración fundamental ya que permite establecer los límites de la propia actividad de mercadotecnia empresarial, delimitando las prácticas ilícitas y las lícitas. He allí la verdadera importancia de un programas de cumplimiento *antitrust* empresarial: la protección de la empresa competitiva frente actores o conductas propias anticompetitivas.

1. La regulación de la competencia económica

El derecho de la competencia parte de una idea muy sencilla. Un mercado ideal es aquel donde existe eficiencia económica. Por competencia, nos referimos en la oportunidad de que oferentes puedan ofrecer sus productos y los consumidores puedan acceder o elegir a su ofrecimiento en el mercado. Así las cosas, el precio de los productos ofrecidos en el mercado se definiría por la oferta y la demanda de los oferentes y demandantes de bienes y servicios, respectivamente. La competencia no es más que la participación económica en el mercado, y la ley la protege para el beneficio de los consumidores de bienes y servicios.

Dicho en otras palabras, propiciar la competencia es promover la existencia de múltiples formas de acceder a bienes o servicios, ofrecidos por una gama de oferentes, en los cuales el consumidor puede elegir. Así, el fin del derecho de la competencia es garantizar esa eficiencia económica para lograr el bienestar de los consumidores mediante la prevención de las fallas del mercado que pueden producirse como consecuencia de agentes económicos que pretendan alterar la libre formación de los precios.[840]

En términos económicos, las economías de mercado se basan en el principio que son las propias personas las responsables de la generación de riqueza, y que ellas pueden enriquecerse aún más si deciden comerciar bienes y servicios de forma voluntaria en mercados competitivos. Si los precios de tales intercambios comerciales son competitivos, la sociedad

---

[840] Mónaco Gómez, Miguel, *Regulación de los monopolios y la posición de dominio en Venezuela desde la perspectiva del derecho de la competencia*, Caracas, Universidad Católica Andrés Bello, 2015, p. 16.

como un todo es más rica. Por ello, un objetivo fundamental del derecho de la competencia es asegurar que los mercados son, efectivamente, competitivos, para así asegurar la generación de riqueza.[841]

Ahora bien, no existe un mercado ideal en el mundo contemporáneo y jurisdicciones alrededor del mundo están muy lejos de serlo. Pero sí que se han creado leyes que buscan promover la libre competencia de oferentes en el mercado en beneficio de los consumidores. Así las cosas, para proteger la competencia, la ley ha determinado ciertas prácticas económicas ilícitas que busca castigar a toda costa. En efecto, un mercado sano no puede permitir, por ejemplo, manipulaciones de precios, boicots entre actores económicos, restricciones al comercio, entre otras varias actividades perjudiciales.

Al final, la verdadera víctima de estas prácticas económicas ilícitas son los consumidores finales que desean consumir entre las opciones que legítima y económicamente presenta el mercado. Por ello se ha afirmado acertadamente que el ideal de competencia sobrepasa las fronteras nacionales: es una filosofía de mercado, la competencia incrementa el desarrollo económico e intelectual y mejora las condiciones del consumidor.[842] Por ello, compartimos la opinión de Bentata sobre una noción de *competencia ensanchada*: el derecho de la competencia no se reduce a una relación de competidores en el mercado, sino también respecto a los consumidores.[843]

2. La regulación de la concentración económica y su importancia empresarial

La empresa negocia, contrata y distribuye sus productos y servicios en múltiples mercados. Independientemente se trate de una empresa de consumo masivo o una empresa prestadora de servicios, la empresa en sí misma tiene una participación en el mercado y puede, dependiendo de su posición, impactar en la economía nacional. El estudio del derecho eco-

841 Hovenkamp, Herbert, *Principles of Antitrust*, West Academic Publishing, 2017, pp. 1-2.

842 Id.

843 Tal como señala Bentata, "sabemos que el mayorista representa para el fabricante la solución del doble problema de almacenamiento y distribución [...] pero el fabricante sólo puede retener su independencia creando una demanda para sus bienes propios mediante la publicidad [...] el derecho de la competencia se encarga de poner límites a esta publicidad, con el objeto de proteger al consumidor –tercer personaje obligado del drama económico–." Bentata, ob. cit., p. 389.

nómico tiene importancia para la empresa pues ella, sin saberlo en muchas ocasiones, puede impactar el mercado y realizar actuaciones que pueden ser consideradas ilícitas.

Así, por ejemplo, una empresa puede abusar de su posición dominante en contra de otros competidores. También puede, por ejemplo, abusar de la publicidad de sus productos en detrimento de una sana competencia. La empresa debe velar por controles internos que ayuden a mitigar esta clase de riesgos con trascendencia económica y que impactan la misma esencia de los negocios. Por ello, es de especial relevancia en materia de competencia económica la determinación de mercados relevantes y su relación con los derechos constitucionales de los consumidores.[844]

Para ilustrar este punto, usemos un ejemplo: pensemos por un momento en una empresa manufacturera y comercializadora de productos alimenticios. La empresa *produce* los productos alimenticios que oferta al

---

844 Respecto a los mercados relevantes en materia de salud y su impacto a los consumidores, la Sala Político-Administrativa ha señalado que el mercado relevante está referido al grupo de productos más reducido y al área geográfica más pequeña en la cual los oferentes, si actúan como una sola firma (un monopolista hipotético) pueden influir de manera rentable, en el precio, la calidad, la variedad, el servicio, la publicidad, la innovación u otras condiciones de competencia. En este sentido: "Aunado a las consideraciones expuestas por la Superintendencia para la Promoción y Protección de la Libre Competencia (PROCOMPETENCIA), hoy Superintendencia Antimonopolio, en la Resolución que hoy se recurre, la cual fue ratificada por la Corte Segunda de lo Contencioso Administrativo, se puede determinar la atracción inevitable de todas las acciones o actividades que ejerzan los agentes económicos en donde existan situaciones en donde se vea, directa o indirectamente, afectado el derecho a la salud, siendo obligación de todos los tribunales de la República, incluida esta Sala, su protección como derecho constitucional inviolable, estando obligados a velar por el efectivo cumplimiento del mismo, así como de todos los derechos establecidos en nuestra Carta Magna. En virtud de lo anteriormente explicado, la Superintendencia, al momento de establecer como mercado relevante 'El mercado de financiamiento privado de servicios de salud por centros de salud Tipo A, a empresas de seguros y medicina prepagada, y de éstas a los asegurados o a los que requieran de financiamiento privado de dichos servicios en el territorio nacional', incluyó correctamente a las empresas de seguros, puesto que las actuaciones que puedan realizar éstas dentro de su actividad económica específica, relacionadas con los servicios de Hospitalización, Cirugía y Maternidad (HCM), se ven inmersas en actividades relacionadas con la salud privada, abarcando el ámbito de competencias en el que se desenvuelve la sociedad mercantil Hospital Clínicas Caracas, C.A. Visto esto, esta Sala determina que sí existe efectivamente un mercado relevante determinado y determinable, en el cual las empresas de seguros y los centros de salud privados, incidan directamente entre ellos, afectando, en última instancia, al consumidor final, el cual es en este caso, aquella persona natural que necesita el resguardo efectivo de su derecho constitucional a la salud, contemplado en el artículo 83 de la Constitución de la República Bolivariana de Venezuela." *Seguros Caracas de Liberty Mutual C.A v. Procompetencia.* Sentencia de la Sala Político-Administrativa del 13-06-2016, en https://bit.ly/3QhLRfJ.

mercado. Pero también, la empresa *almacena*, *distribuye* y *comercializa* tales productos a través de distribuidores, mayoristas y clientes pequeños. Para que sus productos sean conocidos por el mercado, y por ende pueda saciar las necesidades de los consumidores, deben ser productos *conocidos* y por ello *publicitados* por la empresa.

En este ejemplo, no sabemos cuál es la participación en el mercado de la empresa de productos alimenticios. Pero independientemente de ello, sabemos que la empresa tiene una cuota de participación en el mercado y que compite frente a otros competidores similares, con precios similares por los bienes que ofrece y en igualdad de condiciones. Este sería el escenario ideal de competencia que no siempre es el real.

Cambiando radicalmente nuestro ejemplo. Ahora supongamos que la empresa bajo estudio tiene una posición de más del 95% del mercado y que distribuye sus productos por medio de grandes distribuidores como terceros ajenos a la compañía. ¿Puede la empresa establecer condiciones unilaterales en el transporte de sus productos? ¿Puede ser esto un tema relativo a la competencia?

La respuesta a la primera interrogante pareciera ser negativa, pues la empresa no puede abusar de su posición dominante para establecer unilateralmente condiciones comerciales. De esta manera, sí nos encontramos en un problema potencial en materia de regulación de competencia económica. En este ejemplo, vamos a asumir que tenemos en conocimiento que la empresa de productos alimenticios puede ser catalogada por otras empresas con quienes tiene relaciones comerciales como una empresa con "posición de dominio."

En este sentido, la Ley Antimonopolio venezolana establece una prohibición de contratos que produzcan o puedan producir el efecto de restringir, falsear, limitar o impedir la competencia económica justa, en todo o parte del mercado. Así las cosas, en este ejemplo debe tenerse en consideración que toda actuación o contrato que impida la entrada o produzca la salida o impida la permanencia de empresas, sus productos o servicios en todo o parte del mercado, se encuentran prohibidos por el artículo 5 de la Ley Antimonopolio.

Una empresa transportista pudiera alegar en el marco de los distintos contratos suscritos que tales negocios jurídicos tienen como efecto restringir o impedir su efectiva competencia en el mercado. Precisamente, una de estas formas restrictivas en las que pueden incurrir un agente económico es que en el marco de un contrato obligue o someta a otros a aceptar prestaciones "suplementarias" que no estén vinculadas con el objeto de este o a usos propios del comercio, imponiendo de manera unilateral una condición que, en un mercado con competencia efectiva, evidentemente no podría suceder.[845]

De igual manera, los contratos ofrecidos a la empresa de transporte deben ser ofrecidos en igualdad de condiciones. De conformidad con lo dispuesto en el artículo 12, en sus numerales 1 y 4 de la Ley Antimonopolio[846], por ejemplo, pudiera ser recomendable una sanción contractual a imponer a las empresas transportistas sea proporcional y adecuada al caso específico de cada una, sin discriminación. Así, sólo pueden justificarse cláusulas de suspensión o de responsabilidad civil diferentes en la medida en que pueda justificarse que esa diferencia atiende a una situación particular de determinado transportista, pues de lo contrario se pondría sin justificación a unos en condiciones más desfavorables que a otros.

De existir discriminación en el establecimiento de sanciones contractuales en los distintos contratos suscritos con transportistas similares, la empresa de productos alimenticios correría el riesgo de que tales actuaciones sean consideradas como condiciones de comercialización de servicios desiguales en perjuicio de los distribuidores, y por ello, se constituya en un abuso de la posición de dominio.

Las empresas se relacionan con otros actores del mercado por medio de contratos y otras formas de relacionamiento comercial. De esta manera, un contrato mal concebido y estructurado puede tener graves implicaciones en materia de competencia económica, ya sea por el refuerzo de una situación propia de la empresa (su participación en el mercado que la denomina como dominante) o una conducta expresamente prohibida (a través de la manipulación de precios de los productos ofertados).

Nuestro ejemplo de las condiciones unilaterales a los transportistas de la empresa productora de productos alimenticios es interesante por dos razones: en primer lugar, evidencia que no siempre aplica la autonomía de la voluntad de los contratantes y hay razones externas y legales a considerar en la contratación empresarial. En segundo lugar, también

---

[845] *Consorcio El Recreo C.A. v. Procompetencia.* Sentencia de la Sala Político-Administrativa del 24-10-2018, en: https://bit.ly/3QxVbMu.

[846] "Artículo 12. Se prohíbe el abuso por parte de uno o varios de los sujetos de aplicación del presente Decreto con Rango, Valor y Fuerza de Ley, de su posición de dominio, en todo o parte del mercado nacional y, en particular, quedan prohibidas las siguientes prácticas: 1. La imposición discriminatoria de precios y otras condiciones de comercialización o de servicios. [...] 4. La aplicación, en las relaciones comerciales o de servicios, de condiciones desiguales para prestaciones equivalentes que coloquen a unos competidores en situación de desventaja frente a otros."

ilustra la situación por la cual una gran empresa pueda verse fácilmente vinculada a problemas de competencia que jamás hubiesen estado en el radar empresarial.

Allí radica la importancia del derecho económico ampliamente considerado y aplicado a la empresa.

3. El antitrust como problema empresarial global

Aunque la concentración económica de las empresas puede varias de país en país y el derecho de la competencia, esencialmente, es territorial (los Estados establecen regulaciones propias de lo que debe entender como competencia económica y cómo debe protegerse), no es menos cierto que la adquisición de un competidor significante en otra jurisdicción puede tener consecuencias en materia de competencia para los dos países (el país de origen de la empresa y el país donde se concreta la adquisición propiamente dicha).

Así las cosas, la legislación de la competencia es esencialmente territorial, pero no por ello es un problema exclusivamente local. Existen, en efecto, diversos niveles de competencia: sectorial nacional, sectorial regional y sectorial internacional. Pero no se trata de sólo variaciones de grado sino también de naturaleza en cuanto a las diversas legislaciones nacionales que pueden entrar en conflicto.[847]

Desde 1976 agencias gubernamentales de los Estados Unidos requieren una notificación previa para la realización de las grandes adquisiciones comerciales de acuerdo con lo establecido en el *Hart-Scott-Rodino Antitrust Improvements Act*, aplicando sus disposiciones a toda adquisición foránea que afecte el comercio dentro de los Estados Unidos. De igual forma, la Unión Europea ha realizado lo mismo en el marco de sus regulaciones de fusiones y adquisiciones comunitarias.

Las regulaciones que prevén el control de las fusiones y adquisiciones en el marco de la competencia han tenido sus conflictos entre ellas. En 1997, tanto las autoridades de la Unión Europea como las norteamericanas revisaron la propuesta de fusión entre dos compañías norteamericanas fabricantes de aeronaves, *Boeing* y *McDonnell Douglas*. Aunque la *Federal Trade Comission* aprobó la fusión, la Dirección General de Competencia de la Unión Europea objetó la fusión y sólo admitió su procedencia

[847] Bentata, *Teoría General...*, ob. cit., p. 389.

luego de que Boeing acordara importantes concesiones en el marco de la fusión.[848]

Así, en palabras de la dirección de competencia, "la concentración propuesta conduciría al fortalecimiento de una posición dominante a través de la cual la competencia efectiva se vería obstaculizada significativamente en el mercado común de acuerdo con las regulaciones vigentes."[849] Adicionalmente, en algunas jurisdicciones, existe una regulación de competencia que permite la colaboración de los particulares a través de un *Leniency Program*.

En el derecho norteamericano existe un programa extensivo de cooperación con las autoridades federales en materia de competencia como incentivo de mejores prácticas corporativas[850] y con resultados interesantes a lo largo de los años.[851] En todo caso, podemos apreciar que la competencia económica tiene un claro matiz de interés público por los entes reguladores: es la sana competencia económica lo que está en juego, y en este esquema regulatorio, las empresas hacen negocios. Analicemos el derecho detrás de esta idea de seguidas.

4. Nociones básicas del derecho de la competencia venezolano

Analizado el problema de fondo, el marco normativo venezolano es ambiguo en muchos aspectos y poco ejecutado en la práctica comercial, pero no por ello debe ser obviado y dado como invalido. La norma rectora en Venezuela es la Ley Antimonopolio, y con ella, haremos varios comentarios respecto a su aplicación para los negocios, sus implicaciones prácticas y cómo un programa de cumplimiento debe establecer lineamientos de actuación empresarial en esta materia.

Una diferencia conceptual entre el derecho de la competencia venezolano y el antitrust norteamericano, es que el primero encuentra su origen e inspiración directa en el derecho de la competencia europeo, al punto de que algunas de sus disposiciones legales en la materia sean prácticamente una copia de este.[852] No obstante, el plano teórico de todo este

---

848 Vagts, Detlev F. / Dodge, William S. / Hongju Koh, Harold & Buxbaum, Hanna L., *Transnational Business Problems,* 5° ed., New York, University Casebook Series, 2012, pp. 448-449, 460.

849 Dirección General de Competencia de la Unión Europea, Decisión de la Comisión del 30-07-1997, - Boeing/McDonnell Douglas -Caso No IV/M.877, en https://bit.ly/3bMl3VE.

850 DOJ, Antitrust Division, *Corporate Leniency Policy,* 1993.

851 DOJ, Antitrust Division, *The Evolution of Criminal Antitrust Enforcement Over the Last Two Decades*, 2010.

852 Mónaco, *Regulación de...*, ob. cit., p. 113.

asunto surge inmediatamente la pregunta ¿se protege la competencia o se prohíben los monopolios? ¿Es acaso esto lo mismo? ¿Qué debe hacer la empresa ante esta clase de problemas?

A. Conductas y prácticas prohibidas

Las regulaciones de competencia prohíben conductas comerciales de las empresas en el mercado de bienes y servicios. En sentido amplio, usaremos las palabras conducta o práctica como sinónimos a los efectos de este trabajo. En todo caso, es importante aclarar que toda conducta desencadena un acto jurídico con efectos legales. Esta distinción es clave pues, a los ojos de la ley, no será necesario acreditar que dicho acto genere un daño efectivo en perjuicio de otro competidor, de los consumidores o del orden público económico; basta constatar que la generación de dicho daño sea potencial para que se apliquen las sanciones legales previstas en el ordenamiento jurídico que resulte aplicable.

La legislación venezolana establece una prohibición general y varias específicas en materia de competencia económica. De forma general, se prohíben las conductas, prácticas, acuerdos, convenios, contratos o decisiones que impidan, restrinjan, falseen o limiten la competencia económica. La prohibición, concebida en estos términos, busca formular la base de una política económica de libre competencia, de manera que la misma no sea impedida, restringida, falseada o limitada en forma alguna.[853] Ahora bien, las conductas específicamente prohibidas son reguladas por la necesidad de normar la participación de la empresa y su actividad económica desde el punto de vista del desarrollo de la competencia económica.

B. Prácticas prohibidas específicamente

Tradicionalmente se ha señalado que la Ley Antimonopolio prohíbe expresamente las barreras indebidas al mercado, el boicot a la libre competencia, la manipulación de los factores de producción, los acuerdos para restringir o impedir la libre competencia, los carteles y demás formas de colusión entre competidores, las concentraciones económicas que restrinjan la competencia o produzcan una situación de dominio en el mercado, la fijación de precios o condiciones de reventa, y el abuso de la posición de dominio.[854] No vamos a explorar a profundidad estos conceptos

---

853 Brewer-Carías, Allan / Linares Benzo, Gustavo / Ortiz Álvarez, Luis & Flamarique, Faustino, *Ley para Promover y Proteger el Ejercicio de la Libre Competencia*, Caracas, Editorial Jurídica Venezolana, 1996, p. 22.

854 Id., pp. 30 y ss.

desarrollados por la Ley Antimonopolio, pero haremos tres precisiones importantes sobre las prohibiciones más importantes:

En primer lugar, las barreras indebidas del mercado se encuentran reguladas en el artículo 6 de la Ley Antimonopolio que dispone que "se prohíben las actuaciones o conductas de quienes, no siendo titulares de un derecho protegido por la Ley, pretendan impedir u obstaculizar la entrada o la permanencia de empresas, productos o servicios en todo o parte del mercado." En un ambiente de libre competencia, los actores económicos pueden entrar y salirse del mercado sin impedimento alguno. Por lo tanto, cualquier conducta que impide u obstaculice la entrada o permanencia de empresas, productos o servicios en todo o en parte del mercado, está particularmente prohibido. Por interpretación en contrario, quien tenga un derecho protegido por ley, ya sea por una marca comercial o una patente, encontraría permitido tales actuaciones.[855]

Las prácticas exclusionarias se encuentran generalmente prohibidas como una forma de barrera de entrada. En *Corporación Optilaser, C.A v. Procompetencia* se sostuvo que la restricción generada por este tipo de prácticas exclusionarias produce la reducción de la competencia efectiva en el mercado, así como un daño al consumidor, quien ve reducidas las opciones de mercado.[856] De allí que, para que se configure, debe estar probada la eficiencia de la actuación para producir tal exclusión.

Por ende, de acuerdo con *Corporación Optilaser, C.A.*, los tres requisitos concurrentes para la efectiva aplicación de las sanciones establecidas en la Ley Antimonopolio son *(i)* la capacidad de las empresas de afectar actual o potencialmente el mercado; *(ii)* la realización de una práctica que dificulte la permanencia y el desarrollo de la actividad económica de un agente económico, o impida la entrada de nuevos competidores, en todo o parte del mercado; *(iii)* que la exclusión de empresas del desarrollo de la actividad económica obedezca a la aplicación de políticas comerciales que no sean justificables por razones de eficiencia económica.[857]

En segundo lugar, *los carteles y demás formas de colusión entre competidores* se encuentran prohibidos, y en particular, se encuentra prohibido según el artículo 9 de la Ley Antimonopolio:

> 1. Fijar, de forma directa o indirecta, precios y otras condiciones de comercialización o de servicio.

---

855 Id., p. 29.

856 *Corporación Optilaser, C.A v. Procompetencia*. Sentencia de la Sala Político-Administrativa del 21-09-2017, en https://bit.ly/3SV7jc6.

857 Id.

2. Limitar la producción, la distribución, comercialización y el desarrollo técnico o tecnológico.

3. Restringir inversiones para innovación, investigación y desarrollo.

4. Repartir los mercados, áreas territoriales, sectores de suministro o fuentes de aprovisionamiento entre competidores.

5. Aplicar en las relaciones comerciales o de servicios, condiciones desiguales para prestaciones equivalentes que coloquen a unos competidores en situación de desventaja frente a otros.

6. Subordinar o condicionar la celebración de contratos a la aceptación de prestaciones suplementarias que, por su naturaleza o con arreglo a los usos del comercio, no guarden relación con el objeto de tales contratos.

De acuerdo con la terminología generalmente aceptada en materia de competencia, el término cartel se refiere a un acuerdo entre competidores con un objeto contrario a la competencia. La empresa no puede, directa o indirectamente, ser partícipe en acuerdos que voluntariamente entre competidores afecten la competencia como un todo. En este sentido, por ejemplo, los acuerdos para la fijación de precios son prohibidos por la legislación nacional y extranjera, al entenderse generalmente violatorios a las reglas básicas de sana competencia económica. Las prácticas conjuntas entre competidores para la fijación de los precios distorsionan el mercado, al privarlo del mensaje principal que utiliza el consumidor para decidir su preferencia entre un competidor y otro.[858]

La inquietud y preocupación sobre la cartelización de las economías no es casualidad ni poca cosa. En palabras de la OECD y sus recomendaciones sobre competencia económica, "el objetivo principal (...) es reducir la pérdida de miles de millones de dólares de los cárteles en la economía mundial." Los carteles impiden la integración global de las economías y generan preocupaciones que podrían amenazar el compromiso con la liberalización del mercado. En este sentido, el programa contra carteles de la OECD es sólo uno de muchos de esos pasos, pero es importante, especialmente junto con un mayor alcance de la política de competencia por parte de la organización, sus miembros y otras organizaciones.[859]

Finalmente, queremos destacar, lo que en nuestra opinión es el sentido y ser de la regulación de competencia: la prohibición del abuso de la posición de dominio. En Venezuela, ha sido el criterio administrativo reiterado definir el abuso de posición de dominio como:

---

858 Brewer-Carías et al., *Ley para...*, ob. cit., pp. 31 y 41.

859 OECD, *Hard Core Cartels,* p. 5, en https://bit.ly/3vXCtFA.

> ...la facultad que tienen uno o varios agentes económicos (vinculados entre sí) de ejercer influencia considerable en el mercado, de manera independiente, sin tener en cuenta y sin que se lo impidan sus competidores, compradores o distribuidores, proveedores, usuarios o consumidores, ya sea por la falta de otros competidores o porque existen factores que hacen que la competencia vea, de alguna manera, obstruida.[860]

El artículo 12 de la Ley Antimonopolio expresamente establece: "Se prohíbe el abuso por parte de uno o varios de los sujetos de aplicación del presente Decreto con Rango, Valor y Fuerza de Ley, de su posición de dominio, en todo o parte del mercado nacional."

Sin ánimos de entrar en las profundas delimitaciones conceptuales de esta materia teóricamente fascinante, el elemento central para considerar la presencia de una posición de dominio es el "poder de mercado" que pueda ostentar un productor, lo cual será un grado suficiente que le permita a este actuar de forma independiente de otros productores que pretendan competir con él. En consecuencia, ello le permitirá tomar decisiones sobre el precio u otros factores relevantes de comercialización sin consideración a sus competidores, ni tampoco los consumidores.[861] Así, muchas prácticas pueden ser consideradas como posición de dominio. Señala el artículo 12 de la Ley Antimonopolio como practicas expresamente anticompetitivas que provenientes del abuso de la posición de dominio:

> 1. La imposición discriminatoria de precios y otras condiciones de comercialización o de servicios.
>
> 2. La limitación injustificada de la producción, de la distribución o del desarrollo técnico o tecnológico en perjuicio de las empresas o de los consumidores.
>
> 3. La negativa injustificada a satisfacer las demandas de compra de productos o de prestación de servicios.
>
> 4. La aplicación, en las relaciones comerciales o de servicios, de condiciones desiguales para prestaciones equivalentes que coloquen a unos competidores en situación de desventaja frente a otros.
>
> 5. La subordinación de la celebración de contratos a la aceptación de prestaciones suplementarias que, por su naturaleza o con arreglo a los usos del comercio, no guarden relación con el objeto de tales contratos.

Un tópico complejo para la empresa se presenta, por ejemplo, con la discriminación injustificada entre competidores. ¿Una empresa de consumo masivo puede discriminar el precio que factura a sus clientes? La imposición discriminatoria de precios y otras condiciones de comercialización o de servicios pudiera potencialmente implicar que una empresa

---

860 Citado por Mónaco, *Regulación de...*, ob. cit., p. 116. Resolución N° SPPLC/0016-95, *Servicios Técnicos Schindler, C.A. v. Ascensores Schindler de Venezuela, C.A.*

861 Id., p. 117.

puede ser sancionada por una injustificada discriminación económica, al aplicarse, en las relaciones comerciales o de servicios, condiciones desiguales para prestaciones equivalentes que coloquen a unos competidores en situación de desventaja frente a otros (artículo 12.4 de la Ley Antimonopolio). Por ejemplo, esto sucedería si se suministran los mismos productos o servicios a precios diferentes a clientes distintos, según la relación de exclusividad en el suministro que pueda existir con la empresa con posición dominante en el mercado.[862]

Sin embargo, el artículo 4 del Reglamento N° 1 de la Ley Antimonopolio[863] define ciertas prácticas como no discriminatorias, señalando que no impiden o limitan la libre competencia la aplicación, en las relaciones comerciales, de condiciones desiguales para prestaciones similares, aun cuando coloquen en desventaja a competidores "siempre que se trate de ventajas usuales en el comercio, tales como descuentos pronto pago, descuentos por volúmenes, menor costo del dinero por ofrecer menor riesgo y otras prácticas de efectos equivalentes."

De manera que nuestra legislación permite un trato comercial diferenciado para situaciones diferentes que se fundamenten en una razón de eficiencia económica y propia del negocio. Determinadas ventajas comerciales son aceptables y legítimas en la medida en que sean prácticas usuales y con una racionalidad.[864]

Dentro de la posición de dominio se discute si dicho poder tiene o no impacto en los precios finales a los consumidores en el mercado. El precio es quizás el elemento más importante de una transacción comercial (aunque no es el único) y al mismo tiempo es la señal más visible que envían los agentes económicos al mercado.[865] Los precios con los que la empresa decida comercializar sus bienes o servicios pueden tener o no impacto en

---

862 Brewer-Carías et al., *Ley para...*, ob. cit., p. 77.

863 G.O. N° 35.202 del 03-05-1993. Vigente en todo lo que no contradiga a la nueva Ley Antimonopolio.

864 En este sentido, ha señalado la Superintendencia Antimonopolio "no debe entenderse que cualquier trato diferente constituye discriminación, pues se llegaría al absurdo de considerar como violatorias de la libre competencia a prácticas usuales en el comercio, tales como descuentos por pronto pago o por compra de volúmenes." (*Sofimerca v. Bolsa de Valores de Caracas*. Resolución N° SPPLC/0027-94, Superintendencia para la Promoción y Protección de la Libre Competencia, 30-05-1994, Doctrina Administrativa de Procompetencia, 1994, p. 319). En conclusión, si la práctica comercial no tiene su causa y origen en el negocio en sí mismo que la justifique, se entendería que el origen de la misma tiene su causa en la posición de dominio del agente en el mercado (*In re Alimentos Heinz, C.A.* Resolución de la Superintendencia N° SPPLC/001-2006, del 08-03-2006).

865 Brewer-Carías et al., *Ley para...*, ob. cit., p. 41.

la competencia económica de acuerdo con su posición en el mercado. Así, el establecimiento de precios unilateralmente pudiera ser considerado como una conducta anticompetitiva dependiendo de las circunstancias.

Tradicionalmente se han establecido las categorías de *precios predatorios* y los *precios abusivos* como formas de precio prohibidas en el mercado. Por una parte, los precios predatorios son aquellos precios muy bajos con el objeto de sacar fuera del mercado a los competidores que no pueden competir con ese nivel de precios, con la probable consecuencia que los precios en ese mercado subirán otra vez después de que el competidor haya sido forzado a salir.[866] Por otra parte, los precios abusivos, son los precios establecidos por la empresa dominante que difiere en exceso del precio que regiría en un entorno competitivo.[867]

En todo caso, lo verdaderamente fundamental desde el punto de vista de la estrategia comercial empresarial, es fijar los límites de la estrategia de precios: la empresa puede entrar en conductas comercialmente violatorias a la competencia económica con una errada estrategia de precios y el programa de cumplimiento debe establecer protocolos para que las leyes de la competencia sean protegidas y ejecutadas cuando sea necesario.

C. Competencia desleal

Al margen de los preceptos establecidos en la Ley Antimonopolio, existen igualmente varias actividades económicas ilícitas que pueden generar la apertura de procedimientos administrativos especializados por los entes reguladores. La teoría de las prácticas económicas ilícitas ilustra el hecho ilícito realizado y consumado por terceros que atentan contra las empresas y que discutiremos más adelante. Este hecho ilícito puede revestir o no carácter penal. La empresa, así como su programa de cumplimiento, debe ser lo suficientemente flexible para señalar aquellas prácticas ilícitas que atentan contra su integridad corporativa de forma respetuosa al ordenamiento jurídico existente.

La legislación sobre la competencia venezolana, en buena medida, versa sobre la prohibición de la competencia desleal. Adicionalmente, el derecho de la competencia delimita las conductas ilícitas a través de la teoría de las prácticas económicas ilícitas. Así, el hecho ilícito corporativo

866 Citado por Mónaco, *Regulación de...*, ob. cit., p. 120. Resolución N° SPPLC/0027-2002, *Vitrofibras v. Centroplast.*

867 Citado por Mónaco, *Regulación de...*, ob. cit., p. 122. Resolución N° SPPLC/0043-2004, *APROPACA v. MANPA.*

se sustenta tanto en el derecho de la competencia, el derecho de las obligaciones, como el derecho de la propiedad intelectual. La multiplicidad de fuentes no quiere decir que su análisis legal sea complejo. En realidad, las prácticas económicas ilícitas tienen distintas perspectivas que se yuxtaponen. Así, un problema de competencia puede ser también un problema obligacional o un problema de propiedad intelectual, dependiendo la óptica de la controversia en cuestión.

Una precisión importante es que el *common law* norteamericano no enfoca su estudio en las prácticas económicamente ilícitas en el comercio al considerarlas un problema netamente obligacional en materia *tort law* (responsabilidad extracontractual en materia civil continental). En este trabajo, nos enfocaremos principalmente en el concepto de competencia desleal por varias razones de interés empresarial.

En primer lugar, la competencia es parte de la propia naturaleza del ejercicio del comercio y las empresas deben ser cautelosas en sus prácticas comerciales. En segundo lugar, la competencia desleal como concepto legal es amplísima en su aplicación y congrega múltiples hechos ilícitos. Finalmente, el estudio de la competencia desleal nos embarcará en el análisis de situaciones en concreto que no pueden ser económicamente toleradas por la empresa, ya sea por su impacto en la economía nacional o su sanción expresa por los agentes reguladores.

Hemos advertido que las compañías compiten entre sí para tener un espacio en el mercado. Por una parte, las empresas pelean por su cuota de mercado, y por la otra, los consumidores adquieren los bienes y servicios ofertados por las empresas. Ahora bien, esta competencia debe ser legal y respetuosa a lo establecido por las regulaciones vigentes. Sobre esta idea nace la noción de competencia leal en el mercado.

La competencia leal no es más que la reafirmación que toda competencia económica entre empresas debe realizarse en el marco de la legalidad. ¿Pero que implica legalidad en este contexto? La lealtad, en forma muy genérica, significa como concepto que guarda a alguien o algo la debida fidelidad. Dicho en otras palabras, es el respeto a los límites de la competencia ajena. Por ello, la diferenciación entre las conductas comerciales lícitas e ilícitas son claves para entender las implicaciones del actuar empresarial.

No en vano se ha afirmado que la competencia desleal es un problema económico, y precisamente, de allí deviene su protección desde la perspectiva de competencia. La Ley Antimonopolio venezolana no define lo que debe entenderse por competencia desleal, sino que, más bien, usa la frase como etiqueta de una variedad de situaciones ilícitas. Se prohíben las prácticas desleales, engañosas y fraudulentas en la producción, distribución y comercialización, en cualquiera de sus fases, por ser contrarias a la democratización económica y por ser capaces de desplazar en forma real o potencial, total o parcial, en perjuicio de los ciudadanos en el ejercicio de su derecho al acceso oportuno y justo a bienes y servicios.

En todo caso, la determinación de la existencia de una práctica desleal no requiere acreditar conciencia o voluntad sobre su realización. La Ley Antimonopolio establece cuatro categorías de prácticas desleales: *(i)* la publicidad engañosa, *(ii)* la simulación o imitación, *(iii)* el soborno comercial y *(iv)* la violación de normas. Sin embargo, un lector acucioso, no negaría lo confuso que pueda parecer la fundamentación de la regulación de las conductas desleales.[868]

Dentro de estas grandes cuatro categorías se subsumen múltiples acciones igualmente ilícitas. Así, por ejemplo, la revelación de secretos empresariales puede ser considerada como una práctica desleal, el aprovechamiento del esfuerzo ajeno,[869] promoción de productos con base en declaraciones falsas, entre otras muchas prácticas. El espíritu de la norma sobre prácticas desleales es ser *amplísima* en su rango de aplicación y subsumir en ella múltiples supuestos de hecho ilícitos. Ahora bien, no toda competencia desleal es un asunto de competencia económica.

En este sentido, se ha sostenido acertadamente que dentro de la legislación venezolana existen dos perspectivas a partir de las cuales se sancionan los actos desleales y que se distinguen entre sí por los intereses que las normas tutelan. Por una parte, la primera perspectiva tiene que ver con los intereses de los particulares y con el derecho por parte de los afectados de solicitar indemnización ante los órganos jurisdiccionales ordinarios por los daños y perjuicios ocasionados por un comportamiento desleal. Por otra parte, se refiere claramente a la protección de un interés público –el orden público económico–, asumido por las normas antimo-

---

868 González Porras, Enrique, "La Regulación de la Competencia Desleal en Venezuela", en: *Revista de Derecho Administrativo*, 2005, N° 20, p. 94.

869 Cabe destacar que la práctica de aprovechamiento indebido del esfuerzo ajeno consiste en la utilización de una prestación o utilidad conseguida por un tercero sin su consentimiento, que no se encuentra protegido por un derecho de propiedad industrial (*Todoticket 2004, C.A. v. Vale Canjeable Ticketven, C.A.*, Id.).

nopolio que sancionan los actos desleales al considerarlos ilícitos de *antitrust* desde el mismo momento en que pueden cercenar la competencia económica del mercado.[870]

Desde la normativa antimonopolio también se puede considerar como una práctica desleal el prevalecer en el mercado mediante una ventaja adquirida como resultado del incumplimiento de una norma jurídica o reglamentaciones técnicas, tales como ambientales, publicitarias, tributarias, de seguridad social o de consumidores u otras; sin perjuicio de las disposiciones y sanciones que fuesen aplicables conforme a la normativa especial en concreto (artículo 17.4 de la Ley Antimonopolio).

En cuanto al termino daño que crea la competencia desleal se ha mantenido que no se precisa su efectiva concurrencia para que pueda hablarse de competencia desleal, sino que es suficiente que exista un daño potencial, un peligro de daño que pueda considerarse posible debido a la modalidad o naturaleza de determinados actos.[871] Precisamente, el artículo 16 de la Ley Antimonopolio expresamente dispone que:

> ...no será necesario acreditar que dicho acto genere un daño efectivo en perjuicio de otro competidor, de los consumidores o del orden público económico; basta constatar que la generación de dicho daño sea potencial, para que se apliquen las sanciones legales previstas en el ordenamiento jurídico que resulte aplicable.

Lo amplio del concepto de competencia desleal en Venezuela permite establecer dentro de esta categoría un número inagotable de prácticas comerciales ilícitas y considerarlas como conductas anticompetitivas. Nuevamente, la determinación de la existencia de una práctica desleal no requiere acreditar conciencia o voluntad sobre su realización (artículo 16 de la Ley Antimonopolio). En este sentido, para algunos destacados juristas, conviene sustituir la expresión tradicional de "competencia desleal" por la expresión "prácticas ilícitas."[872]

En todo caso, el derecho de la competencia se abstiene de formular reglas generales rígidas que encajonen su interpretación y resulten imprácticas.[873] La regulación de la competencia desleal no es más que eso: parámetros generales de conductas jurídicas contrarias al sano ejercicio de la competencia económica, y con ello, tales prácticas ilícitas pueden

---

870 Pesci Feltri, Flavia, "La competencia desleal en el Sistema venezolano de Derecho de la Competencia", en: *Revista de Derecho*, 2005, N° 56, pp. 210-211.

871 *Todoticket 2004, C.A. v. Vale Canjeable Ticketven, C.A.*, citado en González Porras, *La Regulación...*, ob. cit.

872 Véase, Bentata, *Teoría General...*, ob. cit., p. 393.

873 Id., p. 394.

ser sumamente diversas y requerirán un análisis caso por caso para ponderar su ilicitud e impacto al mercado desde los ojos del derecho de la competencia.

5. Nociones básicas de antitrust law norteamericano

El sistema norteamericano de antitrust tiene su fundamento en el *Sherman Antitrust Act* de 1890.[874] Como lo ha sostenido la Corte Suprema, el *Sherman Act* "fue diseñado para ser una carta integral sobre la libertad económica, destinada a preservar la competencia libre y sin restricciones como regla del comercio."[875] La premisa básica del *Sherman Act* es que la competencia desenfrenada va a resultar en la asignación más favorable de recursos económicos y los precios más bajos posibles para una variedad de bienes y servicios.[876] Históricamente, el impulso legislativo del *Sherman Act* fue la preocupación del Congreso de que unas pocas empresas estaban acumulando un poder económico sustancial y que este poder "sería ejercido para oprimir a las personas y perjudicar al público en general."[877]

Antes del *Sherman Act*, las empresas que competían en el mercado habían comenzado transferir sus acciones a un consejo de administración que estaba facultado para controlar, en forma de un fideicomiso operativo, la producción y los precios de industrias prácticamente enteras.[878] La terminología *antitrust* se deriva, por tanto, del hecho de que el *Sherman Act* se aprobó para combatir las actividades anticompetitivas que a menudo ocurrían a través de la formación de estructuras corporativas (históricamente, fideicomisos entre compañías y por ello la denominación de *antitrust*) diseñadas para controlar la competencia entre empresas anteriormente independientes.

Las leyes antimonopolio norteamericanas establecen un marco dentro del cual, mediante una combinación de prohibiciones tanto generales como específicas, se proscribe la conducta que se considera susceptible de obstaculizar irrazonablemente la competencia libre y abierta. Entre las prohibiciones más generales se incluyen disposiciones que establecen

---

874 15 U.S.C. §§ 1, 2.

875 *Northern Pacific Railway Co. v. United States*, 356 U.S. 1, 4, 78 S. Ct. 514, 2 L.Ed.2d 545 (1958).

876 *National Society of Professional Engineers v. United States*, 435 U.S. 679, 98 S. Ct. 1355, 55 L.Ed.2d 637 (1978).

877 *Standard Oil Co. of New Jersey v. United States*, 221 U.S. 1, 50, 31, S. Ct. 502, 55 L. Ed. 619 (1911).

878 *United States v. American Tobacco Co.,* 221 U.S. 106. 31 S. Ct. 632, 55 L. Ed. 663 (1911).

contratos ilegales, combinaciones y conspiraciones para restringir el comercio,[879] monopolización e intentos de monopolio,[880] así como métodos desleales de competencia.[881] La falta de especificidad legal en cuanto a los tipos de conductas prohibidas ha sido contrarrestada a lo largo de los años por una amplia línea judicial y decisiones de la Comisión Federal de Comercio.

No obstante estas consideraciones, existe un fuerte basamento en decisiones judiciales que sustentan las prohibiciones generales contra la interferencia de los mercados, los contratos y la prohibición de restringir el comercio, la aplicación de la teoría penal del delito de conspiración a las combinaciones de actuaciones que generen una restricción del comercio, así como el derecho común sobre la noción de monopolio.[882] Además de las prohibiciones generales de las leyes antimonopolio, ciertas disposiciones específicas están diseñadas para abordar categorías más precisas de conducta que el Congreso considera que ameritan preocupaciones competitivas particulares y, en consecuencia, iniciativas legislativas específicas. Así, por ejemplo, la Sección 7 del *Clayton Act*[883] se aplica a las fusiones y adquisiciones, el *Robinson-Patman Act* se aplica a la discriminación de precios, entre otras regulaciones en específico.

En el derecho norteamericano, con la posible excepción *del Robinson-Patman Act*, existe un acuerdo general de que las leyes antimonopolio están destinadas a proteger la competencia, no a los competidores individuales.[884] Esta circunstancia encuentra sentido al ser el derecho de los consumidores una consideración de derecho estatal y no de derecho federal. Así, los estados son soberanos en legislar en materia de protección al consumidor, más se encuentran vinculados al derecho federal antimonopolio de acuerdo con la *preemption doctrine*.[885] Tal es el caso histórica-

---

879 15 U.S.C. § 1.

880 15 U.S.C. § 2.

881 15 U.S.C. § 45(a).

882 Hylton, Keith N., *Antitrust Law: Economic Theory & Common Law Evolution,* Cambridge, Cambridge University Press, 2010, p. 31.

883 Clayton Act, 15 U.S.C. § 12.

884 Robinson-Patman Act, 15 U.S.C. §§ 13(a)-(f).

885 El derecho federal es "the supreme law of the land." U.S Constitution, Article VI, § 2. En *Altria Group v. Good*, 555 U.S. 70 (2008), la Corte Suprema sostuvo que "las leyes estatales que entran en conflicto con la ley federal no tienen efecto." La decisión discutió la diferencia entre la preferencia expresa e implícita, e identificó formas de determinar si el Congreso pretendía que la ley federal prevaleciera sobre la ley estatal.

mente del estado de California con fuertes leyes de protección al consumidor. Ahora bien, en materia de *antitrust*, el hecho de que una empresa pueda retirarse del mercado porque tiene una competencia intensa no planteará, sin más, ningún problema en virtud de las leyes antimonopolio.[886]

De hecho, si como resultado de una habilidad y perspicacia superiores, una empresa elimina a sus competidores y obtiene el 100% de un mercado determinado, esto no necesariamente violará las leyes antimonopolio. Sin embargo, si cualquiera de los escenarios anteriores implica una conducta que se considera que restringe el comercio de manera irrazonable, o que evidencia una intención de restringir el comercio,[887] el hecho de que los competidores han sido expulsados del mercado proporcionará evidencia de apoyo de que se han violado las leyes antimonopolio.

Las leyes antimonopolio están orientadas a la conducta. Es decir, se centran en actividades empresariales. Si bien la estructura del mercado desempeñará un papel en la determinación de si la conducta bajo revisión viola las leyes antimonopolio, la estructura del mercado, en sí misma, no puede constituir una violación antimonopolio. Un análisis de si una conducta particular viola las leyes antimonopolio requiere una comprensión de ciertos conceptos tales como la regla de la razón, la regla *per se*, la doctrina de las restricciones auxiliares, los contratos, las combinaciones y las conspiraciones, así como la medida en que debe existir una intención específica de violar las leyes antimonopolio. Es necesario identificar la regulación en concreto para determinar si cierta conducta constituye una restricción irrazonable del comercio en violación de las leyes antimonopolio.

Así, un punto de especial interés en el caso americano lo constituye la teoría de la acción privada.

Tradicionalmente, los sistemas de derecho civil han negado la posibilidad a sus ciudadanos de ejercer acciones judiciales en aquellos casos donde el Estado tiene un deber en su función de ejecutar la legislación o regulación. Así, en el sistema civil, los fiscales están obligados al ejercicio de la acción judicial más que permitir negociar sobre su ejercicio en el caso en concreto. En algunos casos, esto no es una regla absoluta. Por ejemplo, en materia procesal penal venezolana, se permite en ciertos de-

---

886 *Copperweld Corp. v. Independence Tube Corp.*, 468 U.S. 85, 104 S.Ct. 2731, 81 L.Ed.2d 628 (1984).

887 *CHA-Car, Inc. v. Calder Race Course, Inc.*, 752 F.2d 609 (11th Cir. 1985).

litos privados el ejercicio privado de la acción penal por no estar involucrada la sociedad en su protección. Esto implica que las víctimas del delito pueden traer a un tribunal penal sus propias acciones judiciales contra el imputado y sin supervisión fiscal.[888]

En el derecho norteamericano, cuando nos referimos a acción privada, nos referimos a la situación donde el potencial accionante tiene incentivos en ejecutar las regulaciones preexistentes, coadyuvando a los entes públicos llamados a su ejecución.

La noción de acción privada es esencialmente una idea del derecho norteamericano y que tiene una larga trayectoria dentro del *antitrust law*. Los sistemas del *common law* han sido receptivos con la idea de la ejecución privada de las leyes y regulaciones, y tramitar estas pretensiones como demandas civiles, con su origen marcado en las leyes que protegen la competencia donde "la ejecución privada también juega un rol significativo en disuadir potenciales violaciones a la legislación de la competencia."[889]

Así, en el contexto del ejercicio de acciones privadas en litigios de protección a la competencia, muchos autores han criticado el sistema actual de litigios en esta materia. Algunos sostienen que "la acción privada en muchas ocasiones resulta en remedios judiciales que proveen a los abogados de honorarios profesionales muy lucrativos, pero no aseguran reales beneficios para las [empresas] afectadas."[890] Esta crítica responde a que el derecho a la competencia norteamericano, y sus acciones judiciales, son esencialmente acciones sostenidas ante tribunales civiles, otorgando a la parte victoriosa daños considerados en sumas monetarias.

El contralor habitual de la legislación en materia de *antitrust* es el gobierno federal. Así, tanto la FTC como la División Antimonopolio del DOJ hacen cumplir las leyes antimonopolio federales.[891] En algunos aspectos,

---

888 De acuerdo con el derecho penal procesal venezolano, existe una antigua distinción entre los delitos de acción privada y los delitos de acción pública. En los primeros se inicia por la acción presentada por víctima por causa del delito cometido contra ella, siendo ella procesalmente legitimada para su ejercicio. Por otra parte, la segunda acción es aplicable todos los delitos al ser el Ministerio Público quien ostente el monopolio de la acción penal en representación de los ciudadanos. Esta distinción es inútil en la práctica porque casi todos los delitos se consideran acciones públicas. Los únicos delitos considerados de acción privada son el adulterio, la difamación y los relacionados con el daño a la propiedad.

889 Lande, Robert H. & Davis, Joshua P., "Benefits from Private Antitrust Enforcement: An Analysis of Forty Cases", en; *University of San Francisco Law Review*, 2008, Vol. 42, N° 4, pp. 879-918, especialmente p. 884.

890 Id.

891 Id.

sus autoridades se yuxtaponen, pero en la práctica las dos agencias federales se complementan.

A lo largo de los años, las agencias han desarrollado experiencia en industrias o mercados particulares. Por ejemplo, la FTC dedica la mayor parte de sus recursos a ciertos segmentos de la economía, incluidos aquellos en los que el gasto de los consumidores es alto: atención médica, productos farmacéuticos, servicios profesionales, alimentos, energía y ciertas industrias de alta tecnología como la informática y los servicios de internet.[892] La FTC tiene competencia de iniciar demandas civiles, mientras el DOJ puede obtener sanciones penales.[893] El DOJ también tiene jurisdicción antimonopolio exclusiva en ciertas industrias, como telecomunicaciones, bancos, ferrocarriles y aerolíneas.[894]

No obstante ello, las partes privadas también pueden entablar demandas para hacer cumplir las leyes antimonopolio. De hecho, la mayoría de las demandas antimonopolio son presentadas por empresas e individuos que buscan daños y perjuicios por violaciones del *Sherman Act* o *Clayton Act*. Las partes privadas también pueden solicitar órdenes judiciales que impidan conductas anticompetitivas (a través de medidas cautelares) o entablar demandas en virtud de las leyes estatales antimonopolio. No obstante, los individuos y las empresas no pueden demandar bajo el *FTC Act*.[895]

En la práctica de *antitrust* ha sido usualmente aceptado que los privados puedan efectivamente traer sus propias acciones judiciales, principalmente por las ventajas que tiene para el bien colectivo. Pero inclusive en casos sobre la competencia, donde la acción privada ha sido generalmente aceptada, hay muchas críticas sobre su teoría. Así, se ha argumentado que:

> ...una crítica común a la teoría de la acción privada en general, y de las acciones colectivas en particular, es que ellas son una forma de manipulación o extorsión, donde los abogados del demandante, con poco riesgo a ellos mismos, obligan a los demandados a entrar en transacciones judiciales basados no el mérito de la controversia, sino más bien en el costo del litigio o el miedo a un erróneo o una catastrófica decisión judicial.[896]

---

892 Id.

893 En este sentido véase, Hovenkamp, *Principles of...*, ob. cit., pp. 521 y ss.

894 Id.

895 Federal Trade Commission, *Guide to Antitrust Laws*, en https://bit.ly/2TUHPfR.

896 Id., p. 885. Turner, Donald F., "The Durability, Relevance and Future of American Antitrust Policy", 5 *Cal. l. Rev.* 797, 811-812 (1987).

Ciertamente, existe la posibilidad de manipular el proceso judicial para obtener resultados no directamente relacionados con la justicia del caso en concreto, como tendremos la oportunidad de discutir en este capítulo. En contraste, algunos señalan que:

> ...ha habido una tendencia tradicional de asumir que las leyes designadas a producir beneficios públicos deben ser ejecutadas por las autoridades públicas, mientras que las leyes designadas a regular las interacciones de los actores privados deben ser ejecutadas por esos actores privados.[897]

Este último supuesto es esencialmente el caso de las jurisdicciones de derecho civil continental, donde el monopolio del poder público recae sobre la autoridad pública competente de acuerdo con el sistema de administración de justicia y su organización. Pero el monopolio del poder y de autoridad ha sido cuestionado con cierta verdad en sus argumentos y en contra de la teoría del proceso penal.[898] No existe pues, en el sistema venezolano, una práctica legal sobre el ejercicio de demandas civiles para el resarcimiento de daños derivados a violaciones de la Ley Antimonopolio, si bien hemos de tener presente lo dispuesto en su artículo 57 sobre el agotamiento de la vía administrativa previamente en la mayoría de los supuestos establecidos por la ley.[899]

---

897 Roach, Kent & Trebilcock, Michael J., "Private Enforcement of Competition Laws", en: 34 *Osgoode Hall L.* J. 1996, Vol. 34, N° 3, pp. 461-568, especialmente p. 471.

898 Así, como algunos han señalado, "la ejecución a solicitud privada de las leyes públicas puede actuar como un control sobre el monopolio del poder otorgado a las autoridades públicas de ejecutar la legislación, [de otra forma] un accionante privado que ha sufrido la violación [de la regulación en concreto] puede estar en una mejor posición y puede tener mejor información para ejecutar lo establecido en la legislación que un funcionario público. La parte agraviada, y no el funcionario, es quien tiene el mayor interés en buscar justicia correctiva en la forma de daños y perjuicios u otros remedios judiciales." (Roach, *Private Enforcement...*, ob. cit., p. 472). Evidentemente, no es lo mismo buscar indemnización por daños que buscar la convicción penal del imputado en un proceso penal. La naturaleza del proceso civil es remediar la situación legal del agraviado, mientras que el proceso penal busca, naturalmente, el castigo físico como *ultima ratio* por causa del delito cometido y muchas veces sin importar el medio compensatorio que pueda ser aplicable por ser considerado como algo accesorio a la sanción principal.

899 Sin perjuicio de lo indicado en el parágrafo único de este artículo, los afectados por las prácticas prohibidas, podrán acudir a los tribunales competentes para demandar las indemnizaciones por daños y perjuicios a que hubiere lugar, una vez que la resolución de la Superintendencia haya quedado firme. En caso de infracción de las disposiciones de la Sección Tercera del Capítulo II del Título IV de este Decreto con Rango, Valor y Fuerza de Ley, los afectados podrán acudir directamente ante los tribunales competentes, sin necesidad de agotar la vía administrativa. Sin embargo, si los afectados decidieren iniciar el respectivo procedimiento administrativo, de conformidad con las disposiciones del Capítulo I del Título IV de este Decreto con Rango, Valor y Fuerza de Ley, no podrán demandar el resar-

Ahora bien, permitir cierta clase de acciones privadas puede proveer un camino legal para la búsqueda de compensación a través de acciones colectivas o remedios legales en específico y respecto a áreas altamente reguladas por ley. De acuerdo con el derecho norteamericano, en la legislación de delitos financieros o de cuello blanco, hay ciertas áreas donde la acción privada y el derecho a la acción están permitidas.

Así, por ejemplo, de acuerdo con el *Racketeer Influenced and Corrupt Organizations Act* (RICO), se permite:

> …a cualquier persona (individuo o entidad legal) que haya sido lesionada en su negocio o propiedad por violaciones de la Ley RICO a demandar [civilmente] de acuerdo con lo establecido en la Ley RICO y, de prosperar la acción, a reclamar judicialmente daños triples y honorarios de abogados, lo cual aporta dos recursos importantes a los esfuerzos realizados por la policía contra el crimen: (1) el tiempo, el talento y la experiencia de un abogado privado, y (2) "información privilegiada" de las víctimas sobre irregularidades.[900]

Existe un gran incentivo para ejercer y traer acciones judiciales de acuerdo con la Ley RICO debido a que la legislación ha permitido una importante compensación monetaria. Así, "la lucrativa demanda judicial sustentada en RICO incentiva a las víctimas con conocimientos para que se presenten y demanden."[901]

II. LOS DERECHOS DE LOS CONSUMIDORES

A diferencia del derecho de la competencia que se enfoca en la figura de los competidores, el derecho de los consumidores se centra desde la perspectiva de los usuarios de bienes y servicios que proveen los competidores para el consumo. Ahora bien, para que un programa de cumplimiento sobre regulación económica sea exitoso es importante un conocimiento exhaustivo previo de la normativa vigente y aplicable al consumidor, entendiendo su necesaria interconexión con el derecho de la competencia económica.

Se ha sostenido acertadamente que el derecho de los consumidores y usuarios reconocido en el artículo 117 de la CRBV sólo puede materializarse si median condiciones efectivas de competencia, esto es, concurrencia de operadores en el mercado como condición necesaria para que los

cimiento de los daños y perjuicios que hubieren podido sufrir como consecuencia de prácticas prohibidas, sino después que la resolución de la Superintendencia haya quedado firme.

900 Lande, *Benefits from…*, ob. cit., p. 543.

901 Id.

consumidores y usuarios puedan libremente seleccionar bienes y servicios de calidad.[902] De igual manera, no es novedoso advertir que existen múltiples instrumentos legales que establecen numerosos delitos de naturaleza económica. Por ejemplo, la LOPJ es la ley marco y referencia en materia de delitos económicos que atenten contra los consumidores.

1. El derecho de los consumidores en Venezuela

En el marco de una relación entre consumidor y proveedor de bienes se ha descrito a la categoría de consumidores como aquella persona que adquiere un bien o servicio para su uso definitivo, en contraposición a un fin de lucro, pero que se encuentra en una situación de desventaja económica frente al proveedor que le entrega ese bien o servicio por una contraprestación.[903]

Esta situación típica se da entre los productores y distribuidores de bienes y servicios, por una parte, y por la otra, los usuarios o consumidores de tales bienes y servicios.[904] En tales casos, se trata no sólo de proteger a ese contratante más débil, sino de asegurar la dirección general de la economía en beneficio de toda la colectividad.[905]

En sentido amplísimo, la legislación venezolana del consumidor provee en mayor o menor medida protección al consumidor *(i)* basada en la regulación del objeto de consumo, *(ii)* basada en el sujeto, *(iii)* según el modelo económico constitucional, y *(iv)* según la situación económica.[906] En efecto, la contratación diaria de la gran empresa frente a los consumidores de los bienes que adquieren de esta crea un escenario comercial donde el concepto de autonomía de la voluntad de las partes que se encuentra íntimamente relacionado con el principio de libertad en la contratación, pero tal principio cede su espacio desde principios del siglo pa-

---

902 Hernández, José Ignacio, "Libre competencia y defensa de los consumidores y usuarios", en *Revista de Derecho Público,* 2005, N° 102, p. 26.

903 Basile, Miguel, "La inconstitucionalidad de normas en materia de protección al consumidor por crear condiciones adversas a los consumidores por sus efectos económicos: un estudio a partir de la jurisprudencia venezolana", en: *Revista de la Facultad de Derecho,* 2017, N° 71, p. 74.

904 Melich Orsini, José, "Las particularidades del contrato con consumidores", en: *Revista de la Facultad de Ciencias Jurídicas y Políticas de la Universidad Central de Venezuela,* 1999, N° 111, p. 85.

905 Id.

906 En este sentido, véase, Chacón Gómez, Nayive, "Reseña histórica de la protección al consumidor y usuario en Venezuela: Mucho más que 'precios justos'", en: *Revista Venezolana de Legislación y Jurisprudencia,* 2017, pp. 145 y ss.

sado ante el intervencionismo que postula el Estado social y de Derecho.[907] De esta forma, aunque la legislación actual tiene una fuerte tendencia a la regulación de los precios, no es menos cierto, que existen principios generales de protección al consumidor derivados de la CRBV y múltiples casos judiciales en este sentido.

El derecho al consumidor venezolano es confuso por su regulación ambigua, poco precisa y dispersa más allá de los establecido por la LOPJ. Por ejemplo, la aún vigente Ley sobre Propaganda Comercial[908] establece ciertas prohibiciones para la realización de propaganda comercial, sin entrar a definirla. Sin embargo, se ocupa de los llamados sistemas de bonificación al consumidor, ya sea mediante estampillas, cupones, vales, bonos, contraseñas o signos pagaderos en dinero o en especie, estableciendo un procedimiento para la autorización de su emisión y entrega a los consumidores.[909]

Por una parte, aun cuando la LOPJ afirma que tiene por objeto garantizar el acceso de las personas a los bienes y servicios para la satisfacción de sus necesidades, esta no contempla un elenco de normas tendentes a describir los derechos de los ciudadanos en lo que se refiere al acceso a los bienes y servicios, como sí lo hacia la derogada ley para la defensa de las personas en el acceso a los bienes y servicios.[910] De esta forma, la LOPJ se enfoca exclusivamente en la temática de la estructura de costos y el establecimiento de los márgenes de ganancias.[911] La realidad es que el derecho al consumidor no sólo abarca el establecimiento de precios, sino también el libre acceso adecuado a los bienes y servicios en situaciones en las cuales, por ejemplo, no medie fraude y sea en condiciones de acceso justas.

En Venezuela, por ejemplo, no existe regulación respecto al uso de internet para la compraventa de bienes y servicios. A medida que la industria publicitaria crece en internet será también cada vez más importante resolver el asunto de los fraudes.[912] Los consumidores, los anuncian-

---

907 Citado por Chacón Gómez, Id. en Annichiarico, José: "La obligación de seguridad y los contratos de consumo", en: *Boletín de la Academia de Ciencias Políticas y Sociales*, 2010, N° 148, pp. 129-162.

908 G.O. N° 21.503 del 06-09-1944.

909 Chacón Gómez, *Reseña histórica...*, ob. cit.

910 Reverón Boulton, Carlos, "Notas sobre la Ley Orgánica de Precios Justos", en: *Revista Electrónica de Derecho Administrativo Venezolano,* 2014, N° 3, pp. 155-172, especialmente p. 161.

911 Chacón Gómez, *Reseña histórica...*, ob. cit., p. 153.

912 Kerin, Hartley & Rudelius, *Marketing...*, ob. cit., p. 491.

tes, las páginas que incluyen publicidad pagada y los grandes portales están involucrados en una situación técnica, legal y social muy compleja.[913] Un programa de cumplimiento puede establecer nociones básicas de protección al usuario y cómo la compañía puede afrontar este tipo de situaciones que potencialmente pueden dañar la reputación del negocio, sin necesidad de que exista expresa obligación legal en este sentido, como pudiera ser el caso de la regulación bancaria vigente.[914]

En todo caso, el programa de cumplimiento económico debe entender que la empresa puede ostentar un poder de mercado y que dicho poder tiene consecuencias legales, regulatorias y de cumplimiento. Esta consideración no sólo es fundamental desde un punto estrictamente legal (¿cuál estrategia legal empleará la compañía en caso de una queja por parte de sus consumidores habituales?) sino que debe formarse y entrenarse a los empleados de la empresa respecto a este tipo de situaciones para no incurrir en prácticas que atentes o sean violatorias al derecho de los consumidores.[915]

2. Los contratos de adhesión y la protección de los consumidores

Los contratos de adhesión han sido definidos como aquéllos en los cuales "su contenido es obra de una sola de las partes, sin que la contraparte colabore en dicho cometido, sino que limita su actuación a incorporarse a él y aceptarlo, en adherirse al esquema previamente determinado unilateralmente."[916] En la práctica de la contratación moderna, los contratos de adhesión se encuentran íntimamente vinculados con la noción de "cláusulas abusivas," que la doctrina ha diferenciado de aquéllos debido a que:

---

913 Id.

914 Normas relativas a la protección de los usuarios y usuarias de los servicios financieros de SUDEBAN. En materia bancaria, la SUDEBAN ha emitido normas sublegales para la regulación y protección de los intereses de clientes y usuarios del sistema bancario nacional. En tal sentido, las instituciones bancarias deberán prestar a sus clientes una adecuada atención en cuanto operaciones, transacciones, reclamos o quejas y solicitudes que éstos realicen y cuya atención será completamente gratuita.

915 En un análisis poco profundo, un ejemplo de ello pudiera ser el desabastecimiento voluntario en determinadas zonas geográficas por intereses comerciales, teniendo una doble violación este hipotético, tanto como de potencial práctica anticompetitiva como de potencial violación al derecho del consumidor en el acceso del bien o servicio prestado.

916 Bernad Mainar, Rafael, *Derecho Civil Patrimonial Obligaciones*, Vol. III, 2° ed., Caracas, Universidad Católica Andrés Bello, 2012, p. 48.

> ...mientras se habla de contrato de adhesión para referirse a cláusulas incorporadas al contrato exclusivamente por una de las partes, el concepto de cláusula abusiva alude más bien a ser ella contraria a la ley o a la buena fe de alguna de las partes.[917]

Por ello, en materia de contratos de adhesión es importante tener en cuenta que lo fundamental para no calificarlo como tal es que la otra parte tenga una real y efectiva capacidad de negociación y discusión del contrato.

Originalmente, tales tipos contractuales encontraron regulación en la Ley de Protección al Consumidor y al Usuario,[918] y posteriormente, en la Ley para la Defensa de las Personas en el Acceso a los Bienes y Servicios,[919] actualmente derogada por la LOPJ.[920] Sin embargo, por la entrada en vigencia de la LOPJ, se derogó gran parte de la regulación legal preexistente respecto al derecho de los consumidores y usuarios, desproveyendo de regulación al contrato de adhesión en la actualidad en Venezuela. No obstante, la jurisprudencia de los tribunales nacionales ha sostenido de forma sistemática e incluso bajo la vigencia de la LOPJ las características fundamentales aportadas por la doctrina de este tipo de contratos y ha establecido que el contrato de adhesión puede surgir en distintos supuestos de contratación.[921]

La única regulación en el ordenamiento jurídico venezolano sobre contratos de adhesión es el artículo 10 numeral 10 de la LOPJ que señala que:

> ...son derechos de las personas en relación a los bienes y servicios declarados o no de primera necesidad además de los establecidos en la Constitución de la República Bolivariana de Venezuela, en los tratados y convenios internacionales suscritos y ratificados por la República, los siguientes (...) la protección en los contratos de adhesión que sean desventajosos o lesionen sus derecho o intereses.

---

917 Acedo Sucre, Carlos, *Las Cláusulas Abusivas, El Derecho Civil Venezolano a principios del siglo XXI en homenaje al Código Civil de los Franceses de 1804*, citado por Melich Orsini, *Doctrina General...*, ob. cit., p. 539.

918 G.O. N° 37.930 del 14-05-2004.

919 G.O. N° 39.358 del 01-02-2010.

920 G.O. N° 40.340 del 23-01-2014.

921 Así, ha establecido la jurisprudencia que: "en el caso bajo estudio, la referida cláusula [...] reúne las características de un típico contrato de adhesión, en donde queda excluida cualquier posibilidad de debate o dialéctica entre las partes. En efecto, en el contrato de adhesión, tal como lo ha puesto de relieve la doctrina y la jurisprudencia, las cláusulas son previamente determinadas por uno solo de los contratantes, de modo que el otro contratante se limita a aceptar cuanto ha sido determinado por el primero." *Plan Ford S.R.L v. INDECU*, sentencia de la Sala Político-Administrativa del Tribunal Supremo de Justicia del 03-12-2014, en https://bit.ly/3C48qA3.

En este supuesto, la LOPJ sanciona la infracción a esta norma con multa de 200 a 20.000 unidades tributarias a quienes violen, menoscaben, desconozcan o impidan a las personas el ejercicio del derecho a la protección en los contratos de adhesión que sean desventajosos o lesionen sus derechos o intereses (art. 54 LOPJ).

La Sala Político Administrativa del Tribunal Supremo de Justicia ha sido enfática sosteniendo que la propia naturaleza de los contratos de adhesión, y su estrecha vinculación con el derecho de los consumidores, logra que esta clase de contratos tengan un análisis especial de acuerdo a la normativa constitucional vigente.[922] La propia Sala Político Administrativa ha señalado que los contratos de adhesión pueden involucrar derechos "elevados a rango constitucional en virtud de la importancia que tienen dentro del desarrollo social del ser humano pues el mismo necesita proveerse de bienes y servicios para tener una óptima calidad de vida."[923] Por ello, toda la contratación de la empresa debe tomar en cuenta todos estos aspectos externos, pues los contratos de adhesión no pueden contener cláusulas abusivas (o que sean desventajosas), ni que lesionen derechos de la contraparte.

3. La confusión de los consumidores y su revés marcario

La actividad comercial de la empresa puede ocasionar el hecho ilícito de la confusión al consumidor. La confusión a los consumidores puede tener varias consecuencias legales tanto del punto de vista de la protección al consumidor y el derecho de la competencia económica, así como en materia de derechos de marcas comerciales. En materia de competencia, la simulación o imitación de un producto puede ser considerada como aquella situación que genera confusión acerca de la procedencia empresarial de un producto en beneficio propio o de agentes económicos vinculados entre sí, como medio a través del cual se pretende que el público asocie la empresa del imitador con otra u otras que gozan de un prestigio

---

922 Al respecto ha señalado la Sala Político Administrativa que el trato equitativo y digno que propugna la CRBV se contraviene cuando en los contratos de adhesión no existe el debido equilibrio de prestaciones o cuando el proveedor ejerza sus derechos de manera abusiva en detrimento de los intereses económicos de los consumidores y usuarios, y al ser esta clase de derechos de carácter constitucional, "la falta de ley reglamentaria de estos derechos no menoscaba el ejercicio de los mismos, es decir, los derechos deben ser ejercidos y protegidos aun cuando no se desarrollen de manera expresa mediante ley". *Plan Ford S.L.R v. INDEPABIS,* sentencia de la Sala Político-Administrativa del Tribunal Supremo de Justicia del 19-02-2015, en https://bit.ly/3C0xV5w.

923 Id.

o de una notoriedad de la que el competidor desleal carece (art. 17.2 de la Ley Antimonopolio).

Esta precisión de ley, pues deriva del texto expreso de la Ley Antimonopolio, es fundamental pues se considerará como una práctica de competencia desleal el empleo no autorizado de signos distintivos ajenos o denominaciones de origen falsas o engañosas, imitación de empaques o envoltorios. Así las cosas, la competencia desleal en estricto sentido no es sólo un problema de competencia, sino también un problema de propiedad intelectual que puede ser conocido por la jurisdicción ordinaria.

La semejanza entre marcas tiene particulares efectos en la vida comercial de las empresas pues puede ocurrir, con o sin voluntad, la producción masiva de marcas semejantes. Esta situación no solo afecta al consumidor desde el derecho de la competencia, sino que también se presenta como una verdadera controversia marcaria (por medio de marcas comerciales semejantes).

En *Bayer AG v. Ministerio del Comercio* se sostuvo que la confundibilidad entre marcas debe analizar la marca en su conjunto y no cada uno de sus elementos por separado, aun cuando algunos de éstos puedan consistir en signos o palabras similares a otras ya registradas que, por su naturaleza, dentro del conjunto, no quedarían protegidas aisladamente por sí solas como un derecho exclusivo de uso, pues el registro es sobre el conjunto que constituye la marca, y no sobre cada uno de sus elementos por separado. Asimismo, la confusión debe resultar de una simple comparación de ambos signos y tomando en cuenta la apreciación de la fuerza expresiva o de impacto en el consumidor.[924]

Ahora bien, en esta materia, el análisis no solo es gramatical sino también fonético. En *Ebel International LTD. v. Ministerio para las Industrias Ligeras y Comercio*, con motivo a la controversia entre las marcas "CY.ZONE" y "EYZONE" se sostuvo que para que exista un "parecido fonético" entre dos marcas comerciales que resulte suficiente para impedir el registro de una de ellas, es necesario, que tal similitud surja de la comparación que de conjunto se haga de las marcas, y no del minucioso análisis de cada uno de sus elementos.[925] No obstante, dicho análisis debe

---

[924] *Bayer AG v. Ministerio del Poder Popular para el Comercio.* Sentencia de la Sala Político-Administrativa del 20-07-2017, en https://bit.ly/3AhgXP1.

[925] *Ebel International LTD. v. Ministerio del Poder Popular para las Industrias Ligeras y Comercio.* Sentencia de la Sala Político-Administrativa del 17-11-2016.

realizarse de la mano con el análisis estructural de las marcas a fin de determinar la similitud gráfica entre los mencionados símbolos.[926]

La semejanza entre marcas es distinta a la simulación de productos, pero igualmente genera confusión al consumidor. El caso de la simulación se presenta cuando una empresa introduce en el mercado un bien cuyos signos distintivos se asemejan a los de un producto de la competencia. El signo distintivo de una marca se define como aquel nombre, termino, símbolo o diseño, o una combinación de ellos, que permiten identificar los productos o servicios de un vendedor o grupo de vendedores y diferenciarlos de la competencia.[927]

Igualmente, cuando una persona o empresa imita o simula los productos de otra, pero no para ofrecer nuevas alternativas a los clientes sino para hacerles creer que son un mismo producto o que existe una relación entre ellos, estaríamos en presencia de una práctica de simulación que no es más que aquella conducta propia de empresas pequeñas o nuevas en el mercado, que simulan algún atributo que distingue a los productos de otra empresa que ya tiene una reputación entre los clientes. La imitación o simulación desleal, por lo tanto, tiene dos efectos simultáneos: confundir a los consumidores y perjudicar las ventas o reputación de la empresa cuyo producto es simulado.[928]

Este tipo de simulación genera confusión y engaño a los clientes y compradores, debido a que los productos del imitador son relacionados con una reputación que no le corresponde, pues no son el resultado de un esfuerzo sostenido para dar a conocer el producto o de una estrategia para ofrecer productos de alta calidad, sino que provienen del aprovechamiento de los esfuerzos de otra empresa.[929]

---

926 Id. Respecto al análisis entre las marcas "CY.ZONE" y "EYZONE", en este sentido, debe efectuarse un análisis de la estructura de las mismas, para lo cual se observa que el signo solicitado para su registro está compuesto por dos palabras divididas por un punto (cuyo centro es de color), y las vocales que componen la segunda palabra "o" y "e" tienen en su centro un determinado color, todo lo cual hace una diferencia significativa con la marca base de la negativa, la cual está conformada por una palabra escrita de forma corrida, sin ningún símbolo especial.

927 *Todoticket 2004, C.A. v. Vale Canjeable Ticketven, C.A.* Resolución N° SPPLC/0014-2008 del 16-09-2008. Extractos de la Resolución disponibles en: Hernández, José Ignacio, "Resoluciones de la Superintendencia para la promoción y protección de la libre competencia: Tercer Trimestre año 2008", en: *Revista de Derecho Público*, 2008, N° 115, pp. 451-454.

928 Id.

929 Id.

III. LAS PRÁCTICAS ECONÓMICAS ILÍCITAS Y EL REVÉS DE LOS DELITOS ECONÓMICOS

La empresa puede incurrir en hechos ilícitos corporativos en su práctica comercial diaria. Así como hemos discutido con anterioridad los distintos tipos de responsabilidad que puede acarrear la empresa, la contrapartida de este análisis es el hecho ilícito en sí mismo que realiza la empresa en violación del ordenamiento jurídico. En opinión de algunos, los criminólogos y penalistas han prestado poca atención al derecho de responsabilidad extracontractual, un tema estrechamente relacionado con la conceptualización de ciertos delitos de cuello blanco como delitos propiamente dichos.[930] El delito y el hecho ilícito no son diferentes en cuanto al comportamiento del actor. Más bien, son dos instituciones existentes para hacer frente a la conducta ilícita.[931] Esta situación podemos caracterizarla a efectos prácticos de este trabajo como hecho ilícito corporativo.

Ahora bien, tales hechos ilícitos corporativos no necesariamente tienen una implicación regulatoria desde una perspectiva de derecho público o derecho penal. Las prácticas económicas ilícitas son aquellas prácticas comerciales que violan alguna norma de rango legal en el curso de actividades comerciales.

Así, prácticas como la piratería, el fraude, el abuso de patrocinio, las importaciones paralelas, son ejemplos de malas prácticas comerciales que tienen consecuencias legales negativas y representan riesgos para la empresa y su reputación, pero que muchas veces no encuentran su sustento en una razón de competencia, por ser un derecho meramente privado el que se encuentra afectado. Tangencialmente, las prácticas económicas ilícitas pueden tener implicaciones en materia de competencia económica y protección a los consumidores, pero es autónoma en el sentido de que cualquier tercero puede tener una acción civil frente a la empresa de acuerdo con la teoría de la responsabilidad extracontractual.

---

930 Carter, & Blum-West, *Bringing White-Collar...*, ob. cit., p. 546. En todo caso, en opinión de estos autores, el debate sobre si las violaciones penales y extracontractuales son formas distintas de comportamiento o tipos de acciones similares reguladas por dos conjuntos diferentes de procedimientos legales se ha centrado en cuatro cuestiones: el papel de la intención del infractor en los casos penales y extracontractuales; la inmoralidad de la conducta; los fines de las sanciones en juicios penales y civiles; y los objetos que supuestamente protege cada ordenamiento jurídico.

931 Id., p. 551.

1. La teoría general de las prácticas económicas ilícitas

Las prácticas económicas ilícitas son aquellas actuaciones comerciales que las empresas pueden cometer voluntariamente o no, que pueden constituir ilícitos de naturaleza civil o administrativa, y que puede impactar la actividad empresarial misma por ser considerados tanto como actuaciones anticompetitivas, violatorias a los derechos de los consumidores, o sencillamente contrarias a la legalidad. En este trabajo aglomeramos las prácticas económicas ilícitas sin importar su distinción entre las subáreas del derecho que competen, pues el interés de la empresa es evitar que tales prácticas ocurran, en aras de mantener una excelente reputación comercial y su adecuación al marco de la legalidad. En particular, enfocamos el estudio en dos situaciones que deben ser de vital análisis para la empresa: la protección de secretos industriales y la prevención de delitos económicos.

A. La protección de los secretos comerciales

La información es poder, así como todo lo que la rodea. Una práctica económica ilícita es la divulgación no autorizada de secretos industriales, y los programas de cumplimiento deben prever escenarios y protocolos en el peor escenario posible. La información empresarial puede tener grandes impactos no sólo para el desarrollo de la empresa sino afectar por vía de consecuencia el mercado y a los consumidores. ¿Qué hacer cuando hay una fuga de información respecto a un producto en desarrollo, un proyecto de mercadeo o las etapas de un procedimiento industrial? El programa de cumplimiento debe establecer los protocolos a seguir, no sólo a lo interno de la organización, sino frente a las autoridades reguladoras potencialmente involucradas.

Pero ¿qué es un secreto empresarial? Se ha sostenido, efectivamente, que el secreto empresarial es un bien intangible susceptible de protección legal. El secreto empresarial es una manifestación de la propiedad intelectual que se encuentra individualizado por determinados rasgos: la heterogeneidad de las informaciones de que trata y la forma en que es protegido. Así, las informaciones objeto de secreto pueden ser de explotación continuada (por ejemplo, una información técnico industrial) o agotarse en un sólo uso (el caso de una estrategia publicitaria).[932]

[932] Font Acuña, Thais, "Requisitos que determinan la protección jurídica del secreto empresarial", en: *Anuario de la Facultad de Ciencias Jurídicas y Políticas de la Universidad de Carabobo*, 2014, Vol. 37, pp. 185-208, especialmente p. 191.

En cuanto a la forma en cómo tales secretos pueden tutelarse, como el secreto no concede derechos absolutos, no existe un derecho al secreto, no se puede oponer frente a todos un derecho de exclusiva sino que su protección radica en un monopolio de hecho. De esta manera, en la medida en que la información permanezca en secreto por actos del empresario, este podrá utilizarlo en su provecho. Cuando estos conocimientos dejan de ser reservados por actuaciones legítimas de terceros, por ejemplo, cuando los competidores llegan de forma autónoma e independiente a los mismos resultados, no hay posibilidad legal de prohibir el uso de tales conocimientos pues equivaldría a desestimular la invención y la investigación.[933]

El secreto empresarial no tiene protección por el mero hecho de ser un secreto o información desconocida por terceros. El simple deseo del poseedor de conservar oculta la información no es suficiente y se requiere que lo manifieste al exterior por medio de medidas y providencias para evitar su divulgación.[934] La naturaleza de los secretos empresariales es un buen ejemplo de la protección otorgada por el derecho de la competencia desleal.[935] El valor del secreto empresarial puede quedar muy depreciado por su reevaluación indebida, e implicar consecuencias legales de una perspectiva de hecho ilícito corporativo. La naturaleza jurídica de los derechos de exclusividad de datos es una cuestión intrínsecamente ligada a la naturaleza de los derechos protegidos vía competencia desleal.[936]

Una de las características fundamentales del Derecho de la competencia desleal es que no protege derechos perfectos, sino más bien intereses legítimos que no constituyen propiamente un derecho de exclusiva. En otros términos, la protección conferida al secreto empresarial no tiene eficacia preclusiva y solo tiene protección mientras y en la medida en que el *know*-how se mantenga secreto. De ahí que las legislaciones impongan al titular de los secretos empresariales la carga de protegerlo adoptando las medidas necesarias para evitar su divulgación.[937]

En la actual Ley Antimonopolio, no existe una regulación precisa sobre los secretos empresariales aun cuando puede establecerse claramente

---

933 Id.

934 Font Acuña, Thais, "La razonabilidad de las medidas de protección en el secreto empresarial", en: *Revista de Propiedad Intelectual de la Universidad de Los Andes*, 2017, N° 20, p. 151.

935 Lobato Garcia-Miján, Manuel, "Estudio Sobre el Fundamento Jurídico de la Protección de los Secretos Empresariales Regulados en el Artículo 266 de la Decisión Andina 486", en: *Revista de Derecho Administrativo,* 2001, N° 11, pp. 87-107, especialmente p. 88.

936 Id.

937 Id., p. 89.

como una práctica desleal del comercio la revelación de tal información confidencial y de uso comercial.[938] No obstante, existen disposiciones dispersas tanto en la LOTT como en el CP que regulan, en tales materias, el secreto como un asunto de interés empresarial y de protección. En este sentido, es una causa justificada de despido la revelación de secretos de manufactura, fabricación o procedimiento (art. 79.h LOTT).

Igualmente se encuentra tipificado como delito la conducta por medio de la cual el que hubiere revelado noticias relativas a invenciones o descubrimientos científicos o aplicaciones industriales que deban permanecer en secreto y de que haya tenido conocimiento por causa de su posición o empleo o en razón de profesión, arte o industria, castigándose, a instancia de la parte agraviada, con prisión de quince días a tres meses (art. 340 CP).

Como podemos observar, en ambas normas no se hace referencia expresamente al concepto empresarial de esta institución, y tal como señala Font Acuña, lo que termina ocurriendo en la actual regulación venezolana es que el país no escapa del uso disperso de la terminología para identificar al secreto empresarial, y la doctrina que la refiere reconoce por lo menos cuatros denominaciones: secreto comercial, secreto industrial, secreto empresarial y *know-how*, sin distinciones conceptuales.[939]

Para que un secreto industrial o empresarial sea tal y que la información objeto de la protección conserve su carácter secreto, debe tener un valor comercial derivado de ese rasgo confidencial y que a su vez haya sido objeto de las medidas razonables tomadas por su legítimo poseedor para preservar el aludido carácter confidencial.[940] No obstante, el Estado puede ostentar un poder superior frente a la confidencialidad empresarial por razones de orden constitucional, como lo puede ser, la protección al derecho constitucional a la salud.[941]

---

938 Esta situación era regulada de manera diferenciada en la Ley para Promover y Proteger el Ejercicio de la Libre Competencia en su artículo 17 que se refería expresamente a la violación de secretos industriales.

939 Véase, Font Acuña, Thais, *El Régimen Jurídico del Secreto Empresarial como Obra del Ingenio*, (Tesis de Doctorado), 2013, p. 90.

940 *Astrazeneca Venezuela, S.A. v. Ministerio del Poder Popular para la Salud*. Sentencia de la Sala Político-Administrativa del 13-02-2008, en https://bit.ly/3QlluoS.

941 "...en lo que respecta a la controversia analizada no ha quedado demostrado que el Estado haya empleado indebidamente el ejercicio de la potestad discrecional que ostenta en la materia y por lo tanto, la autorización que hiciere de tales medicamentes, a diferencia de lo alegado por la representación de la empresa recurrente, en modo alguno puede interpretarse como una divulgación del secreto industrial, toda vez que la Administración con

En materia penal, la revelación de secretos es un delito tipificado en Venezuela por el CP. Así las cosas, quien "teniendo por razón de su estado, funciones, profesión, arte u oficio, conocimiento de algún secreto cuya divulgación pueda causar algún perjuicio [su revelación sin justo motivo], será castigado con prisión de cinco a treinta días" (art. 189 CP). La circunstancia de la tipificación de la revelación de secretos se suma al hecho que la revelación, en sí misma, es un hecho ilícito generador de daños y perjuicios para la víctima.

B. La legislación antidumping

Nos referimos brevemente a la legislación antidumping en Venezuela como regulación conexa al actual sistema de protección a la competencia. Aunque en estricto rigor académico el objeto de la prohibición del dumping y los subsidios prohibidos no son materia propia de la Ley Antimonopolio, consideramos que desde una perspectiva de derecho regulatorio económico deben estudiarse conjuntamente. Mientras el derecho de la competencia atiende a la protección de los competidores en el mercado, el derecho antidumping busca la protección de la producción nacional respecto al valor normal de los bienes producidos nacionalmente versus los bienes importados y que acceden al mercado doméstico.

La regulación actual, aunque carente de aplicación en la práctica, no es poca cosa. Venezuela es miembro de la Organización Mundial del Comercio desde el 01-01-1995 y miembro del Acuerdo General sobre Aranceles Aduaneros y Comercio (GATT) desde el 31-08-1990,[942] con lo cual tiene obligaciones en el marco del derecho internacional con respecto del comercio entre las naciones.

En Venezuela, la Ley sobre Prácticas Desleales del Comercio Internacional[943] (Ley Antidumping) regula las políticas, lineamiento y medidas destinadas a prevenir e impedir los efectos perjudiciales sobre la producción nacional de importaciones de bienes hechas en condiciones de dum-

la autorización dada en ese sentido, por un lado estaría tutelando un derecho superior, como lo es el acceso de un mayor número de la población a los medicamentos y por otra parte se estaría circunscribiendo a revisar si se cumplieron o no los requisitos establecidos para la respectiva comercialización, esto es los previstos en la Ley cuando se trata de productos que no comportan el carácter de novedoso..." (*Astrazeneca Venezuela, S.A. v. Ministerio del Poder Popular para la Salud*, Id.).

942 G.O. N° 4.829 del 29-12-1994.

943 G.O. N° 4.441 del 18-06-1992.

ping o de bienes cuya producción, fabricación, almacenamiento, transporte o exportación ha sido objeto de subsidios, o cuyas materias primas o insumos han sido subsidiados (art. 1).

Aunque promulgada originalmente en el marco de las tendencias del derecho comunitario andino –en el que Venezuela ya no es parte–, la Ley Antidumping provee mecanismos para los particulares en el ejercicio de sus derechos como productores nacionales, así como establece prohibiciones específicas para evitar prácticas desleales en el comercio internacional. Por ello, corresponde a la Comisión antidumping y sobre subsidios (la Comisión Técnica) determinar la existencia o la amenaza de perjuicio importante a la producción nacional de bienes similares o de retraso sensible al inicio de dicha producción, como consecuencia de las importaciones de bienes objeto de dumping o beneficiarios de subsidios (art. 11 *ejusdem*).

La normativa antidumping se traduce en limitaciones concretas para el ejercicio pleno de las actividades económicas que libremente podrían desarrollar todos los particulares, pero al no ser debidamente contrarrestadas tales prácticas comerciales, podrían causar efectos negativos sobre el sistema productivo venezolano. En efecto, el objetivo de la legislación antidumping es evitar las maniobras abusivas en la importación de bienes y productos cuya producción, almacenamiento, fabricación, transporte, o exportación hayan sido objeto de subvención prohibida, pues cuando el dumping o subsidio causan o amenazan causar perjuicios sobre la producción nacional de bienes similares, deben ser considerados como prácticas desleales en el comercio nacional e internacional.[944]

En el marco de la Ley Antidumping, la Comisión Técnica puede imponer el pago de derechos antidumping o compensatorios los cuales serán pagaderos con independencia de los derechos de aduana y demás gravámenes establecidos sobre la importación de bienes a Venezuela, y su pago quedará a cargo del sujeto pasivo de la relación tributaria aduanera.[945] En el ámbito de las relaciones comerciales internacionales, el problema consiste en cómo prevenir el constante surgimiento de tendencias proteccio-

---

944 Cárdenas Perdomo, Orlando & Fischbach, Noemí, "El procedimiento Administrativo Regulado en la Ley sobre Prácticas Desleales del Comercio Internacional", en: *Revista de Derecho Administrativo*, 1998, pp. 208-209.

945 G.O. N° 4.567 del 26-04-1993. Artículo 55 del Reglamento de la Ley Antidumping.

nistas en el comercio internacional debido a vacíos y lagunas normativas.[946] En la materia que nos ocupa, un programa de cumplimiento en materia de derecho económico debe entender que la empresa se encuentra en una posición que puede, activa o pasivamente, comprometer el sistema económico nacional, pero también tiene ciertos derechos que puede ejercer frente las autoridades competentes.

Como tendremos la oportunidad de discutir, la empresa debe poseer un programa de cumplimiento económico y poseer personal calificado para asesorar a las unidades de la empresa respecto a la legislación económica. Este programa de cumplimiento no requiere toda la dogmática legal que discutimos en este epígrafe, pero sí requiere bases sólidas para diferenciar las conductas lícitas a las lícitas. Al igual que el derecho de la competencia, el derecho antidumping también puede presentar una consideración de índole económico que puede ser explorado por las gerencias legales y compliance de las empresas para advertirles a sus negocios en la importancia de la integridad en las actuaciones comerciales.

2. Los delitos económicos

El revés de las prácticas económicas ilícitas son los delitos económicos establecidos por el sistema legal por atentar, en mayor medida, contra la sociedad en su conjunto. No es sorpresa que existan cada vez más delitos con un sustento marcadamente regulatorio, pues, las legislaciones del mundo buscan sancionar penalmente conductas reprochables en los sectores altamente regulados. Tal es el caso del mercado de valores,[947] bancario,[948] y asegurador[949] donde existen delitos específicos de acuerdo con la materia regulada.

En una definición muy simple, los delitos económicos son aquellos tipos penales cuyo bien jurídico protegido es la economía nacional como

---

946 De León, Ignacio, "¿Conviene aplicar regulación antimonopolios en el comercio internacional?", en: *Revista de Derecho Internacional Económico*, 1997, p. 35.

947 Tal es el caso de los delitos especiales contenidos en la Ley de Mercado de Valores, como el uso de información privilegiada (art. 52) y las sanciones penales generales (art. 51).

948 A título de ejemplo los delitos contenidos en la LISB por captación indebida (art. 211); apropiación indebida de créditos (art. 212), apropiación o distracción de recursos (art. 213); información financiera falsa (art. 214); simulación de reposición de capital (art. 215); incumplimiento de los auditores externos (art. 216); oferta engañosa (art. 218), entre muchos otros delitos tipificados en la ley especial bancaria.

949 A título de ejemplo los delitos contenidos en la Ley de la Actividad Aseguradora como los actos en perjuicio de la actividad aseguradora (art. 182); oferta engañosa (art. 181); operaciones de seguros sin autorización (art. 180), entre otros delitos tipificados en la ley especial aseguradora.

un todo, entendiendo esta como el escenario donde todos los actores económicos hacen vida y generan riqueza. Sin entrar en consideraciones dogmáticas, los delitos económicos han sido considerados como delitos de cuello blanco en la doctrina comparada, y su especial regulación se encuentra sometida a la intención del legislador de penalizar las conductas que afecta la interacción de los ciudadanos en el sistema económico y financiero. Estos delitos no solo resultan en pérdidas monetarias directas para las víctimas, como los empleados de las empresas que pierden un valor significativo de sus planes de pensión y jubilación o incluso de sus trabajos, sino que también desalientan una mayor inversión en los mercados financieros.[950]

Ahora bien, es muy importante señalar que no existe la definición "correcta" de delito de cuello blanco –y agregamos aquí de delito económico–, y la definición solo será correcta para los propósitos de la persona que la emplea.[951] Así, en materia de tendencia sobre este tópico, el derecho penal económico involucra áreas muy diversas como la protección de la economía nacional, derechos intelectuales e industriales, delitos financieros, entre otros.

Estos delitos económicos son típicamente caracterizados como los delitos de cuello blanco, porque son cometidos por personas "en el curso del comercio y los negocios," y los consumidores son víctimas difusas, mal organizados y, a menudo, ignorantes de su victimización. Si bien las ganancias netas de las prácticas ilegales pueden ser sustanciales, la pérdida para cualquier consumidor suele ser pequeña, lo que lleva a que no se denuncien los delitos y no se perciba una victimización. A menudo se asume que los infractores son grandes empresas que obtienen enormes beneficios a expensas del consumidor al colocar los beneficios por encima de las consideraciones de salud y seguridad o al "estafar" a los consumidores mediante estrategias de marketing y publicidad engañosas.[952]

En Venezuela, la LOPJ establece una gama de delitos económicos importantes a ser considerados por la empresa, entre los que destacan los delitos de boicot (art. 55), desestabilización de la economía (art. 56), alte-

---

950 Wilson, *Corporate and...*, ob. cit., p. 78.

951 Cliff, Gerald & Desilets, Christian, "White Collar Crime: What It Is and Where It's Going", en: *Notre Dame Journal of Law, Ethics & Public Policy,* 2014, Vol. 28, pp. 481-523, especialmente p. 487.

952 Croall, Hazel, "Who Is the White-Collar Criminal", *British Journal Criminology,* 1989, Vol. 29, N° 2, p. 158.

ración de bienes y servicios (art. 62), la usura (art. 60), la alteración fraudulenta de precios (art. 63), entre muchos otros, donde la persona jurídica empresarial puede ser objeto directo de acciones penales en su contra por la comisión de tales delitos.

Aunque la Ley Antimonopolio no establece delitos específicos en su materia, la LOPJ sirve de basamento legal para la prosecución de delitos derivados de los incumplimientos a la normativa antimonopolio, pero sobre la base del perjuicio ocasionado al derecho de los consumidores. Así, como podemos observar, el trinomio entre el derecho de la competencia, consumidores y prácticas económicas ilícitas pueden tener matices entrelazados y consecuencias jurídicas conjuntas. El programa de cumplimiento debe prever en este sentido los protocolos y etapas de colaboración con las autoridades penales y regulatorias en caso de incumplimiento y jamás propiciar una conducta contraria a derecho como tendremos la oportunidad de discutir a continuación.

IV. LOS ELEMENTOS DE UN PROGRAMA DE CUMPLIMIENTO EN MATERIA DE DERECHO ECONÓMICO

La idea de un programa de cumplimiento económico es reducir el riesgo legal existente ante potenciales infracciones de la legislación económica tanto en sede administrativa como en sede penal por comisión de delitos económicos. Ciertamente, el principal foco del programa de cumplimiento económico debe ser la legislación antimonopolio como hemos tenido la oportunidad de explorar, pero no menos cierto, también debe señalar otras clases de conductas prohibidas por el sistema legal. Los departamentos de mercadeo siempre supondrán retos intelectuales importantes al momento de aplicar las normas de la competencia y en la delimitación entre lo lícito e ilícito en las actuaciones comerciales de la empresa.

Entender la actividad de mercadeo empresarial, pero desde la regulación de la industria y las regulaciones de la competencia, es un verdadero ejercicio de ponderación de intereses. Así, la empresa debe velar por saciar las necesidades de sus consumidores, pero mientras esas actividades sean en condiciones justas en el marco de la legalidad. No es una tarea sencilla para el abogado corporativo decirle a su cliente que debe y que no debe hacer. En todo caso, la gran empresa debe tener lineamientos claros para guiar sus decisiones comerciales sin repercusiones desde el punto de vista legal.

En Estados Unidos, el DOJ, a través de su división antimonopolio, ha emitido lineamientos generales de evaluación de cualquier programa de cumplimiento antimonopolio. En este sentido, los programas en cuestión promueven una férrea competencia en una economía de libre mercado al crear una cultura de buena ciudadanía corporativa dentro de las empresas, y que busca prevenir violaciones antimonopolio.[953]

Aunque evidentemente un programa de cumplimiento antimonopolio no puede prevenir todas las infracciones, un programa de cumplimiento eficaz debería poder detectar y abordar posibles infracciones antimonopolio. Además, los programas de cumplimiento antimonopolio efectivos no solo previenen, detectan y abordan las infracciones antimonopolio, sino que también promueven los esfuerzos para el resarcimiento de daños y ayudan a fomentar la responsabilidad corporativa, e individualmente considerada, al facilitar la pronta autoevaluación de una empresa y la cooperación oportuna y completa en las investigaciones administrativas y penales de la División Antimonopolio.[954]

Como tendremos la oportunidad de explorar, los elementos de un programa de cumplimiento económico van más allá de las consideraciones técnicas que la legislación pueda proveer. En efecto, son recomendaciones prácticas muchas veces dirigidas a personas dentro de la organización que no son abogados o no tienen por qué tener conocimiento exhaustivo de la legislación económica. Ante los ojos de los reguladores, poco importará la ignorancia de la ley, sino más bien los pasos que la empresa ha tomado en la tarea de mitigación de riesgos legales en la industria donde opera la empresa comercialmente.

Particularmente ilustra en esta materia las preguntas guía que establece el manual para los fiscales del DOJ, que instruye a los fiscales del departamento que consideren tres preguntas fundamentales en la evaluación de un programa de cumplimiento: *(i)* ¿Está bien diseñado el programa de cumplimiento de la empresa? *(ii)* ¿Se está aplicando el programa con seriedad y buena fe?, y *(iii)* ¿Funciona el programa de cumplimiento de la empresa?[955] En este sentido, un programa de cumplimiento regulatorio es clave por las siguientes razones prácticas:

---

953 DOJ, Antitrust Division, *Evaluation of Corporate Compliance Programs in Criminal Antitrust Investigations,* 2019, p. 1.

954 Id.

955 Justice Manual, § 9-28.800, en https://bit.ly/3zTpxSj. No obstante esta precisión, también el DOJ ha sido enfático en que la existencia de un programa de cumplimiento corporativo,

En primer lugar, el programa de cumplimiento económico debe tener, sobre todas las cosas, un compromiso empresarial claro. Sin ese compromiso desde lo más alto de la junta directiva empresarial, no existirá importancia y relevancia para los temas discutidos en este capítulo. Se debe explicar y cascadear a los equipos la importancia del respecto de la legislación económica, y que existan mecanismos corporativos para levantar la mano en caso de preguntas, dudas o denuncia de irregularidades.

En segundo lugar, la empresa debe establecer directrices y lineamiento claros sobre qué conductas se encuentran permitidas comercialmente y cuáles no. Esta noción parte de la premisa de cualquier programa de cumplimiento de ser respetuosos de la legalidad imperante en nuestros sistemas legales, pero también surge de la necesidad de comunicar esta situación de forma sencilla y concreta. De nada sirve miles de políticas corporativas si no existen lineamientos claros y precisos que el empleado pueda utilizar de forma rápida y oportuna.

En tercer lugar, la empresa debe ser responsable en sus actuaciones con sus competidores. Si existen conductas corporativas anticompetitivas, la propia empresa debe propiciar un ambiente de competencia sano y justo. Competir es natural en el mercado, pero no puede ser tolerable aquellas prácticas deshonestas, desleales y de mala fe para asegurar los fines corporativos. Como hemos señalado, los reguladores buscan sancionar las conductas ilícitas corporativas precisamente por el potencial daño colectivo que ocasionan. Las empresas responsables no pueden ser copartícipes de conductas prohibidas, ya sea por sus actuaciones voluntarias, o por desconocimiento de sus empleados.

En cuarto lugar, la empresa debe realizar un mercadeo responsable de sus productos y servicios ofrecidos al mercado. Si competir en una economía de mercado es sano, mercadear los productos y servicios ofrecidos también lo es. El problema radica cuando usando las herramientas de mercadeo se violentan los derechos de otros competidores o de los propios consumidores. La actividad de mercadeo de cualquier empresa debe entenderse desde su regulación en el caso en concreto. Una empresa responsable establece mecanismos internos para supervisar sus propias actividades de mercadeo y que la creatividad y disrupción del sistema no

---

incluso uno que prohíba específicamente la conducta en cuestión, no exime a la corporación de responsabilidad penal según la doctrina del *respondeat superior*. United States v. Basic Constr. Co., 711 F.2d 570, 573 (4th Cir. 1983).

conlleve un problema legal a los ojos de los reguladores naturales del negocio o industria en concreto.

Finalmente, la empresa debe reportar estratégica y asesoradamente las violaciones que cometan en el marco de la legislación económica. Las infracciones pueden ocurrir voluntaria o involuntariamente, con lo cual el programa de cumplimiento puede ayudar a establecer los mecanismos necesarios para colaborar con las autoridades competentes ofreciendo las mejores pruebas de buenos oficios ante una investigación penal o administrativa en curso.

A efectos prácticos, el programa de cumplimiento regulatorio debe enfocarse en los lineamientos de la competencia por ser estos los más dañinos a la estabilidad empresarial. En el marco de ellos pueden existir, o no, disposiciones específicas en otras áreas de cumplimiento económico dependiendo de la industria de que se trate. Por ejemplo, el programa de cumplimiento sancionatorio internacional, aunque pudiera tratarse como parte de los problemas del derecho económico, es preferible que tenga su autonomía por la especificidad que representa.

Lo mismo puede ocurrir con determinadas prácticas ilícitas que afectan a la empresa en específico. Por ello, las recomendaciones expuestas a continuación, como todo en *compliance*, no están escritas en piedra y deben adaptarse a las necesidades de cada negocio en concreto.

1. Lineamientos claros sobre posición de dominio y competencia económica

Cuando una empresa tiene poder de mercado, normalmente tendrá el deber especial de proteger a la competencia y no abusar de su posición en él. Es importante advertir que el comportamiento paralelo con los competidores de la empresa no es anticompetitivo por defecto, pero la empresa no debe coludir con los competidores para, por ejemplo y a título enunciativo, *(i)* fijar precios o cualquier elemento o aspecto sobre sus precios; *(ii)* fijar términos y condiciones unilaterales; *(iii)* dividir o asignar mercados, clientes o territorios; *(iv)* limitar la producción o la capacidad de influir en el resultado de un proceso de licitación competitivo; *(v)* acordar una negativa colectiva a negociar con determinadas partes para cartelizar el mercado. Es evidente, que el programa de cumplimiento de la empresa debe velar que sus prácticas comerciales no tengan un impacto en la competencia en sí misma considerada, y debe velar por promover las mejores prácticas comerciales en su rubro o sector.

Por lo anterior, la empresa con posición de dominio no debe forzar el cumplimiento de condiciones unilaterales frente a sus consumidores por medios directos o indirectos.[956] Así, por ejemplo, el precio de reventa debe ser realmente una sugerencia y nunca una imposición unilateral al considerarse una violación del derecho de la competencia. Precisamente, es recomendable que la empresa no fuerce a sus clientes a un precio de reventa determinado, pues puede ser calificado como una forma unilateral de establecimiento de precios.

Cuando la empresa se dirige a un competidor es de vital importancia asegurarse de que todas las declaraciones sean precisas y no generen confusión en ellos. Una buena práctica es que todos los clientes de la empresa, reales o potenciales, deben recibir la comunicación de precios al mismo tiempo (para así mitigar el riesgo de discriminación entre clientes). En materia de marcas comerciales, es recomendable un tratamiento de las marcas de la competencia de manera justa, y entendiendo que ellas también válidamente compiten en el mercado.

Si la empresa cree en la competencia justa y tiene este compromiso empresarial, lo contrario puede implicar una práctica anticompetitiva sancionada por la ley. Así, una empresa no puede establecer como directriz que sus productos sólo sean distribuidos a clientes que exclusivamente vendan sus marcas comerciales o que no se venda o preste servicio a quien consuma una marca de la competencia. Esto pudiera ser catalogado como una conducta anticompetitiva con todas sus consecuencias legales derivadas.

2. La empresa responsable frente a sus consumidores

La empresa debe entender que el consumidor puede ser afectado por sus propias prácticas comerciales, y que este tiene derechos que puede hacer valer ante las autoridades competentes. Un ejemplo de ello es el establecimiento de contratos de adhesión sin justo racional económico. La empresa y su programa de cumplimiento debe velar por respetar el derecho de los consumidores a acceder a bienes y servicios de manera responsable y en condiciones iguales y justas. Sin contar con los múltiples tipos penales que buscan "la protección de los consumidores," la empresa no solo debe limitarse a lineamientos estrictamente legales en este sentido.

---

956 A título enunciativo, condiciones unilaterales como: arreglos indiscriminados de márgenes de distribución; restricción de descuentos sobre un precio de lista; vincular el precio minorista con el precio minorista de la competencia; amenazar a los clientes, consumidores o la competencia; dar incentivos, por ejemplo, rebajas, descuentos, entre otros, sin una sólida justificación y racional económico.

El programa de cumplimiento debe establecer los mecanismos para que el consumidor pueda levantar las quejas dentro de la empresa, para que ésta pueda tomar los correctivos necesarios. Como vemos, aunque existe una yuxtaposición del derecho de la competencia y el derecho de los consumidores en este sentido, lo importante es que la empresa pueda analizar rápidamente riesgos asociados a sus consumidores en la industria en específico que se trate. Los consumidores, en defensa de sus derechos, pueden acudir a agencias gubernamentales para hacer valer sus derechos. La empresa ostenta también sus derechos y tiene derecho a un procedimiento justo y apegado al debido proceso administrativo, como hemos comentado con anterioridad.

3. La colaboración con las autoridades competentes

Aunque en Venezuela la legislación de la competencia no provee los típicos beneficios de un *leniency program*, no debe descartarse la posibilidad de colaboración con las autoridades en beneficio de la empresa. La detección temprana y la aplicación de políticas internas en este sentido son características de un programa de cumplimiento eficaz y, con frecuencia, permitirán que una empresa sea el primer solicitante de beneficios en virtud de la *leniency policy* establecida por el DOJ.[957]

La detección temprana y el autocontrol también son relevantes en la etapa de acusación de una investigación. Como se señala en el manual de los fiscales del DOJ, "el Departamento fomenta la autovigilancia empresarial, incluidas las divulgaciones voluntarias al gobierno de cualquier problema que una empresa descubra por sí misma."[958] Así, si un programa de cumplimiento identificó de manera efectiva la mala conducta, incluido el permitir la reparación oportuna y el reporte oportuno, un fiscal debería ver el incidente como un indicador sólido de que el programa de cumplimiento estaba funcionando de manera efectiva.[959]

Evidentemente, el análisis empresarial de la regulación variará en la medida de nuestra industria, pero por regla general, el derecho a la competencia aplica a todos los sectores y actores económicos. No obstante esta precisión, ciertos delitos económicos solo son aplicables a determinados sectores. Así, por ejemplo, no es lo mismo la regulación agroalimentaria a la regulación farmacéutica.

---

957 DOJ, Antitrust Division, *Evaluation of...*, ob. cit., p. 13.

958 Justice Manual § 9-28.800.

959 DOJ, Antitrust Division, *Evaluation of...*, ob. cit., p. 13.

Hemos enfatizado el carácter globalizador del derecho regulatorio a lo largo de este trabajo, y no encuentra mejor sentido que en la protección a la libre competencia, así como las consecuencias colaterales del ejercicio de la competencia económica. Aun siendo derecho netamente territorial, su incumplimiento puede tener implicaciones en varias jurisdicciones. Venezuela no escapa de esta consideración y posee una regulación antimonopolio de considerable exhaustividad legislativa. Aunque inoperante en la práctica de los últimos años, por carencia de voluntad por los entes regulatorios especializados en la materia, la competencia sigue siendo un tópico que debe, sí o sí, estar en el radar del abogado de la empresa. No en vano existe una amplia legislación económica que busca la protección de los consumidores y la economía en su conjunto. En ese punto se desarrollan los delitos y las prácticas económicas ilícitas, tópicos que la empresa debe evitar a toda costa.

4. La relación entre el derecho económico y la actividad de mercadeo empresarial

Aunque parezca no relacionado, la actividad de mercadeo empresarial se encuentra íntimamente ligada al ejercicio del derecho comercial *in-house*. La empresa necesita promocionar sus productos y ello debe realizarse de acuerdo con lo permitido por la regulación, no solo por ser una situación contractual entre las empresas, sus clientes, distribuidores y proveedores, sino también, por como los bienes o servicios que produce son comercializados y "mercadeados."

Mercadeo es la actividad que crea, comunica, ofrece e intercambia ofertas que benefician a la empresa y a sus grupos de interés (clientes, empleados, proveedores, accionistas, comunidad y gobierno) y a la sociedad en general.[960] La actividad de mercadeo crea una utilidad, la cual consiste en los beneficios o el valor para el cliente que reciben los usuarios de un bien o servicio.[961] Tanto los consumidores como la sociedad se benefician de este ejercicio, y por ello, la existencia de regulaciones de protección al consumidor y contra las prácticas económicas anticompetitivas.

Así, por ejemplo, la estrategia de precios de la empresa debe respetar nociones básicas de fijación de precios y competencia para no incurrir en violaciones a la legislación antimonopolio o de los consumidores, de ser

960 Citado por Kerin, Hartley & Rudelius, *Marketing...*, ob. cit., como la definición aportada por la American Marketing Association, en https://bit.ly/3QASFoj.

961 Id., p. 491.

el caso. Los precios predatorios normalmente son considerados prohibidos en múltiples jurisdicciones a nivel global, y en el caso venezolano, expresamente prohibidos por la Ley Antimonopolio.[962]

Tradicionalmente, en las empresas la función de legal y *compliance* son vistas como funciones que dicen habitualmente "no" a cualquier actividad de mercadeo presentadas por el negocio. Como hemos analizado anteriormente, somos creyente de la toma de decisiones con base en el análisis legal adecuado. La preocupación legal frente a la propia actividad de mercadeo no es poca cosa. En términos amplísimos, una empresa con mayor *poder de mercado* puede reputarse con mayor potencial riesgo regulatorio y legal frente a sus pares, y con ello, su actividad de mercadeo se verá mayormente afectada por sus principales *stakeholders*.

En todo caso, la actividad de mercadeo siempre tendrá un trasfondo legal que debe ser acompañado en la prevención de riesgos de cumplimiento. Nuevamente, el trabajo de *compliance* en el supuesto de todo lo relativo al derecho económico es prever todos los escenarios posibles para la toma de decisiones de negocio razonadas con base en el riesgo regulatorio y legal previamente estudiado, así como crear los procesos internos de control en caso de violaciones a la normativa vigente y políticas empresariales en este sentido.

La empresa realiza un profundo trabajo de mercadeo de sus bienes y servicios dirigido a sus clientes y consumidores que debe apegarse a lo establecido por la regulación actual y mejores prácticas comerciales. La actividad de mercadeo influye en nosotros al realizar cualquier compra y por ello existe el tipo de regulación que estudiamos en este capítulo. Así, surge una pregunta: ¿en qué punto deben intervenir el gobierno y la sociedad para proteger a los consumidores? Muchos de ellos dirían que quieren que el gobierno los proteja de medicamentos dañinos y de automóviles inseguros, no de barras de caramelo y refrescos.

Para proteger a los estudiantes universitarios, ¿por qué el gobierno debe limitarles el uso de tarjetas de crédito? Se trata de preguntas sin res-

---

[962] Artículo 9 de la Ley Antimonopolio. "Se prohíben los acuerdos, decisiones o recomendaciones colectivas o prácticas concertadas para: 1. Fijar, de forma directa o indirecta, precios y otras condiciones de comercialización o de servicio." Artículo 11 *ejusdem*. "Se prohíben los contratos entre los sujetos de aplicación del presente Decreto con Rango, Valor y Fuerza de Ley, en los que se establezcan precios y condiciones de contratación para la venta de bienes o prestación de servicios a terceros, y que produzcan o puedan producir el efecto de restringir, falsear, limitar o impedir la competencia económica justa, en todo o parte del mercado."

puestas, y por esta razón los asuntos legales y sociales son un aspecto medular del marketing.[963] Precisamente, la actividad de mercadeo de la empresa se encuentra debidamente regulada de acuerdo con el área o industria donde nos encontremos, y el trabajo de la elaboración de un programa de cumplimiento puede ser considerablemente complejo ante la realidad regulatoria.

En el mundo del mercadeo mucho se defiende la idea de las empresas orientadas al consumidor. Las empresas orientadas al mercado son aquellas que conocen sus mercados de una forma tan exhaustiva que pueden identificar y desarrollar a sus clientes valiosos y potenciales. En este sentido, una empresa orientada hacia el mercado se enfoca en entender tanto las necesidades expresadas y latentes de sus clientes (y de los no usuarios) como las capacidades y planes de sus competidores mediante la adquisición y evaluación de información de mercado de un modo sistemático y anticipativo.

Para ello se hace necesario que la empresa orientada al mercado tenga un plan de mercadeo existente y bien establecido que pueda identificar, analizar y descomponer cada uno de los elementos del mercado en específico donde comercializa sus productos objeto de mercadeo, e identificar las necesidades de los consumidores adecuadamente para el establecimiento de una rápida respuesta de mercadeo a dicha necesidad (pues la empresa orientada al mercado no solo vela por las necesidades existentes, sino también, las necesidades latentes de los consumidores).

En este sentido, la empresa orientada al mercadeo tiene una planificación estratégica de mercadeo con una misión y visión establecida, conocimiento interno y externo del mercado y sus principales actores (la competencia, *stakeholders*, marco regulatorio), conoce su mercado y lo segmenta con un adecuado posicionamiento de producto, y enfocado en las estrategias de producto, precio, punto de venta y promoción que mejor se acoplen al mercado en específico que se trate.

La actividad de mercadeo y su estrategia tiene límite y ello no quiere decir que una empresa no sea orientada al consumidor. Todo lo contrario, una empresa orientada al consumidor también tiene que ser orientada a la regulación vigente. El punto medio empresarial de esta discusión puede ser la autorregulación corporativa por medio de programas de cumplimiento que dicten la conducta corporativa adecuada frente al consumidor y sus derechos.

---

963 Kerin, Hartley & Rudelius, *Marketing...*, ob. cit., p. 10.

5. El compromiso empresarial y el manejo de la información confidencial

Hemos señalado que la premisa básica del programa de cumplimiento regulatorio es que la empresa debe creer en la libre competencia, justa y sana en el mercado. La empresa no puede ser *reactiva* ante la legislación de la competencia sino *preventiva*; la legislación económica no solo nace por ser mera prohibiciones sino también para promover conductas adecuadas por el bien común. Así, la empresa debe competir de manera justa y ética, de acuerdo con la legislación de competencia aplicable y así manifestarlo a todos sus empleados.

De esta manera, así como la empresa tiene un tono serio y categórico frente a la corrupción, lo mismo debe ocurrir en materia de competencia y legislación económica. Ello implica un compromiso empresarial con la competencia justa y en igualdad de condiciones desde lo más alto de la empresa y así aplicada por aquellas unidades de negocios que establecen la planificación estratégica de la compañía. De nada vale que una empresa tenga como visión ser la mejor empresa distribuidora de productos alimenticios, cuando la misma visión suponen suprimir la competencia. La empresa debe poseer un discurso cónsono y estratégico sobre la importancia de competir de acuerdo con la ley.

Las conductas prohibidas de las empresas tienen a versar, en innumerables ocasiones, por el mal manejo de la información propia y de la competencia para el logro de un fin comercial. Ciertamente la empresa quiere conocer qué hacen distintos sus competidores, pero esta información debe ser obtenida por métodos legales. En este sentido, la empresa solo puede recopilar información sobre sus competidores por medios legales, legítimos y de conformidad con la legislación aplicable. Espiar corporativamente a la competencia, al margen de que puede constituir un delito de revelarse un secreto industrial o empresarial, también puede tener consecuencias en el plano de la competencia económica.

En efecto, no es justo ni sano competir en un mercado donde sus actores actúan de mala fe espiándose mutuamente. Es por ello que el manejo de la información de los competidores debe ser realizada con estricta cautela, por métodos legítimos y deben existir reglas para encuentros con los empleados de la competencia de la empresa. Al final, es inevitable que existan acercamientos entre los actores económicos de un mercado. Lo importante, en todo caso, es que tales encuentros no constituyan una conducta prohibida. Cualquier reunión o conversación directa con nuestros competidores debe tratarse con extrema precaución.

Por ello, es recomendable que ningún empleado de la empresa discuta, proporcione o reciba de los competidores información no pública sobre: *(i)* precios de la competencia o estrategia de precios, incluido cualquier aspecto de la estrategia de precios o precios de una empresa, como precios mayoristas, precios minoristas, precios minoristas recomendados, márgenes, reembolsos, descuentos, listas de precios; *(ii)* problemas generales de precios, por ejemplo: no es conveniente discutir objetivos o estrategias comunes del sector que representa; *(iii)* cualquier otra información comercialmente sensible, como estrategias comerciales, planes en el corto, mediano y largo plazo.

La empresa, igualmente, no debe valerse de terceros para comunicar indirectamente precios u otra información comercialmente sensible a los competidores o desde ellos. Por ello es recomendable que la empresa no exija, anime, insinúe o incentive a sus clientes ni a ningún otro tercero para que proporcionen información sobre los precios de la competencia u otra información comercial sensible. De igual forma, ningún empleado de la empresa debe aceptar información confidencial de la competencia por parte de sus clientes (así sean estos de la mayor confianza existente) y en caso de que la gerencia reciba esta clase de información de forma no solicitada, la empresa debe establecer canales de comunicación interna correspondientes para denunciar este tipo de actuaciones.

CAPÍTULO IX: EL COMPLIANCE GLOBAL

A lo largo de este trabajo hemos analizado el fenómeno de cumplimiento en todas sus aristas. Las empresas se encuentran sometidas a una cantidad de obligaciones diversas y complejas que trascienden el derecho localmente considerado. Ahora bien, es precisamente el carácter trasnacional del *compliance* lo que nos lleva a un estudio separado para reflexionar las implicaciones para la gran empresa, no sólo de su carácter internacional (o como más adelante defenderemos, *trasnacional*), sino además de su impacto como gobierno corporativo multinacional en materia de grupo de empresas.

En este capítulo explicaremos algunos problemas actuales en la práctica propiamente internacional de *compliance*, el rol del oficial de cumplimiento y las gerencias legales en este sentido, así como reflexionaremos sobre cómo realizar nuestro programa de cumplimiento global.

En específico, en la primera parte de este capítulo explicaremos los problemas de la aplicación del derecho extranjero a la empresa local, con especial énfasis en el problema de la transnacionalidad de nuestro objeto de estudio y la extraterritorialidad de la legislación extranjera formal. En la segunda parte, discutiremos sobre la regulación corporativa trasnacional, los problemas derivados del conflicto de leyes por multiplicidad de derecho aplicable a las relaciones de la empresa trasnacional y la multiplicidad de personas jurídicas involucradas en el día a día de la empresa.

En la tercera parte, señalaremos la importancia del concepto de debida diligencia en transacciones internacionales de la empresa y cómo esta práctica tiene efectos legales importantes para la organización para mitigar riesgos legales. Finalmente, en la sección cuarta discutiremos varios problemas de comportamiento organizacional aplicados a la empresa trasnacional en el marco de su programa de cumplimiento global y su cultura corporativa de *compliance*.

I. LA APLICACIÓN DEL DERECHO EXTRANJERO A LA EMPRESA LOCAL

La empresa es responsable de sus actos tanto en el sitio donde ejerce el comercio como el sitio donde se encuentra constituida cualquiera de sus filiales o sucursales. Una empresa venezolana se encuentra sometida al derecho extranjero, ya sea por la aplicación de las normas de derecho internacional privado o por la extraterritorialidad del derecho foráneo aplicado a la empresa en concreto por la legislación especial. Como una máxima práctica, el derecho sustantivo de la casa matriz tiende a aplicar en la realidad de la empresa local, aun cuando se trate de jurisdicciones diferenciadas. Ejemplos de esta situación los hemos estudiado en particular en los capítulos de sanciones económicas, AML y anticorrupción, a los cuales nos remitimos. En todo caso, el abogado corporativo debe reflexionar sobre tres supuestos prácticos propios del ejercicio profesional en una empresa trasnacional.

Los problemas analizados en este capítulo se asemejan, en buena medida, a una cebolla por sus múltiples capas. Cada capa representa un matiz de complejidades y análisis legal fácilmente desapercibido en la práctica jurídica del abogado corporativo. Nuestro objetivo en estas palabras es explorar las profundidades conceptuales del derecho trasnacional y su impacto diario en las empresas multinacionales.

Este primer análisis conceptual, no en vano, tiene un impacto directo en nuestros clientes corporativos. Por una parte, el entendimiento global de los problemas nos provee herramientas de análisis legal que nos permiten clasificar los múltiples problemas que la empresa puede enfrentar. Por otra parte, sólo conociendo realmente las razones y contexto de la actual regulación de la gran empresa trasnacional se puede asesorar corporativa y transaccionalmente a las empresas. El estudio amplísimo de *compliance* defendido en estas palabras tiene mucho que ver con esta afirmación, pues, es un estudio de derecho doméstico y foráneo al mismo tiempo.

Ahora bien, estas dos consideraciones tienen varias consecuencias prácticas. En primer lugar, toda acción cometida localmente, puede tener un revés o consecuencia en otra jurisdicción donde la empresa ejerce el comercio. En segundo lugar, el derecho doméstico no define todas las obligaciones de la empresa, al pertenecer a un grupo de sociedades. Y finalmente, el derecho extranjero, y en particular, el derecho norteamericano, marca una tendencia corporativa importante en todo el esquema regulatorio del comercio global por su imposición corporativa y cultural. Analicemos estos problemas de seguida.

1. El compliance como derecho trasnacional

Compliance es un vivo ejemplo de derecho trasnacional en varios sentidos. Ahora bien, esta afirmación plantea un problema conceptual que es necesario analizar. Desde hace mucho tiempo se ha discutido la importancia del término "derecho trasnacional" para explicar las relaciones jurídicas que ni el derecho doméstico ni el derecho internacional pueden explicar con certeza, pues, ninguno puede dar cabal respuesta al fenómeno de globalización del derecho y los ordenamientos jurídicos que lo conforman. En una primera aproximación de esta problemática, se ha afirmado, y en nuestra opinión muy válidamente, que:

> ...el Derecho está compuesto por todas las normas y prácticas que regulan eventos y acciones.
>
> Cuando esas acciones y eventos trascienden en cualquier aspecto las fronteras nacionales, sea cual sea su origen formal y quienquiera que sea el legislador, es trasnacional.[964]

Es obvio, que las acciones locales ahora más que nunca tienen consecuencias internacionales. Esta concepción del fenómeno legal no es aceptada por la generalidad del foro, y esto puede evidenciarse en estudios diferenciados en derecho internacional privado y público, pero nunca sobre un *derecho trasnacional*. Somos de la opinión disidente que el fenómeno de la transnacionalidad del derecho es una situación muy vigente en la contemporaneidad de la práctica jurídica corporativa. Tres ejemplos claves ilustran esta problemática:

> Una empresa multinacional, que tiene su sede en tres países, despide a un empleado de alto nivel cuando realiza una conferencia de prensa para denunciar la práctica ambiental y laboral de su empresa por violaciones de la ley.
>
> (...)
>
> Tres empresas importantes de diferentes países acuerdan crear una empresa conjuntamente para construir un importante proyecto de obras públicas en una nación en desarrollo (con financiamiento respaldado por inversión privada y un crédito del Banco Mundial) para luego tener varias disputas sobre los cronogramas de pago y la calidad de los bienes en el contrato de inversión.
>
> (...)
>
> Un ciudadano británico conspira para explotar un avión con destino a Nueva York.[965]

¿Cómo explicar estas situaciones? ¿El derecho internacional privado o público tienen todas las respuestas a estas interrogantes? Estas son preguntas que implican una reflexión muy profunda sobre qué consideramos como derecho aplicable y cómo interpretamos todas las normas que como abogados corporativos se nos presentan. No en vano, existe un problema conceptual de fondo. Para algunos:

---

964 Katzenbach, Nicholas, "Transnational Law by Philip C. Jessup", en: *The University of Chicago Law Review,* Vol. 24, 1957, pp. 413-414.

965 Menkel-Meadow, Carrie, "Why and How to Study 'Transnational' Law", en: *UC Irvine Law Raview*, 2011, Vol. 1, p. 98.

> ...los abogados del siglo XXI deben llegar a comprender que, con respecto a la mayor parte de lo que hacemos o queremos hacer, ahora nos encontramos en un mundo interdependiente en la manufactura, distribución, consumo y promoción de la acción creativa, así como, a veces, tristemente, interactuar con sitios no deseados.[966]

En nuestra opinión, hay mucha verdad en estas palabras, pues el derecho actual va más allá de las líneas que definen las naciones y los supuestos de hecho relacionados con los ordenamientos jurídicos extranjeros que poseen una regulación que parece ser más complejas que nuestros sistemas de conflictos de leyes.[967] Lo cierto es que, en todo caso, se requiere un conocimiento muy amplio del derecho tanto local como foráneo para prestar la mejor asesoría a nuestros clientes corporativos.

El concepto de derecho trasnacional es aplicable a nuestra materia bajo estudio pues es una idea que refleja una mixtura de actores y fuentes del derecho que aparentemente no encuentra un orden normativo al cual pertenecer.[968] En este sentido:

> ...la norma trasciende al Estado y deberíamos poder explicar por qué surge este fenómeno jurídico trasnacional (la respuesta podría ser globalización), pero no queda claro cómo teorizar este nuevo fenómeno como derecho. Éste es el nuevo gran reto en teoría legal.[969]

En este sentido, "la trasnacionalización jurídica se está produciendo en una pluralidad de procesos descentralizados de cooperación e interpenetración de fenómenos jurídicos que desmienten los modelos teórico-jurídicos centrados en el Estado."[970] Ahora bien, ¿es *compliance* un problema de *derecho trasnacional*? En nuestra opinión, la respuesta es afirmativa por varias razones:

---

966 Id., p. 100.

967 Recordemos que en materia de Derecho Internacional Privado venezolano, "los supuestos de hecho relacionados con los ordenamientos jurídicos extranjeros se regularán, por las normas de Derecho Internacional Público sobre la materia, en particular, las establecidas en los tratados internacionales vigentes en Venezuela; en su defecto, se aplicarán las normas de Derecho Internacional Privado venezolano; a falta de ellas, se utilizará la analogía y, finalmente, se regirán por los principios de Derecho Internacional Privado generalmente aceptados" (art. 1 LDIP).

968 Forero Linares, Brenda (2016, 19-12), "El Derecho Transnacional desde una perspectiva crítica", *Periódico El Espectador.*

969 Patterson, Dennis, "Transnational Law", (al revisar Gralf-Peter Calliess y Moritz Renner, *Between Law and Social Norms: The Evolution of Global Governance*), en: *Jotwell The Journal of things we like*, 2011.

970 Turégano, Isabel, "Derecho transnacional o la necesidad de superar el monismo y el dualismo en la teoría jurídica", en: *Revista de Derecho de la PUCP*, 2017, N° 79.

En primer lugar, no existe nada que pueda clasificar a los estudios de *compliance* como una rama del derecho meramente doméstico. Ciertamente, hay normativa doméstica que cumplir, pero a la par existe normativa internacional también aplicable. La legislación doméstica es insuficiente para entender la regulación de la empresa y mucho menos, entenderla en su contexto regulatorio. Las obligaciones de la empresa son trasnacionales, pues mezcla tanto lo local como lo internacional, en una verdadera regulación "*glocal*" de la empresa, ya que es local y global al mismo tiempo. El acceso a bienes, servicios, personas e ideas migran de un sistema a otro y los actores de dichos sistemas pueden intentar elegir sus lugares de acción, pero no sus puntos de impacto (con distintos grados de responsabilidad legal).[971]

En segundo lugar, el auge de la extraterritorialidad de la aplicación del derecho de un Estado frente a otros Estados derrumba las barreras de los límites de la jurisdicción de los Estados soberanos. La aplicación de las normas y reglas de derecho no se encasillan en distintas cajas. Evidentemente, la extraterritorialidad tiene verdadero poder cuando quien la ejerce es un Estado con verdadero poder político (*v.g.* Estados Unidos, Reino Unido, entre otros). Al verse la empresa trasnacional frente la diatriba en la cual debe disponer y decidir ante qué derecho debe acogerse y cumplir, nos encontramos en situaciones legalmente complejas donde los límites soberanos de los Estados poco importan.

Así, en materia de sanciones internacionales, perder la posibilidad de hacer negocios en Estados Unidos por incumplimiento de la regulación sancionatoria puede implicar decisiones de negocios drásticas, inclusive, para compañías no americanas. En este ejemplo, poco importa la nacionalidad de la empresa que toma la decisión, pues lo importante son las consecuencias para la empresa y su comercio, así como es un objetivo diplomático americano la disuasión de extranjeros –ajenos a su soberanía– en cómo realizan negocios a nivel global. De forma similar ocurre con la legislación en materia de mercado de valores y legitimación de capitales, donde tanto emisores como ahorristas pueden ser nacionales o extranjeros y pueden realizar negocios globalmente.

Finalmente, la idea de *compliance* representa un problema de interpretación de normas de diversas fuentes legales. La universalidad de los problemas humanos tiene varias consecuencias. Las situaciones trasnacionales pueden involucrar a individuos, empresas, Estados, organizaciones de Estados u otros grupos. Hay reglas, o hay leyes, relacionadas con

---

[971] Jessup, Philip, "Transnational Law, New Haven", *Yale University Press*, 1956, p. 52.

cada una de estas situaciones. El derecho trasnacional incluye entonces aspectos tanto civiles como penales, incluye lo que conocemos como derecho internacional público y privado, e incluye el derecho nacional, tanto público como privado.[972] El derecho trasnacional podría ni siquiera ser una ley formal, tal como la promulga un Estado o un organismo gubernamental formal. El derecho trasnacional, como el derecho internacional formal, tiene prácticas, normas y patrones consuetudinarios de regulación del comportamiento que son más amplios que el derecho formal, e incluso más complejos.[973]

Para nuestro objeto de estudio, el derecho trasnacional tiene un fuerte impacto en materia regulatoria al crear todo un cuerpo de normas, reglas y procedimientos regulatorios para la gran empresa trasnacional. Hoy puede afirmarme que las empresas son "reguladas" (en el sentido más amplio del mundo) por un inmenso y diverso conjunto de actores que pueden incluir accionistas, autoridades públicas, cuerpos intergubernamentales, uniones de comercio, organizaciones no gubernamentales, grupos de consumidores, entre muchos otros.[974]

2. El hard law vs. soft law y la influencia norteamericana

Lo expresado en el acápite anterior plantea retos en la teoría legal tradicional y su sustento en el dogma de la territorialidad del derecho doméstico y la supranacionalidad del derecho internacional público. En materia de regulación, como consideración práctica, no es tan vital su exigibilidad como su verdadera aplicación y efectividad. La regulación no tiene que ser vinculante y ejecutable –entendiendo esto como su exigibilidad– para ser efectiva (una proposición que los abogados internacionalistas están familiarizados).[975] Al existir múltiples fuentes de derecho, ya sea por las formas de derecho doméstico y la promulgación de la ley local (*hard law*), así como la promulgación de normativa por otros actores no estatales (*soft law*), el abogado corporativo debe implementar ambas fuentes en el asesoramiento de su cliente, y entenderlas como válidas para los fines corporativos. No en vano se ha señalado que las nociones de ley dura y ley blanda, más que conceptos antagónicos, son conceptos que se complementan mutuamente.

---

972 Jessup, Philip, *Transnational Law...*, ob. cit., p. 52.

973 Menkel-Meadow, *Why and...*, ob. cit., p. 103.

974 Zerk, *Multinationals and...*, ob. cit., p. 41.

975 Id.

Muchos académicos de las ciencias jurídicas y políticas se han movido cada vez más hacia una visión de que el *hard law* y el *soft law* pueden interactuar y basarse entre sí como herramientas complementarias para la resolución de problemas internacionales.[976] Estos autores sostienen que los mecanismos de ley entendida como dura o blanda pueden basarse entre sí de dos formas principales: *(i)* la ley blanda no vinculante puede abrir el camino hacia una ley dura vinculante, y *(ii)* la ley dura vinculante puede elaborarse posteriormente a través de leyes blandas como instrumentos suplementarios de ley. No se trata de una aplicación de derecho automática, sino más bien del entendimiento de la regulación y su contexto, así como las mejores prácticas internacionalmente aceptadas.

Un ejemplo de ello es la normativa promulgada por la OCDE que, si bien no es vinculante, mal pueden rechazarse sus lineamientos por ser emitidos por un organismo especializado en el desarrollo económico de las naciones. Lo mismo ocurre con la actual regulación corporativa de los derechos humanos impulsada por las Naciones Unidas que no "obligan" directamente a las empresas trasnacionales. En todo caso, estas leyes de carácter privado, no coercibles, cuyo cumplimiento no es impuesto, sino que tienen efectiva vigencia en la práctica, son aceptadas y obedecidas voluntariamente por los intervinientes en el Derecho Comercial Internacional y recopiladas por organizaciones internacionales que desempeñan actividades mercantiles.[977]

El actual orden jurídico internacional pluralista, entendiendo la pluralidad de las fuentes del derecho a disposición de los abogados corporativos, también ofrece muchas ventajas. El derecho blando contrasta con el derecho duro de los Estados, lo amplifica y detalla sus errores y lagunas. Por ello, no puede afirmarse la supremacía en la praxis de uno sobre otro, sino más bien su complementariedad, a pesar de que:

> ...la interacción entre la ley dura y blanda depende del poder respectivo de los actores clave, el grado de conflicto distributivo entre ellos, el carácter de los regímenes dentro de un complejo de régimen establecido por el derecho internacional y las distintas políticas de su implementación.[978]

La influencia del derecho norteamericano es notoria en la práctica trasnacional del derecho por razones netamente del ejercicio profesional.

---

976 Shaffer, Gregory C. & Pollack, Mark A., "Hard vs. Soft Law: Alternatives, Complements and Antagonists in International Governance", en: *Minnesota Law Review,* 2010, Vol. 94, p. 721.

977 *Banque Artesia Nederland, N.V. v. Corp Banca, C.A. Banco Universal*, Sentencia N° 738 del 02-12-2014 de la Sala de Casación Civil del Tribunal Supremo de Justicia.

978 Shaffer & Pollack, *Hard vs...,* ob. cit., p. 799.

Estados Unidos, como potencia mundial, busca moldear los ordenamientos jurídicos con los que interactúa de una forma particular, imponiendo su tradición legal en el ejercicio del derecho. El derecho común norteamericano no solo define en muchos casos la gran empresa multinacional, sino que establece la razón de sus políticas internas y formas de enfrentar las contingencias legales.

Esta no es una situación necesariamente reprochable. Lo que sí implica en la praxis es una transculturización legal en la cual no basta entender plenamente el derecho contractual y comercial propio para concebir el flujo comercial de nuestro cliente corporativo, sino que además debe entenderse la implicación de la acción local en otras locaciones donde la personalidad legal de nuestra representada se expanda. Las nociones tradicionalistas del derecho como algo compacto o autónomo frente a otros sistemas deben abandonarse. En cambio, debe entenderse el fenómeno legal como una situación de problemas internacionalmente interrelacionados.

II. LOS PROBLEMAS DE LA EMPRESA GLOBALIZADA

Una empresa trasnacional posee muchas relaciones legales con muchas personas jurídicas por su carácter global o multijuridisccional. La empresa se relaciona con sus filiales, sucursales, distribuidores o proveedores donde quiera estos se encuentren situados. Así, existen complejas estructuras corporativas entre la sede del gobierno corporativo o casa matriz, frente a las múltiples empresas que conforman el grupo de empresas de una trasnacional. Ya sea a través de relaciones accionarias o contractuales, la empresa trasnacional contemporánea establece lineamientos locales, regionales y globales de cómo realizar su actividad comercial. De esta forma, la empresa impone tanto su cultura y valores corporativos, así como sus prácticas comerciales y administrativas. Ahora bien, esta imposición corporativa a miles de empleados tiene un trasfondo normativo que es el objetivo principal de este capítulo.

La empresa promulga políticas corporativas –normas internas producto de su autorregulación– así como procedimientos y protocolos –formas de trabajar en situaciones particulares de negocio e instrucciones entre los distintos niveles de jerarquía gerencial– para el logro de los fines del negocio. Las funciones corporativas de la empresa (principalmente las direcciones de finanzas y asuntos legales) tienen un rol fundamental en ser los auditores internos de cada normativa interna.

En este sentido, el problema no es legal –pues el ordenamiento jurídico normalmente no establece obligaciones precisas de gobierno corporativo– sino un verdadero problema de *soft law* corporativo interno. En paralelo, los abogados de la empresa deben estar en conocimiento de las relaciones transaccionales internacionales que la empresa emplea en su negocio diariamente. Así, no sólo la empresa se autorregula, sino que, además, debe velar por el cumplimiento tanto del derecho doméstico como del derecho internacional (por la propia naturaleza del negocio o por el relacionamiento de las empresas afiliadas entre ellas o con su propia casa matriz).

Ahora bien, la globalización como fenómeno presenta varios retos conceptuales. La globalización es *ambigua*, porque se refiere o puede referirse tanto a una actividad-proceso como a un producto-resultado; *vaga*, puesto que no hay un criterio único ni mucho menos último sobre su uso; y *emotiva*, ya que su mera mención despierta o puede despertar las más encontradas opiniones.[979] Ya hemos analizado el complejo entramado nacional, internacional, intranacional o supranacional del problema de las fuentes del derecho aplicables. Lo verdaderamente importante es que la globalización es un proceso de ida y vuelta,[980] y que afecta a la empresa en cualquier contexto legislativo, regulatorio internacional, doméstico, o de autorregulación corporativa.

1. La regulación corporativa trasnacional y el gobierno corporativo

La regulación corporativa trasnacional es un ejemplo vivo del concepto *amplísimo* de regulaciones que defendemos en este trabajo. El derecho societario tiene un gran aporte en este sentido de establecer el gobierno corporativo central y local, así como el sometimiento accionario entre unas compañías frente a otras. Normalmente, la compañía trasnacional moderna tiene un centro de control societario, ya sea por su cotización en una bolsa pública de valores, o múltiples centros de control por la propia naturaleza del negocio de que se trate. En todo caso, la regulación corporativa versa no sólo sobre el gobierno netamente corporativo

---

979 Flores, Imer, "Notas sobre globalización (y derechos humanos). Apropósito de los claroscuros del 911", en Luis T. Díaz Muller (ed.), *Globalización y Derechos Humanos*, México, Universidad Nacional Autónoma de México, 2003, pp. 48-49.

980 Flores, Imer, "Hacia un derecho 'glocal' o 'transnacional' y una jurisprudencia 'glocal(izada)' o 'transnacional(izada)': repensar el derecho a la luz de la 'globalización' o 'gobernanza global'" en José Serna de la garza (ed.), *Gobernanza Global y cambio estructural del Sistema Jurídico Mexicano,* México, Universidad Nacional Autónoma de México, 2016, p. 98.

(la junta directiva y sus ramificaciones en la delegación de funciones) sino en la promulgación de políticas empresariales que establecen los parámetros de cómo realizar negocios en cualquier lugar donde la empresa tenga una filial o sucursal.

Existen muchas perspectivas de cómo puede entenderse el fenómeno del gobierno corporativo societario contemporáneo. Algunos autores se refieren a esta situación corporativa como el problema existente entre la tensión del accionista frente a la junta directiva empresarial y cómo conduce el negocio. En este sentido, la noción de "gobierno corporativo" conocido también bajo el término anglosajón *corporate governance*, se refiere fundamentalmente a las prácticas empresariales internas que otorgan mayor transparencia e igualdad a la actividad que realiza la administración de determinadas sociedades con respecto a sus accionistas y acreedores.[981] Para las grandes organizaciones, el problema de gobernanza es a menudo contextualizado como la separación entre la propiedad y el control efectivo.[982]

La empresa trasnacional contemporánea tiene miles o millones de accionistas, y estos pequeños propietarios tienen un interés reducido en la empresa y no pueden ejercer una gobernanza efectiva; por otra parte, los gerentes de la empresa son quienes tienen el verdadero poder de controlar la empresa pero sujetos a los requisitos mínimos establecidos por los accionistas.[983]

Para el propósito de este epígrafe, nos referimos a gobierno corporativo entendido como el cuerpo de normas societarias que establecen los mecanismos de decisión y autoridad dentro de la empresa. La forma en cómo se distribuye la autoridad dentro de una empresa, así como la forma en que las distintas unidades de negocio funcionan y operan, son fundamentales, orgánicamente, para el establecimiento y ubicación de un sistema de control interno ideal que permita el análisis del riesgo empresarial.

En términos de la OCDE:

> ...el objetivo del gobierno corporativo es facilitar la creación de un ambiente de confianza, transparencia y rendición de cuentas necesario para

[981] Gámez Arcaya, *Principios de...*, ob. cit., p. 37.

[982] Miller, *The law of...*, ob. cit., p. 9.

[983] Id.

> favorecer las inversiones a largo plazo, la estabilidad financiera y la integridad en los negocios. Todo ello contribuirá a un crecimiento más sólido y al desarrollo de sociedades más inclusivas.[984]

Por ello, existen una marcada tendencia de conceptualizar los problemas de gobiernos corporativos con temas de responsabilidad social empresarial.

En todo caso hay tres ideas claves en toda organización: *(i)* la empresa existe para beneficio de los accionistas; *(ii)* el control de la empresa lo ejerce la junta directiva y los gerentes de la empresa; *(iii)* un gobierno corporativo sólido establece delegación de autoridades y procura una autorregulación corporativa en interés de la empresa y el negocio que impulsa. El gobierno interno de la empresa tiene un papel vital en la forma en cómo se delega responsabilidad dentro de la organización y cómo la cadena y jerarquía de mando ejecutan los órdenes de la gerencia *senior*. No en vano, la OCDE ha establecido en sus Principios de Gobierno Corporativo que:

> Un gobierno corporativo eficaz requiere un marco legislativo, reglamentario e institucional sólido en el que los agentes del mercado puedan confiar cuando entablan relaciones contractuales privadas. Este marco de gobierno corporativo suele basarse en leyes, reglamentos, sistemas de autorregulación, compromisos voluntarios y prácticas empresariales que son consecuencia de las circunstancias, la historia y la tradición específicas de los países.[985]

Por ello, políticas corporativas precisas establecen los protocolos y procedimientos adecuados para que todos los empleados puedan realizar aquello que se espera de ellos de acuerdo con sus funciones dentro de la empresa. Tanto la autorregulación corporativa como el gobierno corporativo son nociones entrelazadas pues buscan un mismo fin: preservar los intereses de la empresa frente a sus accionistas, la sociedad y ante ella misma considerada. Ahora bien, nótese que existen muchas regulaciones, como *soft law*, aplicables a la empresa que no responden a los principios de conflicto de leyes estudiados alrededor del mundo.

Dicho de otros términos, existen regulaciones de diversas fuentes (por organismos internacionales, por organizaciones no gubernamentales, por los Estados, o incluso como mejores prácticas ya establecidas en el comercio internacional) que no responden a la clásica concepción de regla de derecho como acto formal dictado por un ente legislador, sino más bien, como reglas adicionales a las que provee el sistema legal tradicional. Esta es una precisión clave, pues, como tendremos la oportunidad

---

984 OCDE, *Principios de Gobierno Corporativo de la OCDE y del G20*, Paris, Ediciones OCDE, 2016.

985 Id., p. 13.

de ver, en cuanto a derecho se refiere, muchos de los problemas legales de la empresa trasnacional son precisamente de derecho internacional privado en estricto sentido.

2. La multiplicidad de derecho aplicable y los problemas de conflicto de leyes

La empresa contemporánea se encuentra sometida al derecho de muchos ordenamientos legales. Las transacciones internacionales de una empresa suponen que la empresa localmente considerada no sólo tenga relaciones internas o domésticas, sino también relaciones verdaderamente internacionales (*v.g.* con otras compañías que realizan comercio en otras jurisdicciones). Estos supuestos de hecho relacionados con ordenamientos jurídicos extranjeros derivan en problemas de conflictos de leyes que fácilmente pasan desapercibidos en el quehacer corporativo.

En realidad, la empresa donde se desarrolle tiene que aplicar el derecho propio y el derecho extranjero para entender su realidad legal. Esta situación se define en tres grandes preguntas: ¿Qué derecho rige a los contratos comerciales de la empresa? ¿Cuál derecho rige a la empresa y su gobierno corporativo (el doméstico o el foráneo, piénsese en un grupo de empresas)? ¿Cuál derecho rige mi responsabilidad como comerciante, productor o prestador de bienes o servicios?

Desde una perspectiva venezolana, uno de los aportes del Derecho Internacional Privado es el recurso a una metodología plural para el entendimiento del derecho cuando existe un verdadero conflicto de leyes. Esto no es más que múltiples ordenamientos jurídicos involucrados en las situaciones corporativas cotidianas. No hay un único método para solucionar problemas relacionados a la vida internacional de las personas naturales y jurídicas.

Por ello, existen tres métodos principales para el análisis de esta clase de problemas: el *método conflictual*, indirecto, o normas indicadores o formales; el *método material* de Derecho Internacional Privado –desde un punto de vista sustantivo– (solución inmediata a un determinado supuesto de hecho); y *normas de aplicación necesaria* o de aplicación forzosa. Los sistemas de Derecho Internacional Privado establecen un sistema de imputación de normas que determinan el derecho aplicable y esta es una consideración que no debe pasar por alto el abogado corporativo. Al existir un sistema globalizado de derecho, la perspectiva local del fenómeno legal corporativo tiene sentido al analizarse tanto interna como externamente, pues la empresa se encuentra sujeta tanto al derecho local, como el extranjero y el internacional.

Enfocándonos en una perspectiva venezolana del asunto, el artículo 1 de la LDIP es una norma rectora que parte de identificar los supuestos regulados que son los supuestos de hecho relacionados con ordenamientos jurídicos extranjeros que constituirán los problemas de Derecho Internacional Privado venezolano.[986] Ahora bien, la ley se entiende interpretándose y entendiendo su contexto legislativo y regulatorio como hemos advertido al analizar el riesgo legal de la empresa. El artículo 4 del CC es fundamental en este sentido ya que *(i)* se refiere a criterios para la interpretación de la ley; y *(ii)* establece el sistema de fuentes y métodos para la integración del sistema normativo venezolano.

El método conflictual indica la norma del ordenamiento jurídico nacional o extranjero que va a aplicarse en el caso en concreto y da respuesta de conformidad a las premisas de ese ordenamiento jurídico aplicable. Una vez puesto en funcionamiento la norma de conflicto bien nos puede conducir a la aplicación de la *lex fori* o *lex causae*. Sólo en el segundo supuesto, cuando se ordena la aplicación de un derecho extranjero, es que se justifica una discusión *iusprivatista* del tema del tratamiento del derecho extranjero.

Las normas de carácter material son regulaciones en específico de los supuestos de hechos. Se ha preferido el método indirecto sobre el método material por obvias razones. Las soluciones materiales suponen una actividad del legislador muy específica y complicada, y en tales oficios, suponer soluciones iguales para todos los ordenamientos legales es una tarea titánica. Aunque parezca obvio de afirmar, el legislador venezolano legisla en situaciones propias del derecho venezolano; el problema cambia, y se torna complejo, cuando existen vínculos evidentes con otros ordenamientos jurídicos y el legislador pretende anticiparse a soluciones particulares en tales supuestos individualizados. Lo mismo ocurre en el sentido del legislador extranjero, que legisla por y para sus propios problemas.

---

986 De esta manera, el artículo 1 de la LDIP termina estableciendo que los "supuestos de hecho" con elementos de extranjería relevante se regularán por *(i)* las normas de Derecho Internacional Público sobre la materia, en particular, los tratados vigentes para la República; y a falta de tales normas; *(ii)* las normas de Derecho Internacional Privado venezolanas internas; y a falta de solución; *(iii)* la analogía; y todavía consiente de que la analogía pudiera fallar, finalmente se establece; *(iv)* los principios generalmente aceptados de Derecho Internacional Privado. Así las cosas, el artículo 1 de la LDIP amplió el sistema de fuentes de Derecho Internacional Privado pues se entiende que la norma de derecho internacional privado ya sea conflictual o material, no se limita exclusivamente a los tratados internacionales.

Las normas de aplicación necesaria son normas imperativas del derecho venezolano que vienen determinadas por el carácter obligatorio de las mismas, es decir, por el tipo de intereses generales que tutelan (por razones políticas, sociales o económicas). Por esto se puede afirmar que son normas que aplican forzosamente independientemente de la situación. La consecuencia jurídica de estas normas de aplicación necesaria es la negativa de aplicación de normas de otros ordenamientos jurídicos extranjeros, ya que son una suerte de reservas por ser sectores de sensible aplicación. Por esta razón, quedan sustraídos de la aplicación de las normas de conflicto aplicándose el derecho venezolano con preferencia.

El problema para el intérprete de esta clase de normas consiste en que el propio legislador no establece qué norma es de aplicación necesaria. Las normas imperativas tienen primacía sobre la aplicación de otras normas de Derecho Internacional Privado, y hay cierto consenso con respecto a lo que se considera tales normas, como es el caso de la legislación que protege a los débiles jurídicos (derecho del trabajo, de los niños y adolescentes, arrendamiento, los consumidores y usuarios, el control de cambio, importación o exportación de bienes, patrimonio cultural de la nación).

Las normas de aplicación necesaria son parecidas al orden público o cláusula de reserva, pero son dos instituciones diferentes. En primer lugar, el orden público cumple una función *a posteriori* mientras que, en segundo lugar, la norma de aplicación necesaria actúa *a priori.* El orden público básicamente establece qué norma no se aplica por su resultado en la aplicación de esta, mientras que la norma de aplicación necesaria establece la norma o solución material a aplicarse. El gran problema para el intérprete es la identificación del orden público y las normas de aplicación necesaria, tarea está, como comentaremos, de arduo trabajo. Al igual que en toda norma jurídica, en el Derecho Internacional Privado, la norma tiene un supuesto de hecho y una consecuencia jurídica con la especial característica que en la consecuencia jurídica es la indicación de la norma o derecho que será aplicable. En todo caso, lo que hace la norma jurídica es determinar el ordenamiento jurídico competente para ese supuesto de hecho.

El factor de conexión es un elemento que se refiere al elemento de extranjería del caso concreto que sirve para atribuir el supuesto de hecho a un determinado ordenamiento, sirviendo éste para conectar el supuesto de hecho con determinado derecho.[987] El legislador puede cambiar el factor de conexión según lo considere. Al ser una obra del legislador tiene la

[987] El factor de conexión es el localizador del supuesto de hecho y del derecho aplicable.

finalidad de determinar el derecho aplicable al caso jurídicamente individualizado.

El comercio internacional se desenvuelve principalmente sobre la base del derecho de los contratos a través de la compraventa y otros contratos accesorios indispensables como el contrato de seguro internacional, de transporte aéreo o terrestre. La empresa tiene, por ende, contacto con muchos factores de conexión que la atan a la consecuencia de múltiples ordenamientos jurídicos. Desde el punto de vista de la contratación, los principios fundamentales son el *pacta sunt servanda*, y la buena fe, que es indispensable para la negociaciones de los contratos y su interpretación. Por ello, la empresa y su relacionamiento en el marco del comercio internacional tienen sentido en fuertes principios legales establecidos por la costumbre, el derecho internacional, e inclusive por las políticas internas de la empresa trasnacional (que traducen el derecho doméstico y foránea a las mejores prácticas corporativas).

A. El derecho aplicable a la contratación de la empresa

De la misma manera que el derecho material venezolano establece la distinción entre las obligaciones derivadas de los contratos y otras obligaciones por otros medios, el Derecho Internacional Privado acoge el criterio de las llamadas obligaciones contractuales y extracontractuales. La empresa se relaciona con terceros por medio de contratos o por medio de su responsabilidad civil en el ejercicio del comercio. Así, en materia de obligaciones convencionales la LDIP acoge los principios de la Convención Interamericana sobre el Derecho aplicable a los Contratos Internacionales[988] (CIDACI o la Convención). El comercio internacional se sustenta en buena medida en contratos, y la CIDACI entiende esta consideración y establece principios generales muy útiles para el entendimiento de este fenómeno.

En todo caso, al tener un contrato en la mano, la primera pregunta que debe realizarse es ¿qué derecho regula ese contrato? De ahí podría derivarse elementos tan fundamentales como la interpretación del contrato y sus efectos jurídicos. En el derecho venezolano, el artículo 12 del CPC establece las reglas relativas a la interpretación de los contratos siendo una solución exclusivamente venezolana que no necesariamente la fórmula adoptada por otros ordenamientos jurídicos.[989] Hay sistemas

---

988 En https://bit.ly/2simW4Z.

989 Artículo 12 del CPC. "Los Jueces tendrán por norte de sus actos la verdad, que procurarán conocer en los límites de su oficio. En sus decisiones el Juez debe atenerse a las normas del

jurídicos en los cuales la interpretación de los contratos es literal, como es el caso de los contratos del sistema anglosajón o *common law*.[990]

En Venezuela, además, tenemos una disposición en materia de contrato que pasa generalmente desapercibida que es el artículo 1160 del CC,[991] quedando las partes obligadas a todas las consecuencias que se derivan de tales contratos según la equidad, el uso, o la ley. Finalmente se puede asociar el tema al principio de autonomía de la voluntad –regulado en el artículo 6 del CC[992]– que a su vez sirve de fundamento para el principio de autonomía conflictual, ya que reconoce que las partes contratantes en los contratos internacionales pueden elegir ellas mismas, sin intermediación de terceros ni de jueces, el derecho aplicable al contrato y a los aspectos sustantivos.[993]

B. La responsabilidad extracontractual

Otros problemas relevantes para la empresa son los derivados de su responsabilidad civil en el comercio internacional.

---

derecho, a menos que la Ley lo faculte para decidir con arreglo a la equidad. Debe atenerse a lo alegado y probado en autos, sin poder sacar elementos de convicción fuera de éstos, ni suplir excepciones o argumentos de hecho no alegados ni probados. El Juez puede fundar su decisión en los conocimientos de hecho que se encuentren comprendidos en la experiencia común o máximas de experiencia. En la interpretación de contratos o actos que presenten oscuridad, ambigüedad o deficiencia, los Jueces se atendrán al propósito y a la intención de las partes o de los otorgantes, teniendo en mira las exigencias de la ley, de la verdad y de la buena fe."

990 En materia contractual, la extensión de los contratos en los sistemas del *common law* requieren tomar todas las previsiones expresamente en el texto del contrato y el juez se limita en la interpretación de la letra del contrato como manifestación de la voluntad de los contratantes.

991 Artículo 1160 del CC. "Los contratos deben ejecutar se de buena fe y obligan no solamente a cumplir lo expresado en ellos, sino a todas las consecuencias que se derivan de los mismos contratos, según la equidad, el uso o la Ley."

992 Artículo 6 del CC. "No pueden renunciarse ni relajarse por convenios particulares las leyes en cuya observancia están interesados el orden público o las buenas costumbres."

993 La tendencia general en el mundo es que las partes pueden elegir el derecho aplicable a su relación contractual. Dicho en otros términos, la empresa puede escoger a cuál derecho se somete. Pero la escogencia del derecho aplicable no es una escogencia de una parte del mismo, sino del derecho extranjero como un todo, con sus normas imperativas, normas dispositivas y sus instituciones, porque ese es el ordenamiento jurídico que regula el contrato. Así, las partes cuando escogen el derecho aplicable lo eligen un todo, trasladándolo al contrato. El artículo 29 de la LDIP establece que las obligaciones convencionales se rigen por el derecho indicado por las partes, pero no establecen distinciones sobre la forma o momento en el cual las partes deban hacer la elección del derecho aplicable (¿cómo, cuándo, qué forma?) y en este punto debemos regresar forzosamente a la Convención Interamericana como fuente de principios generalmente aceptados, en los artículos 7 y 8.

Evidentemente la circulación de los productos y servicios genera la pregunta de ¿cómo reclamar el eventual daño que genere un producto fabricado en Portugal, pero consumido en Venezuela?

Teniendo como respuesta que el vínculo de la causa y efecto obligacional se encuentra dividido entre dos Estados o más y el comercio internacional traspasa las fronteras, se genera el potencial riesgo de un hecho ilícito por productos elaborados en el extranjero. Igualmente, la invasión de la privacidad, la facilidad de información sobre la base del internet, medios informativos universales, hacen que los asuntos relativos a la difamación de las personas como hecho ilícito traspase las fronteras de los países para constituirse en difamaciones de fácil acceso en cualquier parte del mundo.

La doctrina nacional e internacional ha aceptado como principio base en esta clase de temas la necesidad de someter los hechos ilícitos al ordenamiento jurídico del lugar donde se produjo el hecho ilícito que se trate. Así las cosas, el principio del *lex loci delicti commissi*, tesis que originalmente fue consuetudinaria y posteriormente recogida por las legislaciones del mundo, tienen como finalidad proteger los intereses del tráfico jurídico del lugar donde se producen los hechos ilícitos.

El problema fundamental con el principio *lex loci delicti commissi* es que va a soportar todos los supuestos de responsabilidad extracontractual por hecho ilícito y aplicable tanto a la responsabilidad civil que deriva de un hecho personal como para los casos de las responsabilidades civiles complejas.[994]

Al respecto se ha criticado que, de esa manera, los fabricantes de productos buscarían establecer sus bases de operaciones para manufactura en legislaciones con leyes más favorables en tal sentido.

Por lo anterior, sobre la base de los intereses del consumidor o usuario, parte de la doctrina ha sostenido que también debe tomarse en cuenta que no necesariamente es el lugar donde se manifiesta el resultado el ordenamiento jurídico que debe resultar aplicable en concordancia con las recientes tendencias mundiales de protección al consumidor y al usuario,

---

994 Básicamente lo concerniente a la responsabilidad por cosas, responsabilidad por el hecho de un tercero, que poseen regulaciones especiales en el CC, incluso lo que tiene que ver con la capacidad para ser sujeto activo o agente del daño en el caso de la responsabilidad civil, todo queda comprendido bajo este estatuto del hecho ilícito que consagra el artículo 32 de la LDIP.

que cabe acotar en Venezuela, su regulación se encuentra reducida a pocas normas jurídicas dada la derogación de antiguas regulaciones en la materia y abruptas tendencias legislativas.[995]

Así, en Venezuela se ha llegado a la conclusión de que es tan importante la acción como el resultado a los efectos de la determinación de la responsabilidad por hecho ilícito. La solución venezolana se establece sobre la base de que no necesariamente acción y resultado coinciden en el mismo territorio. Así las cosas, el legislador reconoce, por una parte, el principio del *lex loci delicti commissi* y, por otra parte, reconoce una prerrogativa en favor de la víctima. De este modo, el artículo 32 parte de la regla general del lugar donde ocurrió el resultado dañoso, pero establece la excepción sobre la facultad de la víctima de demandar la aplicación del ordenamiento jurídico del lugar donde se ha producido la causa generadora del daño de ese hecho ilícito.[996]

3. La multiplicidad de personas corporativas involucradas

El concepto de grupo de empresas ha sido estudiado ampliamente por la doctrina nacional e internacional. La realidad contemporánea tanto local como foránea ha demostrado que las empresas han decidido adoptar la modalidad de grupos o concentraciones económicas con la finalidad de aumentar los dividendos, disminuir costos y optimizar productos.[997] No en vano, se ha definido al grupo de empresas como "un conjunto de sociedades con mayor o menor grado de autonomía, que se relacionan entre

---

995 La regulación del derecho de protección al consumidor y al usuario se encuentra en LOPJ. Con la entrada en vigencia de la Ley de Costos y Precios Justos –derogada en la actualidad por la LOPJ– se derogaron todas las disposiciones relativas a la protección de consumidores y usuarios, generando en la actualidad un profundo vacío jurídico en la materia comentada.

996 En todo caso, es a la víctima a quien unilateralmente le corresponde la elección del ordenamiento jurídico aplicable. La pregunta inmediata sería ¿en qué momento se puede realizar tal elección? Pregunta poco discutida por la doctrina y la jurisprudencia venezolana, pero afirmándose que basta los fundamentos de derecho sostenidos en el libelo de la demanda de conformidad con el artículo 340 en su numeral 5 del CPC y discutiéndose la posibilidad posterior de argumentar la postura del derecho aplicable que faculta a la víctima de conformidad con el artículo 32 de la LDIP, si bien no existe precisión al respecto, nos inclinamos a sostener que el momento de la elección del derecho aplicable por parte de la víctima está en el libelo de la demanda. El estatuto de responsabilidad por hecho ilícito regula todos los elementos necesarios para el establecimiento de la responsabilidad, la capacidad delictual del agente, la extensión de la reparación y la estimación de la entidad del daño en su cuantía.

997 Peña, María Fernanda, *Grupo de empresas en Venezuela: visión doctrinaria y análisis de la normativa jurídica reguladora* (Tesis de Especialización) 2006, p. 3.

sí o con un tercero común, con el propósito de desarrollar un fin económico común o de promover y realizar servicios e iniciativas también comunes."[998]

Ahora bien, es lógico pensar que un grupo de empresas se autorregula de una forma muy diversa y compleja. Como personas jurídicas autónomas, cada empresa integrante del grupo de empresas trasnacional tiene personalidad jurídica propia, con la capacidad de asumir derechos y obligaciones propias que no deben perjudicar o beneficiar la posición jurídica de otras empresas relacionadas con esta, independientemente de un vínculo accionario que las someta las unas con las otras. Estas relaciones entre empresas tienen implicaciones legales y financieras muy complejas que responden a la realidad y planificación societaria de cada organización trasnacional.

Desde una perspectiva venezolana del derecho aplicable, el artículo 20 de la LDIP regula el tema de las personas jurídicas de derecho privado. Al contrario de lo que sucedía en el derecho venezolano anterior a la vigencia de la LDIP, actualmente la ley contiene una disposición precisa aplicable a las personas jurídicas de derecho privado en contraposición del derecho anterior que no contenía norma alguna.

El sistema venezolano ha aceptado la personalidad jurídica de las personas jurídicas extranjeras. Venezuela ha suscrito el Protocolo de Washington sobre la Personalidad Jurídica de las Sociedades Extranjeras[999] –entrando en vigencia en 1937– cuyo único requisito era la válida constitución de origen de la empresa extranjera sin ningún requisito adicional o autorización por parte del Estado venezolano. Igualmente, la Convención Interamericana Sobre Conflictos de Leyes en Materia de Sociedades Mercantiles[1000] se encuentra vigente para Venezuela. Por ello, es certero afirmar que existe un reconocimiento de pleno derecho de las personas jurídicas de derecho privado en Venezuela, pudiendo el Estado efectivamente constatar que hayan cumplido los requisitos propios del lugar de su constitución.

De conformidad con el Derecho Internacional Privado venezolano: *(i)* existe un reconocimiento de pleno derecho de las personas jurídicas extranjeras de derecho privado, siempre que hayan dado cumplimiento a

---

998 Rodner, James-Otis, "Grupo de Sociedades en la Ley General del Bancos y la Ley de Mercado de Capitales", en: *Boletín de la Academia de Ciencias Políticas y Sociales*, 2005, N° 156, p. 151.

999 Véase https://bit.ly/3pe1f0w.

1000 Véase https://bit.ly/2jYh8qu.

los requisitos del lugar de su constitución, de fondo y de forma; *(ii)* el Estado venezolano siempre se reserva el derecho de verificar el cumplimiento de tales requisitos; *(iii)* para el ejercicio del objeto social de la persona jurídica extranjera de que se trate aplicarán las disposiciones del derecho del lugar donde pretenda alcanzar ese objeto social. Una sociedad puede estar constituida en el extranjero, pero en la realización de los actos que correspondan a su objeto social deberá dar cumplimiento al derecho venezolano.

El artículo 20 de la LDIP[1001] es la única disposición en materia de personas jurídicas de derecho privado contenida en la Ley. Lo interesante de la misma es el factor de conexión utilizado, entendido este como el lugar de su constitución, definiendo expresamente en su aparte único lo que debe entenderse por este: aquel donde se cumplen los requisitos de forma y fondo para la creación de la persona jurídica de que se trate. El ámbito de aplicación de la norma se limita a la existencia, la capacidad y la extinción de la persona jurídica acorde al derecho del lugar de su constitución.

III. LA DEBIDA DILIGENCIA EN LAS ALIANZAS COMERCIALES Y LAS ADQUISICIONES CORPORATIVAS INTERNACIONALES

El comercio internacional supone necesariamente realizar transacciones comerciales con terceros ajenos a nuestra empresa. Hacer negocios es también relacionarse con terceros. En el mundo globalizado actual para la empresa trasnacional es imposible hacer negocios por sí sola como ente monopólico. Todo lo contrario, es de interés para la empresa trasnacional diversificar su portafolio de bienes, servicios e inversiones a través de su relacionamiento con otros actores en el mercado, ya sea en su segmento económico o en otros completamente distintos a su centro. El problema radica cuando no sabemos con certeza la integridad corporativa de ese tercero que puede catalogarse de muchas formas (proveedor, distribuidor, aliado comercial, e inclusive socio y tenedor de acciones en proyectos conjuntos como *joint ventures* o contratos de inversión).

Due diligence o debida diligencia es una expresión tradicionalmente empleada por despachos de abogados norteamericanos para hacer referencia a la necesaria investigación previa que debe hacerse en ocasión de

[1001] Artículo 20 de la LDIP. "La existencia, la capacidad, el funcionamiento y la disolución de las personas jurídicas de carácter privado se rigen por el Derecho del lugar de su constitución. // Se entiende por lugar de su constitución, aquél en donde se cumplan los requisitos de forma y fondo requeridos para la creación de dichas personas."

una transacción corporativa y así asegurar que todo se encuentra en debido orden y de acuerdo con los intereses de nuestro cliente. Mal puede el abogado corporativo asesorar o recomendar el inicio de una transacción corporativa donde se evidencien, de forma preliminar, graves indicios o irregularidades legales, regulatorias o éticas.

Ciertamente, el trabajo de debida diligencia ha sido numerosas veces descrito como un proceso aburrido, costoso y que consume mucho tiempo, pero más a menudo de lo deseado, los tres al mismo tiempo.[1002] No obstante, es un proceso necesario en toda transacción corporativa, pues no puede alegar la empresa su desconocimiento respecto con quién hace negocios o se relaciona.

No nos referiremos en el amplio estudio de la debida diligencia transaccional propio del derecho mercantil local e internacional. En derecho comparado se ha señalado interesantemente que los problemas técnicos en las transacciones y negociaciones transfronterizas pueden ser muy puntuales y solventados con buena asesoría legal local. Así, por ejemplo, las diferencias culturales, en cuanto a derecho se refiere, pueden ser muy a menudo solventadas al entender de dónde nuestra contraparte proviene,[1003] pues el derecho transaccional puede involucrar numerosos malentendidos culturales y prácticos.[1004]

En la materia estrictamente que nos ocupa, comentaristas han señalado que, en el contexto de transacciones comerciales, el término de *due diligence* evidentemente se originó en Estados Unidos por la obligación legal establecida en la sección 11(b)(3) del *Securities Act* de 1933. En la debida diligencia se estableció una defensa legal con fines preventivos y de protección en favor del emisor de títulos valores. Así, la sección 11(b)(3) estableció de forma estatutaria la defensa de debida diligencia para aquellos quienes hubieran realizado una investigación razonable en aquellos asuntos relacionados con la emisión de títulos valores. De esta forma, tradicionalmente, la debida diligencia ha involucrado el proceso de descubrimiento que es relevante en transacciones comerciales claves,

---

1002 Howson, Peter, *Due Diligence: The Critical Stage in Mergers and Acquisitions*, Reino Unido, Gower Publishing, p. 1.

1003 Id., p. 20.

1004 Un interesante ejemplo podemos observarlo en materia contractual, donde el derecho civil continental provee tradicionalmente la obligación de vender de buena fe, mientras el derecho civil anglosajón provee estrictamente lo contrario a través de la doctrina de *caveat emptor*, o dicho en otros términos, la obligación que menudo se impone a los compradores de examinar razonablemente la propiedad o contratos antes de comprar y asumir la responsabilidad de su condición. Véase Id., pp. 20 y ss.

así como actividades operacionales cuyo papel se ha convertido en una norma en la toma de decisiones sobre *joint ventures*, fusiones y adquisiciones corporativas, selección de socios comerciales apropiados, la escogencia de la jurisdicción o locación adecuada, o comprar y vender bienes.[1005]

En una concepción mucho más amplia, realizar debida diligencia a un cliente implica realizar la investigación previa necesaria, como un buen padre de familia, de aquello que puede afectar o poner en riesgo, la estabilidad o reputación de la empresa. De esta forma, la debida diligencia se ha expandido no solamente en materia legal (entendida esta como las contingencias legales que un tercero puede pretender frente a nuestro cliente *v.g.* las obligaciones contractuales, deudas, o acreencias pendientes) sino a otras materias de igual interés corporativo, como lo son la materia financiera (control y manejo de los estados financieros y su debida concordancia con la realidad de la empresa), y sobre todo, en materia de cumplimiento normativo corporativo (respecto a la infracciones regulatorias y penales de todo aquel tercero que se relaciona con la empresa).

¿Debe la empresa estar en conocimiento de la reputación e historial oscuro de sus clientes? La respuesta es afirmativa pues, en el mundo de hoy, las irregularidades ajenas pueden impactar el negocio de diversas maneras. Piénsese, por ejemplo, que la empresa sea descubierta teniendo negocios con narcotraficantes, mafias del contrabando o con proveedores que no respetan los derechos fundamentales de sus trabajadores. Estas situaciones no sólo afectan la percepción de la empresa y su integridad de negocios, sino que puede verdaderamente impactar el valor de su acción y potenciales contratos con empresas pares en su industria. Un problema ajeno, puede terminar siendo un problema propio.

1. Las implicaciones en materia de FCPA y anticorrupción

Ya hemos adelantado la compleja práctica FCPA en Estados Unidos y sus complejas consecuencias extraterritoriales. En general, el revuelo de la legislación anticorrupción se ha convertido en un problema serio para la empresa trasnacional contemporánea y sus consecuencias pueden ser fatales. Ahora bien, un programa de cumplimiento trasnacional debe necesariamente advertir las consecuencias y procedimientos ante cualquier situación que atañe a un problema o potencial riesgo de corrupción empresarial.

1005 Spedding, Linda, *Due Diligence and Corporate Governance*, Reino Unido, LexisNexis Publishers, 2004, p. 3.

Desde la perspectiva de *compliance* podemos señalar la importancia del *due diligence* en varios aspectos:

En *primer lugar*, una investigación previa puede alertar que estamos realizando o a punto de realizar, transacciones comerciales con personas involucradas en actividades de legitimación de capitales.

En *segundo lugar*, una investigación previa puede alertar al negocio que una transacción comercial se encuentra involucrado un sujeto sancionado en algún esquema regulatorio de sanciones económicas internacionales.

En *tercer lugar*, la debida diligencia puede alertarnos de un socio comercial, distribuidor, o proveedor involucrado en corrupción pública o privada.

Finalmente, desde un punto de vista mucho más de estrategia corporativa, la debida diligencia antes de una adquisición o fusión corporativa puede revelar problemas de todas las anteriores, con la inclusión adicional de la responsabilidad del sucesor o *successor liability*.

Aunque comercialmente, desde la perspectiva de un inversor extranjero, una de las principales ventajas en adquirir una empresa existente es la rapidez,[1006] la corrupción como problema trasnacional es un factor fundamental que debe ser considerado en todo proceso de debida diligencia. En materia de FCPA, una empresa que adquiere a otra puede suceder en su responsabilidad en materia de corrupción, y la potencial responsabilidad existente por sobornos realizados por la compañía sujeta a compra para ganar ventaja en un mercado determinado, puede perjudicar toda la transacción, al pasar de la compañía adquirida a la compañía adquirente. En el 2004, Lockheed Martin, empresa estadounidense de tecnología aeroespacial, armas, defensa y seguridad, decidió no proseguir y completar una fusión corporativa después de descubrir que la compañía objeto de fusión poseía varios problemas en materia de FCPA.[1007]

La diligencia debida de una pre y post-adquisición corporativa puede ser difícil cuando se trata de adquirir una empresa en el extranjero.[1008] En 2008, el DOJ declinó el ejercicio de acciones legales contra la petrolera Halliburton respecto a la responsabilidad de una empresa británica previamente adquirida por ésta petrolera debido a que Halliburton realizó

1006 Vagts, Detlev F. / Dodge, William S. / Hongju Koh, Harold & Buxbaum, Hanna L., *Transnational Business Problems,* 5° ed., New York, University Casebook Series, 2012, p. 427.

1007 Martin, *Corporate Legal...*, ob. cit., Apéndice p. A6-10.

1008 Id.

una debida diligencia exhaustiva, así como reportó y corrigió cualquier violación dentro de los tiempos posteriores a la adquisición,[1009] aunque posteriormente Halliburton siguió enfrentando múltiples problemas en la materia.[1010]

2. Las implicaciones en sectores tradicionalmente regulados

En Venezuela existen pocos supuestos de una obligación expresamente legal de debida diligencia en derecho comercial. Sí existe una obligación legal en materia de regulaciones contra la legitimación de capitales, así como en materia estrictamente bancaria y de corretaje de valores, donde se impone la carga de la sustanciación de un expediente con los hallazgos encontrados. No es nuestra intención explicar detalladamente la regulación aplicable en este epígrafe y recomendamos consultar cada capítulo en específico.

A modo ilustrativo, en materia de corretaje de valores el artículo 42 de la Regulación AML/CT para el mercado de valores establece que:

> ...el sujeto obligado debe implementar sus procedimientos, medidas y controles internos para desarrollar adecuada y continuamente la debida diligencia para conocer al inversor, siempre aplicando las disposiciones mínimas que se señalen en los instrumentos, formatos, manuales y demás disposiciones normativas dictadas al efecto.

De esta forma, se requiere de forma mínima el Registro de Información Fiscal del inversor en cuestión y copias certificadas del documento constitutivo de la persona jurídica de que se trate (art. 44 *ejusdem*). En todo caso, como elementos comunes, las regulaciones venezolanas tienen dos objetivos: por una parte, establecer requerimientos mínimos de debida diligencia corporativa y, por otra parte, regular la forma en cómo las personas jurídicas corporativas proceden en sus procedimientos administrativos internos de reporte de actividades sospechosas en sectores altamente regulados (como es el caso de la regulación del mercado de valores, legitimación de capitales y financiamiento al terrorismo, y el sector bancario).

3. La investigación o screening al tercero relacionado

En el primer capítulo de este trabajo hemos señalado la importancia del *screening* a terceros relacionados. Debida diligencia es un concepto

---

1009 Id. De igual forma, véase Paul Hastings, *DOJ Issues Opinion on Post-acquisition Due Diligence Requirement,* 2008, en: https://bit.ly/3p9DiYp. La opinión del DOJ se puede consultar en https://bit.ly/3bMnhnZ.

1010 Smart, Steven (2017, 07-08), "How did Halliburton become a repeat FCPA offender?", *The FCPA Blog*.

que arropa, en buena medida, el monitoreo y *screening* que las empresas hacen a través de sistemas de investigación. La debida diligencia, al margen de la discusión de su carácter de obligación legal o no, preconstituye pruebas de las mejores gestiones de la empresa frente a cualquier relacionado.

Es decir, la empresa primero filtra sus relaciones comerciales investigando a todo aquel con quien se relaciona. Ello tiene un valor práctico fundamental, pues, por una parte, la empresa hace su trabajo al verificar los antecedentes del tercero, y, por otra parte, prevalida sus transacciones. Antes los ojos de los fiscales y reguladores, esto puede ser ejercido como una defensa, pues la empresa hizo todas las investigaciones que razonablemente estaban a su alcance para cerciorarse que con quién se relacionaba era una empresa par, libre de toda responsabilidad que impidiera un normal curso de comercio.

Como ya hemos mantenido, una unidad del negocio debe encargarse de hacer la debida diligencia y monitoreo a los clientes, socios, proveedores, distribuidores y demás actores comerciales que se relacionen con la compañía. Este proceso de *screening* está íntimamente ligado con el flujograma del manejo del riesgo. La responsabilidad de la empresa no se limita a saber quiénes son sus clientes con *know your customer procedures* sino que adicionalmente, es ideal establecer *know your supplier, distributor,* y así sucesivamente.

En los métodos orientados a los clientes, socios, proveedores y distribuidores de la compañía, el procedimiento de *screening* se enfoca en el momento antes de la entrada de una orden de venta o compra, por parte del representante de ventas de la compañía u otro empleado, o por la solicitud de un cliente en específico. En este supuesto el representante de ventas o el departamento de *compliance* verifica el perfil del cliente. Para que el procedimiento sea eficiente debe garantizar: *(i)* escanear todos los clientes nuevos, *(ii)* reescanear a clientes con cualquier cambio en su perfil de clientes o situación comercial, *(iii)* reescanear anualmente como parte del monitoreo manual de la base de datos de clientes, *(iv)* toda nueva información acerca de un cliente que vengan de otras fuentes (medios, televisión, prensa, búsqueda en Google, industria), puede ser incorporado en el expediente del cliente. Esto implica establecer programas de entrenamiento a la fuerza de ventas de la compañía que se encuentran cercanos con los clientes, así como la diversificación del riesgo entre varios empleados que procesan las órdenes de ventas de los clientes.

En los métodos orientados a las transacciones, los chequeos pueden ser aplicados a cada transacción en concreto y por orden comercial requerida. Esto supone un flujograma de varios estados comerciales en el trámite administrativo interno de la transacción por parte de la compañía, y requiere varias aprobaciones internas. En las etapas vulnerables es donde existe la posibilidad de aplicar el escaneo por las partes involucradas, y esto puede realizarse: *(i)* al momento del recibo de la orden comercial, *(ii)* durante el proceso de aprobación de la orden, *(iii)* al momento de identificarse el riesgo e involucrar a otras unidades del negocio, entre otros.

Como ya hemos adelantado, puede o no existir la obligación legal de realizar chequeos preventivos de nuestros clientes o proveedores específicos. No obstante el hecho que pueda ser exigible o no como obligación legal, conocer y establecer métodos de *screening* de clientes, proveedores, socios, distribuidores, entre otros, ayuda en buena medida a alertar a la compañía de posibles alertas o *red flags* en clientes o transacciones ayudan a disparar todo el sistema interno de controles.

IV. LOS PROGRAMAS DE CUMPLIMIENTO GLOBAL

Si la empresa es globalizada, y en ella interactúan múltiples actores trasnacionales, el programa de cumplimiento debe ser *trasnacional* y aplicarse a lo largo y ancho de toda la organización sin distinciones culturales. En nuestra opinión, esto representa tres grandes retos en su implementación práctica. En primer lugar, los problemas en su estructura y cómo debe desarrollarse (¿un solo programa o varios programas autónomos?). En segundo lugar, la cultura corporativa sobre las nociones de cumplimiento, integridad y ética que deben ser parte integrante de la organización desde su alta gerencia hasta los niveles más pequeños de la organización. Finalmente, la generalidad y abstracción de los lineamientos corporativos, en el sentido que son verdaderas reglas corporativas internas que vinculan a los empleados en la forma en que se realizan negocios y se representa a la compañía. Vamos a discutir estas ideas en profundidad de seguidas.

1. La conveniencia de uno o varios programas autónomos

El establecimiento de un programa de cumplimiento global puede verse desde dos puntos de vista. Una primera aproximación es el establecimiento de parámetros o *guidelines* muy generales a toda la organización que sustenten un cuerpo ordenado de normas internas a través de un centro normativo guía. De esta manera, al existir una normativa marco, existe un mandato corporativo tanto regional como local para el establecimiento de programas de cumplimiento que ejecuten y materialicen el sentido y espíritu de los parámetros globales.

Ahora bien, no todo puede ser milimétricamente pensado, pues la realidad de la empresa local es muy distinta a la realidad de la empresa regional, y a su vez, completamente diferente a la realidad del gobierno corporativo global. Así, los problemas de cumplimiento deben localizarse, en el sentido de que deben adaptarse a la regulación existente de casa sitio donde la organización hace negocios.

Una segunda aproximación es el establecimiento de programas de cumplimientos autónomos por cada unidad de negocios, creando múltiples procedimientos que no necesariamente coinciden desde un punto de vista local o regional, pero atendiendo las a necesidades de una dirección particular o mercado. Esta aproximación no siempre es acertada pues la yuxtaposición de procedimientos, políticas y protocolos genera incertidumbre, y por vía de consecuencia, confusión entre lo que realmente quiere promover la alta gerencia de la empresa versus lo que entienden los empleados qué y cómo debe realizarse o protegerse.

Ahora bien, ninguna de estas aproximaciones representa una verdad absoluta. En determinados casos sí es recomendable un programa de cumplimiento autónomo para unidades de negocios críticas. Así, por ejemplo, un grupo agroquímico multinacional cuya cadena de suministros sea conglomerada en la unidad de negocios A en el país X, muy probablemente quiera un programa de cumplimiento de sanciones y exportaciones autónomo, al ser una empresa que tiene que relacionarse con empresas que operan en países sancionados.

Lo mismo ocurre con la uniformidad de algunos elementos del programa de cumplimiento. Por ello, parece acertado afirmar que es en beneficio de la empresa de consumo masivo B que distribuye alimentos a nivel global la promulgación de estándares corporativos globales respecto a la no tolerancia de la mano de obra infantil en ninguno de los mercados donde la empresa B hace negocios.

2. Problemas derivados de la departametización del compliance

Otra discusión, también relevante, es sobre la división o "departametización" de las gerencias legales y de *compliance*. La función de cumplimiento en las grandes empresas trasnacionales que cotizan en bolsa incluye la creación y gestión de políticas y procedimientos en torno a la ética y el cumplimiento para descubrir y prevenir conductas indebidas.[1011] Ahora bien, existen varias escuelas de pensamiento respecto al carácter organizativo de la función de *compliance* dentro de una organización. Para algunos, *compliance* debe ser una función diferenciada a la función legal de la empresa, pues, estas funciones buscan finalidades distintas y pueden contraponerse.

Los oficiales de cumplimiento están a cargo de desarrollar políticas, procedimientos y programas de capacitación que están diseñados para monitorear, detectar y prevenir el incumplimiento de las políticas corporativas y la legislación vigente. Para llevar a cabo estos programas, los oficiales de cumplimiento deben comprender los problemas de recursos humanos, administrar personas, trabajar en equipos, trabajar con auditorías, ser comunicadores ejemplares y emplear habilidades financieras y de gestión de proyectos. Por ello, la tradición "común" entre los abogados y el oficial de cumplimiento es que los abogados no saben cómo "hacer" estas cosas.[1012]

Existen muchas posturas sobre el rol del abogado como abogado corporativo o como oficial de cumplimiento. Para algunos, estos roles deben ser diferenciables y autónomos el uno con el otro. Así, el departamento legal trata sobre si puede hacer algo (permitido o no por la ley), mientras que el departamento de cumplimiento se ocupa de la ética y si debiera hacer algo bajo determinadas circunstancias (pues existe un impedimento ético-empresarial).[1013]

Defendemos en este trabajo una visión integracionista del problema. El abogado corporativo debe tener herramientas legales y de cumplimiento en beneficio de su cliente: la empresa y todos los riesgos que potencialmente conlleva en el ejercicio de su actividad empresarial. Esto tiene como consecuencia una solución que no es perfecta y no es automática, pues pueden existir problemas evidentemente en la práctica (gerencias empresariales que abarcan demasiadas responsabilidades y poco aportan en su función de soporte).

No es nueva la tendencia regulatoria de separar la función corporativa de *compliance* y establecer obligaciones legales específicas al oficial de cumplimiento, pero no debe confundirse esta tendencia regulatoria como

---

[1011] DeStefano, Michele, "Creating a Culture of Compliance: Why Departmentalization May Not Be the Answer", en: *Hastings Business Law Journel*, 2013, p. 88.

[1012] Id., p. 135.

[1013] Id., p. 149.

la posibilidad de que dividir tales funciones sea verdaderamente provechoso para la empresa. Si *compliance* se trata en buena medida de cumplimiento de las disposiciones legales de un sistema, tiene sentido que la función legal se encuentra igualmente involucrada en este análisis, pues una puede ser consecuencia de la otra.

Para algunos, la ventaja de separar los dos departamentos (legal y *compliance* como unidades separadas), es que un director de cumplimiento tendrá la autonomía que necesita para descubrir y denunciar conductas indebidas, aumentando así el nivel de transparencia en la conducta empresarial (por la junta directiva y, en el caso de las investigaciones, también por el gobierno). En sentido contrario, se ha sostenido que los beneficios de la transparencia pueden ser contrarrestados por las ineficiencias que se crean teniendo una función de cumplimiento separada e independiente. El flujo de comunicación disminuirá y los costos aumentarán debido a las guerras territoriales y la necesidad de tener experiencia duplicada en dos departamentos.[1014]

Finalmente, los directores legales actualmente sirven como asesores independientes para sus clientes corporativos y están acostumbrados a manejar los conflictos de intereses entre su función como defensores y su función como guardianes de la confianza pública.[1015] Lo anterior, sin contar la existencia del privilegio existente entre abogados y clientes respecto a la confidencialidad de las comunicaciones entre ambos, comúnmente conocido como *attorney-client privilege*, y que un *compliance officer* (al ser una función diferenciada a la estrictamente legal) no puede poseer por no ser un profesional del derecho.

Ciertamente, hay una variedad de diferentes partes interesadas afectadas por este debate, incluidos los directores de cumplimiento, los consultores jurídicos de la empresa, la profesión legal en su conjunto, el gobierno y el público. Un oficial de cumplimiento necesita un cierto nivel de poder político e influencia para poder utilizar una comprensión de la ley, las corporaciones y la motivación individual para desempeñar un papel tanto independiente como dependiente, actuando tanto en el interés del público como de la empresa.[1016]

En caso contrario, es precisamente la carencia de poder la que produce gerentes ineficaces y desganados, y estilos gerenciales mezquinos,

---

1014 Id., pp. 78-79.

1015 Id.

1016 Id., p. 82.

dictatoriales y reglamentistas.[1017] Con ello, y aplicado a una gerencia de legal y *compliance*, se generan prácticas alejadas de la realidad, actividades de escritorio sin trascendencia en la vida empresarial, y la redacción de políticas de maletín sin ningún tipo de consecuencia.

Ahora bien, indistintamente si existe o no *departamentización*, un oficial o gerente de cumplimiento requiere poder dentro de la organización para hacer cumplir sus investigaciones, hacer valer las responsabilidades luego de sus descubrimientos, y hacer cumplir las políticas corporativas en beneficio de la organización.

Para algunos, la división entre equipos de cumplimiento y equipos legales debilita la función fiscalizadora de *compliance* pues solo el consultor jurídico tiende a tener el verdadero peso y poder político dentro de la organización.[1018] Lo mismo ocurre con las líneas de reporte si se decide por dividir los equipos, lo que genera un problema de seguimiento para la empresa, pues, todo lo relativo a cumplimiento debe estar sujeto a conocimiento permanente para la junta directiva de la organización.

Adicionalmente, el tipo de empleado encargado sobre la instrucción del programa de cumplimiento también es de vital consideración. Aunque el tipo de profesional seleccionado en dirigir el "departamento de compliance" puede reflejar la visión de cumplimiento de la organización y sus objetivos, estudios indican que lo que realmente marca una diferencia es si su líder es un verdadero especialista en la materia y que impulsa iniciativas en este sentido.[1019]

3. Cultura organizacional del cumplimiento y la ética

Conjuntamente con esta discusión, también es importante el entendimiento de la cultura de cumplimiento y los valores y cultura corporativa de una determinada organización. La imposición de los valores culturales de la empresa trasnacional a sus filiales y sucursales es una realidad de negocio. Similarmente, la cultura de cumplimiento e integridad también debe imponerse, pero como forma (y no obligación) de hacer negocios. Para el logro de tal fin, se requiere recursos a nivel global y un departamento legal y de cumplimiento lo suficientemente capacitado y dotado de autoridad para realizar su trabajo globalmente.

[1017] Kanter, R. M., "Power failure in management circuits", en: *Harvard Business Review*, 1979, Vol. 57, p. 65.

[1018] Id., p. 82.

[1019] Id., p. 136.

En esta estructura, no se trata de un solo oficial de cumplimiento, sino de varios oficiales distribuidos de acuerdo con las necesidades del negocio en particular. Aunque parezca obvio, la noción de *global compliance* se refiere a la gran empresa (ya sea nacional o internacional). No tiene sentido hablar de un sistema complejo de controles cuando la empresa realmente no tiene autocontrol. Esto también señala el hecho que la realidad de la gran empresa no es necesariamente la realidad y necesidad de la mediana y pequeña empresa.

Ahora bien, el establecimiento de la cultura corporativa de *compliance* debe realizarse desde el poder (tono desde la junta directiva). Las organizaciones están integradas por individuos (y grupos) interdependientes con intereses divergentes, que deben encontrar modos de conciliar esos intereses. Todas las decisiones gerenciales implican beneficios y sacrificios: es necesario balancear asuntos complejos y ambiguos que generan desacuerdos legítimos acerca de qué es lo mejor para la organización.[1020]

El poder tiende a acumularse en las personas que realizan actividades y ocupan posiciones asociadas con el control de recursos escasos y contingencias críticas. "Contingencias críticas" son aquellas actividades esenciales para el desempeño de la organización, dado su contexto particular (industria, entorno regulador, demografía de la fuerza de trabajo, por ejemplo).[1021]

Pero ¿de dónde viene el poder dentro de una organización? Gran parte del poder de un individuo proviene de las actividades que realiza y de su ubicación en la organización. Así, son necesarios el revestimiento de una autoridad formal dentro de la empresa, relevancia, autonomía, visibilidad, pericia y trayectoria dentro de la organización para que el gerente legal y de *compliance* cumpla sus funciones con éxito. Mientras mayor sea la autonomía –facultad discrecional o libertad para ejercer el juicio propio– asociada con la posición del gerente, mayor será su poder.[1022]

La cultura de cumplimiento ha sido objeto de debate con opiniones muy diversas. Para algunos, la cultura de *compliance* es un reforzamiento adicional a los procedimientos de papel ya establecidos por las políticas

1020 Hill, Linda, "Power dynamics in organizations", en: *Harvard Business Review*, 1995, N° 494-083, p. 2.

1021 Id.

1022 Id.

establecidas.[1023] Nada más alejado de la realidad, pues, si defendemos un sistema de controles flexibles para los intereses de la empresa, una verdadera cultura debe impregnar (desde lo más alto de la gerencia de la compañía) todas las actividades de ética y cumplimiento.

Los elementos clave de todo programa de cumplimiento, ampliamente discutidos en el capítulo primero de este trabajo, son un reflejo de elementos culturales de *compliance*. Así, no puede existir cultura corporativa de cumplimiento si no hay un entrenamiento efectivo a los empleados y lineamientos básicos de los objetivos de integridad de la empresa en este sentido.

Se ha encontrado que cuando una organización enfatiza el cumplimiento interno, puede tener un efecto positivo en la disposición de los empleados a denunciar internamente comportamientos ilegales y de manera interna. Si, por el contrario, el pago de sobornos es algo común o está respaldado por la gerencia de nivel superior, será menos probable que reporten pagos ilícitos a través de canales internos de cumplimiento debido a la creencia de que tales informes serán inútiles.[1024]

Adicionalmente, cuando una organización ha creado una cultura donde el comportamiento corrupto es aceptable, los empleados individuales pueden volverse insensibles a tales conductas de tal manera que se convierta en una práctica común y ya no sea impactante, a pesar de ser espantoso para quienes están fuera de la situación. Gran parte del fraude financiero que ocurrió en la reciente crisis financiera encajaría en esta descripción. En estas situaciones, el fraude podría tener un tamaño y alcance importantes y ser perjudicial para la economía, pero es poco probable que se informe o se trate internamente.[1025]

Evidentemente, cuando analizamos los elementos por separado y de forma procedimental, parecieran ser elementos exclusivamente de la formalidad de un *compliance program*. Nada más alejado de la realidad, pues, un programa de cumplimiento debe ser flexible y adoptar la forma en que nuestro cliente empresarial realiza su negocio de la mejor forma posible.

Ahora bien, el estudio de la cultura corporativa es un problema de comportamiento organizacional de las empresas, pues, indudablemente,

---

1023 DeStefano, Michele, "Creating a Culture of Compliance: Why Departmentalization May Not Be the Answer", en *Hastinjgs Business Law Journal*, 2014, Vol. 10:1, pp. 71-182; Verhezen, Peter, "Giving Voice in a Culture of Silence. From a Culture of Compliance to a Culture of Integrity", en: *Journal of Business Ethics,* 2010, N° 96, pp. 187-206.

1024 Id., p. 1950.

1025 Id., p. 1954.

las compañías tienen rituales y formas de proceder que las diferencian las unas con las otras. Cuando nos referimos a cultura corporativa propiamente, nos referimos a "un sistema de significados compartidos por los miembros de una empresa, el cual distingue a una organización frente a las demás."[1026]

La búsqueda de una cultura fuerte es muy cercana al anhelo gerencial de asegurar que la conducta del personal no se desvíe de determinadas pautas. No obstante, si bien es deseable que las culturas organizacionales sean consistentes, no deben serlo tanto que anulen las conductas divergentes. Este tipo de conductas es indispensable para que haya innovación y aprendizaje,[1027] y *compliance* tiene que ver precisamente con un aprendizaje constante de aquello que es permitido dentro de un sistema ordenado del riesgo legal.

De igual manera se ha discutido considerablemente sobre la estructura e infraestructura ética-corporativa de la función de cumplimiento. En este sentido, Tenbrunsel ha desarrollado el concepto de infraestructura ética de una organización el cual se compone de elementos formales e informales.[1028] De esta manera, el modelo de infraestructura ética propuesto no se basa en las aproximaciones sobre la base del cumplimiento *per se* o la integridad en sí misma, sino que provee una visión comprensiva de la organización y los comportamientos éticos. De esta forma, la estructura propuesta abarca un elemento formal, informal y de clima organizacional.[1029]

El sistema formal se sustenta en el monitoreo, comunicación y sanción cuando ocurre una conducta infractora o contraria a los intereses empresariales de acuerdo con los procedimientos y protocolos establecidos. El sistema informal donde, siguiendo los protocolos establecidos, se busca calmar las aguas de forma atenuada y sin llevar a los extremos el pie de la letra de los manuales de cumplimiento a través de asesoramiento al empleado en cuestión para que así el sujeto siga voluntariamente los lineamientos de la empresa. Esto también ocurre por medio de la presión social cuando existe una cultura de cumplimiento fuerte en la organización ya establecida.

1026 Robbins, Stephen P. & Judge, Timothy A., *Comportamiento Organizacional*, México, Pearson Educación, 2013, p. 512.

1027 Piñango, Ramón, "Buena es la Cultura, pero no tanto", en: *Debates IESA*, Vol. 2008, N° 13, pp. 62-63.

1028 Tenbrunsel, Smith-Crowe & Umphress, *Building Houses...*, ob. cit.

1029 Hess, *Ethical Infraestructures...*, ob. cit., p. 36.

Hemos señalado con anterioridad la importancia de un clima organizacional donde los empleados compartan percepciones sobre lo correcto e incorrecto desde un punto de vista personal pero frente a la organización donde trabajan. Así, el clima organizacional se sustenta en tres problemas: la ética propia y la ética de la empresa, el respeto, y justicia procedimental. El clima organizacional determina qué tipo de conducta es esperada de los empleados y apoyada por la organización.[1030]

Ahora bien, ese clima organizacional requiere respeto a los empleados, entendido como el trato considerado y digno que se le da a los empleados. Esto se vincula directamente con la justicia procedimental que debe procurarse estructuralmente, pues toda la estructura tiene legitimidad en la medida que el clima de justicia procedimental es usado para tomar decisiones en la organización ante problemas de cumplimiento o éticos. El respeto y la justicia procedimental promueven que los empleados correspondan sus conductas a los lineamientos corporativos y sus reglas.[1031]

Promover el estudio de *compliance* es también:

> ...hacer que la integridad, la ética y el cumplimiento también formen parte del proceso de promoción, compensación y evaluación dentro de la empresa, porque al final del día, la forma más efectiva de comunicar que "hacer lo correcto" es una prioridad, es recompensarlo.[1032]

La ética empresarial y el cumplimiento meramente normativo van de la mano en este sentido, ya que no basta el mejor cumplimiento de la legalidad sino entender si la empresa está actuando ética y responsablemente. Una cultura ética y de cumplimiento es un elemento clave, pues:

> ...si a los empleados se les hace creer que, cuando se trata de compensación y avance profesional, que todo lo que cuenta es la rentabilidad a corto plazo, y que tomar atajos éticos es una forma aceptable de llegar allí, se desempeñarán en esa forma.[1033]

Los objetivos de una empresa pueden alcanzarse a través de la formalización empresarial, es decir, el establecimiento de metas precisas y reglas sobre cómo debe actuar el negocio, pero definidos desde quién ejerce poder efectivo en la organización. Por ello, es clave que la autoridad dentro de la empresa en materia legal y de *compliance* tenga poder efectivo y real sobre las actuaciones corporativas.

1030 Tenbrunsel, Smith-Crowe & Umphress, *Building Houses...*, ob. cit., p. 294.

1031 Id., p. 295.

1032 Cutler, Stephen M., *Speech by SEC Staff: Second Annual General Counsel Roundtable: Tone at the Top: Getting it Right, U.S. Securities and Exchange Commission*, 2004.

1033 Id.

En este sentido, una organización puede alcanzar sus objetivos con base en su cultura empresarial que puede ser, igual o más fuerte, que la formalización de sus objetivos, funciones, reglas y directrices de cómo debe ser el negocio y la actividad empresarial. Esto puede denominarse un ambiente organizacional en el cual la cultura de la empresa juega un papel fundamental en el alcance de los fines empresariales.

Un ejemplo de esto puede ser una empresa de consumo masivo cuya cultura organizacional se encuentra orientada en el cumplimiento de metas de ventas y que sus empleados se encuentren entrenados en acciones y objetivos orientados a los resultados con una fuerte cultura de excelencia en su sector. Esta empresa de consumo masivo tiene empleados que su única preocupación es alcanzar estos objetivos como sea posible, pues al alcanzarlos, la empresa los reconoce con alegría e identifica valores comunes en beneficio de todos (tanto de la empresa como de sus empleados).

Este anhelo de alcanzar las metas debe ser compartido por todos en la empresa, sin importar su grado en la organización, y debe ser celebrado como el modo de vida o de trabajo de esta organización. Ahora bien, cumplir con las metas corporativas debe ser realizado con base en los compromisos frente a la empresa, no porque se le ordene al personal a hacerlo.

En este sentido, esta cultura genera que espontáneamente los empleados cumplan los objetivos porque son parte de sus valores esenciales como empleados de la organización, y es donde los valores de *compliance* tienen un papel fundamental, pues toda la actividad de cumplimiento normativo y ético debe formalizarse y ser parte del ambiente corporativo.[1034] Sólo la afinidad con la cultura de la empresa, y que sus valores sean compartidos por todos los empleados, genera una situación en la cual no se requiere formalizar el negocio (en el sentido de controlar a los empleados en sus funciones) sino que la fuerza laboral de la empresa hace sus funciones por el compromiso con la organización y lo que su cultura ofrece.

[1034] Así, una cultura del triunfo al alcanzar los objetivos, cuando es más arraigada, logra que los empleados ofrezcan más y más para el alcance de tales objetivos sin necesidad de directrices gerenciales que ordenen a trabajar. Así las cosas, mientras más arraigada sea la cultura, será menos necesario el establecimiento de direcciones de la gerencia a sus subordinados, pues todos saben qué hacer y tienen un objetivo en común, en este caso, la obtención de un resultado de ventas fijado o ser los mejores en determinado sector económico (*v.g.* ser la mejor empresa chocolatera nacional, y yo como empleado me siento orgulloso de pertenecer a la mejor empresa de chocolates en Venezuela, y doy todo lo mejor de mí por el solo hecho de pertenecer a tan prestigiosa y respetada empresa).

Finalmente, el establecimiento de lineamientos generales o normas marcos siempre será beneficio para los intereses de la empresa global. Por una parte, preconstituye un resumen de la buena voluntad empresarial de adoptar y realizar las mejores prácticas corporativas existentes. Así, de fallar alguno de los controles preestablecidos, existe ese primer puente de colaboración con las autoridades. Por otra parte, existe una diferencia muy marcada entre una empresa con lineamientos gerenciales precisos de comportamiento empresarial, frente aquellas empresas que no disponen de ningún mecanismo para alertar a sus empleados de la importancia del cumplimiento de la ley y las regulaciones existentes.

No hacer nada no es una excusa ni defensa ante un eventual incumplimiento o mala práctica corporativa. Innovar al establecer un sólido cuerpo de normas internas ayuda a la empresa, no solo a venderse como una marca de transparencia corporativa, sino que le ayuda a robustecer su posición cuando una irregularidad sea cometida.

CONCLUSIONES

La complejidad del mundo corporativo es, por momentos, abrumadora. Reguladores por doquier, riesgos por todas partes, pero también muchas oportunidades para los negocios de emprender de acuerdo con estándares éticos claros. Una de las ideas con las cuales empezamos este trabajo es el *navegar regulaciones* y no ser, como abogados, *obstruccionistas* del avance corporativo. Las empresas y el mundo de hoy requieren eso, un abogado capaz de entender la complejidad del sistema legal pero que también comprenda la posibilidad de navegar las turbulentas aguas del derecho regulatorio (en muchos casos mezquino, arbitrario y sumamente injusto).

Un abogado que sepa adaptarse con facilidad a los cambios constantes, velando por los intereses de la organización a la que asesora, necesariamente, entiende que sus conocimientos deben expandirse más allá del derecho propiamente dicho. El entendimiento del riesgo como oportunidad en vez de un obstáculo permite el salto necesario entre el conservadurismo legal y la proactividad empresarial que requieren las compañías.

En la primera parte de este trabajo estudiamos el concepto de *compliance* y el análisis legal empresarial. Defendemos una noción de *compliance* que se centra en establecer reglas internas de control de forma sistemática y autorregulada para la empresa. Por ello, este concepto debe ser *amplísimo* toda vez que puede ser aplicado a múltiples problemas corporativos de diversa índole: problemas éticos, penales, regulatorios, legales, de comercio internacional, entre otros, que representan un riesgo potencial para la empresa y que puede ser mitigado con diversos mecanismos de prevención o una adecuada estrategia legal y comercial.

Ahora bien, la noción de cumplimiento va a acompañada con la noción de un programa de cumplimiento bien estructurado. Con tal fin, exploramos los elementos que consideramos clave para todo programa de cumplimiento corporativo, su importancia, así como también señalamos grandes lecciones producto de sus fallas en varias empresas trasnacionales contemporáneas. Este capítulo sirve de sustento teórico de todo programa de cumplimiento y su contenido es procedimental y práctico justo antes de adentrarnos al análisis sustantivo del derecho regulatorio y económico especial que norma la vida de la empresa.

En la segunda parte analizamos las problemáticas derivadas de la responsabilidad de la empresa en el plano público y privado. La empresa es responsable civilmente por sus irregularidades, pero también es responsable penalmente por los delitos que cometa. Como persona jurídica, el dogma de la personalidad queda en un segundo plano para adentrarnos en la discusión de la responsabilidad civil y penal personalmente considerada de la junta directiva de la empresa. Aunque novedoso para el derecho venezolano, las empresas han sido responsables penalmente desde hace mucho tiempo en el derecho comparado.

El ejemplo del derecho estadounidense ha ayudado a establecer mejores prácticas para entender la realidad legal de las empresas cuando se cometen tales irregularidades civiles y penales. En el caso venezolano, un elemento adicional debe ser considerado: la empresa y su relacionamiento con la Administración Pública. La empresa ostenta derechos y garantías que la protegen frente a los mandatos administrativos de los órganos del Estado. Por ello, también analizamos la denominada responsabilidad administrativa en un sentido amplio y suficiente para entender los derechos de la empresa cuando se somete a los designios de la Administración.

En la tercera parte estudiamos la situación de las investigaciones internas corporativas. A diferencia de otras áreas de práctica, las gerencias legales y de *compliance* pueden conducir investigaciones internas para determinar el incumplimiento de políticas corporativas con base en muchas áreas sustantivas (incumplimiento de un mandato expreso de la ley o regulación, acoso sexual, quiebre de políticas corporativas y de control, discriminación, conflictos de intereses, incumplimiento de códigos de éticas corporativos, entre muchas otras situaciones de irregularidad). Las investigaciones internas sirven para ejecutar el programa de cumplimiento en su máximo sentido y permite determinar las responsabilidades internas dentro de la organización para un sinfín de situaciones que pueden tener, o no, connotación legal. En este sentido, es fundamental el privilegio entre abogado y cliente que ostentan los abogados de la compañía en caso de potenciales litigios, así como la necesaria documentación de lo investigado que genera pruebas del mejor cumplimiento posible ante situaciones no esperadas por la gerencia de la empresa.

En la cuarta parte analizamos el complejo mundo del derecho de las sanciones internacionales como parte fundamental de un programa de cumplimiento global cuando la empresa opera en países con esquemas sancionatorios complejos. El comercio global de una trasnacional implica el necesario análisis de riesgos a nivel multijurisdiccional y un programa de cumplimiento específico ante las catastróficas consecuencias de un incumplimiento sancionatorio. Desde el punto de vista del derecho internacional público, el derecho de las sanciones implica un estudio profundo del concepto de jurisdicción y sus implicaciones para la empresa.

La territorialidad del derecho, dogma inquebrantable del pasado, ha mutado a la aplicación extraterritorial del derecho extranjero. Así, el esquema de sanciones venezolano por parte de Estados Unidos representa retos considerables para cualquier gerencia que opera en Venezuela. Por ello, dedicamos mucho análisis al necesario entendimiento del contenido de las sanciones (norteamericanas, por Canadá y la Unión Europea), así como los elementos clave de un programa de cumplimiento sancionatorio.

En la quinta parte exploramos las regulaciones contra la legitimación de capitales en un análisis comparativo entre el derecho venezolano y el derecho norteamericano. La legitimación de capitales representa un esquema complejo local e internacionalmente al que las empresas deben adecuarse para mitigar riesgos legales. Así, un *AML compliance program* puede existir independientemente del hecho que la empresa no sea partícipe del mundo bancario, asegurador o de valores. Una premisa en este sentido es que cualquiera puede legitimar capitales seamos o no financieros.

La experiencia norteamericana es muy útil para la práctica empresarial contemporánea, pues los sistemas legales del mundo se encuentran influenciados por los preceptos del derecho norteamericano. En el caso de Venezuela, el problema no es la ley contra la legitimación de capitales en sí misma considerada, sino su aplicación final. No importa si los países tienen regulaciones realmente buenas si no hay un método adecuado para hacer cumplir sus regulaciones administrativas, y esta es una de las principales debilidades del sistema venezolano contra la legitimación de capitales. Las regulaciones están en su lugar, pero en muchos casos son guardadas como ejercicios de escritorio y no se aplican debido a su sofisticación. No obstante, aunque la aplicación no sea inmediata, el abogado corporativo debe velar porque el programa de cumplimiento contra la legitimación de capitales sea meticulosamente implementado, evitando la apertura de procedimientos administrativos rigurosos y consecuencias legales devastadoras.

En la sexta parte analizamos la legislación anticorrupción internacional, regional y local, así como los impactos de la aplicación extraterritorial de la FCPA y la UKBA. La corrupción, no sólo corroe las bases de las democracias occidentales y sus sistemas legales, sino que puede tener terribles impactos empresariales. Existe una marcada tendencia regulatoria en penalizar actividades relacionas con la corrupción donde quiera que estos actos sean realizados. La empresa contemporánea debe ser respetuosa de la legalidad y procurar las mejores prácticas comerciales en beneficio de su reputación. Hacer negocios éticamente es *good business*.

El combate contra la corrupción es legal pero también es cultural. El derecho internacional contra la corrupción es un gran aliado al momento de establecer las bases del programa local contra la corrupción. Inclusive, puede afirmarse que las iniciativas internacionales contra la corrupción cada vez más cuentan con la validez del derecho internacional consuetudinario al ser una práctica comercial *business as usual*. Por ello, el abogado corporativo debe velar por el cumplimiento del programa anticorrupción, no solo por entenderlo como una infracción legal, sino más bien, como parte de la creación de una cultura de integridad organizacional.

En la séptima parte estudiamos la noción de responsabilidad social empresarial entendiendo la empresa como un sujeto integrante de la sociedad y cuyas acciones pueden repercutir en materia de derechos humanos. Las viejas nociones del derecho internacional público han dado paso a entender la empresa como responsable en la protección de los derechos humanos como un asunto de derecho consuetudinario. Así, la empresa moderna no solo se basa en las nociones de accionistas y dividendos, pues el aporte empresarial a la comunidad y la sociedad genera valor compartido que impulsa el desarrollo económico.

La empresa debe ser responsable, no sólo internamente sino externamente. La producción y el acceso a bienes y servicios en un mundo globalizado también supone una empresa que siga las mejores prácticas en materia de sustentabilidad, respeto al ambiente, derechos humanos y aporte a las comunidades necesitadas. En este sentido, analizamos métodos de incorporación legal de dichas prácticas en la contratación de la empresa, así como el rol fundamental que debe jugar el abogado corporativo en la protección de la empresa en esta ardua tarea social.

En la octava parte hemos analizado los problemas propios del derecho económico y la potencialidad existente en materia de programas de cumplimiento sobre temas altamente sensibles para la empresa. El derecho de la competencia, el derecho de los consumidores y las prácticas económicas ilícitas representan un área de regulación compleja que requiere un análisis regulatorio especializado. La gran empresa trasnacional con poder de mercado debe ser muy cautelosa en la forma en la que distribución o comercializa sus bienes o servicios.

Así, las actividades de mercadeo empresarial tienen límites en la legalidad propia de cada sector y su regulación. El derecho económico también plantea retos de entrenamiento a los empleados e identificación de que prácticas son anticompetitivas. Un programa de cumplimiento de derecho económico efectivo debe velar por establecer los controles necesarios para reportar violaciones al programa y así evitar las terribles consecuencias de la aplicación de la legislación económica.

Finalmente, en la novena parte exploramos la noción de *compliance trasnacional* y los problemas "internacionales" que enfrenta la empresa trasnacional contemporánea. La organización se enfrenta a múltiples problemas de índole organizativo interno –cómo aplicar el programa de cumplimiento y cómo debe ser su función dentro de la empresa– así como entender el tipo de regulación que se encuentra sujeta en un mundo globalizado. Así, las fuentes del derecho tradicionalmente estudiadas ceden el paso a un estudio regulatorio entre *soft* y *hard law* que el abogado corporativo debe enfrentar de manera consensuada.

El estudio de *compliance*, entonces, es verdadero *derecho trasnacional* en el marco de la práctica comercial internacional, donde poco importa la coerción material de las normales legales, sino su mera existencia que obliga la empresa al establecimiento de mejores prácticas empresariales. En este sentido, la empresa local se encuentra regulada de forma local, regional e internacionalmente mientras esquemas regulatorios de origen no estatal (como las organizaciones no gubernamentales) juegan un papel vital en la traducción de tales ideas en verdaderas políticas corporativas adoptadas por la empresa en su gobierno corporativo.

Como podemos notar, la noción de *compliance* defendida en este trabajo es precisamente el correcto entendimiento del riesgo a través del correcto entendimiento de la regulación existente. La empresa, y todo su quehacer, se encuentra "pluri-regulada" y el abogado de empresa debe poseer nociones básicas de materias legales muy diferenciables. Una idea que defendemos es que la legalidad y la regulación no son obstáculos para la empresa, pero su desconocimiento sí lo es.

El abogado de empresa se enfrenta con estos retos intelectuales a diario y lo entrenan en su forma de resolver problemas legales. Nuevamente, el derecho entendido como un asunto meramente local es un sinsentido en el siglo veintiuno. En cambio, nuestra propuesta es entenderlo de la forma más interconectada posible como herramienta de negocios para la empresa actual que es esencialmente internacional.

El derecho público también ha tenido muchos cambios, así como las regulaciones que propugna. Vivimos un mundo muy complicado, regulatoriamente complejo, y por lo pronto, muy enrollado entre los intereses de los reguladores, el mercado, y todos los actores que hacen vida en él. Solo el conocimiento integral del derecho entre lo público y lo privado puede crear una verdadera visión exhaustiva del fenómeno regulatorio. *Compliance* nos brinda las herramientas para ello a través del análisis preventivo y no reactivo del riesgo legal empresarial, entendiendo el derecho propio y el foráneo como uno solo.

Al final, la tarea del abogado es dar resultados a sus clientes con el asesoramiento preciso y adecuado. Somos férreos creyentes de la necesaria formación integral de los abogados en temas regulatorios, pues en ella se encuentra el futuro de la profesión jurídica. No es sorpresa que un derecho cada vez sea más automatizado y menos pensado como una amenaza para el ejercicio de la profesión como la conocemos.

No obstante, lo importante es entender que las habilidades y herramientas que nos ofrece el entorno regulatorio puede definirnos como partícipes de organizaciones como una mano que las guía y no como una pared que las bloquea. Nuestra tarea de entender la nueva realidad legal apenas comienza. Por ello, *compliance* ha llegado para cambiar la forma en cómo ejercemos el derecho de la empresa y cómo entendemos los problemas legales públicos y privados, dejando atrás dogmas pasados.

BIBLIOGRAFÍA

LIBROS Y MANUALES

AA.VV., *Guía para las empresas: empresas y derechos humanos*, Valparaíso, Pontificia Universidad Católica de Valparaíso, 2019. https://bit.ly/3wlT4n5.

__, *Guide to U.S. Anti-Money Laundering Requirements. Frequently Asked Questions,* 6° ed., Menlo Park, Protiviti, 2014.

Arteaga Sánchez, Alberto, *Derecho penal venezolano*, Caracas, Ediciones Liber, 11° ed., 2009.

Bautista, Norma / Castro Milanés, Heiromy, et al., *Aspectos dogmáticos, criminológicos y procesales del lavado de activos,* Santo Domingo, Agencia de los Estados Unidos para el Desarrollo Internacional, 2005.

Bentata, Víctor, *Teoría general de las práctica económicas ilícitas*, Caracas, Editorial Jurídica Venezolana, 1995.

Bernad Mainar, Rafael, *Derecho civil patrimonial: obligaciones*, Caracas, Universidad Católica Andrés Bello, 2012.

Boghraty, Babak, *Organizational Compliance and Ethics,* New York, Aspen Publishers, 2019.

Brewer-Carías, Allan / Linares Benzo, Gustavo / Ortíz Álvarez, Luis & Flamarique, Faustino, *Ley para promover y proteger el ejercicio de la libre competencia*, Caracas, Editorial Jurídica Venezolana, 1996.

Brewer-Carías, Allan / Rondón de Sansón, Hildegard / Urdaneta Troconis, Gustavo & Hernández, José Ignacio, *Ley orgánica de procedimientos administrativos y legislación complementaria,* Caracas, Editorial Jurídica Venezolana, 2015.

Brewer-Carías, Allan, *Régimen legal de nacionalidad, ciudadanía y extranjería*, Caracas, Editorial Jurídica Venezolana, 2015.

Brown, Darryl K. / Turner, Jenia Iontcheva & Weisser, Bettina, *The Oxford Handbook of Criminal Process,* New York, Oxford University Press, 2019.

Cabrera Romero, Jesús, *La prueba ilegítima por inconstitucional*, Caracas, Ediciones Homero, 2012.

Carmona, Juan Cristóbal, *La tributación en Venezuela en el contexto de la responsabilidad social del sector empresarial*, Caracas, Academia de Ciencias Políticas y Sociales, 2011.

__, *Mundo jurídico de las criptomonedas*, Caracas, Asociación Venezolana de Derecho Tributario, 2019.

Cassagne, Juan Carlos, *El acto administrativo, teoría y régimen jurídico*, Bogotá, Editorial Temis, 2013.

Chemerinsky, Erwin, *Constitutional Law, Principles and Policies,* 5° ed., Philadelphia, Wolters Kluwer, 2015.

Chiossone, Tulio, *Sanciones en Derecho Administrativo*, Caracas, Universidad Central de Venezuela, 1973.

Doxey, Margaret, *International Sanctions in Contemporary Perspective*, USA, Palgrave Macmillan, 1987.

Fisler Damrosh, Lori & Murphy, Sean, *International Law, Cases and Materials,* 6° ed., St. Paul, West Academic Publishing, 2014.

Gómez Cáceres, Diego & López Zaballos, Jesús, *Riesgos financieros y operaciones internacionales,* Madrid, ESID Editorial, 2002.

Granadillo, Nancy, *Ley contra la delincuencia organizada y financiamiento al terrorismo,* Caracas, Ediciones Paredes, 2015.

Greenberg, Theodore S. / Larissa Gray, Larissa / Delphine Schantz, Delphine / Carolin Gardner Carolin & Latham, Michael, *Politically Exposed Persons, Preventive Measures for the Banking Sector,* Washington D.C., The World Bank, 2010. https://bit.ly/3PjWnSi.

Grisanti Franceschi, Andrés, *Manual de derecho penal: parte especial*, Caracas, Vadell, Hermanos Editores, 2012.

Guédez, Víctor, *Responsabilidad social empresarial: visiones complementarias*, Caracas, Cámara Venezolano-Americana de Comercio e Industria, 2016.

Hovenkamp, Herbert, *Principles of Antitrust,* Eagan, West Academic Publishing, 2017.

Howson, Peter, *Due Diligence: The Critical Stage in Mergers and Acquisitions,* Reino Unido, Gower Publishing.

Hylton, Keith N., *Antitrust Law: Economic Theory & Common Law Evolution*, Cambridge, Cambridge University Press, 2010.

Jaffé, Angelina, *Derecho internacional público*, 2° ed., Caracas, Academia de Ciencias Políticas y Sociales, 2014.

Jellum, Linda, *Mastering Statutory Interpretation*, 2° ed., Durham, Carolina Academic Press, 2013.

Jessup, Philip, *Transnational Law, New Haven*, Yale University Press, 1956. https://bit.ly/3JMaoHg.

Kagan, Robert A., *Adversarial Legalism: The American way of Law*, Cambridge, Harvard University Press, 2001.

Kerin, Roger A. / Hartley, Steven W. & Budellus, William, *Marketing*, 11° ed., McGraw-Hill Edición, 2014.

Lawson, Gary, *Federal Administrative Law,* Estados Unidos, West Academic Publishing, 2016.

Low, Lucinda, *Effective FCPA Corporate Investigations: Discovering the Whole Truth*, Chicago, American Bar Association, 2015. https://bit.ly/3drNZD2.

Lowenfeld, Andreas, *International Economic Law,* 2° ed., New York, Oxford University Press, 2008.

Mantellini Oviedo, Héctor, *El sistema bancario venezolano: análisis, con fines prácticos de las nuevas leyes que lo regulan*, Caracas, 2011.

Marienhoff, Miguel, *Tratado de derecho administrativo,* Tomo IV, 6° ed., Buenos Aires, Abeledo-Perrot, 1997.

Marshall, Charles, *Shattering The Glass Slipper,* United Kingdom, Provision Group, 2003.

McNeil, Barry F. / Brian, Brad d. & Demsky, Lisa, *Internal Corporate Investigations,* Chicago, American Bar Association Section of Litigation, 2007.

Melich Orsini, José, *Doctrina general del contrato,* 5° ed., Caracas, Academia de Ciencias Políticas y Sociales, 2012.

Messineo, Francesco, *Doctrina general del contrato*, Buenos Aires, Ediciones Jurídicas Europa América, 1952.

Miller, Geoffrey P., *The law of Governance, Risk Management, and Compliance*, New York, Aspen Casebook series, 2014.

Modollel González, Juan, *Persona jurídica y responsabilidad penal*, Caracas, Universidad Central de Venezuela, 2002.

Mónaco Gómez, Miguel, *Regulación de los monopolios y la posición de dominio en Venezuela desde la perspectiva del derecho de la competencia,* Caracas, Universidad Católica Andrés Bello, 2015.

Morles Hernández, Alfredo, *Curso de derecho mercantil: las sociedades mercantiles,* Tomo II-B, Caracas.

Muñoz Conde, Francisco, *Manual de derecho especial: parte especial*, Valencia, Tirant lo Blanch, 2004.

Nieto, Alejandro, *Derecho Administrativo Sancionador,* 5° ed., Madrid, Tecnos, 2012.

OCDE, *Corruption a Glossary of International Standards in Criminal Law*, Paris, OECD Publishing, 2008.

__, *International Drivers of Corruption: A Tool for Analysis*, OECD Publishing, 2012. http://dx.doi.org/10.1787/9789264167513-en.

__, *Líneas directrices de la OCDE para empresas multinacionales*, OECD Publishing, 2013.

__, *Principios de gobierno corporativo de la OCDE y del G20*, Paris, Ediciones OCDE, 2016.

Ontiveros Alonso, Miguel, *¿Para qué sirve el compliance en materia penal?,* México, Instituto de Investigaciones Jurídicas, Universidad Nacional Autónoma de México, 2015.

Orlando, Freddy, *La Potestad Inquisitiva de los órganos de control fiscal y la determinación administrativa de los funcionarios públicos*, 3° ed., Caracas, UCAB, 2011.

Peña Solís, José, *La potestad sancionadora de la Administración Pública venezolana*, Caracas, Tribunal Supremo de Justicia, 2005.

__, *Manual de derecho administrativo*, Vol. 1, Caracas, Tribunal Supremo de Justicia, 2002.

Pérez Pacheco, Yaritza, *La jurisdicción en el derecho internacional privado*, Caracas, Universidad Central de Venezuela, 2008.

Peces-Barba, Gregorio, *Curso de derechos fundamentales: Teoría general*, Madrid, BOE, 1995.

Podgor, Ellen S. / Henning, Peter J. / Israel, Jerold H. & King, Nancy J., *White Collar Crime*, Eagan, West Academic Publishing, 2013.

Rebolledo, Alejandro, *Prevención y control de legitimación de capitales y del financiamiento al terrorismo,* Caracas, Editorial Vadell hermanos, 2007.

Rivera Morales, Rodrigo, *Manual de derecho procesal penal*, Barquisimeto, Ediciones Librería J. Rincón, 2013.

Rivero Ortega, Ricardo, *Derecho administrativo económico*, Madrid, Marcial Pons Ediciones Jurídicas y Sociales, 2018.

Robbins, Stephen P. & Judge, Timothy A., *Comportamiento Organizacional*, México D.D., Peardon Educación, 2013.

Rodríguez Morales, Alejandro, *Criminal compliance (cumplimiento normativo y penal del derecho penal económico),* Caracas, Ediciones Paredes, 2019.

__, *Síntesis de derecho penal: parte general*, Caracas, Ediciones Paredes, 2006.

Santamaria Pastor, Juan Alfonso, *Principios de derecho administrativo*, Vol. II, 2° ed., Madrid, Editorial IUSTEL, 2000.

Shaw, Malcom, *International Law*, 6° ed., New York, Cambridge University Press, 2008.

Sorensen, Max, *Manual de derecho internacional público*, 11° ed., México, Fondo de Cultura Económica, 2010.

Spedding, Linda, *Due Diligence and Corporate Governance*, Reino Unido, LexisNexis Publishers, 2004.

Strader, J. Kelly & Jordan, Sandra D., *White Collar Crime, Cases, Materials, and Problems,* 3° ed., New York, LexisNexis, 2016.

Susskind, Richard, *Tomorrow's Lawyers,* New York, Oxford University Press, 2017.

Vagts, Detlev F. / William S. Dodge, William S. / Harold Hongju Koh, Harold & Hanna L. Buxbaum, Hanna L., *Transnational Business Problems*, 5° ed., New York, University Casebook Series, 2012, 2014.

Vásquez González, Magaly, *Derecho procesal penal venezolano*, Caracas, Ediciones UCAB, 2019.

Veasey, E. Norman & Di Guglielmo, Christine T., *Indispensable Counsel: The Chief Legal Officer In The New Reality,* New York, Oxford University Press, 2012.

Weismann, Miriam, *Money laundering, legislation, regulation & enforcement*, Chicago, ABA Book Publishing, 2014.

Werban, Keith, *Principles of Administrative Law,* Estados Unidos, West Academic Publishing, 2014.

Zerk, Jennifer, *Multinationals and Corporate Social Responsibility: Limitations and Opportunities in International Law*, New York, Cambridge University Press, 2008.

Zoller, Elisabeth, *Enforcing International Law Through U.S Legislation,* Leiden, Brill-Nijhoff, 1985.

ARTÍCULOS EN PUBLICACIONES PERIÓDICAS Y LIBROS COLECTIVOS

Abramowitz, Elkan & Bohrer, Barry A., *'Adnrim' Warnings in Corporate Internal Investigations,* en: New York Law Journal, 2005, Vol. 284, N° 85. https://bit.ly/3QhABjt.

Alschuler, Albert W., *Two Ways to Think about the Punishment of Corporations*, en: American Criminal Law Review, 2009, Vol. 46.

Annicchiarico, José, *La autorregulación privada en Venezuela*, en: Revista Venezolana de Legislación y Jurisprudencia, 2015, N° 5, pp. 311-344.

Baer, Miriam H., Organizational Liability and the Tension between Corporate and Criminal Law, en: Journal of Law & Policy, 2010, Vol. 19, N° 1.

Ballenger, J. Scott / Greenburg, Douglas N. & Seltzer, Nathan H., *Reining in the Foreign Corrupt Practices Act: The Supreme Court Ignores a Perfect Opportunity*, en: Criminal Law Review, 2010, Vol. 46, N° 4, pp. 625-637. https://bit.ly/3JVojuz.

Basile, Miguel, *La inconstitucionalidad de normas en materia de protección al consumidor por crear condiciones adversas a los consumidores por sus efectos económicos: un estudio a partir de la jurisprudencia venezolana,* en: Revista de la Facultad de Derecho, 2017, pp. 59-100.

Bibas, Stephanos, *White-Collar Plea Bargaining and Sentencing after Booker*, en: William & Mary Law Review, 2005, Vol. 47, N° 3.

Bilali, Genci, *Know Your Customer -Or Not,* en: University of Toledo Law Review, 2012.

Byrnes, IV, William H. / Kleinfeld, Denis / Gil Soriano, Alberto, *Guide to FATCA Compliance,* en Thomas Jefferson School of Law Research Paper, 2014. https://ssrn.com/abstract=2457671.

Bixby, Michael B., T*he Lion Awakens: The Foreign Corrupt Practices Act-1977 to 2010,* en: San Diego International Law Journal, 2010, Vol. 12, N° 1, pp. 89-146.

Blount, Justin & Markel, Spencer, *The End of the Internal Compliance World as We Know It, or An Enhancement of the Effectiveness of Securities Law Enforcement? Bounty Hunting Under the Dodd-Frank Act's Whistleblower Provision,* en: Fordham Journal of Corporate & Financial Law, 2012, Vol. 17, 2012.

Boz, Emine / Gopinath, Gita & Plagborg-Møller, Mikkel, *Global Trade and the Dollar,* en: International Monetary Fund Working Paper, 2017. https://bit.ly/3QFVJ2D.

Bucy Pierson, Pamela, *RICO, Corruption and White-Collar Crime,* en: Temple Law Review, 2013, Vol. 85, N° 3.

Burbank Stephen B. / Farhang, Sean & Kritzer, Herbert M., *Private Enforcement of Statutory and Administrative Law in the United States (and Other Common Law Countries),* en: Penn Law: Legal Scholarship Repository, 2011.

Burbank Stephen B. *Private Enforcement,* en: Lewis & Clark Law Review, 2013, Vol. 17.

Calvo, Cristina, *El camino ético de la responsabilidad social empresarial, en* La RSE, en perspectiva: ideas para su diseño, implantación, desarrollo y evaluación, Caracas, Venancham, 2014. https://bit.ly/3Ql3A5F.

Cárdenas Perdomo, Orlando & Fischbach, Noemí, *El procedimiento administrativo regulado en la ley sobre prácticas desleales del comercio internacional,* en: Revista de Derecho Administrativo, 1998.

Carter, Timothy & Blum-West, Steve, *Bringing White-Collar Crime Back in: An Examination of Crimes and Torts,* en: Social Problems, 1982, Vol. 30, N° 5, pp. 545-554.

Chacón Gómez, Nayive, *Reseña histórica de la protección al consumidor y usuario en Venezuela: Mucho más que "precios justos",* en: Revista Venezolana de Legislación y Jurisprudencia, 2017.

Chen, Hui & Soltes, Eugene, *Why Compliance Program Fail-and to Fix Them,* en: Harvard Business Review, 2018, Vol. 96, N° 2, pp. 116-125. https://bit.ly/2HPv1So.

Cliff, Gerald &; Christian Desilets, Christian, *White Collar Crime: What It Is and Where It's Going,* en: Notre Dame Journal of Law, Ethics & Public Policy, 2014, Vol. 28, pp. 481-523.

Correa, María Alejandra, *Subsistencia del ilícito civil en los supuestos de despenalización,* en: Derecho y Sociedad, 2017, N° 14.

Croall, Hazel, *Who Is the White-Collar Criminal,* en: British Journal Criminology, 1989, Vol. 29, N° 2.

Cuif, Pierre-François, *El conflicto de intereses. Ensayo sobre la determinación de un principio jurídico en derecho privado,* en: Revista de Derecho Privado, 2007, N° 12-13, pp. 55-93.

Day, M. Kendall, *Prosecuting Financial Institutions and Title 31 Offenses*, en: United States Attorneys' Bulletin, 2013, Vol. 61, N° 5. https://bit.ly/3CgOfiH.

De León, Ignacio, *¿Conviene aplicar regulación antimonopolios en el comercio internacional?,* en: Revista de Derecho Internacional Económico, 1997.

De Pue, Paul, *Extraterritorial Jurisdiction and the Federal Material Support Statutes,* en: United States Attorneys' Bulletin, 2014, Vol. 62, N° 5.

DeStefano, Michele, *Creating a Culture of Compliance: Why Departmentalization May Not Be the Answer,* en Hastinjgs Business Law Journal, 2014, Vol. 10:1, pp. 71-182.

Del Toro Huerta, Mauricio Iván, *El fenómeno del soft law y las nuevas perspectivas del derecho internacional*, Anuario Mexicano de Derecho Internacional, vol. VI, 2006, en http://dx.doi.org/10.22201/iij.24487872e.2006.6.160.

DeStefano, Michele, *Creating a Culture of Compliance: Why Departmentalization May Not Be the Answer*, en: Hastings Business Law Journal, 2013.

Dickson, Deborah L., *Bank on Marijuana: A Legitimate Industry Warranting Banking Access,* en: Savannah Law. Review, 2015, Vol. 2, N° 2, pp. 459-536.

Fagyal, Paul, *The Anti Money Laundering Provisions of the Patriot Act: Should They Be Allowed to Sunset?,* en: Saint Louis University Law Journal, 2006, Vol. 50, N° 3, pp. 1361-1395.

Ferreira, Luciano & Costa Morosini, Fabio, *The Implementation of International Anti-corruption Law in Business: Legal Control of Corruption Directed to Transnational Corporations,* en: Brazilian Journal of Sttrategy & Internatinal Relations, 2013.

Financial Task Force Report, *Global Money Laundering & Terrorist Financing Threat Assessment*, 2010. https://bit.ly/3QUX31N.

Fitzgerald, Peter, *Pierre Goes Online: Blacklisting and Secondary Boycotts in U.S. Trade Policy*, en: Vanderbilt Journal of Transnational Law, 1998, Vol. 31, N° 1.

Flores, Imer, *Hacia un derecho 'glocal' o 'transnacional' y una jurisprudencia 'glocal(izada)' o 'transnacional(izada)': repensar el derecho a la luz de la 'globalización' o 'gobernanza global'*, en José Serna de la garza (ed.),

Gobernanza Global y cambio estructural del Sistema Jurídico Mexicano, México, Universidad Nacional Autónoma de México, 2016.

Acuña, Thais, *La razonabilidad de las medidas de protección en el secreto empresarial, en:* Revista de Propiedad Intelectual de la Universidad de los Andes, 2017, N° 20.

_, *Requisitos que determinan la protección jurídica del secreto empresarial,* en: Anuario de la Facultad de Ciencias Jurídicas y Políticas de la Universidad de Carabobo, 2014, Vol. 37, pp. 185-208.

Galloti, Alejandro, *Límites y excepciones del secreto profesional del abogado,* en: Revista Venezolana de Legislación y Jurisprudencia, 2016, N° 2, pp. 252-276.

Gámez Arcaya, Francisco, *Principios de gobierno corporativo,* en: Revista de Derecho Público, N° 102, 2005.

Garrett, Brandon L., *Corporate Confessions,* en: Cardozo Law Review, 2008, Vol. 30, N° 3. https://bit.ly/3zJ2cCM.

Giannini, Massimo Severo, *Istituti di crédito e servizi di interese pubblico,* Moneta e Crédito, N° 5, 1949.

Gil Martinez, Alberto & Rosas, Daniel, *El conflicto de interés en la contratación pública, análisis de la regulación de Argentina y Venezuela,* en: Revista de Contrataciones Públicas, 2020, N° 4.

Gómez, Pavel, *Regulación en Venezuela: adaptación y supervivencia,* en: Debates IESA, 2008, Vol. enero-marzo. https://bit.ly/3pb6Kgw.

González Porras, Enrique, *La regulación de la competencia desleal en Venezuela,* en: Revista de Derecho Administrativo, 2005, N° 20.

Gurson, Michael, *The U.S. Jurisdiction over Transfers of U.S. Dollars between Foreigners and over Ownership of U.S. Dollar Accounts in Foreign Banks,* en: Columbia Business Law Review, 2004, pp. 722-743.

Henning, Peter, *Public corruption: comparative analysis of International Corruption Conventions and United States Law,* en: Arizona Journal of International and Comparative Law, 2001.

Hernández, José Ignacio, *El criptoactivo venezolano Petro y su valoración como criptomoneda e instrumento financiero,* en: Economía: Revista de la Facultad de Ciencias Económicas y Sociales, 2019.

_, *Intervención económica y liberalización de servicios esenciales en Venezuela,* en: Revista de Derecho Administrativo, 2000, N° 10, pp. 61-135.

__, *Libre competencia y defensa de los consumidores y usuarios*, en: Revista de Derecho Público, 2005, N° 102.

__, *Resoluciones de la Superintendencia para la Promoción y Protección de la Libre Competencia: Tercer Trimestre año 2008*, en: Revista de Derecho Público, 2008, N° 115.

Hess, David, *Ethical Infrastructures and Evidence-Based Corporate Compliance and Ethics Programs: Policy Implications from the Empirical Evidence*, Working paper, Stephen M. Ross School of Business, University of Michigan, 2015.

Hill, Linda, *Power dynamics in organizations*, en: Harvard Business Review, 1995, Nros. 494-083.

Hughes, Heather, *Blockchain and the Future of Secured Transactions Law*, en Stanford Journal of Blockchain Law & Policy, 2020. https://bit.ly/3QzKiJJ.

James-Otis, Rodner, *Grupo de sociedades en la ley general del bancos y la ley de mercado de capitales*, en: Boletín de la Academia de Ciencias Políticas y Sociales, 2005, N° 156.

Kanter, R. M., *Power failure in management circuits*, en: Harvard Business Review, 1979, Vol. 57.

Katzenbach, Nicholas, *Transnational Law by Philip C. Jessup*, en: The University of Chicago Law Review, 1957, Vol. 24.

Koehler, Mike, *The Facade of FCPA Enforcement*, en: Georgetown Journal of International Law, 2010, Vol. 41, N° 4.

Kristie Xian, *The Price of Justice: Deferred Prosecution Agreements in the Context of Iranian Sanctions*, en: Notre Dame Journal of Law, Ethics & Public Policy, 2014, Vol. 28, pp. 631-664.

Lande, Robert H. & Davis, Joshua P., *Benefits from Private Antitrust Enforcement: An Analysis of Forty Cases,* en: University of San Francisco Law Review, 2008, Vol. 42, N° 4, pp. 879-918.

Lanois, Paul, *Between A Rock and A Hard Place: The Sarbanes-Oxley Act and its Global Impact*, en: University of Penssylvania Journal of International Law & Policy, 2007.

Linares Martínez, Aurilivi, *Aproximación a la intervención administrativa de las empresas a través de la legislación bancaria*, en Desafíos del Derecho Administrativo Contemporáneo, Caracas, Ediciones Paredes, 2009.

Lobato Garcia-Miján, Manuel, Estudio sobre el fundamento jurídico de la protección de los secretos empresariales regulados en el artículo 266 de la Decisión Andina 486, en: Revista de Derecho Administrativo, 2001, N° 11, pp. 87-107.

Lowenfeld, Andreas F., *Congress and Cuba: The Helms-Burton Act*, en: The American Journal of International Law, 1996, Vol. 90, N° 3, pp. 419-434.

Maxwell, Josh y Li, Aaron, *FATCA: What it Is, What it Isn't, and What's Next*, en: Asia-Pacific Journal of Taxation, 2015, Vol. 19, N° 2.

Meeks, Wilson, *Corporate and White-Collar Crime Enforcement: Should Regulation and Rehabilitation Spell an End to Corporate Criminal Liability,* en: Columbia Journal of Law & Social Problems, 2006, Vol. 40, N° 1.

Melet, Manuel, *El secreto profesional*, en: Anuario de Derecho de la Universidad de Carabobo, 2013, Vol. 36.

Melich Orsini, José, *Las particularidades del contrato con consumidores*, en: Revista de la Facultad de Ciencias Jurídicas y Políticas de la Universidad Central de Venezuela, 1999, N° 111.

Menkel-Meadow, Carrie, *Why and How to Study ´Transnational' Law*, en: UC Irvine Law Review, 2011, Vol. 1.

Meyer, Jeffrey A., *Second Thoughts on Secondary Sanctions*, en: University of Pennsylvania Journal of International Law, 2009, Vol. 30, N° 3, pp. 905-968. https://ssrn.com/abstract=1370463.

Middlebrook, Stephen T. & Hughes, Sarah Jane, *Regulating Cryptocurrencies in the United States: Current Issues and Future Directions*, en: William Mitchell Law Review, 2014. http://open.mitchellhamline.edu/wmlr/vol40/iss2/11.

Morales Hervias, Rómulo, *Los contratos con deberes de protección: a propósito de la vinculación entre el derecho constitucional y el derecho civil*, en: Revista de la Facultad de Derecho de la Pontificia Universidad Católica del Perú, 2013, N° 71, 2013, pp. 53-75.

Navarro Sánchez, Lorena, *La responsabilidad social empresarial: teorías que fundamentan su aplicabilidad en Venezuela*, en: Sapienza Organizacional, 2016, Vol. 4, N° 6.

Nieto Martín, Adán, *Problemas fundamentales del cumplimiento normativo en el derecho penal*, en Temas de Derecho Penal Económico: Empresa y Compliance, Anuario de Derecho Penal, 2013-2014.

Oberto Morey, Thania, *La responsabilidad social empresarial y el reconocimiento de los derechos laborales,* en: Revista de la Facultad de Ciencias Jurídicas y Políticas de la Universidad de Carabobo, 2007.

Paine, Lynn, *Ethics: A Basic Framework*, en: Harvard Business Review, 2007.

Parra Aranguren, Gonzalo, *La interdicción y la inhabilitación en el derecho internacional privado*, en: Revista Actas Procesales del Derecho Vivo, 1977, Vol. 32, Nros. 67-69, pp. 17-79.

Patterson, Dennis, *Transnational Law*, en: Jotwell The Journal of things we like, 2011. https://bit.ly/3vXBLsc.

Pesci Feltri, Flavia, *La competencia desleal en el sistema venezolano de derecho de la competencia*, en: Revista de Derecho, 2005, N° 56.

Piñango, Ramón, *Buena es la cultura, pero no tanto,* en: Debates IESA, 2008, Vol. 2008, N° 13.

Porter, Michael & Mark R., Kramer, *La Creación de Valor Compartido* en: Harvard Business Review, 2011. https://bit.ly/3QE7vdH.

Porter, Michael, *Competitive Advantage: Creating and Sustaining Superior Performance*, en: Harvard Business Review, 1985.

Ramírez Padrón, Alejandro, *El Delito de Soborno Transnacional en la era del FCPA y el Compliance*, en Revista de Derecho, N° 73, 2019.

Rathbone Rathbone, Meredith / Jeydel, Peter & Lentz, Amy, *Sanctions, Sanctions Everywhere: Forging A Path Through Complex Transnational Sanctions Laws*, en: Georgetown Journal of International Law, 2013, Vol. 44.

Reverón Boulton, Carlos, *Notas sobre la ley orgánica de precios justos,* en: Revista Electrónica de Derecho Administrativo Venezolano, 2014, N° 3, pp. 155-172.

Roach, Kent & Trebilcock, Michael J., *Private Enforcement of Competition Laws*, en: Osgoode Hall Law Journal, 1996, Vol. 34, N° 3, pp. 461-508.

Rodríguez Marcano, Eligio, *El derecho fundamental a la protección de datos de carácter personal en Latinoamérica y su errada construcción desde el habeas data*, en: Revista de Derecho Público, 2015, N° 142.

Rondón de Sansó, Hildegard, *De las responsabilidades. Base legal. Criterios para diferenciar la responsabilidad administrativa de la responsabilidad disciplinaria, civil y penal. Responsabilidad solidaria*, en: Boletín de la Academia de Ciencias Políticas y Sociales, 2004, N° 142.

Rosenbaum Carli, Federico, *El Derecho a la vida privada del trabajador y los poderes del empleador: Jurisprudencia reciente del Tribunal Europeo de Derechos Humanos*, en: Revista US Labor, 2020.

Ruiz, Lucía & Becerra, Luis, *El riesgo político de un país*, en: Revista Académica e Institucional de la Universidad Católica de Pereira, 2000, N° 58.

Ryngaert, Cedric, *Extraterritorial Export Controls (Secondary Boycotts),* en: Chinese Journal of International Law, 2008, Vol. 7, N° 3, pp. 625-658.

Schwinger, Robert A., *Cryptocurrency Offers No Escape From International Sanctions,* en: New York Law Journal, 2021. https://bit.ly/3JVkJ3B.

Shaffer, Gregory C. &y Pollack, Mark A., *Hard vs. Soft Law: Alternatives, Complements and Antagonists in International Governance,* en: Minnesota Law Review, 2010, Vol. 94. https://ssrn.com/abstract=1426123.

Silva Aranguren, *Antonio, La concurrencia de sanciones penales y administrativas y la complejidad del Non Bis In Idem*, en Derecho Administrativo Sancionador, Caracas, CIDEP, 2019.

Sneirson, Judd, *Green is Good: Suatainability, Profitability and a new paradig for Corporate Governance*, en: Iowa Law Review, 2009.

Stevenson, Drury D. & Wagoner, Drury D., *FCPA Sanctions: Too Big to Debar?,* en: Fordham Law Review, 2011, Vol. 80, N° 2, pp. 775-820.

Stigler, George, *The Theory of Economic Regulation*, en: The Bell Journal of Economics and Management Science, 1971, Vol. 2, N° 1.

Taxay, Michael / Schneider, Larry & Didow, Katherine, *What to charge in a terrorist financing or facilitation case*, en: United States Attorneys' Bulletin, 2014, Vol. 62, N° 5.

Taxay, Michael, *Trends in the Prosecution of terrorist financing and facilitation*, en: United States Attorneys' Bulletin, 2014, Vol. 62, N° 5.

Tenbrunsel Ann E. / Smith-Crowe, Kristin & Umphress, Elizabeth E., *Building Houses on Rocks: The Role of the Ethical Infrastructure in Organizations,* en: Social Justice Research, 2003, Vol. 16, N° 3, pp. 285-307.

Tolosa Villabona, Luis, *De los principios del Derecho Obligacional y Contractual contemporáneo*, en: Revista Estudios Socio-Jurídicos, 2017, Vol. 19, N° 2, pp. 13-61.

Tomasic, Roman, *Global Corporations, Bribery and Corrupt Practices - Anti-Bribery Laws and the Limits of State Action*, en: Law and Financial Markets Review, 2018. https://papers.ssrn.com/sol3/papers.cfm?abstract_id=3124082.

Turégano, Isabel, *Derecho transnacional o la necesidad de superar el monismo y el dualismo en la teoría jurídica*, en: Revista de Derecho de la PUCP, 2017, N° 79.

Verhezen, Peter, *Giving Voice in a Culture of Silence. From a Culture of Compliance to a Culture of Integrity,* en: Journal of Business Ethics, 2010, N° 96, pp. 187-206.

Weissmann, Andrew, *Rethinking Criminal Corporate Liability*, en: Indiana Law Journal, 2007, Vol. 82, N° 2.

Wilson, Natasha, *Pushing the Limits of Jurisdiction Over Foreign Actors Under the Foreign Corrupt Practices Act,* en: Washington University Law Review, Vol. 91, N° 4.

Zalaquett, José, *Conflictos de intereses: normas y conceptos*, en: Anuario de Derechos Humanos, 2011, N° 10, pp. 179-189.

Zerk, Jennifer, Extraterritorial Jurisdiction: Lessons for the Business and Human Rights Sphere from Six Regulatory Areas, Corporate Social Responsibility working paper N° 59, Cambridge: John F. Kennedy School of Government, Harvard University, 2010. https://bit.ly/3JRPg2b.

TRABAJOS DE GRADO

Aguiar, Yanet, *Límites de las potestades jerárquicas del patrono en el uso de las nuevas tecnologías asignadas al trabajador* (tesis de especialización), 2010. https://bit.ly/3bPR3bE.

Font Acuña, Thais, *El régimen jurídico del secreto empresarial como obra del ingenio* (tesis de doctorado), 2013. https://bit.ly/3bMlAqS

Peña, María Fernanda, *Grupo de empresas en Venezuela: visión doctrinaria y análisis de la normativa jurídica reguladora* (tesis de especialización), 2006. https://bit.ly/3QoNsAf.

Repa, Milic, *Extraterritorial Measures of The United States of America and The Impact on Foreign Banks: The Example of Financial Sanctions, Geneve, Dissertation Submitted* (tesis de maestría), 2015.

Ruan, Javier, *La ética del abogado y los deberes que rigen su conducta en el proceso civil venezolano: análisis legal, doctrinal y jurisprudencial sobre su contenido y alcance* (tesis de postgrado), 2005. https://bit.ly/3zMD5iJ.

LEGISLACIÓN VENEZOLANA

Código Civil, G.O. N° 2.990 Extraordinario del 26-07-1982.

Código de Procedimiento Civil, G.O. N° 4.209 Extraordinario del 18-09-1990.

Código Orgánico Tributario, G.O. N° 6.507 Extraordinario del 29-01-2020.

Código Penal de Venezuela, G.O. N° 5.494 Extraordinario del 20-10-2000.

Constitución de la República Bolivariana de Venezuela, G.O. N° 36.860 del 30-12-1999.

Decreto con Rango Valor y Fuerza de Ley de Mercado de Valores, G.O. Nº 6.211 Extraordinario del 30-12-2015.

Decreto con Rango Valor y Fuerza de Ley Orgánica de la Administración Pública, G.O. N° 6.147 Extraordinario del 17-11-2014.

Decreto con Rango, Valor y Fuerza de Ley Antimonopolio, G.O. N° 40.549 del 26-11-2014.

Decreto con Rango, Valor y Fuerza de Ley del Código Orgánico Procesal Penal, G.O. N° 6.078 Extraordinario del 15-06-2012.

Decreto con Rango, Valor y Fuerza de Ley Orgánica de Precios Justos, G.O. N° 6.202 Extraordinario del 08-11-2015, reimpreso en Nº 40.787 del 12-11-2015.

Ley Aprobatoria del acuerdo de Marrakech por el que se establece la Organización Mundial del Comercio, G.O. Nº 4.829 Extraordinario del 29-12-1994.

Ley Contra la Delincuencia Organizada y Financiamiento al Terrorismo, G.O. N° 39.912 del 30-04-2012.

Ley de Abogados, G.O. N° 1.081 Extraordinario del 23-01-1967.

Ley de Derecho Internacional Privado, G.O. N° 36.511 del 06-08-1998.

Ley de Instituciones del Sector Bancario, G.O. N° 6.015 Extraordinario del 28-12-2010.

Ley de la Actividad Aseguradora, G.O. N° 5.990 Extraordinario del 29-07-2010.

Ley de Mercado de Valores, G.O. N° 39.489 del 17-08-2010.

Ley de Protección al Consumidor y al Usuario, G.O. N° 37.930 del 04-05-2004.

Ley Orgánica contra la Discriminación Racial, G.O. N° 39.823 del 19-12-2011.

Ley Orgánica de la Contraloría General de la República y el Sistema Nacional de Control Fiscal, G.O. N° 37.347 del 17-12-2001.

Ley Orgánica de Precios Justos, G.O. N° 40.340 del 23-01-2014.

Ley Orgánica de Procedimientos Administrativos, G.O. N° 2.818 Extraordinario del 01-07-1981.

Ley Orgánica del Trabajo, los Trabajadores y las Trabajadoras, G.O. N° 6.076 Extraordinario del 07-05-2012.

Ley para la Defensa de las Personas en el Acceso a los Bienes y Servicios, G.O. N° 39.358 del 01-02-2010.

Ley Sobre Prácticas Desleales del Comercio Internacional, G.O. N° 4.441 Extraordinario del 18-06-1992.

Ley sobre Propaganda Comercial, G.O. N° 24.503 del 06-09-1944.

Normas Relativas a la Autorización y Registro de los Corredores Públicos de Valores y Asesores de Inversión, G.O. N° 39.071 del 02-12-2008.

Providencia mediante la cual se dictan las normas relativas a la administración y fiscalización de los riesgos relacionados con los delitos de Legitimación de Capitales, Financiamiento al Terrorismo, Financiamiento a la Proliferación de Armas de Destrucción Masiva y otros ilícitos aplicables a los sujetos regulados por la Superintendencia Nacional de Valores, G.O. N° 41.778 del 26-12-2019.

Reglamento de la Ley Sobre Prácticas Desleales del Comercio Internacional, G.O. N° 4.567 Extraordinario del 26-04-1993.

PUBLICACIONES DE GOBIERNOS EXTRANJEROS

Canadá

Gobierno de Canadá, *Canadian Sanctions Related to Venezuela*. https://bit.ly/2Fg7MTr.

Estados Unidos

Department of Commerce

Bureau of Industry and Security, *Export Compliance Guidelines: The Elements of an Effective Export Compliance Program*, 2017. https://bit.ly/3BZoUt7.

__, *De minimis Rules and Guidelines*, 2019. https://bit.ly/3C7Zh9w.

International Trade Administration, *Business Ethics: A Manual For Managing A Responsible Business Enterprise In Emerging Market Economies,* 2004. https://bit.ly/3QhAvZ1.

National Institute of Standards and Technology, *Security and Privacy Controls for Federal Information Systems and Organizations*, 2013. http://dx.doi.org/10.6028/NIST.SP.800-53r4.

Department of Justice

Antitrust Division, *Corporate Leniency*, 1993. https://bit.ly/3C051ST.

_, *Evaluation of Corporate Compliance Programs in Criminal Antitrust Investigations*, 2019. https://bit.ly/2xWQfds.

_, *The Evolution of Criminal Antitrust Enforcement over last two decades*, 2010. Disponible en: https://bit.ly/3JQ3NeE.

"Bank Hapoalim Agrees to Pay More Than $30 Million for Its Role in FIFA Money Laundering Conspiracy", *Press Release*, 30-04-2020. https://bit.ly/3vZtB2l.

"BNP Paribas Agrees to Plead Guilty and to Pay $8.9 Billion for Illegally Processing Financial Transactions for Countries Subject to U.S. Economic Sanctions", *Press Release*, 30-06-2014. https://bit.ly/3BZErtg.

Criminal Division, *Evaluation of Corporate Compliance Programs*, 2020. https://bit.ly/3vXo6Bk.

_, *FCPA: A Resource Guide to the U.S. Foreign Corrupt Practices Act,* 2° ed., 2020. https://bit.ly/3zTcqAG.

Memorandum de Sally Quillian Yates, Deputy Att'y Gen., U.S. Dep't of Justice to All U.S. Att'ys et al., Individual Accountability for Corporate Wrongdoing, 09-09-2015.

"Siemens AG and Three Subsidiaries Plead Guilty to Foreign Corrupt Practices Act Violations and Agree to Pay $450 Million in Combined Criminal Fines", *Press Release*, 15-12-2008. https://bit.ly/3JNxb5m.

"ZTE Corporation Agrees to Plead Guilty and Pay Over $430.4 Million for Violating U.S. Sanctions by Sending U.S.-Origin Items to Iran, Combined Penalty of $1.19 Billion with Department of Commerce and Department of Treasury Actions Shows All of Government Approach to Sanctions Enforcement", *Press Release*. https://bit.ly/3Ql7Ima.

Department of the Treasury

FinCEN, *Guidelines Beneficial Owner Rule*, FIN-2018-G001, 03-04-2018.

__, *Reports from financial institutions are critical to stopping, deterring, and preventing the proceeds tied to suspected Venezuelan public corruption from moving through the U.S. financial system*. https://bit.ly/3BTKXl8.

Money Laundering Threat Assessment, 2005. https://bit.ly/3AghwZf.

"OFAC Enters Into $507,375 Settlement with BitPay, Inc. for Apparent Violations of Multiple Sanctions Programs Related to Digital Currency Transactions", *Press Release*, 2021. https://bit.ly/3SJglZx.

OFAC FAQs: General Questions, Entities Owned by Persons Whose Property and Interest in Property are Blocked (50% Rule), https://bit.ly/3SIwH4D.

"OFAC Issues Finding of Violation to Schlumberger Oilfield Holdings, Ltd. (SOHL), a subsidiary of Schlumberger Ltd., for Violations of the Iranian Transactions and Sanctions Regulations and the Sudanese Sanctions Regulations". https://bit.ly/3QzZMNN.

"OFAC Settles with Amazon.com, Inc. with Respect to Potential Civil Liability for Apparent Violations of Multiple Sanctions Programs", *Enforcement Release,* 08-07-2020. https://bit.ly/3Qz2ZNF.

Revised Guidance on Entities Owned By Persons Whose Property And Interests In Property Are Blocked, 2014. https://bit.ly/3bLv2uC.

Settlement Agreeement, U.S. Department of the Treasury's Office of Foreign Assets Control & HSBC Holdings P.L.C., 2012. https://bit.ly/2KMXrld.

"Treasury Reaches Landmark Settlement with HSBC", *Press Release,* 11-12-2012. https://bit.ly/3zPe9ad.

"Treasury Reaches Largest Ever Sanctions-Related Settlement with BNP Paribas SA for $963 Million", *Press Release,* 30-06-2014.

Venezuela Related Sanctions, General License 13E. https://bit.ly/3bOlkre.

Venezuela Related Sanctions, General License 13H. https://bit.ly/3BXzeC0.

Venezuela Related Sanctions, General License 9G. https://bit.ly/3zSfEEw.

SEC

Cutler, Stephen M., *Speech by SEC Staff: Second Annual General Counsel Roundtable: Tone at the Top: Getting it Right, U.S. Securities and Exchange Commission*, 2004. https://bit.ly/3Pjl4xW.

Form 10-k for annual report pursuant to section 13 or 15(d) of the Securities Exchange Act of 1934 for the fiscal year ended December 31, 2015 commission file number 1-9924 Citigroup Inc. http://citi.us/3QDVXag.

Sentencing Commission

Sentencing Guidelines Manual Annotated, 2018. https://bit.ly/3AcZEyr.

Reino Unido

Department of International Development, *Why corruption matters: understanding causes, effects and how to address them*, 2015. https://bit.ly/2NI3tjS.

Financial Conduct Authority, "FSA fines Aon Limited £5.25m for failings in its anti-bribery and corruption systems and controls", *Press Release,* 08-01-2009. https://bit.ly/3BZWfEg.

Ministry of Justice, *The Bribery Act 2010 – Guidance*, 2011. https://bit.ly/3paUpc3.

SFO, "Sweett Group PLC sentenced and ordered to pay £2.25 million after Bribery Act conviction", *Press Release,* 19-02-2016. https://bit.ly/3BZHTEb.

Suiza

Eversheds Sutherland, *Global sanctions guide: Switzerland.* https://bit.ly/3PiEXoX.

Unión Europea

Consejo de la Unión Europea, "Venezuela: La UE adopta Conclusiones y sanciones selectivas", *Press Release,* 13-11-2017. https://bit.ly/3vXQbZ7.

SITIOS WEB, PRENSA DIGITAL Y ARTÍCULOS EN LÍNEA

Agustino Fontevecchia, "HSBC Helped Terrorists, Iran, Mexican Drug Cartels Launder Money, Senate Report Says", *Forbes,* 2016. https://bit.ly/3AgZExa.

Banca y Negocios, *Sanciones son incentivo para ayudar a negociación entre gobierno y oposición,* 2018. https://bit.ly/3SJW5qQ.

BBVA, *Claves para entender la tecnología Blockchain.* https://bbva.info/3JRs04n.

Belch, Gordon, *An Analysis of the Efficacy of the Bribery Act 2010*, 2014. https://bit.ly/3AeKc4M.

Caldwell, Leslie R, *Remarks at the Compliance Week Conference*, 2015. https://bit.ly/3PhL7pv.

Charnovitz, Steve, *International Standards and the WTO,* George Washington Law Faculty Publications & Other Works, 2005. https://bit.ly/3Qlspyo.

Clark, Harry, McGuinness, Jeanine P. & Zane, Elizabeth, *Cryptocurrency and OFAC: Beware of the Sanctions Risks,* 2020. https://bit.ly/3QHQZJP.

Doyle, Charles, *Money Laundering: An Overview of 18 U.S.C. 1956 and Related Federal Criminal Law*, 2012, https://bit.ly/3AfBVxo.

Financial Action Task Force, *Guidance for Politically Exposed Persons, (Recommendations 12 and 22),* 2013. https://bit.ly/32edxbF.

Forero Linares, Brenda, "El Derecho Transnacional desde una perspectiva crítica", *Periódico El Espectador*, 2016. https://bit.ly/3pfmZt8.

Gilman, Stuart C., *Ethics Codes and Codes of Conduct as Tools for Promoting an Ethical and Professional Public Service: Comparative Successes and Lessons, documento preparado para el Banco Mundial*, 2005. https://bit.ly/3bLCuFR.

Howell Anderson, Paula / Newcomb, Danforth / Urofsky, Philip / Fishbein, Stephen / LaVigne, Christopher & Burke, Burke, *"Facilitation": A New Tool For Extraterritorial Sanctions Enforcement?*, Shearman & Sterling LLP, 2015. https://bit.ly/3QiHDo5.

International Bar Association Task Force Report, *Report of the Task Force on Extraterritorial Jurisdiction*, 2009. https://bit.ly/3BZ8a5i.

International Chamber of Commerce, *Reglas de la ICC para combatir la corrupción*, 2011, https://bit.ly/3BZ2LLD.

ISO, *Norma ISO 3100, Gestión del riesgo, principios y directrices,* 2010. https://bit.ly/3pf8BB8.

_, *Norma ISO 26000, Guía de responsabilidad social,* 2010. https://bit.ly/3JLxe1J.

_, *Norma ISO 37301:2021, Compliance management systems – Requirements with guidance for use*, 2021. https://bit.ly/3bLgWcH.

Jacobson, Andrew, *Economic sanctions: challenges confronting the cryptocurrency industry,* International Commerce and Distribution Committee publications, International Bar Association, 2020. https://bit.ly/3pfWQdD.

Kirkland & Ellis Alert, *Understanding the Rising Corruption, Sanctions and Money Laundering Risks of Doing Business with Venezuela*, 2017. https://bit.ly/3AgmqWg.

Legal Compliance S.L., *Notas sobre código de ética y conducta*, https://bit.ly/3SKd38b.

Levin, Michael R., *Risk Management Requires Legal and Compliance Officers to Focus Corporate Social Responsibility, Metropolitan Corporate Counsel,* 2017 https://bit.ly/3bTYCxP.

Matt Taibbi, "Gangster Bankers: too big to jail", *Rolling Stone*, 2013, https://bit.ly/3pdgpmI.

Mcmillan, Bart / Kim Shin, Eunkyung & Lefevre, Callie, *US Government Eliminates "U-Turn" Financial Transactions and Restricts Remittances to Cuba,* 2019. https://bit.ly/3p8T8CB.

OECD, *Implementing The OECD Anti-Bribery Convention Phase 4 Report: United Kingdom*, 2018. https://bit.ly/3JL7v9H.

__, *Money Laundering Awareness Handbook for Tax Examiners and Tax Auditors,* 2009. https://bit.ly/3AhR4P4.

__, *The Common Reporting Standard (CRS).* https://bit.ly/3vZiMxc.

Pennman, Carrie, *It's Time to Reconsider the Term "Whistleblower"*, 2019. https://bit.ly/3Qvwlg0.

Petrasic, Kevin, "Anti-Money Laundering Compliance - FinCEN Ups the Ante", *LAW 360 Magazine*, 2014. https://bit.ly/3QoxWV1.

Risk & Compliance Portal, *Venezuela Corruption Report*, 2016. https://bit.ly/3C3xEyv.

Searcey, Dionne, "US. Cracks Doum on Corporate Bribes", *Wall Street Journal*, 2009. https://on.wsj.com/3QqbmeU.

Siddharth Aatreya, *"Private" Breaches of International Law: Lessons from Domestic Courts for International Investment Law,* 2020. https://bit.ly/3SISdGs.

Shearman & Sterling LLP, *FCPA Digest: Cases and Review Releases Relating to Bribes to Foreign Officials under the Foreign Corrupt Practices Act of 1977,* 2014. Dhttps://bit.ly/3SIZ1Cy.

Smart, Steven, *How did Halliburton become a repeat FCPA offender?,* 2017. https://bit.ly/3dpfUn4.

Steclow, Steve, "Exclusive: Cisco cuts ties to China's ZTE after Iran probe", *Reuters*, https://reut.rs/3bLT0FU.

SUDEBAN, *Guía informativa para profundizar y promover políticas de conozca a su cliente para instituciones financieras bajo nomenclatura SIB-DSB-CJ-OD-25045*, 2015. https://bit.ly/3bRMb5S.

SWI swissinfo.ch, *Swiss slap sanctions on Venezuela and freeze assets,* 2018. https://bit.ly/3dlAmFi.

The conversation, *Lessons from the massive Siemens corruption scandal one decade later.* https://bit.ly/2UylGZ5.

The New York Times, Text of Watkins' Testimony at House Hearing on Enron, 2002. https://nyti.ms/3pdhjQ8.

Thibault Aranda, Javier, *El uso del e-mail por los trabajadores y las facultades de control del empleador, Seminario Poder informático e intimidad: límites jurídico-laborales y penales al control empresarial*, 2001. https://bit.ly/3vY8v4w.

Transparency International, *What is corruption?* https://bit.ly/3Qzf85a.

UN, *An Anti-Corruption Ethics and Compliance Programme for Business: A Practical Guide,* New York, United Nations, 2013. https://bit.ly/3JVksxK.

_,*Principios de contratación responsable. Integración de la gestión de los riesgos relacionados con los derechos humanos en las negociaciones entre Estados e inversiones*, 2015. https://bit.ly/3C0879B.

_,*Resolución 17/4 de las Naciones Unidas, "Los Derechos Humanos y las empresas transnacionales y otras empresas"*, A/HRC/RES/17/4, 16-06-2011. https://bit.ly/2KfAS5u.

UN Human Rigths Council, *Report of the Special Representative of the Secretary General on the issue of human rights and transnational corporations and other business enterprises*, 2010. https://bit.ly/3JLJG1n.

Weinberg, Neil, *The Dark Side of Whistleblowing,* 2005. https://bit.ly/3Peno9z.

World Bank, *Comprehensive Reference Guide to AML*/CFT, (2006) at Chapters 1 and 2. https://bit.ly/3QEKbN6.

_, *Lineamientos para el cumplimiento de la integridad*, 2010. https://bit.ly/3QFtP6T.

World Economic Forum, *Follow-up Questionnarie on the World Economic Forum CEO Statement: Global Corporate Citizenship: The Leadership Challenge for CEOs and Boards*, 2002. https://bit.ly/3SHPmh0.

_, *How does corruption affect economic growth?*, 2015. https://bit.ly/3doENzl.

CASOS JUDICIALES Y ADMINISTRATIVOS CITADOS